GERMAN LITERATURE

TEXTS AND CONTEXTS

BERNHARD BLUME

*Kuno Francke Professor
of German Art and Culture, Emeritus
Harvard University
and Professor of German Literature, Emeritus
University of California, San Diego*

In collaboration with
Henry J. Schmidt

*Associate Professor of German
Ohio State University*

McGraw-Hill Book Company

*New York
St. Louis
San Francisco
Düsseldorf
Johannesburg
Kuala Lumpur
London
Mexico
Montreal
New Delhi
Panama
Rio de Janeiro
Singapore
Sydney
Toronto*

Library of Congress Cataloging in Publication Data

Blume, Bernhard, date   comp.
    German literature

    Texts and commentary in German.
    1.   German language—Readers. I.   Schmidt, Henry J.,
joint comp.   II.   Title.
PF3117.B577   438'.6'421   73-768
ISBN 0–07–006187–4

GERMAN LITERATURE: TEXTS AND CONTEXTS

1234567890 DODO 79876543

This book was set in Press Roman.
The editors were Randall G. Marshall and Madelaine Eichberg;
the cover was designed by J. E. O'Connor;
and the production supervisor was Sally Ellyson.
The printer and binder was R. R. Donnelley & Sons Company.

ACKNOWLEDGMENTS

The author wishes to thank the publishers and copyright holders for their permission to reproduce the following literary works or selections from them.

"Thorgeirs Vaterrache," translated by Konstantin Reichardt, from Thule. Ausgewählte Sagas von altgermanischen Bauern und Helden, Jena 1934; and "Das alte Sittengedicht," translated by Felix Genzmer, from Die Edda, Jena 1933. Reprinted with the kind permission of Eugen Diederichs Verlag, Düsseldorf-Köln.

Meister Eckhart. Ein Breviarium aus seinen Schriften, transcribed by Alois Bernt, Insel-Bücherei Nr. 280, Leipzig o.J. Reprinted with the kind permission of Insel Verlag, Frankfurt.

"Die zwei Köpfe" by Jörg Wickram from Deutsches Anekdotenbuch by Hermann Rinn and Paul Alverdes, München 1927. Reprinted with the kind permission of Verlag Georg D. W. Callwey, München.

Jacobs Burckhard, Briefe. Vollständige und kritische Ausgabe, bearbeitet von Max Burckhardt, Bd. 3, 1955 and Bd. 5, 1963. Reprinted with the kind permission of Schwabe & Co. Verlag.

"Der Zauberberg" by Thomas Mann. Copyright © 1924 by S. Fischer Verlag, renewed 1952 by Thomas Mann.

Kindheit und Jugend vor Neunzehnhundert. Hermann Hesse in Briefen und Lebenszeugnissen 1877 - 1895, by Ninon Hesse, 1966; and Hermann Hesse, Betrachtungen und Briefe (Gesammelte Schriften, Bd. 7), 1958. Reprinted with the kind permission of Suhrkamp Verlag, Frankfurt.

"Der Narr in Christo Emanuel Quint" and "Die Weber" reprinted with the kind permission of Verlag Ullstein GmbH / Propyläen Verlag, Frankfurt/Main-Berlin. Taken from Gerhart Hauptmann: Centenar–Ausgabe Band 5 copyright © 1962; Band 1 copyright © 1966.

"Leutnant Gustl" from Arthur Schnitzler: Gesammelte Werke. Die Erzählenden Schriften. Erster Band. Copyright © 1961 by S. Fischer Verlag, Frankfurt am Main.

"Vorfrühling," "Ballade des äußeren Lebens," "Terzinen über Vergänglichkeit I" by Hugo von Hofmannsthal, from Herbert Steiner's Band der Gesamtausgabe, Gedichte und lyrische Dramen, Stockholm 1952. Reprinted with the kind permission of Insel Verlag, Frankfurt.

"Inschrift" by Hugo von Hofmannsthal from Gesammelte Werke in Einzelausgaben. Gedichte und Lyrische Dramen. Copyright © 1946 by Bermann-Fischer Verlag AB, Stockholm.

"Der Rosenkavalier" by Hugo von Hofmannsthal from Gesammelte Werke in Einzelausgaben. Lustpiele I. Copyright © 1947 by Bermann-Fischer Verlag AB, Stockholm.

"Pont du Carrousel," "Herbsttag," "Vorgefühl," "Das Lied des Aussätzigen," "Der Ölbaum-Garten," "Die Kathedrale," "Der Panther," "Der Schwan," "Das Karussell," "Archaischer Torso Apollos," "Spätherbst in Venedig," "Sonette an Orpheus I, 7," "Sonette an Orpheus II, 15" by Rainer Maria Rilke from Sämtliche Werke, edited by Ernst Zinn. Bd. I, 1955. Reprinted with the kind permission of Insel Verlag, Frankfurt.

"Psalm" from Georg Trakl: Dichtungen und Briefe. Otto Müller Verlag, Salzburg, 1969.

"Gibs auf!" and "Der Schlag ans Hoftor." Reprinted by permission of Schocken Books Inc. from Beschreibung Eines Kampfes by Franz Kafka, copyright © 1946 by Schocken Books Inc.

"Auf der Galerie," "Eine kaiserliche Botschaft," and "Vor dem Gesetz." Reprinted by permission of Schocken Books Inc. from Erzählungen by Franz Kafka, copyright © 1946 by Schocken Books Inc.

"Das Fliegenpapier" used by permission of Rowohlt Verlag. From Prosa, Dramen, Späte Briefe by Robert Musil, copyright © Rowohlt Verlag, Hamburg, 1957.

"Der Krieg" from Georg Heym: Dichtungen und Schriften. Gesamtausgabe. Bd. I, Lyrik, Verlag Heinrich Ellermann, 1964.

"Die Spange," "Mein garten bedarf nicht luft und nicht wärme," "Der Herr der Insel," "Der Stern des Bundes. Vorrede," "Aus purpurgluten sprach des himmels zorn," "Alles habend alles wissend," "Ihr baut verbrechende an maass und grenze," "Einer stand auf der scharf wie blitz und stahl" from Stefan George: Werke. Ausgabe in zwei Bänden, 1958. Reprinted with the kind permission of Verlag Helmut Küpper vormals Georg Bondi, Düsseldorf und München.

"Gesänge I," "Sieh die Sterne, die Fänge," "Satzbau," "Menschen getroffen" from Gottfried Benn: Gesammelte Werke, by Dieter Wellershof, Dritter Band. Gedichte, Wiesbaden 1960. Reprinted with the kind permission of Limes Verlag Max Niedermayer, Wiesbaden.

"Astern" and "Ein Wort" from Gottfried Benn: Statische Gedichte, Gesammelte Werke, edited by Dieter Wellershof, Dritter Band. Gedichte, Wiesbaden 1960. Reprinted with the kind permission of Arche Verlag, Zürich.

"Violette Endivien" and "Die rote Farbe" from Ernst Jünger: Das abenteuerliche Herz 2. Fassung (Werke Bd. 7), Ernst Klett Verlag, Stuttgart.

"Legende vom toten Soldaten," "Erinnerung an die Marie A.," "Ballade von des Cortez Leuten," "Vom armen B.B." by Bertolt Brecht from Gedichte I, 1960. "Die Moritat vom Mackie Messer," "Das Lied von der Unzulänglichkeit" from "Die Dreigroschenoper by Bertolt Brecht Stücke III, 1955. "Der Radwechsel", "Der Rauch". "Die Lösung", "Auf einen chinesischen Theewurzellöwen", "Vergnugungen" from "Gedichte 1947 - 1956" by Bertolt Brecht, Gesammelte Werke 10, 1967. Reprinted with the kind permission of Suhrkamp Verlag, Frankfurt.

Ricarda Huch. Der Dreißigjährige Krieg. 2 Bände, 1957, Bd. II. Reprinted with the kind permission of Insel Verlag, Frankfurt.

CONTENTS

PREFACE

This introduction to German literature is designed for the many students who have acquired a basic knowledge of German and who are curious or motivated enough to wish to do something with their German, although their major interests may be far afield from language and literature. With these students we usually read a few German plays or short stories and then watch them go to other pastures. I have often wondered what lasting impact from German literature as a whole or what sense of its particular nature these students may take with them from this brief exposure, and whether it might not be possible to go beyond these casual encounters. Thus I began to experiment with certain selected texts of superior literary quality which I hoped would be both meaningful to the student and, taken as a whole, representative of the literature to be studied. It would, of course, be sanguine to assume that the average student enters college with a strong desire to study the historical development of a foreign civilization or has an innate urge to explore the structural beauties of works of art, although, in our courses in the humanities, we very often take these interests for granted. Students are primarily interested in themselves, and they frequently expect from literature if not guidance then at least a clarification or articulation of their own situation in life and of the fundamental problems with which they are confronted.

After many years of experimenting, exchanging texts, discarding some, adding others, debating them with my students and with myself, I found to my surprise that the overwhelming majority of the students were quite willing and able to integrate seemingly remote texts into their own life sphere, provided these texts really dealt with basic human experience, and that mere topicality very often was not enough to hold their interest. Emboldened by this response, I gradually became convinced that it is indeed possible to aim at two apparently incompatible goals: to read texts which are or can be made truly "relevant" to the student and, at the same time, to convey an image of the inner development of a foreign literature in its historical, social, and philosophical context. I also believe that this can be done at an earlier stage of the student's language proficiency than is generally assumed.

My concept of "literature" has been broad. Transcending the usual confines of drama, poetry, and narrative, I have included religious treatises, philosophical essays, political pamphlets, letters, and memoirs. Needless to say that any selection from the abundant material at our disposal must be determined by two considerations: the linguistic limitations of the students and the limited time available. As much as I could, I have tried to find texts which, though brief, are complete in themselves or, when taken from larger

xiii

works, have unity or independence. However, I have not refrained from occasionally using shorter excerpts when this seemed possible — as for instance with letters — without destroying or endangering the aesthetic unity of a given work of art.

To be specific and to give a few examples, since this is an issue that indeed raises questions of principle: I am convinced that one can single out four sentences from Kant's essay *Was ist Aufklärung?* and demonstrate from these few sentences the clarity and precision of Kant's mind as well as the methodical procedure of philosophical argument. In all its brevity, this statement is a model of autonomous and independent thinking and one of the most compact and satisfying definitions of "Enlightenment" — a concept on which still depends so much of our civilization as well as the tenets of our society. Or to take another example: it may not be feasible, at the level of which we are speaking, to read a lengthy play of more than 5000 lines such as Schiller's *Don Carlos*. However, it seems entirely possible to convey from a central scene of it — the encounter between King Philip and Marquis Posa — an idea of Schiller's dramatic artistry and perhaps of drama in general, its focus upon conflict, and its forward motion in terms of struggle; one also might at the same time gain some insight into the dialectics of power and the nature of political man.

Although I cannot hope to convince those of my colleagues who refuse to read with their students anything but complete and unabridged literary works, I would at least say in defense of my approach that I find it hard to imagine that anyone who has read Rilke's *Archaischer Torso Apollos* and has been moved by it would still consider a fragment from a great work a mere "snippet," and be unable or unwilling to discover in a part the substance, structure, and life of the whole. To be sure, an overture is not the opera; still, it tells a lot about it. Similarly, the beginning of, say, *Heinrich von Ofterdingen* tells much about the whole novel, an unfinished novel, by the way, which no one refuses to read because it is a fragment.

I must, however, confess to another problem that at times was very much on my mind: it was the fear that the very principle of selection — the decision to choose only material with which the student would be able to deal from his own perspective, in relation to himself — might produce a medley of student-oriented texts without cohesion and without unity. Here, however, history came to the rescue. Manifestly, the mere chronological order in which the texts are presented establishes, almost without effort, certain obvious patterns. Great themes appear and unfold, go through developments and variations, disappear and recur, and finally become exhausted, not unlike the movements of a symphony.

It has been the purpose of the introductions to reinforce this experience by attempting to place the texts into the context — historical, social, intellectual, political — in which they exist. These introductions have not been written to a formula, and vary in length and perspective; they are more concerned with the uniqueness and individuality of a given work and its author than with their proper place within genres and movements; they try to lead toward a passage but not to dispose of it by classification and literary pigeonholing, and they avoid duplicating the usual biographical summaries and bibliographical lists which the students will easily find in the encyclopedias available at their library.

Normally only the date of publication of a given work is listed, but whenever there is a considerable discrepancy between the time of a work's origin and of its publication, the date of origin is added in square brackets.

The fact that the introductions are written in German is almost an innovation. It is, however, based on generally accepted pedagogical principles. Everybody seems to agree that a student who reads a foreign language should read and not translate. Why then not avoid the constant and disturbing alternation between German text and English introduction? There really is no valid reason to assume that a student who can read a German literary text cannot also read a German introduction, provided it is brief and linguistically simple. Such a procedure has an additional advantage: it makes it possible to develop a basic critical vocabulary and to steer the student away from the usual "Fragen" toward a somewhat more sophisticated discussion. From my own experience, I can only say that students acquire such a vocabulary easily as they go along.

For the same reason Henry J. Schmidt, in undertaking the glosses, decided to underscore wherever possible the "German-only" focus of the Anthology. English is used either to supplement German synonyms and explanations, or where no relatively simple German formulation came to mind. We avoided translating complete sentences, since this usually tempts the student to ignore the original text. Aided by a German paraphrase instead of an English translation, the student may occasionally have to spend a little more time on a difficult passage, but we feel confident he will learn more German in the process. The glosses cover:

1 Words not found in the *Langenscheidt Standard Dictionary* (McGraw-Hill Book Company), *Cassell's New German Dictionary* (Funk and Wagnalls Company), or in similar standard dictionaries.
2 Uncommon words, words used in an unusual manner, words whose proper meaning in context cannot readily be found in a dictionary.
3 Idioms.
4 Unusually complex syntax.
5 Geographical locations, historical figures and events, etc.
6 Cross references, directing the student to related material in the Anthology.

Pedagogical considerations have also led me to aim, at least up to a point, at a certain gradual progression from easy to more difficult texts. Unfortunately, one consequence of this endeavor has been an unavoidable slighting of the Middle Ages; yet any attempt to do them justice would have met with insurmountable obstacles. No doubt some readers will find it reckless that I have dared simply to retell some of the great medieval stories, yet here, again, practical considerations were decisive. This insistence upon easy texts at the beginning has, as it seems to me, the great advantage that, right from the start, the student can proceed with a certain amount of speed and that, at the time when he meets, as in Lessing's *Ringparabel*, the first syntactically more complex sentences, he already has gained ease and confidence. Thus I found it entirely possible to use this book in the second year of college German. Whenever I did this, I omitted some of the more involved or difficult texts. I have also read it with more advanced classes. In this case the students read additional material of which there is a great choice in inexpensive editions.

Up to the eighteenth century, I have either translated or modernized the texts or used, as indicated, existing modernizations. Throughout the book I have abbreviated whenever it seemed feasible to do so without damage to the text. Here again, not everybody will agree with me; yet in making cuts, as in the scene from Schiller's *Don Carlos*, I felt that I took no more liberties than any stage director who cuts a play in order to hold the attention of his audience. These cuts are normally not indicated by . . . or [. . .] , except in a few cases where I felt I had to signify a major break in the context. Here, too, the practical demands of readability were decisive; the necessity to interrupt the text of Luther's *Von der Freiheit eines Christenmenschen* or Büchner's *Der Hessische Landbote* again and again by . . . or [. . .] would simply have been too disturbing. Yet I believe that in these and in other cases the texts have not been dismembered but, with their substance essentially intact, condensed into a form manageable at the introductory level of language instruction.

The length or brevity of a given piece or the space allotted to an author is no indication of their historical "importance;" neither does the fact that quite a few authors are not represented mean that they are "unimportant." Sometimes I simply was unable to find a suitable selection; sometimes the students were unresponsive to what to me seemed significant; some authors were too difficult, and there always was the overriding consideration of limited space. I regret that, to name only a few, writers such as Walther von der Vogelweide, Gottfried von Straßburg, Klopstock, Heinse, Winckelmann, Georg Forster, Friedrich Schlegel, Gotthelf, Hebbel, Storm, Raabe, Eduard von Keyserling, and others are not represented. Even so, I earnestly hope that the texts of this book will give the student a first experience of some of the great figures of German literature as well as a sense of its development and drama. I also hope that these texts convey, in the sequence in which they appear, a feeling for man's historicity, and the strange interplay of change and continuity as he moves through the centuries. Taught and studied in this spirit, the texts of this anthology ought to make a contribution to the study of the humanities wherever their teaching is still of vital concern to our educational effort.

I cannot conclude these remarks without thinking with gratitude of the students at Mills, Ohio State, Harvard, and the University of California at San Diego, whose active interest, and at times even prodding, has been the actual mainspring of this book.

Bernhard Blume

I. VOM GEIST DES GERMANENTUMS

Wer heute von Westen kommend mit dem Flugzeug über Deutschland fliegt, erblickt unter sich ein dicht besiedeltes Land. Dorf reiht sich an Dorf, Stadt an Stadt, dazwischen liegen sorgfältig bebaute Felder, vom Netz der Autostraßen und Bahnlinien durchzogen. Noch vor zweitausend Jahren hätte das Auge fast nichts als Wälder gesehen, nur selten von einer Lichtung durchbrochen, hier und da eine kleine Ansiedlung, einen einsamen 5 Hof. Selbst das Wort Deutschland gab es noch nicht. Was heute so heißt, war damals ein kaum erforschtes, von primitiven Stämmen bewohntes Gebiet, das die Römer *Germania* nannten. Städte gab es nur im Westen, am Rhein; sie waren von Römern erbaut worden: Köln (Colonia Agrippina), Bonn (Bononia), Koblenz (Confluentes), Straßburg (Argentoratum). Im Süden hatten die Römer die Donau[1] erreicht; über Rhein und Donau hinaus 10 bis gegen die Elbe drangen sie nur zeitweilig vor. Die berühmte Schlacht im Teutoburger Wald (9 n. Chr.[2]), in der ein römisches Expeditionsheer von germanischen Stämmen unter ihrem Führer Hermann dem Cherusker (Arminius) vernichtet wurde, machte allen Eroberungsversuchen ein Ende. Später, etwa vom vierten Jahrhundert ab, als asiatische Völker von Osten her auf sie zu drücken begannen, brachen germanische Stämme in das 15 Römerreich ein und zerstörten es zuletzt. Dies ist die Zeit der Völkerwanderung.

Von den Germanen der Frühzeit wissen wir nur wenig, im ganzen was die Römer, vor allem Tacitus, über sie berichtet haben. Nur auf Island, das von Skandinaviern besiedelt war, hat sich eine umfangreichere Literatur erhalten. Diese Literatur ist erst viel später, vom zwölften Jahrhundert ab, aufgezeichnet worden, doch spiegelt sie Zustände 20 einer viel früheren Kulturstufe. Vor allem sind es isländische Prosaerzählungen, die sogenannten *Sagas*, die uns ein anschauliches Bild der damaligen Verhältnisse geben. Die Geschichte von *Thorgeirs Vaterrache* ist eine Episode aus einer solchen Saga: ein Fünfzehnjähriger rächt den Tod seines Vaters. In dieser Welt kriegerischer Bauern, in der es noch keine Polizei gibt, wird schon vom jungen Menschen Mut und Härte erwartet und 25 die Fähigkeit, sich gegen Feinde selbst zu schützen. Die Verse aus dem *alten Sittengedicht* mögen als weiteres Beispiel dieses harten und nüchternen Lebensgefühls dienen. Sie sind der *Edda* entnommen, einer Sammlung von Liedern, die im dreizehnten Jahrhundert auf Island niedergeschrieben worden, aber früher entstanden sind. Ihren wohl großartigsten Ausdruck jedoch hat die germanische Welt im *Nibelungenlied* gefunden. Auch das 30 Nibelungenlied ist erst spät niedergeschrieben worden, um 1200, von einem unbekannten

---

[1] **die Donau:** *the Danube river*   [2] **9 n. Chr:** 9 Jahre nach Christus (oder Christi Geburt); *9 A.D.*

österreichischen Dichter; doch ist dies nur die letzte Stufe einer langen mündlichen Überlieferung, die bis in die wilde Zeit der Völkerwanderung zurückreicht. Damals als die Hunnen unter Attila tief nach Westeuropa vorstießen, saß am Rhein der germanische Stamm der Burgunder. Dieses burgundische Reich wurde von den Hunnen vernichtet

5 (436); die überlebenden Burgunder flüchteten nach Westen (Bourgogne); Attila selbst freilich wurde im Jahre 451 in der Nähe von Troyes von einem aus Römern und Germanen gebildeten Heere entscheidend geschlagen und starb zwei Jahre später unter geheimnisvollen Umständen in seiner Hochzeitsnacht mit einer, wie es hieß, germanischen Prinzessin namens Hildico. Entstellt, völlig verändert und doch immer noch erkennbar,

10 hat sich manches von diesen Ereignissen durch acht Jahrhunderte im Gedächtnis der Menschen erhalten: dem Gunther des *Nibelungenliedes* entspricht ein burgundischer König Gundahari; der Ostgotenkönig Theoderich erscheint im *Nibelungenlied* als Dietrich von Bern (Verona), und der Hunnenkönig Etzel ist natürlich Attila. Siegfried freilich, der glanzvolle Held des Nibelungenliedes, dessen Tod so furchtbar gerächt wird, ist keine

15 historische sondern eine märchenhafte Figur, von dessen Taten zahlreiche germanische Sagen berichtet haben. Noch spät, im neunzehnten Jahrhundert, taucht er in Richard Wagners *Ring des Nibelungen* wieder auf.

THORGEIRS VATERRACHE

Aus der FOSTBROEDRA SAGA [11. Jahrhundert]

Ein Mann hieß Havar. Er wohnte auf dem Hof Gletscherquell.[1] Seine Frau war Thorelf. Sie hatten einen Sohn namens Thorgeir. Er was früh entwickelt, groß,

20 kräftig und kampflustig. Schon in jungen Jahren nahm er Schild und Schwert in die Hand.

Auf dem Hof Schalenhang[2] wohnte ein Mann namens Jödur. Ein großer Häuptling[3] und Haudegen[4] war er, streitsüchtig und ungerecht, aber mächtig und einflußreich im Bezirk. Er hatte viele Totschläge vollbracht[5] und hatte sie niemals

25 mit Geld gebüßt.[6]

Einmal im Winter ritt Jödur mit seinen Knechten nach Ackerspitze,[7] um Mehl zu kaufen. Sie kamen as Havars Gehöft[8] vorüber, und Jödur bat Havar, ihm ein Pferd zu leihen für seine Fahrt. Havar lieh ihm das Pferd, sagte aber: „Ich will, daß du das Pferd auf dem Rückweg hier läßt. Länger sollst du es nicht haben."

30 Jödur versprach es. Er ritt nach Ackerspitze und kaufte wie beabsichtigt Mehl ein. Sobald er alles erledigt hatte, machte er sich auf den Heimweg.[9]

Als sie wieder an Havars Hof vorüberkamen,[10] sagten die Knechte, daß man

---

[1] Gletscherquell: *"glacial spring"* *(The farms are presumably named after nearby landmarks.)*
[2] Schalenhang: *"bowl-like slope"*   [3] Häuptling: Hauptmann, Führer   [4] Haudegen: Kämpfer
[5] hatte viele Totschläge vollbracht: hatte viele Männer getötet   [6] mit Geld gebüßt: *atoned (for)
with money*   [7] Ackerspitze: *"land-peak"*   [8] Gehöft: Farm, Bauernhof   [9] machte er sich auf den
Heimweg: begann er den Heimweg   [10] vorüberkamen: vorbeikamen

Havar das Pferd zurückgeben müßte. „Ich habe keine Lust, mich damit aufzuhalten!" erwiderte Jödur, „das Pferd sol seine Last bis nach Hause tragen, und ich
schicke es zurück, sobald ich es nicht mehr brauche." − „Tu, was du willst",
meinten[11] die anderen, „doch hat es Havar nie geliebt, daß seine Bestimmungen
mißachtet werden." − „Darum werden wir uns nicht kümmern", sagte Jödur.   5

Havar sah die Schar kommen und erkannte, wer es war. Er ging auf sie zu,
grüßte und sagte: „Jetzt mußt du das Pferd hierlassen, Jödur!" − „Du wirst es mir
doch bis nach Hause leihen", erwiderte Jödur. − „Ich will nicht, daß das Pferd
weiter mitkommt", sagte Havar. − „Dann werden wir das Pferd behalten, ob du es
willst oder nicht!" rief Jödur. − „Kann sein, daß es dazu kommt", versetzte Havar.   10
Er lief zum Pferd, warf die Last herunter, ergriff es bei den Zügeln und wollte es
nach Hause führen. Jödur hatte einen Speer mit Widerhaken[12] in der Hand. Er
stürzte auf Havar zu und durchbohrte ihn. Die Wunde kostete Havar das Leben.
Darauf nahm Jödur das Pferd und führte es nach Hause.

Havars Hausgenossen[13] fanden, daß er reichlich[14] spät nach Hause käme. Sie   15
begannen nach ihm zu suchen und fanden ihn dort liegen, wo Jödur ihn erschlagen
hatte. Das schien ihnen ein großes Ereignis zu sein. Die Kunde[15] von Havars Tod
verbreitete sich rasch über den Bezirk.

Havars Sohn, Thorgeir, befand sich damals bei seinem Freund Thormod im
Eisfördenbezirk.[16] Als ihn die Nachricht von dem Tode seines Vaters erreichte, ließ   20
er sich über die Breitförde[17] rudern und machte sich auf den Weg nach Süden. Die
Wege waren gut, und in der ganzen Gegend gab es keinen Schnee. Die Gewässer
waren alle zugefroren. Als Thorgeir über die Weißach[18] gekommen war, nahm er
Richtung auf Schalenhang. Es war neblig und lau.[19] Er war dunkel, auch weil es
Nacht zu werden begann.   25

Am späten Abend kam Thorgeir nach Schalenhang. Die Tür war schon
geschlossen, und die Leute waren gerade aus der Küche in die Stube gegangen. In
der Stube brannte Licht. Thorgeir pochte an die Tür. Jödur sagte: „Es ist an die Tür
geklopft worden. Gehe einer hinaus!" Ein Knecht schaute hinaus und sah einen
bewaffneten Mann vor der Tür stehen. „Wer bist du?" fragte er. „Ich heiße   30
Vigfus!"[20] antwortete der Mann. „Tritt ein!" sagte der Knecht, „du kannst Obdach
haben!" − „Ich nehme kein Obdach an von einem Knecht. Sage dem Jödur, daß er
herauskommen soll." Der Knecht ging wieder hinein, und Thorgeir blieb
draußen. Als der Knecht wieder in der Stube war, fragte Jödur: „Wer ist da
draußen?" − „Ich habe keine Ahnung, wer es ist. Er weiß es ja selber nicht!"   35
antwortete der Knecht. „Was hat er denn dazu gesagt?" − „Er hat gesagt, daß er
sich von Knechten nicht einladen ließe. Du selbst möchtest[21] herauskommen."

Jödur nahm einen Speer und setzte sich einen Helm auf. Darauf ging er mit
zwei Knechten zur Tür. Er sah einen Mann davor stehen, senkte den Speer und
setzte ihn mit der Spitze auf die Schwelle. Er fragte, wer der Ankömmling sei. „Ich   40
heiße Thorgeir!" sagte der Mann. − „Was für ein Thorgeir bist du?" − „Ich bin

---

[11]meinten: sagten   [12]Widerhaken: *barb*   [13]Hausgenossen: *housemates*   [14]reichlich: sehr
[15]Kunde: Nachricht, Neuigkeit   [16]Eisfördenbezirk: *"ice-fjord region"*   [17]Breitförde:
Breidafjördur, ein großer Fjord in Nordisland   [18]Weißach: ein Fluß   [19]lau: warm   [20]Vigfus:
Der Name, den Thorgeir sich gibt, bedeutet „zum Totschlag bereit".   [21]möchtest: sollst

Havars Sohn." – „In welcher Angelegenheit bist du gekommen?" – „Was es für eine Angelegenheit wird, weiß ich noch nicht. Ich will fragen, ob du mir Buße zahlen willst für die Erschlagung[22] meines Vaters". „Hast du denn noch nie gehört, daß ich schon manchen Mann erschlagen und doch niemals Buße gezahlt habe

5 dafür?" – „Darüber ist mir nichts bekannt. Doch, wie dem auch sei,[23] mir kommt es zu, diese Buße zu fordern, denn der Hieb traf mich nahe." Da sagte Jödur: „Es liegt mir nicht ganz fern,[24] dir irgendwie entgegenzukommen. Büßen aber kann ich den Tod deines Vaters nicht, Thorgeir, denn dann wird manch anderer der Meinung sein, daß ich auch ihm eine Buße zu zahlen hätte." So sprachen sie weiter. Thorgeir

10 stand in einem gewissen Abstand von der Tür. Er hatte einen Speer in seiner Rechten und hielt ihn mit der Spitze nach vorn. In der Linken hatte er eine Axt. Jödur und seine Leute konnten draußen schwer etwas erkennen, da sie aus dem Licht gekommen waren. Thorgeir dagegen konnte leichter sehen, wie sie in der Tür standen. Als sie es am wenigsten erwarteten, trat Thorgeir heran und durchbohrte

15 Jödur mit dem Speer, so daß er seinen Leuten in die Arme fiel. Darauf entfernte sich Thorgeir schnell im Dunkel der Nacht. Die Knechte aber bemühten sich um Jödur.

Fünfzehn Jahre alt war Thorgeir, als er diesen Totschlag vollbrachte.

Thorgeir ging geradewegs nach Hause. Als er dort angelangt war, klopfte er an

20 die Tür, mußte aber lange warten, bis jemand kam. Thorelf, seine Mutter, weckte einen Knecht, damit er hinausginge. Der rieb sich die Augen und zeigte wenig Neigung aufzustehen. „Unnötig scheint es mir aufzustehen, wenn Leute bei nachtschlafender Zeit[25] kommen!" sagte er. – „Wenn einer bei Nacht und Nebel kommt, wird er schon einen Grund haben", sagte Thorelf. – „Das scheint mir nicht

25 so sicher!" erwiderte der Knecht, erhob sich ziemlich langsam, ging zur Tür und öffnete. Da sah er vor der Tür einen Mann stehen in der Dunkelheit. Der Knecht sagte nichts und ging wieder zu seinem Bett, legte sich hin und deckte sich zu. Thorgeir trat ins Haus, schloß die Tür und ging in die Stube.

„Wer war da?" fragte Thorelf den Knecht. „Erstens weiß ich es nicht und

30 zweitens will ich es auch nicht wissen", antwortete der Knecht. – „Wenig wißbegierig[26] bist du!" entgegnete Thorelf. Dann sprach sie zu einer Magd: „Steh auf, geh in die Stube und sieh nach, was es für ein Mann ist, der hergekommen ist." Die Magd stand auf, ging zur Stube, öffnete die Tür auf einen Spalt und fragte, ob da jemand wäre. „Gewiß ist hier jemand", war die Antwort. Sie fragte, wer da sei.

35 „Ich heiße Thorgeir", wurde geantwortet. Die Magd schloß darauf die Tür und ging wieder in die Schlafstube. „Wer ist gekommen?" fragte Thorelf. „Ich glaube, dein Sohn Thorgeir ist gekommen", antwortete die Magd.

Da stand Thorelf auf, machte Licht und ging in die Stube. Sie begrüßte herzlich ihren Sohn und fragte, was geschehen sei. „Eine Wunde ist heute auf

40 Schalenhang geschlagen worden",[27] sagte Thorgeir. „Wer hatte Teil daran?" fragte Thorelf. „Ich kann nicht bestreiten, daß ich dabei war", erwiderte Thorgeir. „Wie

---

[22] Erschlagung: Tötung   [23] wie dem auch sei: das mag sein, wie es will; *be that as it may*   [24] es liegt mir nicht ganz fern: ich wäre nicht ganz unwillig; *I would not be completely reluctant*   [25] bei nachtschlafender Zeit: spät in der Nacht   [26] wißbegierig: neugierig; *inquisitive*   [27] eine Wunde ist ... geschlagen worden: jemand ist verwundet worden

groß war die Wunde?" – „Ich glaube nicht, daß die Wunde, die er von mir bekam, einen Verband brauchte. Meinem Speer konnte ich es ansehen, daß er ganz hindurchgegangen war. Und der Mann fiel zurück in die Arme seiner Leute! Da rief Thorelf aus froher Brust: „Wie ein Mann hast du dich benommen, mein Sohn. Heil über deine Hände! Warum haben dich denn aber seine Leute nicht verfolgt?" – 5 „Zunächst hatten sie anderes zu tun", sagte Thorgeir, „und später war nicht mehr viel von mir zu sehen bei dieser Dunkelheit." – „So wird es gewesen sein",[28] sagte Thorelf. Und Thorgeir bekam sein Abendessen.

Thorgeir und seine Mutter verkauften ihren Besitz und zogen in eine andere Gegend. Im Sommer wurde ein Vergleich[29] abgeschlossen mit der Sippe des Jödur. 10

(übersetzt von Konstantin Reichardt)

---

[28] so wird es gewesen sein: so muß es gewesen sein   [29] Vergleich: *agreement*

Aus DAS ALTE SITTENGEDICHT

(EDDA)   [13. Jahrhundert]

Nach allen Türen, eh ein man tritt,[1]
soll sorglich man sehn, soll scharf man schaun:
nicht weißt du gewiß, ob nicht weilt ein Feind
auf der Diele vor dir.[2]

5   Der Achtsame, der zum Essen kommt,
horcht scharf und schweigt;
die Ohren spitzt er,[3] mit den Augen späht er:
der Besonnene sichert sich.

Nicht klebe man am Becher,[4] trinke Bier mit Maß,
10   spreche gut oder gar nichts;
niemand wird dein Benehmen tadeln,
gehst du bald zu Bett.

Der Unweise wähnt bei allen sich,
die ihm lächeln, beliebt;[5]
15   nicht erkennt ers,[6] daß man kalt von ihm spricht,
wenn er bei Besonnenen sitzt.

Gut ist ein Hof, ist er groß auch nicht:[7]
daheim ist man Herr;
hat man zwei Ziegen und aus Zweigen ein Dach,
20   das ist besser als betteln gehn.

Jung war ich einst, einsam zog ich,
da ward[8] wirr mein Weg;
glücklich war ich, als den Begleiter ich fand:
den Menschen freut[9] der Mensch.

---

[1] eh ein man tritt: ehe man eintritt *(The translation adheres to the archaic word order of the original.)*   [2] ob nicht weilt ein Feind / auf der Diele vor dir: ob nicht ein Feind in der Vorhalle vor dir wartet   [3] die Ohren spitzt er: er horcht scharf; *he pricks up his ears*   [4] nicht klebe man am Becher: man trinke nicht zu viel   [5] Der Unweise wähnt bei allen sich, / die ihm lächeln, beliebt: der Dumme glaubt, daß alle, die ihn anlächeln, ihn auch lieben   [6] ers: er es   [7] ist er groß auch nicht: auch wenn er nicht groß ist   [8] ward: wurde   [9] freut: erfreut

Seinem Freunde soll ein Freund man sein
und des Freundes Freunde auch;[10]
doch nehmen soll man sich nie zum Freund
seines Feindes Freund.

Von seinen Waffen gehe weg der Mann   5
keinen Fuß auf dem Feld:[11]
nicht weiß man gewiß, wann des Wurfspießes[12]
draußen man bedarf.[13]

Besser ists, lebend als leblos zu sein:
wer lebt, kriegt[14] die Kuh   10
Feuer sah ich rauchen auf des Reichen Herd,
doch er lag tot vor der Tür.

Der Handlose hütet, der Hinkende reitet,
tapfer der Taube kämpft;
blind ist besser als verbrannt zu sein: 15
nichts taugt mehr, wer tot[15]

Ein Sohn ist besser, ob geboren auch spät[16]
nach des Hausherrn Hingang:[17]
nicht steht ein Denkstein[18] an der Straße Rand,
wenn ihn ein Gesippe nicht setzt.[19]   20

Besitz stirbt, Sippen sterben,
du selbst stirbst wie sie;
eins weiß ich, das ewig lebt:
des Toten Tatenruhm.[20]

(übersetzt von Felix Genzmer)

---

[10]und des Freundes Freunde auch: und auch dem Freunde seines Freundes   [11]keinen Fuß auf
dem Feld: keinen einzigen Schritt in offener Gegend   [12]Wurfspieß: ein Speer, den man wirft
[13]wann des Wurfspießes . . . man bedarf: wann man seinen Wurfspieß . . . braucht   [14]kriegt:
bekommt   [15]nichts taugt mehr, wer tot: der Tote ist wertlos   [16]ob geboren auch spät: auch
wenn er spät geboren wurde   [17]Hingang: Tod   [18]Denkstein: *memorial*   [19]wenn ihn ein
Gesippe nicht setzt: wenn ihn ein Verwandter nicht aufstellt   [20]des Toten Tatenruhm: *the fame
of the dead man's deeds*

DAS NIBELUNGENLIED [um 1200]

(*nacherzählt*)

Zu Worms am Rhein, im burgundischen Reich, lebt eine junge Königstochter, Kriemhild mit Namen. Drei Brüder schützen sie, Gunther, Gernot, und Giselher. Eines Nachts träum Kriemhild, wie ein wilder Falke, den sie aufgezogen hat, von zwei Adlern zerrissen wird. Sie erzählt den Traum ihrer Mutter Ute. Die deutet ihn:
5 „Der Falke ist ein edler Mann, den du gewinnen wirst; möge Gott ihn schützen, daß du ihn nicht allzu früh verlierst." Doch Kriemhild glaubt ihr nicht. Nie, sagt sie, wolle sie einem Manne gehören, nie solle Freude ihr sich in Leid verwandeln.

Um diese Zeit erscheint am Hof in Worms[1] Siegfried, ein Königssohn aus den Niederlanden. Er ist ein weit berühmter Held; überall singen die Sänger von seinen
10 Taten. Er hat in Drachenblut gebadet, kein Mann kann ihn verwunden; den fabelhaften Schatz der Nibelungen hat er gewonnen; das scharfe Schwert Balmung gehört ihm, auch eine Tarnkappe,[2] die ihn unsichtbar macht.

Siegfried wirbt um Kriemhild. Doch Gunther verlangt zuerst einen Dienst. Fern über See, auf Island, wohnt die Königin Brunhild. Wer ihre Liebe gewinnen will,
15 muß in drei Kampfspielen Sieger über sie werden: im Speerschießen, Steinwurf und Springen. Fehlt er in einem, so hat er das Leben verloren. Zusammen machen Siegfried und Gunther die Reise; unsichtbar steht Siegfried bei Gunther und hilft ihm den Wettkampf gewinnen; besiegt folgt Brunhild Gunther an den Rhein.

Mit großer Pracht wird in der Königsburg zu Worms die Doppelhochzeit
20 gefeiert. Doch Brunhild weint, wie sie in der Halle Siegfried bei Kriemhild sitzen sieht. Sie will nicht dem schlechteren Manne gehören, nachts bindet sie Gunther Hände und Füße zusammen und läßt ihn bis zum Morgen in Fesseln hängen. Noch einmal muß Siegfried, unsichtbar, Brunhild für Gunther bezwingen. Ring und Gürtel, die er ihr abnimmt, schenkt er seinem Weibe Kriemhild.

25 Brunhild aber kann Siegfried nicht vergessen; mit bösen Augen sieht sie Kriemhilds Glück. Auf der Treppe zum Münster, beim Kirchgang, kommt es zum Streit zwischen den Königinnen. Höhnisch zeigt Kriemhild der Feindin Brunhild Ring und Gürtel, die Siegfried ihr im Übermut gegeben hat. Da verstummt Brunhild, doch tödlich beleidigt sinnt sie auf Rache.

30 Hagen von Tronje, der mächtigste Vasall König Gunthers, wird ihr Werkzeug. Siegfried muß sterben; der schwache Gunther fügt sich. Falsche Boten werden bestellt und melden Krieg. Kriemhild hat böse Ahnungen, und beim Abschied bittet sie Hagen, dem sie ganz vertraut, in der Schlacht über Siegfrieds Leben zu wachen. Sie verrät ihm, daß Siegfried nicht unverwundbar ist: beim Baden im Drachenblut
35 ist ihm ein Lindenblatt zwischen die Schultern gefallen. Auf Hagens Wunsch näht sie ein Kreuz auf Siegfrieds Gewand, um ihm die Stelle zu bezeichnen.

---

[1] **Worms:** Stadt am Rhein   [2] **Tarnkappe:** ein Mantel, der unsichtbar macht

Dann wird plötzlich der Kriegszug abgesagt; statt dessen reiten die Fürsten zur Jagd in den Odenwald.[3] Als Siegfried, vom Jagen erhitzt, sich über eine Quelle beugt, um zu trinken, rennt Hagen ihm den Speer zwischen die Schultern. Nachts bringen sie den toten Siegfried über den Rhein, zurück in die Burg, und legen ihn auf Hagens Befehl vor Kriemhilds Tür. Dort findet sie ihn am Morgen, auf dem Weg 5 zur Frühmesse; Burg und Stadt erschallen von ihrer Klage. Räuber, heißt es, haben den Helden erschlagen. Doch Kriemhild weiß, wer die Mörder sind: als Hagen vor Siegfrieds Sarg tritt, fangen die Wunden des Toten wieder an zu bluten. Mehr als vier Jahre spricht Kriemhild mit ihrem Bruder kein Wort; ihren Todfeind Hagen sieht sie niemals; doch täglich geht sie zum Grabe des Geliebten. Mit vollen Händen 10 aber teilt sie Siegfrieds Gold aus, den Nibelungenschatz; viele Freunde schafft ihr der Hort. Da nimmt ihr Hagen, der ihre Rache fürchtet, den Schatz und versenkt ihn im Rhein. Nur er und die Könige wissen den Platz; sie schwören sich einen Eid, daß, solange sie leben, ihn niemand erfahren soll.

Dreizehn Jahre trauert Kriemhild um Siegfried. Da stirbt im fernen Ungarn[4] 15 Frau Helke, die Gemahlin Etzels, des mächtigen Königs der Hunnen. Als Etzel sich aufs neue[5] vermählen will, schlägt man ihm Kriemhild vor. Markgraf[6] Rüdiger, des Königs treuester Vasall, wird nach Worms geschickt und soll um Kriemhild werben. Den Nibelungen — so heißen die Burgunden jetzt nach dem Schatz — ist die Werbung willkommen; Hagen jedoch rät ab. Auch Kriemhild weigert sich zunächst; 20 erst als Rüdiger sie ein zweites Mal aufsucht und ihr schwört, daß er und seine Ritter alles Leid, das ihr geschehe, rächen wollen, willigt sie ein und folgt ihm ins Hunnenland.

Jahre vergehen. Kriemhild bleibt eine Fremde an Etzels Hof; heimlich denkt sie noch immer an Siegfrieds Tod. Doch langsam reift der Plan zur Rache in ihr, und 25 schließlich bestimmt[7] sie König Etzel, ihre Verwandten zu einem Fest nach Etzelnburg einzuladen. Nichtsahnend[8] willigt Etzel ein; wieder werden Boten nach Worms geschickt, und wieder rät Hagen ab. Nur zu gut weiß er, daß Kriemhild unversöhnlich ist. Aber als Gernot und Giselher ihm vorwerfen, daß die Furcht aus ihm spreche, schließt er sich ihnen an. Doch ist Hagen nicht der einzige, der warnt: 30 nachts hat die alte Königin Ute einen Traum, daß alle Vögel unter dem Himmel tot zur Erde gefallen seien, und Brunhild, ihr Kind auf dem Arm, bittet Gunther, in der Burg am Rhein zu bleiben. Aber nun treibt Hagen zur Fahrt, und ohne auf Bitten und Warnungen zu achten, ziehen[9] die Könige ins Hunnenland. Ein großes Heer begleitet sie; an der Spitze reitet Hagen. 35

Als sie auf ihrem Marsch an die Donau kommen, ist der Fluß weit über die Ufer getreten und nirgends ein Schiff zu sehen. Wie Hagen am Ufer nach einer Fähre sucht, trifft er zwei Wasserweiber;[10] die sagen ihm, daß vom ganzen Heer nur der Kaplan nach Hause zurückkehren wird. Hagen lacht über die Weissagung und geht weiter; er findet einen Fährmann, raubt ihm sein Schiff und setzt das ganze Heer 40 über. Bei der letzten Fahrt erblickt er den Kaplan im Schiff; er nimmt ihn und wirft ihn über Bord. Wie der Mann schwimmend das Schiff wieder zu erreichen sucht,

---

[3] **Odenwald:** Bergland östlich des Rheins   [4] **Ungarn:** *Hungary*   [5] **aufs neue:** *again*   [6] **Markgraf:** *margrave (military governor, usually of a border province)*   [7] **bestimmt:** überredet . . . dazu
[8] **nichtsahnend:** *unsuspecting*   [9] **ziehen:** reisen   [10] **Wasserweiber:** Nymphen

stößt Hagen ihn nur tiefer in die reißende Flut; da wendet sich der Kaplan und kommt zuletzt auch glücklich ans andere Ufer. Als Hagen ihn drüben stehen sieht, sein nasses Gewand schüttelnd, weiß er, daß sie alle verloren sind. Da schlägt er das Schiff in Stücke. Und als einige sich wundern und fragen, wie sie denn auf der
5 Rückreise über den Fluß kommen sollen, sagt er ihnen, daß keiner ein Schiff zur Rückfahrt brauchen wird.

Doch kommen zunächst noch gute Tage. Markgraf Rüdiger, durch dessen Gebiet sie nun ziehen, nimmt sie gastfreundlich auf. Drei Tage lang wird ein großes Fest gefeiert; es gipfelt in Giselhers Verlobung mit Rüdigers Tochter Dietlinde.
10 Reiche Geschenke nehmen die Gäste beim Abschied auf den Weg: Gernot erhält von Rüdiger ein Schwert, Hagen einen kostbaren Schild. Mit eigener Hand hebt ihn die Markgräfin von der Wand; es ist der Schild ihres toten Sohnes. Rüdiger selbst begleitet die Gäste an den Hof des Königs.

Vor Etzelnburg kommt ihnen Dietrich von Bern entgegen, der gewaltigste
15 Held am Hofe Etzels. Ob sie wüßten, fragt er sie, daß Kriemhild noch jeden Morgen um Siegfried weine? „Laß sie weinen," erwidert Hagen trotzig, „Siegfried ist lange tot, der kommt nicht wieder."

Kriemhild steht am Fenster, wie die Nibelungen im Schlosse einreiten. Viele drängen sich, Hagen zu sehen, den Mann, der Siegfried erschlug: er ist groß, schwarz
20 die Haare, mit Grau untermischt, furchtbar die Züge,[11] herrlich der Gang.[12] Dann geht Kriemhild, die Gäste zu empfangen. Giselher, der einzige, der dem Mord im Odenwald ferngeblieben war, ist auch der einzige, den sie küßt. Wie Hagen es sieht, bindet er sich den Helm fest. Da wendet sich die Königin zu Hagen, und fragt ihn nach dem Nibelungenhort. Der liege tief im Rhein, erwidert Hagen, auch habe er an
25 seinen Waffen genug zu tragen gehabt.

Später sieht Kriemhild Hagen mit seinem Freunde Volker, dem Spielmann, auf einer Bank im Hofe sitzen. Von einer Schar bewaffneter Hunnen gefolgt, die Krone auf dem Haupt, begibt sie sich zu ihnen. Volker will vor der Königin aufstehen, aber Hagen bleibt sitzen. Breit über seine Kniee legt er ein blankes
30 Schwert; an seinem Knauf[13] leuchtet ein strahlender Jaspis,[14] grüner als Gras. Kriemhild erkennt es wohl, es ist der Balmung, Siegfrieds Schwert. Laut klagt sie Hagen des Mordes an Siegfried an. „Ja," sagt Hagen, „ich habe Siegfried erschlagen. Räche es, wer da will." Doch niemand wagt, ihn anzugreifen.

Nachts halten Hagen und Volker Wache vor dem Saal, in dem die Nibelungen
35 schlafen sollen. Schweigend stehen die beiden im Dunkeln, bis Volker den Schild an die Wand lehnt, seine Fiedel ergreift und sich auf den Stein an die Tür setzt. Süß läßt er sein Lied ertönen, bis alle Helden entschlummert sind. Dann nimmt er wieder den Schild zur Hand. Später in der Nacht glänzen Helme aus der Finsternis: es sind Hunnen, von Kriemhild geschickt. Doch als sie die Tür so wohl bewacht
40 finden, kehren sie um.

Am nächsten Morgen fällt es auf, daß die burgundischen Ritter alle gewaffnet zur Kirche gehen. Nach der Kirche werden Ritterspiele abgehalten; als Volker einen

---

[11] **Züge:** Gesichtszüge; *facial features*   [12] **Gang:** *gait*   [13] **Knauf:** *pommel, knob on the hilt of a sword*   [14] **Jaspis:** *jasper stone*

Hunnen durchsticht, droht offener Streit auszubrechen, doch Etzel selbst greift ein
und kann noch einmal vermitteln. Inzwischen sucht Kriemhild Hilfe bei Dietrich
von Bern; aber Dietrich weigert sich, das Gastrecht zu verletzen. Mehr Glück hat
Kriemhild bei Etzels Bruder Blödel. Mit einer großen Schar Hunnen zieht er zur
Halle, in der Hagens Bruder Dankwart mit den Knappen[15] untergebracht ist. Sie   5
werden alle erschlagen; Dankwart ist der einzige, der sich aus dem Überfall rettet.
Blutig, mit zerhauenem Schild, schlägt er sich durch nach der Königsburg, wo Etzel
und Kriemhild mit den burgundischen Rittern beim Mittagsmahl sitzen. Eben wird
Etzels und Kriemhilds junger Sohn, Ortlieb, zu Tisch gebracht. Da steht plötzlich
Dankwart in der Tür; laut ruft er in den Saal, daß alle burgundischen Knappen von   10
den Hunnen erschlagen sind. Zornig springt Hagen auf und schlägt mit seinem
Schwert dem jungen Ortlieb das Haupt ab, daß es der Königin in den Schoß springt.
Ein wilder Kampf bricht aus. Dietrich von Bern gelingt es schließlich, Etzel und
Kriemhild zum Saal hinauszubringen; die Hunnen im Saal jedoch werden alle
niedergemacht, die Toten die Stiege[16] hinabgeworfen.   15
    Die Nibelungen atmen auf. Doch draußen stehen Tausende; draußen steht
Kriemhild und verspricht dem, der ihr Hagens Haupt bringt, einen Schild voll Gold,
dazu Burgen und Land. Dies reizt zu neuem Kampf; doch können sich die
Nibelungen in der Burg halten. Endlich unterbricht die Nacht das Morden.
Kriemhild will den Eingeschlossenen das Leben schenken, wenn sie ihr Hagen   20
ausliefern. Dies lehnen die Könige ab; lieber wollen sie alle zusammen sterben als
treulos werden. Da läßt Kriemhild Feuer an die Halle legen; bald brennt das ganze
Haus. Die Nacht durch stehen die Burgunden und wehren mit ihren Schilden das
Feuer und die fallenden Balken ab. Als die Sonne über der rauchenden Halle
aufgeht, sind sie zum Erstaunen der Hunnen noch immer am Leben.   25
    Auch ein neuer Angriff bringt keine Entscheidung. Da wendet sich die
Königin in ihrer Not an Rüdiger. Sie erinnert ihn an den Eid, den er ihr einst in
Worms geschworen hat, als König Etzels Brautwerber. Doch Rüdiger ist nicht nur
Etzels Vasall, er ist zugleich den Nibelungen in Freundschaft verbunden, seine
Tochter Giselher zur Frau versprochen. Er bittet Etzel, Land und Burg zurück-   30
zunehmen, und ihn frei zu lassen aus seinem Vasalleneid. Aber Etzel besteht auf
seinem Recht. Schweren Herzens zieht Rüdiger mit seinen Mannen[17] vor die
Königsburg. Die Nibelungen jubeln, wie sie ihn kommen sehen; sie denken, er
kommt als Freund. Doch Rüdiger muß ihnen die Freundschaft kündigen. Kein Wort
des Vorwurfs wird laut; gefaßt nehmen die früheren Freunde Abschied voneinander,   35
und noch während sie sich zum tödlichen Streit rüsten,[18] bittet Hagen Rüdiger um
einen letzten Freundschaftsdienst: sein Schild, derselbe, den er in Rüdigers Haus
erhalten hat, ist ihm zerhauen. Rüdiger reicht ihm den seinigen hinüber. Und dann
beginnt der bittere Kampf, in dem Rüdiger erschlagen wird mit dem Schwert, das er
Gernot als Freundesgabe gegeben hat. Nicht einer seiner Mannen überlebt ihn. Doch   40
auch Gernot verliert in diesem Zweikampf sein Leben.
    Lautes Klagen über den Tod so vieler Helden ertönt. Der alte Hildebrand,
Dietrich von Berns Waffenmeister, erscheint mit einer großen Schar und bittet um

---

[15] Knappen: *squires*   [16] Stiege: Treppe   [17] Mannen: *poetic equivalent for* Männern, *here
designating vassals*   [18] rüsten: bewaffnen

Rüdigers Leichnam. Sie sollen ihn nur aus dem Hause holen,[19] höhnen die Nibelungen. Dies gibt den Anlaß zu einem letzten verzweifelten Ausbruch gegenseitiger Vernichtung, in dem nur Gunther und Hagen übrig bleiben, und auf der andern Seite Hildebrand. Aus einer schweren Wunde blutend kehrt er zu Dietrich von Bern zurück, und berichtet den Tod all seiner Mannen.

Nun geht Dietrich selbst zu Gunther und Hagen. Sie sollen sich ihm ergeben, verlangt er, dann wolle er selbst sie heimbringen an den Rhein. Das solle nie geschehen, antwortet Hagen, daß zwei Männer in Waffen sich einem Einzelnen ergeben. So kämpft Dietrich erst mit Hagen, verwundet ihn und bringt ihn gebunden zu Kriemhild. Er verlangt, sie solle ihn am Leben lassen. Dann kehrt er zurück, überwältigt auch Gunther, und bringt auch ihn vor Kriemhild.

Kriemhild verspricht Hagen das Leben, wenn er ihr wiedergibt, was er ihr genommen hat: den Nibelungenhort. „Ich habe," anwortet Hagen, „einen Eid geschworen, daß ich, solange einer meiner Herren am Leben ist, nicht verraten werde, wo der Hort verborgen ist." Da läßt Kriemhild ihrem Bruder das Haupt abschlagen, und trägt es an den Haaren selbst zu Hagen. „Nun ist es so gegangen," sagt Hagen, „wie ich es mir gedacht: nun weiß niemand als ich und Gott um den Schatz. Und von mir, du Teufelin, wirst du es nicht erfahren." Da schlägt Kriemhild mit Siegfrieds Schwert, dem Balmung, Hagen das Haupt herunter. Der alte Hildebrand aber kann es nicht ertragen, daß die leben soll, die so vielen Helden den Tod gebracht hat: er springt herzu und mit einem mächtigen Schwertstreich erschlägt er sie. Mit Jammer hat das Fest geendet, schließt der Dichter sein Lied, so wie immer Freude sich am Ende in Leid verwandelt.

---

[19] sie sollen ihn nur aus dem Hause holen: sie sollen nur einmal versuchen, ihn aus dem Hause zu holen

II. CHRISTLICH-RITTERLICHES MITTELALTER

Ein deutscher Dichter des neunzehnten Jahrhunderts, Friedrich Hebbel, hat das *Nibelungenlied* dramatisiert. In Hebbels Drama ist das Ende, wie wir es kennen, entscheidend geändert: im Angesicht der toten Kriemhild und der vielen erschlagenen Helden bricht Etzel zusammen; er entsagt dem Thron, er bietet seine Krone Dietrich an, und Dietrich nimmt sie. Er nimmt sie mit den Worten: „Im Namen dessen, der am Kreuz erblich!"[1] Das heißt: im Namen Christi. Mit diesen Worten schließt das Drama. 5

Es ist klar, was Hebbel mit diesem Schluß sagen will: Menschen wie die des *Nibelungenliedes* müssen sich selbst zerstören. Solange jeder auf seinen Anspruch besteht, solange es das Recht und die Pflicht eines jeden ist, das Unrecht, das ihm geschehen ist, zu rächen, so lange folgt Gewalttat auf Gewalttat; Mord auf Mord. Größe ist möglich in einer 10 solchen Welt; es mag starke, kühne, trotzige, todesverachtende Menschen in ihr geben, die wir bewundern müssen, aber eins gibt es nicht: Friede. Den gibt nur ein höheres Prinzip, das Hebbel am Ende seines Dramas vor uns aufleuchten läßt: die Moral des Christentums. Es ist ein neues, dem Germanentum[2] völlig entgegengesetztes Ideal. Germanisch ist der Wille, sein Ich zu behaupten, christlich ist die Bereitschaft, sein Ich aufzugeben; 15 germanisch ist die Stärke, die den Feind vernichtet, christlich die Stärke, die ihm vergibt; germanisch ist der Drang, eine Welt zu erobern, christlich der Entschluß, ihr zu entsagen.

Kein Zweifel, daß das *Nibelungenlied* eine ganz und gar unchristliche Dichtung ist, obgleich es zu einer Zeit niedergeschrieben wurde, als die Germanen längst christianisiert waren. Zwar geht man ja im Nibelungenlied durchaus in die Kirche; auch ist es kein 20 Wodanspriester[3] sondern ein christlicher Kaplan, der das burgundische Heer auf seinem Zug an Etzels Hof begleitet; aber im Herzen der beiden Königinnen, Brunhild und Kriemhild, die die Treppe zum Gottesdienst im Münster emporsteigen, wohnt nichts von christlicher Demut, sondern Stolz, Haß und Eifersucht. Über der Frage, welche von ihnen vor der anderen die Kirche betreten soll, kommt es zum Streit, und aus der wilden 25 Leidenschaft der Feindinnen springt der Funke, der schließlich eine ganze Welt in Brand setzt. Wie übel der Kaplan behandelt wird, haben wir gelesen. Nein, das Christentum des *Nibelungenliedes* ist nicht mehr als ein dünner Anstrich, der den heidnischen Urgrund[4]

---

[1] erblich: starb [2] Germanentum: *Teutonism, Germanism* [3] Wodan: der höchste Gott der Germanen [4] Urgrund: Ursprung, erster Anfang

13

dieser Dichtung nicht verdecken kann: neben dem Kreuz am Wege rauscht der Wald, in dem die Drachen hausen und das Volk der Zwerge lebt, strömt der Fluß, in dem die Wasserweiber schwimmen. Längst abgetreten freilich sind die Göttergestalten germanischer Vorzeit; Tarnkappe und Siegschwert, Wahrtraum,[5] dunkle Prophetie sind die
5 letzten Reste einer früheren, magischen Welt. Doch hat der neue Christengott die Herrschaft noch nicht angetreten. Ganz wirklich ist im *Nibelungenlied* nur der Mensch, der nirgends Hilfe sucht und nirgends Hilfe findet, schicksalsbereit,[6] zum Untergang entschlossen; über ihm wölbt sich ein dunkler, götterloser Himmel.

Es ist oft gefragt worden, warum denn die Germanen überhaupt das Christentum
10 angenommen haben, eine orientalische Religion, die ihrem eigentlichen Wesen gänzlich fremd war. Darauf läßt sich antworten, daß das Christentum zu den Germanen nicht allein kam, sondern im Bunde mit einer höheren Zivilisation, der römischen. Wohl haben die Germanen[7] das römische Reich zerstört; die römische Zivilisation aber hat in veränderten Formen weitergelebt. Sie erhielt sich,[8] paradoxerweise, in den christlichen
15 Klöstern. Der Missionar, der die alten Göttereichen[9] fällte und über den gestürzten Opfersteinen[10] seine Zelle baute, kam nicht nur als Prediger. Christliche Mönche kannten eine höhere Form des Ackerbaus, sie veredelten[11] Obstbäume, pflanzten Wein, pflegten Kranke, gründeten Schulen und schrieben Bücher. Ihre Klöster waren Stätten stiller Arbeit, Inseln des Friedens, an denen selbst die wilde Flut der Völkerwanderung
20 vorüberbrauste. Ohne die Klöster des frühen Mittelalters hätte die Antike im Bewußtsein des Abendlandes[12] nicht weitergelebt. Gewiß waren dies *christliche* Klöster, doch erhielten sich in ihnen die Schriften *heidnischer* Philosophen, des Plato, des Aristoteles.

Als Karl der Große,[13] König der Franken, dem letzten heidnischen Stamm westlich der Elbe, den Sachsen,[14] das Christentum aufgezwungen hatte, und als er über ein großes
25 Reich herrschte, das das Gebiet des heutigen Frankreich, Italiens und des westlichen Deutschland umfaßte, da nannte er dieses Reich das *römische* Reich. Und als Erneuerer des römischen Imperiums ließ er sich im Jahre 800 vom Papst Leo III. zum römischen Kaiser krönen. Dies war ein Ereignis von größter symbolischer Bedeutung. Es bedeutete den Bund von germanischem Erbe, antiker Tradition und christlichem Glauben, auf dem
30 die ganze Kultur des Abendlandes beruht, und die Geschichte des europäischen Geistes ist im Grunde nichts als der großartige, immer wieder erneute Versuch, aus diesen drei heterogenen Elementen eine Einheit zu bilden.

Auch der germanische Bestandteil[15] dieser Mischung wurde wie die anderen Elemente immer wieder umgebildet. So entstand im Lauf der Jahre aus dem germanischen
35 Gefolgsmann[16] der schwerbewaffnete, gepanzerte Reiter. Diese *Ritter*, wie man sie nannte, bildeten einen besonderen Kriegerstand[17] mit allen Vorrechten[18] einer herrschenden Schicht.[19]

Den kriegerischen Nachfolgern der alten Germanen die Lehren des Evangeliums innerlich nahezubringen, aus Christentum und Germanentum eine wirkliche Verbindung

---

[5]**Wahrtraum:** prophetischer Traum   [6]**schicksalsbereit:** bereit, sein Schicksal auf sich zu nehmen
[7]**wohl haben die Germanen:** es ist wahr, die Germanen haben   [8]**erhielt sich:** überlebte, wurde
konserviert   [9]**Göttereichen:** Eichen, die die Kraft der alten teutonischen Götter symbolisierten
[10]**Opfersteine:** Steine, auf denen Opfer geschlachtet wurden   [11]**veredelten:** *cultivated*
[12]**Abendland:** die westlichen Länder; Europa   [13]**Karl der Große:** *Charlemagne (742–814)*
[14]**Sachsen:** *Saxons*   [15]**Bestandteil:** Komponente   [16]**Gefolgsmann:** Lehnsmann; *vassal*
[17]**Kriegerstand:** *military class*   [18]**Vorrechte:** Privilegien   [19]**Schicht:** Klasse

zu schaffen, war freilich eine fast allzu schwierige Aufgabe. Sie blieb im ganzen auch ungelöst und hat gerade in Deutschland immer wieder zu schweren Konflikten und inneren Kämpfen geführt. Von Deutschland und einer *deutschen* Geschichte können wir übrigens erst reden, seit das Reich Karls des Großen von seinen Enkeln geteilt wurde und sich ein östlicher Teil von ihm abtrennte. Er umfaßte das Gebiet zwischen Rhein und 5 Elbe; auch Holland und die Schweiz gehörten zunächst noch zu ihm. Jenseits der Elbe aber lebten slawische Stämme, die sich zur Zeit der Völkerwanderung, als die Germanen südwärts zogen, dort niedergelassen hatten. Vom zehnten Jahrhundert an wurde das Gebiet zwischen Elbe und Weichsel[20] für Deutschland erobert und mit deutschen Bauern und Handwerkern besiedelt. Dieses Ereignis nennt man die ostdeutsche Kolonisation. Die 10 unterworfenen slawischen Stämme wurden mit Gewalt christianisiert. Führend in diesen Kriegszügen war der Orden der *Deutschritter*,[21] eine Gruppe von Rittern, die als Mönche lebten und die auch die Mönchsgelübde der Armut, der Keuschheit und des christlichen Gehorsams ablegten.[22] Zu kämpfen und zu streiten, Abenteuer zu suchen, Beute zu machen, und dies alles im Namen Christi zu tun: darin mag damals mancher eine 15 Vereinigung ritterlicher und christlicher Tugend gesehen haben. Derselbe Geist kämpferischen Christentums beseelte[23] die Kreuzfahrer, als große Ritterheere immer wieder durch ganz Europa nach Jerusalem zogen, um das Grab des Herrn aus den Händen der Heiden zu befreien.

---

[20] **Weichsel:** *the Vistula River*   [21] **Deutschritter:** *Teutonic Knights*   [22] **die Mönchsgelübde ...**
ablegten: die versprachen, wie Mönche arm und asketisch zu leben und der Kirche zu gehorchen
[23] **beseelte:** inspirierte

WOLFRAM VON ESCHENBACH (um 1170 - 1220)

Das bedeutendste Beispiel einer Synthese von christlicher und ritterlicher Haltung, das die deutsche mittelalterliche Literatur kennt, ist Wolfram von Eschenbachs *Parzival*. Wolfram hat für seine Dichtung einen unvollendeten französischen Roman von Chrétien de Troyes[1] benutzt, den er auf manche Weise erweitert und verändert hat. In mehr als
5   24 000 Versen erzählt er die Geschichte Parzivals.

    Parzival strebt nach Vollkommenheit in allen ritterlichen Künsten. Aber auf seiner langen und abenteuerlichen Reise durch die Welt muß er lernen, daß es nicht genügt, ein guter Ritter zu sein. Es gibt eine menschliche Vollkommenheit, die darüber steht. Der heilige Gral, nach dem Parzival sein Leben lang sucht, ist das Symbol dieser
10 Vollkommenheit.

    Wolframs *Parzival* ist das erste große Muster einer Romanform, die im Deutschen immer wiederkehrt und die gewöhnlich Erziehungsroman, Entwicklungsroman oder Bildungsroman genannt wird. Immer wieder wird in diesen Romanen erzählt, wie ein junger Mensch ins Leben eintritt, wie er durch mannigfache Abenteuer und Erlebnisse
15 geformt wird, und wie er zuletzt seinen Platz und seine Aufgabe im Leben findet. Dieser Weg durchs Leben hat in der christlich-mittelalterlichen Dichtung nur *ein* Ziel. Es mag sein, daß der Held vom Wege abweicht, das Ziel selbst wird nie in Frage gestellt. Es ist Gott. Gott zu dienen, seinen Willen zu erkennen, seine Gebote zu erfüllen, ist die eine große Lehre, die das Mittelalter in zahllosen Geschichten, Sagen und Legenden immer
20 aufs neue verkündet.

PARZIVAL [um 1200]

(nacherzählt)

Parzival ist der Sohn eines kühnen Ritters, der fern im Morgenland,[1] im Kampf gegen die Heiden gefallen ist. Mit seiner Mutter Herzeloyde und ein paar treuen Dienern wächst er fern von den Menschen in einem einsamen Walde auf. Dort will ihn seine Mutter vor den Gefahren der Welt behüten; nicht soll ihm geschehen, was
25 seinem Vater geschah, und nie darf das Wort „Ritter" vor seinen Ohren genannt werden. Doch schon schnitzt sich der Knabe Pfeil und Bogen und macht Jagd auf die Vögel des Waldes; trifft er freilich einen, dann läuft er weinend zur Mutter. Die erzählt ihm von Gott. Gott ist wie ein strahlendes Licht, viel heller als der Tag, lehrt sie ihn, der Teufel aber ist schwarz wie die Nacht. Das Helle soll er suchen, das
30 Finstere meiden.

---

[1] **Chrétien de Troyes:** französischer Dichter (vor 1190 gestorben). Die meisten seiner Werke behandeln Gestalten um den sagenhaften britischen König Arthur.
[1] **Morgenland:** die östlichen Länder; der Orient

Als Parzival eines Tages einige Männer in glänzenden Rüstungen durch den Wald reiten sieht, spricht er einen von ihnen an. Bist du Gott? fragt er. Aber die Männer erklären ihm, daß sie Ritter seien, und daß sich Ritterschaft bei König Artus[2] gewinnen lasse. Parzival rennt nach Hause und verlangt ein Pferd; er will zu König Artus reiten und ein Ritter werden. Die Mutter kann ihm seinen Wunsch nicht versagen. Doch gibt sie ihm ein schlechtes Pferd und Narrenkleider; sie denkt, der Spott der Menschen wird ihn zu ihr zurücktreiben. Fröhlich reitet Parzival von dannen;[3] Herzeloyde aber kann den Abschiedsschmerz nicht ertragen; sie sinkt zu Boden und stirbt.

Parzival erlebt viele Abenteuer, er kommt an König Artus' Hof, er gewinnt die schöne Condwiramurs zur Gattin, aber nirgends bleibt er. Eines Abends kommt er an einen See, wo Fischer geankert haben. Ein Mann in prächtigem Kleid lehnt traurig im Boot; ihn fragt Parzival, wo er ein Nachtlager finden könne. Dreißig Meilen ringsum sei nichts als eine Burg auf einem hohen Felsen, ist die Antwort, dorthin solle er reiten. Parzival folgt dem Rat und wird in der Burg wohl aufgenommen, als er versichert, der Fischer habe ihn gesendet. Man führt ihn in einen herrlichen Saal; hundert Kronleuchter erhellen ihn, auf drei marmornen Herden brennen große Feuer. Ringsum sitzen an Tischen viele Ritter. An einem der Feuer ruht der kranke Burgherr; es ist der Fischer, der ihn hergeschickt hat. Nun bittet er den Gast, sich zu ihm zu setzen. Dann öffnet sich eine Tür, ein Knappe läuft herein, einen Speer in der Hand, von dem Blut herabläuft. Lautes Klagen erhebt sich. Dann öffnet sich wieder eine Tür, und eine lange Reihe schöner Mädchen zieht in den Saal, Blumenkränze im Haar; die schönste trägt ein Kissen von grüner Seide, darauf ruht ein herrlicher Stein,[4] – der Gral. Vor dem König setzt sie ihn nieder. Nun findet ein großes Mahl statt; was ein jeder sich wünscht, Speise und Trank, spendet der Gral im Überfluß. Am Schluß des Mahles beschenkt der kranke König Parzival mit einem kostbaren Schwert. Mit Staunen sieht Parzival all die Wunder; doch ein alter Ritter, der ihn einst höfische Sitte gelehrt hat, hat ihn vor Neugier und unbescheidener Frage gewarnt; so schweigt er zu allem.

Schließlich wird er zu Bett gebracht. Wieder wird er aufs prächtigste bedient; doch im Schlaf quälen ihn schwere Träume. Als er aufwacht, scheint der Tag ins Zimmer, aber niemand ist diesmal da, ihn zu bedienen. Auf dem Boden liegt seine Rüstung. Unten an der Treppe angebunden steht sein Pferd, schon gesattelt; Speer und Schild lehnen daneben. Nirgends ist ein Mensch zu sehen, niemand kommt auf sein Rufen; das Gras im Schloßhof ist zertreten, und Hufspuren führen zum Tor hinaus. Er folgt ihnen; doch kaum ist er durchs Tor geritten, wird hinter ihm die Brücke hochgezogen, ein Knappe ruft ihm Scheltworte nach, dann fällt das Tor zu. Tief in Gedanken folgt Parzival den Spuren in den Wald, aber bald verlieren sie sich und lassen ihn zuletzt allein.

Erst viel später, als Parzival eben nach manchen neuen Abenteuern in die Tafelrunde des Königs Artus aufgenommen worden ist, wird er schmerzlich wieder an den Gral erinnert. Cundrie erscheint, die Botin des Grals. Von ihr, die ihn verflucht, erfährt Parzival, was er beim Fischerkönig in der Burg versäumt hat. In

---

[2]König Artus: *the legendary King Arthur*　　[3]von dannen: fort　　[4]Stein: Der Gral kommt in der mittelalterlichen Dichtung entweder als Kelch, Schüssel oder Stein vor.

seiner Hand hatte es gelegen, den kranken König zu heilen. Hätte er sich um des Königs Leiden mitfühlend bekümmert, hätte er ihn gefragt, wie ihm zu helfen sei, so hätte er ihm Erlösung gebracht. Ja, er selbst war zum Gralskönig bestimmt gewesen; all dies hat er nun verscherzt. An Gott verzweifelnd, reitet Parzival wieder
5   in die Welt hinaus, auf der Suche nach dem Gral. Doch all sein Mühen ist vergebens.

    Viele Jahre zieht Parzival so durch die Welt. Einmal, an einem Karfreitag,[5] trifft er eine Schar frommer Pilger, von einem alten Ritter geführt. Sie klagen, daß er an einem so heiligen Tage in Waffen durch die Welt reite. Parzival erklärt trotzig, es sei lange her, daß er einem gedient habe, der Gott heiße. Von ihm habe er keine
10 Hilfe zu erhoffen. Doch als sie ihn an einen alten Einsiedler weisen, der in der Nähe wohnt, folgt Parzival ihrem Rat. Fünfzehn Tage verbringt Parzival bei dem alten Trevrizent, und seine Lehren bringen ihn auf den rechten Weg. Mit neuem Vertrauen auf Gott verläßt er die Höhle. Schließlich erreicht ihn neue Botschaft vom Gral; diesmal gelingt es ihm, den alten König von seinem Leiden zu erlösen; er
15 findet Condwiramurs, seine Gattin, wieder und wird selbst zum Gralskönig erwählt.

---

[5] Karfreitag: *Good Friday*

HARTMANN VON AUE (um 1165 - um 1215)

DER ARME HEINRICH [um 1195]

(nacherzählt)

In Schwaben[1] lebte ein Ritter, Heinrich von Aue, von hoher Geburt und schöner Gestalt, reich an Besitz, an Ehren und an ritterlichen Tugenden. Freigebig war er, half gerne den Bedrängten und hatte Lob und Preis der Welt gewonnen. Dieser Ritter mußte an sich[2] erleben, wie leicht und schnell des Lebens Süße sich in Bitterkeit verwandelt. „Media vita in morte sumus", heißt es in der Schrift; „mitten im Leben sind wir vom Tod umfangen". Dafür ist uns die Kerze ein Bild: sie wird zu Asche, gerade während sie Licht gibt. So wurde Herr Heinrich von Gott verworfen; er fiel von seiner stolzen Höhe in eine schändliche Krankheit, den Aussatz.[3] Als die Leute sahen, wie ihn Gott an seinem Leibe strafte, da wurde sein Anblick jedermann fürchterlich. Wie jeder Leprakranke wurde er aus der Gesellschaft ausgestoßen; niemand wollte ihn mehr sehen, niemand mit ihm sprechen. Es erging dem Ritter Heinrich, wie es Hiob[4] ergangen war, der auch mitten aus dem Glück auf den Mist geworfen wurde. Doch Hiob trug seine Leiden mit Geduld um des ewigen Heiles willen;[5] Herr Heinrich aber verfluchte den Tag, an dem er geboren war.

    Vergeblich erhoffte er sich Heilung von den Ärzten. Er reiste auf die hohe Schule nach Montpellier,[6] nur um zu hören, daß seine Krankheit unheilbar sei. Dann reiste er nach Salerno[7] und suchte dort den besten Arzt auf, den man ihm nennen konnte. Der gab ihm eine seltsame Auskunft: daß er heilbar wäre und doch immer ungeheilt bleiben würde. Herr Heinrich konnte das nicht verstehen. Es gäbe wohl eine Arznei, sagte der Arzt, aber niemand sei so reich oder so klug, dass er sie beschaffen könne. Schließlich, auf Heinrichs Drängen, erklärte er ihm, daß er durch das Herzblut einer reinen Jungfrau gerettet werden könne. Da wußte Heinrich, daß er verloren war, denn niemand würde für einen anderen sterben wollen.

    Daraufhin begann er seinen Besitz wegzugeben an Verwandte und an die Armen; was übrig blieb, gab er den Klöstern und der Kirche. Nur einen einzigen Hof in einer Lichtung im Walde behielt er. Den hatte er an einen freien Bauern verpachtet, den er immer gut behandelt und geschützt hatte. Dieser Pächter nahm ihn jetzt gerne bei sich auf. Er hatte eine tüchtige Frau und schöne Kinder, darunter ein Mädchen von zwölf Jahren. Das Mädchen sorgte für den Armen Heinrich; kein Dienst war ihr zu viel, oft fand man sie zu seinen Füßen sitzen. Auch half es Herrn Heinrich, daß die Kinder so leicht zu gewöhnen sind. Er gab ihr gern, was Kindern

5

10

15

20

25

30

---

[1] Schwaben: *Swabia* [2] an sich: an seiner eigenen Person [3] Aussatz: Lepra; *leprosy* [4] Hiob: *Job*
[5] um ... willen: *for the sake of* [6] die hohe Schule ... Montpellier: Montpellier, eine Stadt in Südfrankreich, besitzt seit dem zehnten Jahrhundert eine berühmte medizinische Schule. [7] Salerno: Die medizinische Schule Salernos (Süditalien) ist die älteste in ganz Europa.

zu ihren kindlichen Spielen taugt, kaufte ihr Spiegel und Haarbänder, Gürtel und Ringlein. Und so vertraut wurde sie mit ihm, daß er sie im Scherz seine kleine Braut nannte.

    So lebte der Arme Heinrich eine Reihe von Jahren. Eines Abends saßen der
5 Pächter und seine Frau und Tochter mit ihrer Arbeit bei ihm und beklagten das Leid ihres Herrn. Und der Pächter fragte ihn, wie es denn komme, daß keiner der großen Ärzte ihm habe helfen können. „Es ist ganz unmöglich, daß man mir helfen kann", antwortete der Arme Heinrich, „nur *ein* Mittel gibt es, das Herzblut einer reinen Jungfrau, und dieses Mittel ist nicht zu haben". Diese Rede hörte auch das
10 Mädchen. Sie kam ihr nicht aus dem Sinn, bis man des Nachts schlafen ging. Und als sie wie immer zu den Füßen ihrer Eltern im Bette lag und die Eltern eingeschlafen waren, da fing sie an zu seufzen. Ihr Kummer war so groß, daß sie zu weinen begann und mit ihren Tränen die Füße der Schlafenden begoß, bis sie aufwachten. Der Vater fragte sie, warum sie weine, und das Mädchen sagte, sie klage um ihren Herrn,
15 den Armen Heinrich. „Tochter, du hast recht", sprachen die Eltern. „Aber unser Schmerz und unsere Klage helfen uns nicht um ein Haar."[8] Und sie brachten sie zum Schweigen. Aber am nächsten Tage faßte das Mädchen den Entschluß, ihr Leben für den Armen Heinrich hinzugeben und mit dieser Tat das Himmelreich zu gewinnen.

20   In der Nacht weinte sie wieder, und wieder weckte sie ihre Eltern auf. Diesmal wurde der Vater zornig, aber das Mädchen ließ sich nicht das Wort verbieten,[9] und sie sprach den Eltern davon, wie kurz dies gebrechliche Leben sei, einem Nebel gleich und einem Staub, wie sehr von der Hölle bedroht, und wie gottgefällig es sei, für einen anderen zu sterben. Ihre Rede war so überzeugend, daß
25 die Eltern glaubten, der Heilige Geist spreche aus ihr, and sie fühlten, sie hätten kein Recht, ihr im Wege zu sein. Schweren Herzens gaben sie ihre Einwilligung. Auch der Arme Heinrich ließ sich schließlich überzeugen, und so zogen sie miteinander nach Salerno.

    Der Arzt wollte es zuerst nicht glauben, daß das Mädchen sich freiwillig zu
30 diesem Opfer entschlossen hatte, aber als sie fest blieb, nahm er sie mit sich in sein Zimmer. Er verschloß die Tür und hieß das Mädchen die Kleider ausziehen. Noch nie, fand er, habe er ein so schönes Mädchen gesehen. Dann ließ er sie auf einen hohen Tisch steigen, band sie darauf fest und nahm ein scharfes Messer in die Hand. Doch war es ihm nicht scharf genug, so daß er anfing, es an einem Wetzstein zu
35 schärfen. Das hörte der Arme Heinrich, der draußen vor der Tür stand, und es jammerte ihn sehr. Er suchte, bis er einen Spalt in der Tür fand; durch den sah er das Mädchen nackt und gebunden auf dem Tische liegen. Da änderte sich sein Sinn; er begann an die Wand zu pochen, und schließlich ließ der Arzt ihn ein. „Meister", sprach der Arme Heinrich, „dies Kind ist so schön, ich kann seinen Tod nicht mit
40 ansehen. Lieber soll Gottes Wille an mir geschehen". Dies hörte der Arzt sehr gern; er gehorchte ihm sofort und band das Mädchen wieder auf. Das Mädchen aber schrie und weinte, daß sie die herrliche Himmelskrone wieder verlieren sollte, und bat um ihren Tod. Doch all ihr Bitten war umsonst, sie mußte am Leben bleiben

---

[8] **nicht um ein Haar:** in keiner Weise; durchaus nicht   [9] **ließ sich nicht das Wort verbieten:** *did not permit herself to be silenced*

und mit dem Armen Heinrich zurück in die Heimat ziehen. Der heilige Christ aber, vor dem keines Herzens Tor verschlossen ist, erkannte beider Treue und er nahm die Krankheit von dem Armen Heinrich und machte ihn ganz gesund. Als seine Freunde und Verwandten von seiner Heilung hörten, war die Freude groß; drei Tagereisen weit[10] zogen sie ihm entgegen und brachten ihn mit Jubel zurück. Auch der Bauer und seine Frau waren dabei. Ihnen schenkte der Arme Heinrich den Hof und alles Land, das dazu gehörte. Rasch gewann er Gut und Ehren wieder, die er verloren hatte; das wandte er alles Gott zu. Das Mädchen aber machte er zu seiner Frau. Nach einem langen Leben in Liebe gewannen sie beide das ewige Reich. Den Lohn, den sie erhielten, zu dem helfe uns allen Gott.

[10] **drei Tagereisen weit:** so weit wie man in drei Tagen reisen kann

MEISTER ECKHART (um 1260 - 1327)

Meister Eckhart gilt als der größte Theologe des deutschen Mittelalters. Bestimmt ist er derjenige, der von allen der lebendigste geblieben ist und noch heute gelesen wird. Dichter wie Hermann Hesse und Rainer Maria Rilke haben seinen Einfluß erfahren.

5   Meister Eckhart stammte aus ritterlichem Geschlecht, trat mit achtzehn Jahren in den Orden der Dominikaner[1] ein, erwarb an der Universität von Paris den Grad eines Magisters[2] (daher sein Titel „Meister"), stieg rasch zu hohen Würden innerhalb der Kirche auf und lehrte und predigte vor allem[3] in Straßburg und in Köln. Gegen Ende seines Lebens erhob die Kirche Anklage wegen Häresie gegen ihn, doch starb er, ehe sein Prozeß entschieden war. Nach seinem Tode aber wurden 28 seiner Sätze[4] als ketzerisch
10 verdammt.

Eckhart hat sich gegen den Vorwurf der Ketzerei gewehrt. „Ich mag irren", erklärte er, „aber ich bin kein Ketzer". Denn „das eine hat mit dem Verstand zu tun, das andere mit dem Willen". Und Eckhart wußte, daß sein Wille nur *ein* Ziel hatte: Gott zu finden. Wo aber war Gott zu finden? Nicht in irgend einem fernen Himmel. Denn Himmel und
15 Hölle sind keine Orte, die sich irgendwo im Universum befinden; sie sind mitten im Menschen selbst. Von Gott getrennt zu sein, das ist die Hölle der Gottesferne;[5] mit ihm vereinigt zu sein, ist der Himmel. Wo nun vereinigt sich der Mensch mit Gott? Nirgends als in des Menschen eigener Seele. Die „Geburt Gottes in der Seele" vorzubereiten, ist deshalb seine eigentliche Aufgabe. Damit Gott in die Seele einziehen kann, muß der
20 Mensch alles lassen, was diese Seele sonst erfüllt, alles, woran sein Herz hängt, vor allem sein Ich. Denn die Ichsucht,[6] die Eigenliebe ist der eigentliche Feind des Menschen. „Haben als habe man nicht": so sollte der Mensch leben, das wäre die wahre Armut, lehrt Meister Eckhart. Wahrhaft arm aber ist nicht wer kein Geld hat — damit ist man nur ein verhinderter Reicher —; „arm" im Sinne Eckharts ist nur der, der jederzeit ohne
25 Schmerzen, mit „Gelassenheit" alles aufgeben kann, was er hat.

Von der wahren Armut, von der Meister Eckhart predigte, erzählt auch eine alte Legende, die Geschichte des heiligen Alexius. Alexius war ein reicher Fürst, der eine Pilgerfahrt in den Orient tat und dort siebzehn Jahre lebte. Zur Buße für seine Sünden wurde ihm von einem Priester auferlegt, er solle in sein Haus zurückkehren und dort als
30 ein Bettler leben. Alexius kam in sein Haus zurück, niemand erkannte ihn mehr, und die Diener wiesen ihm schließlich einen Platz unter der Treppe an, bei den Hunden. Dort lebte er Jahre lang, hörte seine Frau und seine Kinder von ihm sprechen wie von einem Toten; er hörte den Koch in der Küche, und wie die Mägde miteinander redeten, und er lernte sein Haus ganz anders kennen als er es je gekannt hatte zu der Zeit, als er es noch
35 besaß. Ein moderner Dichter, Hugo von Hofmannsthal, hat diese Legende wiedererzählt, in einer Rede *Der Dichter und diese Zeit.* So wie dieser Fürst und Bettler, fand

---

[1] **Dominikaner:** 1216 gegründet, der Orden war der einflußreichste des Mittelalters.   [2] **Magister:** *Magister artium; Master of Arts*   [3] **vor allem:** hauptsächlich; *mostly*   [4] **Sätze:** Lehrsätze; *theses*   [5] **Gottesferne:** weiteste Entfernung von Gott   [6] **Ichsucht:** Egoismus

Hofmannsthal, lebt der Dichter im Haus der Zeit; auch er gehört dazu und gehört zugleich nicht dazu.

Aus den PREDIGTEN UND TRAKTATEN [um 1290 - 1327]

Alle Geschöpfe wollen in ihren Werken Gott zum Ausdruck bringen; alle sprechen es, so gut sie es vermögen, sie können ihn aber doch nicht aussprechen. Ob sie wollen oder nicht, ob es ihnen lieb oder leid ist, alle wollen sie Gott aussprechen, 5 und doch bleibt er ungesprochen.

Fragte man mich,[7] daß ich das klar sagen sollte, was der Schöpfer bezweckt habe, als er alle Geschöpfe schuf, ich antwortete: Ruhe. Und wer mich wieder fragte, was alle Geschöpfe in ihrem natürlichen Begehren suchten, ich müßte sagen: Ruhe. Wer mich zum dritten Male fragte, was die Seele in aller ihrer Bewegung 10 suche, ich müßte immer antworten: Ruhe. — Alle Geschöpfe suchen Ruhe, ob sie es selbst wissen oder nicht. Der Mensch tut kein Auge auf oder zu, er suche denn Ruhe;[8] entweder er will von sich werfen, was ihn hindert, oder zu sich heranziehen, woran er Ruhe findet. Aus diesen zwei Zielen tut der Mensch alles, was er tut.

In ihrem letzten Ziele suchen alle Kreaturen Ruhe, ob sie es selbst wissen oder 15 nicht. Im Stein wird die Bewegung nicht früher geendet, bis er auf dem Boden liegt. Desgleichen[9] tut das Feuer. Ebenso tun alle Geschöpfe: sie suchen ihre natürliche Statt.[10] Also sollte auch die liebende Seele niemals ruhen als in Gott.

Manche Leute wollen Gott mit den Augen ansehen, wie sie ein Rind ansehen, und wollen Gott lieben, wie sie ein Rind lieben. Das liebst du um[11] die Milch und 20 um den Käse und um deinen eigenen Vorteil. Ebenso tun alle die Leute, die Gott lieben um äußeren Reichtum oder inneren Trost, und sie lieben Gott nicht recht, sondern lieben ihn um ihren eigenen Vorteil.

Gott gibt nichts so gern als große Gabe. Ich habe einstmals an dieser Stelle gesagt, daß Gott lieber große Sünden als kleine vergibt. Ja, je größer sie sind, um so 25 lieber und schneller vergibt er sie. Und ebenso ist es um die Gnade und Gabe und Tugend: je größer sie sind, um so lieber gibt er sie, denn seine Natur schwebt daran,[12] Großes zu geben.

Ließe[13] ein Mensch ein Königreich oder die ganze Welt, er hätte nichts gelassen, wenn er sich selbst behält. 30

---

[7] **fragte man mich:** würde man mich fragen (*Note the frequent use of the subjunctive in this and in following passages.*)   [8] **er suche denn Ruhe:** außer wenn er Ruhe sucht   [9] **desgleichen:** dasselbe   [10] **Statt:** Platz   [11] **liebst ... um:** *love for, because of*   [12] **seine Natur schwebt daran:** es ist seine Natur   [13] **ließe:** gäbe ... auf

Nur der hat die Liebe Gottes, der folgende Dinge tut: Verzichtleisten[14] auf Besitz, auf alle Freunde, auf sich selbst.

Wer in seinem eigenen Hause fremd sein könnte, das wäre die wahre Armut.

Liebe in ihrem lautersten und abgeschiedensten[15] Sinne ist nichts anderes als Gott. Die Meister sagen, das Ziel der Liebe, auf das sie all ihr Wirken richtet, sei Güte, und die Güte ist Gott. Sowenig mein Auge sprechen und meine Zunge Farbe erkennen kann, ebensowenig kann Liebe auf etwas anderes hinausgehen als auf Güte.

Gedenke[16] nicht Heiligkeit zu setzen auf ein Tun,[17] Heiligkeit soll man setzen auf ein Sein; denn nicht die Werke heiligen uns, sondern wir sollen die Werke heiligen.

Wäre ich in einer Wüstenei[18] allein, wo es mich graute, und hätte ich da bei mir ein Kind, so verginge mir alles Grauen und ich fände Kraft: so edel und froh ist das Leben.

Es gibt Leute, die von Natur unedel sind, die haben ihren Sinn auf Reichtum gerichtet; andere sind edel von Natur und schauen nicht auf Gut, aber sie wollen Ehre haben.

Hätte ich einen Freund und liebte ihn darum, weil mir Gutes und all mein Wille von ihm geschähe,[19] so liebte ich meinen Freund nicht, sondern mich selber.

Je einfacher ein Ding ist, desto mehr Kraft und Stärke liegt darin.

Man sagt, daß man solche Lehren ungelehrten Leuten nicht in Wort oder Schrift übermitteln soll. Dazu sage ich: Soll man ungelehrte Leute nicht lehren, so wird niemals jemand gelehrt, so vermag niemand zu lehren noch zu leben noch zu sterben; denn darum lehrt man die Ungelehrten, daß sie von Ungelehrten zu Unterrichteten werden.

(übersetzt von Alois Bernt)

---

[14] **Verzichtleisten:** Entsagung; *renunciation*　　[15] **lautersten, abgeschiedensten:** reinsten　　[16] **gedenke:** denke　　[17] **Tun:** *activity (in contrast with* Sein, *one's being)*　　[18] **Wüstenei:** Wüste; öde Gegend　　[19] **weil ... all mein Wille von ihm geschähe:** weil er alles tut, was ich wünsche

Aus den GESTA ROMANORUM [um 1400]

Die *Gesta Romanorum* (die „Taten der Römer") sind eine Sammlung von Erzählungen
und Legenden aus der römischen Geschichte und dem Mittelalter, die erst auf lateinisch
geschrieben, später ins Deutsche übersetzt wurden. Weder der Sammler noch die Verfasser
der einzelnen Geschichten sind bekannt; doch war es eine höchst populäre Sammlung;
von Boccaccio und Chaucer bis zu Thomas Mann haben die Dichter immer wieder Stoffe   5
daraus übernommen. Auch die Legende vom heiligen Alexius wird in den *Gesta
Romanorum* erzählt.

VON DEM LAUF DES MENSCHENLEBENS

Es gab einst einen König, der vor allem wünschte, die Natur des Menschen kennen
zu lernen. In seinem Reiche lebte ein sehr scharfsinniger Philosoph, nach dessen Rat
gar viele handelten. Als der König von ihm hörte, sandte er einen Boten an ihn und   10
ließ ihm sagen, er solle sogleich zu ihm kommen. Sobald der Philosoph den Willen
des Königs vernommen hatte, reiste er zu ihm, und der König sprach zu ihm:
„Meister, ich wünsche von dir Weisheit und Lehren zu hören; sage mir zuerst, was ist
der Mensch? " Jener aber sprach: „Der Mensch ist elend die ganze Zeit seines
Lebens hindurch: betrachte den Anfang, die Mitte und das Ende des deinigen und   15
du wirst finden, daß du voller Elend bist. Wenn du auf den Anfang deines Lebens
zurückblickst, wirst du finden, daß du arm und ohnmächtig warst, wenn aber auf
die Mitte, wirst du finden, wie der Weltgeist dich in die Enge treibt und vielleicht
auch deine Seele verdammt, wenn aber auf das Ende, wirst du finden, wie die Erde
dich aufnimmt. Und darum, mein König, darfst du nicht daran denken, stolz zu   20
sein."

Da sprach der König: „Meister, ich will dir vier Fragen stellen; wenn du
mir diese gut lösen wirst, will ich dich zu Würden und Reichtum erheben. Die erste
Frage ist: was ist der Mensch? die zweite: wem gleicht er? die dritte: wo ist er?
die vierte: mit welcher Gesellschaft lebt er? "   25

Da sprach der Philosoph: „Herr, ich will dir auf deine erste Frage antworten.
Du fragst, was ist der Mensch? Ich sage dir aber: der Mensch ist ein Sklave des
Todes, ein Gast der Erde, ein vorüberziehender[1] Wanderer. Ein Sklave ist er, weil er
der Hand des Todes nicht entfliehen kann und der Tod alle seine Mühe und seine
Tage dahinnimmt und er, wie er es verdient hat, Belohnung oder Strafe empfangen   30
wird. So ist auch der Mensch nur ein Gast der Erde, denn man vergißt ihn sogleich,
und ebenso ist er ein vorüberziehender Wanderer, denn im Schlafen und im Wachen,

---

[1] **vorüberziehend:** *passing by; transitory*

beim Essen und beim Trinken, immer, was er auch tut, läuft er dem Tode zu. Die
zweite Frage ist: wem gleicht der Mensch? Ich aber sage dir: er gleicht dem Eise,
das durch Hitze schnell zerschmilzt. Auch ist er einem jungen Apfel ähnlich; denn
wie ein Apfel, der am Baume hängt, von einem kleinen Wurme angefressen wird und
5   unnütz wird, so wächst im Menschen die Schwäche, bis die Seele ausgetrieben und
der Körper verdorben wird. Weshalb also ist der Mensch hochmütig? Die dritte
Frage ist: wo ist der Mensch? Ich sage: in tausendfachem Kriege, nämlich gegen die
Welt, den Bösen und das Fleisch. Die vierte Frage war: in welcher Gesellschaft lebt
der Mensch? Ich antworte: mit sieben Genossen, die ihn beständig quälen: diese
10   aber sind Hunger, Durst, Hitze, Kälte, Müdigkeit, Krankheit und Tod.

Rüste also deine Seele gegen den Bösen, die Welt und das Fleisch, deren
Kriege oder Versuchungen verschieden sind. Das Fleisch nämlich versucht[2] uns
durch Wollust und Vergnügen, die Welt durch des Reichtums Eitelkeit, und der
Böse durch die Schlechtigkeit des Hochmuts. Wenn also das Fleisch dich versucht,
15   dann bedenke immer, daß das Fleisch, das dich zur Sünde verlockt, dich zu
unbekannter Zeit und Stunde in Asche verwandeln wird. Deine Seele aber wird für
des Fleisches Sünden eine ewige Strafe leiden. Wenn aber die Welt durch Eitelkeit
dich versucht, da wende folgendes Mittel gegen sie an: betrachte fleißig ihre
Undankbarkeit[3] und nie wirst du Lust haben, ihr zu dienen. Denn wenn du ihr auch
20   dein ganzes Leben treu dienst, so wird sie dir doch nicht erlauben, etwas anderes
mit dir hinauszunehmen als deine Sünde. So undankbar ist die Welt. Drittens aber,
wenn dich der Böse versucht, so brauche folgendes Mittel gegen ihn. Behalte Christi
Leiden im Gedächtnis, durch welche der Hochmütige geschlagen wird und nicht die
Macht hat, zu widerstehen. Laßt uns also danach streben, uns mit Tugenden zu
25   rüsten, so daß wir endlich zum Ruhme Gottes gelangen mögen."

(nach der Übersetzung von Theodor Grässe)

---

[2] versucht: verlockt; *tempts*   [3] ihre Undankbarkeit: die Undankbarkeit der Welt

III. VOLKSSCHWÄNKE*

Über den Häusern der mittelalterlichen Stadt ragen die Burg und der Dom, Sinnbilder[1]
der zwei Gruppen, die das soziale Leben der Zeit bestimmen. Es sind das Rittertum und
der Klerus. Adel und Kirche, Kaiser und Papst machen die Geschichte der Zeit, teils
miteinander, teils gegeneinander; was darunter ist, hat keine Geschichte. Es hat auch
keine Literatur, wenigstens keine geschriebene. Und doch werden in Wirtshäusern und   5
Barbierstuben,[2] im Reisewagen und in den Badehäusern unaufhörlich Geschichten
erzählt, Geschichten, wie sie das Volk durch alle Jahrhunderte geliebt hat. In diesen
Geschichten ist nicht vom heiligen Gral die Rede,[3] sondern von gebratenen Gänsen, nicht
von zarten Jungfrauen in hohen Schlössern, sondern von runden Bauernmägden im Stall,
nicht von den Schmerzen der Seele, sondern von den Freuden des Leibes. Hier herrscht das   10
Natürliche, Derbe, Grobe, Gewöhnliche und Obszöne, und vor allem die Freude daran,
hier treibt das Volk noch mit dem Heiligsten seinen gutmütigen Spaß.[4] Man wußte dabei
sehr wohl zu unterscheiden zwischen der Vollkommenheit der göttlichen Wahrheit und
der Unvollkommenheit ihrer irdischen Vertreter. Von dieser Unvollkommenheit aber
wußte man manches zu erzählen. Ein paar solcher Schwänke, nach Quellen des   15
sechzehnten Jahrhunderts, sollen hier folgen als Beispiele einer anonymen, doch in ihrer
Art unsterblichen Literatur.

EIN LANDSKNECHT BETET ZU SANKT NIKOLAUS*

Vor vielen Jahren kam einmal im Herbst während eines bösen Regenwetters ein
armer Landsknecht in ein Dorf, schlecht gekleidet und mit leerem Beutel.[1] Da der
Regen nicht aufhörte, blieb er ein paar Tage, und weil er sich langweilte, spazierte   20
er auch zwei oder drei Mal in die Kirche und sah sich die Heiligenbilder an. Vor

---

[1] Sinnbilder: Symbole   [2] Barbierstuben: *barbershops*   [3] ist nicht ... die Rede: wird nicht ...
berichtet   [4] treibt ... seinen ... Spaß: scherzt; *makes fun of*   [1] Beutel: *bag; here*: Geldtasche; *purse*
* VOLKSSCHWÄNKE: *humorous folk tales* (der Schwank: eine komische Erzählung)
* Sankt Nikolaus: Der heilige Sankt Nikolaus ist der Ursprung des englisch-amerikanischen *Santa
Claus*; in Europa feiert man am 6. Dezember den Nikolaustag.

einer großen Statue des heiligen Nikolaus blieb er zuletzt stehen und fing an, mit lauter Stimme zu beten: „O lieber heiliger Sankt Nikolaus, ich habe dir mein ganzes Leben treu gedient, und habe deinen Tag im Kalender immer heilig gehalten, o heiliger Sankt Nikolaus, gib mir armem Schlucker[2] doch hundert Goldgulden.[3]

5 Aber nicht weniger, ich bitt dich, denn wenn es nur ein Pfennig weniger ist, dann kann ich es nicht annehmen." Dies Gebet sprach er, so oft er in die Kirche kam, und wiederholte es immer vier oder fünf Mal.

Wie er wieder einmal so betete, hörte ihn ein reicher alter Pfaffe.[4] Das war ein Mann, der einen großen Obstgarten hatte, und der seine Birnen, ehe er sie
10 verkaufte, immer so lange zurückhielt, bis sie ganz teuer waren. Der dachte, was für ein seltsamer Hahn ist das! Wie kann ein Mensch denn hundert Gulden nicht annehmen, nur weil ein Pfennig daran fehlt? Weiß Gott, wenn mir einer nur die kleinste Münze schenkte, ich würde sie nicht zurückweisen. Ich kann nicht glauben, daß es dem Kerl ernst ist. — Den nächsten Morgen, als noch niemand in der Kirche
15 war, nahm er neunundneunzig Goldgulden, legte sie dem heiligen Nikolaus in den Kopf, was leicht war, denn er war hohl, und wartete, was der andere tun würde. Es dauerte auch nicht lange, da kam der Landsknecht, ging zu der Statue, sah sie von oben bis unten an und sagte zornig: „O du geiziger, ohnmächtiger Nikolaus, ich merk schon, es ist alles gelogen, was sie von dir sagen, oder du hast nichts mehr und
20 kannst keinem helfen, warte, du sollst niemand mehr betrügen." Damit zog er sein Schwert und schlug das Bild, daß es niederstürzte, und die Gulden ihm aus dem Kopfe fielen und über den Boden rollten. „Sieh", sagte der Landsknecht und begann sie einzusammeln, „sieh, dir ist doch zu helfen. Du tust nur zuerst wie die Reichen, bei denen Bitten auch zu nichts führt; wer etwas von dir will, muß schon
25 ein wenig gröber sein." Während er eben die letzten Gulden in den Beutel steckte, lief der Pfaffe herbei und schrie aufgeregt: „Halt, das Geld gehört mir." „Das kann jeder sagen", entgegnete der Landsknecht, und machte bedächtig den Beutel zu, „aber ich habe hier nur für mich gebetet; wenn du auch etwas haben willst, dann sprich dein eigenes Gebet."

30 Der Pfaffe gab sich mit dieser Antwort nicht zufrieden, sondern brachte die Sache vor den Richter. Der Richter aber, dem die Bosheit und die Geldgier des Pfaffen wohl bekannt war, sprach das Geld dem Landsknecht zu, und pries den Heiligen, daß er eines armen Mannes Gebet so wunderbar erhört habe. Den Pfaffen aber ließ er noch zehn Gulden zusätzlich bezahlen, da er den Landsknecht fälschlich
35 der Dieberei beschuldigt habe.

(*Nach dem* Wendunmut *des Hans Georg Kirchhof*)

---

[2] **armer Schlucker:** armer Kerl; *poor wretch*   [3] **Goldgulden:** *golden guilders*   [4] **Pfaffe:** Priester, Pfarrer, Geistlicher (*used derogatively*)

DER HEILIGE GEORG REITET DURCH DIE STUBE

In einem Dorf hoch im Gebirge wohnte ein alter Pfaffe. Dort waren die Winter lang und hart, und es geschah nicht selten, daß dem Pfaffen das Holz ausging.[1] Wenn er dann an kalten Tagen durch die Kirche ging, schien es ihm immer, daß dort zu viel der alten Heiligen herumständen, die niemandem Nutzen brächten. „Geh", sagte er also zum Mesner,[2] als der Winter gar kein Ende nehmen wollte, „geh in die Kirche 5 und hole den heiligen Jakob." Als der Mesner den Jakob brachte, sah ihn der Pfarrer an, und fand, daß er recht altersschwach geworden war und fast unkenntlich vor Staub und Spinnweben, und daß es wirklich Zeit war, die Bauern machten einen neuen. „Bück dich, Jaköblein", sagte er deshalb freundlich, und nahm den heiligen Jakob und schob ihn in den Ofen. Als dann das Feuer lustig prasselte, setzte sich 10 der Pfaffe mit dem Rücken an den Ofen, freute sich an der Wärme, die der Heilige verbreitete, und roch den Duft der Äpfel und der Birnen, der aus der Ofenröhre durch das Zimmer zog.

Der Jakob war aus hartem Eichenholz gewesen, und reichte[3] ein paar Tage, doch nicht länger; dann wurde der Mesner wieder in die Kirche geschickt, diesmal 15 nach dem heiligen Peter, und so die Reihe hinab, bis die Kirche langsam kahl und leer zu werden anfing. Als der Schloßherr von Trosafels, der zugleich der Kirchenpfleger[4] war, das nächste Mal in die Kirche kam und den heiligen Jakob nicht an seinem Platze sah, und den heiligen Peter auch nicht, und als er schließlich sieben zählte, die nicht da waren, schickte er nach dem Mesner. Der kam zitternd 20 und gestand auch gleich, welch feuriges Ende die Märtyrer genommen hatten. „So",[5] sagte der Schloßherr nur kurz, „dann bring mir doch gleich den heiligen Georg aufs Schloß." Der Mesner tat wie ihm befohlen; nachts aber bohrte der Schloßherr viele Löcher in den heiligen Georg, füllte sie mit Pulver und klebte sie mit Harz und Pech wieder zu. Dann mußte ihn der Mesner wieder in die Kirche 25 tragen. Wenn der Pfaffe wieder einen Heiligen brauche, sagte ihm der Schloßherr noch, dann solle er ihm ja den heiligen Georg ins Pfarrhaus bringen.

Ein paar Tage darauf lud sich der Pfaffe ein paar Gäste ein, fröhliche Gesellen, mit denen er essen, trinken und singen wollte und einen lustigen Abend feiern. Da war es also höchste Zeit, nach einem neuen Heiligen zu schicken, und noch ehe die 30 Gäste ankamen, brachte der Mesner den heiligen Georg und stellte ihn in eine Ecke. Da stand er noch, als sich die Freunde um den Tisch versammelten; doch ein wenig später, die Köchin trug eben die Suppe auf,[6] wandte sich der Pfaffe zum Mesner und sagte: „Es könnte wohl ein wenig wärmer in der Stube sein, laß doch den heiligen Georg zum Himmel fahren, damit er uns auch etwas Gutes tue." Darauf 35 schob der Mesner den Heiligen zum Ofen hinein.

---

[1] **daß dem Pfaffen das Holz ausging:** daß der Pfaffe kein Holz mehr hatte   [2] **Mesner:** Kirchendiener; *sacristan*   [3] **reichte:** war genug für   [4] **Kirchenpfleger:** *churchwarden*   [5] **So:** *I see*   [6] **trug ... auf:** servierte, brachte

Inzwischen hatten sie die Suppe aufgegessen, der Braten stand auf dem Tisch und sie ließen gerade die Weingläser zusammenklingen, als mit einem furchtbaren Knall der Ofen auseinanderfuhr, und rotglühend und funkensprühend stand plötzlich der heilige Georg mitten im Zimmer und sah sich zornig nach allen Seiten
5 um. Als die entsetzten Gäste sich draußen im Schnee wiederfanden, war die Erscheinung verschwunden, doch waren alle der Meinung, ein Wunder sei geschehen. So wollte es auch der Pfaffe angesehen haben;[7] er ging sogar zum Schloßherrn und schlug ihm vor, zum Andenken an das wunderbare Ereignis aus seinem Dorfe einen Wallfahrtsort zu machen. Der Schloßherr aber bemerkte nur
10 kühl, es werde wohl eher der Teufel gewesen sein, der ihm so feurig erschienen sei, und er wisse sicher auch, warum. So ließ der Pfaffe sich kleinlaut einen neuen Ofen bauen, auch neue Fenster einsetzen und allen Schaden ausbessern, der geschehen war. Es kostete ihn ein schönes Stück Geld, und die Köchin warf es ihm noch viele Jahre vor.

(nach dem Hans Sachs[8] erzählt)

DIE ZWEI KÖPFE

15 Ein Schnitter hatte ein hübsches junges Weib genommen, das dem geistlichen Hirten des Dorfes sehr bald äußerst wohl zu gefallen begann. Er lud die beiden oft in sein Haus oder stellte sich selber vertraulich ein,[1] und wie er mit zartem Wort und zarterem Blick und Druck der Hand nicht lange sparte,[2] auch mit allerlei erfreuenden Geschenken ein übriges[3] tat, so blieb es zuletzt nicht aus, daß er mit
20 dem jungen Weibchen in ein innigeres Einverständnis gelangte, als es dem Ehemann hätte lieb sein dürfen. Allein der dachte nichts Böses; rückte jeden Morgen in aller Herrgottsfrühe,[4] die Sense geschultert, fröhlich zu seiner Arbeit aus,[5] während der geistliche Herr nicht lange darauf zu seiner Frau in das Haus strich,[6] um es ihr hüten zu helfen.

25 Eines Morgens nun, als er wieder einmal, bevor noch die Sterne sanken, auf die Hügelwiesen gestiegen war, und schon ein gutes Stück Arbeit hinter sich gebracht hatte, merkte er, daß er seinen Wetzstein zu Hause hatte hängen lassen. Er lief also heim, ging auf leisen Sohlen zur Haustür herein, denn er wollte die liebe Schlummernde nicht aufwecken, und schlich in die Kammer. Da hing auch, wo er
30 ihn hingehängt, der Wetzstein an der Wand; er nahm ihn herunter und tappte vorsichtig zur Kammer wieder hinaus. Dabei war ihm aber doch, als habe er sein Ehebett mit einem Blicke streifend, auf dem Kissen zwei Köpfe gesehen, von denen

---

[7] **so wollte es auch der Pfaffe angesehen haben:** der Pfaffe war auch derselben Meinung (*he claimed to have regarded it as a miracle*)   [8] **Hans Sachs:** (1494–1576), Schuhmacher und Meistersinger in Nürnberg. Er schrieb viele Tausende Lieder, Fabeln, Erzählungen und Dramen.   [1] **stellte sich selber vertraulich ein:** machte freundschaftliche Besuche   [2] **sparte:** zurückhielt   [3] **ein übriges:** mehr als nötig   [4] **in aller Herrgottsfrühe:** sehr früh am Morgen; *at the crack of dawn*   [5] **rückte . . . aus:** verließ das Haus   [6] **strich:** schlich; *crept*

der eine eine Platte zeigte.[7] Aber er dachte in seiner Eile, wieder an die Arbeit zu kommen, nichts Böses und mochte auch nicht noch einmal umkehren. Sogleich, als er hinaus war, sprang der Pfarrer zu Tode erschrocken aus dem Bett und meinte nicht anders, als daß[8] der Betrogene zum Richter geeilt sei, um ihn anzuklagen, und mit den Bütteln[9] zurückkehren werde. Er solle nur stille sein und ganz unbesorgt, 5 sagte indessen die junge Frau, sie werde alles zu einem guten Ende bringen und es solle niemand etwas geschehen.

    Nicht lange darauf stand der gute Schnitter wieder auf seiner Wiese und schwang die Sense und dachte hin und her und konnte das wunderlich gedoppelte Haupt auf dem Kissen nicht vergessen. Nach ein oder zwei Stunden kam seine Frau, 10 einen Korb mit Essen am Arm und einen Krug Bier in der Hand, den Wiesenpfad heraufgegangen. „Guten Morgen miteinander!"[10] rief sie mit fröhlicher Stimme. Der Schnitter blickte hinter sich, denn er meinte, es sei noch jemand auf die Wiese gekommen. „Frau", sagte er, „wen meinst du denn damit?" „Ach", entgegnete sie, „was bist du doch für ein Kerl! Konntest du mir denn nicht vorher sagen, daß du 15 heute einen Gesellen bei dir hast? Ich hätte gut und gern[11] für euch beide gekocht. Aber vielleicht", fuhr sie fort und stellte den Korb ins Gras, „reicht es auch so." Damit hob sie das weiße Tuch von den Speisen und faltete es reinlich zusammen. „Wie", sagte der Mann und schob sich den Hut aus der Stirne, „was ist das? Hast du zu früh getrunken? Ich will verdammt sein, wenn ich nicht ganz alleine hier auf 20 der Wiese schneide und niemand bei mir ist außer dir!" Die Frau erhob sich, wischte sich die Augen und ging langsam um ihn herum. „Weiß Gott", sagte sie, den Kopf schüttelnd, „du hast recht; meine Augen haben mich betrogen. Ich hätte unsere Kuh verwetten wollen, daß es vorhin zweie waren." „Liebchen", sagte der Mann und setzte sich bedächtig neben sie ins Gras, „du wirst es mir nicht glauben wollen, 25 aber es ist mir heute früh nicht anders gegangen. Komme[12] ich nach Hause, um meinen Wetzstein zu holen, und hätte doch meinen Kopf gewettet, daß unser Herr Pfarrer bei dir im Bette lag." „Christl, mein Alterchen", zwitscherte sie und küßte ihn auf die Backe, „was ist das nur für eine närrische Krankheit? Jetzt glaube ich erst, was die Leute immer sagen. Die Männer, sagen sie, sehen in der Frühe doppelt 30 und die Weiber des Mittags. Es kommt vom vielen Essen oder vom langen Schlafen, anders kann es nicht sein." Damit hob sie ihm den Krug an den Mund.

            (Nach dem *Rollwagenbüchlein* des Jörg Wickram,[13] nacherzählt von
                     Hermann Rinn und Paul Alverdes)

---

[7] **eine Platte zeigte:** kahl war; *was bald* (Platte: *tonsure*)   [8] **meinte nicht anders, als daß:** glaubte bestimmt, daß   [9] **Bütteln:** Gerichtsboten; *bailiffs*   [10] **miteinander:** ihr beiden   [11] **gut und gern:** ohne Mühe; *easily*   [12] **komme:** da komme   [13] **Jörg Wickram:** (1520?–1562), elsässischer (*Alsatian*) Meistersinger, Dramatiker, Erzähler und Übersetzer. Die Schwänke im „Rollwagenbüchlein" waren als Unterhaltung für Reisende (im „Rollwagen") gedacht.

IV. DAS ZEITALTER DER REFORMATION

Das Mittelalter ist nicht an einem Tage zu Ende gegangen. Schritt für Schritt verloren seine herrschenden Schichten an Macht, während eine neue Klasse, das Bürgertum, emporstieg. Das Rittertum wurde vor allem durch die Erfindung einer neuen Waffe, des Schießpulvers, überwunden. Mit Schußwaffen ausgerüstete Fußsoldaten erwiesen sich der schwerfälligen, gepanzerten Reiterei als überlegen. Auch ökonomisch gerieten die Ritter 5
in Nachteil: mehr und mehr wurde es ihnen unmöglich, mit dem steigenden Reichtum der Städte Schritt zu halten, die von dem zunehmenden Handelsverkehr und der neuen Geldwirtschaft[1] ganz anders begünstigt wurden als die abseits auf ihren Burgen lebenden Ritter.

    Die Vorherrschaft des Priestertums aber wurde durch die Macht eines neuen Glaubens gebrochen. Dieser Glaube war der Glaube an das Recht des einzelnen auf 10
Selbstbestimmung. Es war in der Tat ein neuer Glaube, denn das Mittelalter kennt kein solches Recht. Es ist ein autoritäres Zeitalter: seine ganze Kultur beruht auf dem Vorrecht überindividueller Mächte: Stand, Kirche und Kaisertum. Der einzelne erhält seinen Wert und seine Aufgabe nicht aus sich selbst, sondern durch den Herrn, dem er dient, und die Gruppe, zu der er gehört. Langsam hört dieser Glaube auf, selbstver- 15
ständlich zu sein; es beginnt eine neue Zeit, in der der einzelne nach Freiheit strebt. Niemandem untertan als seiner eigenen Überzeugung und seinem eigenen Gewissen, will er selbst entscheiden, was er glaubt, denkt und tut. Jahrhundertelang ist um dieses neue Recht gekämpft worden; auch ist es noch keineswegs gesichert, ja, gerade in unserem Jahrhundert ist es durch die faschistischen und kommunistischen Systeme wieder in Frage 20
gestellt worden. Statt der absoluten Autorität der Kirche soll sich der einzelne nun der absoluten Autorität des Staates, der Partei, der „Bewegung" unterwerfen.

---

[1] Geldwirtschaft: *monetary system*

MARTIN LUTHER (1483 - 1546)

Am Eingang zur Neuzeit steht die mächtige, noch immer lebendige und noch immer umstrittene Gestalt Martin Luthers. Von den einen verurteilt als der große Zerstörer der mittelalterlichen Kultur, von den anderen gepriesen als der große Führer in ein neues Zeitalter, hat Luthers Geist die deutsche Entwicklung im guten wie im bösen auf
5 Jahrhunderte hinaus entscheidend bestimmt. Er selbst wollte durchaus kein Neuerer sein, sondern nur das Christentum in seiner wahren Gestalt wiederherstellen. Selbstbestimmung verlangte er einzig auf religiösem Gebiet, und auch da nicht unbedingt. Zwar sollte der einzelne frei sein, aber frei nur, um Gott zu dienen und seinem Wort zu gehorchen. Hier war er gebunden, doch nicht mehr an die Kirche und ihre oberste Autorität, den Papst,
10 sondern allein an das Wort Gottes, wie es dem Menschen in der Bibel offenbart ist.

Als der Augustinermönch[1] und Professor der Theologie Martin Luther am 31. Oktober 1517 an der Schloßkirche in Wittenberg[2] seine 95 Thesen gegen den Ablaß[3] anschlug, die ihn später so berühmt machten, war dies keine Kriegserklärung an die Kirche, sondern eine Aufforderung, kirchliche Bräuche und Mißbräuche öffentlich zu
15 diskutieren. Das Echo in ganz Deutschland war unerwartet und ungeheuer. In den darauf folgenden theologischen Streitigkeiten entfernte sich Luther bei dem Versuch, seine Position zu begründen, weiter und weiter vom kirchlichen Dogma und wurde schließlich vom Papst exkommuniziert. Als man ihn dann auf den Reichstag[4] nach Worms lud und ihn dort vor Kaiser, Fürsten und kirchlichen Würdenträgern aufforderte, seine Lehre zu
20 widerrufen, berief er sich auf die Bibel und trotzte, die Bibel in der Hand, der ganzen Welt. Daraufhin wurde er in die Acht erklärt.[5] Auf der Rückreise von Worms ließ ihn sein Landesherr, der Kurfürst[6] von Sachsen, der Luthers Lehre freundlich gegenüberstand, zu seinem Schutze auf die Wartburg[7] bringen und hielt ihn dort verborgen. In Sicherheit vor seinen Verfolgern, begann Luther die Bibel zu übersetzen.

25 Luther war ein meisterhafter Übersetzer. In seiner kräftigen, bildhaften, einfachen, drastischen, dichterisch festen Sprache wurde die Bibel, jedenfalls im protestantischen Deutschland, ein Volksbuch. Von Lessing und Goethe bis zu Brecht gibt es kaum einen deutschen Dichter, dessen Bildung und sprachliche Schulung nicht entscheidend von Luthers Bibel bestimmt wurde. Und mancher einfache Mann, der sonst nichts las, hatte
30 doch wenigstens die Bibel im Haus.

Luther hat die Bibelübersetzung, die er auf der Wartburg begann, erst später vollendet. Schon nach zehn Monaten rissen ihn Unruhen, die in Wittenberg ausgebrochen waren, aus seinem Asyl. Eine neue, militante Sekte, die sogenannten Bilderstürmer,[8] drangen in die Kirchen ein und zerstörten die Bilder und Statuen, die sich dort befanden.
35 Auch sie beriefen sich auf das Wort der Bibel, auf das Gebot nämlich, daß sich der Mensch

---

[1] **Augustinermönch:** Mitglied des im Mittelalter gegründeten religiösen Ordens; genannt nach dem heiligen Augustinus (354−430)   [2] **Wittenberg:** sächsische Stadt an der Elbe   [3] **Ablaß:** *indulgences granted by the Catholic Church*   [4] **Reichstag:** *Diet (assembly of princes) of the Holy Roman Empire*   [5] **in die Acht erklärt:** geächtet; *outlawed*   [6] **Kurfürst:** Fürst, der den deutschen König wählen durfte; *Elector*   [7] **Wartburg:** berühmtes Schloß bei Eisenach in Thüringen   [8] **Bilderstürmer:** *destroyers of icons; iconoclasts*

kein Bildnis Gottes machen solle. Trotz der Gefahr, in der er war, eilte Luther nach Wittenberg, um Frieden zu stiften. Er ist dann in Wittenberg geblieben, hat ein paar Jahre später geheiratet, womit er ein anderes Dogma der katholischen Kirche brach, und hat bis an sein Lebensende gelehrt, gepredigt, geschrieben und gestritten. Eins freilich hat er nie eingesehen: daß dasselbe Bibelwort, das für ihn unbezweifelbare Wahrheit war und dem 5 er bedingungslos folgte, von anderen anders gelesen und verstanden werden konnte. Auch Zwingli,[9] Calvin[10] und die Wiedertäufer[11] beriefen sich auf die Bibel, auch sie nahmen für sich das Recht in Anspruch, rücksichtslos dem eigenen Glauben und dem eigenen Gewissen zu folgen. Daß die neue, protestantische Lehre bald in so viele Einzelkirchen und Sekten zerfiel, lag nicht zuletzt an dem Prinzip, auf dem sie begründet war. Luther 10 war im Grunde kein Organisator und kein Politiker; so ist es kein Wunder, daß er sich, von Anarchie bedroht und um Ordnung bemüht, an die weltliche Gewalt anlehnte. So kam in Deutschland eine Verbindung von Staat und protestantischer Kirche zustande, die Luther zunächst nicht gewollt hatte, die aber bis in die Gegenwart ihre große Bedeutung hat.

Die Reformation ist das große Ereignis, das die deutsche Entwicklung des 15 sechzehnten Jahrhunderts bestimmt hat. Auf die Frage nach inhren Ursachen hat ein Historiker, Hermann Heimpel, erklärt, sie habe nur eine einzige Ursache gehabt: die religiöse Not des Mönches Luther. Daß Luther nicht wie Hus[12] oder Savonarola[13] als Ketzer verbrannt wurde, daß seine Bewegung über ihn hinaus ins Breite wuchs und sich behauptete, lag freilich auch an den sozialen und politischen Umständen der Zeit. Karl 20 V.[14] konnte zwar Luther in die Acht erklären, er war jedoch nicht imstande, ihren Vollzug zu erzwingen. Seine Macht in Deutschland war gering; zu lange war er durch seine Kriege gegen Franz I.[15] von Frankreich in Anspruch genommen. Am Rande des Reiches drohten die Türken; 1529 rückten sie bis vor Wien.[16] Außer Luthers Landesherren nahmen nicht wenige deutsche Fürsten die lutherische Lehre an. Nicht alle waren dabei 25 von religiösen Gründen bestimmt. Erst 1546 war der Kaiser imstande, gegen die protestantischen Fürsten militärisch vorzugehen. Ein Jahr später, als er mit einem aus Spaniern und Italienern gebildeten Heer siegreich in Wittenberg einzog, war Luther schon gestorben. Auch war es kein bleibender Erfolg; 1555 wurde schließlich in Augsburg[17] ein religiöser Friede geschlossen. Danach bekamen die Fürsten das Recht, die Religion ihrer 30 Untertanen zu bestimmen. Wer sich damit nicht zufrieden gab,[18] durfte auswandern; bis zur nächsten Grenze war es oft nicht weit. Rund[19] zwei Drittel der deutschen Länder wurden so protestantisch; ein Drittel blieb katholisch.

---

[9] **Zwingli:** Huldreich Zwingli (1484–1531), schweizerischer Geistlicher, der wie Luther gegen Bräuche der katholischen Kirche protestierte [10] **Calvin:** John Calvin (1509–1564), französischer Reformator, einflußreicher protestantischer Theoretiker [11] **Wiedertäufer:** radikale protestantische Sekte; *Anabaptists* [12] **Hus:** Jan Hus (1369? –1415), tschechischer Reformator [13] **Savonarola:** Girolamo Savonarola (1452–1498), strenger italienischer Theologe. Wie Hus wurde er zum Gegner des Papstes. [14] **Karl V.:** (1500–1558), Kaiser des Heiligen Römischen Reiches [15] **Franz I.:** (1494–1547), König von Frankreich [16] **Wien:** *Vienna* [17] **Augsburg:** Stadt in Bayern (*Bavaria*) [18] **sich ... zufrieden gab:** zufrieden war [19] **rund:** ungefähr

EIN FESTE BURG* (1528)

Ein[20] feste Burg ist unser Gott,
ein gute Wehr und Waffen.
Er hilft uns frei aus aller Not,
die uns jetzt hat betroffen.
5   Der alt böse Feind,[21]
mit Ernst er's jetzt meint.
Groß Macht und viel List
sein grausam Rüstung ist.
Auf Erd[22] ist nicht seinsgleichen.

10   Mit unsrer Macht ist nichts getan[23]
wir sind gar bald verloren.
Es streit't für uns der rechte Mann,
den Gott hat selbst erkoren.[24]
Fragst du, wer der ist?
15   Er heißt Jesus Christ,
der Herr Zebaoth,[25]
und ist kein andrer Gott.
Das Feld muß er behalten.[26]

Und wenn die Welt voll Teufel wär
20   und wollt uns gar verschlingen,
so fürchten wir uns nicht so sehr,
es soll uns doch gelingen.
Der Fürst dieser Welt,[27]
wie sauer er sich stellt,[28]
25   tut er uns doch nicht.[29]
Das macht,[30] er ist gericht't.
Ein Wörtlein kann ihn fällen.

Das Wort[31] sie sollen lassen stahn[32]
und kein' Dank dazu haben.[33]

---

[20]ein: eine (*The archaic omission of the feminine ending occurs often in this poem.*)   [21]der alt böse Feind: der Teufel   [22]Erd: Erden   [23]mit unsrer Macht ist nichts getan: unsere Macht ist nutzlos [24]erkoren: gewählt   [25]Herr Zebaoth: *Lord of Sabaoth; Lord of Hosts*   [26]das Feld . . . behalten: *hold the field*   [27]der Fürst dieser Welt: der Teufel   [28]wie sauer er sich stellt: wie feindlich er sich auch zeigt   [29]nicht: nichts   [30]das macht: denn   [31]das Wort: das Wort Gottes   [32]stahn: stehen   [33]und kein' Dank dazu haben: man soll ihnen nicht dafür danken
* „Ein feste Burg:" „Ein feste Burg" wurde zu einem der berühmtesten protestantischen Kirchenlieder.

Er ist bei uns wohl auf dem Plan[34]
mit seinem Geist und Gaben.
Nehmen sie den Leib,
Gut,[35] Ehr, Kind und Weib:
laß fahren dahin.   5
Sie haben's[36] kein Gewinn.
Das Reich[37] muß uns doch bleiben.

Aus LUTHERS REDE AUF DEM REICHSTAG ZU WORMS
(18. April 1521)

... Weil denn Ew. Majestät und Ew. Gnaden[38] eine einfache Antwort verlangen, so
will ich sie ohne Hörner und ohne Zähne geben, nämlich: Wenn ich nicht durch
Zeugnisse der Heiligen Schriften überwunden werde oder durch klare Vernunft-   10
gründe — denn ich glaube weder dem Papst noch den Konzilien[39] allein, da
feststeht, daß sie öfters geirrt und sich selbst widersprochen haben — so bin ich
überwunden durch die von mir angeführten Schriften und durch mein Gewissen in
dem Worte Gottes gefangen, und so kann und will ich nichts widerrufen, da wider
das Gewissen zu handeln weder sicher noch ungefährlich ist. Hier stehe ich, ich   15
kann nicht anders, Gott helfe mir, Amen!

VON DER FREIHEIT EINES CHRISTENMENSCHEN (1520)
(gekürzt)

Damit wir gründlich verstehen mögen, was ein Christ ist, und wie die Freiheit
beschaffen ist, die Christus ihm erworben und gegeben hat, und von der Paulus so
viel schreibt,[40] so will ich diese zwei Sätze aufstellen:
    Ein Christ ist ein freier Herr über alle Dinge und niemand untertan.   20
    Ein Christ ist ein dienstbarer Knecht aller Dinge und jedermann untertan.
    Um diese zwei widersprüchlichen Sätze von der Freiheit und der Dienstbar-
keit zu verstehen, müssen wir uns daran erinnern, daß ein jeder Christ zwei Naturen
hat, eine geistliche und eine leibliche. Nach der Seele wird er ein geistlicher, neuer,
innerlicher Mensch genannt; nach dem Fleisch und Blut wird er ein leiblicher, alter   25
und äußerlicher Mensch genannt.

---

[34]**Plan:** Kampfplatz; *battlefield (of life)*   [35]**Gut:** Besitz; *property*   [36]**haben's:** haben davon
[37]**Reich:** Himmelreich   [38]**Ew.:** Eure; Ew. Gnaden: *Your Grace*   [39]**Konzilien:** Versammlungen
kirchlicher Würdenträger   [40]**Paulus...schreibt:** *Saint Paul (in Romans)*

Betrachten wir nun zuerst den inneren, geistlichen Menschen, um zu sehen, was ihn zu einem frommen, freien Christen macht. Offenbar kann kein äußerliches Ding ihn frei oder fromm machen, wie es auch immer genannt werden mag.[41] Denn seine Frömmigkeit und Freiheit, wie auch seine Bosheit und Gefangenschaft sind
5   nicht leiblich noch äußerlich. Was hilft es der Seele, wenn der Leib ungefangen,[42] frisch und gesund ist, ißt, trinkt und lebt, wie er will? Und andrerseits, was schadet es der Seele, wenn der Leib gefangen, krank und matt ist, hungert und dürstet und leidet? Keins von diesen Dingen reicht bis an die Seele; sie wird dadurch weder frei noch unfrei, weder gut noch böse.

10   Ebenso hilft es der Seele nichts, wenn der Leib heilige Kleider anzieht, wie die Priester und Geistlichen tun; auch nicht, wenn er in Kirchen und heiligen Stätten ist; auch nicht, wenn er betet, fastet, und alle guten Werke tut, die der Leib tun kann. Es muß noch etwas ganz anderes sein, was der Seele Frömmigkeit und Freiheit bringt. Denn alle die genannten Dinge kann auch ein böser Mensch tun, ja,
15   solche Werke bringen nichts als Heuchler hervor. Umgekehrt schadet es der Seele nichts, wenn der Leib unheilige Kleider trägt, an unheiligen Orten ist, ißt, trinkt, nicht betet und alle die Werke unterläßt, die die genannten Heuchler tun.

Weder im Himmel noch auf Erden gibt es irgend etwas, was die Seele fromm, frei und christlich machen kann, als das heilige Evangelium,[43] das Wort Gottes, von
20   Christus gepredigt, wie er selbst sagt, Joh.[44] 11, 25: „Ich bin das Leben und die Auferstehung, wer da glaubt an mich, der lebt ewiglich." Deshalb müssen wir gewiß sein, daß die Seele alle Dinge entbehren kann, ausgenommen das Wort Gottes, und ohne das Wort Gottes kann nichts ihr helfen. Wo sie aber das Wort hat, so bedarf sie auch keines anderen Dinges mehr, sondern sie hat in dem Wort genug: Speise,
25   Freude, Friede, Licht, Kunst,[45] Gerechtigkeit, Wahrheit, Weisheit, Freiheit und alles Gut[46] im Überfluß.

Darum sollte dies aller Christen einziges Werk und Übung sein, daß sie das Wort und Christus wohl in sich bildeten und solchen Glauben stetig übten und stärkten, denn kein anderes Werk kann einen Christen machen.

30   Fragst du aber, welches ist denn das Wort, das solche große Gnade gibt, und wie soll ich es gebrauchen? Antwort: Es ist nichts anderes als die Predigt, wie Christus sie gepredigt hat und wie sie im Evangelium enthalten ist. Darin hörst du deinen Gott zu dir reden, wie all dein Leben und Werke nichts vor Gott sind und du mit allem, was in dir ist, ewiglich verderben mußt. Damit du aber aus dir und von
35   dir, das heißt aus deinem Verderben kommen mögest, so setzt er dir vor seinen lieben Sohn Jesum Christum und läßt dir durch sein lebendiges, tröstliches Wort sagen, du sollst dich ihm mit festem Glauben[47] ergeben und frisch auf ihn vertrauen. Dann sollen dir um dieses Glaubens willen alle deine Sünden vergeben, und all dein Verderben überwunden sein.

---

[41] **wie es auch immer genannt werden mag:** *however it might be called*   [42] **ungefangen:** nicht eingesperrt; *not captive*   [43] **Evangelium:** *Gospel*   [44] **Joh.:** Johannes (*John*)   [45] **Kunst:** *art* (*Although* Kunst *today is mainly used as an aesthetic term, in earlier German usage one was still conscious of its derivation from* können; *thus it often means "ability," "skill," "knowledge," "scholarship."*)   [46] **Gut:** Besitz (siehe S. 37, Z. 4)   [47] **mit festem Glauben ergeben:** Glaube *is one of Luther's most important concepts.* Glauben *does not simply mean to believe that something is true, but it expresses complete, unconditional trust. As Luther himself defined it:* "Glaube ist eine lebendige, entschlossene Zuversicht auf Gottes Gnade."

Wie ist es aber möglich, daß der Glaube allein fromm machen und ohne alle Werke so übergroßen Reichtum geben kann, da doch so viele Gesetze, Gebote und Werke in der Schrift vorgeschrieben sind? Hierauf antworte ich: denket vor allem daran, daß der Glaube allein ohne alle Werke fromm, frei und selig macht. Durch ihn ist ein Christenmensch frei von allen Dingen und über allen Dingen. Er vereinigt 5 die Seele mit Christus wie Braut und Bräutigam. Und wenn ein Mensch so töricht wäre und meinte, durch ein gutes Werk fromm, frei, selig oder ein Christ zu werden, so verlöre er mit dem Glauben zugleich alles übrige, wie der Hund, der ein Stück Fleisch im Maul trug und nach dem Spiegelbild im Wasser schnappte, dabei Fleisch und Spiegelbild verlor. 10

Darum sind die zwei Sprüche wahr: „Gute, fromme Werke machen niemals einen guten, frommen Mann, sondern ein guter, frommer Mann macht gute, fromme Werke." „Böse Werke machen niemals einen bösen Mann, sondern ein böser Mann macht böse Werke", so daß immer die Person zuerst gut und fromm sein muß, ehe sie gute Werke tun kann. Gute Werke folgen und gehen nur aus von 15 der frommen und guten Person, wie Christus sagt: „Ein böser Baum trägt keine gute Frucht, ein guter Baum trägt keine böse Frucht." Nun ist es offenbar, daß die Früchte nicht den Baum tragen, es wachsen auch die Bäume nicht auf den Früchten, sondern umgekehrt, die Bäume tragen die Früchte, und die Früchte wachsen auf den Bäumen. Also müssen die Bäume eher sein als die Früchte, und die Früchte 20 machen die Bäume weder gut noch böse, sondern die Bäume machen die Früchte: ebenso muß der Mensch in der Person zuerst fromm oder böse sein, ehe er gute oder böse Werke tut, und seine Werke machen ihn nicht gut oder böse, sondern er macht gute oder böse Werke.

Dasselbe sehen wir in allen Handwerken. Ein gutes oder schlechtes Haus 25 macht keinen guten oder schlechten Zimmermann; sondern ein guter oder schlechter Zimmermann macht ein gutes oder schlechtes Haus. Kein Werk macht seinen Meister, sondern wie der Meister ist, so ist auch sein Werk. Und genau so sind auch die Werke des Menschen: wenn er gläubig ist, sind sie gut, wenn er ungläubig ist, sind sie böse. 30

Da also die Werke niemand fromm machen, und der Mensch zuerst fromm sein muß, ehe er wirkt, so ist es offenbar, daß allein der Glaube aus lauter Gnade durch Christus und sein Wort die Person fromm und selig macht, und daß ein Christ kein Werk und kein Gebot braucht, um selig zu werden. Er ist vielmehr frei von allen Geboten und tut aus lauterer Freiheit und umsonst alles, was er tut, ohne 35 seinen Nutzen oder seine Seligkeit zu suchen, denn er ist schon satt und selig durch seinen Glauben und Gottes Gnade. Das einzige, wonach er strebt, ist, Gott zu gefallen.

Somit verstehen wir nun, wieso gute Werke zu verwerfen und gleichzeitig nicht zu verwerfen sind, und wie man alle Lehren verstehen soll, die gute Werke 40 vorschreiben.

Wir wollen aber noch etwas von den Werken sagen, die der Christ gegen andere Menschen tut. Denn der Mensch lebt nicht für sich allein, sondern zugleich unter anderen Menschen auf Erden. Deshalb kann er nicht ohne Werke gegen sie sein; er muß immer mit ihnen zu reden und zu tun haben, obgleich er keines dieser 45 Werke zur Frömmigkeit und Seligkeit braucht.

Aber aus seinem Glauben fließt von selbst die Liebe und Lust[48] zu Gott, und aus der Liebe ein freies, williges, fröhliches Leben, dem Nächsten zu dienen umsonst. Denn wie Gott uns durch Christus umsonst geholfen hat, so sollen wir durch den Leib und seine Werke nichts anderes tun als dem Nächsten helfen.

5   Aus dem allen folgt der Schluß,[49] daß ein Christ nicht in sich selbst lebt, sondern in Christus und seinem Nächsten: in Christus durch den Glauben, im Nächsten durch die Liebe. Siehe, das ist die rechte, geistliche, christliche Freiheit, die das Herz frei macht von allen Sünden, Gesetzen und Geboten, welche alle andere Freiheit übertrifft wie der Himmel die Erde. Gebe uns Gott, sie recht zu
10   verstehen und zu behalten! Amen!

Aus VON WELTLICHER OBRIGKEIT,[50] WIE WEIT MAN IHR GEHORSAM SCHULDIG SEI (1523)

... Hier müssen wir alle Menschen in zwei Teile teilen: die einen gehören zum Reiche Gottes, die anderen zum Reich der Welt. Die zum Reich Gottes gehören, das sind alle wahrhaft Gläubigen in Christo. Diese Leute bedürfen keines weltlichen Schwerts noch Rechts. Und wenn alle Menschen rechte Christen wären, so wäre kein
15   Fürst, König, Herr, Schwert noch Recht notwendig. Denn die rechten Christen haben den Heiligen Geist im Herzen: der lehrt sie und macht, daß sie niemand Unrecht tun, jedermann lieben, und von jedermann gern und fröhlich Unrecht leiden, auch den Tod. Aber die Ungerechten tun nichts Gutes; deshalb muß das Recht sie lehren und zwingen, das Gute zu tun.
20   Zum Reich der Welt oder unter das Gesetz gehören alle, die nicht Christen sind; denn da nur wenige glauben und als Christen leben, das heißt, dem Übel nicht widerstehen, und auch selbst kein Übel tun, so hat Gott noch ein zweites Regiment[51] eingesetzt und sie unter das Schwert gestellt. Wenn das nicht wäre, so würde, da alle Welt böse ist, und unter Tausenden kaum ein rechter Christ, eins das
25   andere fressen, und niemand könnte Weib und Kind erhalten, sich nähren und Gott dienen. Deshalb hat Gott die zwei Regimente verordnet: das geistliche, welches Christen und fromme Leute macht, und das weltliche, das die Unchristen und Bösen zähmt, daß sie äußerlich Frieden halten.
Wenn nun jemand die Welt nach dem Evangelium regieren wollte und alles
30   weltliche Recht und Schwert abschaffen, so würde er den wilden, bösen Tieren die Bande und Ketten auflösen, daß sie jedermann zerrissen und zerbissen. Es ist wahr, daß die Christen untereinander weder Recht noch Schwert brauchen; aber weil ein rechter Christ auf Erden nicht für sich selbst, sondern für seinen Nächsten lebt und ihm dient, so tut er auch das, was er selbst nicht bedarf, sondern was seinem
35   Nächsten nützt und nötig ist. Da nun aber das Schwert notwendig ist, um den

---

[48] **Lust:** *pleasure, joy; here: desire, longing*   [49] **Schluß:** Folgerung; *conclusion*   [50] **weltliche Obrigkeit:** *secular authority; government*   [51] **Regiment:** weltliche Macht; Autorität

Frieden zu erhalten, Sünde zu strafen und die Bösen zu zähmen, so stellt er sich aufs willigste unter die Herrschaft des Schwertes, zahlt Steuern, ehrt die Obrigkeit, dient, hilft und tut alles, was er kann, um die Gewalt zu fördern und in Furcht und Ehren zu erhalten, genau wie er alle anderen Werke der Liebe tut, derer er selbst nicht bedarf. Denn er besucht ja auch die Kranken nicht, um selbst davon gesund zu 5 werden.

Wenn du also selbst es nicht bedarfst, daß man deinen Feind straft, so bedarf es aber dein kranker Nächster; dem sollst du helfen, daß er Friede habe und vor seinem Feinde geschützt werde. Deshalb, wenn du siehst, daß es an Henkern, Bütteln, Richtern, Herrn und Fürsten mangelt, und du dich geschickt fändest, 10 solltest du deine Dienste anbieten, damit ja die nötige Gewalt nicht verachtet und geschwächt würde oder unterginge; denn die Welt kann und mag sie nicht entbehren. Für dich selbst aber hältst du dich nach dem Wort Christi, daß du gern den andern Backenstreich leidest und den Mantel zum Rock[52] dahingibst. Wenn es nur dich und deine eigene Sache betrifft, sollst du nichts suchen noch brauchen, denn du 15 hast das Himmelreich; deshalb sollst du das Reich der Erde dem lassen, der es nimmt. So geht denn beides miteinander: daß du zugleich Gottes Reich und der Welt Reich dienst, zugleich Übel und Unrecht leidest und doch Übel und Unrecht strafst; zugleich dem Übel nicht widerstehst und doch widerstehst.

Nachdem wir also gesehen haben, daß die weltliche Obrigkeit sein muß, 20 müssen wir nun noch lehren, wie lang ihr Arm ist und wie weit ihre Hand reicht. Da ist nun zu sagen: Das weltliche Regiment hat Gesetze, die sich nicht weiter erstrecken als über Leib und Gut. Denn über die Seele kann und will Gott niemand regieren lassen als sich selbst allein. Darum, wo weltliche Gewalt es wagt, der Seele Gesetze zu geben, greift sie Gott in sein Regiment und verführt und verdirbt nur die 25 Seelen. Denn dies muß jeder vor seinem eigenen Gewissen verantworten, was er glaubt oder nicht glaubt, und er tut damit der weltlichen Gewalt keinen Schaden; deshalb soll sie einen jeden glauben lassen, wie er kann und will. Denn der Glaube ist frei, und zum Glauben kann man keinen Menschen zwingen.

Wenn nun dein Fürst dir befiehlt, dem Papst zu gehorchen, dies oder das zu 30 glauben, oder dir gewisse Bücher verbietet, so sollst du sagen: Lieber Herr, ich schulde Euch Gehorsam mit Leib und Gut, gebietet mir nach Eurer Macht, auf Erden, so will ich folgen. Befehlt Ihr aber meinem Glauben, oder verbietet Ihr mir Bücher, so will ich nicht gehorchen. Nimmt er dir darüber dein Gut, und straft solchen Ungehorsam, selig bist du, und danke Gott, daß du würdig bist, um 35 göttlichen Wortes willen zu leiden.

Ich will ein Beispiel geben: In Meißen,[53] Bayern, in der Mark[54] und anderen Orten haben die Tyrannen ein Gebot erlassen, man soll die Neuen Testamente in den Ämtern[55] abliefern. In dieser Sache sollen ihre Untertanen folgendes tun: nicht ein Blättlein, nicht einen Buchstaben sollen sie abliefern, bei Verlust ihrer Seligkeit. 40

---

[52] **Backenstreich ... Rock:** siehe Matthäus 5, 39-40: ". . . so dir jemand einen Streich gibt auf deinen rechten Backen, dem biete den andern auch dar. Und so jemand mit dir rechten will und deinen Rock nehmen, dem laß auch den Mantel." [53] **Meißen:** Stadt in Sachsen [54] **Mark:** die Mark Brandenburg, das Land um Berlin zwischen Elbe und Oder, woraus später Preußen wurde [55] **in den Ämtern:** bei der Verwaltung; *to the authorities*

Aber wenn man ihnen durch die Häuser rennt und ihre Bücher oder Güter mit
Gewalt nimmt, so sollen sie das leiden. Frevel soll man nicht widerstehen, sondern
leiden; man soll ihn aber nicht billigen, noch einen Schritt tun oder Finger rühren,
ihm zu dienen oder zu gehorchen.

Aus OB KRIEGSLEUTE AUCH IN SELIGEM STANDE SEIN KÖNNEN[56] (1526)

5   Daß man viel schreibt und sagt, welch eine große Plage Krieg sei, das ist alles wahr;
aber man sollte auch daneben ansehen, wie vielmal größer die Plage ist, die man mit
Kriegen abwehrt.

Wenn nun aber Leute einwenden: die Christen haben keinen Befehl zu
streiten, weil sie eine Lehre von Christus haben, daß sie dem Übel nicht widerstehen
10   sollen, sondern alles leiden, so habe ich im Büchlein von der weltlichen Obrigkeit
genügend darauf geantwortet. Denn freilich streiten die Christen nicht; sie sind nach
dem Geiste niemand als Christus unterworfen. Aber dennoch sind sie mit Leib und
Gut der weltlichen Obrigkeit unterworfen und schuldig, gehorsam zu sein. Wenn sie
nun von weltlicher Obrigkeit zum Streit gefordert werden, sollen und müssen sie
15   streiten aus Gehorsam, nicht als Christen, sondern als Glieder und untertänige
gehorsame Leute nach dem Leibe und zeitlichem Gut. Darum wenn sie streiten, so
tun sie es nicht für sich noch um ihretwillen, sondern zu Dienst und Gehorsam der
Obrigkeit, unter welcher sie sind.

---

[56] **"Ob Kriegsleute auch in seligem Stande sein können":** *"Whether soldiers, too, can be saved"* (*be in a blessed state*)

ERASMUS VON ROTTERDAM (1466 - 1536)

Erasmus gehört streng genommen[1] nicht in eine Geschichte der deutschen Literatur. Er wurde in Holland geboren und starb in der Schweiz;[2] Deutsch sprach er kaum, seine Bücher und Briefe schrieb er auf lateinisch. Und doch gehört er sehr notwendig in dieses Buch: als der vollkommenste Gegensatz zu Luther, der sich denken läßt.[3] „Hier stehe ich, ich kann nicht anders" – das berühmte Wort, das Luther vielleicht gar nicht gesprochen 5 hat, ist, auch wenn es erfunden ist, ein sehr wahres Wort. Es drückt das Wesen und den Kern von Luthers Existenz aus. Erasmus hätte von sich sagen können: Hier stehe ich, ich kann auch anders. Er verstand und durchschaute wie wenige seiner Zeitgenossen die großen Gegensätze seines Zeitalters und fand, das Recht war nicht auf *einer* Seite. So versuchte er, zu vermitteln und zu versöhnen, die Gegensätze auszugleichen, für den 10 Frieden zu wirken. Er korrespondierte mit dem Papst und dem Kaiser, schrieb an Franz I.[4] und Heinrich VIII.,[5] war befreundet mit dem englischen Staatsmann Thomas More[6] und dem Nürnberger Ratsherrn Willibald Pirckheimer. Viele fragten ihn um Rat; man hörte ihm zu, er war der berühmteste Gelehrte seiner Zeit, aber im Grunde machte er es niemandem recht. „Es ist mein Schicksal", sagte er selbst, „von beiden Seiten gesteinigt 15 zu werden, während ich mich bemühe, für beide besorgt zu sein." Luther sagte von ihm: „Er geht überall auf Eiern und will keins zertreten; er tritt zwischen Gläser und rührt keins an."

Für Luther war es selbstverständlich, sich zu bekennen und sich zu entscheiden, zu handeln ohne Rücksicht auf die Folgen. Für Erasmus war es selbstverständlich, zu prüfen 20 und zu untersuchen; er dachte bei allem an die Folgen; dies machte ihn fähig, die Zukunft vorauszusehen. Luthers großer Feind war das Böse, die Sünde, die Verderbtheit der menschlichen Natur. Diesen „alt bösen Feind" personifizierte er sich[7] in der Gestalt des Teufels. Luther ist ihm nicht selten begegnet; auf der Wartburg erschien er ihm, um ihn beim Übersetzen der Bibel zu stören. Noch heute wird dort der Fleck an der Wand 25 gezeigt, den Luther machte, als er das Tintenfaß nach ihm warf. Ein anderes Mal fand er den Teufel nachts in seinem Bett, in der Gestalt eines schwarzen Hundes. Doch wußte er sich zu helfen; schnell entschlossen faßte er ihn am Genick und warf ihn zum Fenster hinaus.

Auch Erasmus hatte einen großen Feind. Es war die menschliche Dummheit. Auch 30 er personifizierte seinen Gegner: in der Gestalt einer allegorischen Figur, der Torheit. Auf sie schrieb er ein ironisches *Lob der Torheit* (1509), sein Hauptwerk. Es ist eine akademische Rede, eine *laudatio*,[8] die die Torheit, in akademischem Gewand, auf sich selber hält. Es fällt ihr leicht,[9] nachzuweisen, wie sehr sie an allen menschlichen Handlungen beteiligt ist. Und indem sie diesen Nachweis führt,[10] entsteht eine beißende 35

---

[1] **streng genommen:** genau genommen; *strictly speaking*   [2] **die Schweiz:** *Switzerland*   [3] **der sich denken läßt:** den man sich vorstellen kann   [4] **Franz I.:** siehe S. 35, Z. 23   [5] **Heinrich VIII.:** (1491-1547), König von England   [6] **Thomas More:** (1478-1535), Verfasser von *Utopia*   [7] **sich:** *for himself*   [8] **laudatio:** Lobrede; *panegyric*   [9] **es fällt ihr leicht:** es ist leicht für sie   [10] **diesen Nachweis führt:** das beweist

Satire auf Fürsten und Priester, Richter und Ärzte, Lehrer, Politiker, Kaufleute, die Frauen, kurz, auf jedermann. Sollte jemand die Angriffe zu scharf finden, so kann sich der Autor leicht verteidigen, indem er darauf hinweist, daß nicht er, sondern die Torheit spricht. Und natürlich ist es töricht, was sie sagt.

5   Erasmus relativiert seine Position weiter. „Ohne mich kann die Welt keinen Augenblick bestehen", erklärt die Torheit stolz. Der Leser muß ihr recht geben. Denn Torheit bedeutet für Erasmus nicht nur Dummheit, es bedeutet auch Leidenschaft, Illusion, Macht der Triebe, Eitelkeit, Eigenliebe, und man muß zugeben, daß ohne sie sich in der Tat nichts in der Welt bewegen würde. Für Luther gibt es nur *eine* Wahrheit, das
10   Wort Gottes, nur *ein* Ziel, die Rettung seiner Seele. Für Erasmus ist nichts eindeutig, die Dinge sind komplex, Überzeugungen zweifelhaft, wenig steht fest; Erasmus glaubt an die Vernunft und erkennt zugleich ihre Grenzen; er versucht etwas beinahe Unmögliches: in einem Jahrhundert, in dem fast nur gekämpft wird, zu keiner Partei zu gehören.

Aus den ADAGIA* (1500)

      Blättert in der alten oder in der neuen Geschichte wo ihr wollt: kaum in
15   Generationen ist da ein Fürst zu finden, dessen Tollheit nicht das größte Elend über die Menschheit gebracht hat.

      Ich weiß nicht, ob wir zum größten Teil nicht selbst daran schuld sind. Das Steuer eines Schiffes vertrauen wir nur dem geübten Piloten an, obgleich da nur ein paar Matrosen und einige Waren auf dem Spiel stehen;[11] der Staat aber, von dem
20   die Sicherheit Tausender abhängt, wird jedem in die Hand gegeben. Wagenlenker müssen ihre Kunst lernen, verstehen und üben; ein Fürst braucht nur geboren zu werden. Die Kunst zu regieren ist nicht nur die ehrenvollste, sie ist auch die schwierigste aller Künste. Und wir sollen den Kapitän eines Schiffes wählen, nicht aber den, der Städte und Menschenleben zu betreuen hat? Es scheint, der Brauch
25   besteht schon zu lange, um ihn noch abzuschaffen. Was sehen wir also überall? Daß blühende Städte vom Volk gebaut, und von Fürsten zerstört werden. Daß der Fleiß ihrer Bürger eine Gemeinde reich macht, und die Raubgier ihrer Fürsten sie plündert. Daß das Volk gute Gesetze einführt, und die Fürsten sie verletzen. Daß das Volk den Frieden liebt, und die Fürsten zum Kriege hetzen.

Aus BRIEFEN AN UND ÜBER LUTHER

30   *An Martin Luther*   *30. Mai 1519*

      Alte Einrichtungen können nicht in einem Augenblick entwurzelt werden. Ruhige Erörterung vermag mehr als blindes Verdammen. Es ist besser, die giftigen

---

[11] auf dem Spiel stehen: *at stake*
* Adagia: Sprichwörter; *adages*

Angriffe gewisser Leute zu verachten als sie zu widerlegen. Seid ohne Zorn. Haßt niemand. Sorget, daß der Ruhm, den Ihr gewonnen habt, Euch nicht verdirbt.

An Thomas More   November 1520

Ich sagte ihm (einem Gegner Luthers), es sei nutzlos, Luthers Bücher aus den Bibliotheken zu entfernen, wenn man sie nicht den Leuten aus dem Gedächtnis 5 reißen könne.

An den Bischof Aloisius Marlianus   25. März 1520

Die Anhänger Luthers haben mit allen Mitteln versucht, mich für ihre Partei zu gewinnen. Luthers Feinde haben versucht, mich auf seine Seite zu drängen. Überall haben sie öffentlich schlimmer gegen mich gehetzt als gegen Luther selbst. 10 Doch habe ich mich durch keinen Kunstgriff von meiner Haltung abbringen lassen. Christus erkenne ich an, Luther kenne ich nicht; die römische Kirche erkenne ich an, eine andere als die katholische gibt es für mich nicht. Von ihr soll mich auch der Tod nicht trennen, außer wenn sie selbst sich öffentlich von Christus trennte. Aufruhr habe ich immer verabscheut; ich wünschte Luther und alle Deutschen 15 wären derselben Meinung. Ich habe Luther gebeten, nichts Aufrührerisches zu veröffentlichen. Ich fürchte immer, Aufruhr wird das Ende sein.

An Justus Jonas, Professor in Wittenberg   10. Mai 1521

Ich weiß nicht, ob zu irgend einer Zeit die Leiter der Kirche so gierig und so offen wie heute die Güter dieser Welt erstrebt haben, die man doch nach der Lehre 20 Christi verachten soll. Die Studien der Heiligen Schrift sind ebenso in Verfall geraten wie die Moral. Daher kommt es, daß Luther zunächst überall einen Beifall fand, wie ihn, glaube ich, seit Jahrhunderten niemand gehabt hat. Auch ich machte mir Hoffnungen; doch gleich als die ersten Schriften Luthers erschienen, fing ich an zu fürchten, die Sache würde in Krieg und offener Feindschaft enden. 25

An den Papst Hadrian VI.   22. März 1523

Die eine Partei sagt, ich sei für Luther, weil ich nicht gegen ihn schreibe. Die andere greift mich an, weil ich gegen ihn schreibe. Ich habe getan, was ich konnte. Ich habe ihn gebeten, mäßig zu sein, und ich habe damit seine Freunde mir zu Feinden gemacht. Ihr fragt mich, was Ihr tun sollt. Nun, einige glauben, es gibt nur 30 ein Heilmittel: die Gewalt. Das ist nicht meine Meinung; die Folge wäre furchtbares Blutvergießen. Die Krankheit ist schon zu weit fortgeschritten,[1,2] als daß man sie noch ausbrennen könnte. Wenn Ihr es mit Gefängnis, Peitsche, Enteignungen, Verbannung, Scheiterhaufen und Schafott versuchen wollt, dann braucht Ihr keinen Rat von mir. Ich sage, geht dem Übel auf den Grund.[1,3] Beseitigt die Ursachen. 35 Bestraft niemand. Was geschehen ist, mag als Prüfung des Himmels betrachtet

---

[1,2] **zu weit fortgeschritten, als daß man sie noch ausbrennen könnte:** *too far advanced to be burnt out*
[1,3] **geht dem Übel auf den Grund:** erforscht dieses Übel genau; *get to the bottom of this evil (the Protestant rebellion)*

werden; gewährt eine allgemeine Amnestie. Wenn Gott so viele Sünden vergibt, so mag auch sein Statthalter auf Erden[14] vergeben...

An Christophorus Mexia[15]   *30. März 1530*

5   Die große Frage ist, wie dieser fürchterliche Zwiespalt noch zu heilen ist, ohne daß Ströme von Blut vergossen werden.

VOM WAHNSINN DES KRIEGES

An Anton von Bergen[16]   *14. März 1514*

    Ich frage mich oft, was vielleicht nicht gerade die Christen aber doch die Menschen überhaupt so wahnsinnig macht, daß sie so eifrig, mit so viel Kosten, unter so viel Gefahren einander ins Verderben stürzen.[17] Denn was tun wir unser
10 ganzes Leben als Krieg führen? Im allgemeinen tun dies nicht einmal die Tiere, höchstens ein paar wilde Bestien, und auch diese kämpfen nicht miteinander, sondern die eine Art[18] kämpft gegen die andere. Auch gebrauchen sie ihre natürlichen Waffen und nicht wie wir Maschinen, die mit teuflischem Geschick erdacht sind. Wenn Tiere kämpfen, tun sie es, um ihre Jungen zu verteidigen oder
15 Nahrung zu gewinnen; die meisten unserer Kriege aber entstehen aus Ehrgeiz, aus Zorn, aus blinder Lust oder ähnlicher Geisteskrankheit. Auch werden die Tiere nicht wie wir in ungeheuren Mengen zusammengebracht und zum Töten ausgebildet.

    Wir haben uns nach dem Namen Christi Christen genannt und sind stolz
20 darauf; doch Christus lehrte nichts als Sanftmut und lebte nach seiner Lehre. Was in der Welt kann also wichtig genug sein, uns zum Krieg zu treiben? Denn was ist der Krieg? Ein Ding so fürchterlich und schändlich, daß ein wahrhaft guter Mensch selbst den gerechtesten Krieg nicht billigen kann.

    Frage dich doch bitte auch, wer denn die Menschen sind, die man zum
25 Kriegführen braucht. Mörder, Gottlose, Spieler, Mädchenschänder,[19] die gemeinsten bezahlten Knechte,[20] für die der kleinste Gewinn mehr bedeutet als das Leben. Aber das sind im Kriege gerade die besten, weil sie dann um Lohn tun, was sie vorher auf eigenes Risiko taten. Und dafür werden sie noch gelobt. Diesen Abschaum der Menschheit muß man auf seine Felder, in seine Städte einziehen
30 lassen, wenn man Krieg führt, und zuletzt wird man noch ihr Sklave, nur weil man sich an anderen rächen will.

    Bedenke auch, wie viele Verbrechen unter dem Vorwand des Krieges begangen werden, da ja im Waffenlärm[21] die Gesetze schweigen, wie viele

---

[14] sein Statthalter auf Erden: der Papst (*God's Deputy*)   [15] Christophorus Mexia: ein spanischer Geistlicher   [16] Anton von Bergen: Abt des Klosters Saint Omer in Frankreich   [17] einander ins Verderben stürzen: einander vernichten; *mutually to destroy one another*   [18] Art: *species* [19] Mädchenschänder: *rapists*   [20] bezahlte Knechte: Söldner; *mercenaries*   [21] Waffenlärm: *noise of battle*

Räubereien, wie viele Sakrilegien, wie viele Entführungen, wie viele sonstige
Schandtaten, die man sich auch nur zu nennen schämt. Und selbst wenn der Krieg
zu Ende ist, wütet diese moralische Pest noch jahrelang weiter. Rechne Dir doch
auch die Kosten aus; selbst für den Sieger ist der Schaden viel größer als der
Gewinn. Welches Königreich ist so viele Tausende von Menschenleben wert? 5
Überdies treffen die meisten Übel des Krieges diejenigen, die er gar nichts angeht,[22]
während die Vorteile des Friedens allen zugute kommen;[23] im Kriege weint
gewöhnlich auch der Sieger.

---

[22] die er gar nichts angeht: *who have nothing to do with it* (*war*)   [23] allen zugute kommen: *benefit everyone*

JOHANN FAUST (um 1480 - 1540)

Unter Luthers Zeitgenossen war einer, dem niemand in Deutschland prophezeit hätte, daß
er die nach Luther bekannteste Figur des sechzehnten Jahrhunderts werden würde. Dies
war der Doktor Johann Faust. Nicht zu seinen Lebzeiten wurde er berühmt; da war er im
Gegenteil eine sehr zweifelhafte Figur. Man hielt ihn für einen Zauberkünstler. Luthers
5   Freund Melanchthon[1] berichtet, Faust habe an der Universität Krakau[2] die Magie
studiert; er war ein Alchemist und Astrologe, stellte reichen Leuten das Horoskop,[3]
betrog andere um ihr Geld, wurde, wie wir aus zeitgenössischen Berichten wissen, in
mancher Stadt vom Magistrat ausgewiesen und verließ andere freiwillig, wenn auch ohne
seine Schulden zu bezahlen. Dieser Faust nahm ein schreckliches Ende. Man fand ihn
10 eines Morgens in seiner „Alchimistenküche", seinem Laboratorium, wie wir heute sagen
würden, tot auf dem Boden liegend, das Gesicht geschwärzt. Vielleicht, werden wir
annehmen, war er bei einem Experiment durch eine Explosion getötet worden. Fausts
Nachbarn, die nachts einen ungeheuren Lärm aus seinem Hause gehört hatten, wußten es
freilich besser: Faust war vom Teufel geholt worden. Sie wußten auch den Grund: Faust
15 hatte einen Pakt mit dem Teufel geschlossen, und dieser Pakt war abgelaufen.
Vierundzwanzig Jahre hatte der Teufel Faust gedient, hatte alle seine Wünsche erfüllt,
dafür hatte ihm Faust seine Seele versprochen. Das Bündnis mit dem Teufel erklärte die
übernatürlichen Fähigkeiten, die Faust besaß. „Es steckt nichts anderes in ihm", hatte
auch Luther von Faust gesagt, „als ein hoffärtiger, stolzer und ehrgeiziger Teufel."
20   Zahlreich waren die merkwürdigen und wunderbaren Geschichten, die sich das Volk
von Faust erzählte. Noch nach seinem Tode kamen immer neue hinzu; schließlich wurden
sie gesammelt und 1587 bei Johann Spies in Frankfurt gedruckt. Dies ist das sogenannte
Volksbuch vom Doktor Faust. Es hatte einen ungeheuren Erfolg und wurde bis ins
achtzehnte Jahrhundert immer wieder neu bearbeitet. Uns erscheint das Buch heute
25 primitiv. Wir wundern uns, daß Faust die Hilfe des Teufels braucht, um die Namen
sämtlicher Blumen, Tiere oder die Bewegungen der Himmelskörper zu erfahren. Auch
sind die Erklärungen, die der Teufel gibt, höchst inkompetent; was er Faust von der Bahn
der Sterne erzählt, beruht noch ganz auf dem mittelalterlichen ptolemäischen Weltbild.[4]
Viel besser hätte sich Faust bei seinem Zeitgenossen Kopernikus[5] informieren können,
30 der die neue, moderne Astronomie begründete, indem er die herrschende astronomische
Lehre einfach umkehrte. Aber damit geriet Kopernikus in Widerspruch zur Kirche, denn
in der Bibel steht es anders. Luther dachte in diesem Punkt genau wie die katholische
Kirche; auch er lehnte die neue Astronomie ab. Doch sieht man, wie sehr das Volksbuch
vom Doktor Faust bei aller Krudität an ein brennendes Thema rührte, das die Zeit

---

[1] **Melanchthon:** Philipp Melanchthon (1497-1560) schrieb einflußreiche Werke über Luthers
Kirchenreform und über Erziehung.   [2] **Krakau:** Stadt in Polen   [3] **stellte ... das Horoskop:** *cast a
horoscope*   [4] **das ptolemäische Weltbild:** Ptolemäus (2. Jahrhundert n. Chr.), Astronom und
Geograph aus der ägyptischen Stadt Alexandrien, lehrte, daß die Erde im Mittelpunkt des Universums
stehe.   [5] **Kopernikus:** Nicolaus Copernicus (1473-1543), berühmter Astronom, stellte fest, daß die
Erde um die Sonne kreist.

bewegte: den Konflikt zwischen Glauben und Wissen. Ein neuer Geist des Forschens und Suchens nach Erkenntnis und Wahrheit entwickelte sich, der mehr und mehr in Gegensatz zum kirchlichen Dogma geriet und oft nicht nur zu äußeren, sondern auch zu inneren Konflikten führte. Denn daß der Teufel ins Spiel gebracht wurde,[6] hieß doch nur, daß hier etwas Böses im Gange war.[7] Aus guten Gründen, so glaubte die Kirche, habe Gott dem Menschen kein unbegrenztes Wissen gegeben; statt rücksichtslos seinem Wissenstrieb zu folgen, solle der Mensch sich bemühen, gehorsam Gottes Geboten zu folgen.

Lange Zeit hat man diesen Konflikt nur als Kampf des Fortschritts gegen reaktionäre Beschränktheit gesehen; erst seit wir die Atombombe haben, sind wir wieder nachdenklich geworden. So ist es kein Zufall, daß ein moderner Dramatiker den alten Konflikt zwischen Wissenschaft und Kirche in den Mittelpunkt eines Dramas gestellt hat: Bertolt Brecht in seinem *Leben des Galilei.*[8] Der Dramatiker des sechzehnten Jahrhunderts, der das Thema aufgriff, war Christopher Marlowe. Nur wenige Jahre nach dem Erscheinen des Volksbuchs von 1587, das er in einer englischen Übersetzung las, schrieb er seine *Tragical History of Doctor Faustus.* Englische Schauspieler brachten Marlowes Schauspiel nach Deutschland. Immer neu bearbeitet, wurde es eins der beliebtesten Stücke des siebzehnten Jahrhunderts. Dabei entfernte es sich immer weiter von Marlowes Text und endete zuletzt, im achtzehnten Jahrhundert, auf der Puppenbühne.[9] Erfolgreich war es vor allem durch den komischen Diener, den Faust erhielt und dessen Rolle im Lauf der Zeit immer größer wurde. Wie Sancho Pansa neben Don Quijote, Leporello neben Don Juan, so steht Hanswurst oder Kasperle[10] neben Faust, der kleine Mann neben dem großen. Der tragische Held mag untergehen, der kleine Mann, der keinen Träumen nachjagt, überlebt. Wer nicht nach den Sternen greift, stürzt auch nicht in die Hölle; schlau, real und gefräßig behauptet sich die Trivialität im Dasein. Noch Goethe hat in seiner Jugend den Faust als Puppenspiel in Frankfurt gesehen.

Aus DAS PUPPENSPIEL VOM DOKTOR FAUST

DRITTER AUFZUG   Erster Auftritt

Straße in Erfurt. Links eine Hütte, Kasperles Wohnung

FAUST. MEPHISTOPHELES

MEPHISTOPHELES Faust, deine Zeit ist abgelaufen. Noch wenige Stunden hast du zu leben. Um Mitternacht bist du mein.

FAUST Was sagst du? Weißt du nicht, daß wir einen Pakt geschlossen haben auf vierundzwanzig Jahre?

---

[6] **ins Spiel gebracht wurde:** eingeführt wurde; *was brought into the matter*   [7] **im Gange war:** vorging; *was going on*   [8] **Galilei:** Galileo Galilei (1564-1642), italienischer Wissenschaftler, unterstützte das kopernikanische System und geriet dadurch in Konflikt mit der katholischen Kirche.   [9] **Puppenbühne:** Das Puppenspiel war ein volkstümliches Theater mit Puppen oder Marionetten.   [10] **Kasperle:** österreichischer Hanswurst, ein lustiger Spaßmacher

MEPHISTOPHELES Ganz recht, und vierundzwanzig Jahre bin ich in deinen Diensten.

FAUST Du dienst mir ja erst zwölf Jahre.

MEPHISTOPHELES Ich diene dir vierundzwanzig Jahre.

5 FAUST So wäre ich begierig, deine Rechnung zu hören.

MEPHISTOPHELES So höre sie: Wenn der Bauer einen Knecht mietet, so mietet er ihn ein Jahr. Am Tage tut er seine Arbeit, doch des Nachts hat er Ruhe. Du aber hast uns Geister Tag und Nacht gequält: so sind aus diesen zwölf Jahren vierundzwanzig geworden.
10 *(Geht lachend ab)*

FAUST O, du abscheulicher Teufel! Und doch soll es dir nicht gelingen, mich in deinen Netzen zu halten. *(Ruft)* Mephistopheles!

MEPHISTOPHELES *(erscheint)* Was begehrst du?

15 FAUST Weißt du, was in unserm Pakt geschrieben steht, daß du verpflichtet bist, mir auf alle Fragen, die ich tun[11] werde, die reine Wahrheit zu sagen?

MEPHISTOPHELES Ich weiß, daß du so töricht warst, zu glauben, der Vater der Lügen werde dir die Wahrheit sagen.

20 FAUST Tust du's nicht, so ist unser Pakt gebrochen.

MEPHISTOPHELES Ich habe dich noch nie belogen.

FAUST So höre denn, was ich frage, und antworte die reine Wahrheit.

MEPHISTOPHELES Frage.

FAUST Kann ich noch zu Gott kommen?

25 MEPHISTOPHELES *(steht zitternd und bebend)*

FAUST Antworte die reine Wahrheit.

MEPHISTOPHELES *(stotternd und kleinlaut)* Ich weiß nicht.

FAUST Du weißt es. Antworte oder unser Pakt ist gebrochen. Kann ich noch zu Gott kommen?

30 MEPHISTOPHELES *(verschwindet mit Heulen)*

FAUST *(fällt auf die Kniee)* O Herr, hier lieg ich im Staub vor Deiner Majestät, als ein reuiger Sünder kehr' ich zurück, stoß mich nicht zurück in die Nacht der Verzweiflung, gib mich nicht der Hölle preis.

---

[11] **tun:** stellen

Zweiter Auftritt

FAUST. MEPHISTOPHELES. HELENA

MEPHISTOPHELES	Faust, willst du noch selig werden, du kannst es nur durch die Liebe. Noch hast du nie wahrhaft geliebt: dies höchste Erdenglück ist dir noch vorbehalten. Blick her, diese ist es, sie allein kann deine Liebe erwidern.
FAUST	Laß mich!

5

MEPHISTOPHELES Verschmähst du sie? Die Welt, der Himmel hat nicht höhere Schönheit. Wisse, es ist Helena, jene Helena, die auch die Graubärte Trojas[12] bewunderten.

FAUST Laß mich beten.

MEPHISTOPHELES Du verschmähst sie? So führ' ich sie zurück, und nie wieder   10
gibt der Hades[13] diesen Schatz heraus, nie wieder sieht die
Sonne das reinste Bild der Schönheit.

FAUST Nun, ansehen kann ich sie ja wohl.[14] (*Blickt sie an und steht
auf*) Welches Ebenmaß, welche Vollkommenheit, welcher
Liebreiz! Du hast recht, sie war es wert, daß zwei edle   15
Völker[15] zehn Jahre lang um ihren Besitz stritten. Solch ein
Weib, welch ein Glück!

MEPHISTOPHELES Und dieses Glück biet' ich dir.

FAUST Mein, das edelste, göttlichste Weib? Gib, laß mich glücklich
werden in ihrem Besitz: einmal ganz glücklich ist glücklich auf   20
ewig. Gib, gib! (*Er geht auf sie zu und umarmt sie, sie
verwandelt sich in einen Teufel. Gelächter*)

FAUST (*allein*) Weh mir, was hab ich getan! Verloren bin ich,
rettungslos verloren, die Hölle hat gesiegt! (*Stürzt verzweifelt
ab*)   25

(*Es schlägt zehn Uhr*)

Dritter Auftritt

HULDA. KASPERLE

KASPERLE (*als Nachtwächter mit Mantel, Stab und Laterne, in der Tür
seines Hauses*)

HULDA (*hinter ihm, einen Besenstiel in der Hand*) Kasper, willst du
wohl machen,[16] daß du rauskommst!   30

---

[12] die Graubärte Trojas: *the graybeards of Troy*   [13] Hades: in der griechischen Mythologie das
Reich der Toten   [14] ansehen kann ich sie ja wohl: *it won't hurt to look at her*   [15] zwei edle
Völker: die Griechen und die Trojaner   [16] willst du wohl machen: beeile dich

KASPERLE Was willst du denn von mir?

HULDA Hast du nicht gehört, daß es geschlagen hat?[17]

KASPERLE Mögen sie sich doch schlagen, was geht das denn mich an?

HULDA So, sollst du nicht Straße für Straße gehen und ausrufen, wie
5   spät es ist?

KASPERLE Ja, Straße für Straße gehen; was verstehst denn du von der
              edlen Nachtwächterkunst, ich rufe es mitten auf dem Markte
              aus, da hört es die ganze Stadt.

HULDA Nun mach aber, daß du rauskommst.

10 KASPERLE Steck mir erst meine Laterne an.

HULDA Steck sie dir alleine an.

KASPERLE Was, bist du nicht Frau Nachtwächterin? Ich sag dir, zünd
              mir die Laterne an, oder du sollst sehen, was passiert.

HULDA Na, was passiert denn da?

15 KASPERLE Da zünd ich sie mir alleine an.

HULDA Na, es wird sich auch so gehören;[18] nun mach aber, daß du
              fortkommst! (*Sie schlägt die Tür hinter ihm zu*)

Vierter Auftritt

KASPERLE

KASPERLE (*singt*) Jetzt geh ich mit meiner Laterne
                  und meine Laterne mit mir.

20   Es ist doch ein trauriger Posten, so ein Nachtwächterposten.
              Da ist jetzt die Polizeistunde,[19] da muß ich die ganze Nacht
              umherlaufen und den Spitzbuben leuchten, damit sie sehen
              können. (*Singt*)

                  Hört, ihr Herren, und laßt euch sagen,
25   die Glocke hat schon zehn geschlagen.
                  Darum geht geschwind nach Haus,
                  sonst sperrt euch das Weibchen aus.
                  Die Glock hat zehn geschlagen.

                                          (*ab*)

---

[17] daß es geschlagen hat: daß es zehn Uhr geschlagen hat (Kasperle mißversteht "schlagen"
absichtlich.)   [18] es wird sich auch so gehören: *that's the way it ought to be*   [19] Polizeistunde:
closing time; curfew

Fünfter Auftritt

FAUST

FAUST Nirgends find ich Ruh noch Rast. Überall verfolgt mich das
Bild der Hölle. Mit rasender Eile fliehen die Stunden dahin.
O, warum war ich nicht standhaft, warum ließ ich mich
verführen. Doch der böse Geist wußte mich bei meiner
schwächsten Seite zu fassen; unwiderruflich bin ich nun der 5
Hölle verfallen. (*Er sinkt ohnmächtig nieder*)

(*Es schlägt elf Uhr*)

Sechster Auftritt

HULDA. KASPERLE

HULDA Nun, Kasper, du bist ja schon wieder da.

KASPERLE Freilich bin ich wieder da.

HULDA Was willst du denn wieder hier? 10

KASPERLE Du bist so liebenswürdig, so sanftmütig, daß ich jeden
Augenblick Lust verspüre, dir meine Laterne an den Kopf zu
werfen.

HULDA Daß ich sie dir nur nicht an den Kopf werfe!

KASPERLE (*singt*) 15

Jetzt geh ich mit meiner Laterne
und meine Laterne mit mir.

Du, Frau, Frau!

HULDA Was gibt's denn?

KASPERLE Immer wenn ich vom Ausrufen nach Hause komme, muß ein 20
großer Topf Kaffee fertig sein, aber guter Kaffee, nicht so viel
Zichorien[20] drin. Es ist doch nichts, wenn man eine böse
Frau hat. Eigentlich habe ich keine böse Frau, denn eine böse
Frau will, alles soll nach ihrem Kopfe gehen,[21] meine Frau
aber läßt alles nach meinem Kopfe gehen. Teller, Töpfe, 25
Stühle und Tische, was sie gerade erwischt.

---

[20] **Zichorien:** *chicory*   [21] **alles soll nach ihrem Kopfe gehen:** alles soll geschehen, wie sie es will (*In the following line, Kasperle takes this literally: "my wife lets everything fly at my head."*)

Siebenter Auftritt

KASPERLE. FAUST

KASPERLE (*singt*)

Hört, ihr Bäcker, und laßt euch sagen,
laßt euch nicht vom Teufel plagen,
backt Brot und Semmel nicht zu klein,
5   sonst müßt ihr all' in die Höll' hinein.
Die Glock hat elf geschlagen.

(*Er stolpert über Faust*) Wer liegt denn da im Weg? Das ist
sicher einer, der ist ganz voll.[22] Das kommt von der späten
Polizeistunde. Steht auf, Freund, steht auf!

10   FAUST (*erhebt sich*)

KASPERLE Wie ist mir denn? Ist das nicht mein alter Herr, der des
Teufels ist?[23] Guckt der jetzt so gern ins Glas?[24] Ich muß
ihn doch anreden. Kennt Ihr mich nicht, Herr?

FAUST Nein.

15 KASPERLE Ich merk's schon. Das sind Ausreden. Er will mich nicht
kennen, weil er mir den Lohn noch schuldig ist. — Ihr wollt
mich nicht kennen, Herr!

FAUST Wer seid Ihr denn? Ich kenn Euch nicht.

KASPERLE Ei, der Kasperle bin ich, merkt Ihr's denn nicht? Ich hab
20   Euch ehrlich, treu und rechtschaffen gedient, hab aber für
den letzten Monat noch kein Geld bekommen.

FAUST Geld? Ich habe keins.

KASPERLE Habt keins? Wofür habt Ihr denn dem Teufel Eure arme
Seele verschrieben, wenn ihr kein Geld habt?

25   FAUST Es ist auch wahr. An Geld hab ich nie gedacht.

KASPERLE Hier bei der Laterne wird ausgezahlt.

FAUST Höre, Kasperle. Geld hab ich nicht. Aber die Knöpfe an
meinem Rock sind dreimal so viel wert wie deine Forderung.
Laß uns die Kleider tauschen, so bist du bezahlt.

30 KASPERLE Ei seht doch! Wie seid Ihr so gescheit! Und wenn ich Euer
Kleid anhabe und der Teufel kommt, da denkt er, ich bin der
Doktor Faust und nimmt *mich* beim Kragen. Nein, nein, da
wird nichts draus. Komm, Laternchen!

FAUST O bleib, Kasper, du kennst mein Unglück nicht. Meine Seele
35   ist verloren, auf ewig verloren.

---

[22] **voll betrunken** er jetzt so viel   [23] **des Teufels ist:** dem Teufel gehört   [24] **guckt er jetzt so gern ins Glas:** trinkt

KASPERLE Nun, ich habe ja eine Laterne, da wollen wir sie suchen.

FAUST O, scherze nicht mit dem Unglück deines Herrn. Zeit und Stunde rückt nun heran, wo ich das Zeitliche mit dem Ewigen vertauschen muß.

KASPERLE Auf deutsch gesagt, der Teufel wird Euch gleich holen. Herr, 5 das ist ein Grund mehr, daß ich mich aus dem Staube mache.[25] Dem Teufel ist das ganz gleich, ob er einen oder zwei mitnimmt. Aber wißt Ihr was, einen guten Rat will ich Euch doch noch geben. Seht Ihr dort in der Gasse die blaue Türe, da wohnt meine Frau. Wenn Ihr also Furcht vor dem 10 Teufel habt, so geht nur da hinein und versteckt Euch, dort kommt der Teufel nicht hin, denn vor einer bösen Frau hat selbst der Satan Respekt.

(Es schlägt zwölf)

MEPHISTOPHELES *(fliegt auf Faust zu, ergreift ihn und verschwindet mit ihm)* 15

KASPERLE *(nach einer Weile)* Puh, das stinkt![26] — 's tut mir aber doch leid, daß es so schnell gegangen ist. Hätt' ihm gern noch einen Gruß an meine Großmutter mitgegeben.
(Singt)

Hört ihr Herrn, ich laß euch wissen, 20
mit dem Teufel seid ihr stets beschissen:[27]
er hält nicht, was er auch verspricht,
bis er euch gar den Hals zerbricht.
Die Glock hat zwölf geschlagen.

HULDA *(fährt zu der blauen Tür heraus)* Singst du wieder ein 25 Spottlied auf mich? Ich will dich! Gleich scher dich[28] ins Haus!

KASPERLE *(nimmt den Besenstiel, der noch am Boden liegt und schlägt ihr damit auf den Rücken)* Da hast du einen freundschaftlichen Wink. Das nächste heißt eine wohlgemeinte Warnung. 30

HULDA Au! Au!

KASPERLE Das Stück ist zu Ende. Komm, Hulda, laß uns Kehraus[29] tanzen! *(Er nimmt den Besenstock in die eine Hand, die Hulda in den anderen Arm und zwingt sie, mit ihm über die Bühne zu walzen)* 35

(Der Vorhang fällt)

(Nach dem Schwiegerlingschen und dem Simrockschen Puppenspiel vom Doktor Faust)

---

[25] **daß ich mich aus dem Staube mache:** *that I should get out of here* [26] **das stinkt:** (Man sagt, der Teufel hinterlasse einen Schwefelgeruch—*odor of burning sulfur.*) [27] **beschissen:** (vulgär) betrogen [28] **gleich scher dich:** gehe sofort [29] **Kehraus:** a) der letzte Tanz eines Festes; b) das Aufräumen (von "kehren"—*to sweep*)

V. DAS ZEITALTER DES DREISSIGJÄHRIGEN KRIEGES

Das siebzehnte Jahrhundert ist in Deutschland im ganzen ein Zeitalter des kulturellen, moralischen und wirtschaftlichen Niedergangs. Es ist üblich, hierfür dem Dreißigjährigen Krieg (1618 - 1648) die Schuld zu geben. Aber man kann es auch anders ansehen: vielleicht war dieser Krieg nur der Ausdruck und die Folge eines Verfalls, der schon lange im Gange war. Daß der Dreißigjährige Krieg Deutschland aufs fürchterlichste verwüstet 5 hat, ist sicher. Ebenso unbestritten ist die Tatsache, daß es einer der sinnlosesten Kriege war, die je geführt worden sind. Er brach in Böhmen[1] aus und dehnte sich bald über ganz Deutschland aus, im Grunde ein deutscher Bürgerkrieg, der zunächst, wie es schien, um die Frage geführt wurde, ob Deutschland ein katholisches oder ein protestantisches Land sein sollte. Aber dieser Anlaß war bald vergessen: nach und nach[2] griffen die meisten 10 übrigen europäischen Staaten ein, um ihre eigenen politischen Interessen zu verfolgen. Der Krieg lief dabei weiter, wie wenn er sein eigener Zweck wäre; niemand wußte ihn zu gewinnen, und niemand, ihn zu beenden. Als er sich schließlich erschöpft hatte, und man in Münster[3] den Westfälischen Frieden[4] schloß, zeigte es sich, daß sich im Grunde nichts geändert hatte. Die religiöse Spaltung blieb bestehen, so wie sie schon rund hundert Jahre 15 zuvor der Augsburger Religionsfriede[5] festgelegt hatte. Einige Teile Deutschlands fielen an Frankreich und an Schweden. Das Schlimmste aber: weithin waren die Felder verwüstet; Städte lagen in Asche; Krieg, Mord, Raub, Hunger, Krankheiten hatten, wie die Historiker schätzen, die Zahl der Bevölkerung in Deutschland auf ein Drittel[6] reduziert.

Zwei Figuren aus diesem Krieg haben die Phantasie der Zeitgenossen mehr als 20 andere beschäftigt. Der eine war der schwedische König Gustav Adolf,[7] der 1630 mit einem Heer in Deutschland landete, von den Protestanten als Retter begrüßt, schon ein Jahr später siegreich in dem katholischen München[8] einzog und noch ein Jahr später in der Schlacht bei Lützen[9] fiel. Der andere war der ehrgeizige, zähe, berechnende, undurchsichtige, geheimnisvolle General des Kaisers, Wallenstein.[10] Im Jahre 1634 wurde 25

---

[1] Böhmen: Böhmen (*Bohemia*) gehört heute zur Tschechoslowakei.   [2] nach und nach: allmählich; *gradually*   [3] Münster: Hauptstadt von Westfalen   [4] Westfälischer Frieden: *Peace of Westphalia (1648)*   [5] Augsburger Religionsfriede: *Peace of Augsburg (1555; see page 35)*   [6] auf ein Drittel: *to a third of its size*   [7] König Gustav Adolf: Gustavus Adolphus oder Gustavus II. (1594-1632) [8] München: *Munich (capital of Bavaria)*   [9] Lützen: Stadt in Sachsen, wo der König am 16. November 1632 starb   [10] Wallenstein: Albrecht Wenzel Eusebius von Wallenstein (1583-1634). In der Schlacht bei Lützen wurde sein Heer von den Schweden besiegt.

er in Böhmen ermordet; er war der kaiserlichen Partei zu mächtig geworden. Schiller hat ihn in den Mittelpunkt eines Dramas gestellt, in dem Politik und Moral, Macht und Idee in einen tragischen Konflikt geraten. Wie der Krieg nicht für die Führer und Machthaber sondern für seine Opfer, die kleinen Leute, aussieht, hat dann Bertolt Brecht in seiner

5   *Mutter Courage* gezeigt.

Das siebzehnte Jahrhundert selbst hat in Deutschland nicht viel bedeutende Literatur hervorgebracht. Doch ragt ein Roman hervor: *Der abenteuerliche Simplizissimus* des Hans Jakob Christoffel von Grimmelshausen, der zu den großen Romanen der deutschen Literatur zählt. Und die Lyrik des Jahrhunderts, die lange Zeit für maniriert,

10   schwer verständlich und „schwülstig" galt, hat in unserem Jahrhundert erneutes Interesse gefunden.

HANS JAKOB CHRISTOFFEL VON GRIMMELSHAUSEN (um 1620 - 1676)

Aus DER ABENTEUERLICHE SIMPLIZISSIMUS (1668/1669)

Man hat Grimmelshausens *Simplizissimus* oft mit Wolframs *Parzival* verglichen. Nicht mit
Unrecht: in beiden Romanen wird ein unwissender, naiver Jüngling, der fern von der
„Welt" aufgewachsen ist, ins Leben eingeführt und findet in ihm nach mancherlei
Abenteuern und Prüfungen, in Glück und Unglück, durch Irrtum und Erkenntnis zuletzt
einen Sinn seines Daseins. Mit einer solchen Formel läßt sich freilich die Grundstruktur   5
vieler deutscher Romane bezeichnen; es handelt sich um einen Typus, der in der Tat
charakteristisch für die deutsche Literatur ist und dem man später den Namen Bildungs-,
Erziehungs- oder Entwicklungsroman gegeben hat.

Trotz aller Ähnlichkeiten sind jedoch die Unterschiede zwischen *Parzival* und
Simplizissimus groß. Der *Parzival* spielt in einer idealisierten höfischen Gesellschaft; adlige   10
Zucht und Sitte werden gelehrt und befolgt. Der junge Simplizissimus aber zieht nicht
aus, um ein Ritter zu werden; gegen seinen Willen wird er in die wilde Welt des
Dreißigjährigen Krieges geworfen. Diese Welt kannte Grimmelshausen aus eigener
Erfahrung; schon in frühester Jugend war er, wahrscheinlich von kroatischen[1] Soldaten
geraubt, ins kaiserliche Heer geraten. Was er beschrieb, die Schandtaten, Rohheiten,   15
Torturen, Leiden und Laster des Krieges hatte er mit eigenen Augen gesehen. Er
schilderte sie drastisch, farbig, anschaulich; das Bild vom Dreißigjährigen Krieg, das wir
uns heute machen, geht zum großen Teil auf Grimmelshausen zurück.

Man darf aber nicht glauben, der *Simplizissimus* sei einfach eine autobiographische
Erzählung; Grimmelshausen hat mit Überlegung gearbeitet, er hat viel vorgebildetes   20
literarisches Material[2] in seine Geschichte hineingearbeitet. Vor allem ist ein Typus des
zeitgenössischen Romans, der sich in Spanien gebildet hatte und im *Lazarillo de Tormes*
(1554) zum Modell geworden war, ein Vorbild für ihn gewesen. Dies ist der pikareske
Roman. Das Wort ist von dem spanischen *picaro*, d.h. Schelm gebildet. Es ist ein
satirisches Genre: die Welt der großen Herren wird von unten gesehen, aus der Perspektive   25
des kleinen Mannes. Der Diener, der seinen Herrn sehr genau und aus der Nähe kennt,
kennt vor allem seine Schwächen. So wird der traditionelle Begriff des „Helden"
umgekehrt: Gauner und Schelme, Asoziale, sind die Helden von Romanen, in denen List,
Schlauheit, Betrug, Witz und Humor über Macht, Egoismus und Arroganz der Oberen
triumphieren.   30

Simplizissimus ist freilich kein Schelm, sondern — sein Name zeigt es schon
an — nichts als ein einfacher, naiver, im Grunde gutartiger Mensch, der mit der Hilfe von
Glück und Verstand in einer bösartigen Welt wenigstens seine Haut rettet. Sein Weg durch
die Welt lehrt ihn zuletzt den Unwert der Welt erkennen; so beschließt er am Ende sein
Leben als frommer Einsiedler.

---

[1] **kroatisch:** *Croatian (Croatia is now part of northern Yugoslavia)*   [2] **vorgebildetes literarisches
Material:** Material, das schon literarisch geformt worden war

Grimmelshausen hat seinem Roman noch eine Fortsetzung angehängt. Noch einmal führt er seinen Helden durch viele Reisen und Abenteuer, aber nur, um ihn zuletzt, schiffbrüchig, auf einer einsamen Insel im Ozean abzusetzen. Als später ein holländischer Schiffskapitän auf der Insel landet und ihn einladet, mit ihm zurück nach Europa zu
5 fahren, erklärt Simplizissimus, warum er ihm nicht folgt: „Hier ist Friede; dort ist Krieg; hier weiß ich nichts von Hoffart, vom Geiz, vom Zorn, vom Neid, vom Eifer, von Falschheit, von Betrug, von allerhand Sorgen sowohl um Nahrung und Kleidung als um Ehre und Reputation; hier ist eine stille Einsamkeit ohne Zorn, Streit und Zank, eine Sicherheit vor eitlen Begierden, eine Festung wider alles unordentliche Verlangen, ein
10 Schutz wider die vielfältigen Stricke der Welt und eine stille Ruhe, darin man dem Allerhöchsten allein dienen, seine Wunder betrachten und ihn loben und preisen kann."

Mein Vater hatte seine Wohnung im Spessart,[3] einer sehr lustigen Gegend, wo die Wölfe einander gute Nacht sagen.[4] Als ich zehn Jahre alt war, konnte ich noch
15 nicht auf fünf zählen, ich kannte weder Gott noch Menschen, weder Himmel noch Hölle, weder Engel noch Teufel, weder Gut noch Böse. So lebte ich wie unsere ersten Eltern im Paradies, die auch in ihrer Unschuld von Krankheit, Tod und Sterben, geschweige von der Auferstehung nichts gewußt. O schönes Leben, in dem ich auch von Juristerei und Medizin nichts wußte. Ja, ich war so vollkommen in der
20 Unwissenheit, daß ich nicht einmal wußte, daß ich nichts wußte.

Um diese Zeit vertraute mir mein Knän — so werden im Spessart die Väter genannt — seine Herden an, erst seine Schweine, dann seine Ziegen und zuletzt seine Schafe, sie zu hüten und mit meiner Sackpfeife[5] vor dem Wolf zu beschützen. Den Wolf kannte ich damals so wenig wie meine eigene Unwissenheit; deshalb war mein
25 Knän desto eifriger in seinem Unterricht.

„Junge", sagte er, „sei fleißig, laß die Schafe nicht zu weit voneinander laufen und spiele eifrig auf der Sackpfeife, daß der Wolf nicht kommt und Schaden tut; denn er ist ein böser vierbeiniger Schelm und Dieb, der Menschen und Vieh frißt. Wenn du aber fahrlässig bist, will ich dir den Buckel verhauen."[6]

30 Ich antwortete mit gleicher Freundlichkeit: „Knän, sag mir auch, wie der Wolf aussieht; ich habe noch keinen gesehen!"

„Ach, du grober Eselskopf, du bleibst dein Leben lang ein Narr, ich möchte wissen, was aus dir noch wird. Bist schon so ein großer Kerl und weißt noch nicht, was der Wolf für ein vierbeiniger Schelm ist."

35 Er gab mir noch mehr Erklärungen, aber wurde zuletzt unwillig und ging brummend davon, weil es ihm schien, mein grober Verstand könne seine subtilen Erklärungen nicht fassen.

Da fing ich an, auf meiner Sackpfeife so gut Musik zu machen, daß man die Kröten im Garten damit hätte vergiften können. Und weil meine Meuder — so

---

[3] **Spessart:** Gebirge zwischen Frankfurt und Würzburg   [4] **wo die Wölfe einander gute Nacht sagen:** gewöhnlich "wo die Füchse sich gute Nacht sagen"; *in the sticks, a godforsaken place*   [5] **Sackpfeife:** *bagpipe*   [6] **dir den Buckel verhauen:** dich tüchtig verprügeln; *give you a good beating*

heißen die Mütter im Spessart und am Vogelsberg[7] — oft gesagt hatte, von meinem
Singen würden noch die Hühner sterben, so fing ich auch an zu singen, denn ich
dachte, das werde noch besser gegen den Wolf helfen. Aber noch ehe ich mein Lied
beendet hatte, sah ich mich und meine Schafherde auf einmal von einem Trupp
Kürassiere[8] umgeben. Die hatten sich im Wald verirrt und waren durch meine Musik 5
wieder auf den rechten Weg gebracht worden.

Hoho, dachte ich, das sind die vierbeinigen Schelme und Diebe, von denen
mir mein Knän erzählt hat! Denn ich sah zuerst Pferd und Mann für ein einziges
Wesen an und hielt sie für Wölfe. Also nahm ich meine Sackpfeife und wollte sie
davonjagen; aber kaum hatte ich sie[9] aufgeblasen, als mich einer von ihnen beim 10
Arm nahm und so heftig auf ein leeres Bauernpferd schleuderte, das sie erbeutet
hatten, daß ich auf der andern Seite wieder herunterfiel. Ich fiel auf meine liebe
Sackpfeife, die so erbärmlich aufschrie, als wenn sie die ganze Welt um Mitleid hätte
anrufen wollen. Es half aber alles nichts, ich mußte doch wieder aufs Pferd hinauf,
und was mich am meisten verdroß, war, daß die Reiter behaupteten, ich hätte 15
meiner Sackpfeife beim Fallen weh getan, deshalb habe sie so ketzerlich[10]
geschrieen. Indessen ging mein Pferd mit mir dahin, in einem stetigen Trab, bis zu
meines Knäns Hof. Ich dachte nun, diese fremden Dinger[11] wollten mir helfen, die
Schafe heimzutreiben; deshalb sah ich mich eifrig nach meinem Knän um, ob er und
meine Meuder uns nicht bald entgegengehen und uns willkommen heißen wollten; 20
aber vergebens, er und meine Meuder und unsere Ursel, meine Schwester, waren
durch die Hintertür entflohen und wollten diese Gäste nicht erwarten.

Es ist eigentlich nicht meine Absicht gewesen, den friedliebenden Leser mit
diesen Reitern in meines Vaters Hof zu führen, weil es schlimm genug darin zugehen
wird;[12] aber die Folge meiner Geschichte erfordert, daß ich der Nachwelt 25
hinterlasse, was für Grausamkeiten in diesem unseren Deutschen Krieg überall
verübt worden sind. Vor allem aber muß ich mit meinem eigenen Beispiel bezeugen,
daß alle solche Übel von der Güte des Allerhöchsten, zu unserem Nutzen, oft haben
verhängt werden müssen: denn wer hätte mir gesagt, daß ein Gott im Himmel ist,
wenn diese Soldaten nicht meines Vaters Haus zerstört hätten und ich nicht 30
dadurch in die Welt hinaus getrieben worden wäre. Kurz zuvor wußte ich nichts
anderes als daß mein Knän, meine Meuder, ich und das übrige Hausgesinde[13] allein
auf Erden seien, weil ich sonst keinen Menschen und keine einzige menschliche
Wohnung kannte als diejenige, worin ich täglich aus- und einging: aber bald danach
erfuhr ich die Herkunft der Menschen in dieser Welt und daß sie wieder hinaus 35
müssen; ich war nur der Gestalt nach[14] ein Mensch, und nur dem Namen nach ein
Christenkind, im übrigen aber eine Bestie. Gott aber sah meine Unschuld mit
barmherzigen Augen an und wählte aus seinen tausenderlei Wegen diesen einen,
mich zu beidem, zu seiner und meiner Erkenntnis zu bringen.

Das erste, was die Reiter taten, war, daß sie ihre Pferde einstellten,[15] dann 40

---

[7] **Vogelsberg:** Gebirge nördlich vom Spessart   [8] **Kürassiere:** schwer gepanzerte Reiter; *cuirassiers*
[9] **sie:** die Sackpfeife   [10] **ketzerlich:** ketzerisch; wie ein Ketzer   [11] **diese fremden Dinger:** *these
strange creatures*   [12] **weil es schlimm genug darin zugehen wird:** weil sehr Schlimmes darin
geschehen wird   [13] **Hausgesinde:** Knechte und Mägde   [14] **der Gestalt nach:** *physically*
[15] **einstellten:** in den Stall brachten

hatte jeder seine besondere Arbeit zu tun, und jede[16] war nichts als Untergang und Verderben. Einige fingen an zu metzgen,[17] zu sieden und zu braten, als sollte ein lustiges Bankett gehalten werden; andre durchstürmten das Haus von unten bis oben; ja das heimliche Gemach[18] war nicht sicher, als wäre Gold darin verborgen
5   gewesen. Andere machten von Tuch, Kleidern und allerlei Hausrat große Päcken,[19] als ob sie irgendwo einen Krempelmarkt[20] abhalten wollten; was sie aber nicht mitzunehmen gedachten, wurde zerschlagen. Einige durchstachen Heu und Stroh mit ihren Degen, als ob sie nicht genug Schafe und Schweine zu stechen gehabt hätten; einige schütteten die Federn aus den Betten und füllten dafür Speck,
10   Dörrfleisch[21] und sonstiges Gerät hinein, als ob man dann besser darauf hätte schlafen können. Andere schlugen Ofen und Fenster ein, als hätten sie einen ewigen Sommer zu verkündigen. Kupfer- und Zinngeschirr[22] schlugen sie zusammen und packten die verbogenen und verderbten Stücke ein. Bettladen,[23] Tische, Stühle und Bänke verbrannten sie, obgleich viele Klafter trockenes Holz im Hofe lagen. Töpfe
15   und Schüsseln endlich mußten alle entzwei, entweder weil sie lieber Gebratenes aßen, oder weil sie gedachten, hier nur eine einzige Mahlzeit zu halten.

Unsere Magd wurde im Stall derartig mißhandelt, daß sie nicht mehr gehen konnte. Den Knecht legten sie gebunden auf die Erde, steckten ihm ein Sperrholz[24] ins Maul und schütteten ihm einen Melkkübel voll Mistlachenwasser[25] in den Leib;
20   das nannten sie den schwedischen Trunk. Dadurch zwangen sie ihn, eine Schar zum nächsten Bauernhof zu führen. Dort trieben sie Menschen und Vieh weg und brachten sie in unseren Hof. Auch mein Knän, meine Meuder und unsere Ursel waren darunter.

Dann fingen sie an, die armen Bauern so zu foltern, als wenn sie Hexen hätten
25   verbrennen wollen. Einen von den gefangenen Bauern steckten sie in den Backofen und waren mit Feuer hinter ihm her.[26] Einem anderen legten sie ein Seil um den Kopf und drehten es mit einem Stock zusammen, daß ihm das Blut zu Mund, Nase und Ohren heraussprang. Kurz, es hatte jeder seine eigene Erfindung, die Bauern zu peinigen, und also auch jeder Bauer seine eigene Marter. Aber mein Knän war nach
30   meiner damaligen Meinung der glücklichste, weil er mit lachendem Munde bekannte, was andere mit Schmerzen und jämmerlicher Wehklage sagen mußten. Denn sie setzten ihn ans Feuer, banden ihn, daß er weder Hände noch Füße regen konnte, und rieben seine Fußsohlen mit feuchtem Salz ein, das ihm unsere alte Ziege wieder ablecken mußte. Dies kitzelte ihn so sehr, daß er vor Lachen hätte
35   zerbersten mögen, und Gesellschaft halber[27] oder weil ich es nicht besser verstand, mußte ich mitlachen. In solchem Gelächter bekannte er, was sie wollten, und öffnete seinen verborgenen Schatz, der an Gold, Perlen, und Juwelen viel reicher war, als man bei einem Bauern hätte suchen mögen. Von den gefangenen Weibern, Mägden und Töchtern weiß ich nichts besonderes zu berichten, nur daß ich sie hin

---

[16]jede: jede Arbeit   [17]metzgen: abschlachten; *slaughter*   [18]das heimliche Gemach: *toilet*
[19]Päcken: Bündel   [20]Krempelmarkt: *sale of secondhand goods*   [21]Dörrfleisch: getrocknetes
Fleisch   [22]Kupfer- und Zinngeschirr: *copperware and tinware*   [23]Bettladen: Bettgestelle;
bedsteads   [24]Sperrholz: ein Stück Holz, das seinen Mund offen hält   [25]Mistlachenwasser: *liquid
from puddles of manure*   [26]waren mit Feuer hinter ihm her: *went after him with fire*
[27]Gesellschaft halber: *to keep him company*

und wieder in den Winkeln erbärmlich schreien hörte. Mitten in diesem Elend
wendete ich den Braten um und half am Nachmittag die Pferde tränken. Dabei kam
ich zu unserer Magd in den Stall. Sie sah so wunderlich zerstrobelt[28] aus, daß ich
sie nicht erkannte; sie aber sprach zu mir mit schwacher Stimme: „Junge, lauf weg,
sonst nehmen dich die Reiter mit! Sieh, daß du davonkommst, du siehst wohl, wie   5
es so übel – “. Mehr konnte sie nicht sagen.

[Simplizius gelingt es zu entfliehen. Er kommt zu einem Einsiedler, der ihn
freundlich aufnimmt.]

    Ich schlief bis lang in den Tag hinein. Als ich aufwachte, stand wieder der
Einsiedler vor mir und sagte: „Auf, Kleiner, ich will dir Essen geben, und dir dann   10
den Weg durch den Wald zeigen, damit du wieder zu Leuten und noch vor Nacht in
das nächste Dorf kommst.“
    Ich fragte ihn: „Was sind das für Dinge, Leute, und Dorf?“
    Er sagte: „Bist du denn niemals in einem Dorf gewesen, und weißt auch nicht,
was Leute oder Menschen sind?“   15
    „Nein“, sagte ich, „nirgends als hier bin ich gewesen, aber sage mir doch, was
ist das: Leute, Menschen und Dorf?“
    „Behüte Gott“, antwortete der Einsiedler, „bist du närrisch oder gescheit?“
    „Nein“, sagte ich, „meiner Meuder und meines Knäns Bub bin ich.“
    Der Einsiedler seufzte und bekreuzigte sich und sagte: „Nun, mein liebes   20
Kind, dann muß ich dich um Gottes willen besser unterrichten.“
    Darauf geschahen die folgenden Reden und Gegenreden:
    „Wie heißt du?“ – „Ich heiße Bub.“
    „Ich sehe wohl, daß du kein Mädchen bist! Wie haben dich aber Vater und
Mutter gerufen?“ – „Ich habe keinen Vater und keine Mutter.“   25
    „Wer hat dir denn das Hemd gegeben?“ – „Ei, meine Meuder.“
    „Wie hat dich denn deine Meuder geheißen?“ – „Sie hat mich Bub geheißen,
auch Schelm, ungeschickter Tölpel und Galgenvogel.“[29]
    „Wer ist denn deiner Mutter Mann gewesen?“ – „Niemand.“
    „Bei wem hat denn deine Meuder nachts geschlafen?“ – „Bei meinem   30
Knän.“
    „Wie hat dich den dein Knän geheißen?“ – „Er hat mich auch Bub gennant.“
    „Wie heißt aber dein Knän?“ – „Er heißt Knän.“
    „Wie hat ihn aber deine Mutter gerufen?“ – „Knän, und auch Meister.“
    „Hat sie ihn niemals anders genannt?“ – „Ja, sie hat.“   35
    „Wie denn?“ – „Rülp,[30] grober Bengel, Schwein und noch anders, wenn sie
gezankt hat.“
    „Du bist wohl ein unwissender Tropf, daß du weder deiner Eltern Namen
noch deinen eigenen weißt.“ – „Ei, du weißt ihn doch auch nicht.“
    „Kannst du auch beten?“ – „Nein, unsere Anna und meine Meuder haben   40
immer die Betten gemacht.“

---

[28] zerstrobelt: zerzaust; *disheveled*   [29] Galgenvogel: *scoundrel*   [30] Rülp: Rüpel; *lout*

„Ich frage nicht hiernach, sondern ob du das Vaterunser[31] kannst." – „Ja."

„Nun, so sprich es denn." – „Unser lieber Vater, der du bist Himmel, geheiligt werde Name, zukomme Reich, dein Wille scheh Himmel oder Erden, gib uns Schuld, wie wir Schuldigern geben, führ uns nicht in bös Versuchung, sondern
5 erlös uns von dem Reich, und die Kraft und die Herrlichkeit, in Ewigkeit. Amen."[32]

„Bist du nie in die Kirche gegangen?" – „O ja, ich kann gut klettern und hab mir oft Kirschen vom Baum geholt."

„Ich spreche nicht von Kirschen, sondern von der Kirche." – „Haha,
10 Kriechen,[33] gelt,[34] das sind so kleine Pflaumen, gelt du?"

„Ach, mein Gott, weißt du denn nichts von unserm Herrgott?" – „Ja, der ist[35] daheim an der Stubentür gestanden; meine Meuder hat ihn von der Kirchweih[36] mitgebracht und hingeklebt."

---

[31] **Vaterunser:** *The Lord's Prayer*   [32] **Unser lieber Vater . . . Amen:** *the original in Luther's translation (Matthew 6, 9-13):* "Unser Vater in dem Himmel. Dein Name werde geheiliget. Dein Reich komme. Dein Wille geschehe auf Erden, wie im Himmel. Unser täglich Brot gib uns heute. Und vergib uns unsere Schulden, wie wir unsern Schuldigern vergeben. Und führe uns nicht in Versuchung, sondern erlöse uns von dem Übel. Denn dein ist das Reich und die Kraft und die Herrlichkeit in Ewigkeit. Amen." *Some parts of Simplizius' mangled version are from the Lutheran catechism; its first line is:* "Vater Unser, der du bist im Himmel." "Zukomme dein Reich" *is a variation of* "Dein Reich komme."   [33] **Krieche:** *bullace, a wild plum*   [34] **gelt:** *nicht wahr?*   [35] **ist:** hat (Dial.)
[36] **Kirchweih:** *festival celebrating the anniversary of the consecration of a church*

BAROCKE LYRIK

Als Simplizissimus am Ende seines Lebens Abschied von der „Welt" nimmt, begründet er seinen Entschluß mit einer langen Erklärung, die er dem Buche eines spanischen Mönchs, Antonio Guevara (um 1480 - 1545), entnimmt. Spanien hatte nicht nur den Schelmenroman hervorgebracht, es erlebte gleichzeitig eine literarische Blüte, der eine neue Intensivierung christlicher Ideen zugrunde lag. Die Spaltung und damit die 5 Schwächung der Kirche, die die Reformation bewirkt hatte, war zwar nicht mehr rückgängig zu machen; sie zwang jedoch auch die katholische Kirche, sich zu erneuern und Reformen durchzuführen. Diese Bewegung wird gewöhnlich die Gegenreformation genannt. Sie stützte sich besonders auf den Jesuitenorden,[1] der von Spanien aus sich über Europa verbreitete. Beiden Konfessionen gemeinsam war eine neue Intensität des 10 religiösen Gefühls; sie kommt überall in der europäischen Literatur zum Ausdruck. Themen, die uns aus der geistlichen Dichtung des Mittelalters vertraut sind, erhalten eine neue Aktualität.

Christlich-mittelalterlich ist die Abwertung der Welt. *Vanitas*, Eitelkeit ist das Schlagwort, das immer wiederkehrt, um die Vergeblichkeit und die Wahnhaftigkeit[2] 15 menschlichen Bemühens zu bezeichnen. Nicht menschliches Planen bestimmt das irdische Leben, sondern der Zufall. Und so lieben die Dichter eine allegorische Figur, *Fortuna*, die Göttin des Zufalls, und lassen sie immer wieder auftreten. Vor allem aber ist es *ein* Aspekt des irdischen Lebens, der zu immer neuen Klagen führt: seine Flüchtigkeit und Vergänglichkeit. Und nichts macht die Vergänglichkeit des Lebens so sichtbar wie sein 20 unwiderrufliches Ende, der Tod. Selten hat es eine Epoche gegeben, in der der Tod mit allen seinen Schrecken so schonungslos geschildert wird, wie im siebzehnten Jahrhundert.

Diesem erschreckenden Bild des Lebens läßt sich nun auf dreierlei Art begegnen. Erstens kann man, gerade weil das Leben so vergänglich ist, versuchen, den Augenblick zu ergreifen und zu genießen. Auch hierfür hat man eine lateinische Formel: *Carpe diem*! 25 Genieße den Tag! Sie stammt aus Horaz.[3] Man kann aber auch, zweitens, der Unbeständigkeit, Vergänglichkeit und Zufälligkeit des Daseins ins Auge sehen und sich gegen sie behaupten, nicht durch Schlauheit und Beweglichkeit, sondern durch männliche Festigkeit, Beständigkeit und Tapferkeit. *Fortitudo* und *constantia* sind die Tugenden, die die Dichter preisen; es sind die Tugenden der Stoiker.[4] Viele Dichter des siebzehnten 30 Jahrhunderts sind höchst gelehrte Dichter; sie kennen die klassischen Autoren und sie lieben, sie zu zitieren. Man findet, daß die Tugenden, die die Stoa gelehrt hat, Geduld und Standhaftigkeit im Leiden, Verachtung der irdischen Güter, Selbstbeherrschung, Tugenden sind, die auch einen Christen auszeichnen. Drittens schließlich läßt sich der Eitelkeit und Vergänglichkeit des Lebens der Gedanke an die Ewigkeit entgegensetzen, dem 35 Diesseits die Hoffnung auf das Jenseits, dem Schrecken des Todes die Gewißheit der Unsterblichkeit.

---

[1] **Jesuitenorden:** Von St. Ignatius von Loyola um 1540 gegründet; der Jesuitenorden ist der größte aller römisch-katholischen Orden. [2] **Wahnhaftigkeit:** *illusoriness* [3] **Horaz:** (65 – 8 v. Chr.), römischer Dichter [4] **Stoiker, Stoa:** Die Stoa war eine griechische Philosophenschule (um 300 v. Chr.); ihre Angehörige heißen Stoiker.

All das sind keine neuen Themen. Neue Themen zu finden ist nicht der Ehrgeiz dieser Zeit. Was die Dichter suchen, sind vielmehr immer neue Bilder, Gleichnisse und Metaphern; das Alte in immer neuen Wendungen und Umschreibungen auszudrücken, ist ihr Bestreben. Und da die Welt, wie sie sie kennen, in äußerste Gegensätze zerrissen ist,
5 lieben sie die sprachliche Form der Antithese und Gattungen wie das Sonett, die einen antithetischen Stil erleichtern.

Es ist üblich, den literarischen Stil des siebzehnten Jahrhunderts als „barock" zu bezeichnen. Dies ist ein Ausdruck, der zunächst auf die bildende Kunst beschränkt war. Herkunft und Bedeutung des Wortes selbst sind umstritten. Auch läßt sich nicht alles, was
10 im siebzehnten Jahrhundert geschrieben worden ist, als barock verstehen, aber da wir nun einmal Epochenbezeichnungen brauchen, hat man sich mehr und mehr daran gewöhnt, vom siebzehnten Jahrhundert als dem Zeitalter des Barock zu sprechen.

ANDREAS GRYPHIUS (1616 - 1664)

ES IST ALLES EITEL (1643)

Du siehst, wohin du siehst, nur Eitelkeit auf Erden.
Was dieser heute baut, reißt jener morgen ein.
Wo jetzund[1] Städte stehn, wird eine Wiese sein,
auf der ein Schäferskind wird spielen mit den Herden.

Was jetzund prächtig blüht, soll bald zertreten werden;   5
was jetzt so pocht und trotzt,[2] ist morgen Asch' und Bein;[3]
nichts ist, das ewig sei, kein Erz, kein Marmorstein.
Jetzt lacht das Glück uns an, bald donnern die Beschwerden.

Der hohen Taten Ruhm muß wie ein Traum vergehn.
Soll denn[4] das Spiel der Zeit, der leichte[5] Mensch, bestehn?   10
Ach, was ist alles dies, was wir für köstlich achten,

als schlechte Nichtigkeit,[6] als Schatten, Staub und Wind,
als eine Wiesenblum', die man nicht wieder findt!
Noch[7] will, was ewig ist, kein einzig Mensch betrachten.

MENSCHLICHES ELEND (1637)

Was sind wir Menschen doch? ein Wohnhaus grimmer Schmerzen,   15
ein Ball des falschen Glücks, ein Irrlicht[8] dieser Zeit,
ein Schauplatz herber[9] Angst, besetzt mit scharfem Leid,[10]
ein bald verschmelzter Schnee und abgebrannte Kerzen.

Dies Leben flieht davon wie ein Geschwätz und Scherzen.
Die vor uns abgelegt des schwachen Leibes Kleid[11]   20
und in das Totenbuch der großen Sterblichkeit[12]
längst eingeschrieben sind, sind uns aus Sinn und Herzen.

---

[1]**jetzund:** (arch.) jetzt   [2]**pocht und trotzt:** *boasts and brags defiantly*   [3]**Bein:** Knochen
[4]**denn:** dann   [5]**leicht:** *frivolous; unimportant*   [6]**schlechte Nichtigkeit:** schlechthinige Nichtigkeit;
einfach Nichts   [7]**noch:** *as yet*   [8]**Irrlicht:** *will-o'-the-wisp, deceptive vision*   [9]**herb:** bitter
[10]**ein Schauplatz ... besetzt mit scharfem Leid:** *a stage upon which suffering plays the chief role*
[11]**die vor uns abgelegt des schwachen Leibes Kleid:** die, die vor uns das Kleid des schwachen Leibes
abgelegt haben; die, die vor uns gestorben sind   [12]**das Totenbuch der großen Sterblichkeit:** *the book
of the dead of our universal mortality*

Gleich wie ein eitel Traum leicht aus der Acht hinfällt,[13]
und wie ein Strom verfließt, den keine Macht aufhält:
so muß auch unser Nam, Lob, Ehr und Ruhm verschwinden.

5   Was jetzund Atem holt, muß mit der Luft entfliehn,
was nach uns kommen wird, wird uns ins Grab nachziehn.
Was sag ich? wir vergehn wie Rauch von starken Winden.

ABEND (1650)

Der schnelle Tag ist hin, die Nacht schwingt ihre Fahn
und führt die Sternen[14] auf.[15] Der Menschen müde Scharen
verlassen Feld und Werk; wo Tier und Vögel waren,
10   Traurt[16] jetzt die Einsamkeit. Wie ist die Zeit vertan![17]

Der Port[18] naht mehr und mehr sich zu der Glieder Kahn.[19]
Gleich wie dies Licht verfiel, so wird in wenig Jahren
ich, du, und was man hat und was man sieht, hinfahren.[20]
Dies Leben kommt mir vor als eine Rennebahn.[21]

15   Laß, höchster Gott, mich doch nicht auf dem Laufplatz[22] gleiten![23]
Laß mich nicht Ach,[24] nicht Pracht, nicht Lust, nicht Angst verleiten!
Dein ewig heller Glanz sei vor und neben mir!

Laß, wenn der müde Leib entschläft, die Seele wachen,
und wenn der letzte Tag wird mit mir Abend machen,[25]
20   So reiß mich aus dem Tal der Finsternis zu Dir!

CHRISTIAN HOFMANN VON HOFMANNSWALDAU (1618 - 1679)

VERGÄNGLICHKEIT DER SCHÖNHEIT (1695)

Es wird der bleiche Tod mit seiner kalten Hand
dir endlich mit der Zeit um deine Brüste streichen,
der liebliche Korall der Lippen wird verbleichen;
der Schultern warmer Schnee wird werden kalter Sand,

---

[13] aus der Acht hinfällt: vergessen wird   [14] Sternen: Sterne   [15] führt ... auf: *leads on*   [16] traurt:
trauert   [17] vertan: verschwendet; *wasted*   [18] Port: Hafen; das heißt, der Tod   [19] der Glieder Kahn:
*the boat of the limbs; i.e., death (the harbor) approaches the body, as seen from the perspective of the
body*   [20] hinfahren: sterben   [21] Rennebahn: *racetrack*   [22] Laufplatz: *track*   [23] gleiten: ausgleiten;
slip   [24] Ach: Weh; *lament*   [25] und wenn der letzte Tag wird mit mir Abend machen: wenn ich sterbe

der Augen süßer Blitz, die Kräfte deiner Hand,
für welchen solches fällt,[1] die werden zeitlich[2] weichen.[3]
Das Haar, das jetzund kann des Goldes Glanz erreichen,
tilgt endlich Tag und Jahr als ein gemeines Band.[4]

Der wohlgesetzte[5] Fuß, die lieblichen Gebärden,   5
die werden teils zu Staub, teils nichts und nichtig werden,
dann opfert keiner mehr der Gottheit deiner Pracht.

Dies und noch mehr als dies muß endlich untergehen.
Dein Herze kann allein zu aller Zeit bestehen,
dieweil[6] es die Natur aus Diamant gemacht.   10

PAUL FLEMING (1609 - 1640)

AN SICH (1641)

Sei dennoch unverzagt, gib dennoch unverloren,[1]
weich keinem Glücke nicht,[2] steh höher als der Neid,
vergnüge dich an dir[3] und acht es für kein Leid,
hat sich gleich[4] wider dich Glück, Ort und Zeit verschworen.

Was dich betrübt und labt, halt alles für erkoren,[5]   15
nimm dein Verhängnis an, laß alles unbereut.
Tu, was getan muß sein und eh man dirs gebeut.[6]
Was du noch hoffen kannst, das wird noch stets geboren.

Was klagt, was lobt man doch? Sein Unglück und sein Glücke
ist sich ein jeder selbst.[7] Schau alle Sachen an,   20
dies alles ist in dir. Laß deinen eitlen Wahn,

und eh du förder[8] gehst, so geh in dich zurücke.
Wer sein selbst Meister ist und sich beherrschen kann,
dem ist die weite Welt und alles untertan.

---

[1] **für welchen solches fällt:** vor welchen so vieles besiegt niederfällt; *before which so much falls, conquered*   [2] **zeitlich:** zeitig; *in due time*   [3] **weichen:** den Kampf aufgeben; fliehen   [4] **tilgt endlich Tag und Jahr als ein gemeines Band:** Tag und Jahr (d.h., die Zeit) wird es (das Haar) vernichten wie ein gewöhnliches Band   [5] **wohlgesetzt:** *well-formed*   [6] **dieweil:** weil
[1] **gib dennoch unverloren:** *do not give up*   [2] **weich keinem Glücke nicht:** *do not give way to Fortune*
[3] **vergnüge dich an dir:** habe an dir selbst genug, sei mit deinem Schicksal zufrieden   [4] **hat sich gleich:** auch wenn sich ... hat   [5] **erkoren:** auserwählt; *predestined*   [6] **dirs gebeut:** dir es gebietet; *commands you to do it*   [7] **Sein Unglück und sein Glücke / ist sich ein jeder selbst:** jeder Mensch ist sein eigenes Unglück und Glück   [8] **förder:** (arch.) weiter

ANGELUS SILESIUS (JOHANNES SCHEFFLER) (1624 - 1677)

Aus DER CHERUBINISCHE WANDERSMANN (1657/1674)

Was Gott ist, weiß man nicht: Er ist nicht Licht, nicht Geist,
nicht Wahrheit, Einheit, Eins, nicht was man Gottheit heißt,
nicht Weisheit, nicht Verstand, nicht Liebe, Wille, Güte,
kein Ding, kein Unding auch, kein Wesen, kein Gemüte.

5   Dies alles ist ein Spiel, das ihr[1] die Gottheit macht:
Sie hat die Kreatur um ihretwill'n[2] erdacht.

Die Liebe geht zu Gott unangesagt[3] hinein,
Verstand und hoher Witz[4] muß lang im Vorhof sein.

Der Himmel ist in dir und auch der Höllen Qual:
10   Was du erwählst und willst, das hast du überall.

Wird Christus tausendmal zu Bethlehem geboren
und nicht in dir: du bleibst doch ewiglich verloren.

Ach, könnte nur dein Herz zu einer Krippe werden!
Gott würde[5] noch einmal ein Kind auf dieser Erden.

15   Mensch, was du liebst, in das wirst du verwandelt werden,
Gott wirst du, liebst du Gott, und Erde, liebst du Erden.

Ein Fünklein außerm[6] Feuer, ein Tropfen außerm Meer:
Was bist du doch, o Mensch, ohn' deine Wiederkehr.[7]

Der Himmel senket sich, er kommt und wird zur Erden:
20   Wann steigt die Erd empor und wird zum Himmel werden?

In jedem ist ein Bild des das[8] er werden soll,
solang er das nicht ist, ist nicht sein Friede voll.

---

[1] **ihr:** sich (die Schöpfung ist für die Gottheit bloß ein Spiel)   [2] **um ihretwillen:** *for the sake of the godhead*   [3] **unangesagt:** unangemeldet; *unannounced*   [4] **Witz:** (hier) Geist, Esprit   [5] **würde:** würde ... werden   [6] **außerm:** aus dem   [7] **Wiederkehr:** Rückkehr zu Gott   [8] **des das:** von dem, was

VI. WELTFRÖMMIGKEIT* DES ACHTZEHNTEN JAHRHUNDERTS

Ein englischer Historiker, Basil Willey, hat erklärt, in der ersten Hälfte des achtzehnten Jahrhunderts hätten die Europäer in einer Welt gelebt, die der Vorstellung des Menschen von irdischem Glück vielleicht näher gekommen sei als jede andere Zeit. Er hat das natürlich eingeschränkt auf die Wohlhabenden und Gebildeten unter ihnen, und vielleicht trifft dies wirklich auf die englischen Landedelleute[1] des achtzehnten Jahrhunderts zu. 5
Aber auch in Deutschland sieht das Leben heiterer aus als im vorhergehenden Jahrhundert. Das Land erholt sich von den Verwüstungen des Dreißigjährigen Krieges; ein mäßiger Wohlstand breitet sich aus, ein Gefühl der Beruhigung und Sicherheit nimmt zu.

In dieser freundlicher gewordenen Welt richtet der Mensch sich ein; es ist, als ob er zum ersten Mal die Schönheit dieser Welt entdeckte. Auch dies geschieht freilich noch 10
unter religiösem Vorzeichen.[2] Zwar wendet sich der Blick vom Jenseits zum Diesseits, aber nur, um Gott auch in der Welt zu finden. Denn Gott, so sagt man nun gerne, hat sich ein zweites Mal offenbart, nicht nur in einem heiligen Buch, sondern auch in einem großen *Werk*, der Natur. Gott der Schöpfer hat die Welt dem Menschen zur Freude geschaffen; ihn in seinen Werken zu verehren, aufmerksam und andächtig im „Buch der 15
Natur" zu lesen, die Weisheit des großen Baumeisters zu bewundern und zu preisen, gilt es nun. Luthers Gott war ein schrecklicher Gott gewesen, ein strenger Richter, auf dessen Gnade der sündige Mensch nur zitternd zu hoffen wagte; der Gott des achtzehnten Jahrhunderts war ein gütiger Gott, ein liebender Vater, auf dessen Hilfe der Mensch kindlich vertraute. 20

So wie Geßner in seiner Idylle *Der Wunsch* das Leben beschrieb, so hat er tatsächlich gelebt, von Gärten und Wiesen umgeben, am Fluß, in seinem Landhaus bei Zürich.[3] Nicht viel anders lebte der Hamburger Brockes, und so haben damals viele Dichter ihr Leben verbracht, oder es sich wenigstens gewünscht und erträumt: im Zirkel von Freunden, gesellig, beschaulich, behaglich, fromm und friedlich. Dabei sahen sie sich 25
gern als Schüler und Nachfolger des Horaz,[4] der in seinen Dichtungen das Leben auf dem Lande beschrieben und gerühmt hatte. Manche übersetzten, alle bewunderten ihn. Kein

---

[1]**Landedelleute:** *landed gentry*   [2]**Vorzeichen:** Einfluß; *influence*   [3]**Zürich:** Großstadt in der Schweiz   [4]**Horaz:** siehe S. 65
* **Weltfrömmigkeit:** *worldly piety*

71

Wunder, daß die Idylle – das Lob einfachen, ländlichen, unschuldigen Lebens – eine beliebte Form der Dichtung wurde. Geßner hatte mit seinen Idyllen einen Welterfolg; noch die Schilderung des Paradieses in Haydns *Schöpfung*, eines Paradieses ohne Schlange und Sündenfall, war eine Idylle. Ihre Theorie hat dann Schiller in seinem berühmten Essay
5 *Über naive und sentimentalische Dichtung* (1795) entwickelt.

Dennoch läßt sich nicht übersehen, daß in all der Freude an Gottes schöner Natur auch ein Kern von Weltflucht steckte. Mit nur wenig Übertreibung könnte man sagen, daß die Gartenlaube, in der die Dichter sich so gern mit ihren Freunden versammelten, wo sie ihre Lieder sangen, Rheinwein tranken und bis tief in die Nacht philosophische Gespräche
10 führten, sehr oft im Grunde nur ein weltlicher, säkularisierter Ersatz für die Mönchszelle war. Beiden Lebensformen gemeinsam war die Abkehr von der „Welt." Nur daß diese Abkehr im achtzehnten Jahrhundert nicht unbedingt freiwillig war. Die heitere Beschränkung auf das Gartenglück wurde zwar zum Ideal erhoben, aber es war das Ideal einer Generation von gebildeten und oft auch ehrgeizigen jungen Männern bürgerlicher
15 Herkunft, denen, eben durch ihre Herkunft, die Beteiligung am politischen und öffentlichen Leben verschlossen war. Notgedrungen überließen sie das „Reich der Welt" dem, „der es nehmen will." Nur daß es nicht so sehr das „Reich Gottes" war, dem sie sich zuwandten, als das Reich des Geistes und der Phantasie. Vielleicht ist es kein Zufall, daß so viele Talente, die sich in den engen und bedrückten Verhältnissen der deutschen
20 Kleinstaaten nicht entfalten konnten und denen ein bescheidenes Dasein in gehobener Armut[5] nicht genügte, nach einem Ausweg suchten, – in die Welt der Phantasie und der Ideen. Hier waren sie frei, hier konnten sie Schöpfer sein, und so erstand gegen Ende des achtzehnten und zu Anfang des neunzehnten Jahrhunderts eine Welt des „schönen Scheins": die kühnen Gedankensysteme der deutschen Denker, die Schöpfungen der
25 klassischen und romantischen Dichtung, die ungeheure Fülle der deutschen Musik.

---

[5] in gehobener Armut: in genteel poverty

BARTHOLD HEINRICH BROCKES (1680 - 1747)

DIE NOTWENDIGE VEREHRUNG GOTTES IN SEINEN WERKEN (1721)

Johannes schreibt: so jemand spricht:
ich liebe Gott, und liebt doch seinen Bruder nicht,
der ist ein Lügener.[1]
Denn wer
den Bruder, den er siehet,   5
zu lieben wird nicht angetrieben:
wie kann der[2] Gott, den er nicht siehet, lieben?

Im Buch der Welt steht auch: so jemand spricht:
ich ehre Gott, und ehrt ihn in den Werken nicht,
der ist ein Lügener.   10
Denn wer
die Werke, die er siehet,
nicht einmal würdigt zu betrachten:
wie kann der Gott, den er nicht siehet, achten?

KIRSCHBLÜTE BEI DER NACHT (1727)

Ich sahe mit betrachtendem Gemüte   15
jüngst einen Kirschbaum, welcher blühte,
in kühler Nacht beim Mondenschein;
ich glaubt', es könne nichts von größer Weiße sein.
Es schien, als wär' ein Schnee gefallen;
ein jeder, auch der kleinste Ast,   20
trug gleichsam[3] eine rechte[4] Last
von zierlich weißen runden Ballen.
Es ist kein Schwan so weiß, da nämlich jedes Blatt
— indem daselbst[5] des Mondes sanftes Licht
selbst durch die zarten Blätter bricht —   25
sogar den Schatten weiß und sonder[6] Schwärze hat.
Unmöglich, dacht' ich, kann auf Erden

---

[1] **Johannes ... Lügener:** 1 Johannes 4, 20: "So jemand spricht: 'Ich liebe Gott', und haßt seinen Bruder, der ist ein Lügner."   [2] **der:** er   [3] **gleichsam:** sozusagen   [4] **rechte:** *considerable*
[5] **daselbst:** dort   [6] **sonder:** ohne

was Weißres aufgefunden werden.
Indem ich nun bald hin, bald her
im Schatten dieses Baumes gehe,
sah ich von ungefähr[7]

5   durch alle Blumen in die Höhe
und ward noch einen weißern Schein,
der tausendmal so weiß, der tausendmal so klar,
fast halb darob[8] erstaunt, gewahr.[9]
Der Blüte Schnee schien schwarz zu sein

10   bei diesem weißen Glanz. Es fiel mir ins Gesicht
von einem hellen Stern ein weißes Licht,
das mir recht[10] in die Seele strahlte.

Wie sehr ich mich am Irdischen ergötze,
dacht' ich, hat Gott dennoch weit größre Schätze.

15   Die größte Schönheit dieser Erden
kann mit der himmlischen doch nicht verglichen werden.

---

[7]**von ungefähr:** zufällig; *by chance*   [8]**darob:** darüber   [9]**ward . . . gewahr:** sah   [10]**recht:** gerade

SALOMON GESSNER (1730 - 1788)

DER WUNSCH (1756)

Dürft' ich vom Schicksal die Erfüllung meines einzigen Wunsches hoffen, dann
wünscht' ich mir nicht Überfluß, auch nicht über Brüder zu herrschen, nicht daß
entfernte Länder meinen Namen nennen. O, könnt' ich unbekannt und still, fern
vom Getümmel der Stadt, könnt' ich in einsamer Gegend mein Leben ruhig
wandeln, im kleinen Landhaus, beim ländlichen Garten, unbeneidet, unbemerkt!　　5

　　Im grünen Schatten wölbender Nußbäume stünde dann mein einsames Haus,
vor dessen Fenstern kühle Winde und Schatten und sanfte Ruhe unter dem grünen
Gewölbe der Bäume wohnen; vor dem friedlichen Eingang einen kleinen Platz
eingezäunt, in dem ein kühler Brunnquell[1] unter dem Traubengeländer[2] rauschet,
an dessen abfließendem Wasser die Ente mit ihren Jungen spielte,[3] oder die sanften　　10
Tauben vom beschatteten Dach herunter flögen und nickend im Gras wandelten.

　　Auf den nahen schattenreichen Bäumen würden die Vögel in ungestörter
Freiheit wohnen und von einem Baum zum andern nachbarlich sich zurufen und
singen. In der einen Ecke des kleinen Hofes sollen dann die geflochtenen[4] Hütten
der Bienen stehn, denn ihr nützlicher Staat ist ein liebliches Schauspiel. Hinten am　　15
Hause sei mein geraumer[5] Garten, wo einfältige[6] Kunst den angenehmen
Phantasien der Natur mit gehorsamer Hilfe beisteht, nicht aufrührerisch sie zum
dienstbaren Stoff sich macht, in groteske Bilder sie zu schaffen.

　　Außen am Garten müßt' ein klarer Bach meine grasreiche[7] Wiese durch-
schlängeln; er schlängelte sich dann durch den schattigen Hain fruchtbarer Bäume,　　20
von jungen zarten Stämmen[8] durchmischt, die mein sorgsamer Fleiß selbst
bewachte. Ich würd' ihn in der Mitte zu einem kleinen Teich sich sammeln lassen,
und in des Teiches Mitte baut' ich eine Laube auf eine kleine aufgeworfene Insel;
zöge sich dann noch ein kleiner Rebberg[9] an der Seite in die offene Gegend hinaus
und ein kleines Feld mit winkenden Ähren, wäre der reichste König dann gegen　　25
mich beneidenswert?

　　Wenn den, der in der Stadt wohnt, unruhiges Getümmel aus dem Schlummer
weckt, wenn die nachbarliche Mauer der Morgensonne liebliche Blicke verwehrt,[10]
und die schöne Szene des Morgens seinem eingekerkerten[11] Auge nicht vergönnt
ist, dann würd' eine sanfte Morgenluft mich wecken und die frohen Konzerte der　　30
Vögel. Dann flög' ich aus meiner Ruhe und ging Auroren[12] entgegen auf blumige
Wiesen oder auf die nahen Hügel und säng' entzückt frohe Lieder vom Hügel

---

[1]Brunnquell: *a spring*　　[2]Traubengeländer: *vine-trellis*　　[3]spielte: spielen würde　　[4]geflochtenen:
woven　　[5]geraumer: geräumiger; *spacious*　　[6]einfältige: einfache　　[7]grasreich: *grassy*　　[8]Stämme:
seedlings　　[9]Rebberg: Weinberg; *vineyard*　　[10]der Morgensonne liebliche Blicke verwehrt: die
lieblichen Blicke (Strahlen) der Morgensonne verhindert　　[11]eingekerkert: *imprisoned*　　[12]Aurora:
die römische Göttin der Morgenröte; *dawn*

herunter. Denn was entzückt mehr als die schöne Natur, wenn sie in harmonischer Unordnung ihre unendlich mannigfaltigen Schönheiten verwindet?[13]

Oft würd' ich bei sanftem Mondschein bis zur Mitternacht wandeln, in einsamen frohen Betrachtungen über den harmonischen Weltbau,[14] wenn unzähl-
5　bare Welten und Sonnen über mir leuchten.

Auch besucht' ich den Landmann, wenn er beim furchenziehenden[15] Pflug singt, oder die frohen Reihen der Schnitter, wenn sie ihre ländlichen Lieder singen, und hörte ihre frohen Geschichten und ihren muntern Scherz; oder wenn der Herbst kommt und die Bäume bunt färbt, dann würd' ich die gesangvollen
10　Weinhügel[16] besuchen, wenn die Mädchen und die Jünglinge im Rebenhain[17] lachen und die reifen Trauben sammeln. Wenn der Reichtum des Herbstes gesammelt ist, dann gehen sie jauchzend zu der Hütte zurück, wo der Kelter lautes Knarren[18] weit umher tönt; sie sammeln sich in der Hütte, wo ein frohes Mahl sie erwartet. Der erste Hunger ist gestillt, jetzt kommt der ländliche Scherz und das
15　laute Lachen, indes daß[19] der freundliche Wirt die Weinflaschen wieder auffüllt und zur Freude sie aufmahnt.[20]

Wenn aber trübe Tage mit frostigem Regen oder der herbe Winter oder die schwüle Hitze des Sommers den Spaziergang mir verböten, dann würd' ich ins einsame Zimmer mich schließen; mich unterhielte da die edelste Gesellschaft; der
20　Stolz und die Ehr' eines jeden Jahrhunderts; die großen Geister, die ihre Weisheit in lehrende Bücher ausgegossen haben; edle Gesellschaft; die unsre Seele zu ihrer Würd' erhebt! Der lehrt mich die Sitten ferner Nationen und die Wunder der Natur in fernen Weltteilen. Der[21] deckt mir die Geheimnisse der Natur auf und führt mich in ihre geheime Werkstatt; der würde mich die Ökonomie ganzer Nationen lehren und
25　ihre Geschichte, die Schand' und die Ehre des Menschengeschlechts. Der lehrt mich die Größe und die Bestimmung unsrer Seele und die reizvolle Tugend; um mich her stünden die Weisen und die Sänger[22] des Altertums; ihr Pfad ist der Pfad zum wahren Schönen, aber nur wenige wagen sich hin.

Auch ich schreibe dann oft die Lieder hin, die ich auf einsamen Spaziergängen
30　gedacht, im dunkeln Hain oder beim rauschenden Wasserfall oder im Traubenge-länder beim Schimmer des Mondes. Oder ich sähe im Kupferstiche, wie große Künstler die Natur nachgeahmt haben, oder ich versucht' es selbst, ihre schönen Auftritte auf dem gespannten Tuch nachzuschaffen.[23]

Zuweilen störte[24] mich ein lautes Klopfen vor meiner Tür. Wie entzückt wär'
35　ich, wenn ein Freund beim Eröffnen in die offenen Arme mir eilte! Oft fänd' ich sie[25] auch, wenn ich vom Spaziergang zurück der einsamen Hütte mich näherte, einzeln oder in Truppen mir entgegengrüßen.[26] Gesellschaftlich würden wir dann die schönsten Gegenden durchirren, unter mannigfaltigen Gesprächen, oft ernsthafter, oft froher, mit freundschaftlichem Entzücken und munterm Scherzen vermischt,

---

[13]verwindet: verflechtet; *entwines*　[14]Weltbau: Universum　[15]furchenziehend: *furrowing*
[16]die gesangvollen Weinhügel: *the song-filled vineyards*　[17]Rebenhain: Weinberg　[18]der Kelter lautes Knarren: *the loud creaking of the winepress*　[19]indes daß: während　[20]aufmahnt: ermahnt, ermuntert; *exhorts*　[21]Der ... Der: Dieser ... Dieser　[22]Sänger: d.h., die Dichter　[23]ihre schönen Auftritte auf dem gespannten Tuch nachzuschaffen: ihre schönen Szenen zu malen (das "gespannte Tuch" ist eine Malerleinwand – "*canvas*")　[24]störte: würde ... stören　[25]sie: Freunde
[26]mir entgegengrüßen: *greeting me as I came closer*

würden die Stunden uns zu schnell vorbeihüpfen. Hunger würde die Kost uns würzen, die mein Garten mir gäbe und der Teich und mein belebter Hof. Wir fänden sie[27] bei der Rückkunft unter einem Traubengeländer oder in der schattigen Hütte am Garten aufgetischt.[28] Oft auch säßen wir beim Mondschein in der Laube, beim bescheidenen Kelchglas,[29] bei frohen Liedern und munterm Scherz.   5

Aber, was träum' ich? Zu lang, zu lang schon hat meine Phantasie dich verfolgt, dich, eiteln Traum! Eitler Wunsch! Nie werd' ich deine Erfüllung sehen. Immer ist der Mensch unzufrieden; wir sehen weit hinaus auf fremde Gefilde[30] von Glück, aber Labyrinthe versperren den Zugang; und dann seufzen wir hin[31] und vergessen, das Gute zu bemerken, das jedem auf der angewiesenen[32] Bahn des   10 Lebens beschert[33] ist! Unser wahres Glück ist die Tugend. Der ist ein Weiser und glücklich, der willig die Stell' ausfüllt, die der Baumeister,[34] der den Plan des Ganzen denkt, ihm bestimmt hat. Ja du, göttliche Tugend, du bist unser Glück, du streust Freud' und Seligkeit in jedem Stand[35] auf unsre Tage. O, wen soll ich beneiden, wenn ich durch dich beglückt die Laufbahn meines Lebens vollende? Dann sterb'   15 ich froh, von Edeln[36] beweint, die mich um deinetwillen[37] liebten; von euch beweint, ihr Freunde! Wenn ihr beim Hügel meines Grabes vorbei geht, dann drückt euch die Hand, dann umarmet euch. Hier liegt sein Staub, sagt ihr, des Redlichen![38] aber Gott belohnt seine Bemühung, glücklich zu sein, jetzt mit ewigem Glück; bald aber wird unser Staub auch da liegen und dann genießen wir   20 mit ihm das ewige Glück. Und du, geliebte Freundin, wann[39] du beim Hügel meines Grabes vorüber gehest, wann die Maßlieben[40] und die Ringelblumen[41] von meinem Grabe dir winken, dann steig'[42] eine Träne dir ins Auge; und ist's den Seligen[43] vergönnt, die Gegend, die wir bewohnt, und die stillen Haine zu besuchen, wo wir oft in seligen Stunden unsrer Seele große Bestimmung dachten,[44] dann wird meine   25 Seele dich oft umschweben; oft, wenn du voll edler hoher Empfindung einsam nachdenkst, wird ein sanftes Wehen[45] deine Wangen berühren; dann gehe[46] ein sanftes Schauern[47] durch deine Seele!

(gekürzt)

---

[27]sie: die Kost   [28]aufgetischt: serviert   [29]Kelchglas: *crystal goblet*   [30]Gefilde: Felder; *fields (poet.)*   [31]hin: vor uns hin; *to ourselves*   [32]angewiesen: *designated*   [33]beschert: gegeben [34]Baumeister: Gott   [35]in jedem Stand: *in every station in life*   [36]Edeln: von edlen Leuten [37]um deinetwillen: um der Tugend willen   [38]sein Staub . . . des Redlichen: der Staub des redlichen Mannes   [39]wann: wenn   [40]Maßlieben: *daisies*   [41]Ringelblumen: *marigolds*   [42]steig': mag . . . steigen   [43]den Seligen: den Toten   [44]dachten: bedachten; *thought about*   [45]Wehen: Hauch; *breeze*   [46]gehe: mag . . . gehen   [47]Schauern: *tremor*

JOHANN GAUDENZ VON SALIS-SEEWIS (1762 - 1834)

LIED, ZU SINGEN BEI EINER WASSERFAHRT (1793)

Wir ruhen, vom Wasser gewiegt,
im Kreise, vertraulich und enge;
durch Eintracht wie Blumengehänge[1]
verknüpft und in Reihen gefügt;
5   uns sondert von lästiger Menge[2]
die Flut,[3] die den Nachen[4] umschmiegt.

So gleiten, im Raume vereint,
wir auf der Vergänglichkeit[5] Wellen,
wo Freunde sich innig gesellen
10   zum Freunde, der redlich es meint,[6]
getrost, weil die dunkelsten Stellen
ein Glanz[7] aus der Höhe bescheint.

Ach! trüg uns die fährliche[8] Flut
des Lebens so friedlich und leise!
15   O drohte nie Trennung dem Kreise,[9]
der sorglos um Zukunft[10] hier ruht!
O nähm uns am Ziele der Reise
Elysiums[11] Busen in Hut![12]

Verhallen mag unser Gesang,
20   wie Flötenhauch[13] schwinden das Leben;
mit Jubel und Seufzern verschweben[14]
des Daseins zerfließender Klang!
Der Geist wird verklärt sich erheben,
wann Lethe sein Fahrzeug verschlang.[15]

---

[1] Blumengehänge: *garlands*   [2] von lästiger Menge: *from the annoying crowd (of humanity)*   [3] Flut: Wasser   [4] Nachen: kleines Boot   [5] Vergänglichkeit: *transitoriness (of life)*   [6] der redlich es meint: der es ehrlich meint   [7] Glanz *(subject)*   [8] fährlich: gefährlich; *dangerous*   [9] Kreise: Freundeskreis   [10] der sorglos um Zukunft: ohne Angst vor der Zukunft   [11] Elysium: Paradies   [12] O nähm uns ... in Hut: O möge uns ... schützend aufnehmen; *take us into its protection*   [13] Flötenhauch: *"flute-breath," soft sound of a flute*   [14] verschweben: sich verflüchtigen; *dissipate*   [15] wann Lethe sein Fahrzeug verschlang: In griechischer Mythologie war Lethe der Fluß, aus dem die Toten Vergessenheit tranken. Die Zeile bedeutet, "nachdem der Körper (Fahrzeug) vergessen ist".

MATTHIAS CLAUDIUS (1740 - 1815)

ABENDLIED (1779)

Der Mond ist aufgegangen,
die goldnen Sternlein prangen
am Himmel hell und klar;
der Wald steht schwarz und schweiget,
und aus den Wiesen steiget　　　　　　　　　5
der weiße Nebel wunderbar.

Wie ist die Welt so stille,
und in der Dämmrung Hülle
so traulich und so hold!
Als[1] eine stille Kammer　　　　　　　　　　10
wo ihr des Tages Jammer
verschlafen und vergessen sollt.

Seht ihr den Mond dort stehen?
Er ist nur halb zu sehen,
und ist doch rund und schön.　　　　　　　15
So sind wohl manche Sachen,
die wir getrost belachen,
weil unsre Augen sie nicht sehn.

Wir stolze Menschenkinder
sind eitel[2] arme Sünder,　　　　　　　　　20
und wissen garnicht viel;
wir spinnen Luftgespinste,[3]
und suchen viele Künste,[4]
und kommen weiter von dem Ziel.

Gott, laß uns dein Heil schauen,　　　　25
auf nichts Vergänglichs trauen,
nicht Eitelkeit uns freun!
Laß uns einfältig werden,
und vor dir hier auf Erden
wie Kinder fromm und fröhlich sein!　　30

---

[1] **als:** wie　　[2] **eitel:** nichts als　　[3] **Luftgespinste:** *airy illusions*　　[4] **Künste:** *skills, tricks*

    Wollst endlich ohne Grämen
    aus dieser Welt uns nehmen
    durch einen sanften Tod,
    und, wenn du uns genommen,
5   laß uns in Himmel kommen,
    Du lieber treuer frommer Gott!

    So legt euch denn, ihr Brüder,
    in Gottes Namen nieder!
    Kalt ist der Abendhauch.[5]
10   Verschon uns, Gott, mit Strafen,
    und laß uns ruhig schlafen,
    und unsern kranken Nachbar auch!

---

[5] Abendhauch: *evening breeze*

JOHANN PETER HEBEL (1760 - 1826)

KANNITVERSTAN (1809)

Der Mensch hat wohl täglich Gelegenheit, in Emmendingen oder Gundelfingen[1] so
gut als in Amsterdam, Betrachtungen über die Unbeständigkeit aller irdischen Dinge
anzustellen,[2] wenn er will, und zufrieden zu werden mit seinem Schicksal, wenn
auch nicht viel gebratene Tauben für ihn in der Luft herumfliegen.[3] Aber auf dem
seltsamsten Umweg kam ein deutscher Handwerksbursche[4] in Amsterdam durch   5
den Irrtum zur Wahrheit und ihrer Erkenntnis. Denn als er in diese große und reiche
Handelsstadt[5] voll prächtiger Häuser, wogender Schiffe und geschäftiger Menschen
gekommen war, fiel ihm sogleich ein großes und schönes Haus in die Augen,[6] wie er
auf seiner ganzen Wanderschaft von Tuttlingen[7] bis nach Amsterdam noch keines
erlebt hatte. Lange betrachtete er mit Verwunderung dies kostbare Gebäude, die   10
sechs Kamine auf dem Dach, die schönen Gesimse und die hohen Fenster, größer als
an des Vaters Haus daheim[8] die Tür. Endlich konnte er sich nicht enthalten, einen
Vorübergehenden anzureden. „Guter Freund", redete er ihn an, „könnt Ihr mir
nicht sagen, wie der Herr heißt, dem dieses wunderschöne Haus gehört mit den
Fenstern voll Tulipanen, Sternenblumen und Levkoien?"[9] — Der Mann aber, der   15
vermutlich etwas Wichtigeres zu tun hatte, und zum Unglück[10] gerade so viel von
der deutschen Sprache verstand, als der Fragende von der holländischen, nämlich
nichts, sagte kurz und schnauzig: „Kannitverstan", und schnurrte vorüber.[11] Dies
war nun ein holländisches Wort, oder drei, wenn man's recht betrachtet, und heißt auf
deutsch soviel als: „Ich kann Euch nicht verstehen." Aber der gute Fremdling   20
glaubte, es sei der Name des Mannes, nach dem er gefragt hatte. Das muß ein
grundreicher[12] Mann sein, der Herr Kannitverstan, dachte er und ging weiter.

Endlich kam er an den Meerbusen,[13] der da heißt: Het Ey, oder auf deutsch:
das Ypsilon.[14] Da stand nun Schiff an Schiff und Mastbaum an Mastbaum, und er
wußte anfänglich nicht, wie er es mit seinen zwei einzigen Augen durchfechten[15]   25
werde, alle diese Merkwürdigkeiten genug zu sehen und zu betrachten, bis endlich
ein großes Schiff seine Aufmerksamkeit an sich zog, das vor kurzem[16] aus
Ostindien angelangt war und jetzt eben ausgeladen wurde. Schon standen ganze
Reihen von Kisten und Ballen[17] auf- und nebeneinander am Lande. Noch immer

---

[1]**Emmendingen, Gundelfingen:** süddeutsche Kleinstädte   [2]**anzustellen:** zu machen   [3]**gebratene
Tauben . . . herumfliegen:** Ein deutsches Sprichwort heißt: Die gebratenen Tauben fliegen einem nicht
ins Maul; d.h., die Welt ist kein Paradies.   [4]**Handwerksbursche:** *journeyman*   [5]**Handelsstadt:** *city
dealing in trade*   [6]**fiel ihm . . . in die Augen:** er erblickte; *he noticed*   [7]**Tuttlingen:** schwäbische
Stadt an der Donau   [8]**daheim:** zu Hause   [9]**Tulipanen, Sternenblumen und Levkoien:** *tulips, asters,
and gillyflowers*   [10]**zum Unglück:** leider; *unfortunately*   [11]**schnurrte vorüber:** lief eilig und
unfreundlich weiter   [12]**grundreich:** steinreich; *very rich*   [13]**Meerbusen:** *bay*   [14]**das Ypsilon:**
the "Y" (because of its shape)   [15]**durchfechten:** *"fight his way through with his eyes," take it all in*
[16]**vor kurzem:** neulich; *recently*   [17]**Ballen:** *bales*

wurden mehrere herausgewälzt,[18] und Fässer voll Zucker und Kaffee, voll Reis und Pfeffer, und salveni[19] Mausdreck darunter. Als er aber lange zugesehen hatte, fragte er endlich einen, der eben eine Kiste auf der Achsel heraustrug, wie der glückliche Mann heiße, dem das Meer alle diese Waren an das Land bringe.

5 „Kannitverstan", war die Antwort. Da dachte er: Haha, schaut's da heraus?[20] Kein Wunder, wem das Meer solche Reichtümer an das Land schwemmt,[21] der kann leicht solche Häuser in die Welt stellen, und solcherlei Tulipanen vor die Fenster in vergoldeten Scherben.[22] Jetzt ging er wieder zurück, und stellte eine recht traurige Betrachtung bei sich selbst an, was er für ein armer Mensch sei unter so viel reichen

10 Leuten in der Welt.

Aber als er eben dachte: wenn ich's doch nur auch einmal so gut bekäme,[23] wie dieser Herr Kannitverstan es hat, kam er um eine Ecke und erblickte einen großen Leichenzug. Vier schwarz vermummte Pferde zogen einen ebenfalls schwarz überzogenen Leichenwagen langsam und traurig, als ob sie wüßten, daß sie einen

15 Toten in seine Ruhe führten. Ein langer Zug von Freunden und Bekannten des Verstorbenen folgte nach, Paar und Paar, verhüllt in schwarze Mäntel und stumm. In der Ferne läutete ein einsames Glöcklein. Jetzt ergriff unsern Fremdling ein wehmütiges Gefühl, das an keinem guten Menschen vorübergeht, wenn er eine Leiche sieht, und blieb mit dem Hut in den Händen andächtig stehen, bis alles

20 vorüber war. Doch machte er sich an den Letzten vom Zug, der eben in der Stille ausrechnete, was er an seiner Baumwolle gewinnen könnte, wenn der Zentner um zehn Gulden aufschlüge,[24] ergriff ihn sachte am Mantel und bat ihn treuherzig um Exküse.[25] „Das muß wohl auch ein guter Freund von Euch gewesen sein", sagte er, „dem das Glöcklein läutet, daß Ihr so betrübt und nachdenklich mitgeht." —

25 „Kannitverstan," war die Antwort. Da fielen userm guten Tuttlinger ein paar große Tränen aus den Augen, und es ward ihm auf einmal so schwer und wieder leicht ums Herz.[26] „Armer Kannitverstan", rief er aus, „was hast du nun von allem deinen Reichtum? Was ich einst von meiner Armut auch[27] bekomme: ein Totenkleid[28] und ein Leintuch,[29] und von allen deinen schönen Blumen vielleicht

30 einen Rosmarin[30] auf die kalte Brust, oder eine Raute."[31] Mit diesen Gedanken begleitete er die Leiche, als wenn er dazu gehörte, bis ans Grab, sah den vermeinten[32] Herrn Kannitverstan hinabsenken in seine Ruhestätte und ward von der holländischen Leichenpredigt, von der er kein Wort verstand, mehr gerührt, als von mancher deutschen, auf die er nicht achtgab. Endlich ging er leichten Herzens

35 mit den andern wieder fort, verzehrte in einer Herberge, wo man Deutsch verstand, mit gutem Appetit ein Stück Limburger Käse, und wenn es ihm wieder einmal

---

[18]herausgewälzt: herausgerollt; *rolled out*   [19]salveni: *a corruption of "salva venia" (Lat.)*—"mit Verlaub zu sagen"; *if you'll pardon me for saying so*   [20]schaut's da heraus: so ist es? *is that the way it is?*   [21]wem das Meer . . . schwemmt: *for whom the sea washes up*   [22]Scherben: Blumentöpfe   [23]wenn ich's doch nur auch einmal so gut bekäme: wenn es mir doch nur auch einmal so gut ginge; *if only I, too, had it so good for once*   [24]wenn der Zentner um zehn Gulden aufschlüge: *if the price of a hundred pounds went up ten guilders*   [25]bat . . . um Exküse: bat um Verzeihung; *begged his pardon*   [26]es ward ihm auf einmal so schwer und wieder leicht ums Herz: er fühlte sich auf einmal traurig und wieder froh   [27]was . . . auch: *whatever*   [28]Totenkleid: *attire for a corpse*   [29]Leintuch: Leichentuch; *shroud*   [30]Rosmarin: *rosemary*   [31]Raute: *rue (a flowering herb)*   [32]vermeinten: *supposed*

schwer fallen wollte,[33] daß so viele Leute in der Welt so reich seien und er so arm, so dachte er nur an den Herrn Kannitverstan in Amsterdam, an sein großes Haus, an sein reiches Schiff und an sein enges Grab.

UNVERHOFFTES WIEDERSEHEN (1811)

In Falun[34] in Schweden küßte vor guten fünfzig Jahren und mehr ein junger Bergmann[35] seine junge hübsche Braut und sagte zu ihr „Auf Sanct Luciä[36] wird   5
unsere Liebe von des Priesters Hand gesegnet. Dann sind wir Mann und Weib und bauen uns ein eignes Nestlein", – „und Friede und Liebe soll darin wohnen", sagte die schöne Braut mit holdem Lächeln, „dann bist du mein Einziges und Alles, und ohne dich möchte ich lieber im Grab sein, als an einem andern Ort." Als sie aber vor St. Luciä der Pfarrer zum zweitenmal in der Kirche ausgerufen hatte:[37] „So[38] nun   10
jemand Hindernisse wüßte anzuzeigen, warum diese Personen nicht möchten[39] ehelich zusammenkommen", da meldete sich der Tod. Denn als der Jüngling den andern[40] Morgen in seiner schwarzen Bergmannskleidung an ihrem Haus vorbeiging, – der Bergmann hat sein Totenkleid immer an –, da klopfte er zwar noch einmal an ihrem Fenster und sagte ihr guten Morgen, aber keinen guten Abend   15
mehr. Er kam nimmer[41] aus dem Bergwerk zurück, und sie säumte[42] vergeblich selbigen[43] Morgen ein schwarzes Halstuch mit rotem Rand für ihn zum Hochzeittag, sondern[44] als er nimmer kam, legte sie es weg, und weinte um ihn und vergaß ihn nie.

Unterdessen wurde die Stadt Lissabon in Portugal durch ein Erdbeben[45]   20
zerstört, und der Siebenjährige Krieg[46] ging vorüber, und Kaiser Franz der Erste[47] starb, und der Jesuitenorden[48] wurde aufgehoben, und Polen geteilt;[49] und die Kaiserin Maria Theresia[50] starb, und der Struensee[51] wurde hingerichtet, Amerika wurde frei, und die vereinigte französische und spanische Macht konnte Gibraltar[52] nicht erobern. Die Türken schlossen den General Stein in der Veteraner Höhle[53] in   25
Ungarn ein, und der Kaiser Joseph[54] starb auch. Der König Gustav von Schweden

---

[33]**wenn es ihm wieder einmal schwer fallen wollte:** wenn er wieder einmal darüber traurig wurde
[34]**Falun:** Stadt nordwestlich von Stockholm. Im 12. Jahrhundert entstand dort ein Kupferbergwerk *(copper mine).*   [35]**Bergmann:** *miner*   [36]**Sanct Luciä:** *St. Lucy's Day (Dec. 13)*   [37]**als sie ... der Pfarrer ... ausgerufen hatte:** *when the pastor had proclaimed them (announced their impending marriage)*   [38]**so:** wenn   [39]**möchten:** sollten   [40]**andern:** nächsten   [41]**nimmer:** nie mehr   [42]**säumte:** *put a hem on*   [43]**selbigen:** denselben   [44]**sondern:** jedoch   [45]**Lissabon ... Erdbeben:** 1755   [46]**der Siebenjährige Krieg:** 1756-1763; Preußen und England kämpften gegen Frankreich, Österreich, Rußland und Schweden.   [47]**Kaiser Franz der Erste:** 1708-1765; Kaiser des Heiligen Römischen Reiches   [48]**der Jesuitenorden:** Der Orden wurde 1773 aufgehoben und 1814 wieder eingeführt; siehe auch S. 65.   [49]**Polen geteilt:** Polen wurde im Jahre 1772 von Preußen, Rußland und Österreich geteilt.   [50]**Kaiserin Maria Theresia:** 1717-1780; Frau des Kaisers Franz I.
[51]**Struensee:** Johann Friedrich Struensee (1737-1772), dänischer Staatsmann. Seine Macht bedrohte den Adel und den Klerus, und sie zwangen den König, ihn hinzurichten.   [52]**Gibraltar:** Zwischen 1779-1783 versuchten Frankreich und Spanien vergebens diese englische Kolonie zu erobern.
[53]**Veteraner Höhle:** strategisch wichtiger Punkt an der Donau. 1788 drangen die Türken in Ungarn ein.   [54]**Kaiser Joseph:** Joseph II. (1741-1790), Sohn und Nachfolger des Kaisers Franz I.

eroberte russisch Finnland,[55] und die französische Revolution[56] und der lange Krieg[57] fing an, und der Kaiser Leopold der Zweite[58] ging auch ins Grab. Napoleon eroberte Preußen,[59] und die Engländer bombardierten Kopenhagen,[60] und die Ackerleute[61] säten und schnitten. Der Müller mahlte und die Schmiede

5   hämmerten, und die Bergleute gruben nach den Metalladern[62] in ihrer unterirdischen Werkstatt. Als aber die Bergleute in Falun im Jahre 1809 etwas vor oder nach Johannis[63] zwischen zwei Schachten eine Öffnung durchgraben wollten, gute dreihundert Ellen[64] tief unter dem Boden, gruben sie aus dem Schutt und Vitriolwasser[65] den Leichnam eines Jünglings heraus, der ganz mit Eisenvitriol[66]

10   durchdrungen, sonst aber unverwest[67] und unverändert war; also daß man seine Gesichtszüge und sein Alter noch völlig erkennen konnte, als wenn er erst vor einer Stunde gestorben oder ein wenig eingeschlafen wäre bei der Arbeit.

Als man ihn aber zu Tag ausgefördert[68] hatte, Vater und Mutter, Gefreunde[69] und Bekannte waren schon lange tot, kein Mensch wollte[70] den

15   schlafenden Jüngling kennen oder etwas von seinem Unglück wissen, bis die ehemalige Verlobte des Bergmanns kam, der eines Tages auf die Schicht gegangen war[71] und nimmer zurückkehrte. Grau und zusammengeschrumpft kam sie an einer Krücke an den Platz und erkannte ihren Bräutigam; und mehr mit freudigem Entzücken, als mit Schmerz sank sie auf die geliebte Leiche nieder, und erst als sie

20   sich von einer langen heftigen Bewegung des Gemütes erholt hatte, „es ist mein Verlobter", sagte sie endlich, „um den ich fünfzig Jahre lang getrauert hatte und den mich Gott noch einmal sehen läßt vor meinem Ende. Acht Tage vor der Hochzeit ist er auf die Grube gegangen und nimmer gekommen." Da wurden die Gemüter aller Umstehenden von Wehmut und Tränen ergriffen, als sie sahen die

25   ehemalige Braut jetzt in der Gestalt des hingewelkten,[72] kraftlosen Alters und den Bräutigam noch in seiner jugendlichen Schöne, und wie in ihrer Brust nach fünfzig Jahren die Flamme der jugendlichen Liebe noch einmal erwachte; aber er öffnete den Mund nimmer zum Lächeln oder die Augen zum Wiedererkennen; und wie sie ihn endlich von den Bergleuten in ihr Stüblein[73] tragen ließ, als die Einzige, die ihm

30   angehöre und ein Recht an ihn habe, bis sein Grab gerüstet[74] sei auf dem Kirchhofe. Den andern[75] Tag, als das Grab gerüstet war auf dem Kirchhof, und ihn die Bergleute holten, schloß sie ein Kästlein auf, legte ihm das schwarzseidene[76] Halstuch mit roten Streifen um, und begleitete ihn in ihrem Sonntagsgewand, als wenn es ihr Hochzeittag und nicht der Tag seiner Beerdigung wäre. Denn als man

35   ihn auf dem Kirchhof ins Grab legte, sagte sie: „Schlafe nun wohl, noch einen Tag

---

[55] der König Gustav ... Finnland: Gustav III. (1746-1792) führte den Krieg gegen Rußland in den Jahren 1788-1790   [56] die französische Revolution: 1789   [57] der lange Krieg: Die monarchischen Länder Europas kämpften um die Wiedereinsetzung des französischen Königs (*French Revolutionary Wars, 1792-1802*).   [58] Kaiser Leopold der Zweite: 1747-1792; Sohn des Kaisers Franz I., Nachfolger von seinem Bruder Joseph II.   [59] Napoleon eroberte Preußen: Napoleon Bonaparte (1769-1821) besiegte die preußische Armee 1806 bei Jena.   [60] Kopenhagen: England fürchtete, Dänemark würde sich mit Napoleon verbinden. Kopenhagen wurde 1807 bombardiert.   [61] Ackerleute: *fieldworkers*   [62] Metalladern: *veins of metal ore*   [63] Johannis: *St. John's Day (June 24)*   [64] Ellen: altes Längenmaß; eine Elle = 55-85 Zentimeter   [65] Vitriolwasser: *copper or ferrous sulfate solution*   [66] Eisenvitriol: *ferrous sulfate*   [67] unverwest: *not decayed*   [68] zu Tag ausgefördert: ans Tageslicht gebracht   [69] Gefreunde: Verwandte   [70] wollte: *claimed*   [71] auf die Schicht gegangen war: *had gone on shift*   [72] hingewelkt: *withered*   [73] Stüblein: kleine Stube   [74] gerüstet: bereit   [75] andern: nächsten   [76] schwarzseiden: *black silk*

oder zehn im kühlen Hochzeitbett, und laß dir die Zeit nicht lang werden.[77] Ich habe nur noch ein wenig zu tun und komme bald, und bald wirds wieder Tag. – Was die Erde einmal wieder gegeben hat, wird sie zum zweitenmal auch nicht behalten", sagte sie, als sie fortging und noch einmal umschaute.

---

[77] **laß dir die Zeit nicht lang werden:** langweile dich nicht; *don't let yourself get bored*

JOSEPH HAYDN (1732 - 1809)

Aus dem Oratorium DIE SCHÖPFUNG* (1798)

DRITTER TEIL

Rezitativ

	URIEL[1]	Aus Rosenwolken bricht,
		geweckt durch süßen Klang,
		der Morgen jung und schön,
5		vom himmlischen Gewölbe
		strömt reine Harmonie
		zur Erde hinab.
		Seht das beglückte Paar,
		wie Hand in Hand es geht!
10		Aus ihren Blicken strahlt
		des heißen Danks Gefühl.
		Bald singt in lautem Ton
		ihr Mund des Schöpfers Lob.
		Laßt unsre Stimme dann
15		sich mengen in ihr Lied.

Duett und Chor

	EVA UND ADAM	Von deiner Güt', o Herr und Gott,
		ist Erd' und Himmel voll.
		Die Welt, so groß, so wunderbar,
20		ist deiner Hände Werk.
	CHOR	Gesegnet sei des Herren Macht,
		sein Lob erschall' in Ewigkeit.
	ADAM	Der Sterne hellster,[2] o wie schön
		verkündest du den Tag!
25		Wie schmückst du ihn, o Sonne du,
		des Weltalls Seel' und Aug'!
	CHOR	Macht kund[3] auf eurer weiten Bahn
		des Herren Macht und seinen Ruhm!

---

[1] Uriel: ein Engel. Uriel bedeutet "Gottesflamme" auf hebräisch.   [2] der Sterne hellster: der Morgenstern   [3] macht kund: ruft aus; *proclaim*

* Der Text von Haydns Oratorium stammt von einem Engländer, Lindley, und wurde von Gottfried van Swieten ins Deutsche übersetzt. Er soll natürlich nicht nur gelesen, sondern zusammen mit der Musik gehört werden.

EVA   Und du, der Nächte Zierd' und Trost,[4]
und all das strahlend' Heer,[5]
verbreitet überall sein Lob
in eurem Chorgesang.

ADAM   Ihr Elemente, deren Kraft   5
stets neue Formen zeugt,[6]
ihr Dünst' und Nebel,
die der Wind versammelt und vertreibt:

EVA, ADAM UND CHOR   Lobsinget alle Gott, dem Herrn,
groß wie sein Nam' ist seine Macht.   10

EVA   Sanft rauschend lobt, o Quellen, ihn!
den Wipfel neigt, ihr Bäum'!
Ihr Pflanzen duftet, Blumen haucht
ihm euern Wohlgeruch!

ADAM   Ihr, deren Pfad die Höh'n erklimmt[7]   15
und ihr, die niedrig kriecht,
ihr, deren Flug die Luft durchschneid't,
und ihr im tiefen Naß:[8]

EVA, ADAM UND CHOR   Ihr Tiere, preiset alle Gott!
Ihn lobe, was nur Odem[9] hat!   20

EVA UND ADAM   Ihr dunklen Hain', ihr Berg' und Tal,
ihr Zeugen[10] unsres Danks,
ertönen sollt ihr früh und spät
von unserem Lobgesang.

CHOR   Heil dir, o Gott, o Schöpfer, Heil!   25
Aus deinem Wort entstand die Welt;
dich beten Erd' und Himmel an,
wir preisen dich in Ewigkeit.

Rezitativ

ADAM   Nun ist die erste Pflicht erfüllt,   30
dem Schöpfer haben wir gedankt.
Nun folge mir, Gefährtin meines Lebens!
Ich leite dich, und jeder Schritt
weckt neue Freud' in unser Brust,
zeigt Wunder überall.   35
Erkennen sollst du dann,

---

[4] der Nächte Zierd' und Trost: der Mond   [5] das strahlend' Heer: die Sterne   [6] zeugt: *creates*
[7] deren Pfad die Höh'n erklimmt: *whose path scales the heights*   [8] Naß: Wasser   [9] Odem: Atem;
breath   [10] Zeugen: *witnesses*

        welch unausssprechlich Glück
        der Herr uns zugedacht,
        ihn preisen immerdar,
        ihm weihen Herz und Sinn.
5   Komm, folge mir, ich leite dich.

Rezitativ

    EVA O du, für den ich ward,
        mein Schirm, mein Schild, mein All!
        Dein Will' ist mir Gesetz.
10   So hat's der Herr bestimmt,
        und dir gehorchen bringt
        mir Freude, Glück und Ruhm.

Duett

    ADAM Holde Gattin, dir zur Seite
        fließen sanft die Stunden hin.
15   Jeder Augenblick ist Wonne,
        keine Sorge trübet sie.

    EVA Teurer Gatte, dir zur Seite
        schwimmt in Freuden mir das Herz.
        Dir gewidmet ist mein Leben,
20   deine Liebe sei mein Lohn.

    ADAM Der tauende[11] Morgen,
        o wie ermuntert er!

    EVA Die Kühle des Abends,
        o wie erquicket sie!

25 ADAM Wie labend ist
        der runden Früchte Saft!

    EVA Wie reizend ist
        der Blumen süßer Duft!

    BEIDE Doch ohne dich, was wäre mir –

30 ADAM Der Morgentau?

    EVA Der Abendhauch?

    ADAM Der Früchte Saft?

    EVA Der Blumen Duft?

---

[11] tauend: *dewy*

BEIDE   Mit dir erhöht sich jede Freude,
mit dir genieß' ich doppelt sie;
mit dir ist Seligkeit das Leben,
dir sei es ganz geweiht!

URIEL   O glücklich Paar, und glücklich immerfort,   5
wenn falscher Wahn euch nicht verführt,
noch mehr zu wünschen als ihr habt,
und mehr zu wissen als ihr sollt!

Schlußchor mit Solis

CHOR UND SOLI   Singt dem Herren alle Stimmen!   10
Dankt ihm alle seine Werke![1,2]
Laßt zu Ehren seines Namens
Lob im Wettgesang[1,3] erschallen!
Des Herren Ruhm,
Er bleibt in Ewigkeit.   15
Amen! Amen!

[1,2] **Dankt ihm alle seine Werke:** Dankt ihm für alle seine Werke   [1,3] **Wettgesang:** *singing match*

VII. DER GLAUBE AN DIE VERNUNFT

Die „Verehrung Gottes in der Natur", von der das achtzehnte Jahrhundert erfüllt war, vertrug sich aufs beste mit der wachsenden Bedeutung der Naturwissenschaften. Deren Aufstieg hatte schon im sechzehnten und siebzehnten Jahrhundert begonnen, als Forscher wie Kopernikus (1473 - 1543), Galilei (1564 - 1642) und Kepler (1571 - 1630) ein neues astronomisches Weltbild verkündeten. Auch wo die Wissenschaft dabei in Gegensatz zu   5
den Lehrmeinungen[1] der Kirche geriet, glaubte sie auf Gottes Wegen zu sein. Mathematische Regel und kosmische Ordnung, Zahl und Gesetz, Ursache und Wirkung, alles offenbarte die Planmäßigkeit einer Welt, die ihr Dasein einem allwissenden und allmächtigen Architekten und Mechaniker verdankte. Diese Welt war nicht unverständlich; Gott hatte dem Menschen ein Werkzeug gegeben, sie zu verstehen, die Vernunft;   10
dieses Werkzeug unerschrocken zu benützen, war die gottgefällige Aufgabe des Menschen. Schon 1637 hatte der französische Philosoph Descartes[2] in seinem Discours de la méthode sich das methodische Vorgehen[3] der Mathematiker zum Vorbild genommen. Wenn der Mensch, erklärte er, in seinem Denken nur konsequent genug, und ohne Fehler zu machen, den Schlüssen seiner Vernunft folge, so würde es auf die Länge nichts geben, was   15
er nicht erreichen könne, auch wenn es noch so entfernt sei, und nichts, was er nicht entdecken könne, auch wenn es noch so verborgen sei. Diesem Unternehmen gaben sich die Denker und Forscher des achtzehnten Jahrhunderts mit Überzeugung und mit Zuversicht hin. Sie nannten ihr Verfahren gerne „Aufklärung" und stellten sich damit in Gegensatz zum „finsteren Mittelalter" mit seinem Aberglauben und seinen Vorurteilen.   20
Das geistige Dunkel früherer Jahrhunderte mit dem Licht der Vernunft zu durchleuchten, war also die Aufgabe der Aufklärung. Was dabei unter Aufklärung zu verstehen ist, hat der deutsche Philosoph Immanuel Kant in seinem Aufsatz Was ist Aufklärung? kurz und treffend definiert.

---

[1] Lehrmeinungen: Dogmas   [2] Descartes: René Descartes (1596 - 1650)   [3] Vorgehen: procedure

IMMANUEL KANT (1724 - 1804)

Immanuel Kant war ein bescheidener, unauffälliger, etwas pedantischer Professor der Philosophie an der Universität in Königsberg.[1] Denselben Kant hat Heinrich Heine in seinen Aufzeichnungen *Zur Geschichte der Religion und Philosophie in Deutschland (1834)* einen der größten Revolutionäre aller Zeiten genannt. Mit Kant verglichen,
5 erklärte Heine, seien Männer wie Danton und Robespierre[2] beinahe harmlos gewesen. Denn die französischen Revolutionäre hätten nur einen König umgebracht,[3] Kant aber sei ein „Scharfrichter" ganz anderen Ausmaßes gewesen. Das „Henkersschwert", dessen er sich bediente, war ein Buch, sein Hauptwerk, die *Kritik der reinen Vernunft* (1781). Mit diesem „Schwert" wurde der „Deismus"[4] in Deutschland hingerichtet. Es werde vielleicht
10 noch ein paar Jahrhunderte dauern, meinte Heine, bis sich die Todesnachricht allgemein verbreite, er aber trage jetzt schon Trauer, — Trauer um einen sterbenden Gott.

Kant selbst hatte seine Aufgabe wesentlich bescheidener formuliert. Seine Untersuchung galt[5] einem technisch-philosophischen Problem, der Frage, ob synthetische Urteile[6] a priori[7] möglich seien. Oder, wie er es noch einfacher ausdrückte: Was kann ich
15 wissen? Kant fragte also nicht: was ist die Wirklichkeit, was ist die Welt? sondern: wie ist es möglich, daß ich etwas von der Welt weiß? Dabei kam er zu dem Ergebnis, daß wir die Wirklichkeit durch unsere Sinne nicht erfassen, wie sie an sich ist, sondern wie sie uns erscheint, das heißt, in der Formung,[8] die ihr unser Geist — notwendig — gibt. Diese Einsicht erschien Kant als eine „kopernikanische" Wendung in der Geschichte der
20 Philosophie. „Bisher", erklärte er, „nahm man an, alle unsere Erkenntnis müsse sich nach den Gegenständen richten ... Man versuche einmal, ob wir nicht in den Aufgaben der Metaphysik damit besser fortkommen, daß wir annehmen, die Gegenstände müssen sich nach unserer Erkenntnis richten. Es ist hiermit ebenso als mit den ersten Gedanken[9] des Kopernikus bewandt,[10] der, nachdem es mit der Erklärung der Himmelsbewegungen
25 nicht gut fort wollte,[11] wenn er annahm, das ganze Sternenheer drehe sich um den Zuschauer, versuchte,[12] ob es nicht besser gelingen möchte, wenn er den Zuschauer sich drehen, und dagegen die Sterne in Ruhe ließ."

Kants radikale Umkehrung des seitherigen[13] Denkens bedeutete das Ende aller herkömmlichen Metaphysik. Über metaphysische, übersinnliche Dinge, fand er, können

---

[1] **Königsberg:** ehemalige Hauptstadt Ostpreußens   [2] **Danton und Robespierre:** Georges Danton (1759 - 1794) und Maximilien Robespierre (1758 - 1794), Führer der französischen Revolution   [3] **einen König umgebracht:** König Ludwig XVI., im Jahre 1793   [4] **Deismus:** Gottesglaube aus Vernunftgründen. Der Deist glaubte, Gott habe die Welt geschaffen, habe aber keinen weiteren Einfluß auf das Weltgeschehen.   [5] **galt:** *was directed toward; dealt with*   [6] **synthetische Urteile:** *synthetic propositions.* Kant unterscheidet zwischen synthetischen und analytischen Urteilen. Der Satz „Alle Körper sind ausgedehnt (*extended*)" ist ein *analytisches* Urteil; die Vorstellung der Ausdehnung ist im Begriff des Körpers schon enthalten. Der Satz „Alle Körper sind schwer" ist ein *synthetisches* Urteil; er fügt dem Begriff des Körpers etwas hinzu, was nicht von vornherein in ihm enthalten ist, das heißt, er beruht auf Erfahrung.   [7] **a priori:** (*Lat.*) allein aus der Vernunft, nicht aus der Erfahrung   [8] **Formung:** Gestaltung; *formation*   [9] **den ersten Gedanken:** *the primary hypothesis*   [10] **Es ist ... ebenso ... bewandt:** *it is the same as, equivalent to*   [11] **es ... nicht gut fort wollte:** *was not proceeding well, was not working out*   [12] **der ... versuchte:** *(relative clause dependent on* Kopernikus*) who tried, experimented*   [13] **seitherigen:** bisherigen, früheren

wir nichts wissen. Ideen wie Gott, Freiheit und Unsterblichkeit sind keine Gegenstände unserer Erkenntnis, sie können wissenschaftlich weder bewiesen noch widerlegt werden. Doch sind sie deshalb nicht einfach Wahngebilde.[14] Sie sind, nach Kant, *Postulate*, das heißt, – notwendige – *Forderungen* unseres Geistes, Richtlinien für den handelnden Menschen. Diesen Gedanken hat Kant in der *Kritik der praktischen Vernunft* (1788), die 5 er auf die Kritik der reinen, das heißt, theoretischen Vernunft folgen ließ, entwickelt. In ihr begründete er seine Ethik.

Aus BEANTWORTUNG DER FRAGE: WAS IST AUFKLÄRUNG? (1783)

Aufklärung ist der Ausgang des Menschen aus seiner selbstverschuldeten Unmündigkeit.[15] *Unmündigkeit* ist das Unvermögen, sich seines Verstandes ohne Leitung eines anderen zu bedienen. *Selbstverschuldet* ist diese Unmündigkeit, wenn die 10 Ursache derselben nicht am Mangel des Verstandes, sondern der Entschließung und des Mutes liegt, sich seiner ohne Leitung eines andern zu bedienen. *Sapere aude!*[16] Habe Mut, dich deines *eigenen* Verstandes zu bedienen! ist also der Wahlspruch der Aufklärung ...

---

[14]**Wahngebilde:** falsche Vorstellungen; *phantoms* [15]selbstverschuldeten Unmündigkeit: *self-incurred immaturity* (unmündig: *being under age*) [16]Sapere aude: (*Lat.*) *dare to know*

GOTTHOLD EPHRAIM LESSING (1729 - 1781)

Als Lessing geboren wurde (1729), war von lebendiger Literatur, von einem bedeutsamen geistigen und kulturellen Leben in Deutschland kaum die Rede. Rund fünfzig Jahre später, als Lessing starb, *hatte* Deutschland eine Literatur. Dies war nicht zuletzt[1] Lessings Verdienst. Drei seiner Theaterstücke, *Minna von Barnhelm* (1767), *Emilia Galotti* (1772),
5   *Nathan der Weise* (1779), werden noch heute gespielt; er ist der erste deutsche Dramatiker, dessen Werke auf der Bühne lebendig geblieben sind. Lessing selbst betrachtete sich vor allem als Kritiker und schrieb seine Dramen eher mit leichter Hand, als Beispiele, um zu zeigen, wie gute Theaterstücke beschaffen sein müßten. Doch bedeuten uns heute die Beispiele mehr als die Theorien, die sie verdeutlichen. Auch darf
10 man im Falle Lessings den Begriff des Kritikers nicht zu eng fassen. Sein kritisches Interesse war keineswegs nur auf Literatur und Kunst gerichtet; vielleicht tiefer noch als in die literarischen Kämpfe seiner Zeit war er in ihre theologischen Kontroversen verwickelt. Dabei ging es für ihn darum,[2] auch die Kunst und die Literatur aus einem Zustand der „Unmündigkeit" herauszuführen, sie aus der Vorherrschaft von Theologie
15 und Kirche zu befreien, kurz, sie autonom zu machen. In Forderungen dieser Art wußte sich Lessing einig[3] mit den Zielen und Ideen der europäischen Aufklärung, und sucht man Lessings historische Leistung in einem Satz zusammenzufassen, so wird man sagen können: es war zum großen Teil sein Werk, daß Deutschland den geistigen Anschluß an den Westen wiederfand. Verglichen mit England und Frankreich, selbst mit dem kleinen
20 Holland, gingen die Uhren in Deutschland nach. Die Nachwirkungen des Dreißigjährigen Krieges erklären das nur zum Teil; insgesamt, auch politisch und ökonomisch, war Deutschland zurückgeblieben. Politisch ohnmächtig, in zahllose Kleinstaaten zersplittert, nicht selten von absolut regierenden Fürsten rücksichtslos ausgebeutet, fern von den überseeischen Handelswegen, die das Zeitalter der Entdeckungen eröffnet hatte, und
25 somit ausgeschlossen von dem Wohlstand,[4] den der Handel in anderen Ländern mit sich brachte, von der Kirche bevormundet und gegängelt,[5] brachte es das Bürgertum in Deutschland weder zu Macht noch zu Einfluß. Daß sich einzelne seiner Söhne zum mindestens geistig befreiten, dafür ist Lessing ein großes Beispiel.

LESSING ÜBER SICH SELBST

Man weiß gewiß einiges, wenn auch nicht sehr viel, über Lessing, wenn man weiß, daß er
30 in einem deutschen Pfarrhaus geboren wurde, daß er in Leipzig und Wittenberg studierte, sich als Journalist und freier Schriftsteller versuchte, im Siebenjährigen Krieg Sekretär eines preußischen Generals war, in Hamburg sich kurze Zeit mit einem Theaterunter-

---

[1] nicht zuletzt: *not in the least measure; to a significant extent*   [2] ging es für ihn darum: war es für
ihn wichtig   [3] wußte sich ... einig: *knew that he was in harmony (with)*   [4] Wohlstand: Prosperität
[5] bevormundet und gegängelt: dominiert und abhängig erhalten (*kept dependent*)

nehmen[1] verband, und daß er schließlich als Bibliothekar des Herzogs von Braunschweig[2] starb. Man erfährt vielleicht mehr von ihm, wenn man über eine Metapher nachdenkt, die Lessing einmal auf sich geprägt hat.[3] „Ich bin wahrlich nur eine Mühle", hat er in einem literarischen Streit erklärt, um seine Position zu bezeichnen. Es klingt sonderbar; wer wollte sich schon mit einer Mühle vergleichen? Doch wer dann weiterliest: „Da stehe ich 5 auf meinem Platz . . . allein", und wer nur einigermaßen Lessings Leben kennt, empfindet plötzlich, daß Lessing hier in der Tat ein gültiges Gleichnis seiner Existenz gefunden hat. Unabhängig, auf sich selbst gestellt, zu keiner Gruppe gehörend und doch von den großen Strömungen getrieben, die die Zeit bewegen, spricht hier ein einzelner. Es ist ein einzelner, der entschlossen ist, nützliche Arbeit zu leisten, der sein Leben für den Dienst 10 an der Wahrheit bestimmt hat, und der den Mut hat, sich seines Verstandes zu bedienen.

Ich bin wahrlich nur eine Mühle und kein Riese. Da stehe ich auf meinem Platze, ganz außer dem Dorfe, auf einem Sandhügel allein, und komme zu niemand und helfe niemand und lasse mir von niemand helfen. Wenn ich meinen Steinen[4] etwas aufzuschütten habe, so mahle ich es ab,[5] es mag sein, mit welchem Winde es 15 will. Alle zweiunddreißig Winde sind meine Freunde. Von der ganzen weiten Atmosphäre verlange ich nicht einen Fingerbreit mehr, als gerade meine Flügel[6] zu ihrem Umlaufe brauchen. Nur diesen Umlauf lasse man ihnen frei. Mücken können dazwischen hinschwärmen, aber mutwillige Buben müssen nicht alle Augenblicke sich darunter durchjagen wollen, noch weniger muß sie[7] eine Hand hemmen wollen, die 20 nicht stärker ist als der Wind, der mich umtreibt. Wen meine Flügel mit in die Luft schleudern, der hat es sich selbst zuzuschreiben;[8] auch kann ich ihn nicht sanfter niedersetzen als er fällt.

(55. Brief antiquarischen Inhalts)

Der aus Büchern erworbene Reichtum fremder Erfahrung[9] heißt Gelehrsam- 25 keit. Eigene Erfahrung ist Weisheit. Das kleinste Kapital von dieser ist mehr wert als Millionen von jener.

(Selbstbetrachtungen)

Ich kenne keinen blendenden Stil, der seinen Glanz nicht von der Wahrheit entlehnt hat. 30

(Zweiter Anti-Goeze)[10]

---

[1] **Theaterunternehmen:** *theatrical enterprise* [2] **Braunschweig:** eine Stadt (damals auch ein Land) im Nordwesten Deutschlands [3] **auf sich geprägt hat:** über sich selbst formulierte [4] **Steinen:** Mühlsteinen; *millstones* [5] **mahle . . . ab:** zermahle; *grind up* [6] **Flügel:** *vanes (of the windmill)* [7] **sie:** die Flügel [8] **hat es sich selbst zuzuschreiben:** ist selber schuld; *has himself to blame* [9] **Der aus Büchern erworbene Reichtum fremder Erfahrung:** Der Reichtum fremder Erfahrung, den man aus Büchern gewonnen hat [10] **Anti-Goeze:** siehe S. 96, Z. 7 - 11

Nicht die Wahrheit, in deren Besitz irgend ein Mensch ist oder zu sein vermeint, sondern die aufrichtige Mühe, die er angewandt hat, hinter die Wahrheit zu kommen, macht den Wert des Menschen. Denn nicht durch den Besitz, sondern durch die Nachforschung der Wahrheit erweitern sich seine Kräfte, worin allein
5   seine immer wachsende Vollkommenheit besteht. Der Besitz macht ruhig, träge, stolz. — Wenn Gott in seiner Rechten[11] alle Wahrheit und in seiner Linken den einzigen, immer regen Trieb nach Wahrheit, obschon mit dem Zusatze, mich immer und ewig zu irren, verschlossen hielte, und spräche zu mir: „Wähle!" ich fiele ihm mit Demut in[12] seine Linke und sagte: „Vater gib! die reine Wahrheit ist ja doch
10 nur für dich allein!"

(Eine Duplik)[13]

Aus NATHAN DER WEISE (1779)

Sich in Dingen der Religion seines Verstandes zu bedienen, war im Deutschland des achtzehnten Jahrhunderts keine Sache, die sich von selbst verstand. Es gab eine Zensur, und sie wurde ausgeübt. Als Kant sein Buch über *Die Religion innerhalb der Grenzen der bloßen Vernunft* veröffentlichte, erregte er damit das Mißfallen des preußischen Königs.
15 Vom Minister des Königs verwarnt, daß Kant eine feierliche Erklärung ab, daß er sich „künftig als Ew. Königlichen Majestät[14] getreuester Untertan aller öffentlichen Vorträge ... sowohl in Schriften als in Vorlesungen gänzlich enthalten wolle". Als der Herzog von Braunschweig es Lessing verbot, seine theologischen Streitschriften gegen den Hamburger Pastor Goeze fortzusetzen, erklärte Lessing, er wolle versuchen, ob man ihn auf seiner
20 alten Kanzel, auf dem Theater wenigstens, noch ungestört wolle predigen lassen, und schrieb sein dramatisches Gedicht *Nathan der Weise*.
Lessing war kein Atheist. Die Religionen der Welt waren für ihn weder Mythen noch Märchen; sie alle enthalten einen Kern derselben Wahrheit, aber gerade deshalb ist auch keine der anderen überlegen. Um diese Einsicht zu demonstrieren, wählte Lessing eine
25 Zeit und einen Schauplatz, auf dem er wenigstens drei der großen Religionen miteinander konfrontieren konnte, und ließ sein Drama im Zeitalter der Kreuzzüge in Jerusalem spielen, wo er Vertreter des Christentums, des Judentums und des Islam einander begegnen lassen konnte. Den Kern seiner Fabel entnahm er einer Geschichte des Boccaccio,[15] die freilich bis tief ins Mittelalter zurückreicht. In Jerusalem herrscht der
30 Sultan Saladin, der, in Geldnot geraten, den reichen Juden Nathan vor sich rufen läßt, in der Absicht, ihm sein Geld abzunehmen. Da er nicht einfach Gewalt gebrauchen will, beschließt er, Nathan eine Falle zu stellen. Er fragt ihn, welche von allen Religionen er für die wahre halte. Es ist eine Fangfrage;[16] wie immer auch der Jude antwortet, er wird dem mächtigen Mohammedaner den Anlaß liefern, ihm eine Geldbuße aufzuerlegen. Nathan

---

[11]Rechten: rechten Hand   [12]fiele ... in: *would seize*   [13]Duplik: *rejoinder*   [14]Ew. Königlichen Majestät: Eurer Königlichen Majestät (Genitiv)   [15]Boccaccio: Giovanni Boccaccio (1313 - 1375), italienischer Dichter des *Decamerone*   [16]Fangfrage: *loaded question*

erkennt die Gefahr; er weicht ihr aus, indem er den Sultan bittet, ihm eine Geschichte erzählen zu dürfen. Es ist die Parabel von den drei Ringen. Sie ist berühmt geworden als eine dichterische Verherrlichung der Toleranz. Aber sie ist zugleich eine eminent dramatische Szene, in der zwei Männer miteinander kämpfen in einem Kampf, der zuletzt zu einem Bündnis führt. Von Saladins erstem Wort: ,,Tritt näher, Jude", bis zu seinem 5 letzten: ,,Nathan, sei mein Freund!" läuft eine innere Bewegung, in der Kälte und Distanz sich in Respekt und Bewunderung und zuletzt in Freundschaft verwandeln.

Was Lessing sich erhofft hatte, trat ein: das Stück wurde ungehindert gespielt. Verboten wurde es erst 150 Jahre später, als Hitler in Deutschland zur Macht kam. Im Jahre 1945 aber, als Berlin in Schutt und Asche lag, war Lessings Nathan das erste Stück, 10 mit dem das Berliner Theater wieder eröffnet wurde.

DRITTER AUFZUG   Siebenter Auftritt

NATHAN Vor grauen[17] Jahren lebt' ein Mann in[18] Osten,
    der einen Ring von unschätzbarem Wert
    aus lieber Hand besaß. Der Stein war ein
    Opal, der hundert schöne Farben spielte,[19]   15
    und hatte die geheime Kraft, vor Gott
    und Menschen angenehm zu machen, wer[20]
    in dieser Zuversicht ihn trug. Was Wunder,[21]
    daß ihn der Mann in Osten darum nie
    vom Finger ließ; und die Verfügung traf,[22]   20
    auf ewig ihn bei seinem Hause zu
    erhalten? Nämlich so. Er ließ den Ring
    von seinen Söhnen dem geliebtesten;[23]
    und setzte fest, daß dieser wiederum
    den Ring von seinen Söhnen dem vermache,   25
    der ihm der liebste sei; und stets der liebste,
    ohn' Ansehn[24] der Geburt, in Kraft[25] allein
    des Rings, das Haupt, der Fürst des Hauses werde. –
    Versteh mich, Sultan.

SALADIN   Ich versteh' dich. Weiter!   30

NATHAN So kam nun dieser Ring, von Sohn zu Sohn,
    auf einen Vater endlich von drei Söhnen;
    die alle drei ihm gleich gehorsam waren,
    die alle drei er folglich gleich zu lieben

---

[17]**grauen:** vielen [18]**in:** im [19]**hundert schöne Farben spielte:** in hundert schönen Farben spielte (*sparkled with . . .*) [20]**vor Gott und Menschen angenehm zu machen, wer . . .:** denjenigen vor Gott und Menschen angenehm zu machen, der . . . [21]**was Wunder:** kein Wunder [22]**die Verfügung traf:** *made arrangements* [23]**Er ließ den Ring von seinen Söhnen dem geliebtesten:** Er ließ den Ring dem geliebtesten von seinen Söhnen (geben) [24]**ohn' Ansehn:** *without respect to* [25]**in Kraft:** kraft; *by virtue of*

sich nicht entbrechen[26] konnte. Nur von Zeit
zu Zeit schien ihm bald der, bald dieser, bald
der Dritte, — so wie jeder sich mit ihm
allein befand, und sein ergießend Herz
5   die andern zwei nicht teilten, — würdiger
des Ringes; den er denn auch einem jeden
die fromme Schwachheit hatte, zu versprechen.[27]
Das ging nun so, solang es ging. — Allein[28]
es kam zum Sterben, und der gute Vater
10   kommt[29] in Verlegenheit. Es schmerzt ihn, zwei
von seinen Söhnen, die sich auf sein Wort
verlassen, so zu kränken. — Was zu tun? —
Er sendet in geheim[30] zu einem Künstler,
bei dem er, nach dem Muster seines Ringes,
15   zwei andere bestellt, und weder Kosten
noch Mühe sparen heißt, sie jenem[31] gleich,
vollkommen gleich zu machen. Das gelingt
dem Künstler. Da er ihm die Ringe bringt,
kann selbst der Vater seinen Musterring
20   nicht unterscheiden. Froh und freudig ruft
er seine Söhne, jeden insbesondre;[32]
gibt jedem insbesondre seinen Segen, —
und seinen Ring, — und stirbt. — Du hörst doch, Sultan?

SALADIN *(der sich betroffen von ihm gewandt)*
25   Ich hör', ich höre! — Komm mit deinem Märchen
nur bald zu Ende. — Wird's?[33]

NATHAN   Ich bin zu Ende.
Denn was noch folgt, versteht sich ja von selbst. —
Kaum war der Vater tot, so kommt ein jeder
30   mit seinem Ring, und jeder will der Fürst
des Hauses sein. Man untersucht, man zankt,
man klagt. Umsonst; der rechte Ring war nicht
erweislich; —

(nach einer Pause, in welcher er des Sultans Antwort
35   *erwartet)*
         Fast so unerweislich, als
uns jetzt — der rechte Glaube.

SALADIN   Wie! das soll
die Antwort sein auf meine Frage? . . .

---

[26] sich . . . entbrechen: sich enthalten; *refrain from*   [27] den er denn auch einem jeden die fromme
Schwachheit hatte, zu versprechen: er hatte die fromme Schwachheit, jedem Sohn den Ring zu
versprechen.   [28] allein: aber   [29] kommt: *(note change in tense)*   [30] in geheim: insgeheim; *secretly*
[31] jenem: seinen Musterring   [32] jeden insbesondre: *each in particular*   [33] Wird's?: *Will you?*

NATHAN   Soll
  mich bloß entschuldigen, wenn ich die Ringe
  mir nicht getrau' zu unterscheiden, die
  der Vater in der Absicht machen ließ,
  damit sie nicht zu unterscheiden wären.   5

SALADIN Die Ringe! – Spiele nicht mit mir! – Ich dächte,
  daß die Religionen, die ich dir
  genannt, doch wohl zu unterscheiden wären.
  Bis auf[34] die Kleidung, bis auf Speis' und Trank!

NATHAN Und nur von Seiten ihrer Gründe[35] nicht.   10
  Denn gründen alle sich nicht auf Geschichte?
  Geschrieben oder überliefert! – Und
  Geschichte muß doch wohl allein auf Treu
  und Glauben angenommen werden? – Nicht? –
  Nun, wessen Treu und Glauben zieht man denn 15
  am wenigsten in Zweifel? Doch der Seinen?
  Doch deren Blut wir sind?[36] doch deren, die
  von Kindheit an uns Proben ihrer Liebe
  gegeben? die uns nie getäuscht, als wo[37]
  getäuscht zu werden uns heilsamer war? –   20
  Wie kann ich meinen Vätern weniger
  als du den deinen glauben? Oder umgekehrt. –
  Kann ich von dir verlangen, daß du deine
  Vorfahren Lügen strafst,[38] um meinen nicht
  zu widersprechen? Oder umgekehrt.   25
  Das nämliche gilt von den Christen. Nicht? –

SALADIN (Bei dem Lebendigen![39] Der Mann hat recht.
  Ich muß verstummen.)

NATHAN   Laß auf unsre Ring'
  uns wieder kommen. Wie gesagt: die Söhne 30
  verklagten sich;[40] und jeder schwur dem Richter,
  unmittelbar aus seines Vaters Hand
  den Ring zu haben. – Wie auch wahr![41] – Nachdem
  er von ihm lange das Versprechen schon
  gehabt, des Ringes Vorrecht einmal zu   35
  genießen. – Wie nicht minder wahr! – Der Vater,
  beteu'rte jeder, könne gegen ihn
  nicht falsch gewesen sein, und eh' er dieses
  von ihm, von einem solchen lieben Vater,

---

[34] bis auf: *even including* [35] von Seiten ihrer Gründe: *on the basis of their source* [36] Doch der
Seinen? Doch deren Blut wir sind?: Doch die Treue und den Glauben seines eigenen Geschlechts?
[37] als wo: außer wenn [38] deine Vorfahren Lügen strafst: *give your forefathers the lie* [39] Bei dem
Lebendigen!: Bei (dem lebendigen) Gott! [40] verklagten sich: verklagten einander; *sued each other*
[41] Wie auch wahr!: Was auch richtig war; was auch die Wahrheit war

argwohnen lass': eh' müss' er seine Brüder,
so gern er sonst von ihnen nur das Beste
bereit zu glauben sei, des falschen Spiels
bezeihen;[42] und er wolle[43] die Verräter
5 schon auszufinden wissen; sich schon rächen.

SALADIN Und nun, der Richter? — Mich verlangt zu hören
was du den Richter sagen lässest. Sprich!

NATHAN Der Richter sprach: Wenn ihr mir nun den Vater
nicht bald zur Stelle schafft, so weis' ich euch
10 von meinem Stuhle.[44] Denkt ihr, daß ich Rätsel
zu lösen da bin? Oder harret[45] ihr,
bis daß der rechte Ring den Mund eröffne? —
Doch halt! Ich höre ja, der rechte Ring
besitzt die Wunderkraft beliebt zu machen;
15 vor Gott und Menschen angenehm. Das muß
entscheiden! Denn die falschen Ringe werden
doch das nicht können! — Nun; wen lieben zwei
von euch am meisten? — Macht,[46] sagt an! Ihr schweigt?
Die Ringe wirken nur zurück?[47] und nicht
20 nach außen? Jeder liebt sich selber nur
am meisten? — O, so seid ihr alle drei
betrogene Betrüger! Eure Ringe
sind alle drei nicht echt. Der echte Ring
vermutlich ging verloren. Den Verlust
25 zu bergen,[48] zu ersetzen, ließ der Vater
die drei für einen machen.

SALADIN   Herrlich! herrlich!

NATHAN Und also; fuhr der Richter fort, wenn ihr
nicht meinen Rat, statt meines Spruches[49] wollt:
30 geht nur! — Mein Rat ist aber der: ihr nehmt
die Sache völlig wie sie liegt. Hat von
euch jeder seinen Ring von seinem Vater:
so glaube jeder sicher seinen Ring
den echten. — Möglich, daß der Vater nun
35 die Tyrannei des *einen* Rings nicht länger
in seinem Hause dulden wollen![50] — Und gewiß;
daß er euch alle drei geliebt, und gleich
geliebt: indem er zwei nicht drücken[51] mögen,

---

[42] des falschen Spiels bezeihen: des Betruges beschuldigen; *accuse of cheating* [43] wolle: würde
[44] so weis' ich euch von meinem Stuhle: *I shall dismiss you from (my) court* [45] harret: wartet
[46] Macht: *go ahead* [47] Die Ringe wirken nur zurück?: Bewirken die Ringe, daß ihre Besitzer nur sich selbst lieben und nicht die andern? [48] bergen: verbergen; *conceal* [49] Spruch: *judgment, sentence* [50] in seinem Hause dulden wollen: in seinem Hause hat dulden wollen [51] drücken: unterdrücken, benachteiligen; *suppress, discriminate against*

um einen zu begünstigen. — Wohlan!
Es eifre jeder seiner unbestochnen
von Vorurteilen freien Liebe nach.[52]
Es strebe von euch jeder um die Wette,[53]
die Kraft des Steins in seinem Ring an Tag   5
zu legen![54] komme dieser Kraft mit Sanftmut,
mit herzlicher Verträglichkeit, mit Wohltun,
mit innigster Ergebenheit in Gott
zu Hilf'![55] Und wenn sich dann der Steine Kräfte
bei euren Kindes-Kindeskindern äußern: 10
so lad' ich über tausend tausend Jahre
sie wiederum vor diesen Stuhl. Da wird
ein weisrer Mann auf diesem Stuhle sitzen
als ich; und sprechen. Geht! — So sagte der
bescheidne[56] Richter.   15

SALADIN   Gott! Gott!

NATHAN   Saladin,
wenn du dich fühlest, dieser weisere
versprochne Mann zu sein . . .

SALADIN *(der auf ihn zustürzt und seine Hand ergreift, die*   20
er bis zu Ende nicht wieder fahren läßt)
                    Ich Staub? Ich Nichts?
O Gott!

NATHAN Was ist dir, Sultan?

SALADIN   Nathan, lieber Nathan! —   25
Die tausend tausend Jahre deines Richters
sind noch nicht um.[57] — Sein Richterstuhl ist nicht
der meine. — Geh! — Geh! — Aber sei mein Freund.

---

[52]**Es eifre jeder seiner unbestochnen von Vorurteilen freien Liebe nach:** jeder soll danach streben,
seiner unverdorbenen, vorurteilslosen Liebe gemäß zu handeln.   [53]**es strebe von euch jeder um die
Wette:** *let each of you compete in*   [54]**an Tag zu legen:** an den Tag zu legen; *to bring to light*
[55]**'komme dieser Kraft . . . zu Hilf':** jeder soll dieser Kraft zu Hilfe kommen; *let each of you aid this
power (with)*   [56]**bescheidne:** *modest (here with a possible connotation of* verständig, klug*)*   [57]**um:**
vorbei, vorüber

GEORG CHRISTOPH LICHTENBERG (1742 - 1799)

Lichtenberg lebte als Professor der Physik in Göttingen.[1] Er hat weder Romane noch
Dramen oder Gedichte geschrieben. Alles, was er veröffentlichte, waren Aufsätze in
Zeitschriften und Kalendern.[2] Berühmt gemacht hat ihn, was er zu Lebzeiten nicht
veröffentlichte: seine Tagebücher. Es sind unsystematische, aphoristische Notizen über
5   ihn selbst und die Menschen und Zustände, unter denen er lebte. Vielleicht niemand
sonst im Deutschland des achtzehnten Jahrhunderts hat so wenig Illusionen gehabt wie
Lichtenberg. ,,Zweifle an allem wenigstens einmal und wäre es auch der Satz 2 mal 2 ist
4“, erklärte er. Er war ein schonungsloser Analytiker seines Ichs; tief eindringend in das
Unbewußte und die Welt der Träume hat er in manchem die Psychoanalyse vorweggenom-
10   men. Seine Umwelt beobachtete er mit Schärfe, die durch Witz und Ironie gemildert war.
Goethe hat von Lichtenberg gesagt: ,,Wo er einen Spaß macht, liegt ein Problem
verborgen.“

APHORISMEN

Gott schuf den Menschen nach seinem Bilde, das heißt vermutlich, der Mensch
schuf Gott nach dem seinigen.

15   Schon vor vielen Jahren habe ich gedacht, daß unsere Welt das Werk eines
untergeordneten Wesens sein könne, und noch kann ich von dem Gedanken nicht
zurückkommen. Es ist eine Torheit, zu glauben, es wäre keine Welt möglich, worin
keine Krankheit, kein Schmerz und kein Tod wäre: denkt man sich ja doch den
Himmel so. Von Prüfungszeit,[3] von allmählicher Ausbildung zu reden, heißt sehr
20   menschlich von Gott denken und ist bloßes Geschwätz. Warum sollte es nicht Stufen
von Geistern bis zu Gott hinauf geben und unsere Welt das Werk von einem sein
können, der die Sache noch nicht recht verstand, ein Versuch? Ich meine, unser
Sonnensystem oder unser ganzer Nebelstern,[4] der mit der Milchstraße aufhört.
Vielleicht sind die Nebelsterne, die Herschel[5] gesehen hat, nichts als eingelieferte
25   Probestücke[6] oder solche, an denen noch gearbeitet wird. Wenn ich Krieg, Hunger,
Armut und Pestilenz betrachte, so kann ich unmöglich glauben, daß alles das Werk
eines höchst weisen Wesens sei, oder es muß einen von ihm unabhängigen Stoff[7]

---

[1] **Göttingen:** Universitätsstadt in Niedersachsen   [2] **Kalender:** ein Almanach, der literarische Beiträge
enthielt, wie auch Auskunft über die Jahreszeiten, das Wetter, usw.   [3] **Prüfungszeit:** *time of sore trial*
(on earth)   [4] **Nebelstern:** *nebula*   [5] **Herschel:** Friedrich Wilhelm Herschel (1738 - 1822), Gründer
der modernen Astronomie   [6] **eingelieferte Probestücke:** *samples which have been turned in*   [7] **einen**
von ihm unabhängigen Stoff: *matter independent of this most wise being*

gefunden haben, von welchem es einigermaßen beschränkt wurde, so daß dieses nur *respektive*[8] die beste Welt wäre, wie auch schon häufig gelehrt worden ist.

Ist denn wohl unser Begriff von Gott etwas anderes als personifizierte Unbegreiflichkeit?

Die gemeinsten Meinungen, und was jedermann für ausgemacht hält, verdient 5 oft am meisten untersucht zu werden.

Es ist eine goldene Regel, daß man die Menschen nicht nach ihren Meinungen beurteilen müsse, sondern nach dem, was diese Meinungen aus ihnen machten.

Ehe man tadelt, sollte man immer erst versuchen, ob man nicht entschuldigen kann. 10

Aus den Träumen der Menschen, wenn sie dieselben genau erzählten, ließe sich vielleicht vieles auf ihren Charakter schließen. Es gehörte aber dazu nicht etwa einer, sondern eine ziemliche Menge von Träumen.

Wenn die Menschen sagen, sie wollen nichts geschenkt haben, so ist es gewöhnlich ein Zeichen, daß sie etwas geschenkt haben wollen. 15

Man muß keinem Menschen trauen, der bei seinen Versicherungen die Hand auf das Herz legt.

Über nichts wird flüchtiger geurteilt, als über die Charaktere der Menschen, und doch sollte man in nichts behutsamer sein. Bei keiner Sache wartet man weniger das Ganze ab,[9] das doch eigentlich den Charakter ausmacht, als hier. Ich 20 habe immer gefunden, die so genannten schlechten Leute gewinnen, wenn man sie genauer kennen lernt, und die guten verlieren.

Wird man wohl vor Scham rot im Dunkeln? Daß man vor Schrecken im Dunkeln bleich wird, glaube ich, aber das erstere nicht. Denn bleich wird man seiner

---

[8] *respektive: respectively; in a relative sense*   [9] *wartet ... weniger das Ganze ab: waits less for the totality to appear*

selbst, rot seiner selbst und anderer wegen. Die Frage, ob Frauenzimmer im Dunkeln rot werden, ist eine sehr schwere Frage, wenigstens eine, die sich nicht bei Licht ausmachen läßt.

Einer der größten und zugleich gemeinsten Fehler der Menschen ist, daß sie
5 glauben, andere Menschen kennten ihre Schwächen nicht, weil sie nicht davon plaudern hören, oder nichts davon gedruckt lesen. Ich glaube aber, daß die meisten Menschen besser von andern gekannt werden, als sie sich selbst kennen.

Ich habe durch mein ganzes Leben gefunden, daß sich der Charakter eines Menschen aus nichts so sicher erkennen läßt, wenn alle Mittel fehlen, als aus einem
10 Scherz, den er übel nimmt.

Ist es nicht sonderbar, daß die Menschen so gern für die Religion fechten, und so ungern nach ihren Vorschriften leben?

Es ist eine alte Regel: ein Unverschämter kann bescheiden aussehen, wenn er will, aber kein Bescheidener unverschämt.

15 Es kommt nicht darauf an, ob die Sonne in eines Monarchen Staaten nicht untergeht, wie sich Spanien ehedem[10] rühmte; sondern was sie während ihres Laufes in diesen Staaten zu sehen bekommt.

Mir ist ein Kleintuer[11] weit unausstehlicher, als ein Großtuer.[12] Denn einmal verstehen so wenige das Kleintun, weil es eine Kunst ist, da[13] Großtun aus der
20 Natur entspringt; und dann läßt der Großtuer jedem seinen Wert, der Kleintuer verachtet offenbar den, gegen welchen er es ist. Ich habe einige gekannt, die von ihrem geringen Verdienst mit so viel pietistischer[14] Dünnigkeit[15] zu sprechen wußten, als wenn sie fürchteten, man möchte schmelzen, wenn sie sich in ihrem ganzen Lichte zeigten.

25 Ängstlich zu sinnen und zu denken, was man hätte tun können, ist das Übelste, was man tun *kann*.

---

[10]ehedem: ehemals, früher   [11]Kleintuer: *one who belittles himself*   [12]Großtuer: *boaster*   [13]da: während; *whereas*   [14]pietistisch: Der Pietismus war eine gefühlsbetonte protestantische Religionsbewegung des 18. Jahrhunderts. Hier bedeutet das Wort "fromm"; *pious*.   [15]Dünnigkeit: Dünnheit; *"thinness," bloodlessness; exaggerated modesty*

Die Leute, die niemals Zeit haben, tun am wenigsten.

Eine Regel beim Lesen ist: die Absicht des Verfassers und den Hauptgedan-
ken sich[16] auf wenig Worte zu bringen[17] und sich unter dieser Gestalt zu eigen zu
machen. Wer so liest, ist beschäftigt und gewinnt. Es gibt eine Art von Lektüre,
wobei der Geist gar nichts gewinnt und viel mehr verliert: es ist das Lesen ohne 5
Vergleichung mit seinem eigenen Vorrat und ohne Vereinigung mit seinem
Meinungssystem.[18]

Wenn ein Buch und ein Kopf zusammenstoßen, und es klingt hohl, ist das
allemal im Buch?

---

[16] sich: *for oneself*   [17] zu bringen: *to reduce*   [18] Meinungssystem: *way of thinking, personal philosophy*

VIII. POLITISCHE UND SOZIALE PERSPEKTIVEN

Das Recht auf Selbstbestimmung, von dem wir bei Betrachtung der Reformation gesprochen haben, war eine Idee, die in der Folge nicht mehr zur Ruhe kam. Sie hat viele Aspekte. Nicht nur *glauben* wollte der einzelne, was er für recht hielt, er wollte auch *leben*, wie er es für recht hielt. Ökonomische, politische, nationale Revolutionen begründeten sich auf eine Ideologie, die für den einzelnen wie für ganze Stände, Klassen 5 und Völker das Recht verlangte, ihr Leben in Freiheit nach eigener Überzeugung zu bestimmen. Schon der Aufstand der protestantischen Niederländer gegen das katholische Spanien im sechzehnten Jahrhundert war ein religiöser und nationaler Befreiungskampf gewesen. Die zwei großen politischen Ereignisse des achtzehnten Jahrhunderts sind die Revolution der amerikanischen Kolonien gegen England und die französische Revolution, 10 in der eine neue Klasse, das Bürgertum, sich die Macht eroberte.

Vor allem die Ereignisse der französischen Revolution wurden in Deutschland von vielen mit Spannung verfolgt. Doch waren, aus vielen Gründen, die sozialen Umstände in Deutschland für eine Revolution nicht reif. So blieb es bei literarischen Manifesten einzelner.[1] Literaten, Journalisten, Dichter, die keine Macht und keine Chance hatten, die 15 Zustände zu verändern, schrieben sich in Gedichten, die keine Folgen hatten, ihren „Tyrannenhaß" vom Herzen.[2] Die Anklage gegen seinen Fürsten, die Gottfried August Bürger einem Bauern in den Mund legt, ist ein Beispiel einer solchen politisch motivierten Dichtung. Bezeichnend ist die Wendung gegen Luthers Lehre von der „Obrigkeit" als einer von Gott eingesetzten Institution; zum mindesten *ein* Grund für die Stabilität der 20 politischen Zustände lag wohl in der Pflicht zum Gehorsam, die man allgemein aus Luthers Lehre ableitete.

Schubarts *Fürstengruft*[3] ist im Gefängnis geschrieben, auf der Festung Hohenasperg, nicht weit von Stuttgart. Dort saß[4] Schubart zehn Jahre, auf Befehl des Herzogs Karl Eugen von Württemberg, zur Strafe für Angriffe, die Schubart in seiner Zeitschrift 25 *Deutsche Chronik* gegen den Herzog gerichtet hatte. Daß das Gedicht eine Wunschbefriedigung[5] ist, ist offensichtlich; die Ohnmacht des Gefangenen nimmt in Gedanken

---

[1] einzelner: einzelner Schriftsteller   [2] schrieben sich in Gedichten ... ihren „Tyrannenhaß" vom Herzen: *worked off their hatred of tyrants by writing poems*   [3] Fürstengruft: *"Tomb of Princes"*   [4] saß: saß in Haft; *was imprisoned*   [5] Wunschbefriedigung: *wish fulfillment*

Rache an dem, der ihm sein Leben zerstört hat: auch der Mächtige muß sterben. Doch schlimmer als Vernichtung ist das Gericht, das dem Tyrannen droht. Mit einer wilden rhetorischen Gewalt verbinden sich in Schubarts Gedicht religiöse Wucht und revolutionäre Leidenschaft.

5   Nach zehn Jahren, als der Herzog glaubte, daß Schubart sich „gebessert" habe, begnadigte er ihn und machte ihn zum Theater- und Musikdirektor an seinem Hof in Stuttgart. Wie ein zorniger Vater hatte er seinen Untertan bestraft; als ein gnädiger Vater versprach er ihm nun, „väterlich" für ihn zu sorgen. Auch das gehört zum Bild, wie damals in Deutschland regiert wurde.

GOTTFRIED AUGUST BÜRGER (1747 - 1794)

DER BAUER (1776)

AN SEINEN DURCHLAUCHTIGEN TYRANNEN[1]

Wer bist du, Fürst, daß ohne Scheu
zerrollen mich dein Wagenrad,
zerschlagen darf[2] dein Roß?

Wer bist du, Fürst, daß in mein Fleisch[3]
dein Freund, dein Jagdhund, ungebläut[4]   5
darf Klau' und Rachen hau'n?

Wer bist du, daß durch Saat und Forst
das Hurra deiner Jagd mich treibt,
entatmet,[5] wie das Wild? —

Die Saat, die deine Jagd zertritt,   10
was Roß und Hund und du verschlingst,
das Brot, du Fürst, ist mein.

Du Fürst hast nicht bei Egg' und Pflug,
hast nicht den Erntetag durchschwitzt,
mein, mein ist Fleiß und Brot! —   15

Ha! Du wärst Obrigkeit von Gott?
Gott spendet Segen aus;[6] du raubst!
Du nicht von Gott, Tyrann!

---

[1] **An seinen durchlauchtigen Tyrannen:** *To His Serene Highness, the Tyrant*   [2] **zerrollen mich . . .
darf:** mich zerrollen darf; *may run over me*   [3] **Fleisch:** *flesh*   [4] **ungebläut:** unbestraft; *unpunished*
[5] **entatmet:** außer Atem; *out of breath*   [6] **spendet . . . aus:** erteilt; *gives*

CHRISTIAN FRIEDRICH DANIEL SCHUBART (1739 - 1791)

DIE FÜRSTENGRUFT (1781)

Da liegen sie, die stolzen Fürstentrümmer,[1]
　　ehmals die Götzen ihrer Welt!
Da liegen sie, vom fürchterlichen Schimmer
　　des blassen Tags erhellt!

5　Die alten Särge leuchten in der dunkeln
　　Verwesungsgruft,[2] wie faules Holz;
Wie matt die großen Silberschilde[3] funkeln,
　　der Fürsten letzter Stolz!

Da liegen Schädel mit verloschnen Blicken,
10　die ehmals hoch herabgedroht,[4]
der Menschheit Schrecken! — denn an ihrem Nicken
　　hing Leben oder Tod.

Nun ist die Hand herabgefault[5] zum Knochen,
　　die oft mit kaltem Federzug
15　den Weisen, der am Thron zu laut gesprochen,
　　in harte Fesseln schlug.

Sie liegen nun, den eisern' Schlaf zu schlafen,
　　die Menschengeßeln, unbetrau'rt,[6]
im Felsengrab,[7] verächtlicher als Sklaven,
20　in Kerker eingemau'rt.

Sie, die im eh'rnen[8] Busen niemals fühlten
　　die Schrecken der Religion,
und gottgeschaffne, bessre Menschen hielten
　　für Vieh, bestimmt zur Fron;[9]

---

[1] **Fürstentrümmer:** *remains of princes*　[2] **Verwesungsgruft:** *tomb of decay*　[3] **Silberschilde:** *silver coats of arms*　[4] **hoch herabgedroht:** von oben herab gedroht haben; *threatened from their elevated position in society*　[5] **herabgefault:** verfault; *rotted*　[6] **die Menschengeißeln, unbetrau'rt:** *the scourges of humanity, unmourned*　[7] **Sie liegen nun . . . im Felsengrab:** (*main clause*); Felsengrab: *grave of rock*　[8] **eh'rnen:** eisernen, harten　[9] **bestimmt zur Fron:** (Fron = Frondienst) *intended for slave labor*

Die Hunde nur und Pferd' und fremde Dirnen
    mit Gnade lohnten, und Genie
und Weisheit darben ließen; denn das Zürnen
    der Geister schreckte sie:

Die liegen nun in dieser Schauergrotte,[10]   5
    mit Staub und Würmern zugedeckt;
So stumm! so ruhmlos![11] – noch von keinem Gotte
    ins Leben aufgeweckt.

Weckt sie nur nicht mit eurem bangen Ächzen,
    ihr Scharen, die sie[12] arm gemacht,   10
verscheucht die Raben, daß von ihrem Krächzen
    kein Wütrich[13] hier erwacht!

Damit die Quäler nicht zu früh erwachen,
    seid menschlicher, erweckt sie nicht.
Ha! früh genug wird über ihnen krachen   15
    der Donner am Gericht,[14]

Wo Todesengel nach Tyrannen greifen,
    wenn sie im Grimm der Richter[15] weckt,
und ihre Gräu'l[16] zu einem Berge häufen,
    der flammend sie bedeckt.   20

(gekürzt)

---

[10]Schauergrotte: *grotto of horror*   [11]ruhmlos: *inglorious*   [12]sie: die Fürsten (Subj.)
[13]Wütrich: Wüterich, Tyrann   [14]am Gericht: am Jüngsten Gericht; *at Judgment Day*   [15]der
Richter: Gott   [16]Gräu'l: Greuel, Schreckenstaten; *atrocities*

JAKOB MICHAEL REINHOLD LENZ (1751 - 1792)

Aus DER HOFMEISTER (1774)

Es war im achtzehnten Jahrhundert üblich, daß adlige oder reiche Familien ihre Kinder nicht in öffentliche Schulen schickten, sondern sie von Hauslehrern, die man damals Hofmeister nannte, unterrichten ließen. Aus dieser Situation ergab sich[1] ein beliebtes, häufig behandeltes Thema: die Geschichte des armen Hauslehrers, der sich in die Tochter
5   einer vornehmen Familie verliebt. Rousseaus[2] *La nouvelle Héloise* (1761) ist das berühmteste Beispiel. Lenz freilich brauchte sich den Stoff seiner Komödie nicht aus der Literatur zu holen; er kannte die Nöte und die gedrückte Stellung eines Hauslehrers aus eigener Erfahrung. Sein *Hofmeister* hat ein doppeltes satirisches Ziel: er richtet sich gegen die Arroganz und Unbildung der oberen Stände und gegen die Bescheidenheit und
10 Unterwürfigkeit des Bürgertums.

In der folgenden Szene unterzieht die Frau des Majors von Berg ihren neuen Hauslehrer einer strengen Prüfung.

ERSTER AUFZUG   Dritter Auftritt

Der Majorin Zimmer

Frau Majorin auf einem Kanapee.[3] *Läuffer in sehr demütiger Stellung neben ihr sitzend.*

15 MAJORIN   Ich habe mit Ihrem Herrn Vater gesprochen, und von den dreihundert Dukaten Gehalt sind wir bis auf hundertundfünfzig einig geworden. Dafür verlang' ich aber auch, Herr — wie heißen Sie? — Herr Läuffer, daß Sie sich in Kleidern sauber halten und unserm Hause keine Schande machen. Ich weiß, daß Sie Geschmack haben;
20   ich habe schon von Ihnen gehört, als Sie noch in Leipzig[4] waren. Sie wissen, daß man heutzutage auf nichts in der Welt so sehr sieht,[5] als ob ein Mensch sich zu führen[6] wisse.

      LÄUFFER   Ich hoff' Euer Gnaden werden mit mir zufrieden sein. Wenigstens hab' ich in Leipzig keinen Ball ausgelassen und wohl über die
25   fünfzehn[7] Tanzmeister in meinem Leben gehabt.

      MAJORIN   So? Lassen Sie doch sehen. (*Läuffer steht auf*) Nicht furchtsam, Herr ... Läuffer! nicht furchtsam! Mein Sohn ist buschscheu[8] genug; wenn der einen blöden[9] Hofmeister bekommt, so ist's aus

---

[1] ergab sich: entstand; *arose*   [2] Rousseau: Jean-Jacques Rousseau (1712 - 1788), französischer Philosoph, Dichter, Erzieher   [3] Kanapee: Sofa   [4] Leipzig: Stadt in Sachsen (Läuffer hat dort studiert)   [5] sieht: Wert legt   [6] führen: gut benehmen   [7] wohl über die fünfzehn: *well over fifteen* [8] buschscheu: *presumably "like a horse which shies away from bushes"*   [9] blöd: schüchtern, zaghaft; *timid*

mit ihm. Versuchen Sie doch einmal, mir ein Kompliment[10] aus dem Menuett zu machen; zur Probe nur, damit ich doch sehe. Nun, nun, das geht schon an![11] Mein Sohn braucht vorderhand keinen Tanzmeister! Auch einen Pas,[12] wenn's Ihnen beliebt.[13] — Es wird schon gehen; das wird sich alles geben,[14] wenn Sie einmal   5
einer unsrer Assembleen[15] werden beigewohnt haben ... Sind Sie musikalisch?

LÄUFFER   Ich spiele die Geige, und das Klavier zur Not.

MAJORIN   Desto besser: ich habe bisher ihnen immer was vorsingen müssen, wenn die guten Kinder Lust bekamen, zu tanzen; aber besser ist   10
besser.[16]

LÄUFFER   Euer Gnaden setzen mich außer mich:[17] wo wär' ein Virtuos auf der Welt, der auf seinem Instrument Eurer Gnaden Stimme zu erreichen hoffen dürfte.

MAJORIN   Ha, ha, ha, Sie haben mich ja noch nicht gehört ... Warten Sie; ist   15
Ihnen das Menuett bekannt? (*Singt*)

LÄUFFER   O ... o ... verzeihen Sie dem Entzücken, dem Enthusiasmus, der mich hinreißt. (*Küßt ihr die Hand*)

MAJORIN   Und ich bin doch enrhümiert[18] dazu; ich muß heut krähen wie ein Rabe. Vous parlez français, sans doute? *   20

LÄUFFER   Un peu, Madame!

MAJORIN   Avez-vous déjà fait votre tour de France?

LÄUFFER   Non, Madame ... Oui, Madame.

MAJORIN   Vous devez donc savoir, qu'en France on ne baise pas les mains, mon cher ...   25

BEDIENTER   (*tritt herein*) Der Graf Wermuth ...
(*Graf Wermuth tritt herein.*)

GRAF   (*nach einigen stummen Komplimenten setzt sich zur Majorin aufs Kanapee. Läuffer bleibt verlegen stehen*) Haben Euer Gnaden den neuen Tanzmeister schon gesehen, der aus Dresden[19] angekom-   30
men? Er ist ein Marchese[20] aus Florenz und heißt ... Aufrichtig: ich habe nur zwei auf meinen Reisen angetroffen, die ihm vorzuziehen waren.

---

[10]Kompliment: Verbeugung; *bow*   [11]das geht schon an: *that's not so bad*   [12]Pas: Tanzschritt; *dance step*   [13]wenn's Ihnen beliebt: *if you please*   [14]das wird sich alles geben: das wird schon besser werden   [15]Assembleen: *parties*   [16]besser ist besser: *it's best to be on the safe side* [17]setzen mich außer mich: *"put me beside myself;" shock me*   [18]enrhümiert: erkältet; *(have a) cold*   [19]Dresden: Stadt an der Elbe in Sachsen   [20]Marchese: *marquis*

*MAJORIN   Sie sprechen gewiß französischü
LÄUFFER   ein wenig, Madame!
MAJORIN   Haben Sie schon Ihre Reise durch Frankreich gemacht?
LÄUFFER   Nein, Madame ... Ja, Madame.
MAJORIN   Dann sollten Sie wissen, daß man in Frankreich nicht die Hand küßt, mein lieber ...

MAJORIN Das gesteh' ich,[21] nur zwei! In der Tat, Sie machen mich neugierig; ich weiß, welchen verzärtelten Geschmack der Graf Wermuth hat.

LÄUFFER Pintinello . . . nicht wahr? Ich hab' ihn in Leipzig auf dem Theater tanzen sehen; er tanzt nicht sonderlich[22] . . .

5 GRAF Er tanzt — on ne peut pas mieux.* — Wie ich Ihnen sage, gnädige Frau, in Petersburg[23] hab' ich einen Beluzzi[24] gesehen, der ihm vorzuziehen war: aber dieser hat eine Leichtigkeit in seinen Füßen, so etwas Freies, göttlich Nachlässiges in seiner Stellung, in seinen Armen, in seinen Wendungen —

10 LÄUFFER Auf dem Kochischen Theater[25] wurde er ausgepfiffen, als er sich das letztemal sehen ließ.

MAJORIN Merk' Er[26] sich, mein Freund, daß Domestiken in Gesellschaften von Standespersonen nicht mitreden! Geh' Er auf sein Zimmer. Wer hat Ihn gefragt?

15 *(Läuffer tritt einige Schritte zurück)*

GRAF Vermutlich der Hofmeister, den Sie dem jungen Herrn bestimmt? . . .

MAJORIN Er kommt ganz frisch von der hohen Schule.[27] — Geh' Er nur! Er hört ja, daß man von ihm spricht; desto weniger schickt es sich,
20 stehenzubleiben. *(Läuffer geht mit einem steifen Kompliment ab)* Es ist was Unerträgliches, daß man für sein Geld keinen rechtschaffenen Menschen mehr antreffen kann. Mein Mann hat wohl dreimal an einen dortigen Professor geschrieben, und dies soll noch der galanteste[28] Mensch auf der ganzen Akademie gewesen sein.
25 Stellen Sie sich vor, von Leipzig bis Insterburg[29] zweihundert Dukaten Reisegeld und jährliches Gehalt fünfhundert Dukaten, ist das nicht schrecklich?

GRAF Ich glaube, sein Vater ist der Prediger hier aus dem Ort . . .

MAJORIN Ich weiß nicht — es kann sein — ich habe nicht danach gefragt, ja
30 doch, ich glaub' es fast; er heißt ja auch Läuffer; nun denn ist er freilich noch artig genug. Denn das ist ein rechter Bär, wenigstens hat er mich ein für allemal[30] aus der Kirche gebrüllt.

GRAF Ist's ein Katholik?

---

[21] das gesteh' ich: *I must say*   [22] nicht sonderlich: nicht besonders gut   [23] Petersburg: Sankt Petersburg, heute Leningrad genannt   [24] Beluzzi: Carlo Beluzzi, ein italienischer Tänzer   [25] dem Kochischen Theater: das von Heinrich Gottfried Koch geleitete Theater in Leipzig   [26] Er: you *(antiquated form of address, used by those of higher social standing when talking to their inferiors. Note that in private, the Majorin had addressed Läuffer with Sie.)*   [27] hohen Schule: Universität   [28] galanteste: höflichste; *most courteous*   [29] Insterburg: Stadt in Ostpreußen; Wohnsitz der Majorin   [30] ein für allemal: *once and for all*
*man kann nicht besser tanzen.

MAJORIN Nein doch, Sie wissen ja, daß in Insterburg keine katholische Kirche
ist; er ist lutherisch, oder protestantisch, wollt' ich sagen; er ist
protestantisch.

GRAF Pintinello tanzt ... Es ist wahr, ich habe mir mein Tanzen einige
dreißigtausend Gulden kosten lassen, aber noch einmal so viel gäb' 5
ich drum, wenn ...

FRIEDRICH SCHILLER (1759 - 1805)

Aus KABALE UND LIEBE (1784)

In tyrannos! Gegen die Tyrannen! stand als Motto auf der ersten Seite von Schillers erstem Drama *Die Räuber* (1781). Das Wort stammte zwar nicht von Schiller, aber es war aus seinem Geist. Schiller hatte *Die Räuber* noch als Student in der Militärakademie des Herzogs von Württemberg[1] geschrieben. Als das Stück aufgeführt wurde, war er
5   Militärarzt in einem Regiment in Stuttgart;[2] kurz darauf floh er aus den Diensten des Herzogs. *Die Räuber* waren ein revolutionäres Stück. Revolutionär war die Empörung junger Studenten gegen die Korruption der bestehenden Gesellschaft, dilettantisch der Versuch des Helden, eine Räuberbande zu gründen, um auf eigene Faust die Schandtaten der Mächtigen zu rächen; notwendig scheitert das Unternehmen. Der Stoß war mit
10 leidenschaftlicher Kraft geführt,[3] aber er ging ins Leere.

     Zwei Jahre später, als Schiller *Kabale und Liebe* schrieb, war er genauer. Er wählte ein Thema, das im achtzehnten Jahrhundert immer wieder behandelt wurde: den „Unterschied der Stände". Ein junger Adliger, Offizier, Sohn des allmächtigen Ministers am Hof eines kleinen Fürstentums, verliebt sich in ein bürgerliches Mädchen. Der Vater
15 hat andere Pläne mit dem Sohn und will ihn zwingen, das Mädchen aufzugeben. Der Sohn weigert sich, aber in dem Spiel der Intrigen, das der Vater in Gang setzt, geht das Paar zuletzt zugrunde. Höfische Kabale triumphiert über bürgerliche Redlichkeit. Das Milieu des Stückes war Schiller aus seinem heimatlichen Stuttgart vertraut; die Mißbräuche, die er angriff, kannte er. Einer der schlimmsten war der Soldatenhandel,[4] den manche deutsche
20 Fürsten, darunter auch der Herzog von Württemberg, trieben. Immer in Geldnot,[5] ließen sie junge Leute zum Militärdienst pressen und verkauften sie an ausländische Regierungen. Die hessischen Regimenter beispielsweise, die in Amerika für England kämpften, stammten aus solchem Handel. Die folgende Szene aus *Kabale und Liebe*, in der die Mätresse des Herzogs, Lady Milford, von diesem verbrecherischen Soldatenhandel erfährt,
25 ist ein Beispiel von dem Mut zur sozialen Anklage, mit dem Schiller die deutschen Zustände auf die Bühne brachte.

---

[1] Württemberg: Herzogtum in Südwestdeutschland; heute ein Teil vom Land Baden-Württemberg
[2] Stuttgart: Hauptstadt von Württemberg   [3] der Stoß war ... geführt: *the blow was struck*
[4] Soldatenhandel: *trading of soldiers*   [5] Geldnot: Geldmangel; *need of money*

ZWEITER AUFZUG.   Zweiter Auftritt

Ein Saal im Palais[6] *der Lady Milford*

Lady Milford, Ein alter Kammerdiener des Fürsten, der ein Schmuckkästchen trägt

KAMMERDIENER   Seine Durchlaucht der Herzog empfehlen sich Milady zu Gnaden[7] und schicken Ihnen diese Brillanten[8] zur Hochzeit. Sie kommen soeben erst aus Venedig.[9]   5

LADY   (*hat das Kästchen geöffnet und fährt erschrocken zurück*) Mensch! was bezahlt dein Herzog für diese Steine?

KAMMERDIENER   (*mit finsterm Gesicht*) Sie kosten ihn keinen Heller.[10]

LADY   Was? Bist du rasend? *Nichts?* – und (*indem sie einen Schritt von ihm weg tritt*) du wirfst mir ja einen Blick zu, als wenn du   10 mich durchbohren wolltest – *Nichts* kosten ihn diese unermeßlich kostbaren Steine?

KAMMERDIENER   Gestern sind siebentausend Landskinder[11] nach Amerika fort – Die zahlen alles.

LADY   (*setzt den Schmuck plötzlich nieder und geht rasch durch den*   15 *Saal, nach einer Pause zum Kammerdiener*) Mann, was ist dir? Ich glaube, du weinst?

KAMMERDIENER   (*wischt sich die Augen, mit schrecklicher Stimme, alle Glieder zitternd*) Edelsteine wie *diese* da – Ich hab' auch ein paar Söhne drunter.   20

LADY   (*wendet sich bebend weg, seine Hand fassend*) Doch keinen Gezwungenen?[12]

KAMMERDIENER   (*lacht fürchterlich*) O Gott! – Nein – lauter Freiwillige. Es traten wohl so etliche vorlaute Bursch' vor die Front[13] heraus und fragten den Obersten, wie teuer der Fürst das Joch   25 Menschen[14] verkaufe? – aber unser gnädigster Landesherr ließ alle Regimenter auf dem Paradeplatz aufmarschieren und die Maulaffen[15] niederschießen. Wir hörten die Büchsen[16] knallen, sahen ihr Gehirn auf das Pflaster spritzen, und die ganze Armee schrie: *Juchhe nach Amerika!* –   30

LADY   (*fällt mit Entsetzen in den Sofa*) Gott! Gott! – Und ich hörte nichts? Und ich merkte nichts?

KAMMERDIENER   Ja, gnädige Frau! – Warum mußtet Ihr denn mit unserm Herrn gerad' auf die Bärenhatz[17] reiten, als man den Lärmen zum

---

[6] **Palais:** (*Fr.*) Palast, Schloß   [7] **empfehlen sich . . . zu Gnaden:** *pays his respects to Her Grace*
[8] **Brillanten:** Diamanten   [9] **Venedig:** *Venice*   [10] **keinen Heller:** *not a penny*   [11] **Landskinder:** d.h., junge Männer des Landes   [12] **Gezwungenen:** Unfreiwilligen; *one who has been forced to enlist*
[13] **vor die Front:** *to the front of the line*   [14] **das Joch Menschen:** *a yoke of men*   [15] **Maulaffen:** *busybodies*   [16] **Büchsen:** Gewehre; *rifles*   [17] **Bärenhatz:** Bärenjagd; *bear hunt*

Aufbruch schlug? [18] — Die Herrlichkeit hättet Ihr doch nicht versäumen sollen, wie uns die gellenden Trommeln verkündigten, es ist Zeit, und heulende Waisen dort einen lebendigen Vater verfolgten, und hier eine wütende Mutter lief, ihr

5   saugendes Kind an Bajonetten zu spießen, und wie man Bräutigam und Braut mit Säbelhieben auseinander riß und wir Graubärte verzweiflungsvoll da standen und den Burschen auch zuletzt die Krücken nachwarfen in die neue Welt — O, und mitunter das polternde Wirbelschlagen,[19] damit der Allwis-

10   sende uns nicht sollte beten hören —

LADY   (*steht auf, heftig bewegt*) Weg mit diesen Steinen — sie blitzen Höllenflammen in mein Herz. (*Sanfter zum Kammerdiener*) Mäßige dich, armer alter Mann. Sie werden wiederkommen. Sie werden ihr Vaterland wiedersehen.

15 KAMMERDIENER   (*warm und voll*) Das weiß der Himmel! Das werden sie! — Noch am Stadttor drehten sie sich um und schrieen: „Gott mit euch, Weib und Kinder! — Es leb' unser Landesvater — Am jüngsten Gericht sind wir wieder da!" —

LADY   (*mit starkem Schritt auf und nieder gehend*) Abscheulich!

20   Fürchterlich! — *Mich* beredete[20] man, ich habe sie alle getrocknet, die Tränen des Landes — Schrecklich, schrecklich gehen mir die Augen auf — Geh du — Sag' deinem Herrn — Ich werd' ihm persönlich danken! (*Kammerdiener will gehen, sie wirft ihm ihre Geldbörse[21] in den Hut*) Und das nimm, weil

25   du mir die Wahrheit sagtest —

KAMMERDIENER   (*wirft sie verächtlich auf den Tisch zurück*) Legt's zu dem übrigen. (*Er geht ab*)

Aus DON CARLOS (1787)

Nietzsche hat einmal gesagt: der politische Mensch kennt nur Werkzeuge oder Fiende, — also nur Feinde. Es ist ein Wort, dessen Wahrheit Philipp II., König von Spanien, in

30   Schillers *Don Carlos* an sich erfahren muß. Philipp ist ein absoluter Herrscher, doch kein „Tyrann" im gewöhnlichen Sinn; er ist rücksichtslos im Gebrauch der Macht, aber er gebraucht sie nicht für sich, sondern, im Bunde mit der Kirche, für eine Ordnung, die dem Menschen zu seinem eigenen Besten auferlegt werden muß.[22] Für die fast unbegrenzte Macht, die Philipp besitzt, bezahlt er freilich einen hohen Preis: er lebt in völliger

---

[18] den Lärmen ... schlug: Alarm schlug; *sounded the alarm*   [19] Wirbelschlagen: *(beating of) drum rolls*   [20] beredete: Überredete; *convinced*   [21] Geldbörse: Geldbeutel; *purse*   [22] zu seinem eigenen Besten auferlegt werden muß: *must be imposed for his own good*

Einsamkeit. Er weiß, daß er niemand trauen kann, daß niemand ein offenes Wort zu ihm spricht; von bloßen „Werkzeugen" umgeben, sehnt er sich nach einem *Menschen*. Er glaubt ihn in einem Manne, dem Marquis Posa, zu finden, einem hohen Offizier, der sich in seinen Diensten ausgezeichnet hat, doch nie an seinen Hof gekommen ist, nie irgend etwas für sich selbst verlangt hat. Diesen Mann läßt er kommen; er will ihn kennen lernen. 5
Ohne es zu wissen, sendet er nach seinem gefährlichsten Gegner, denn der Marquis Posa ist das Haupt einer Verschwörung; zusammen mit dem eigenen Sohn des Königs, Don Carlos, steht er heimlich auf Seiten der rebellischen Niederländer.[23] Dies ist die Voraussetzung der großen Szene, in der Philipp und Posa sich begegnen. Posa bietet sich die ungeheure Gelegenheit,[24] Einfluß auf den König zu gewinnen. Offen, wenn auch 10
nicht ganz ohne Vorsicht, vertritt er seine Ideen vor ihm. Es sind im Grunde die anti-autoritären Ideen von Schillers eigenem Jahrhundert. Der König ist überrascht; dies hat noch niemand vor ihm gewagt; er vertraut dem Mann, der so furchtlos zu ihm spricht. Zugleich aber kann er nicht aus seiner Haut;[25] auch der Marquis wird für ihn zum „Werkzeug"; Philipp gibt ihm den Auftrag, Don Carlos und die Königin zu überwachen. 15
Der König hat allen Grund, seinem Sohn zu mißtrauen: die Königin, eine französische Prinzessin, war ursprünglich die Braut des Don Carlos gewesen, der Vater hat sie ihm weggenommen und selbst geheiratet. Posa gerät in einen unlösbaren Konflikt zwischen den politischen Zwecken, die er verfolgt, und den moralischen Grundsätzen, nach denen er leben will; in diesem Konflikt geht er zuletzt zugrunde. Der König aber, der am Schluß 20
den eigenen Sohn der Inquisition übergibt, bleibt in einer Einsamkeit zurück, die undurchdringlich geworden ist.

DRITTER AUFZUG. Zehnter Auftritt

Das Kabinett des Königs

Der König und Marquis vor Posa

(Dieser geht dem König, sobald er ihn gewahr wird,[26] entgegen 25
und läßt sich vor ihm auf ein Knie nieder, steht auf
und bleibt ohne Zeichen der Verwirrung vor ihm stehen)

KÖNIG *(betrachtet ihn mit einem Blick der Verwunderung)*
    Mich schon gesprochen also?[27]

MARQUIS   Nein. 30

---

[23]**Niederländer:** Die Niederlande standen zur Zeit Philipps im sechzehnten Jahrhundert, unter spanischer Herrschaft. [24]**Gelegenheit:** (Subj.) [25]**nicht aus seiner Haut:** seinen Charakter nicht ändern [26]**gewahr wird:** sieht [27]**Mich schon gesprochen also?:** Ihr habt mich also schon gesprochen? (Philipp wundert sich, daß der Marquis kein „Zeichen der Verwirrung" vor der Majestät des Königs zeigt, und erklärt es damit, daß der Marquis ihm schon bei einer früheren Gelegenheit vorgestellt worden ist.)

KÖNIG   Ihr machtet
um meine Krone Euch verdient.[28] Warum
entziehet Ihr Euch meinem Dank? [29] In meinem
Gedächtnis drängen sich der Menschen viel.[30]

5   Allwissend ist nur Einer. Euch kam's zu,[31]
das Auge Eures Königes zu suchen.
Weswegen tatet Ihr das nicht?

MARQUIS   Es sind
zwei Tage, Sire, daß[32] ich ins Königreich
10   zurückgekommen.[33]

KÖNIG   Ich bin nicht gesonnen,[34]
in meiner Diener Schuld zu stehn[35] — Erbittet
Euch eine Gnade.

MARQUIS   Ich genieße[36] die Gesetze.

15 KÖNIG   Dies Recht hat auch der Mörder.

MARQUIS   Wie viel mehr
Der gute Bürger! — Sire, ich bin zufrieden.

KÖNIG   Ihr tratet
aus meinen Diensten,[37] hör' ich?

20 MARQUIS   Einem Bessern
Den Platz zu räumen,[38] zog ich mich zurück.

KÖNIG   Das tut mir leid. Wenn solche Köpfe feiern,[39]
wie viel Verlust für meinen Staat — Vielleicht
befürchtet Ihr, die Sphäre zu verfehlen,[40]
25   die Eures Geistes würdig ist.

MARQUIS   Ich fühle
mit demutsvoller Dankbarkeit die Gnade,
die Eure königliche Majestät
durch diese stolze[41] Meinung auf mich häufen;
30   doch — (*Er hält inne*)

KÖNIG   Ihr bedenket Euch?

MARQUIS   Ich bin — ich muß
gestehen, Sire — sogleich[42] nicht vorbereitet,

---

[28] Ihr machtet . . . Euch verdient: Euer Verdienst ist groß; Eure Meriten sind groß   [29] entziehet
Ihr Euch meinem Dank: vermeidet Ihr, flieht Ihr meinen Dank   [30] der Menschen viel: viele Menschen
[31] Euch kam's zu: Ihr hattet ein Recht   [32] Es sind zwei Tage . . . daß: vor zwei Tagen . . . bin ich
[33] zurückgekommen: zurückgekommen bin (Schiller läßt oft das Hilfsverb aus; siehe S. 122: aufgehört
[hat] ; gedacht [habe].   [34] Ich bin nicht gesonnen: ich habe nicht die Absicht; ich will nicht
[35] in meiner Diener Schuld zu stehn: *to be indebted to my subjects*   [36] genieße: *enjoy the
protection of*   [37] Ihr tratet aus meinen Diensten: Ihr verließt meine Dienste; *you left my service*
[38] den Platz zu räumen: Platz zu machen, den Weg zu öffnen   [39] feiern: nichts tun   [40] verfehlen:
nicht finden   [41] stolze: hohe, besonders gute   [42] sogleich: jetzt in diesem Moment

was ich als Bürger dieser Welt gedacht,
in Worte Ihres Untertans zu kleiden. —

KÖNIG (*mit erwartender Miene*) Nun?

MARQUIS — Ich kann nicht Fürstendiener sein.
(*Der König sieht ihn mit Erstaunen an*) Ich will   5
den Käufer nicht betrügen, Sire. — Sie wollen
nur meinen Arm und meinen Mut im Felde,
nur meinen Kopf im Rat. Nicht meine Taten,
der Beifall, den sie finden an dem Thron,
soll meiner Taten Endzweck sein. Mir[43] aber,   10
mir hat die Tugend eignen Wert. Das Glück,
das der Monarch mit meinen Händen pflanzte,
erschüf' ich selbst, und Freude wäre mir
und eigne Wahl, was mir nur Pflicht sein sollte.[44]
Und ist das Ihre Meinung? Können Sie   15
in Ihrer Schöpfung fremde Schöpfer dulden?
Ich aber soll zum Meißel mich erniedern,[45]
wo ich der Künstler könnte sein? — Ich liebe
die Menschheit, und in Monarchien darf
ich niemand lieben als mich selbst.   20

KÖNIG   Dies Feuer
ist lobenswert. Ihr möchtet Gutes stiften.[46]
Wie Ihr es stiftet, kann dem Patrioten,
dem Weisen gleichviel heißen.[47] Suchet Euch
den Posten aus in meinen Königreichen   25
der Euch berechtigt, diesem edeln Triebe
genug zu tun.[48]

MARQUIS Ich finde keinen.

KÖNIG Wie?

MARQUIS Was Eure Majestät durch meine Hand   30
verbreiten — ist das Menschenglück? — Ist das
dasselbe Glück, das meine reine Liebe
den Menschen gönnt?[49] — Vor diesem Glücke würde
die Majestät erzittern — Nein! Ein neues[50]
erschuf der Krone Politik —   35
doch, was der Krone frommen[51] kann — ist das
auch mir genug? Darf meine Bruderliebe

---

[43] mir: für mich   [44] **Das Glück, das der Monarch mit meinen Händen pflanzte, erschüf' ich selbst, und Freude wäre mir und eigne Wahl, was mir nur Pflicht sein sollte:** ich möchte aus freier Entscheidung und aus Liebe zur Tugend anstatt nur aus Pflicht handeln   [45] **zum Meißel mich erniedern:** mich zum Werkzeug, zum Instrument erniedrigen   [46] **stiften:** schaffen; *accomplish, create*   [47] **gleichviel heißen:** gleichgültig sein; *make no difference*   [48] **genug zu tun:** zu befriedigen; *to satisfy*   [49] **gönnt:** wünscht   [50] **Ein neues:** etwas Neues   [51] **frommen:** nützlich sein

sich zur Verkürzung meines Bruders borgen?[52]
Weiß ich ihn glücklich – eh' er denken darf? –
Ich kann nicht Fürstendiener sein.

KÖNIG (*etwas rasch*)   Ihr seid
5   ein Protestant.

MARQUIS (*nach einigem Bedenken*) Ihr Glaube, Sire, ist auch
der meinige. (*Nach einer Pause*)
Ich werde mißverstanden.
Das war es, was ich fürchtete. Sie sehen
10   von den Geheimnissen der Majestät
durch meine Hand den Schleier weggezogen.
Wer sichert Sie,[53] daß mir noch heilig heiße,
was mich zu schrecken aufgehört?[54] Ich bin
gefährlich, weil ich über mich gedacht. –
15   Ich bin es nicht, mein König. Meine Wünsche
verwesen hier. (*Die Hand auf die Brust gelegt*)
                              Die lächerliche Wut
der Neuerung,[55] die nur der Ketten Last,
die sie nicht ganz zerbrechen kann, vergrößert,
20   wird *mein* Blut nie erhitzen. Das Jahrhundert
ist meinem Ideal nicht reif. Ich lebe
ein Bürger derer,[56] welche kommen werden.
Kann ein Gemälde[57] Ihre Ruhe trüben? –
Ihr Atem löscht es aus.

25   KÖNIG   Bin ich der Erste,
der Euch von dieser Seite kennt?

MARQUIS   Von dieser –
Ja!

KÖNIG (*steht auf, macht einige Schritte und bleibt dem
30   Marquis gegenüber stehen. Vor sich*)
Neu zum wenigsten ist dieser Ton!
Die Schmeichelei erschöpft sich. Nachzuahmen
erniedrigt einen Mann von Kopf[58] – auch einmal
die Probe[59] von dem Gegenteil. Warum nicht?
35   Das Überraschende macht Glück. –

MARQUIS Ich höre, Sire, wie klein,
wie niedrig Sie von Menschenwürde denken,

---

[52] sich zur Verkürzung meines Bruders borgen: sich benützen lassen, um die Rechte meines Bruders zu verkürzen (*reduce*)   [53] Wer sichert Sie: wer garantiert Ihnen   [54] daß mir noch heilig heiße, was mich zu schrecken aufgehört: d.h., da die Geheimnisse der Majestät mich nicht mehr erschrecken, sind sie mir vielleicht nicht mehr heilig   [55] Die lächerliche Wut der Neuerung: *the ridiculous mania for innovation*   [56] derer: der Jahrhunderte   [57] Gemälde: Idealbild; Posas Ideale   [58] einen Mann von Kopf: einen intelligenten Mann   [59] Probe: *sample*

selbst in des freien Mannes Sprache nur
den Kunstgriff eines Schmeichlers sehen, und
mir deucht,[60] ich weiß, wer Sie dazu berechtigt.
Die Menschen zwangen Sie dazu, *die* haben
freiwillig ihres Adels sich begeben,[61]   5
freiwillig sich auf diese niedre Stufe
herabgestellt.
Wie könnten Sie in dieser traurigen
Verstümmlung — Menschen ehren?

KÖNIG   Etwas Wahres   10
find' ich in diesen Worten.

MARQUIS   Aber schade!
Da Sie den Menschen aus des Schöpfers Hand
in Ihrer Hände Werk verwandelten
und dieser neugegoßnen[62] Kreatur   15
zum Gott sich gaben[63] — da versahen Sie's
in etwas nur:[64] Sie blieben selbst noch Mensch —
Mensch aus des Schöpfers Hand. *Sie* fuhren fort,
als Sterblicher zu leiden, zu begehren;
Sie brauchen Mitgefühl — und einem Gott   20
kann man nur opfern — zittern — zu ihm beten!
Bereuenswerter Tausch![65] Unselige
Verdrehung der Natur! — Da Sie den Menschen
zu Ihrem Saitenspiel herunterstürzten,[66]
wer teilt mit Ihnen Harmonie?   25

KÖNIG   (Bei Gott,
er greift in meine Seele!)

MARQUIS   Aber Ihnen
bedeutet dieses Opfer nichts. Dafür
sind Sie auch einzig[67] — Ihre eigne Gattung —   30
um diesen Preis sind Sie ein Gott. — Und schrecklich,
wenn das *nicht* wäre — wenn für diesen Preis,
für das zertretne Glück von Millionen,
Sie nichts gewonnen hätten! wenn die Freiheit,
die Sie vernichteten, das Einz'ge wäre,   35
das Ihre Wünsche reifen kann?[68] — Ich bitte,
mich zu entlassen, Sire. Mein Gegenstand

---

[60] mir deucht: (oft auch: mich dünkt) mir scheint   [61] haben . . . sich begeben: haben . . . aufgegeben
[62] neugegoßnen: neugeformten   [63] und dieser neugegoßen Kreatur zum Gott sich gaben: Sie
machten sich selbst zum Gott des Menschen, den Sie geschaffen haben   [64] da versahen Sie's in etwas
nur: da machten Sie nur einen Fehler   [65] Bereuenswerter Tausch: *regrettable exchange (of God and
man)*   [66] zu Ihrem Saitenspiel herunterstürzten: zu einem Musikinstrument machten (oder
erniedrigten), auf dem Sie spielen   [67] einzig: *unique*   [68] Ihre Wünsche reifen kann: *can bring your
wishes to fruition*

reißt mich dahin. Mein Herz ist voll — der Reiz
zu mächtig, vor dem Einzigen zu stehen,
dem ich es öffnen möchte.

(Der Graf von Lerma tritt herein und spricht einige Worte leise mit dem König.
5   *Dieser gibt ihm einen Wink, sich zu entfernen, und bleibt in seiner vorigen Stellung*
sitzen)

KÖNIG   *(zum Marquis, nachdem Lerma weggegangen)*
Redet aus!

MARQUIS   *(nach einigem Stillschweigen)*
10   Ich fühle Sire — den ganzen Wert —

KÖNIG   Vollendet!
Ihr hattet mir noch mehr zu sagen.

MARQUIS   Sire!
Jüngst kam ich an von Flandern und Brabant[69] —
15   so viele reiche, blühende Provinzen!
Ein kräftiges, ein großes Volk — und auch
ein gutes Volk — und Vater dieses Volkes!
Das, dacht' ich, das muß göttlich sein! — Da stieß
ich auf verbrannte menschliche Gebeine[70] —
20   *(Hier schweigt er still, seine Augen ruhen auf dem*
König, der es versucht, diesen Blick zu erwidern,
aber betroffen und verwirrt zur Erde sieht)
Sie haben recht. Sie müssen. Daß Sie *können,*
was Sie zu müssen eingesehen,[71] hat mich
25   mit schaurender Bewunderung durchdrungen.
O schade, daß, in seinem Blut gewälzt,
das Opfer[72] wenig dazu taugt, dem Geist
des Opferers ein Loblied anzustimmen![73]
Daß Menschen nur — nicht Wesen höhrer Art —
30   die Weltgeschichte schreiben! — Sanftere
Jahrhunderte verdrängen Philipps Zeiten;
die bringen milde Weisheit; Bürgerglück
wird dann versöhnt mit Fürstengröße wandeln,
und die Notwendigkeit wird menschlich sein.

35   KÖNIG Wann, denkt Ihr, würden diese menschlichen
Jahrhunderte erscheinen, hätt' ich vor
dem Fluch des jetzigen gezittert? Sehet

---

[69] **Flandern und Brabant:** niederländische Provinzen; siehe S. 119, Z. 8   [70] **verbrannte menschliche Gebeine:** protestantische Rebellen und Häretiker, die Philipp hat verbrennen lassen   [71] **Daß Sie können, was Sie zu müssen eingesehen:** daß Sie das wirklich tun können, was Sie als Notwendigkeit erkannt haben   [72] **in seinem Blut gewälzt, das Opfer:** das blutige Opfer   [73] **anzustimmen:** zu singen

in meinem Spanien Euch um. Hier blüht
des Bürgers Glück in nie bewölktem Frieden;
Und *diese Ruhe* gönn' ich den Flamändern.[74]

MARQUIS (*schnell*) Die Ruhe eines Kirchhofs! Und Sie hoffen
zu endigen, was Sie begannen? hoffen,   5
den allgemeinen Frühling aufzuhalten,
der die Gestalt der Welt verjüngt? *Sie* wollen
allein in ganz Europa – sich dem Rade
des Weltverhängnisses,[75] das unaufhaltsam
in vollem Laufe[76] rollt, entgegenwerfen?[77]   10
Sie werden nicht! Schon flohen Tausende
aus Ihren Ländern froh und arm. Der Bürger,
den Sie verloren für den Glauben, war
Ihr edelster. Mit offnen Mutterarmen
empfängt die Fliehenden Elisabeth,[78]   15
und furchtbar blüht durch Künste[79] unsres Landes
Britannien. Verlassen von dem Fleiß
der neuen Christen,[80] liegt Granada[81] öde,
und jauchzend sieht Europa seinen Feind
an selbstgeschlagnen[82] Wunden sich verbluten.   20
(*Der König ist bewegt, der Marquis bemerkt es und
tritt einige Schritte näher*)
Sie wollen pflanzen für die Ewigkeit,
und säen Tod? Ein so erzwungnes Werk
wird seines Schöpfers Geist nicht überdauern.   25
Dem Undank haben Sie gebaut[83] –
umsonst ein großes königliches Leben
zerstörenden Entwürfen hingeopfert.
Der Mensch ist mehr, als Sie von ihm gehalten.
Des langen Schlummers Bande wird er brechen   30
und wiederfordern[84] sein geheiligt[85] Recht.
Zu einem Nero[86] und Busiris[87] wirft
er Ihren Namen, und – das schmerzt mich, denn
Sie waren gut.

KÖNIG   Wer hat Euch dessen so   35
gewiß gemacht?

---

[74]**den Flamändern:** den Bewohnern von Flandern   [75]**Weltverhängnisses:** des Weltschicksals; *of the destiny of the world*   [76]**in vollem Laufe:** mit höchster Geschwindigkeit; *at top speed*   [77]**sich . . . entgegenwerfen:** *throw yourself against*   [78]**Elisabeth:** Elisabeth I. von England, Philipps Gegnerin, regierte 1558 - 1603.   [79]**Künste:** Fertigkeiten; *skills*   [80]**der neuen Christen:** der rebellischen Mauren (*Moors*) in Granada, die gewaltsam zum Christentum bekehrt worden waren. Ein Teil von ihnen floh nach England.   [81]**Granada:** Provinz im Süden Spaniens   [82]**selbstgeschlagnen:** *self-inflicted*   [83]**Dem Undank haben Sie gebaut:** Ihre Taten haben nur Undank hervorgerufen; *your deeds have only created ingratitude*   [84]**wiederfordern:** *demand back*   [85]**geheiligt:** geheiligtes; *sacred*   [86]**Nero:** römischer Kaiser, der wegen seiner Grausamkeit gefürchtet war   [87]**Busiris:** ägyptischer Despot

MARQUIS (*mit Feuer*) Ja, beim Allmächtigen!
　　　　　　Ja – ja – ich wiederhol' es. Geben Sie,
　　　　　　was Sie uns nahmen, wieder. Lassen Sie,
　　　　　　großmütig, wie der Starke, Menschenglück
5　　　　　　aus Ihrem Füllhorn strömen – Geister reifen
　　　　　　in Ihrem Weltgebäude![88] Geben Sie,
　　　　　　was Sie uns nahmen, wieder. Werden Sie
　　　　　　von Millionen Königen ein König.
　　　　　　(*Er nähert sich ihm kühn, indem er feste und*
10　　　　　　*feurige Blicke auf ihn richtet*)
　　　　　　O könnte die Beredsamkeit von allen
　　　　　　den Tausenden, die dieser großen Stunde
　　　　　　teilhaftig sind,[89] auf meinen Lippen schweben,
　　　　　　den Strahl, den ich in diesen Augen merke,
15　　　　　　zur Flamme zu erheben! – Geben Sie
　　　　　　die unnatürliche Vergöttrung auf,
　　　　　　die uns vernichtet. Werden Sie uns Muster
　　　　　　des Ewigen und Wahren. Niemals – niemals
　　　　　　besaß ein Sterblicher so viel, so göttlich
20　　　　　　es zu gebrauchen. Alle Könige
　　　　　　Europens[90] huldigen dem span'schen Namen.
　　　　　　Gehn Sie Europens Königen voran.
　　　　　　Ein Federzug[91] von dieser Hand, und neu
　　　　　　erschaffen wird die Erde. Geben Sie
25　　　　　　Gedankenfreiheit. – (*Sich ihm zu Füßen werfend*)

　　KÖNIG (*überrascht, das Gesicht weggewandt und dann wieder*
　　　　　　auf den Marquis geheftet)
　　　　　　　　　　　　　　Sonderbarer Schwärmer!
　　　　　　Doch – stehet auf – ich –

30 MARQUIS　　　　　　　　　　　　Sehen Sie sich um
　　　　　　in seiner[92] herrlichen Natur! Auf Freiheit
　　　　　　ist sie gegründet – und wie reich ist sie
　　　　　　durch Freiheit! Er, der große Schöpfer, wirft
　　　　　　in einen Tropfen Tau den Wurm und läßt
35　　　　　　noch in den toten Räumen der Verwesung
　　　　　　die Willkür[93] sich ergetzen[94] – *Ihre* Schöpfung,
　　　　　　wie eng und arm! Das Rauschen eines Blattes
　　　　　　erschreckt den Herrn der Christenheit[95] – *Sie* müssen
　　　　　　vor jeder Tugend zittern. *Er* – der Freiheit

---

[88]Weltgebäude: Universum; d.h., sein Königreich　　[89]teilhaftig sind: teilhaben (an), partizipieren
[90]Europens: Europas　　[91]Federzug: Federstrich; *stroke of the pen*　　[92]seiner: Gottes
[93]Willkür: *chance*　　[94]sich ergetzen: sich ergötzen, sich freuen, spielen　　[95]den Herrn der
Christenheit: den König

entzückende Erscheinung nicht zu stören[96] —
er läßt des Übels grauenvolles Heer
in seinem Weltall lieber toben — ihn,
den Künstler,[97] wird man nicht gewahr, bescheiden
verhüllt er sich in ewige Gesetze;   5
Die sieht der Freigeist,[98] doch nicht *ihn*. Wozu
ein Gott? sagt er; die Welt ist sich genug.
Und keines Christen Andacht hat ihn mehr,
als dieses Freigeists Lästerung gepriesen.

KÖNIG Und wollet Ihr es unternehmen, dies   10
erhabne Muster in der Sterblichkeit[99]
in meinen Staaten nachzubilden?

MARQUIS   Sie,
Sie können es. Wer anders? Weihen Sie
dem Glück der Völker die Regentenkraft,[100]   15
die — ach so lang — des Thrones Größe nur
gewuchert hatte[101] — stellen Sie der Menschheit
verlornen Adel wieder her. Der Bürger
sei wiederum, was er zuvor gewesen,
der Krone Zweck — ihn binde keine Pflicht   20
als seiner Brüder gleich ehrwürd'ge Rechte.[102]
Wenn nun der Mensch, sich selbst zurückgegeben,[103]
zu seines Werts Gefühl erwacht — der Freiheit
erhabne, stolze Tugenden gedeihen —
dann, Sire, wenn Sie zum glücklichsten der Welt   25
Ihr eignes Königreich gemacht — dann ist
es Ihre Pflicht, die Welt zu unterwerfen.

KÖNIG (*nach einem großen Stillschweigen*)
Ich ließ Euch bis zu Ende reden — anders,
begreif' ich wohl, als sonst in Menschenköpfen   30
malt sich in diesem Kopf die Welt — auch will
ich fremdem Maßstab Euch nicht unterwerfen.[104]
Ich bin der Erste, dem Ihr Euer Innerstes
enthüllt. Ich glaub' es, weil ich's weiß. Um dieser
Enthaltung willen, solche Meinungen,   35
mit solchem Feuer doch umfaßt, verschwiegen
zu haben bis auf diesen Tag[105] — um dieser

---

[96] der Freiheit entzückende Erscheinung nicht zu stören: um die entzückende Erscheinung der Freiheit
nicht zu stören   [97] Künstler: Gott   [98] Freigeist: Freidenker, Ungläubiger   [99] in der Sterblichkeit:
in der irdischen Welt   [100] Regentenkraft: Herrschergewalt; *sovereign power*   [101] des Thrones Größe
nur gewuchert hatte: die nur für die Größe des Thrones gelebt hatte   [102] als seiner Brüder gleich
ehrwürd'ge Rechte: ehrwürdige Rechte, die den Rechten aller anderen Menschen gleich sind   [103] sich
selbst zurückgegeben: *restored to himself*   [104] fremdem Maßstab Euch nicht unterwerfen: *subject you
to an alien standard*   [105] Um dieser Enthaltung willen, solche Meinungen, mit solchem Feuer doch
umfaßt, verschwiegen zu haben bis auf diesen Tag: weil Ihr zu keinem Menschen gesprochen habt und
solche Meinungen bis auf diesen Tag verschwiegen habt, obgleich Ihr sie doch mit solchem Feuer umfaßt

bescheidnen Klugheit willen, junger Mann,
will ich vergessen, daß ich sie[106] erfahren,
und wie ich sie erfahren. Stehet auf.
Ich will den Jüngling, der sich übereilte,

5   als Greis und nicht als König widerlegen.
Ich will es, weil ich's will — Gift also selbst,
find' ich, kann in gutartigen Naturen
zu etwas Besserm sich veredeln — aber
flieht meine Inquisition.[107] Es sollte

10   mir leid tun —

MARQUIS Wirklich? Sollt' es das?

KÖNIG *(in seinem Anblick verloren)* Ich habe
solch einen Menschen nie gesehen. — Nein!
Nein, Marquis! Ihr tut mir zu viel. Ich will

15   nicht Nero sein. Ich will es nicht sein — will
es gegen Euch nicht sein. Nicht alle
Glückseligkeit soll unter mir verdorren.
Ihr selbst, Ihr sollet unter meinen Augen
fortfahren dürfen, Mensch zu sein.

20 MARQUIS *(rasch)*   Und meine
Mitbürger, Sire? — O! nicht um mich war mir's
zu tun,[108] nicht *meine* Sache wollt' ich führen.
Und Ihre Untertanen, Sire? —

KÖNIG   Und wenn

25   Ihr so gut wisset, wie die Folgezeit[109]
mich richten wird, so lerne sie an Euch,
wie ich mit Menschen es gehalten,[110] als
ich einen fand.

MARQUIS   O! der gerechteste

30   der Könige sei nicht mit einem Male
der ungerechteste — in Ihrem Flandern
sind tausend Bessere als ich. Nur *Sie* —
darf ich es frei gestehen, großer König? —
Sie sehn jetzt unter diesem sanftern Bilde

35   vielleicht zum erstenmal die Freiheit.

KÖNIG *(mit gemildertem Ernst)* Nichts mehr
von diesem Inhalt, junger Mann. — Ich weiß,
Ihr werdet anders denken, kennet Ihr
den Menschen erst, wie ich — doch hätt' ich Euch

---

[106]sie: solche Meinungen   [107]Inquisition: kirchliche Institution, deren Aufgabe es war, Häretiker aufzufinden und zu bestrafen   [108]nicht um mich war mir's zu tun: ich dachte nicht an mich selbst [109]Folgezeit: kommende Zeiten, Zukunft   [110]wie ich mit Menschen es gehalten: wie ich Menschen behandelt habe

nicht gern zum letztenmal gesehn. Wie fang' ich
es an, Euch zu verbinden? [111]

MARQUIS   Lassen Sie
mich, wie ich bin. Was wär' ich Ihnen, Sire,
wenn Sie auch mich bestächen?   5

KÖNIG   Diesen Stolz
ertrag' ich nicht. Ihr seid von heute an
in meinen Diensten — keine Einwendung! [112]
Ich will es haben. (*Nach einer Pause*) Ihr kennt
den Menschen, Marquis. Solch ein Mann hat mir   10
schon längst gemangelt, [113] Ihr seid gut und fröhlich
und kennet doch den Menschen auch — Drum hab'
ich Euch gewählt —

MARQUIS (*überrascht und erschrocken*) Mich, Sire?

KÖNIG   Ihr standet   15
vor Eurem Herrn und habt nichts für Euch selbst
erbeten — nichts. Das ist mir neu — Ihr werdet
gerecht sein. Leidenschaft wird Euren Blick
nicht irren [114] — Dränget Euch zu meinem Sohn, [115]
erforscht das Herz der Königin. Ich will   20
Euch Vollmacht senden, sie geheim zu sprechen.
Und jetzt verlaßt mich! (*Er zieht eine Glocke*)

MARQUIS   Kann ich es mit einer
erfüllten Hoffnung? — Dann ist dieser Tag
der schönste meines Lebens.   25

KÖNIG (*reicht ihm die Hand zum Kusse*) Er ist kein
verlorner in dem meinigen.
(*Der Marquis steht auf und geht. Graf Lerma
tritt herein*)

                 Der Ritter   30
wird künftig [116] ungemeldet vorgelassen.

Aus WILHELM TELL (1804)

Nach dem *Don Carlos* wandte sich Schiller zunächst vom Drama ab. Er glaubte, für seine
eigentliche Aufgabe nicht genug von der Welt zu wissen und zu verstehen, und vertiefte
sich jahrelang in historische und philosophische Studien, vor allem in die Philosophie

---

[111] **Euch zu verbinden:** Euch an mich zu binden   [112] **keine Einwendung!:** keine Widerrede! Sagt
nichts dagegen!   [113] **gemangelt:** gefehlt   [114] **irren:** beirren, täuschen; *deceive*   [115] **dränget Euch
zu meinem Sohn:** bemüht Euch um meinen Sohn; *seek out my son's confidence, impress yourself
upon my son*   [116] **künftig:** in Zukunft, von jetzt ab

Kants. 1789 ernannte ihn der Herzog Karl August von Sachsen-Weimar, auf Goethes Vorschlag, zum Professor der Geschichte an der Universität Jena.[117] Aus Schillers Beschäftigung mit dem Dreißigjährigen Krieg erwuchs sein nächstes Drama, die Tragödie *Wallenstein*[118] (1799). Auch der *Wallenstein* war ein politisches Drama. Aufstieg und
5   Fall des mächtigsten unter den kaiserlichen Generalen wurden von Schiller in eine Perspektive gestellt, in der die Gegensätze von Macht und Legalität, Politik und Moral, Idee und Wirklichkeit in unlösbare Konflikte geraten. *Wallenstein* war Schillers tragische Analyse des politischen Menschen.

Alle Dramen Schillers sind Tragödien. Nur ein einziges endet glücklich, es ist das
10 letzte, das er vollendet hat, *Wilhelm Tell*. Es wurde sein populärstes. Schiller verherrlichte in ihm die Schweiz. Einmal wenigstens wollte er eine Gemeinschaft darstellen, in der es Menschen gelingt, einen Staat zu gründen, dessen Form sie selbst bestimmen und in dem sie in Recht und Freiheit zusammenleben können. Die Schweiz war im achtzehnten Jahrhundert ein in Europa allgemein bewundertes Land. Man begeisterte sich für die
15 Schweizer Landschaft mit ihren Gletscherbergen, brausenden Waldbächen, Wasserfällen und Seen und malte sie immer von neuem; man rühmte die Redlichkeit und die einfachen Sitten ihrer Bewohner und stellte sie als Vorbild dar, und man pries die Schweiz vor allem als die älteste Demokratie Europas. Schiller ging in seinem Schauspiel weit in die Geschichte zurück, bis ins vierzehnte Jahrhundert. Aus alten Chroniken und Balladen
20 formte er sein Drama, in dem die Schweizer im Kampf gegen Österreich ihre politische Freiheit erringen. Führer in diesem Kampfe wird der Schütze Wilhelm Tell, den ein grausamer Tyrann zwingt, einen Apfel vom Haupte seines Kindes zu schießen. Als Tell den Tyrannen schließlich tötet, wird seine Tat zum Signal, das den siegreichen Aufstand gegen die Unterdrücker einleitet. Ob dieser Tell wirklich gelebt hat, wissen wir nicht, doch
25 Schiller machte ihn lebendig; nicht zuletzt durch ihn wurde er der Nationalheld der Schweizer. Noch heute wird Schillers *Wilhelm Tell* jeden Sommer am Ufer des Vierwaldstätter Sees[119] aufgeführt. Es ist dieselbe Gegend, in der die Ereignisse des Dramas sich abspielen, und so bildet die Landschaft den natürlichen Schauplatz für ein großes Schweizer Festspiel.

---

[117]**Weimar ... Jena:** Städte in Thüringen   [118]**Wallenstein:** siehe auch S. 57   [119]**Vierwaldstätter See:** *Lake Lucerne*

Wiese bei Altdorf.[120] *Im Vordergrund Bäume, in der Tiefe der*
Hut auf einer Stange.[120a] *Der Prospekt*[121] *wird begrenzt durch den*
Bannberg,[122] *über welchem ein Schneegebirg emporragt.*

Frießhart und Leuthold halten Wache.

Tell mit der Armbrust tritt auf, den Knaben an der   5
Hand führend. Sie gehen an dem Hut vorbei gegen die
vordere Szene, ohne darauf zu achten.

WALTER (*zeigt nach dem Bannberg*)
Vater, ist's wahr, daß auf dem Berge dort
die Bäume bluten, wenn man einen   10
                              Streich
drauf führte mit der Axt?

TELL   Wer sagt das,
                              Knabe?

WALTER Der Meister Hirt erzählt's — die Bäume   15
                              seien
gebannt,[123] sagt er, und wer sie
                              schädige,
dem wachse seine Hand heraus zum
                              Grabe.[124]   20

TELL Die Bäume sind gebannt, das ist die
                              Wahrheit.
— Siehst du die Firnen[125] dort, die
                              weißen Hörner,[126]
die hoch bis in den Himmel sich   25
                              verlieren?

WALTER Das sind die Gletscher, die des Nachts so
                              donnern
und uns die Schlaglawinen[127]
                              niedersenden.   30

TELL So ist's, und die Lawinen hätten längst
den Flecken Altdorf unter ihrer Last

---

[120]**Altdorf:** Städtchen in der Nähe des Vierwaldstätter Sees, im Kanton Uri   [120a]Der „Hut
Österreichs", den Geßler, der Gouverneur des Kaisers, hier aufgepflanzt hat. Der Hut ist ein Symbol
der kaiserlichen Macht; jeder, der vorbeigeht, muß ihn grüßen.   [121]**Prospekt:** Aussicht; *view*
[122]**Bannberg:** ein Berg bei Altdorf   [123]gebannt: *under a spell: moreover, the trees were protected
by law*   [124]**zum Grabe:** aus seinem Grab   [125]**Firnen:** mit Schnee bedeckte Berge. Firn ist Schnee,
der auch im Sommer auf hohen Bergen liegenbleibt und zu Eis wird.   [126]**Hörner:** Berge, deren
Gipfel einem Horn ähneln; viele schweizerische Berge tragen diesen Namen, z.B. Weißhorn, Wannehorn,
usw.   [127]**Schlaglawinen:** *heavy avalanches of ice and snow*

        verschüttet, wenn der Wald dort oben

                nicht

        als eine Landwehr[128] sich dagegen

               stellte.

5 WALTER (*nach einigem Besinnen*)

        Gibt's Länder, Vater, wo *nicht* Berge

               sind?

    TELL Wenn man hinunter steigt von unsern

               Höhen

10   und immer tiefer steigt, den Strömen

               nach,

      gelangt man in ein großes, ebnes Land,

      wo die Waldwasser[129] nicht mehr

           brausend schäumen,

15   die Flüsse ruhig und gemächlich ziehn;

      da sieht man frei nach allen

          Himmelsräumen,[130]

      das Korn wächst dort in langen schönen

             Auen,

20   und wie ein Garten ist das Land zu

             schauen.

  WALTER Ei, Vater, warum steigen wir denn nicht

      geschwind hinab in dieses schöne Land,

      statt daß wir uns hier ängstigen und

25   plagen?

    TELL Das Land ist schön und gütig, wie der

             Himmel,

      doch die's[131] bebauen, *sie* genießen

             nicht

30   den Segen, den sie pflanzen.

  WALTER   Wohnen sie

      nicht frei wie du auf ihrem eignen Erbe?

    TELL Das Feld gehört dem Bischof und dem

             König.

35 WALTER So dürfen sie doch frei in Wäldern jagen?

    TELL Dem Herrn gehört das Wild und das

           Gefieder.[132]

  WALTER Sie dürfen doch frei fischen in dem

             Strom?

---

[128]**Landwehr:** *barricade* [129]**Waldwasser:** Waldbäche [130]**Himmelsräumen:** Himmelsrichtungen; *directions* [131]**die's:** die, die es [132]**Gefieder:** Vögel

TELL   Der Strom, das Meer, das Salz gehört
                    dem König.

WALTER   Wer *ist* der König denn, den alle
                    fürchten?

TELL   Es ist der *eine*, der sie schützt und nährt.   5

WALTER   Sie können sich nicht mutig selbst
                    beschützen?

TELL   Dort darf der Nachbar nicht dem
                    Nachbar trauen.

WALTER   Vater, es wird mir eng[133] im weiten   10
                    Land;
  da wohn' ich lieber unter den Lawinen.

TELL   Ja, wohl ist's besser, Kind, die
                    Gletscherberge
  im Rücken haben als die bösen   15
                    Menschen.
  (Sie wollen vorübergehen)

WALTER   Ei, Vater, sieh den Hut dort auf der
                    Stange.

TELL   Was kümmert uns der Hut? Komm, laß   20
                    uns gehen.
  (Indem er abgehen will, tritt ihm
  Frießhart mit vorgehaltener Pike
  entgegen)

FRIESSHART   In des Kaisers Namen! Haltet an und   25
                    steht!

TELL   *(greift in die Pike)*
  Was wollt Ihr? Warum haltet Ihr mich
                    auf?

FRIESSHART   Ihr habt's Mandat[134] verletzt, Ihr müßt   30
                    uns folgen.

LEUTHOLD   Ihr habt dem Hut nicht Reverenz
                    bewiesen.

TELL   Freund, laß mich gehen.

FRIESSHART   Fort, fort ins   35
                    Gefängnis!

---

[133] **es wird mir eng:** *I feel enclosed, stifled*   [134] **Mandat:** Erlaß; *ordinance*

WALTER   Den Vater ins Gefängnis! Hilfe! Hilfe!
(*In die Szene*[135] *rufend*)
Herbei, ihr Männer, gute Leute, helft,
Gewalt, Gewalt, sie führen[136] ihn
5   gefangen.

(*Rösselmann der Pfarrer und Petermann
der Sigrist kommen herbei, mit drei
andern Männern*)

SIGRIST   Was gibt's?

10   RÖSSELMANN   Was legst du Hand an diesen
                                                          Mann?

FRIESSHART   Er ist ein Feind des Kaisers, ein Verräter.

TELL   (*faßt ihn heftig*)
Ein Verräter, ich!

15   RÖSSELMANN   Du irrst dich, Freund,
                                                          das ist
der Tell, ein Ehrenmann und guter
                                                          Bürger.

WALTER   (*erblickt Walter Fürsten und eilt ihm
20   entgegen*)
Großvater, hilf! Gewalt geschieht dem
                                                          Vater.

FRIESSHART   Ins Gefängnis, fort!

WALTER FÜRST   (*herbeieilend*)
25   Ich leiste Bürgschaft,[137]
                                                          haltet!
— Um Gottes willen, Tell, was ist
                                                          geschehen?
(*Melchthal und Stauffacher kommen*)

30   FRIESSHART   Des Landvogts[138] oberherrliche[139] Gewalt
verachtet er und will sie nicht erkennen.

STAUFFACHER   Das hätt' der Tell getan?[140]

MELCHTHAL   Das lügst du,
                                                          Bube!

35   LEUTHOLD   Er hat dem Hut nicht Reverenz bewiesen.

---

[135]**in die Szene:** *into the wings: offstage*   [136]**führen:** nehmen   [137]**ich leiste Bürgschaft:** *I will stand surety, I will accept responsibility*   [138]**Landvogt:** Gouverneur   [139]**oberherrliche:** souveräne; *sovereign*   [140]**Das hätt' der Tell getan?:** Das soll der Tell getan haben?; *You say that is what Tell did?*

WALTER FÜRST   Und darum soll er ins Gefängnis?

Freund,
nimm meine Bürgschaft an und laß ihn
ledig.[141]

FRIESSHART   Bürg' du für dich und deinen eignen Leib!   5
Wir tun, was unsers Amtes[142] — Fort
mit ihm!

MELCHTHAL   (*zu den Landleuten*)
Nein, das ist schreiende[143] Gewalt!
Ertragen wir's   10
daß man ihn fortführt, frech, vor unsern
Augen?

SIGRIST   Wir sind die Stärkern, Freunde, duldet's
nicht,
wir haben einen Rücken an den   15
andern![144]

FRIESSHART   Wer widersetzt sich dem Befehl des
Vogts?

NOCH DREI LANDLEUTE   (*herbeieilend*)
Wir helfen euch. Was gibt's? Schlagt   20
sie zu Boden!

(*Hildegard, Mechthild und Elsbeth
kommen zurück*)

TELL   Ich helfe mir schon selbst. Geht, gute
Leute,   25
meint ihr, wenn ich die Kraft gebrauchen
wollte,
ich würde mich vor ihren Spießen
fürchten?

MELCHTAL   (*zu Frießhart*)   30
Wag's, ihn aus unsrer Mitte wegzuführen!

WALTER FÜRST und STAUFFACHER   Gelassen! Ruhig!

FRIESSHART   (*schreit*) Aufruhr und Empörung!
(*Man hört Jagdhörner*)

WEIBER   Da kommt der Landvogt!   35

FRIESSHART   (*erhebt die Stimme*) Meuterei!
Empörung!

---

[141] **ledig:** frei   [142] **was unsers Amtes:** was unseres Amtes ist; was unsere Pflicht ist
[143] **schreiend:** *flagrant*   [144] **wir haben einen Rücken an den andern:** wir stehen zueinander; *we are united*

STAUFFACHER Schrei, bis du berstest, Schurke!

RÖSSELMANN und MELCHTAL Willst du schweigen?
FRIESSHART (*ruft noch lauter*)

5   Zu Hilf', zu Hilf' den Dienern des
                                                                    Gesetzes!

WALTER FÜRST Da ist der Vogt! Weh uns, was wird das
                                                                      werden!

                    (*Geßler, zu Pferd, den Falken auf der
                    Faust, Rudolf der Harras, Berta und
10   Rudenz, ein großes Gefolge von bewaff-
                    neten Knechten, welche einen Kreis von
                    Piken um die ganze Szene schließen*)

RUDOLF DER HARRAS Platz, Platz dem Landvogt!

GESSLER Treibt sie auseinander!
15   Was[145] läuft das Volk zusammen? Wer
                                                                  ruft Hilfe?
                                (*Allgemeine Stille*)
                    Wer war's? Ich will es wissen.
                                (*zu Frießhart*)
20   Du tritt vor!
                    Wer bist du, und was hältst du diesen
                                                                      Mann?
                    (*Er gibt den Falken einem Diener*)

FRIESSHART Gestrenger Herr,[146] ich bin dein
25   Waffenknecht[147]
                    und wohlbestellter[148] Wächter bei dem
                                                                        Hut.
                    Diesen Mann ergriff ich über frischer
                                                                    Tat,[149]
30   wie er dem Hut den Ehrengruß versagte.
                    Verhaften wollt' ich ihn, wie du befahlst,
                    und mit Gewalt will ihn das Volk
                                                              entreißen.

GESSLER (*nach einer Pause*)
35   Verachtest du *so* deinen Kaiser, Tell,
                    und *mich*, der hier an seiner Statt
                                                                    gebietet,

---

[145]Was: warum   [146]Gestrenger Herr: *gracious Lord*   [147]Waffenknecht: *man-at-arms*
[148]wohlbestellter: wohlbestallter; *duly appointed*   [149]ergriff ich über frischer Tat: ertappte ich
auf frischer Tat; *I caught in the act*

daß du die Ehr' versagst dem Hut, den
ich
zur Prüfung des Gehorsams aufgehangen?
Dein böses Trachten[150] hast du mir   5
verraten.

TELL   Verzeiht mir, lieber Herr! Aus
Unbedacht,[151]
nicht aus Verachtung Eurer[152] ist's
geschehn.   10
Wär' ich besonnen, hieß' ich nicht der
Tell —
ich bitt' um Gnad', es soll nicht mehr
begegnen.[153]

GESSLER   (*nach einigem Stillschweigen*)   15
Du bist ein Meister auf der Armbrust,
Tell,
man sagt, du nehmst es auf[154] mit jedem
Schützen?

WALTER TELL   Und das muß wahr sein, Herr — 'nen   20
Apfel schießt
der Vater dir vom Baum auf hundert
Schritte.

GESSLER   Ist das dein Knabe, Tell?

TELL   Ja, lieber Herr.   25

GESSLER   Hast du der Kinder mehr?

TELL   Zwei Knaben,
Herr.

GESSLER   Und welcher ist's, den du am meisten
liebst?   30

TELL   Herr, beide sind sie mir gleich liebe
Kinder.

GESSLER   Nun, Tell! Weil du den Apfel triffst vom
Baume
auf hundert Schritt, so wirst du deine   35
Kunst
vor mir bewähren müssen — Nimm die
Armbrust —

---

[150]**Trachten:** *intent*   [151]**Unbedacht:** Gedankenlosigkeit; *thoughtlessness*   [152]**nicht aus Verachtung Eurer:** nicht, weil ich Euch verachte   [153]**begegnen:** geschehen   [154]**nehmst es auf:** *are a match for*

du hast sie gleich zur Hand — und mach'
                                        dich fertig,[155]
einen Apfel von des Knaben Kopf zu
                                        schießen —
5   doch will ich raten, ziele gut, daß du
den Apfel treffest auf den ersten Schuß,
denn fehlst[156] du ihn, so ist dein Kopf
                                        verloren.
(*Alle geben Zeichen des Schreckens*)

10 TELL   Herr — welches Ungeheure sinnet Ihr
mir an[157] — ich soll vom Haupte meines
                                        Kindes —
— nein, nein doch, lieber Herr, das
                                        kömmt Euch nicht
15 zu Sinn[158] — verhüt's der gnäd'ge Gott
                                        — das könnt Ihr
im Ernst von einem Vater nicht
                                        begehren!

GESSLER   Du wirst den Apfel schießen von dem
20   Kopf
des Knaben — Ich begehr's und will's.

TELL   Ich soll
mit meiner Armbrust auf das liebe Haupt
des eignen Kindes zielen — eher sterb'
25   ich!

GESSLER   Du schießest oder stirbst *mit* deinem
                                        Knaben.

TELL   Ich soll der Mörder werden meines
                                        Kinds!
30 Herr, Ihr habt keine Kinder — wisset
                                        nicht,
was sich bewegt in eines Vaters Herzen.

GESSLER   Ei, Tell, du bist ja plötzlich so besonnen!
Man sagte mir, daß du ein Träumer seist
35 und dich entfernst von andrer Menschen
                                        Weise.
Du liebst das Seltsame — Drum hab' ich
                                        jetzt
ein eigen Wagstück[159] für dich
                                        ausgesucht.

---

[155] fertig: bereit   [156] fehlst: verfehlst; triffst . . . nicht   [157] sinnet Ihr mir an: verlangt Ihr von mir
[158] das kömmt Euch nicht zu Sinn: das meint Ihr nicht wirklich? das ist nicht Euer Ernst?
[159] ein eigen Wagstück: *a unique challenge for your daring*

Ein andrer wohl bedächte sich[160] — *Du*
drückst
die Augen zu und greifst es herzhaft
an.[161]

BERTA   Scherzt nicht, o Herr! mit diesen armen   5
Leuten!
Ihr seht sie bleich und zitternd stehn —
so wenig
sind sie Kurzweils[162] gewohnt aus
Eurem Munde.   10

GESSLER   Wer sagt Euch, daß ich scherze?
(*Greift nach einem Baumzweige, der über
ihm herhängt*)
Hier ist der Apfel.
Man mache Raum — er nehme seine   15
Weite,[163]
wie's Brauch ist — Achtzig Schritte geb'
ich ihm —
nicht weniger, noch mehr — er rühmte
sich,   20
auf ihrer hundert[164] seinen Mann zu
treffen —
jetzt, Schütze, triff und fehle nicht das
Ziel.

RUDOLF DER HARRAS   Gott, das wird ernsthaft — falle nieder,   25
Knabe.
Es gilt,[165] und fleh' den Landvogt um
dein Leben.

WALTER FÜRST   (*beiseite zu Melchtal, der kaum seine
Ungeduld bezwingt*)   30
Haltet an Euch,[166] ich fleh' Euch drum,
bleibt ruhig.

BERTA   (*zum Landvogt*)
Laßt es genug sein, Herr! Unmenschlich
ist's   35
mit eines Vaters Angst also[167] zu
spielen.
Wenn dieser arme Mann auch Leib und
Leben

---

[160]**bedächte sich:** würde lange darüber nachdenken   [161]**greifst es herzhaft an:** nimmst es herzhaft auf; *courageously accept the challenge*   [162]**Kurzweils:** Scherzes; *joke*   [163]**Weite:** *distance from the target*   [164]**auf ihrer hundert:** auf hundert Schritte   [165]**es gilt:** du mußt jetzt handeln   [166]**haltet an Euch:** beherrscht Euch; *control yourselves*   [167]**also:** so

verwirkt durch seine leichte Schuld, bei
Gott!
er hätte jetzt zehnfachen Tod
empfunden.

5   Entlaßt ihn ungekränkt[168] in seine
Hütte,
er hat Euch kennen lernen; dieser Stunde
wird er und seine Kindeskinder denken.

GESSLER   Öffnet die Gasse – frisch![169] Was
10   zauderst du?
Dein Leben ist verwirkt, ich kann dich
töten,
und sieh, ich lege gnädigst dein Geschick
in deine eigne kunstgeübte[170] Hand.
15   Der kann nicht klagen über harten
Spruch,
den man zum Meister seines Schicksals
macht.
Du rühmst dich deines sichern Blicks!
20   Wohlan!
Hier gilt es, *Schütze*, deine Kunst zu
zeigen,
das Ziel ist würdig, und der Preis ist groß!
Das Schwarze treffen[171] in der
25   Scheibe,[172] *das*
kann auch ein andrer – *der* ist mir der
Meister,
der seiner Kunst gewiß ist überall,
dem's Herz nicht in die Hand tritt noch
30   ins Auge.[173]

WALTER FÜRST   (*wirft sich vor ihm nieder*)
Herr Landvogt, wir erkennen Eure
Hoheit,
doch lasset Gnad' vor Recht ergehen,[174]
35   nehmt
die Hälfte meiner Habe, nehmt sie ganz,
nur dieses Gräßliche erlasset einem Vater.

WALTER TELL   Großvater, kniet nicht vor dem falschen
Mann!

---

[168]ungekränkt: *unharmed*   [169]frisch!: *On with it!*   [170]kunstgeübte: geschickte; *skillful*
[171]das Schwarze treffen: *hit the bull's-eye*   [172]Scheibe: Schießscheibe; *target*   [173]dem's Herz
nicht in die Hand tritt noch ins Auge: der nicht von seinen Gefühlen überwältigt wird (*is overcome*)
[174]lasset Gnad' vor Recht ergehn: (vor = für) *let mercy prevail over right*

	Sagt, wo ich hinstehn[175] soll. Ich fürcht' mich nicht, der Vater trifft den Vogel ja im Flug, er wird nicht fehlen auf das Herz des Kindes.[176]

Sagt, wo ich hinstehn[175] soll. Ich fürcht'
       mich nicht,
der Vater trifft den Vogel ja im Flug,
er wird nicht fehlen auf das Herz des
       Kindes.[176] 5

STAUFFACHER Herr Landvogt, rührt Euch nicht des
       Kindes Unschuld?

RÖSSELMANN O denket, daß ein Gott im Himmel ist,
dem Ihr müßt Rede stehen für Eure
       Taten.[177] 10

GESSLER (*zeigt auf den Knaben*) Man bind' ihn an
       die Linde dort!

WALTER TELL   Mich binden!
Nein, ich will nicht gebunden sein. Ich
       will 15
still halten wie ein Lamm, und auch nicht
       atmen.
Wenn ihr mich bindet, nein, so kann ich's
       nicht,
so werd' ich toben gegen meine Bande. 20

RUDOLF DER HARRAS Die Augen nur laß dir verbinden, Knabe.

WALTER TELL Warum die Augen? Denket Ihr, ich
       fürchte
den Pfeil von Vaters Hand? Ich will ihn
       fest 25
erwarten und nicht zucken mit den
       Wimpern.
— Frisch, Vater, zeig's, daß du ein
       Schütze bist!
Er glaubt dir's nicht, er denkt uns zu 30
       verderben —
Dem Wütrich zum Verdrusse,[178] schieß
       und triff.
(*Er geht an die Linde, man legt ihm den
Apfel auf*) 35

MELCHTAL (*zu den Landleuten*)
Was? Soll der Frevel sich vor unsern
       Augen

---

[175]hinstehn: mich hinstellen [176]er wird nicht fehlen auf das Herz des Kindes: er wird nicht fehl schießen und das Herz des Kindes treffen [177]Rede stehen für Eure Taten: Eure Taten verantworten; *answer for your deeds* [178]Dem Wütrich zum Verdrusse: *to spite the tyrant*

vollenden? Wozu haben wir
geschworen? [179]

STAUFFACHER Es ist umsonst. Wir haben keine Waffen,
ihr seht den Wald von Lanzen um uns
5   her.

MELCHTAL O hätten wir's mit frischer Tat vollendet,
verzeih's Gott denen, die zum Aufschub
rieten!

GESSLER (*zum Tell*)
10   Ans Werk! Man führt die Waffen nicht
vergebens.
Gefährlich ist's, ein Mordgewehr zu
tragen,
und auf den Schützen springt der Pfeil
15   zurück.
Dies stolze Recht,[180] das sich der Bauer
nimmt,
beleidiget den höchsten Herrn des
Landes.
20   Gewaffnet[181] sei niemand, als wer
gebietet.
Freut's euch, den Pfeil zu führen und den
Bogen,
wohl, so will *ich* das Ziel euch dazu
25   geben.

TELL (*spannt die Armbrust und legt den Pfeil
auf*)
Öffnet die Gasse! Platz!

STAUFFACHER Was, Tell? Ihr wolltet — Nimmermehr —
30   Ihr zittert,
die Hand erbebt Euch, Eure Kniee
wanken —

TELL (*läßt die Armbrust sinken*)
Mir schwimmt es vor den Augen!

35   WEIBER   Gott im
Himmel!

TELL (*zum Landvogt*) Erlasset mir den Schuß.
Hier ist mein Herz!

---

[179] **Wozu haben wir geschworen?:** Die Landleute haben einen Eid geschworen, einander in Not und Gefahr gegen die Unterdrücker zu helfen.   [180] **Dies stolze Recht:** d.h., das Recht Waffen zu tragen   [181] **gewaffnet:** bewaffnet; *armed*

(Er reißt die Brust auf)

Ruft Eure Reisigen[182] und stoßt mich
nieder.

GESSLER Ich will dein Leben nicht, ich will den
Schuß. 5
— Du kannst ja alles, Tell, an nichts
verzagst du,
das Steuerruder führst du wie den Bogen,
dich schreckt kein Sturm, wenn es zu
retten gilt[183] — 10
Jetzt, Retter, hilf dir selbst — du rettest
alle!
*(Tell steht in fürchterlichem Kampf, mit
den Händen zuckend und die rollenden
Augen bald auf den Landvogt, bald zum* 15
*Himmel gerichtet — Plötzlich greift er in
seinen Köcher, nimmt einen zweiten Pfeil
heraus und steckt ihn in seinen Goller.[184]
Der Landvogt bemerkt alle diese
Bewegungen)* 20

WALTER TELL *(unter der Linde)*
Vater, schieß zu, ich fürcht' mich nicht.

TELL Es muß![185]
(Er rafft sich zusammen und legt an)

RUDENZ *(der die ganze Zeit über in der heftigsten* 25
*Spannung gestanden und an sich
gehalten,[186] tritt hervor)*
Herr Landvogt, weiter werdet Ihr's nicht
treiben.

Ihr werdet *nicht* — Es war nur eine 30
Prüfung —
den Zweck habt Ihr erreicht — Zu weit
getrieben
verfehlt die Strenge ihres weisen
Zwecks,[187] 35
und allzu straff gespannt zerspringt der
Bogen.

---

[182]Reisigen: *horsemen* [183]das Steuerruder führst du wie den Bogen, dich schreckt kein Sturm, wenn es zu retten gilt: Tell hat einen von Geßlers Soldaten verfolgten Bauern bei einem Sturm unter Lebensgefahr über den Vierwaldstätter See gerudert und ihn damit in Sicherheit gebracht. Offenbar hat Geßler von dieser Tat erfahren. [184]Goller: Koller; *doublet* [185]Es muß!: Es muß sein!
[186]an sich gehalten: siehe S. 139, Z. 31 [187]Zu weit getrieben verfehlt die Strenge ihres weisen Zwecks: wenn die Strenge zu weit getrieben wird, dann geht sie über ihre Ziel hinaus; d.h., sie wird ungerecht

GESSLER Ihr schweigt, bis man Euch aufruft.

RUDENZ   Ich *will* reden,
Ich darf's! Des Königs Ehre ist mir heilig,
doch solches Regiment[188] muß Haß
5   erwerben.
Das ist des Königs Wille nicht — Ich
                                               darf's
behaupten — Solche Grausamkeit
                                               verdient
10   mein Volk nicht, dazu habt Ihr keine
                                               Vollmacht.

GESSLER Ha, Ihr erkühnt Euch!

RUDENZ   Ich hab' still
                                               geschwiegen
15   zu allen schweren[189] Taten, die ich sah;
mein sehend Auge hab' ich
                                               zugeschlossen,
mein überschwellend und empörtes Herz
hab' ich hinabgedrückt[190] in meinen
20   Busen.
Doch länger schweigen wär' Verrat
                                               zugleich
an meinem Vaterland und an dem Kaiser.

BERTA (*wirft sich zwischen ihn und den*
25   *Landvogt*)
O Gott, Ihr reizt den Wütenden noch
                                               mehr.

RUDENZ Mein Volk verließ ich, meinen
                                               Blutsverwandten
30   entsagt' ich, um an Euch mich
                                               anzuschließen —
Das Beste aller glaubt' ich zu befördern,
da ich des Kaisers Macht befestigte —
Die Binde fällt von meinen Augen —
35   Schaudernd
seh' ich an einen Abgrund mich geführt —
Mein freies Urteil habt Ihr irrgeleitet,
mein redlich Herz verführt — Ich war
                                               daran,
40   mein Volk in bester Meinung[191] zu
                                               verderben.

---

[188]Regiment: Herrschaft; *rule*   [189]schweren: ungerechten   [190]hinabgedrückt: niedergedrückt;
suppressed   [191]in bester Meinung: *with the best intentions*

GESSLER Verwegner, diese Sprache deinem Herrn?

RUDENZ Der Kaiser ist mein Herr, nicht Ihr — Frei
bin ich
wie Ihr geboren, und ich messe mich
mit Euch in jeder ritterlichen Tugend.   5
Und stündet Ihr nicht hier in Kaisers
Namen,
den ich verehre, selbst wo man ihn
schändet,
den Handschuh wärf' ich vor Euch
hin,[192] Ihr solltet   10
nach ritterlichem Brauch mir Antwort
geben.
— Ja, winkt nur Euren Reisigen — Ich
stehe   15
nicht wehrlos da, wie *die* — (*auf das Volk
zeigend*) Ich hab' ein Schwert
und wer mir naht —

STAUFFACHER (*ruft*) Der Apfel ist gefallen!
(*Indem sich alle nach dieser Seite   20
gewendet und Berta zwischen Rudenz
und den Landvogt sich geworfen, hat Tell
den Pfeil abgedrückt*)

RÖSSELMANN Der Knabe lebt!

VIELE STIMMEN Der Apfel ist getroffen!   25
(*Walter Fürst schwankt und droht zu
sinken, Berta hält ihn*)

GESSLER (*erstaunt*) Er hat geschossen? Wie? der
Rasende!

BERTA Der Knabe lebt! Kommt zu Euch,[193]   30
guter Vater!

WALTER TELL (*kommt mit dem Apfel gesprungen*)
Vater, hier ist der Apfel — Wußt' ich's
ja,[194]
Du würdest deinen Knaben nicht   35
verletzen.
(*Tell stand mit vorgebognem Leib, als
wollt' er dem Pfeil folgen — die Armbrust
entsinkt seiner Hand — wie er den*

---

[192] den Handschuh wärf' ich vor Euch hin: *I would throw down the gauntlet before you; I would challenge you to combat* [193] Kommt zu Euch: *wake up (Walter Fürst is fainting)* [194] Wußt' ich's ja: ich war sicher; *I knew for sure*

*Knaben kommen sieht, eilt er ihm mit
ausgebreiteten Armen entgegen und hebt
ihn mit heftiger Inbrunst zu seinem
Herzen hinauf, in dieser Stellung sinkt er*
5   *kraftlos zusammen. Alle stehen gerührt)*

BERTA   O güt'ger Himmel!

WALTER FÜRST   (*zu Vater und Sohn*) Kinder! Meine
Kinder!

STAUFFACHER   Gott sei gelobt!

10   LEUTHOLD   Das war ein Schuß!
Davon
wird man noch reden in den spätsten
Zeiten.

RUDOLF DER HARRAS   Erzählen wird man von dem Schützen
15   Tell,
solang' die Berge stehn auf ihrem Grunde.

(*Reicht dem Landvogt den Apfel*)

GESSLER   Bei Gott! der Apfel mitten durch
geschossen!
20   Es war ein Meisterschuß, ich muß ihn
loben.

RÖSSELMANN   Der Schuß war gut, doch wehe dem, der
ihn
dazu getrieben, daß er Gott versuchte.

25   STAUFFACHER   Kommt zu Euch, Tell, steht auf, Ihr habt
Euch männlich
gelöst, und frei könnt Ihr nach Hause
gehen.

RÖSSELMANN   Kommt, kommt und bringt der Mutter
30   ihren Sohn!

(*Sie wollen ihn wegführen*)

GESSLER   Tell, höre!

TELL   (*kommt zurück*) Was befehlt Ihr, Herr?

GESSLER   Du stecktest
35   noch einen zweiten Pfeil zu dir — Ja, ja,
ich sah es wohl — Was meintest du
damit?

TELL   (*verlegen*) Herr, das ist also bräuchlich[195]
bei den Schützen.

---

[195] bräuchlich: gebräuchlich, üblich; *customary*

GESSLER   Nein, Tell, die Antwort lass' ich dir nicht
gelten,[196]
es wird was anders wohl bedeutet haben.
Sag' mir die Wahrheit frisch und fröhlich,
Tell: 5
was es auch sei, dein Leben sichr' ich dir.
Wozu der zweite Pfeil?

TELL   Wohlan, o Herr,
weil Ihr mich meines Lebens habt
gesichert, 10
so will ich Euch die Wahrheit gründlich
sagen.
(*Er zieht den Pfeil aus dem Goller und
sieht den Landvogt mit einem furchtbaren
Blick an*) 15
Mit diesem zweiten Pfeil durchschoß
ich — Euch,
wenn ich mein liebes Kind getroffen
hätte,
und Eurer — wahrlich! hätt' ich nicht 20
gefehlt.[197]

GESSLER   Wohl, Tell! Des Lebens hab' ich dich
gesichert,
ich gab mein Ritterwort, das will ich
halten — 25
doch weil ich deinen bösen Sinn erkannt,
will ich dich führen lassen und
verwahren,
wo weder Mond noch Sonne dich
bescheint, 30
damit ich sicher sei vor deinen Pfeilen.
Ergreift ihn, Knechte! Bindet ihn!

(*Tell wird gebunden*)

STAUFFACHER   Wie, Herr?
So könntet Ihr an einem Mann handeln, 35
an dem sich Gottes Hand sichtbar
verkündigt?

GESSLER   Laß sehn, ob sie ihn zweimal retten wird.
— Man bring' ihn auf mein Schiff, ich
folge nach

---

[196]lass' ich dir nicht gelten: *I do not accept from you*   [197]Eurer ... hätt' ich nicht gefehlt: Euch
hätte ich getroffen

                                                                           sogleich, ich selbst will ihn nach
                                                                    Küßnacht[198] führen.

RÖSSELMANN Ihr wollt ihn außer Lands gefangen
                                            führen?

5   LANDLEUTE Das dürft Ihr nicht, das darf der Kaiser
                                            nicht,
                        das widerstreitet unsern
                                          Freiheitsbriefen![199]

GESSLER Wo sind sie? Hat der Kaiser sie
10   bestätigt?
                        Er hat sie nicht bestätigt — Diese Gunst
                        muß erst erworben werden durch
                                          Gehorsam.
                        Rebellen seid ihr alle gegen Kaisers
15   Gericht und nährt verwegene Empörung;
                        ich kenn' euch alle — ich durchschau'
                                      euch ganz —
                        Den nehm' ich jetzt heraus aus eurer
                                          Mitte,
20   doch alle seid ihr teilhaft[200] seiner
                                          Schuld.
                        Wer klug ist, lerne schweigen und
                                          gehorchen.
                        (Er entfernt sich, Berta, Rudenz, Harras
25   *und Knechte folgen, Frießhart und*
                        Leuthold bleiben zurück)

WALTER FÜRST *(in heftigem Schmerz)*
                        Es ist vorbei; er hat's beschlossen, mich
                        mit meinem ganzen Hause zu verderben!

30   STAUFFACHER *(zum Tell)*
                        O warum mußtet Ihr den Wütrich reizen!

TELL Bezwinge sich, wer meinen Schmerz
                                          gefühlt!

STAUFFACHER O nun ist alles, alles hin! Mit Euch
35   sind wir gefesselt alle und gebunden!

LANDLEUTE *(umringen den Tell)*
                        Mit Euch geht unser letzter Trost dahin!

---

[198] Küßnacht: Ort am Vierwaldstätter See im Kanton Schwyz, wo Gessler eine Burg hat
[199] Freiheitsbriefe: *These "charters of freedom" stipulated that certain cantons were allied directly to the crown, not to particular counts or governors.* [200] teilhaft: siehe S. 126, Z. 13

LEUTHOLD (*nähert sich*)
Tell, es erbarmt mich[201] – doch ich
    muß gehorchen.

TELL Lebt wohl!

WALTER TELL (*sich mit heftigem Schmerz an ihn* 5
schmiegend)
O Vater! Vater! Lieber Vater!

TELL (*hebt die Arme zum Himmel*)
Dort droben ist dein Vater! den ruf an.

STAUFFACHER Tell, sag ich Eurem Weibe nichts von 10
    Euch?

TELL (*hebt den Knaben mit Inbrunst an seine*
Brust)
Der Knab' ist unverletzt, mir wird Gott
    helfen. 15
(*Reißt sich schnell los und folgt den*
Waffenknechten)

ÄSTHETISCHE ERZIEHUNG

Zwing-Uri, die Burg des Landvogts Geßler, die von den Schweizern erstürmt wird, hat Schiller einmal in einem Brief „Bastille"[202] genannt. Die Parallele zur französischen Revolution lag in der Tat nahe. Wie viele seiner Zeitgenossen stand auch Schiller den 20 Anfängen der Revolution mit Teilnahme und brennendem Interesse gegenüber. 1792 machte das revolutionäre Parlament in Paris achtzehn Ausländer zu französischen Ehrenbürgern. Einer von ihnen war Schiller. Er las davon in den Zeitungen; das Dokument selbst kam erst nach Jahren in seine Hände. Es war an einen „Monsieur Gille" adressiert gewesen; die Männer, die es unterzeichnet hatten, darunter Danton, waren inzwischen 25 schon von der Guillotine vernichtet worden. Damals hatte sich Schiller unter dem Eindruck des revolutionären Terrors längst von der Revolution abgewandt. Als der gefangene König vor ein Revolutionstribunal gestellt wurde, beschloß Schiller mit einer Schrift in den Streit einzugreifen. Die Hinrichtung des Königs kam ihm zuvor. Sich gegen den politischen Terror zu wenden, bedeutete für Schiller aber nicht, daß er die Idee einer 30 bürgerlichen Freiheit überhaupt aufgegeben hätte. Nur glabute er nicht, daß es genüge, Institutionen umzustürzen, wenn man nicht die Menschen selbst änderte. Diese Gedanken entwickelte Schiller in einer Reihe von Briefen an den Prinzen Friedrich Christian von Augustenburg, die er 1795 erweiterte und unter dem Titel *Über die ästhetische Erziehung des Menschen* veröffentlichte. Wie schon Lessing war auch Schiller mit einem Teil seines 35

---

[201] **es erbarmt mich:** ich habe Mitleid mit dir; *I pity you* [202] **Bastille:** das Pariser Staatsgefängnis, das am 14. Juli 1789 vom Volk erstürmt wurde

Wesens Erzieher. In seinem Erziehungsplan hatte die Kunst die entscheidende Aufgabe, einen Menschen zu bilden, der reif zur Freiheit war. Dieser Idee hat Schiller, zusammen mit Goethe, Jahre seines Lebens gewidmet. Das Unternehmen scheiterte an der Indifferenz des Publikums. „Das einzige Verhältnis zum Publikum", stellte Schiller fest,
5   „das einen auf die Dauer nicht reuen kann, ist der Krieg." Er hörte deshalb nicht auf, über die Beziehung von Kunst und Leben nachzudenken. Mit der Realität verglichen ist die Kunst ein fiktives Gebilde, schöner Schein. Doch ist dies kein Schein, der trügt und täuscht; im Schein spricht sich die Wahrheit aus.

BRIEF AN DEN HERZOG CHRISTIAN VON AUGUSTENBURG

Jena, den 13. Juli 1793

10   . . . . Wäre das Faktum wahr, — wäre der außerordentliche Fall wirklich eingetreten, daß die politische Gesetzgebung der Vernunft übertragen, der Mensch als Selbstzweck respektiert und behandelt, das Gesetz auf den Thron erhoben, und wahre Freiheit zur Grundlage des Staatsgebäudes gemacht worden,[203] so wollte ich auf ewig von den Musen Abschied nehmen und dem herrlichsten aller Kunstwerke,
15   der Monarchie der Vernunft, alle meine Tätigkeit widmen. Aber dieses Faktum ist es eben, was ich zu bezweifeln wage. Ja, ich bin soweit entfernt, an den Anfang einer Regeneration im Politischen zu glauben, daß mir die Ereignisse der Zeit vielmehr alle Hoffnungen dazu auf Jahrhunderte benehmen.
        Ehe diese Ereignisse eintraten, Gnädigster Prinz, konnte man sich allenfalls
20   mit dem lieblichen Wahne schmeicheln, daß der unmerkliche aber ununterbrochene Einfluß denkender Köpfe, die seit Jahrhunderten ausgestreuten Keime der Wahrheit, der aufgehäufte Schatz von Erfahrung[204] die Gemüter allmählich zum Empfang des Bessern gestimmt und so eine Epoche vorbereitet haben müßten, wo die Philosophie den moralischen Weltbau übernehmen und das Licht über die
25   Finsternis siegen könnte. So weit war man in der theoretischen Kultur[205] vorgedrungen, daß auch die ehrwürdigsten Säulen des Aberglaubens zu wanken anfingen und der Thron tausendjähriger Vorurteile schon erschüttert ward. Nichts schien mehr zu fehlen, als das *Signal* zur großen Veränderung und eine Vereinigung der Gemüter. Beides ist nun gegeben — aber wie ist es ausgeschlagen? [206]
30   Der Versuch des französischen Volks, sich in seine heiligen Menschenrechte einzusetzen,[207] und eine politische Freiheit zu erringen, hat bloß das Unvermögen und die Unwürdigkeit desselben[208] an den Tag gebracht, und nicht nur dieses

---

[203] übertragen . . . worden: übertragen . . . worden wäre; wie auch: respektiert . . . behandelt . . . erhoben . . . gemacht worden wäre (*Note the numerous parallel constructions of clauses in this essay.*)
[204] der . . . Einfluß denkender Köpfe, die . . . Keime der Wahrheit, der . . . Schatz von Erfahrung: (*subjects of the verb,* gestimmt [haben müßten]; *its object is* die Gemüter)   [205] theoretische Kultur: Ausbildung des kritischen Denkens; *intellectual education*   [206] wie ist es ausgeschlagen?: wie hat es sich entwickelt?   [207] sich einzusetzen: *to establish themselves*   [208] desselben: des französischen Volks

unglückliche Volk, sondern mit ihm auch einen beträchtlichen Teil Europas, und ein ganzes Jahrhundert, in Barbarei und Knechtschaft zurückgeschleudert. Der Moment war der günstigste, aber er fand eine verderbte Generation, die ihn nicht wert war und weder zu würdigen noch zu benutzen wußte. Der Gebrauch, den sie[209] von diesem großen Geschenk des Zufalls macht und gemacht hat, beweist 5 unwidersprechlich, daß das Menschengeschlecht der vormundschaftlichen[210] Gewalt noch nicht entwachsen ist, daß das liberale Regiment[211] der Vernunft da noch zu frühe kommt, wo man kaum damit fertig wird, sich der brutalen Gewalt der Tierheit[212] zu erwehren, und daß derjenige noch nicht reif ist zur *bürgerlichen* Freiheit, dem noch so vieles zur *menschlichen* fehlt. 10

In seinen Taten malt sich der Mensch — und was für ein Bild ist das, das sich im Spiegel der jetzigen Zeit uns darstellt? Hier die empörendste Verwilderung, dort das entgegengesetzte Extrem der Erschlaffung: die zwei traurigsten Verirrungen, in die der Menschencharakter versinken kann, in *einer* Epoche vereint!

In den niedern Klassen sehen wir nichts als rohe gesetzlose Triebe, die sich 15 nach aufgehobenem Band der bürgerlichen Ordnung entfesseln und mit unlenksamer Wut ihrer tierischen Befriedigung zueilen. Es war also nicht der moralische Widerstand von innen, bloß die Zwangsgewalt[213] von außen, was bisher ihren Ausbruch zurückhielt. Es waren also nicht freie Menschen, die der Staat unterdrückt hatte, nein, es waren bloß wilde Tiere, die er an heilsame Ketten legte. Hätte der 20 Staat die Menschheit wirklich unterdrückt, wie man ihm Schuld gibt, so müßte man Menschheit sehen, nachdem er zertrümmert worden ist. Aber der Nachlaß[214] der äußern Unterdrückung macht nur die innere sichtbar, und der wilde Despotismus der Triebe heckt alle jene Untaten aus,[215] die uns in gleichem Grad anekeln und schaudern machen. 25

Auf der andern Seite geben uns die zivilisierten Klassen den noch widrigeren Anblick der Erschlaffung, der Geistesschwäche, und einer Versunkenheit[216] des Charakters, die um so empörender ist, je mehr die Kultur selbst daran Teil hat. Ich erinnere mich nicht mehr, welcher alte oder neue Philosoph die Bemerkung machte, daß das Edlere in seiner Verderbnis das Abscheulichere sei, aber die Erfahrung 30 bestätigt sie auch hier. Wenn die Kultur ausartet, so geht sie in eine weit bösartigere Verderbnis über, als die Barbarei je erfahren kann. Der sinnliche Mensch kann nicht tiefer als zum Tier herabstürzen; fällt aber der aufgeklärte, so fällt er bis zum Teuflischen herab, und treibt ein ruchloses Spiel mit dem Heiligsten[217] der Menschheit. 35

Die Aufklärung, deren sich die höheren Stände unsers Zeitalters nicht mit Unrecht rühmen, ist bloß theoretische Kultur, und zeigt, im ganzen genommen, so wenig einen veredelnden Einfluß auf die Gesinnung, daß[218] sie vielmehr bloß dazu hilft, die Verderbnis in ein System zu bringen, und unheilbarer zu machen. Ein raffinierter und konsequenter Epikurismus[219] hat angefangen, alle Energie des 40

---

[209] sie: die verderbte Generation   [210] vormundschaftlichen: *tutelary: acting protectively like a guardian*
[211] Regiment: siehe S. 144, Z. 4   [212] Tierheit: *animalism*   [213] Zwangsgewalt: *coercion*
[214] Nachlaß: *abatement*   [215] heckt ... aus: brütet ... aus; *hatches*   [216] Versunkenheit: *degeneracy*
[217] dem Heiligsten: den heiligsten Dingen   [218] so wenig ... daß: *so far from being ..., rather*
[219] Epikurismus: die Lehre des griechischen Philosophen Epikur (341-270 v. Chr.). Gewöhnlich versteht man hierunter eine Lebensauffassung, die den Genuß an die erste Stelle setzt.

Charakters zu ersticken, und die immer fester sich zuschnürende Fessel der Bedürfnisse,[220] die vermehrte Abhängigkeit der Menschheit vom Physischen hat es allmählich dahin geleitet, daß die Maxime der Passivität und des leidenden[221] Gehorsams als höchste Lebensregel gilt. Daher die Beschränktheit im Denken, die
5 Kraftlosigkeit im Handeln, die klägliche Mittelmäßigkeit im Hervorbringen,[222] die unser Zeitalter zu seiner Schande charakterisiert. Und so sehen wir den Geist der Zeit zwischen Barbarei und Schlaffheit, Freigeisterei[223] und Aberglauben, Rohheit und Verzärtelung schwanken, und es ist bloß das *Gleichgewicht der Laster*, was das Ganze noch zusammenhält.

10   Und ist dieses nun die Menschheit, möchte ich fragen, für deren Rechte der Philosoph sich verwendet,[224] die der edle Weltbürger in Gedanken hat, und an welcher ein neuerer Solon[225] seine Ideen von einer Staatsverfassung realisieren möchte? Ich zweifle sehr. Nur seine Fähigkeit, als ein sittliches Wesen zu handeln, gibt dem Menschen Anspruch auf Freiheit; ein Gemüt aber, das nur sinnlicher
15 Bestimmungen fähig ist, ist der Freiheit so wenig wert, als empfänglich.[226] Alle Reform, die Bestand haben soll, muß von der Denkungsart ausgehen, und wo eine Verderbnis in den Prinzipien herrscht, da kann nichts Gesundes, nichts Gutartiges aufkeimen. Nur der Charakter der Bürger erschafft und erhält den Staat und macht politische und bürgerliche Freiheit möglich. Denn wenn die Weisheit selbst in
20 Person vom Olymp[227] herabstiege, und die vollkommenste Verfassung einführte, so müßte sie ja doch Menschen die Ausführung übergeben.

        Wenn ich also, Gnädigster Prinz, über die gegenwärtigen politischen Bedürfnisse und Erwartungen meine Meinung sagen darf, so gestehe ich, daß ich jeden Versuch einer Staatsverbesserung aus Prinzipien (denn jede andere ist bloßes Not-
25 und Flickwerk[228]) so lange für unzeitig, und jede darauf gegründete Hoffnung so lange für schwärmerisch halte, bis der Charakter der Menscheit von seinem tiefen Verfall wieder emporgehoben worden ist — eine Arbeit für mehr als ein Jahrhundert. Man wird zwar unterdessen von manchem abgestellten Mißbrauch, von mancher glücklich versuchten Reform im Einzelnen, von manchem Sieg der
30 Vernunft über das Vorurteil hören, aber was hier zehn große Menschen aufbauten, werden fünfzig Schwachköpfe niederreißen. Man wird in andern Weltteilen den Negern die Ketten abnehmen, und in Europa den — Geistern anlegen. So lange aber der oberste Grundsatz der Staaten von einem empörenden Egoismus zeugt, und so lange die Tendenz der Staatsbürger nur auf das physische Wohlsein beschränkt ist, so
35 lange, fürchte ich, wird die politische Regeneration, die man so nahe glaubte, nichts als ein schöner philosophischer Traum bleiben.

        Soll man also aufhören, danach zu streben? Soll man gerade die wichtigste aller menschlichen Angelegenheiten einer gesetzlosen Willkür, einem blinden Zufall anheimstellen,[229] während das Reich der Vernunft nach jeder andern Seite

---

[220] die immer fester sich zuschnürende Fessel der Bedürfnisse: *the ever-tightening, ever more restricting bonds of bodily and material needs*   [221] leidenden: *uncomplaining, all-accepting*
[222] Hervorbringen: Schaffen, Produzieren   [223] Freigeisterei: siehe S 127, Z. 6   [224] sich verwendet: sich einsetzt; *advocates*   [225] Solon: (ca. 640 - 560 v. Chr.); athenischer Gesetzgeber
[226] ist der Freiheit so wenig wert, als empfänglich: *is as little worthy of freedom as it* (Gemüt) *is receptive to freedom*   [227] Olymp: in der griechischen Mythologie, der Wohnsitz der Götter (*Mount Olympus*)   [228] Not- und Flickwerk: Notbehelf; *makeshift work and patchwork*   [229] anheimstellen: überlassen; *leave to*

zusehends erweitert wird? Nichts weniger, Gnädigster Prinz. Politische und bürgerliche Freiheit bleibt immer und ewig das heiligste aller Güter, das würdigste Ziel aller Anstrengungen und das große Zentrum aller Kultur — aber man wird diesen herrlichen Bau nur auf dem festen Grund eines veredelten Charakters aufführen, man wird damit anfangen müssen, für die Verfassung Bürger zu 5 erschaffen, ehe man den Bürgern eine Verfassung geben kann. . .

DER ANTRITT DES NEUEN JAHRHUNDERTS (1802)

Edler Freund! Wo öffnet sich dem Frieden,
    wo der Freiheit sich ein Zufluchtsort?
Das Jahrhundert ist im Sturm geschieden,
    und das neue öffnet sich mit Mord.[230]   10

Und das Band der Länder ist gehoben,[231]
    und die alten Formen stürzen ein,
nicht das Weltmeer[232] hemmt des Krieges Toben,
    nicht der Nilgott[233] und der alte Rhein.

Zwo gewalt'ge Nationen[234] ringen   15
    um der Welt alleinigen Besitz,
aller Länder Freiheit zu verschlingen,
    schwingen sie den Dreizack und den Blitz.

Gold muß ihnen jede Landschaft wägen,[235]
    und, wie Brennus[236] in der rohen Zeit,   20
legt der Franke seinen ehrnen Degen
    in die Waage der Gerechtigkeit.

Seine Handelsflotten streckt der Brite
    gierig wie Polypenarme[237] aus,
und das Reich der freien Amphitrite[238]   25
    will er schließen wie sein eignes Haus.

---

[230]**Mord:** eine Anspielung auf die Ermordung des Zaren Paul I. von Rußland am 23. März 1801
[231]**das Band der Länder ist gehoben:** die Grenzen, die sonst die Länder schützen, sind aufgehoben
[232]**Weltmeer:** Ozean   [233]**Nilgott:** Gott des größten ägyptischen Flusses (*Nile River*)   [234]**Zwo gewalt'ge Nationen:** England und Frankreich   [235]**wägen:** wiegen; *weigh*   [236]**Brennus:** ein keltischer Heerführer, der 390 v. Chr. Rom eroberte. Die Römer mußten ihm eine große Menge Gold bezahlen, um ihn zum Abzug zu bewegen. Nach der Sage warf er, als das Gold gewogen wurde, zuletzt noch sein Schwert auf die Waagschale mit dem Ausruf „Vae victis!" („Wehe den Besiegten!")
[237]**Polypenarme:** *octopus arms*   [238]**Amphitrite:** in der griechischen Mythologie die Königin des Meeres

Zu des Südpols nie erblickten Sternen
  dringt sein rastlos ungehemmter Lauf,
alle Inseln spürt er, alle fernen
  Küsten — nur das Paradies nicht auf.

5   Ach umsonst auf allen Länderkarten
      spähst du nach dem seligen Gebiet,
   wo der Freiheit ewig grüner Garten,
      wo der Menschheit schöne Jugend blüht.

   Endlos liegt die Welt vor deinen Blicken,
10   und die Schiffahrt selbst ermißt sie kaum,
   doch auf ihrem unermeßnen Rücken
      ist für zehen Glückliche nicht Raum.

   In des Herzens heilig stille Räume
      mußt du fliehen aus des Lebens Drang:
15   Freiheit ist nur in dem Reich der Träume,
      und das Schöne blüht nur im Gesang.

EPIGRAMME (1795/1797)

MEIN GLAUBE

Welche Religion ich bekenne? Keine von allen,
   die du mir nennst! — Und warum keine? — Aus Religion.

AUFGABE

Keiner sei gleich dem andern, doch gleich sei jeder dem Höchsten!
20   Wie das zu machen? Es sei jeder vollendet in sich.

PFLICHT FÜR JEDEN

Immer strebe zum Ganzen, und kannst du selber kein Ganzes
   werden, als dienendes Glied schließ an ein Ganzes dich an.

DER SCHLÜSSEL

Willst du dich selber erkennen, so sieh, wie die andern es treiben;
   willst du die andern verstehn, blick' in dein eigenes Herz.

WEIBLICHES URTEIL

25   Männer richten nach Gründen; des Weibes Urteil ist seine
      Liebe: wo es nicht liebt, hat schon gerichtet das Weib.

DIE SICHERHEIT

Nur das feurige Roß, das mutige, stürzt auf der Rennbahn,
    mit bedächtigem Paß[239] schreitet der Esel daher.

DIE PHILOSOPHIEN

Welche wohl bleibt von allen den Philosophien? Ich weiß nicht.
    Aber die Philosophie, hoff' ich, soll ewig bestehn.

DAS HÖCHSTE

Suchst du das Höchste, das Größte? Die Pflanze kann es dich lehren. 5
    Was sie willenlos ist, sei du es wollend — das ist's.

---

[239] **Paß:** Paßgang; *amble*

JOHANN GOTTFRIED HERDER (1744 - 1803)

Das achtzehnte Jahrhundert hat in Deutschland nach Lessing noch einen zweiten großen Kritiker hervorgebracht, Johann Gottfried Herder. „Was ich bin, bin ich *geworden*", hat er einmal von sich gesagt, „wie ein Baum bin ich gewachsen, der Keim war da, aber Luft, Erde und alle Elemente mußten beitragen, den Keim, die Frucht, den Baum zu bilden."
5 Wie in diesem Satz nimmt Herder seine Metaphern und Gleichnisse mit Vorliebe aus der Natur. Nicht nur er selbst, auch menschliche Institutionen, Staaten und Völker sind ihm wie organische Lebewesen; sie wachsen, blühen, welken und sterben ab; auch kann man sie nicht isoliert betrachten, sondern nur zusammen mit der Umgebung, in die sie gehören und aus der sie hervorgegangen sind. „Der Gott, den ich in der Geschichte suche, muß
10 derselbe sein, der in der Natur ist, denn der Mensch ist nur ein kleiner Teil des Ganzen, und seine Geschichte ist wie die Geschichte eines Wurms mit dem Gewebe,[1] das er bewohnt, innig verwebt." Dies steht in Herders Hauptwerk, den *Ideen zur Philosophie der Geschichte der Menschheit* (1784/1791).

Herder brach mit der Geschichtsbetrachtung des achtzehnten Jahrhunderts. Vor
15 ihm sah man frühere Epochen nur als Vorstufen zur Gegenwart, von deren Überlegenheit man überzeugt war. Für Herder hatte jede Epoche, jede Kultur ihren eigenen Sinn und Wert, ihre eigene Bedeutung. So war er der erste in seinem Jahrhundert, der das Mittelalter gerechter ansah als fast alle seine Zeitgenossen. Für die meisten war es einfach eine finstere, „unaufgeklärte" Zeit. Herders Bewunderung aber galt vor allem den
20 Griechen. Es waren nicht allein griechische Kunst und Dichtung, die er bewunderte, mehr noch bedeutete ihm der Mensch, der diese Dinge hervorbrachte. Griechentum war für Herder und mit ihm und nach ihm für Schiller, Goethe und viele andere kein Kunst-, sondern ein Lebensideal. „Edle Einfalt und stille Größe" war das immer wiederholte Schlagwort, mit dem Johann Joachim Winckelmann[2] (1717 - 1768) das Wesen der
25 griechischen Kunst bezeichnet hatte. Es waren Eigenschaften, die man auch im Leben verwirklicht sehen wollte. Mehr kam dazu, was man in den Griechen fand: Schönheit, innere Harmonie, Maß, Gleichgewicht der Kräfte, Selbstbeherrschung, Vernunft. Das Wort, mit dem man alle die bewunderten Eigenschaften zusammenfaßte, hieß: Humanität.

30 Wie so viele begabte Söhne armer Eltern hatte auch Herder mit dem Studium der Theologie begonnen. Als er starb, war er der oberste Kirchenbeamte des Herzogs Karl August von Sachsen-Weimar.[3] Zur Tragik seines Lebens gehört der Widerspruch zwischen seiner äußeren, amtlichen Stellung und den innersten Überzeugungen, die er sich gebildet hatte. Herder glaubte an keinen persönlichen, außerweltlichen Gott mehr, an keine
35 persönliche Unsterblichkeit der Seele. Der Gott, an den er glaubte, war ein innerweltlicher[4] Gott, der sich „in unendlichen Kräften auf unendliche Weise" offenbarte, als die „Urkraft und Allkraft,[5] durch welche alle Kräfte bestehen und wirken." Herder fehlte die

---

[1]Gewebe: *web, cocoon*   [2]Winckelmann: deutscher Altertumsforscher   [3]Herzog Karl August von Sachsen-Weimar: sieh S. 130, Z. 1   [4]innerweltlicher: diesseitiger; *not transcendent*   [5]Urkraft und Allkraft: ursprüngliche und universale Kraft

Klarheit, die Lessing in so reichem Maße besaß. Im Gegensatz zu Lessing gelang es Herder nicht, seine Ideen in logisch deduzierten Abhandlungen oder in dichterischen Gestalten sichtbar zu machen; er streute sie in die Welt wie Samen und Keime. Doch waren sie fruchtbar; ihre Lebenskraft war erstaunlich, ihre Wirkung unabsehbar.

Aus BRIEFE ZUR BEFÖRDERUNG* DER HUMANITÄT (1793/1797)

DIE HUMANITÄT DER GRIECHEN

Die Griechen hatten das Wort Humanität nicht, seit aber Orpheus[6] sie durch den   5
Klang seiner Leier aus Tieren zu Menschen gemacht hatte, war der Begriff dieses
Wortes die Kunst ihrer Musen. Ich bin weit entfernt, die griechischen Sitten und
Verfassungen zu jeder Zeit und allenthalben[7] als Muster zu preisen; das kann
indessen nicht geleugnet werden, daß das *„emollit mores nec sinit esse feros"*[8] [„die
Verfeinerung und Sänftigung der Sitten"] mittelbar oder unmittelbar der Endzweck   10
gewesen, auf den ihre edelsten Dichter, Gesetzgeber und Weise wirkten. Von Homer
bis auf Plutarch[9] und Longin[10] ist ihren besten Schriften bei einer großen
Bestimmtheit der Begriff einer so reizenden Kultur der Seele eingeprägt, daß, wie
sich an ihnen die Römer bildeten, sie auch uns kaum ungebildet lassen mögen.
Einzelne Blätter, die mir über die Humanität einiger griechischer Dichter und   15
Philosophen in die Hände gekommen sind, sollen Ihnen zu einer anderen Zeit
zukommen; jetzt bemerke ich nur, daß, wenn in späteren Zeiten bei irgendeinem
Schriftsteller, er sei Geschäftsmann, Arzt, Theolog oder Rechtslehrer, eine feinere,
ich möchte sagen, klassische Bildung sich äußerte, diese meistens auf klassischem
Boden in der Schule der Griechen und Römer erworben, der Sprößling ihres Geistes   20
gewesen.[11] Wie die griechische Kunst unübertroffen und in Absicht[12] der Reinheit
ihrer Umrisse, des Großen, Schönen und Edlen ihrer Gestalten, allen Zeiten das Muster
geblieben: fast also[13] ist's auch, weniges ausgenommen, mit den Vorstellungsarten
des menschlichen Geistes. Was wir kraus[14] sagen und verwickelt denken, gaben sie hell
und   rein   an   den   Tag;   ein   kleiner   Satz,   eine   schlicht   vorgetragene   25
Erfahrung enthält bei ihnen, wenn man es zu finden weiß, oft mehr als unsere
verworrensten Deduktionen; die Probleme, welche die neuere Staatskunst verwickelt vorträgt, sind in der griechischen Geschichte hell und klar auseinander-
gesetzt und durch die Erfahrung längst entschieden. Die Kritik des Geschmacks
endlich, ja, die reinste Philosophie des Lebens, woher stammen sie als von den   30

---

[6] **Orpheus:** in der griechischen Mythologie ein berühmter Sänger, von dessen Liedern selbst die Bäume und Felsen bewegt und die wilden Tiere gezähmt wurden   [7] **allenthalben:** überall   [8] **emollit mores . . .:** aus Ovids *Epistulae ex Ponto (Briefe aus der Verbannung)*   [9] **Plutarch:** (46?-120? n. Chr.), griechischer Philosoph und Biograph   [10] **Longin:** Cassius Longinus (213?-273 n. Chr.). Er wurde lange irrtümlich für den Autor des berühmten literaturkritischen Essays „Über das Erhabene" gehalten. Der wirkliche Verfasser ist unbekannt.   [11] **diese meistens . . . erworben, der Sprößling ihres Geistes gewesen:** dann war diese meistens . . . erworben und war der Sprößling ihres Geistes   [12] **in Absicht:** in Hinsicht, hinsichtlich; *with regard to*   [13] **also:** ebenso   [14] **kraus:** konfus
Beförderung: *furtherance*

Griechen? In den schönsten Seelen dieser Nation bildeten sie sich; hie und da hat sich ihr Geist schwesterlichen Seelen mitgeteilt. Da also die Griechen bisher dem Sturz der Zeiten, der Vertilgung durch wilde Barbaren und Schwärmer entronnen sind, wird, solange sie uns nicht geraubt sind, wahre Humanität nie von der Erde

5 vertilgt werden.

Immer wird mir wohl, wenn ich auch in unseren Zeiten einen reinen Nachklang der Weisheit griechischer und römischer Musen höre. Eine Ausgabe, eine Übersetzung, eine *wahre* Erläuterung dieses oder jenes Dichters, Philosophen und Geschichtsschreibers halte ich für ein Bruchstück des großen Gebäudes der Bildung

10 unseres Geschlechts für unsere und die zukünftigen Zeiten. Eine verständige Stimme, die über unsere jetzige Weltlage aus alter Erfahrung spricht, ist mir mehr, als ob ein Barde[15] weissagte.

---

[15] **Barde:** Barden hießen die Dichter und Sänger bei den Kelten. Einige deutsche Dichter zu Herders Zeit glaubten, daß es solche „Barden" auch bei den alten Deutschen gegeben habe, und versuchten in ihrem Geiste Bardengesänge zu dichten.

IX. GOETHE (1749-1832)

LYRIK DES JUNGEN GOETHE

Goethe war ein einundzwanzigjähriger Student in Straßburg,[1] als er das Glück hatte, einem großen Lehrer zu begegnen. Dieser Lehrer war kein Professor an der Universität, sondern ein junger Kritiker, Herder, der sich wegen einer Augenoperation in Straßburg aufhielt. Goethe war über ein halbes Jahr mit ihm zusammen, zu Zeiten fast jeden Tag. Bis dahin war er ein hochbegabter, verwöhnter, wohlhabender, Verse schreibender, etwas   5
zielloser, manchmal auch schwieriger junger Herr gewesen; unter Herders Leitung wurde er ein großer Dichter. Nicht daß dies Herders Absicht gewesen wäre; er verdarb ihm nur den Geschmack an allem, was Goethe so gut konnte: am Leichten, Zierlichen, Glatten, Heiteren und Oberflächlichen, kurz, am Rokoko.[2] Nun lernte Goethe größere Vorbilder bewundern: Homer und Pindar,[3] Shakespeare, das Volkslied. Doch wurde er deshalb kein   10
Nachahmer; er konnte nichts schreiben, was keinen Bezug zu seinem Ich und zu seinen eigenen Erlebnissen hatte, aber dies *mußte* er schreiben. „Und so begann diejenige Richtung", hat er später im Lebensrückblick[4] von seiner Jugend gesagt, „von der ich mein ganzes Leben über[5] nicht abweichen konnte, nämlich dasjenige, was mich erfreute oder quälte, oder sonst beschäftigte, in ein Bild, ein Gedicht zu verwandeln und darüber mit   15
mir selbst abzuschließen,[6] um sowohl meine Begriffe von den äußeren Dingen zu berichtigen, als mich im Inneren deshalb zu beruhigen. Die Gabe[7] hierzu war wohl niemand nötiger als mir, den seine Natur immerfort aus einem Extreme in das andere warf. Alles, was daher von mir bekannt geworden, sind nur Bruchstücke einer großen Konfession. . .."   20

---

[1] **Straßburg:** Stadt westlich des Rheins, heute in Frankreich   [2] **Rokoko:** Der Rokoko-Stil war um die Mitte des achtzehnten Jahrhunderts deutlich in der Architektur, Kunst, Musik, wie auch in der Literatur zu erkennen.   [3] **Pindar:** (522? - 443 v. Chr.), griechischer Lyriker   [4] **im Lebensrückblick:** als er auf sein Leben zurückblickte   [5] **mein ganzes Leben über:** während meines ganzen Lebens   [6] **mit mir selbst abzuschließen:** *to settle accounts with myself*   [7] **Gabe:** Talent

MAILIED (1775) [1771]

Wie herrlich leuchtet
mir die Natur!
Wie glänzt die Sonne!
Wie lacht die Flur!

5 Es dringen Blüten
aus jedem Zweig
und tausend Stimmen
aus dem Gesträuch

und Freud' und Wonne
10 aus jeder Brust.
O Erd', o Sonne!
O Glück, o Lust!

O Lieb', o Liebe!
So golden schön,
15 wie Morgenwolken[8]
auf jenen Höhn!

Du segnest herrlich
das frische Feld,
im Blütendampfe[9]
20 die volle Welt.

O Mädchen, Mädchen,
wie lieb' ich dich!
Wie blinkt[10] dein Auge!
Wie liebst du mich!

So liebt die Lerche   25
Gesang und Luft,
und Morgenblumen
den Himmelsduft,[11]

wie ich dich liebe
mit warmem Blut,   30
die du[12] mir Jugend
und Freud' und Mut

zu neuen Liedern
und Tänzen gibst.
Sei ewig glücklich,   35
wie du mich liebst!

---

[8]Morgenwolken: Dieses und folgende Gedichte enthalten viele sprachliche Neuschöpfungen; d.h., Goethe kombiniert bekannte Worte und erreicht dadurch eine neue Frische in der Sprache der Lyrik. Siehe z.B. ,,Blütendampfe", ,,Morgenblumen", ,,Himmelsduft", usw.   [9]Blütendampfe: *vapor of blossoms*   [10]blinkt: *shines*   [11]Himmelsduft: *fragrance of the air (sky)*   [12]die du: *you who*

MAHOMETS GESANG* (1773)

Seht den Felsenquell,
freudehell,[13]
wie ein Sternenblick![14]
Über Wolken
5   nährten seine Jugend
gute Geister[15]
zwischen Klippen im Gebüsch.

Jünglingfrisch[16]
tanzt er aus der Wolke
10   auf die Marmorfelsen nieder,
jauchzet wieder
nach[17] dem Himmel.

Durch die Gipfelgänge[18]
jagt er bunten Kieseln[19] nach,
15   und mit frühem Führertritt[20]
reißt er seine Bruderquellen
mit sich fort.

Drunten werden in dem Tal
unter seinem Fußtritt Blumen,
20   und die Wiese
lebt von seinem Hauch.

Doch ihn hält kein Schattental,[21]
keine Blumen,
die ihm seine Knie' umschlingen,
25   ihm mit Liebesaugen schmeicheln:
nach der Ebne[22] dringt sein Lauf
schlangenwandelnd.[23]

Bäche schmiegen
sich gesellig an.[24] Nun tritt er
in die Ebne silberprangend,[25]   30
und die Ebne prangt mit ihm,
und die Flüsse von der Ebne
und die Bäche von den Bergen
jauchzen ihm[26] und rufen: Bruder!
Bruder, nimm die Brüder mit,   35
mit zu deinem alten Vater,
zu dem ew'gen Ozean,
der mit ausgespannten Armen
unser wartet,[27]
die sich, ach, vergebens öffnen,   40
seine Sehnenden zu fassen;[28]
denn uns frißt in öder Wüste
gier'ger Sand; die Sonne droben
saugt an unserm Blut, ein Hügel
hemmet uns zum Teiche![29] Bruder,   45
nimm die Brüder von der Ebne,
nimm die Brüder von den Bergen
mit, zu deinem Vater mit!

Kommt ihr alle![30]
Und nun schwillt er   50
herrlicher. Ein ganz Geschlechte[31]
trägt den Fürsten[32] hoch empor!
Und im rollenden Triumphe
gibt er Ländern Namen, Städte
werden[33] unter seinem Fuß.   55

---

[13]**freudehell:** *bright with joy*   [14]**Sternenblick:** heller Schein der Sterne; *bright starlight*   [15]**gute Geister:** (Subj.)   [16]**Jünglingfrisch:** mit der Frische eines Jünglings   [17]**nach:** *toward*   [18]**Gipfelgänge:** *summit passes*   [19]**Kieseln:** *pebbles*   [20]**mit frühem Führertritt:** *early (in its development) with the step of a leader*   [21]**Schattental:** *shaded valley*   [22]**Ebne:** Ebene; *plain*   [23]**schlangenwandelnd:** *in a serpentine, meandering path*   [24]**schmiegen sich . . . an:** *snuggle up*   [25]**silberprangend:** *with a silver shine*   [26]**jauchzen ihm:** *cheer him*   [27]**unser wartet:** auf uns wartet   [28]**seine Sehnenden zu fassen:** *to embrace those that long for him*   [29]**hemmet uns zum Teiche:** *obstructs us, forming a pond*   [30]**Kommt ihr alle!:** (hier spricht der Fluß)   [31]**Ein ganz Geschlechte:** ein ganzes Geschlecht; d.h., viele Flüsse   [32]**den Fürsten:** den Fluß   [33]**werden:** entstehen; *develop, come into being*

* **Mahomets Gesang:** Der islamische Prophet Mahomet (Mohammed: 570? - 632 n. Chr.) wird hier mit einem Fluß verglichen. Der außerordentliche Mensch erscheint als eine Naturkraft.

Unaufhaltsam rauscht er weiter,
läßt der Türme Flammengipfel,[34]
Marmorhäuser, eine Schöpfung
seiner Fülle,[35] hinter sich.

Und so trägt er seine Brüder,
seine Schätze, seine Kinder,
dem erwartenden Erzeuger[39]
freudebrausend[40] an das Herz.

5 Zedernhäuser[36] trägt der Atlas[37]
auf den Riesenschultern; sausend
wehen über seinem Haupte
tausend Flaggen durch die Lüfte,
Zeugen[38] seiner Herrlichkeit.

PROMETHEUS* (1785) [1774]

10 Bedecke deinen Himmel, Zeus,
mit Wolkendunst[41]
und übe, dem Knaben gleich,
der Disteln köpft.[42]
an Eichen dich[43] und Bergeshöhn!

15 Mußt mir meine Erde
doch lassen stehn
und meine Hütte, die du nicht gebaut,
und meinen Herd,
um dessen Glut
20 du mich beneidest.

Ich kenne nichts Ärmeres   25
unter der Sonn' als euch, Götter!
Ihr nähret kümmerlich
von Opfersteuern[44]
und Gebetshauch[45]
eure Majestät,   30
und darbtet,[46] wären
nicht Kinder und Bettler
hoffnungsvolle Toren.[47]

Da[48] ich ein Kind war,
nicht wußte, wo aus noch ein,[49]   35
kehrt' ich mein verirrtes Auge
zur Sonne, als wenn drüber wär'
ein Ohr, zu hören meine Klage,[50]
ein Herz, wie mein's,
sich des Bedrängten zu erbarmen.   40

---

[34] der Türme Flammengipfel: Türme, die in der Abendsonne glühen ("*the flaming summits of the towers*")   [35] Fülle: *abundance*   [36] Zedernhäuser: Schiffe aus Zedernholz (*cedar wood*)   [37] Atlas: der Riese, der die Welt trägt – hier mit dem Strom gleichgesetzt   [38] Zeugen: *witnesses*   [39] dem... Erzeuger: d.h., dem Ozean, der Quelle des Lebens   [40] freudebrausend: *surging with joy*   [41] Wolkendunst: *cloud vapor*   [42] der Disteln köpft: *who lops off thistles*   [43] übe... dich: *practice (on)*   [44] Opfersteuern: *sacrificial tributes*   [45] Gebetshauch: *the breath of prayer*   [46] darbtet: würdet verhungern; *would starve*   [47] hoffnungsvolle Toren: d.h., weil sie an diese Götter glauben   [48] Da: als   [49] nicht wußte, wo aus noch ein: ich war völlig ratlos; *I was at my wit's end*   [50] als wenn drüber wär' ein Ohr, zu hören meine Klage: als ob ein Ohr dort oben wäre, das meine Klage hören könnte

*Prometheus: in der griechischen Mythologie einer der Titanen. Er erregte den Zorn des Zeus, als er den Göttern das Feuer stahl und es den Menschen brachte. In einer anderen Sage wird Prometheus als Schöpfer der Menschheit angesehen. Für Goethe ist er das Urbild des Künstlers, der keine Autorität über sich anerkennt und allein auf seine schöpferische Kraft vertraut.

Wer half mir
wider der Titanen Übermut?[51]
Wer rettete vom Tode mich,
von Sklaverei?
5 Hast du nicht alles selbst vollendet,
heilig glühend Herz?
Und glühtest jung und gut,
betrogen, Rettungsdank[52]
dem Schlafenden[53] da droben?

10 Ich dich ehren? Wofür?
Hast du die Schmerzen gelindert
je des Beladenen? [54]
Hast du die Tränen gestillet
je des Geängsteten? [55]

15 Hat nicht mich zum Manne geschmiedet
die allmächtige Zeit
und das ewige Schicksal,
meine Herrn und deine?

Wähntest[56] du etwa,
ich sollte das Leben hassen,
in Wüsten fliehen,
weil nicht alle
Blütenträume[57] reiften?   35

Hier sitz' ich, forme Menschen
nach meinem Bilde,
ein Geschlecht, das mir gleich sei,
zu leiden, zu weinen,
zu genießen und zu freuen sich,   40
und dein nicht zu achten,
wie ich!

AUF DEM SEE (1789) [1775]

Und frische Nahrung, neues Blut
20 saug' ich aus freier Welt;
wie ist Natur so hold und gut,
die mich am Busen hält!
Die Welle wieget unsern Kahn
im Rudertakt[58] hinauf,[59]
25 und Berge, wolkig himmelan,[60]
begegnen unserm Lauf.[61]

Aug', mein Aug', was sinkst du nieder?
Goldne Träume, kommt ihr wieder?
Weg, du Traum! so gold du bist;
30 hier auch Lieb' und Leben ist.

Auf der Welle blinken
tausend schwebende Sterne,
weiche Nebel trinken[62]   45
rings die türmende[63] Ferne;
Morgenwind umflügelt[64]
die beschattete Bucht,
und im See bespiegelt
sich die reifende Frucht.   50

---

[51] **wider der Titanen Übermut:** gegen den Übermut der Titanen (als sie gegen Zeus rebellierten)
[52] **glühtest ... Rettungsdank:** *radiated thanks for salvation*   [53] **dem Schlafenden:** dem schlafenden Gott (Zeus)   [54] **des Beladenen:** des mit Schmerzen Beladenen; *of him burdened with pain*   [55] **des Geängsteten:** *of the frightened one*   [56] **Wähntest:** glaubtest   [57] **Blütenträume:** *flowering dreams*   [58] **im Rudertakt:** *to the rhythm of the oars*   [59] **wieget ... hinauf:** *rocks toward the upper end of the lake*   [60] **himmelan:** zum Himmel hinauf; *skywards*   [61] **Lauf:** *course*   [62] **trinken:** *drink up: i.e., obscure*   [63] **türmende:** *towering*   [64] **umflügelt:** fliegt um

AN DEN MOND (1789) [1777 oder 1778]

Füllest wieder Busch und Tal
still mit Nebelglanz,[65]
lösest[66] endlich auch einmal
meine Seele ganz;

5   breitest über mein Gefild[66a]
lindernd deinen Blick,
wie des Freundes Auge mild
über mein Geschick.

Jeden Nachklang fühlt mein Herz
10   froh-[67] und trüber Zeit,
wandle zwischen Freud' und Schmerz
in der Einsamkeit.

Fließe, fließe, lieber Fluß!
Nimmer werd' ich froh;
15   so verrauschte[68] Scherz und Kuß
und die Treue so.

Ich besaß es doch einmal,
was so köstlich ist!
Daß man doch zu seiner Qual
20   nimmer es vergißt!

Rausche, Fluß, das Tal entlang,
ohne Rast und Ruh,
rausche, flüstre meinem Sang
Melodien zu,

wenn du in der Winternacht   25
wütend überschwillst,[69]
oder um die Frühlingspracht[70]
junger Knospen quillst.[71]

Selig, wer sich vor der Welt
ohne Haß verschließt,   30
einen Freund am Busen hält
und mit dem genießt,

was, von Menschen nicht gewußt
oder nicht bedacht,
durch das Labyrinth der Brust   35
wandelt in der Nacht.

---

[65] Nebelglanz: *radiant mist*   [66] lösest: *set free*   [66a] Gefild: Felder; *countryside*   [67] froh-: froher
[68] verrauschte: *rushed past, passed away*   [69] überschwillst: überschwemmst; *overflow*
[70] Frühlingspracht: *spring splendor*   [71] quillst: *gush*

GESANG DER GEISTER ÜBER DEN WASSERN (1789) [1779]

Des Menschen Seele
gleicht dem Wasser:
Vom Himmel kommt es,
zum Himmel steigt es,
5 und wieder nieder
zur Erde muß es,
ewig wechselnd.

Strömt von der hohen,
steilen Felswand[72]
10 der reine Strahl,
dann stäubt[73] er lieblich
in Wolkenwellen[74]
zum glatten Fels,
und leicht empfangen,
15 wallt[75] er verschleiernd,[76]
leisrauschend[77]
zur Tiefe nieder.

Ragen Klippen
dem Sturz entgegen,[78]
schäumt er unmutig[79]
stufenweise
zum Abgrund.   30

Im flachen Bette
schleicht er das Wiesental hin,[80]
und in dem glatten See
weiden ihr Antlitz[81] alle Gestirne.

Wind ist der Welle   35
lieblicher Buhler;
Wind mischt vom Grund aus
schäumende Wogen.

Seele des Menschen,
wie gleichst du dem Wasser!   40
Schicksal des Menschen,
wie gleichst du dem Wind!

WANDERERS NACHTLIED (1803) [1780]

Über allen Gipfeln
ist Ruh,
20 in allen Wipfeln[82]
spürest du
kaum einen Hauch.
Die Vögelein schweigen im Walde.
Warte nur, balde
25 ruhest du auch.

---

[72] Felswand: *rocky wall, cliff*   [73] stäubt: *sprays*   [74] Wolkenwellen: *cloudlike waves*   [75] wallt: fließt; *flows*   [76] verschleiernd: *veiling (the rocks)*   [77] leisrauschend: *murmuring softly*   [78] ragen ... entgegen: *protrude into*   [79] Ragen Klippen dem Sturz entgegen, schäumt er unmutig ...: Wenn Klippen dem Sturz entgegenragen, dann schäumt er unmutig ...   [80] schleicht er das Wiesental hin: *it creeps through the valley of meadows*   [81] weiden ihr Antlitz: *gaze on their faces*   [82] Wipfeln: *treetops*

Aus DIE LEIDEN DES JUNGEN WERTHERS (1774)

Fast über Nacht wurde Goethe mit seinem ersten Roman weltberühmt. Viele Leser lasen *Die Leiden des jungen Werthers* als rührende, seelenvolle, das Gefühl bewegende Geschichte einer unglücklichen Liebe; andere tadelten das Buch als Verherrlichung des Selbstmords. So hatte es Goethe zwar nicht gemeint, doch am Thema des Selbstmordes
5 entzündeten sich die Gegensätze. Die kirchliche Tradition hatte von jeher den Selbstmord als Sünde verdammt; doch konnte man auch geltend machen,[83] daß der Mensch, wenn er sich schon das Recht nahm, selbst über sein Leben zu bestimmen, auch das Recht haben mußte, seinem Leben selbst ein Ende zu setzen. Noch in unserem Jahrhundert hat Albert Camus[84] erklärt: „Es gibt nur *ein* wahrhaft ernstes philosophisches Problem: den
10 Selbstmord. Zu entscheiden, ob es der Mühe wert oder nicht wert ist, das Leben zu leben, heißt, die Grundfrage der Philosophie beantworten."

Goethe selbst urteilte in den *Leiden des jungen Werthers* nicht; er stellte dar.

AM 12. AUGUST*

Gewiß, Albert[85] ist der beste Mensch unter dem Himmel. Ich habe gestern eine wunderbare Szene mit ihm gehabt. Ich kam zu ihm, um Abschied von ihm zu
15 nehmen; denn mich wandelte die Lust an,[86] ins Gebirge zu reiten, von woher ich dir auch jetzt schreibe, und wie ich in der Stube auf und ab gehe, fallen mir seine Pistolen in die Augen.[87] — „Borge mir die Pistolen", sagte ich, „zu meiner Reise." — „Meinetwegen", sagte er, „wenn du dir die Mühe nehmen willst, sie zu laden; bei mir hängen sie nur pro forma."[88] — Ich nahm eine herunter, und er fuhr
20 fort: „Seit mir meine Vorsicht einen so unartigen Streich gespielt hat, mag ich mit dem Zeuge[89] nichts mehr zu tun haben." — Ich war neugierig, die Geschichte zu wissen. — „Ich hielt mich", erzählte er, „wohl ein Vierteljahr auf dem Lande bei einem Freunde auf,[90] hatte ein paar Terzerolen[91] ungeladen und schlief ruhig. Einmal an einem regnichten[92] Nachmittage, da ich müßig sitze, weiß ich nicht, wie
25 mir einfällt: wir könnten überfallen werden, wir könnten die Terzerolen nötig haben und könnten — du weißt ja, wie das ist. — Ich gab sie dem Bedienten, sie zu putzen und zu laden; und der dahlt[93] mit den Mädchen, will sie erschrecken, und Gott weiß wie, das Gewehr[94] geht los, da der Ladstock[95] noch drin steckt, und

---

[83] geltend machen: vorbringen; *maintain*   [84] Albert Camus: (1913 - 1960), französischer Dichter (*L'Etranger, La Peste*)   [85] Albert: Werther liebt Lotte; Albert ist ihr Mann.   [86] mich wandelte die Lust an: *the fancy took me*   [87] fallen mir ... in die Augen: erblicke ich; *I catch sight of* [88] pro forma: (*Lat.*) *as a matter of form*   [89] mit dem Zeuge: *with that sort of thing*   [90] hielt mich ... auf: lebte, wohnte   [91] Terzerolen: *small pistols*   [92] regnichten: regnerischen; *rainy* [93] dahlt: scherzt, tändelt; *jokes, flirts*   [94] Gewehr: (hier) Waffe; *weapon*   [95] Ladstock: *ramrod*
*Am 12. August: Der Roman besteht aus Werthers Briefen an einen Freund.

schießt den Ladstock einem Mädchen zur Maus herein an der rechten Hand[96] und zerschlägt ihr den Daumen. Da hatte ich das Lamentieren, und die Kur zu bezahlen obendrein, und seit der Zeit lass' ich alles Gewehr[97] ungeladen. Lieber Schatz, was ist Vorsicht? die Gefahr läßt sich nicht auslernen![98] Zwar. . .'' — Nun weißt du, daß ich den Menschen sehr lieb habe bis auf[99] seine *Zwar*; denn versteht sich's   5
nicht von selbst, daß jeder allgemeine Satz Ausnahmen leidet?[100] Aber so rechtfertig[101] ist der Mensch! wenn er glaubt, etwas Übereiltes, Allgemeines, Halbwahres gesagt zu haben, so hört er dir[102] nicht auf zu limitieren, zu modifizieren und ab- und zuzutun,[103] bis zuletzt gar nichts mehr an der Sache ist. Und bei diesem Anlaß kam er sehr tief in Text:[104] ich hörte endlich gar nicht   10
weiter auf ihn, verfiel in Grillen,[105] und mit einer auffahrenden Gebärde drückte ich mir die Mündung der Pistole übers rechte Aug' an die Stirn. — ,,Pfui!'' sagte Albert, indem er mir die Pistole herabzog, ,,was soll das?'' — ,,Sie ist nicht geladen'', sagte ich. — ,,Und auch so, was soll's?'' versetzte er ungeduldig. ,,Ich kann mir nicht vorstellen, wie ein Mensch so töricht sein kann, sich zu erschießen; der bloße Gedanke   15
erregt mir Widerwillen.''[106]

,,Daß ihr Menschen'', rief ich aus, ,,um von einer Sache zu reden, gleich sprechen müßt: ,Das ist töricht, das ist klug, das ist gut, das ist bös!' Und was will das alles heißen? Habt ihr deswegen die innern Verhältnisse einer Handlung erforscht? Wißt ihr mit Bestimmtheit die Ursachen zu entwickeln, warum sie   20
geschah, warum sie geschehen mußte? Hättet ihr das, ihr würdet nicht so eilfertig mit euren Urteilen sein.''

,,Du wirst mir zugeben'', sagte Albert, ,,daß gewisse Handlungen lasterhaft bleiben, sie mögen geschehen, aus welchem Beweggrunde sie wollen.''

Ich zuckte die Achseln und gab's ihm zu. — ,,Doch, mein Lieber'', fuhr ich   25
fort, ,,finden sich auch hier einige Ausnahmen. Es ist wahr, der Diebstahl ist ein Laster: aber der Mensch, der, um sich und die Seinigen vom gegenwärtigen Hungertode zu erretten, auf Raub ausgeht, verdient der Mitleiden oder Strafe? Wer hebt den ersten Stein auf gegen den Ehemann, der im gerechten Zorne sein untreues Weib und ihren nichtswürdigen Verführer aufopfert? Gegen das Mädchen, das in   30
einer wonnevollen Stunde sich in den unaufhaltsamen Freuden der Liebe verliert? Unsere Gesetze selbst, diese kaltblütigen Pedanten, lassen sich rühren und halten ihre Strafe zurück.''

,,Das ist ganz was anders'', versetzte Albert, ,,weil ein Mensch, den seine Leidenschaften hinreißen, alle Besinnungskraft verliert und als ein Trunkener, als   35
ein Wahnsinniger angesehen wird.''

,,Ach ihr vernünftigen Leute!'' rief ich lächelnd aus. ,,Leidenschaft! Trunkenheit! Wahnsinn! Ihr steht so gelassen, so ohne Teilnehmung da, ihr sittlichen Menschen, scheltet den Trinker, verabscheut den Unsinnigen, geht vorbei wie der

---

[96]zur Maus herein an der rechten Hand: *in the ball of the right hand*   [97]alles Gewehr: alle Gewehre
[98]die Gefahr läßt sich nicht auslernen: man lernt nie genug, um die Gefahr zu vermeiden (*avoid*)
[99]bis auf: *excepting*   [100]leidet: zuläßt; *permits*   [101]rechtfertig: rechtfertigend; *apologetic, hair-splitting*   [102]dir: (an *"ethical dative": omit in translation*)   [103]ab- und zuzutun: *to subtract and add*   [104]kam er sehr tief in Text: hat er sich sehr in seine Sache vertieft; *he became immersed in his subject*   [105]verfiel in Grillen: *lapsed into gloom*   [106]der bloße Gedanke erregt mir Widerwillen: *I find the mere thought revolting*

Priester und dankt Gott wie der Pharisäer,[107] daß er euch nicht gemacht hat wie einen von diesen. Ich bin mehr als einmal trunken gewesen, meine Leidenschaften waren nie weit vom Wahnsinn, und beides reut mich nicht: denn ich habe in einem Maße begreifen lernen, wie man alle außerordentlichen Menschen, die etwas Großes,
5   etwas Unmöglichscheinendes[108] wirkten, von jeher[109] für Trunkene und Wahnsinnige ausschreien mußte.

Aber auch im gemeinen Leben ist's unerträglich, fast einem jeden bei halbweg einer freien, edlen, unerwarteten Tat nachrufen zu hören:[110] ,Der Mensch ist trunken, der ist närrisch!' Schämt euch, ihr Nüchternen! Schämt euch, ihr
10   Weisen!"

„Das sind nun wieder von deinen Grillen",[111] sagte Albert, „du überspannst[112] alles und hast wenigstens hier gewiß unrecht, daß du den Selbstmord, wovon jetzt die Rede ist, mit großen Handlungen vergleichst: da man es doch für nichts anders als eine Schwäche halten kann. Denn freilich ist es leichter zu sterben,
15   als ein qualvolles Leben standhaft zu ertragen."

Ich war im Begriff abzubrechen; denn kein Argument bringt mich so aus der Fassung,[113] als wenn einer mit einem unbedeutenden Gemeinspruche[114] angezogen kommt,[115] wenn ich aus ganzem Herzen rede. Doch faßte ich mich, weil ich's schon oft gehört und mich öfter darüber geärgert hatte, und versetzte ihm mit
20   einiger Lebhaftigkeit: „Du nennst das Schwäche? Ich bitte dich, laß dich vom Anscheine nicht verführen. Ein Volk, das unter dem unerträglichen Joch eines Tyrannen seufzt, darfst du das schwach heißen, wenn es endlich aufgärt[116] und seine Ketten zerreißt? Ein Mensch, der über dem Schrecken, daß Feuer sein Haus ergriffen hat, alle Kräfte gespannt fühlt und mit Leichtigkeit Lasten wegträgt, die er
25   bei ruhigem Sinne kaum bewegen kann; einer, der in der Wut der Beleidigung es mit sechsen aufnimmt[117] und sie überwältigt, sind die schwach zu nennen? Und, mein Guter, wenn Anstrengung Stärke ist, warum soll die Überspannung[118] das Gegenteil sein? " — Albert sah mich an und sagte: „Nimm mir's nicht übel, die Beispiele, die du da gibst, scheinen hieher gar nicht zu gehören." — „Es mag sein",
30   sagte ich, „man hat mir schon öfters vorgeworfen, daß meine Kombinationsart[119] manchmal an Radotage[120] grenze. Laßt uns denn sehen, ob wir uns auf eine andere Weise vorstellen können, wie dem Menschen zu Mute sein mag, der sich entschließt, die sonst angenehme Bürde des Lebens abzuwerfen. Denn nur insofern wir mitempfinden, haben wir die Ehre,[121] von einer Sache zu reden.
35   Die menschliche Natur", fuhr ich fort, „hat ihre Grenzen: sie kann Freude, Leid, Schmerzen bis auf einen gewissen Grad ertragen und geht zugrunde, sobald der überstiegen ist. Hier ist also nicht die Frage, ob einer schwach oder stark ist, sondern ob er das Maß seines Leidens ausdauern kann, es mag nun moralisch[122]

---

[107] Priester . . . Pharisäer: siehe Lukas 10, 31 und 18, 11 (Pharisäer: *pharisee: a righteous, self-satisfied person*)   [108] Unmöglichscheinendes: *that which appears impossible*   [109] von jeher: *at all times*
[110] fast einem jeden . . . nachrufen zu hören: *to hear it said about almost everyone*   [111] Grillen: *caprices*   [112] überspannst: übertreibst; *exaggerate*   [113] bringt . . . aus der Fassung: *upsets*
[114] Gemeinspruche: Gemeinplatz, Klischee   [115] angezogen kommt: *comes up (with)*   [116] aufgärt: *begins to ferment, to revolt*   [117] es mit sechsen aufnimmt: *takes on six people*   [118] Überspannung: *excess effort*   [119] Kombinationsart: *way of combining, associating things*   [120] Radotage: Unsinn; *nonsense*   [121] haben wir die Ehre: haben wir das Recht   [122] moralisch: geistig

oder körperlich sein. Und ich finde es ebenso wunderbar[123] zu sagen, der Mensch
ist feige, der sich das Leben nimmt, als es ungehörig wäre, den einen Feigen zu
nennen, der an einem bösartigen Fieber stirbt.“

„Paradox! sehr paradox!“ rief Albert aus. — „Nicht so sehr, als du denkst“,
versetzte ich. „Du gibst mir zu, wir nennen das eine Krankheit zum Tode,[124]   5
wodurch die Natur so angegriffen wird, daß teils ihre Kräfte verzehrt, teils so außer
Wirkung gesetzt werden,[125] daß sie sich nicht wieder aufzuhelfen, durch keine
glückliche Revolution[126] den gewöhnlichen Umlauf des Lebens wieder herzustellen
fähig ist.

Nun, mein Lieber, laß uns das auf den Geist anwenden. Sieh den Menschen an   10
in seiner Eingeschränktheit, wie Eindrücke auf ihn wirken, Ideen sich bei ihm
festsetzen, bis endlich eine wachsende Leidenschaft ihn aller ruhigen Sinneskraft
beraubt und ihn zugrunde richtet.

Vergebens, daß der gelassene, vernünftige Mensch den Zustand des Unglücklichen übersieht,[127] vergebens, daß er ihm zuredet! Ebenso wie ein Gesunder, der am   15
Bette des Kranken steht, ihm von seinen Kräften nicht das geringste einflößen kann.“

Alberten[128] war das zu allgemein gesprochen. Ich erinnerte ihn an ein
Mädchen, das man vor weniger Zeit im Wasser tot gefunden, und wiederholte ihm
ihre Geschichte. — „Ein gutes, junges Geschöpf, das in dem engen Kreise häuslicher
Beschäftigungen, wöchentlicher bestimmter Arbeit herangewachsen war, das weiter   20
keine Aussicht von Vergnügen kannte, als etwa Sonntags in einem nach und
nach[129] zusammengeschafften Putz mit ihresgleichen um die Stadt spazieren-
zugehen, vielleicht alle hohen Feste[130] einmal zu tanzen und übrigens mit aller
Lebhaftigkeit des herzlichsten Anteils manche Stunde über den Anlaß eines
Gezänkes, einer übeln Nachrede mit einer Nachbarin zu verplaudern[131] — deren   25
feurige Natur fühlt nun endlich innigere Bedürfnisse, die durch die Schmeicheleien
der Männer vermehrt werden; ihre vorigen Freuden werden ihr nach und nach
unschmackhaft, bis sie endlich einen Menschen antrifft, zu dem ein unbekanntes
Gefühl sie unwiderstehlich hinreißt, auf den sie nun alle ihre Hoffnungen wirft, die
Welt rings um sich vergißt, nichts hört, nichts sieht, nichts fühlt als ihn, den   30
Einzigen, sich nur sehnt nach ihm, dem Einzigen. Durch die leeren Vergnügungen
einer unbeständigen Eitelkeit nicht verdorben,[132] zieht ihr Verlangen gerade nach
dem Zweck: sie will die Seinige werden, sie will in ewiger Verbindung all das Glück
antreffen, das ihr mangelt, die Vereinigung aller Freuden genießen, nach denen sie
sich sehnte. Wiederholtes Versprechen, das ihr die Gewißheit aller Hoffnungen   35
versiegelt, kühne Liebkosungen, die ihre Begierden vermehren, umfangen ganz ihre
Seele; sie schwebt in einem dumpfen Bewußtsein, in einem Vorgefühl aller Freuden,
sie ist bis auf den höchsten Grad gespannt, sie streckt endlich ihre Arme aus, all ihre
Wünsche zu umfassen — und ihr Geliebter verläßt sie. — Erstarrt, ohne Sinne steht
sie vor einem Abgrunde; alles ist Finsternis um sie her, keine Aussicht, kein Trost,   40

---

[123] **wunderbar:** wunderlich; *peculiar*   [124] **Krankheit zum Tode:** siehe Johannes 11, 4   [125] **außer
Wirkung gesetzt werden:** *are put out of commission*   [126] **Revolution:** d.h., Transformierung
[127] **übersieht:** *perceives*   [128] **Alberten:** (*archaic dative ending*)   [129] **nach und nach:** *little by little*
[130] **alle hohen Feste:** an allen Feiertagen (*holidays*)   [131] **manche Stunde . . . zu verplaudern:** *to chat
away many an hour*   [132] **Durch die leeren Vergnügungen einer unbeständigen Eitelkeit nicht
verdorben:** *not spoiled by the empty delights of an inconsistent vanity*

keine Ahnung!^{133} denn *der* hat sie verlassen, in dem sie allein ihr Dasein fühlte. Sie sieht nicht die weite Welt, die vor ihr liegt, nicht die vielen, die ihr den Verlust ersetzen könnten, sie fühlt sich allein, verlassen von aller Welt, — und blind, in die Enge gepreßt^{134} von der entsetzlichen Not ihres Herzens, stürzt sie sich hinunter,

5 um in einem rings umfangenden^{135} Tode alle ihre Qualen zu ersticken. — Sieh, Albert, das ist die Geschichte so manches Menschen! und sag', ist das nicht der Fall der Krankheit? Die Natur findet keinen Ausweg aus dem Labyrinthe der verworrenen und widersprechenden Kräfte, und der Mensch muß sterben.

Wehe dem, der zusehen und sagen könnte: ‚Die Törin! Hätte sie gewartet,

10 hätte sie die Zeit wirken lassen, die Verzweiflung würde sich schon gelegt, es würde sich schon ein anderer sie zu trösten vorgefunden haben.' — Das ist eben, als wenn einer sagte: ‚Der Tor, stirbt am Fieber! Hätte er gewartet, bis seine Kräfte sich erholt, seine Säfte sich verbessert, der Tumult seines Blutes sich gelegt hätten: alles wäre gut gegangen, und er lebte bis auf den heutigen Tag!' "

15 Albert, dem die Vergleichung noch nicht anschaulich war, wandte noch einiges ein, und unter andern: ich hätte nur von einem einfältigen Mädchen gesprochen; wie aber ein Mensch von Verstande, der nicht so eingeschränkt sei, der mehr Verhältnisse übersehe, zu entschuldigen sein möchte, könne er nicht begreifen. — „Mein Freund", rief ich aus, „der Mensch ist Mensch, und das bißchen

20 Verstand, das einer haben mag, kommt wenig oder nicht in Anschlag,^{136} wenn Leidenschaft wütet und die Grenzen der Menschheit einen drängen. Vielmehr — Ein andermal davon..." sagte ich und griff nach meinem Hute. O mir war das Herz so voll — Und wir gingen auseinander, ohne einander verstanden zu haben. Wie denn auf dieser Welt keiner leicht den andern versteht.

FAUST* (1790/1832) [ca. 1770/1831]

25 Goethes Idee, einen *Faust* zu schreiben, geht bis auf seine Straßburger Zeit zurück, und die Arbeit am *Faust* hat ihn, mit Pausen und Unterbrechungen, bis in sein Todesjahr beschäftigt. In seiner Autobiographie hat er auf den persönlichen Bezug hingewiesen, der ihm die alte „Puppenspielfabel"^{137} so bedeutend machte. „Auch ich", schreibt er, „hatte mich in allem Wissen umhergetrieben und war früh genug auf die Eitelkeit desselben

30 hingewiesen worden. Ich hatte es auch im Leben auf allerlei Weise versucht und war immer unbefriedigter und gequälter zurückgekommen." Diese Einsicht ist der Ausgangspunkt von Goethes Drama. Es beginnt — wenn wir die verschiedenen Vorspiele beiseite lassen — womit Dramen sonst enden: mit der Katastrophe. Am Mut, „sich seines Verstandes zu bedienen", hat es Faust nie gefehlt, doch alles Wissen, das er sich erworben

35 hat, kann ihm die eine Frage, auf die es ihm allein ankommt, nicht beantworten. Es ist die Frage nach dem Sinn seiner Existenz.

---

^{133}keine Ahnung: keine Hoffnung ^{134}in die Enge gepreßt: *trapped: driven to desperation*
^{135}rings umfangenden: *all-encompassing* ^{136}kommt . . . in Anschlag: *come into consideration*
^{137}Puppenspielfabel: siehe S. 49, Z. 18
*Faust: siehe auch S. 48ff.

*In einem hochgewölbten,[138] engen gotischen Zimmer Faust unruhig auf seinem
Sessel am Pulte*

FAUST Habe[139] nun, ach! Philosophie,
Juristerei[140] und Medizin,   5
und leider auch Theologie
durchaus studiert, mit heißem Bemühn.
Da steh' ich nun, ich armer Tor,
und bin so klug als wie zuvor;
heiße Magister, heiße Doktor gar,   10
und ziehe schon an die zehen Jahr[141]
herauf, herab und quer und krumm[142]
meine Schüler an der Nase herum —
und sehe, daß wir nichts wissen können!
Das will mir schier[143] das Herz verbrennen.   15
Zwar bin ich gescheiter als alle die Laffen,[144]
Doktoren, Magister, Schreiber[145] und Pfaffen;[146]
mich plagen keine Skrupel noch Zweifel,
fürchte mich weder vor Hölle noch Teufel —
Dafür[147] ist mir auch alle Freud' entrissen,   20
bilde mir nicht ein, was Rechts zu wissen,
bilde mir nicht ein, ich könnte was lehren,
die Menschen zu bessern und zu bekehren.
Auch hab' ich weder Gut noch Geld,
noch Ehr' und Herrlichkeit der Welt.   25
Es möchte[148] kein Hund so länger leben!
Drum hab' ich mich der Magie ergeben,
ob[149] mir durch Geistes Kraft und Mund
nicht manch Geheimnis würde kund;[150]
daß ich nicht mehr mit sauerm Schweiß   30
zu sagen brauche, was ich nicht weiß;
daß ich erkenne, was die Welt
im Innersten zusammenhält,
schau' alle Wirkenskraft[151] und Samen,[152]
und tu' nicht mehr in Worten kramen. . .   35

---

[138] hochgewölbten: *with high arches*   [139] habe . . .: (*Note the repeated omission of the personal
pronoun in this monologue.*)   [140] Juristerei: Jura; *law*   [141] an die zehen Jahr: fast zehn Jahre lang
[142] quer und krumm: *across and roundabout*   [143] schier: fast   [144] Laffen: *fops, fools*
[145] Schreiber: *scribes*   [146] Pfaffen: *priests (derogatory)*   [147] Dafür: *in return for that*
[148] möchte: könnte   [149] ob: um festzustellen, ob; *to determine whether*   [150] mir . . . würde kund:
would become known to me   [151] Wirkenskraft: Wirkungskräfte; *i.e., sources of energy, activity*
[152] Samen: *seeds: i.e., sources of matter*

Auch die Antwort, die die christliche Tradition für Faust bereit hält, kann ihn nicht befriedigen. „Die Botschaft hör' ich wohl, allein mir fehlt der Glaube", erklärt er trotzig. Es gehört zu den Ironien von Goethes ironischem Drama, daß es, stofflich,[153] auf christlichen Voraussetzungen beruht, daß es sich christlicher Themen und Figuren bedient, daß wir aber weder seinen Helden noch seinen Autor im eigentlichen Sinn als
5   Christen bezeichnen können. Dennoch sind die christlichen Figuren nicht einfach leere Fiktionen; selbst wer nicht an *den* Bösen[154] zu glauben vermag, wird *das* Böse und seine Macht nicht leugnen wollen. Der Teufel nun ist es, der in Goethes Drama Faust einen Ausweg anbietet aus einer Verzweiflung, die ihn bis an den Rand des Selbstmords
10   gebracht hat.

Studierzimmer

	MEPHISTOPHELES	— Ich bin keiner von den Großen;
		doch willst du mit mir vereint
		deine Schritte durchs Leben nehmen,
15		so will ich mich gern bequemen,[155]
		dein zu sein, auf der Stelle.[156]
		Ich bin dein Geselle,
		und mach' ich dir's recht,
		bin ich dein Diener, bin dein Knecht.
20	FAUST	Und was soll ich dagegen dir erfüllen?
	MEPHISTOPHELES	Dazu hast du noch eine lange Frist.
	FAUST	Nein, nein! der Teufel ist ein Egoist
		und tut nicht leicht um Gottes willen,[157]
		was einem andern nützlich ist.
25		Sprich die Bedingung deutlich aus;
		ein solcher Diener bringt Gefahr ins Haus.
	MEPHISTOPHELES	Ich will mich *hier* zu deinem Dienst verbinden,
		auf deinen Wink nicht rasten und nicht ruhn;
		wenn wir uns *drüben*[158] wieder finden,
30		so sollst du mir das Gleiche tun.
	FAUST	Das Drüben kann mich wenig kümmern;
		schlägst du erst diese Welt zu Trümmern,
		die andre mag darnach entstehn.
		Aus dieser Erde quillen[159] meine Freuden,
35		und diese Sonne scheinet[160] meinen Leiden;
		kann ich mich erst von ihnen scheiden,

---

[153] stofflich: *in its subject matter*   [154] den Bösen: den Teufel   [155] will ich mich gern bequemen:
I will gladly accommodate myself   [156] auf der Stelle: sofort   [157] tut nicht leicht um Gottes willen:
does not readily act out of charity   [158] drüben: *in the hereafter*   [159] quillen: quellen; *originate;*
pour   [160] scheinet: scheint auf

dann mag, was will und kann, geschehn.
Davon will ich nichts weiter hören,
ob man auch künftig haßt und liebt,
und ob es auch in jenen Sphären
ein Oben oder Unten gibt.   5

MEPHISTOPHELES In diesem Sinne kannst du's wagen.
Verbinde dich; du sollst, in diesen Tagen,
mit Freuden meine Künste sehn;
ich gebe dir, was noch kein Mensch gesehn.

FAUST Was willst du armer Teufel geben?   10
Ward[161] eines Menschen Geist, in seinem hohen Streben,
von deinesgleichen, je gefaßt?
Doch hast du Speise, die nicht sättigt, hast
du rotes Gold, das ohne Rast,
Quecksilber gleich, dir in der Hand zerrinnt,   15
ein Spiel, bei dem man nie gewinnt,
ein Mädchen, das an meiner Brust
mit Äugeln[162] schon dem Nachbar sich verbindet,
der Ehre schöne Götterlust,[163]
die, wie ein Meteor, verschwindet?   20
Zeig' mir die Frucht, die fault, eh' man sie bricht,
und Bäume, die sich täglich neu begrünen![164]

MEPHISTOPHELES Ein solcher Auftrag schreckt mich nicht,
mit solchen Schätzen kann ich dienen.
Doch, guter Freund, die Zeit kommt auch heran,   25
wo wir was Gut's in Ruhe schmausen[165] mögen.

FAUST Werd' ich beruhigt je mich auf ein Faulbett legen,[166]
so sei es gleich um mich getan![167]
Kannst du mich schmeichelnd je belügen,
daß ich mir selbst gefallen mag,   30
kannst du mich mit Genuß betrügen —
das sei für mich der letzte Tag!
Die Wette biet' ich!

MEPHISTOPHELES   Topp![168]

FAUST Und Schlag auf Schlag![169]   35
Werd' ich zum Augenblicke sagen:
Verweile doch! du bist so schön!
Dann magst du mich in Fesseln schlagen,
dann will ich gern zu Grunde gehn!

---

[161]ward: wurde   [162]Äugeln: *ogling*   [163]der Ehre schöne Götterlust: *the beautiful, divine joy of honor*   [164]sich ... begrünen: grün werden   [165]schmausen: *feast upon*   [166]mich auf ein Faulbett legen: *lie down on a bed of idleness: become idle*   [167]um mich getan: mit mir zu Ende   [168]Topp!: Abgemacht! *Done!*   [169]Schlag auf Schlag!: *here's my hand on it!*

> Dann mag die Totenglocke schallen,
> dann bist du deines Dienstes frei,
> die Uhr mag stehn, der Zeiger fallen,[170]
> es sei die Zeit für mich vorbei!

5 MEPHISTOPHELES Bedenk' es wohl, wir werden's nicht vergessen.

FAUST Dazu hast du ein volles Recht;
> ich habe mich nicht freventlich vermessen.[171]
> Wie ich beharre,[172] bin ich Knecht,
> ob dein, was frag' ich, oder wessen.

10 Die verzweifelte Wette, die Faust mit dem Teufel abgeschlossen hat, ist eine Wette, bei der er nur verlieren kann. Denn gelingt es Mephisto, Faust etwas zu zeigen, das ihm das Leben lebenswert macht, so daß er am erfüllten Augenblick festhält, dann hat Faust seine Seele verspielt. „Gewinnt" er aber, das heißt, hat er am Ende seines Lebens recht behalten mit der Behauptung, daß nichts im Leben sich wahrhaft der Mühe gelohnt hat, dann hat
15 er schon bei Lebzeiten im Grunde in der Hölle gelebt. Mephisto gibt sich alle Mühe, doch nirgends findet Faust dauernde Befriedigung. Er verliebt sich in ein kleines Bürgermädchen, Gretchen, verläßt sie und zerstört ihr Leben. Er kommt an den Hof des Kaisers, gewinnt Macht und Einfluß, beschwört die schönste Frau des Altertums, Helena,[173] aus der Unterwelt herauf, und mit ihr den Glanz und die Schönheit Griechenlands, und wird
20 zuletzt ein mächtiger Herrscher. Doch fast unbemerkt ist auf dieser Lebensreise mit Faust eine Veränderung vorgegangen. Als alter Mann auf sein Leben zurückblickend findet er zwar noch immer, daß kein einzelner Moment seines Lebens ihn wirklich befriedigt hat; das „Weiterschreiten"[174] von Erfahrung zu Erfahrung aber, so erscheint es ihm nun, ist wahrhaft der Mühe wert gewesen.

ZWEITER TEIL   Fünfter Akt

25 *Mitternacht*

FAUST Ich bin nur durch die Welt gerannt!
> Ein jed' Gelüst ergriff ich bei den Haaren,
> was nicht genügte, ließ ich fahren,
> was mir entwischte, ließ ich ziehn.
30 Ich habe nur begehrt und nur vollbracht
> und abermals gewünscht und so mit Macht
> mein Leben durchgestürmt:[175] erst groß und mächtig,
> nun aber geht es weise, geht bedächtig.

---

[170] der Zeiger fallen: *the hand of the clock (may) fall (Presumably this refers to the hand of a water-clock, which falls to the bottom of its scale after a given time, usually twenty-four hours.)* [171] freventlich vermessen: *irresponsibly presumptuous* [172] Wie ich beharre: d.h., sobald ich aufhöre zu streben, sobald ich mich nicht weiter bewege [173] Helena: *Helen of Troy* [174] Weiterschreiten: *moving on* [175] durchgestürmt: *stormed through*

Nach drüben[176] ist die Aussicht uns verrannt;[177]
Tor, wer dorthin die Augen blinzelnd richtet,
sich über Wolken[178] seinesgleichen dichtet![179]
Er stehe fest und sehe hier sich um:
dem Tüchtigen ist diese Welt nicht stumm.   5
Was braucht er in die Ewigkeit zu schweifen?
Was er erkennt, läßt sich ergreifen.
Er wandle so den Erdentag entlang;[180]
wenn Geister spuken, geh' er seinen Gang,
im Weiterschreiten find' er Qual und Glück,   10
er, unbefriedigt jeden Augenblick!

Das Land, das Faust beherrscht, ist Land, das er selbst geschaffen hat. Er hat es durch den
Bau von Deichen und Dämmen dem Meere abgewonnen. Hundertjährig, blind, ist Faust,
am Ende seines Lebens, noch immer rastlos tätig, das große Siedlungsprojekt,[181] an dem
er arbeitet, zu vollenden.   15

Großer Vorhof des Palasts

Fackeln

MEPHISTOPHELES *(als Aufseher voran).* LEMUREN[182] *(grabend)*

    FAUST *(aus dem Palaste tretend, tastet an den Türpfosten)*
        Wie das Geklirr der Spaten mich ergötzt![183]   20
        Es ist die Menge, die mir frönet,[184]
        die Erde mit sich selbst versöhnet,
        den Wellen ihre Grenze setzt,
        das Meer mit strengem Band umzieht.

MEPHISTOPHELES *(beiseite)*   25
        Du bist doch nur für uns bemüht
        mit deinen Dämmen, deinen Buhnen;[185]
        denn du bereitest schon Neptunen,[186]
        dem Wasserteufel, großen Schmaus.[187]
        In jeder Art seid ihr verloren: 30
        Die Elemente sind mit uns verschworen,
        und auf Vernichtung läuft's hinaus.[188]

---

[176]**nach drüben:** in das Leben nach dem Tode   [177]**verrannt:** blockiert   [178]**über Wolken:** im
Himmel   [179]**sich ... dichtet:** sich ... vorstellt   [180]**den Erdentag entlang:** *through the earthly
day*   [181]**Siedlungsprojekt:** *settlement project*   [182]**Lemuren:** antike Gespenster (*ghosts*)   [183]**Wie
das Geklirr der Spaten mich ergötzt:** Ohne Fausts Wissen graben die Lemuren sein Grab.   [184]**frönet:**
dient; *serves, works for*   [185]**Buhnen:** Dämme aus Steinen; *breakwaters*   [186]**Neptunen:** Neptun,
Gott des Meeres   [187]**Schmaus:** *feast*   [188]**und auf Vernichtung läuft's hinaus:** es endet mit
Vernichtung

FAUST Aufseher!

MEPHISTOPHELES Hier!

         FAUST   Wie es auch möglich sei,
Arbeiter schaffe Meng' auf Menge![189]
5   Ermuntre durch Genuß und Strenge,
bezahle, locke, presse bei![190]
Mit jedem Tage will ich Nachricht haben,
wie sich verlängt der unternommene Graben.

MEPHISTOPHELES (*halblaut*)
10   Man spricht, wie man mir Nachricht gab,
von keinem Graben, doch vom Grab.[191]

         FAUST Ein Sumpf zieht am Gebirge hin,[192]
verpestet alles schon Errungene;
den faulen Pfuhl auch abzuziehn,
15   das letzte wär' das Höchsterrungene.[193]
Eröffn' ich Räume vielen Millionen,
nicht sicher zwar, doch tätig-frei zu wohnen.
Grün das Gefilde, fruchtbar; Mensch und Herde
sogleich behaglich auf der neusten Erde,
20   gleich angesiedelt an des Hügels[194] Kraft,
den aufgewälzt kühn-emsige Völkerschaft.[195]
Im Innern hier ein paradiesisch Land,
da rase draußen Flut[196] bis auf zum Rand;
und wie sie nascht,[197] gewaltsam einzuschießen,[198]
25   Gemeindrang[199] eilt, die Lücke zu verschließen.
Ja! diesem Sinne bin ich ganz ergeben,
das ist der Weisheit letzter Schluß:[200]
nur der verdient sich Freiheit wie das Leben,
der täglich sie erobern muß.
30   Und so verbringt, umrungen von Gefahr,
hier Kindheit, Mann und Greis sein tüchtig Jahr.
Solch ein Gewimmel möcht' ich sehn,
auf freiem Grund mit freiem Volke stehn.
Zum Augenblicke dürft' ich sagen:
35   Verweile doch, du bist so schön!
Es kann die Spur von meinen Erdetagen
nicht in Äonen untergehn. —

---

[189] schaffe Meng' auf Menge: *put load upon load*   [190] presse bei: *urge, force*   [191] Graben ... Grab: *ditch ... grave*   [192] zieht ... hin: *extends along*   [193] Höchsterrungene: *the highest achievement*   [194] des Hügels: d.h., des Deiches (*dike*)   [195] den aufgewälzt kühn-emsige Völkerschaft: *which (the hill) was erected by a boldly industrious people*   [196] Flut: d.h., das Meer   [197] nascht: *nibbles*   [198] einzuschießen: *to break in*   [199] Gemeindrang: *concerted effort (of all the people)*   [200] letzter Schluß: *epitome, the highest conclusion*

Im Vorgefühl[201] von solchem hohen Glück
genieß' ich jetzt den höchsten Augenblick.
(*Faust sinkt zurück, die Lemuren fassen ihn und legen
ihn auf den Boden*)

MEPHISTOPHELES   Ihn sättigt keine Lust, ihm g'nügt kein Glück,   5
so buhlt er fort[202] nach wechselnden Gestalten;
den letzten, schlechten, leeren Augenblick,
der Arme wünscht ihn festzuhalten.
Der mir so kräftig widerstand,
die Zeit wird Herr, der Greis hier liegt im Sand.   10
Die Uhr steht still[203] —

CHOR   Steht still! Sie schweigt wie Mitternacht.

Der Zeiger fällt —

MEPHISTOPHELES   Er fällt, es ist vollbracht.

Fausts letzte Worte kommen dem Wortlaut der Wette gefährlich nahe. Mit Recht müssen 15
wir uns die Frage vorlegen, wer denn nun am Ende gewonnen hat. Es ist eine Frage, die
seit Goethes Tagen bis in unsere Zeit immer wieder diskutiert worden ist. Die Antworten
sind sehr verschieden ausgefallen, und für jede Antwort lassen sich gute Gründe
beibringen. Goethe selbst hat den *Faust* für „etwas ganz Inkommensurables"[204] gehalten
und hinzugefügt, daß „alle Versuche, ihn dem Verstande näherzubringen, . . . vergeblich" 20
seien. Gelegentlich hat er sich in Briefen und Gesprächen zum *Faust* geäußert, aber auch
dies klingt widersprüchlich. So hat er einmal erklärt, daß der Teufel die Wette verliert, ein
anderes Mal, daß Mephistopheles seine Wette gewinnt, allerdings „nur halb". Das bedeutet
zugleich, daß „die halbe Schuld auf Faust ruhen bleibt". Tatsächlich wird Faust dem
Zugriff des Teufels entzogen; Engel tragen seine gerettete Seele nach oben. Doch ist diese 25
Himmelfahrt keine Apotheose, sondern eher ein Akt der Begnadigung.

---

[201] **Vorgefühl:** *anticipation*   [202] **buhlt . . . fort:** *continues to chase (after)*   [203] **Die Uhr steht still:**
siehe S. 174, Z. 3   [204] **Inkommensurables:** *incommensurable, incomparable*

Bergschluchten.[204a] *Wald, Fels, Einöde*

> ENGEL (*schwebend in der höheren Atmosphäre, Faustens Unsterbliches*[205]
> *tragend*)
> Gerettet ist das edle Glied
> 5   der Geisterwelt vom Bösen:
> „Wer immer strebend sich bemüht,
> den können wir erlösen."
> Und hat an ihm die Liebe gar[206]
> von oben teilgenommen,
> 10   begegnet ihm die selige Schar
> mit herzlichem Willkommen.

Es ist wahr, Faust hat am Ende eine positive Antwort auf die Frage gefunden, was *ihm* das Leben wert ist; die andere Frage aber, was *er* dem Leben wert ist, hat er sich nie gestellt. Diese Frage ist es, die am Schlusse übrig bleibt. Unleugbar ist, daß Faust im Laufe 15 seines Lebens schwere Schuld auf sich geladen hat. Diese Schuld „bleibt auf ihm ruhen". Ihr Wesen besteht in einem Mangel an Liebe. Gemeint ist die Liebe, die nicht an sich, sondern an andere denkt. Goethe nennt sie das „Ewig-Weibliche", weil er glaubte, daß die Frau zur selbstlosen Liebe fähiger ist als der Mann. Und so gibt er dem „Ewig-Weiblichen" das Schlußwort im *Faust*.

> 20 CHORUS MYSTICUS   Alles Vergängliche
> ist nur ein Gleichnis;[207]
> das Unzulängliche,
> hier wird's Ereignis;[208]
> das Unbeschreibliche
> 25   hier ist's getan;
> das Ewig-Weibliche
> zieht uns hinan.
>
> *Finis.*[209]

Aus GOETHES BRIEFEN

Es ist oft behauptet worden, das größte Kunstwerk, das Goethe geschaffen habe, sei sein 30 Leben gewesen. Es ist ein mißverständliches Wort. In Wahrheit lag Goethe nichts ferner als das Leben mit der Kunst zu vermengen. „Ich achte das Leben höher als die Kunst", hat er von sich gesagt; er war kein Ästhet, er war ein Arbeiter. Als solcher hat er unermüdlich auch

---

[204a]Bergschluchten: *ravines*   [205]Unsterbliches: *immortal remains*   [206]gar: sogar
[207]Gleichnis: Symbol   [208]Ereignis: d.h., hier wird es vollendet   [209]Finis: (*Lat.*) Schluß

an sich gearbeitet; er wußte und hat es immer wieder ausgesprochen: man muß etwas sein, um etwas zu machen. Die folgenden Exzerpte aus Goethes Briefen sollen sichtbar machen, mit welchem Ernst und mit welcher Zähigkeit sich Goethe von seiner Studentenzeit bis ins höchste Alter um seine menschliche Bildung bemüht hat.

24. Aug. 1770 5

Die Sachen anzusehen, so gut wir können, sie in unser Gedächtnis schreiben, aufmerksam zu sein und keinen Tag ohne etwas zu sammeln, vorbeigehen lassen. Dann, jenen Wissenschaften obliegen,[210] die dem Geist eine gewisse Richtung geben, Dinge zu vergleichen, jedes an seinen Platz zu stellen, eines jeden Wert zu bestimmen: eine echte Philosophie, mein ich... das ist's, was wir jetzt zu tun 10 haben.

Dabei müssen wir nichts *sein*, sondern alles *werden* wollen, und besonders nicht öfter stille stehen und ruhen als die Notdurft eines müden Geistes und Körpers erfordert.

*4. Dez. 1774** 15

Sieh, so ist Natur ein Buch lebendig,
unverstanden, doch nicht unverständlich;
denn dein Herz hat viel und groß Begehr,
was wohl in der Welt für Freude wär,
allen Sonnenschein und alle Bäume, 20
alles Meergestad'[211] und alle Träume
in dein Herz zu sammeln miteinander...

Und wie muß dir's werden, wenn du fühlest,
daß du alles in dir selbst erzielest,
Freude hast an deiner Frau und Hunden, 25
als noch keiner in Elysium[212] gefunden,
als er da mit Schatten[213] lieblich schweifte
und an goldne Gottgestalten streifte.
Nicht in Rom, in Magna Grächa,[214]
dir im Herzen[215] ist die Wonne da! 30
Wer mit seiner Mutter, der Natur, sich hält,[216]
find't im Stengelglas[217] wohl eine Welt.

---

[210] obliegen: studieren   [211] alles Meergestad': alle Meeresufer; *all seashores*   [212] in Elysium: im Paradies   [213] Schatten: Geister; *spirits*   [214] Magna Grächa: *Magna Graecia* (*Lat.*): „Groß-Griechenland"; griechische Kolonien in Italien in vorchristlicher Zeit   [215] dir im Herzen: in deinem Herzen [216] sich hält: *relies (on)*   [217] Stengelglas: gewöhnlich „Weinglas" (Stengel: *stem*). Wahrscheinlich meint Goethe, eine ganze Welt der Erfahrungen sei auch im Kleinen, d.h., in einem kleinen Glas zu finden.

* 4. Dez. 1774: Goethe schrieb diese Verse für einen Jugendfreund, den Kaufmann und Schriftsteller Johann Heinrich Merck (1741 - 1791). Merck litt an schweren Depressionen; Goethe versucht ihm das Leben als lebenswert darzustellen.

13. Febr. 1775

Wenn Sie sich, meine Liebe, einen Goethe vorstellen können, der im galonierten[218] Rock, umleuchtet vom unbedeutenden Prachtglanze[219] der Wandleuchter und Kronenleuchter, mitten unter allerlei Leuten, von ein Paar schönen Augen am Spieltische gehalten wird, der in abwechselnder Zerstreuung aus der
5 Gesellschaft ins Konzert, und von da auf den Ball getrieben wird, und mit allem Interesse des Leichtsinns einer niedlichen Blondine den Hof macht, so haben Sie den gegenwärtigen Fastnachts-Goethe[220] . . .

Aber nun gibt's noch einen, den im grauen Biberfrack[221] mit dem braunseidnen[222] Halstuch und Stiefeln, der in der streichenden[223] Februarluft
10 schon den Frühling ahnt, dem nun bald seine liebe weite Welt wieder geöffnet wird, der immer in sich lebend, strebend und arbeitend, bald die unschuldigen Gefühle der Jugend in kleinen Gedichten, das kräftige Gewürz des Lebens in mancherlei Dramas, die Gestalten seiner Freunde und seiner Gegenden und seines geliebten Hausrats mit Kreide auf grauem Papier, nach seinem Maße auszudrücken sucht,
15 weder rechts noch links fragt: was von dem gehalten werde, was er machte? weil er arbeitend immer gleich eine Stufe höher steigt, weil er nach keinem Ideale springen, sondern seine Gefühle sich zu Fähigkeiten, kämpfend und spielend, entwickeln lassen will.

8. März 1776

20 . . . Es geht mit allem gut, denn was schlimm geht, lass' ich mich nicht anfechten.[224] Den Hof hab ich nun probiert, nun will ich auch das Regiment[225] probieren, und so immer fort. . .

17. Juli 1777

Alles geben die Götter, die unendlichen
25 ihren Lieblingen ganz,
alle Freuden, die unendlichen,
alle Schmerzen, die unendlichen, ganz.

So sang ich neulich, als ich tief in einer herrlichen Mondnacht aus dem Flusse stieg, der vor meinem Garten durch die Wiesen fließt; und das bewahrheitet sich
30 täglich an mir.

20. Sept. 1780

Das Tagewerk, das mir aufgetragen ist, das mir täglich leichter und schwerer wird, erfordert wachend und träumend meine Gegenwart. Diese Pflicht wird mir

---

[218]galonierten: *gallooned, with trimming*   [219]Prachtglanze: *stately glow*   [220]Fastnachts-Goethe: *Carnival-Goethe* (Fastnacht: *Mardi Gras, festival on Shrove Tuesday*)   [221]Biberfrack: *beaver coat* [222]braunseidnen: *brown silk*   [223]streichenden: *rushing*   [224]lass' ich mich nicht anfechten: kümmert mich nicht; *does not worry me*   [225]Regiment: Regieren; *administration*

täglich teurer,[226] und darin wünscht' ich's den größten Menschen gleich zu tun, und in nichts Größerem. Diese Begierde, die Pyramide meines Daseins, deren Basis mir angegeben und gegründet ist, so hoch als möglich in die Luft zu spitzen, überwiegt alles andere und läßt kaum augenblickliches Vergessen zu. Ich darf mich nicht säumen,[227] ich bin schon weit in Jahren vor, und vielleicht bricht mich das 5 Schicksal in der Mitte, und der Babylonische Turm[228] bleibt stumpf unvollendet. Wenigstens soll man sagen: es war kühn entworfen, und wenn ich lebe, sollen, will's Gott, die Kräfte bis hinauf reichen . . .

11. Aug. 1781

Was meine Lage betrifft, so hat sie, ungeachtet großer Beschwernisse, auch 10 sehr viel Erwünschtes für mich, wovon der beste Beweis ist, daß ich mir keine andere mögliche denken kann, in die ich gegenwärtig hinübergehen möchte. . . Merck[229] und mehrere beurteilen meinen Zustand ganz falsch; sie sehen nur, was ich aufopfere, und nicht, was ich gewinne, und sie können nicht begreifen, daß ich täglich reicher werde, indem ich täglich so viel hingebe. Sie[230] erinnern sich der 15 letzten Zeiten, die ich bei Ihnen, ehe ich hierherging, zubrachte. Unter solchen fortwährenden Umständen würde ich gewiß zu Grunde gegangen sein. Das Unverhältnis[231] des engen und langsam bewegten bürgerlichen Kreises zu der Weite und Geschwindigkeit meines Wesens hätte mich rasend gemacht. Bei der lebhaften Einbildung und Ahnung menschlicher Dinge wäre ich doch immer unbekannt mit 20 der Welt und in einer ewigen Kindheit geblieben, welche meist durch Eigendünkel[232] und alle verwandten Fehler sich und andern unerträglich wird. Wie viel glücklicher war es, mich in ein Verhältnis gesetzt zu sehen, dem ich von keiner Seite gewachsen war,[233] wo ich durch manche Fehler des Unbegriffs[234] und der Übereilung, mich und andere kennen zu lernen, Gelegenheit genug hatte, wo ich, 25 mir selbst und dem Schicksal überlassen, durch so viele Prüfungen ging, die vielen hundert Menschen nicht nötig sein mögen, deren ich aber zu meiner Ausbildung äußerst bedürftig war.[235] Und noch jetzt, wie könnte ich mir, nach meiner Art zu sein, einen glücklicheren Zustand wünschen, als einen, der für mich etwas Unendliches hat. 30

---

[226] **teurer:** wertvoller; *more valuable*   [227] **mich ... säumen:** zögern; *delay*   [228] **Babylonische Turm:** der Babylonische Turm wurde nie vollendet   [229] **Merck:** siehe S. 179,*   [230] **Sie:** Der Brief ist an Goethes Mutter gerichtet. Goethe vergleicht die relativ engen Verhältnisse in seiner Vaterstadt Frankfurt mit seinem Leben am Hof in Weimar, wo er aktiv an den Regierungsgeschäften teilnimmt. [231] **Unverhältnis:** *disproportion*   [232] **Eigendünkel:** *conceit, egotism*   [233] **von keiner Seite gewachsen war:** *was in no way a match for*   [234] **Unbegriffs:** *incomprehension*   [235] **äußerst bedürftig war:** dringend brauchte; *was greatly in need of*

17. März. 1832

[5 Tage vor Goethes Tod]

... Verwirrende Lehre zu verwirrtem Handel[236] waltet über die Welt, und ich habe
nichts angelegentlicher[237] zu tun, als dasjenige, was an mir ist und geblieben ist, wo
5   möglich zu steigern. . .

Aus den GESPRÄCHEN MIT ECKERMANN*

11. März 1832

... Echt oder unecht sind bei Dingen der Bibel ganz wunderliche Fragen. Was
ist echt als das ganz Vortreffliche, das mit der reinsten Natur und Vernunft in
Harmonie steht und noch heute unsrer höchsten Entwicklung dient! Und was ist
10   unecht als das Absurde, Hohle und Dumme, was keine Frucht bringt, wenigstens
keine gute! Sollte die Echtheit einer biblischen Schrift durch die Frage entschieden
werden, ob uns durchaus Wahres überliefert worden,[238] so könnte man sogar in
einigen Punkten die Echtheit der Evangelien[239] bezweifeln ... Dennoch halte ich
die Evangelien alle vier für durchaus echt, denn es ist in ihnen der Abglanz einer
15   Hoheit wirksam, die von der Person Christi ausging und die so göttlicher Art,[240]
wie nur je auf Erden das Göttliche erschienen ist. Fragt man mich, ob es in meiner
Natur sei, ihm anbetende Ehrfurcht zu erweisen, so sage ich: Durchaus! Ich beuge
mich vor ihm, als der göttlichen Offenbarung des höchsten Prinzips der Sittlichkeit.
Fragt man mich, ob es in meiner Natur sei, die Sonne zu verehren, so sage ich
20   abermals: Durchaus! Denn sie ist gleichfalls eine Offenbarung des Höchsten, und
zwar die mächtigste, die uns Erdenkindern wahrzunehmen vergönnt ist. Ich anbete
in ihr das Licht und die zeugende Kraft Gottes, wodurch allein wir leben, weben[241]
und sind, und alle Pflanzen und Tiere mit uns. Fragt man mich aber, ob ich geneigt
sei, mich vor einem Daumenknochen des Apostels Petri oder Pauli[242] zu bücken, so
25   sage ich: Verschont mich und bleibt mir mit euren Absurditäten vom Leibe!
... Mag die geistige Kultur nun immer fortschreiten, mögen die Naturwissenschaften in immer breiterer Ausdehnung und Tiefe wachsen, und der menschliche
Geist sich erweitern, wie er will, über die Hoheit und sittliche Kultur des
Christentums, wie es in den Evangelien schimmert und leuchtet, wird er nicht
30   hinauskommen!
... Auch werden wir alle nach und nach aus einem Christentume des Wortes
und Glaubens immer mehr zu einem Christentum der Gesinnung und Tat kommen.

---

[236]Handel: *action*   [237]angelegentlicher: dringender; *more urgent*   [238]worden: worden ist
[239]Evangelien: *Gospels*   [240]die so göttlicher Art: die so göttlicher Art ist; *which is of such divine
nature*   [241]weben: *are active*   [242]Petri oder Pauli: *Peter or Paul*
* Eckermann: Johann Peter Eckermann (1792 - 1854), Schriftsteller und nach 1823 Goethes Sekretär

X. DIE ZEIT DER ROMANTIK

Im Jahre 1750 veröffentlichte die Akademie[1] in Dijon[2] eine Preisfrage. Ihre Frage lautete, ob die Erneuerung der Wissenschaften und Künste dazu beigetragen habe, die Sitten zu verbessern. Unter „Erneuerung" war die „Wiedergeburt" gemeint, die die Renaissance in Europa bewirkt hatte und auf der die europäische Zivilisation in einem hohen Maße beruhte. Man kann sich leicht vorstellen, daß die Akademie eine bejahende   5
Antwort erwartete. Ein unbekannter junger Schriftsteller, Jean Jacques Rousseau,[3] (1712 - 1778) antwortete mit einem schallenden Nein. Erstaunlicherweise bekam er den Preis. In der Folge[4] wurde er berühmt.

Rousseau war ein Vorläufer gewesen. Seine preisgekrönte Schrift war ein Signal; es zeigte an, daß das Zeitalter an seinen eigenen Grundlagen zu zweifeln anfing. Fünfzig   10
Jahre später, um 1800, wurden, in Deutschland jedenfalls, die Zweifel an den herrschenden Überzeugungen des Jahrhunderts schon viel häufiger. Die Generation, die um diese Zeit zu schreiben begann — es sind die in den siebziger Jahren Geborenen — wird gewöhnlich als die Romantik bezeichnet. Darüber, was Romantik ist, sind sich die Literarhistoriker nicht einig. Nicht einmal, wer zu ihr gehört, ist klar. So soll hier kein   15
Versuch einer Definition gemacht werden. Begnügen wir uns mit der Feststellung, daß am Ende des achtzehnten Jahrhunderts eine Änderung des geistigen Klimas eintritt, die sich, wenn auch nicht erklären, so doch deutlich beobachten läßt. Freud hat einmal vom „Unbehagen in der Kultur"[5] gesprochen. Es ist eine Formel, die uns hilft, die Dichtung der Epoche zu verstehen.   20

---

[1] **Akademie:** die 1741 gegründete *Académie des Sciences et Belles-Lettres*, die heute noch besteht
[2] **Dijon:** Universitätsstadt in Frankreich   [3] **Rousseau:** siehe S. 112, Z. 5   [4] **in der Folge:** später, nachher   [5] **„Unbehagen in der Kultur":** Freuds Essay erschien 1930. Der Titel der englischen Ausgabe lautet *Civilization and Its Discontents*.

NOVALIS (FRIEDRICH VON HARDENBERG) (1772 - 1801)

DIE CHRISTENHEIT ODER EUROPA (1826) [1799]

Der Aufsatz *Die Christenheit oder Europa* ist das große Manifest der deutschen Romantik. Friedrich von Hardenberg, der sich als Dichter Novalis nannte, schrieb ihn im Jahre 1799. Als Ganzes veröffentlicht wurde er erst 1826. Es ist die Schrift eines Mannes, der den Glauben an die Ideale der Aufklärung verloren hatte und ein Gegenideal
5 aufstellte: die christlich-europäische Welt des Mittelalters. Das Mittelalter hatte besessen, was der Gegenwart fehlte: Einheit, Ordnung, echte Gemeinschaft und vor allem Religion. So erschien es Novalis und anderen Romantikern wie ein verlorenes Paradies.

Es waren schöne, glänzende Zeiten, wo Europa ein christliches Land war, wo *eine* Christenheit diesen menschlich gestalteten Weltteil bewohnte; *ein* großes
10 gemeinschaftliches Interesse verband die entlegensten Provinzen dieses weiten geistlichen Reichs. Ohne große weltliche Besitztümer lenkte und vereinigte *ein* Oberhaupt[1] die großen politischen Kräfte. Eine zahlreiche Zunft,[2] zu der jedermann den Zutritt hatte, stand unmittelbar unter demselben und vollführte seine Winke und strebte, mit Eifer seine wohltätige Macht zu befestigen. Wie heiter konnte
15 jedermann sein irdisches Tagewerk vollbringen, da ihm durch diese heiligen Menschen eine sichere Zukunft bereitet und jeder Fehltritt durch sie vergeben, jede mißfarbige[3] Stelle des Lebens durch sie ausgelöscht und geklärt wurde. Sie waren die erfahrenen Steuerleute auf dem großen unbekannten Meere, in deren Obhut man alle Stürme geringschätzen und zuversichtlich auf eine sichere Landung
20 an der Küste der eigentlichen vaterländischen Welt[4] rechnen durfte.

Mit Recht widersetzte sich das weise Oberhaupt der Kirche frechen Ausbildungen menschlicher Anlagen auf Kosten des heiligen Sinns[5] und unzeitigen, gefährlichen Entdeckungen im Gebiete des Wissens. So wehrte er den kühnen Denkern, öffentlich zu behaupten, daß die Erde ein unbedeutender Wandelstern[6]
25 sei, denn er wußte wohl, daß die Menschen mit der Achtung für[7] ihren Wohnsitz und ihr irdisches Vaterland auch die Achtung vor[8] der himmlischen Heimat und ihrem Geschlecht[9] verlieren und das eingeschränkte Wissen dem unendlichen Glauben vorziehen und sich gewöhnen würden, alles Große und Wunderwürdige[10] zu verachten und als tote Gesetzwirkung[11] zu betrachten.

---

[1] ein Oberhaupt: der Papst   [2] **Zunft:** gewöhnlich Gilde; hier die Priester, die Geistlichkeit
[3] mißfarbige: *discolored, tainted*   [4] der eigentlichen vaterländischen Welt: das himmlische Vaterland
[5] frechen Ausbildungen menschlicher Anlagen auf Kosten des heiligen Sinns: *impudent development of human potential at the cost of the divine will*   [6] Wandelstern: Planet   [7] **Achtung für:** *regard for*
[8] **Achtung vor:** *deference toward, respect for*   [9] Geschlecht: die Bewohner der himmlischen Heimat
[10] **Wunderwürdige:** Bewundernswürdige, Wunderbare; *miraculous, worthy of being worshiped*
[11] **Gesetzwirkung:** *result of a natural law*

Wie wohltätig, wie angemessen der inneren Natur der Menschen diese Regierung, diese Einrichtung[12] war, zeigt das gewaltige Emporstreben aller andern menschlichen Kräfte, die harmonische Entwicklung aller Anlagen, die ungeheure Höhe, die einzelne Menschen in allen Fächern der Wissenschaften des Lebens und der Künste erreichten, und der überall blühende Handelsverkehr mit geistigen und   5 irdischen Waren in dem Umkreis von Europa und bis in das fernste Indien hinaus.

Luther verkannte den Geist des Christentums und führte einen andern Buchstaben und eine andere Religion ein,[13] nämlich die heilige Allgemeingültigkeit der Bibel,[14] und damit wurde leider eine andere, höchst fremde, irdische Wissenschaft in die Religionsangelegenheit[15] gemischt – die Philologie – deren   10 auszehrender Einfluß von da an unverkennbar wird.

Mit der Reformation war's um die Christenheit getan.[16] Von nun an war keine mehr vorhanden. Katholiken und Protestanten oder Reformierte[17] standen in sektiererischer Abgeschnittenheit[18] weiter voneinander als von Mohammedanern und Heiden.   15

Der anfängliche Personalhaß gegen den katholischen Glauben ging allmählich in Haß gegen die Bibel, gegen den christlichen Glauben und endlich gar gegen die Religion über. Noch mehr, der Religionshaß dehnte sich sehr natürlich und folgerecht auf alle Gegenstände des Enthusiasmus aus, verketzerte[19] Phantasie und Gefühl, Sittlichkeit und Kunstliebe, Zukunft und Vorzeit,[20] setzte den Menschen   20 in der Reihe der Naturwesen mit Not oben an[21] und machte die unendliche schöpferische Musik des Weltalls zum einförmigen Klappern einer ungeheuren Mühle, die vom Strom des Zufalls getrieben und auf ihm schwimmend, eine Mühle an sich,[22] ohne Baumeister und Müller, und eigentlich ein echtes Perpetuum mobile,[23] eine sich selbst mahlende Mühle[24] sei.   25

Die Mitglieder dieses neuen Glaubens waren rastlos beschäftigt, die Natur, den Erdboden, die menschlichen Seelen und die Wissenschaften von der Poesie zu säubern, jede Spur des Heiligen zu vertilgen, das Andenken an alle erhebenden Vorfälle und Menschen durch Sarkasmen zu verleiden[25] und die Welt allen bunten Schmucks zu entkleiden. Das Licht war wegen seines mathematischen Gehorsams[26]   30 und seiner Frechheit[27] ihr Liebling geworden, und so benannten sie nach ihm ihr großes Geschäft, Aufklärung. Schade, daß die Natur so wunderbar und unbegreiflich, so poetisch und unendlich blieb, allen Bemühungen sie zu modernisieren zum Trotz.

Höchst merkwürdig ist diese Geschichte des modernen Unglaubens und der   35 Schlüssel zu allen ungeheuren Phänomenen der neueren Zeit.

---

[12] diese Regierung, diese Einrichtung: die kirchliche Regierung   [13] führte einen andern Buchstaben ... ein: *introduced a new letter to the formula*   [14] die heilige Allgemeingültigkeit der Bibel: siehe S. 34-35 (Allgemeingültigkeit: *universal validity*)   [15] Religionsangelegenheit: *matters of religion*   [16] war's um die Christenheit getan: *Christianity was finished*   [17] Reformierte: die Anhänger Zwinglis und Calvins   [18] sektiererischer Abgeschnittenheit: *schismatic, sectarian isolation*   [19] verketzerte: *denounced, declared as being heretical*   [20] Vorzeit: Altertum; *antiquity*   [21] setzte ... mit Not oben an: *put with difficulty in first place*   [22] eine Mühle an sich: eine Mühle und nichts weiter (ein Angriff gegen den Deismus; siehe S. 92, Z. 9)   [23] Perpetuum mobile: (*Lat.*) *a perpetual-motion machine*   [24] eine sich selbst mahlende Mühle: *a self-grinding mill: i.e., it creates itself and keeps itself in motion*   [25] das Andenken an alle erhebenden Vorfälle ... zu verleiden: *to soil the memory of all uplifting events*   [26] mathematischen Gehorsams: *obedience to mathematical laws*   [27] Frechheit: Das Licht ist „frech", weil es vieles erhellt, was lieber im Dunkeln bleiben möchte.

Alte und neue Welt sind im Kampf begriffen, die Mangelhaftigkeit und Bedürftigkeit der bisherigen Staatseinrichtungen[28] sind in furchtbaren Phänomenen[29] offenbar geworden. Unter den streitenden Mächten kann kein Friede geschlossen werden, aller Friede ist nur Illusion, nur Waffenstillstand; auf dem
5 Standpunkt der Kabinette,[30] des gemeinen Bewußtseins, ist keine Vereinigung denkbar. Beide Teile haben große, notwendige Ansprüche und müssen sie machen, getrieben vom Geiste der Welt und der Menschheit. Beide sind unvertilgbare Mächte der Menschenbrust; hier[31] die Andacht zum Altertum, die Anhänglichkeit an die geschichtliche Verfassung,[32] die Liebe zu den Denkmalen der Altväter[33] und der
10 alten glorreichen Staatsfamilie,[34] und Freude des Gehorsams; dort[35] das entzückende Gefühl der Freiheit, die unbedingte Erwartung mächtiger Wirkungskreise, die Lust am Neuen und Jungen, die zwanglose Berührung mit allen Staatsgenossen,[36] der Stolz auf menschliche Allgemeingültigkeit, die Freude am persönlichen Recht und am Eigentum des Ganzen, und das kraftvolle Bürgergefühl.
15 Keine hoffe die andre zu vernichten, alle Eroberungen wollen hier nichts sagen, denn die innerste Hauptstadt jedes Reichs liegt nicht hinter Erdwällen[37] und läßt sich nicht erstürmen.[38]

Wer weiß, ob des Kriegs genug ist;[39] aber er wird nie aufhören, wenn man nicht den Palmenzweig[40] ergreift, den allein eine geistliche Macht darreichen kann.
20 Es wird so lange Blut über Europa strömen, bis die Nationen ihren fürchterlichen Wahnsinn gewahr werden, der sie im Kreise herum treibt, und von heiliger Musik getroffen und besänftigt, zu ehemaligen Altären in bunter Vermischung treten, Werke des Friedens vornehmen, und ein großes Liebesmahl[41] als Friedensfest auf den rauchenden Walstätten[42] mit heißen Tränen gefeiert wird. Nur die Religion kann
25 Europa wieder aufwecken und die Völker sichern und die Christenheit mit neuer Herrlichkeit sichtbar auf Erden in ihr altes, friedenstiftendes Amt installieren.

(gekürzt)

FRAGMENTE [1795/1801]

Das meiste, was Novalis geschrieben hat, sind Aphorismen, Notizen, Gedanken und Einfälle. Einen Teil davon veröffentlichte er unter dem Titel „Blütenstaub" im *Athenäum*
30 (1798 - 1800), der von den Brüdern August Wilhelm und Friedrich Schlegel[43] heraus-

---

[28] Staatseinrichtungen: *state institutions*   [29] Phänomenen: großen Ereignissen; *great events, phenomena (such as the French Revolution)*   [30] Kabinette: Staatsministerien; *cabinets of state*   [31] hier: d.h., unter den Konservativen   [32] Verfassung: *constitution: condition, tradition*   [33] Altväter: Vorfahren; *ancestors*   [34] der alten glorreichen Staatsfamilie: dem alten glorreichen königlichen Geschlecht   [35] dort: d.h., unter den Liberalen   [36] Staatsgenossen: Politikern, Staatsbeamten   [37] Erdwällen: *earthworks*   [38] die innerste Hauptstadt jedes Reichs liegt nicht hinter Erdwällen und läßt sich nicht erstürmen: d.h., der Kern dieser Weltanschauungen leigt im Menschen selber   [39] ob des Kriegs genug ist: ob der Krieg schon lange genug gedauert hat   [40] Palmenzweig: *palm branch* (Symbol des Friedens)   [41] Liebesmahl: *love feast.* Die „Liebesmähler" der Herrnhuter Brüdergemeinde (*Moravian Brethren*) wurden bei feierlichen Gelegenheiten unter Gebet und Gesang abgehalten. Liebesmähler hießen auch gemeinsame Festessen im deutschen Offizierkorps. An beides mag Novalis gedacht haben.   [42] Walstätten: Schlachtfeldern; *battlefields*   [43] August Wilhelm und Friedrich Schlegel: August Wilhelm Schlegel (1767 - 1845), Kritker, Dichter, übersetzer; Freidrich Schlegel (1772 - 1829), Kritiker, Dichter, Philosoph

gegebenen Zeitschrift der Romantik. „Blütenstaub" war ein treffender Titel; Novalis streute seine Gedanken in die Welt wie eine Pflanze ihren Samen. Scheinbar haben seine Ideen weder Ordnung noch System und doch sind sie nicht ohne Zusammenhang. Sie haben ihre geheimen Zentren, die umkreist werden: die Unbegreiflichkeit der Welt, die völlige Subjektivität unseres Denkens, den hohen Rang der Kunst in einer Welt, die dem 5 Verstand nicht zugänglich ist. Es gehört zu der Paradoxie von Novalis' Existenz, daß der Autor, der die Unbegreiflichkeit des Lebens verkündete, kein weltabgewandter Mystiker war, sondern ein gelernter Jurist, ein hochbegabter Mathematiker und Physiker, ein fähiger Bergbau–Ingenieur.

Leben ist der Anfang des Todes. Das Leben ist um des Todes willen. Der Tod 10 ist Endigung[44] und Anfang zugleich.

Leben ist eine Krankheit des Geistes.

Merkmal der Krankheit ist der Selbstzerstörungsinstinkt.[45] So alles Unvollkommene — so selbst das Leben.

Krankheit gehört zu den menschlichen Vorzügen wie Tod. 15

Wer das Leben anders als eine sich selbst vernichtende Illusion ansieht, ist noch selbst im Leben befangen.[46]

. . . darin besteht gerade das Leben, daß es nicht begriffen werden kann.

Das wunderbarste, das ewige Phänomen ist das eigene Dasein. Das größte Geheimnis ist der Mensch sich selbst. Die Auflösung[47] dieser unendlichen Aufgabe 20 in der Tat[48] ist die Weltgeschichte.

Was brauchen wir die trübe Welt der sichtbaren Dinge mühsam zu durchwandern? Die reinere Welt liegt ja in uns.

---

[44]Endigung: Endung; *termination* [45]Selbstzerstörungsinstinkt: *instinct for self-destruction*
[46]befangen: *immersed, imprisoned in* [47]Auflösung: Lösung; *solution* [48]in der Tat: *by means of deeds*

Nach innen geht der geheimnisvolle Weg. In uns oder nirgends ist die Ewigkeit
mit ihren Welten, die Vergangenheit und Zukunft. Die Außenwelt ist die
Schattenwelt, sie wirft ihren Schatten in das Lichtreich.[49]

Wenn ich frage, was eine Sache ist, so frage ich nach ihrer Vorstellung[50] und
5   Anschauung;[51] ich frage mich nur nach mir selbst.

Einem gelang es, er hob den Schleier der Göttin zu Sais[52] — Aber was sah er?
er sah — Wunder des Wunders — sich selbst.

Am Ende beruht die Begreiflichkeit eines Phänomens auf Glauben und Willen.
Mache ich ein Geheimnis aus einer Erscheinung, so ist es für mich eins.

10   Unsere Meinung, Glaube, Überzeugung von der Schwierigkeit, Leichtigkeit,
Erlaubtheit und Nichterlaubtheit, Möglichkeit und Unmöglichkeit, Erfolg und
Nichterfolg etc. eines Unternehmens, einer Handlung bestimmt in der Tat
dieselbe.[53] Z.B., es ist etwas mühselig und schädlich, wenn ich glaube, daß es so
ist, und so fort. Selbst der Erfolg des Wissens beruht auf der Macht des Glaubens. In
15   allem Wissen ist Glauben.

Nie wird die Theorie bestimmen können, ob Tugend oder Laster preferabler
ist. Sie kann nur ordnen, Denkformen[54] aufstellen.

Das Denken ist nur ein Traum des Fühlens, ein erstorbenes Fühlen, ein
blaßgraues, schwaches Leben.

20   Nur ein Künstler kann den Sinn des Lebens erraten.

Die Poesie ist das echt absolut Reelle. Dies ist der Kern meiner Philosophie. Je
poetischer, je wahrer.

---

[49] Lichtreich: *realm of light*   [50] Vorstellung: Idee   [51] Anschauung: wie man sie sieht, wie man sie
auffaßt   [52] den Schleier der Göttin zu Sais: Der Legende nach befand sich hinter diesem Schleier die
reine Wahrheit (Sais: eine altertümliche Stadt in Ägypten; cf. „Das verschleierte Bild zu Sais" von
Schiller und „Die Lehrlinge zu Sais" von Novalis).   [53] bestimmt in der Tat dieselben: *indeed
determines its nature (of an undertaking, of an action)*   [54] Denkformen: *modes of thinking*

Im Märchen glaube ich am besten meine Gemütsstimmung[55] ausdrücken zu können. Alles ist ein Märchen.

Die Welt muß romantisiert werden . . . Indem ich dem Gemeinen einen hohen Sinn, dem Gewöhnlichen ein geheimnisvolles Ansehen, dem Bekannten die Würde des Unbekannten, dem Endlichen einen unendlichen Schein gebe, so romantisiere 5 ich es.

Die Kunst, auf eine angenehme Art zu befremden, einen Gegenstand fremd zu machen und doch bekannt und anziehend, das ist die romantische Poetik.

HYMNE AN DIE NACHT (1800)

Muß immer der Morgen wieder kommen?
Endet nie des Irdischen Gewalt?   10
Unselige Geschäftigkeit[56] verzehrt
den himmlischen Anflug der Nacht.
Wird nie der Liebe geheimes Opfer
ewig brennen?
Zugemessen ward   15
dem Lichte seine Zeit
und dem Wachen —
aber zeitlos ist der Nacht Herrschaft,
ewig ist die Dauer des Schlafs.
Heiliger Schlaf!   20
Beglücke zu selten nicht
der Nacht Geweihte[57] —
in diesem irdischen Tagwerk.
Nur die Toren verkennen dich
und wissen von keinem Schlafe   25
als den Schatten,
den du mitleidig auf uns wirfst
in jener Dämmrung
der wahrhaften Nacht.
Sie fühlen dich nicht   30
in der goldnen Flut der Trauben,[58]

---

[55] **Gemütsstimmung:** Verfassung; *frame of mind*   [56] **Unselige Geschäftigkeit verzehrt den himmlischen Anflug der Nacht:** unselige Geschäftigkeit verhindert, bekämpft die ersehnte mystische Stimmung   [57] **Beglücke zu selten nicht der Nacht Geweihte:** mache den oft glücklich, der sich der Nacht widmet   [58] **in der goldnen Flut der Trauben:** im goldenen Wein

       in des Mandelbaums
       Wunderöl[59]
       und dem braunen Safte des Mohns.[60]
       Sie wissen nicht,
5   daß du es bist,
       der des zarten Mädchens
       Busen umschwebt
       und zum Himmel den Schoß macht —
       ahnen nicht,
10   daß aus alten Geschichten
       du himmelöffnend entgegen trittst
       und den Schlüssel trägst
       zu den Wohnungen der Seligen,
       unendlicher Geheimnisse
15   schweigender Bote.

Aus HEINRICH VON OFTERDINGEN* (1802)

Heinrich von Ofterdingen ist ein Fragment; Novalis, früh gestorben, hat seinen Roman unvollendet hinterlassen. Doch wie in jedem guten Bruchstück läßt sich auch hier aus dem Teil das Ganze erkennen. So wie man die Romantik als eine Gegenbewegung verstehen muß, so wird der *Ofterdingen* vielleicht am ehesten verständlich, wenn man sich klar

20 macht, *gegen* wen er geschrieben wurde. Novalis schrieb ihn gegen Goethes *Wilhelm Meister* (1795/96). Der *Wilhelm Meister* war der große deutsche Bildungsroman[61] der Epoche; noch durch das ganze neunzehnte Jahrhundert wurde er immer wieder als Vorbild angesehen. Goethe zeigte in ihm die Entwicklung eines jungen Mannes, der zunächst künstlerische Ziele verfolgt, sich mit dem Theater verbindet, aber zuletzt ins

25 bürgerliche Leben und zu bürgerlicher Tätigkeit geführt wird. Er tritt, wie Schiller es ausgedrückt hat, von einem leeren und unbestimmten Ideal in ein bestimmtes, tätiges Leben, ohne aber die idealisierende Kraft einzubüßen. Auch der *Ofterdingen* ist ein Bildungsroman, doch Novalis führt seinen Helden den entgegengesetzten Weg wie Goethe: Heinrich löst sich aus den bürgerlichen Verhältnissen seiner Jugend und wird Schritt für

30 Schritt zum Dichter gebildet. Die Kunst wird nun als das höchste Ziel des Daseins betrachtet, denn „nur ein Künstler kann den Sinn des Lebens erraten". Mehr und mehr wird dem Künstler die Aufgabe übergeben, die früher der Priester innegehabt hatte.[62] Auch daß der *Ofterdingen* nicht wie der *Wilhelm Meister* in der Gegenwart, sondern im Mittelalter spielte, war ein Programm.

---

[59] **in des Mandelbaums Wunderöl:** im wunderbaren Öl des Mandelbaums (*almond oil*)   [60] **Mohn:** *poppy (a source of opium)*   [61] **Bildungsroman:** Roman, in dem die geistige und seelische Entwicklung des Helden gezeigt wird; siehe auch S. 16 und S. 59   [62] **der Priester innegehabt hatte:** dem Priester gehörte
* **Heinrich von Ofterdingen:** ein legendärer deutscher Dichter des Mittelalters

Der folgende Anfang des *Ofterdingen* nimmt wie die Ouvertüre einer Oper Themen und Motive voraus, die dann im Lauf des Romans entwickelt werden.

Die Eltern lagen schon und schliefen, die Wanduhr schlug ihren einförmigen Takt, vor den klappernden Fenstern sauste der Wind; abwechselnd wurde die Stube hell von dem Schimmer des Mondes. Der Jüngling lag unruhig auf seinem Lager, und 5 gedachte des Fremden und seiner Erzählungen. „Nicht die Schätze sind es, die ein so unaussprechliches Verlangen in mir geweckt haben", sagte er zu sich selbst; „fern ab[63] liegt mir alle Habsucht: aber die blaue Blume sehn' ich mich zu erblicken. Sie liegt mir unaufhörlich im Sinn, und ich kann nichts anderes dichten und denken. So ist mir noch nie zu Mute gewesen: es ist, als hätt' ich vorhin geträumt, oder ich wäre 10 in eine andere Welt hinübergeschlummert;[64] denn in der Welt, in der ich sonst lebte, wer hätte sich da um Blumen bekümmert, und gar von einer so seltsamen Leidenschaft für eine Blume hab' ich damals nie gehört. Wo eigentlich nur der Fremde herkam?"

Der Jüngling verlor sich allmählich in süßen Phantasien und entschlummerte. 15 Da träumte ihm[65] erst von unabsehlichen[66] Fernen, und wilden, unbekannten Gegenden. Er wanderte über Meere mit unbegreiflicher Leichtigkeit; wunderliche Tiere sah er; er lebte mit mannigfaltigen Menschen, bald im Kriege, in wildem Getümmel, in stillen Hütten. Er geriet in Gefangenschaft und schmählichste Not. Alle Empfindungen stiegen bis zu einer niegekannten Höhe in ihm. Er durchlebte 20 ein unendlich buntes Leben; starb und kam wieder, liebte bis zur höchsten Leidenschaft, und war dann wieder auf ewig von seiner Geliebten getrennt. Endlich gegen Morgen, wie draußen die Dämmrung anbrach, wurde es stiller in seiner Seele, klarer und bleibender wurden die Bilder. Es kam ihm vor, als ginge er in einem dunkeln Walde allein. Nur selten schimmerte der Tag durch das grüne Netz.[67] Bald 25 kam er vor eine Felsenschlucht, die bergan stieg. Er mußte über bemooste Steine klettern, die ein ehemaliger Strom heruntergerissen hatte. Je höher er kam, desto lichter wurde der Wald. Endlich gelangte er zu einer kleinen Wiese, die am Hange des Berges lag. Hinter der Wiese erhob sich eine hohe Klippe, an deren Fuß er eine Öffnung erblickte, die der Anfang eines in den Felsen gehauenen Ganges zu sein 30 schien. Der Gang führte ihn gemächlich eine Zeitlang eben fort, bis zu einer großen Weitung, aus der ihm schon von fern ein helles Licht entgegen glänzte. Wie er hineintrat, ward er einen mächtigen Strahl gewahr, der wie aus einem Springquell[68] bis an die Decke des Gewölbes stieg, und oben in unzählige Funken zerstäubte, die sich unten in einem großen Becken sammelten; der Strahl glänzte wie entzündetes 35 Gold; nicht das mindeste Geräusch war zu hören, eine heilige Stille umgab das herrliche Schauspiel. Er näherte sich dem Becken, das mit unendlichen Farben wogte und zitterte. Die Wände der Höhle waren mit dieser Flüssigkeit überzogen, die nicht heiß, sondern kühl war, und an den Wänden nur ein mattes bläuliches

---

[63] **fern ab:** weit entfernt; *at a great distance*   [64] **in eine andere Welt hinübergeschlummert:** *drifted in slumber off into another world*   [65] **träumte ihm:** er träumte   [66] **unabsehlichen:** unübersehbaren; *vast*   [67] **das grüne Netz:** die Blätter   [68] **Springquell:** Springbrunnen; *fountain*

Licht von sich warf. Er tauchte seine Hand in das Becken und benetzte seine
Lippen. Es war, als durchdränge ihn ein geistiger Hauch, und er fühlte sich innigst
gestärkt und erfrischt. Ein unwiderstehliches Verlangen ergriff ihn sich zu baden, er
entkleidete sich und stieg in das Becken. Es dünkte ihn, als umflösse ihn eine Wolke
des Abendrots; eine himmlische Empfindung überströmte sein Inneres; mit inniger
Wollust strebten unzählbare Gedanken in ihm sich zu vermischen; neue, niegesehene
Bilder entstanden, die auch ineinander flossen und zu sichtbaren Wesen um ihn
wurden, und jede Welle des lieblichen Elements schmiegte sich wie ein zarter Busen
an ihn. Die Flut schien eine Auflösung reizender Mädchen, die an dem Jünglinge
sich augenblicklich verkörperten.

Berauscht von Entzücken und doch jedes Eindrucks bewußt, schwamm er
gemach dem leuchtenden Strome nach, der aus dem Becken in den Felsen
hineinfloß. Eine Art von süßem Schlummer befiel ihn, in welchem er unbeschreib-
liche Begebenheiten träumte, und woraus ihn eine andere Erleuchtung weckte. Er
fand sich auf einem weichen Rasen am Rande einer Quelle, die in die Luft
hinausquoll und sich darin zu verzehren schien. Dunkelblaue Felsen mit bunten
Adern erhoben sich in einiger Entfernung; das Tageslicht, das ihn umgab, war heller
und milder als das gewöhnliche, der Himmel war schwarzblau und völlig rein. Was
ihn aber mit voller Macht anzog, war eine hohe, lichtblaue Blume, die zunächst an
der Quelle[69] stand, und ihn mit ihren breiten, glänzenden Blättern berührte. Rund
um sie her standen unzählige Blumen von allen Farben, und der köstlichste Geruch
erfüllte die Luft. Er sah nichts als die blaue Blume und betrachtete sie lange mit
unnennbarer Zärtlichkeit. Endlich wollte er sich ihr nähern, als sie auf einmal sich
zu bewegen und zu verändern anfing; die Blätter wurden glänzender und schmiegten
sich an den wachsenden Stengel, die Blume neigte sich nach ihm zu, und die
Blütenblätter zeigten einen blauen ausgebreiteten Kragen, in welchem ein zartes
Gesicht schwebte. Sein süßes Staunen wuchs mit der sonderbaren Verwandlung, als
ihn plötzlich die Stimme seiner Mutter weckte, und er sich in der elterlichen Stube
fand, die schon die Morgensonne vergoldete. Er war zu entzückt, um unwillig über
diese Störung zu sein; vielmehr bot er seiner Mutter freundlich guten Morgen und
erwiderte ihre herzliche Umarmung.

„Du Langschläfer", sagte der Vater, „wie lange sitze ich schon hier und feile.
Ich habe deinetwegen nichts hämmern dürfen; die Mutter wollte den lieben Sohn
schlafen lassen. Aufs Frühstück habe ich auch warten müssen."

---

[69] zunächst an der Quelle: neben der Quelle

LUDWIG TIECK (1773 - 1853)

DER BLONDE ECKBERT (1797)

Schon ein paar Jahre vor Novalis hatte Ludwig Tieck einige von Novalis' Forderungen
verwirklicht, wenn auch auf eine mehr nihilistische Art. Mit der ,,Unbegreiflichkeit'' der
Welt jedenfalls machte er Ernst. *Der blonde Eckbert* liest sich zunächst wie ein Märchen,
und daß Märchen gut enden, setzt der Leser voraus. Aber Schritt für Schritt wird dem
Leser der feste Boden unter den Füßen weggezogen. Wer aufmerksam liest, dem fällt auf,   5
daß gewisse Wörter wie ,,seltsam'', ,,scheinen'', ,,es war mir als ob'' immer wiederkehren;
kunstvoll wird eine Atmosphäre zunehmender Unsicherheit verbreitet, und am Ende ist
alles so ungewiß geworden, daß selbst die angehängten rationalen Erklärungen möglicherweise nichts als Phantasien sind. Glaubhaft ist höchstens Eckberts verzweifelter Ausruf:
,,In welcher entsetzlichen Einsamkeit habe ich denn mein Leben hingebracht.''[1] In   10
,,entsetzlicher Einsamkeit'' zu leben, war freilich nicht nur das Schicksal einer
Märchenfigur, es war die höchst reale Lebenserfahrung mancher Romantiker. Das
,,Selbstbestimmungsrecht des Einzelnen'', die fortschreitende Emanzipation des Individuums, die Autonomie des Ichs führte nicht nur zu stolzer Unabhängigkeit, sondern
nicht selten zu einem Gefühl völliger innerer Verlassenheit. Aus diesem Gefühl heraus   15
kehrten manche Romantiker zur Kirche zurück.

In einer Gegend des Harzes[2] wohnte ein Ritter, den man gewöhnlich nur den
blonden Eckbert nannte. Er war ungefähr vierzig Jahre alt, kaum von mittlerer
Größe, und kurze hellblonde Haare lagen schlicht und dicht an seinem blassen
eingefallenen Gesichte. Er lebte sehr ruhig für sich und war niemals in den Fehden   20
seiner Nachbarn verwickelt, man sah ihn nur selten außerhalb den Ringmauern
seines kleinen Schlosses. Sein Weib liebte die Einsamkeit ebensosehr, und beide
schienen sich von Herzen zu lieben, nur klagten sie gewöhnlich darüber, daß der
Himmel ihre Ehe mit keinen Kindern segnen wolle.

Nur selten wurde Eckbert von Gästen besucht, und wenn es auch geschah, so   25
wurde ihretwegen fast nichts in dem gewöhnlichen Gange des Lebens geändert, die
Mäßigkeit wohnte dort, und die Sparsamkeit selbst schien alles anzuordnen.
Eckbert war dann heiter und aufgeräumt,[3] nur wenn er allein war, bemerkte man
an ihm eine gewisse Verschlossenheit, eine stille zurückhaltende Melancholie.

Niemand kam so häufig auf die Burg als Philipp Walter, ein Mann, dem sich   30
Eckbert angeschlossen hatte, weil er an ihm ungefähr dieselbe Art zu denken fand,

---

[1] hingebracht: verbracht; *spent*   [2] **Harz:** Gebirge in Mitteldeutschland   [3] aufgeräumt: in guter
Stimmung

die er selbst hatte. Er wohnte eigentlich in Franken,[4] hielt sich aber oft über ein halbes Jahr in der Nähe von Eckberts Burg auf, sammelte Kräuter und Steine und beschäftigte sich damit, sie in Ordnung zu bringen; er lebte von einem kleinen Vermögen und war daher von niemand abhängig. Eckbert begleitete ihn oft auf
5 seinen einsamen Spaziergängen, und mit jedem Jahre entspann sich[5] zwischen ihnen eine innigere Freundschaft.

Es gibt Stunden, in denen es den Menschen ängstigt, wenn er vor seinem Freunde ein Geheimnis haben soll,[6] was er bis dahin oft mit vieler Sorgfalt verborgen hat; die Seele fühlt dann einen unwiderstehlichen Trieb, sich ganz
10 mitzuteilen, dem Freunde auch das Innerste aufzuschließen, damit er um so mehr unser Freund werde. In diesen Augenblicken geben sich die zarten Seelen einander zu erkennen,[7] und zuweilen geschieht es wohl auch, daß einer vor der Bekanntschaft des andern zurückschreckt.

Es war schon im Herbst, als Eckbert an einem nebligen Abend mit seinem
15 Freunde und seinem Weibe Berta um das Feuer eines Kamines saß. Die Flamme warf einen hellen Schein durch das Gemach und spielte oben an der Decke, die Nacht sah schwarz zu den Fenstern herein, und die Bäume draußen schüttelten sich vor nasser Kälte. Walter klagte über den weiten Rückweg, den er habe, und Eckbert schlug ihm vor, bei ihm zu bleiben, die halbe Nacht unter traulichen Gesprächen
20 zuzubringen und dann noch in einem Gemache des Hauses bis am Morgen zu schlafen. Walter ging auf den Vorschlag ein, und nun ward Wein und die Abendmahlzeit hereingebracht, das Feuer durch Holz vermehrt, und das Gespräch der Freunde heitrer und vertraulicher.

Als das Abendessen abgetragen war, und sich die Knechte wieder entfernt
25 hatten, nahm Eckbert die Hand Walters und sagte zu ihm: „Freund, Ihr solltet Euch einmal von meiner Frau die Geschichte ihrer Jugend erzählen lassen, die seltsam genug ist." — „Gern", sagte Walter, und man setzte sich wieder um den Kamin.

Es war jetzt gerade Mitternacht, der Mond sah abwechselnd durch die vorüberflatternden[8] Wolken. „Ihr müßt mich nicht für zudringlich halten", fing
30 Berta an, „aber mein Mann sagt, daß Ihr so edel denkt, daß es unrecht ist, Euch etwas zu verhehlen. Nur müßt Ihr meine Erzählung für kein Märchen halten, so sonderbar sie auch klingen mag.

Ich bin in einem Dorfe geboren, mein Vater war ein armer Hirte. Die Haushaltung bei meinen Eltern war nicht zum besten bestellt,[9] sie wußten sehr oft
35 nicht, wo sie das Brot hernehmen sollten. Was mich aber noch weit mehr jammerte, war, daß mein Vater und meine Mutter sich oft über ihre Armut entzweiten, und einer dem andern dann bittere Vorwürfe machte. Sonst hört' ich beständig von mir,[10] daß ich ein einfältiges dummes Kind sei, das nicht das unbedeutendste Geschäft auszurichten wisse, und wirklich war ich äußerst ungeschickt und
40 unbeholfen, ich ließ alles aus den Händen fallen, ich lernte weder nähen noch

---

[4] **Franken:** Gebiet im nördlichen Teil von Bayern   [5] **entspann sich:** (sich entspinnen) entwickelte sich   [6] **wenn er . . . haben soll:** *if he should happen to have*   [7] **geben sich . . . einander zu erkennen:** lassen sich gründlich erkennen; *confide in each other deeply*   [8] **vorüberflatternden:** vorüberströmenden; *streaming by*   [9] **Die Haushaltung . . . war nicht zum besten bestellt:** mit der Haushaltung . . . stand es schlecht; *the household was in a bad way*   [10] **von mir:** über mich selbst

spinnen, ich konnte nichts in der Wirtschaft helfen, nur die Not meiner Eltern
verstand ich gut. Oft saß ich dann im Winkel und füllte meine Vorstellungen damit
an,[11] wie ich ihnen helfen wollte, wenn ich plötzlich reich würde, wie ich sie mit
Gold und Silber überschütten und mich an ihrem Erstaunen laben wollte; dann sah
ich Geister heraufschweben, die mir unterirdische Schätze entdeckten oder mir   5
kleine Kiesel gaben, die sich nachher in Edelsteine verwandelten, kurz, die
wunderbarsten Phantasien beschäftigten mich dann, und wenn ich nun aufstehn
mußte, um irgend etwas zu helfen oder zu tragen, so zeigte ich mich noch viel
ungeschickter, weil mir der Kopf von allen den seltsamen Vorstellungen schwin-
delte.   10

Mein Vater war immer sehr ergrimmt auf mich, daß ich eine so ganz unnütze
Last des Hauswesens[12] sei, er behandelte mich daher oft sehr grausam, und es war
selten, daß ich ein freundliches Wort von ihm vernahm. So war ich ungefähr acht
Jahre alt geworden, und es wurden nun ernstliche Anstalten[13] gemacht, daß ich
etwas tun oder lernen sollte. Mein Vater glaubte, es wäre nur Eigensinn oder   15
Trägheit von mir, um meine Tage in Müßiggang[14] hinzubringen, genug, er setzte mir
mit Drohungen unbeschreiblich zu;[15] da diese aber doch nichts fruchteten,[16]
züchtigte er mich auf die grausamste Art und fügte hinzu, daß diese Strafe mit
jedem Tage wiederkehren sollte, weil ich doch nur ein unnützes Geschöpf sei.

Die ganze Nacht hindurch weint' ich herzlich, ich fühlte mich so außeror-   20
dentlich verlassen, ich hatte ein solches Mitleid mit mir selber, daß ich zu sterben
wünschte. Ich fürchtete den Anbruch des Tages, ich wußte durchaus nicht, was ich
anfangen sollte; ich wünschte mir alle mögliche Geschicklichkeit und konnte gar
nicht begreifen, warum ich einfältiger war als die übrigen Kinder von meiner
Bekanntschaft. Ich war der Verzweiflung nahe.   25

Als der Tag graute, stand ich auf und öffnete, fast ohne daß ich es wußte, die
Tür unsrer kleinen Hütte. Ich stand auf dem freien Felde, bald darauf war ich in
einem Walde, in den der Tag fast noch gar nicht hineinschien. Ich lief immerfort,
ohne mich umzusehn, ich fühlte keine Müdigkeit, denn ich glaubte immer, mein
Vater würde mich noch wieder einholen und durch meine Flucht noch grausamer   30
gegen mich werden.

Als ich aus dem Walde wieder heraustrat, stand die Sonne schon ziemlich
hoch, ich sah jetzt etwas Dunkles vor mir liegen, auf dem ein dichter Nebel lag. Bald
mußte ich über Hügel klettern, bald durch einen zwischen Felsen gewundenen Weg
gehn, und ich erriet nun, daß ich mich wohl in dem benachbarten Gebirge befinden   35
müsse, und ich fing an, mich in der Einsamkeit zu fürchten. Denn ich hatte in der
Ebene noch keine Berge gesehn, und das bloße Wort Gebirge, wenn ich davon hatte
reden hören, hatte meinem kindischen Ohre äußerst fürchterlich geklungen. Ich
hatte nicht das Herz zurückzugehn, sondern eben meine Angst trieb mich vorwärts;
oft sah ich mich erschrocken um, wenn der Wind über mir weg durch die Bäume   40
fuhr, oder ein ferner Holzschlag[17] weit durch den stillen Morgen hintönte.[18] Als

---

[11] **füllte meine Vorstellungen damit an:** stellte mir vor   [12] **Hauswesens:** Haushalts   [13] **Anstalten:**
Vorbereitungen   [14] **Müßiggang:** Faulheit; *idleness*   [15] **setzte mir . . . zu:** bedrängte mich; *harassed
me*   [16] **nichts fruchteten:** keine Wirkung hatten; *had no effect*   [17] **Holzschlag:** *sound of a tree
being chopped down*   [18] **hintönte:** ertönte; *resounded*

mir Köhler und Bergleute endlich begegneten und ich eine fremde Aussprache hörte, wäre ich vor Entsetzen fast in Ohnmacht gesunken.

Ihr vergebt mir meine Weitschweifigkeit; sooft ich von dieser Geschichte spreche, werde ich wider Willen geschwätzig, und Eckbert, der einzige Mensch, dem
5 ich sie erzählt habe, hat mich durch seine Aufmerksamkeit verwöhnt.

Ich kam durch mehrere Dörfer und bettelte, weil ich jetzt Hunger und Durst empfand, ich half mir so ziemlich mit meinen Antworten durch,[19] wenn ich gefragt wurde. So war ich ungefähr vier Tage fortgewandert, als ich auf einen kleinen Fußsteig geriet, der mich von der großen Straße immer mehr entfernte. Die Felsen
10 um mich her gewannen jetzt eine andre, weit seltsamere Gestalt. Es waren Klippen, aufeinander gepackt, daß es das Ansehen hatte, als wenn sie der erste Windstoß durcheinander werfen würde. Ich wußte nicht, ob ich weitergehn sollte. Ich hatte des Nachts immer im Walde geschlafen, denn es war gerade zur schönsten Jahreszeit, oder in abgelegenen Schäferhütten; hier traf ich aber gar keine
15 menschliche Wohnung und konnte auch nicht vermuten, in dieser Wildnis auf eine zu stoßen; die Felsen wurden immer furchtbarer, ich mußte oft dicht an schwindligen Abgründen vorbeigehn, und endlich hörte sogar der Weg unter meinen Füßen auf. Ich war ganz trostlos, ich weinte und schrie, und in den Felsentälern hallte meine Stimme auf eine schreckliche Art zurück. Nun brach die Nacht herein,
20 und ich suchte mir eine Moosstelle aus, um dort zu ruhn. Ich konnte nicht schlafen, die Nacht hindurch hörte ich die seltsamsten Töne, bald hielt ich es für wilde Tiere, bald für den Wind, der durch die Felsen klage, bald für fremde Vögel. Ich betete und schlief nur spät gegen Morgen ein.

Ich erwachte, als mir der Tag ins Gesicht schien. Vor mir war ein steiler
25 Felsen, ich kletterte in der Hoffnung hinauf, von dort den Ausgang aus der Wildnis zu entdecken und vielleicht Wohnungen oder Menschen gewahr zu werden. Als ich aber oben stand, war alles, so weit nur mein Auge reichte, mit einem nebligen Dufte überzogen, der Tag war grau und trübe, und keinen Baum, keine Wiese, selbst kein Gebüsch konnte mein Auge entdecken, einzelne Sträucher ausgenommen, die
30 einsam und betrübt in einigen Felsenritzen[20] emporgeschossen waren. Es ist unbeschreiblich, welche Sehnsucht ich empfand, nur eines Menschen ansichtig zu werden;[21] wäre es auch, daß[22] ich mich vor ihm hätte fürchten müssen. Zugleich fühlte ich einen peinigenden Hunger, ich setzte mich nieder und beschloß zu sterben. Aber nach einiger Zeit trug die Lust zu leben dennoch den Sieg davon,[23]
35 ich raffte mich auf und ging unter Tränen, unter abgebrochenen Ausrufungen[24] den ganzen Tag hindurch; am Ende war ich mir meiner kaum noch bewußt, ich war müde und erschöpft, ich wünschte kaum noch zu leben und fürchtete doch den Tod.

Gegen Abend schien die Gegend umher etwas freundlicher zu werden, meine
40 Gedanken, meine Wünsche lebten wieder auf, die Lust zum Leben erwachte in allen meinen Adern. Ich glaubte jetzt, das Gesause[25] einer Mühle aus der Ferne zu hören, ich verdoppelte meine Schritte, und wie wohl, wie leicht ward mir, als ich endlich

---

[19] half mir so ziemlich ... durch: *managed to get by more or less*   [20] Felsenritzen: *rock crevices*
[21] eines Menschen ansichtig zu werden: nur einen Menschen zu sehen   [22] wäre es auch, daß: auch
wenn   [23] trug ... den Sieg davon: siegte; *was victorious*   [24] Ausrufungen: Ausrufen; *exclamations*
[25] Gesause: Sausen; *humming*

wirklich die Grenzen der öden Felsen erreichte; Wälder und Wiesen mit fernen angenehmen Bergen lagen wieder vor mir. Mir war, als wenn ich aus der Hölle in ein Paradies getreten wäre, die Einsamkeit, meine Hilflosigkeit schien mir nun gar nicht fürchterlich.

Statt der gehofften Mühle stieß ich auf einen Wasserfall, der meine Freude 5 freilich um vieles[26] minderte; ich schöpfte mit der Hand einen Trunk aus dem Bache, als mir plötzlich war, als hörte ich in einiger Entfernung ein leises Husten. Nie bin ich so angenehm überrascht worden als in diesem Augenblick, ich ging näher und ward an der Ecke des Waldes eine alte Frau gewahr, die sich auszuruhn schien. Sie war ganz schwarz gekleidet, eine schwarze Kappe bedeckte ihren Kopf und 10 einen großen Teil des Gesichtes, in der Hand hielt sie einen Krückstock.[27]

Ich näherte mich ihr und bat um ihre Hilfe; sie ließ mich neben sich niedersitzen und gab mir Brot und etwas Wein. Indem ich aß, sang sie mit kreischendem Ton ein geistliches Lied. Als sie geendet hatte, sagte sie mir, ich möchte[28] ihr folgen. 15

Ich war über diesen Antrag sehr erfreut, so wunderlich mir auch die Stimme und das Wesen der Alten vorkam. Mit ihrem Krückstock ging sie ziemlich behende, und bei jedem Schritte verzog sie ihr Gesicht, worüber ich im Anfange lachen mußte. Die wilden Felsen traten immer weiter hinter uns zurück, wir gingen über eine angenehme Wiese und dann durch einen ziemlich langen Wald. Als wir 20 heraustraten, ging die Sonne gerade unter, und ich werde den Anblick und die Empfindung dieses Abends nie vergessen. In das sanfteste Rot und Gold war alles verschmolzen, die Bäume standen mit ihren Wipfeln in der Abendröte, und über den Feldern lag der entzückende Schein, die Wälder und die Blätter der Bäume standen still, der reine Himmel sah aus wie ein aufgeschlossenes Paradies, und die 25 Abendglocken der Dörfer tönten seltsam wehmütig über die Flur hin. Meine junge Seele bekam jetzt zuerst eine Ahnung von der Welt und ihren Begebenheiten. Ich vergaß mich und meine Führerin, mein Geist und meine Augen schwärmten[29] nur zwischen den goldnen Wolken.

Wir stiegen nun einen Hügel hinan, der mit Birken bepflanzt war, von oben 30 sah man in ein kleines Tal voller Birken, mitten in den Bäumen lag eine kleine Hütte. Ein munteres Bellen kam uns entgegen, und bald sprang ein kleiner behender Hund die Alte an und wedelte, dann kam er zu mir, besah mich von allen Seiten und kehrte dann mit freundlichen Gebärden zur Alten zurück.

Als wir vom Hügel hinuntergingen, hörte ich einen wunderbaren Gesang, der 35 aus der Hütte zu kommen schien, wie von einem Vogel; es sang also:

> Waldeinsamkeit,[30]
> die mich erfreut,
> so morgen wie heut
> in ew'ger Zeit, 40
> o wie mich freut
> Waldeinsamkeit.

---

[26]um vieles: sehr   [27]Krückstock: *cane*   [28]möchte: sollte   [29]schwärmten: *roved about*
[30]Waldeinsamkeit: Dieses von Tieck erfundene Wort wurde berühmt als „typische" Bezeichnung einer romantischen Landschaft.

Diese wenigen Worte wurden ᴜᴄₛₜandig wiederholt; wenn ich es beschreiben soll, so war es fast, als wenn Waldhorn und Schalmeie[31] durcheinander spielen.

Meine Neugier war außerordentlich gespannt; ohne daß ich auf den Befehl der Alten wartete, trat ich mit in die Hütte. Die Dämmerung war schon einge-
5   brochen,[32] alles war ordentlich aufgeräumt, einige Becher standen auf einem Wandschranke, fremdartige Gefäße[33] auf einem Tische, in einem kleinen glänzen-den Käfig hing ein Vogel am Fenster, und er war es wirklich, der die Worte sang.

Die Alte keuchte und hustete, sie schien sich gar nicht wieder erholen zu können, bald streichelte sie den kleinen Hund, bald sprach sie mit dem Vogel, der
10 ihr nur mit seinem gewöhnlichen Liede Antwort gab; übrigens tat sie gar nicht, als wenn ich zugegen wäre. Indem ich sie so betrachtete, überlief mich mancher Schauer, denn ihr Gesicht war in einer ewigen Bewegung, indem sie dazu wie vor Alter mit dem Kopfe schüttelte, so daß man gar nicht wissen konnte, wie ihr eigentliches Aussehen war.

15 Als sie sich erholt hatte, zündete sie Licht an, deckte einen ganz kleinen Tisch und trug das Abendessen auf. Jetzt sah sie sich nach mir um und hieß mich einen von den geflochtenen Rohrstühlen[34] nehmen. So saß ich ihr nun dicht gegenüber, und das Licht stand zwischen uns. Sie faltete ihre knöchernen Hände und betete laut, indem sie immer ihre Gesichtsverzerrungen[35] machte, so daß es mich beinahe
20 wieder zum Lachen gebracht hätte; aber ich nahm mich sehr in acht, um sie nicht böse zu machen.

Nach dem Abendessen betete sie wieder, und dann wies sie mir in einer ganz kleinen Kammer ein Bett an;[36] sie schlief in der Stube. Ich wachte nicht lange, ich war halb betäubt, aber in der Nacht wacht' ich einigemal auf, und dann hörte ich
25 die Alte husten und mit dem Hunde sprechen, und den Vogel dazwischen, der im Traum zu sein schien und immer nur einzelne Worte von seinem Liede sang. Das machte mit den Birken, die dicht vor dem Fenster rauschten, und mit dem Gesang einer entfernten Nachtigall ein so wunderbares Gemisch,[37] daß es mir immer gar nicht war, als sei ich erwacht, sondern als fiele ich nur in einen anderen, noch
30 seltsameren Traum.

Am Morgen weckte mich die Alte und wies mich bald nachher zur Arbeit an. Ich mußte spinnen, und ich lernte es auch bald; dabei hatte ich noch für den Hund und für den Vogel zu sorgen. Ich lernte mich bald in die Wirtschaft[38] finden,[39] und alle Gegenstände umher wurden mir bekannt; nun war mir, als müßte alles so sein,
35 ich dachte gar nicht mehr daran, daß die Alte etwas Seltsames an sich habe,[40] daß die Wohnung etwas abenteuerlich und von allen Menschen entfernt liege, und daß an dem Vogel etwas Außerordentliches sei. Seine Schönheit fiel mir zwar immer auf, denn seine Federn glänzten mit allen möglichen Farben, das schönste Hellblau und das brennendste Rot wechselte[41] an ihm, und wenn er sang, blähte er sich stolz
40 auf, so daß sich seine Federn noch prächtiger zeigten.

---

[31]Schalmei: Vorform der Oboe (*shawm*)   [32]war schon eingebrochen: hatte schon begonnen
[33]Gefäße: *containers*   [34]geflochtenen Rohrstühlen: *wicker chairs*   [35]Gesichtsverzerrungen: *facial distortions*   [36]wies...mir...an: showed me to   [37]Das machte...ein so wunderbares Gemisch: (*main clause*)   [38]Wirtschaft: Haushalt   [39]lernte...finden: *adapted to, got around well in*
[40]etwas Seltsames an sich habe: seltsam aussah   [41]wechselte: *alternated*

Oft ging die Alte aus und kam erst am Abend zurück, ich ging ihr dann mit dem Hunde entgegen, und sie nannte mich Kind und Tochter. Ich ward ihr endlich von Herzen gut,[42] wie sich unser Sinn denn an alles, besonders in der Kindheit, gewöhnt. In den Abendstunden lehrte sie mich lesen, ich begriff es bald, und es ward nachher in meiner Einsamkeit eine Quelle von unendlichem Vergnügen, denn 5 sie hatte einige alte geschriebene Bücher, die wunderbare Geschichten enthielten.

Die Erinnerung an meine damalige Lebensart ist mir noch bis jetzt immer seltsam: von keinem menschlichen Geschöpfe besucht, nur in einem so kleinen Familienzirkel einheimisch,[43] denn der Hund und der Vogel machten denselben Eindruck auf mich, den sonst nur längst gekannte Freunde hervorbringen. Ich habe 10 mich immer nicht wieder[44] auf den seltsamen Namen des Hundes besinnen können, so oft ich ihn auch damals nannte.

Vier Jahre hatte ich so mit der Alten gelebt, und ich mochte überhaupt ungefähr zwölf Jahre alt sein,[45] als sie mir endlich mehr vertraute und mir ein Geheimnis entdeckte. Der Vogel legte nämlich an jedem Tage ein Ei, in dem sich 15 eine Perle oder ein Edelstein befand. Ich hatte schon immer bemerkt, daß sie heimlich in dem Käfige wirtschafte,[46] ich hatte mich aber nie darum genau bekümmert. Sie trug mir jetzt das Geschäft auf, in ihrer Abwesenheit diese Eier zu nehmen und in den fremdartigen Gefäßen wohl zu verwahren. Sie ließ mir meine Nahrung zurück und blieb nun länger aus, Wochen, Monate; mein Rädchen[47] 20 schnurrte, der Hund bellte, der wunderbare Vogel sang, und dabei war alles so still in der Gegend umher, daß ich mich in der ganzen Zeit keines Sturmwinds, keines Gewitters erinnere. Kein Mensch verirrte sich dorthin, kein Wild kam unserer Behausung nahe, ich war zufrieden und sang und arbeitete mich von einem Tage zum andern hinüber.[48] Der Mensch wäre vielleicht recht glücklich, wenn er so 25 ungesehen sein Leben bis ans Ende fortführen könnte.

Aus dem wenigen, was ich las, bildete ich mir ganz wunderliche Vorstellungen von der Welt und den Menschen, alles war von mir und meiner Gesellschaft hergenommen; wenn von lustigen Menschen die Rede war, konnte ich sie mir nicht anders vorstellen wie den kleinen Spitz,[49] prächtige Frauenzimmer sahen immer 30 wie der Vogel aus, alle alte Frauen wie meine wunderliche Alte. Ich hatte auch von Liebe etwas gelesen und spielte nun in meiner Phantasie seltsame Geschichten mit mir selber. Ich dachte[50] mir den schönsten Ritter von der Welt, ich schmückte ihn mit allen Vortrefflichkeiten aus, ohne eigentlich zu wissen, wie er nun nach allen meinen Bemühungen aussah: aber ich konnte ein rechtes Mitleid mit mir selber 35 haben, wenn er mich nicht wieder[51] liebte; dann sagte ich lange rührende Reden in Gedanken her, zuweilen auch wohl laut, um ihn nur zu gewinnen. — Ihr lächelt, wir sind jetzt alle über diese Zeit der Jugend hinüber.

Es war mir jetzt lieber, wenn ich allein war, denn dann war ich selbst die Gebieterin im Hause. Der Hund liebte mich sehr und tat alles, was ich wollte, der 40 Vogel antwortete mir mit seinem Liede auf alle meine Fragen, mein Rädchen drehte

---

[42]**ward ihr ... gut:** hatte sie gern   [43]**einheimisch:** zu Hause   [44]**immer nicht wieder:** bis jetzt nicht   [45]**mochte ... sein:** mußte ... gewesen sein   [46]**wirtschafte:** sich beschäftige   [47]**Rädchen:** kleines Spinnrad   [48]**mich von einem Tage zum andern hinüber:** *my way through from one day to the next*   [49]**Spitz:** *Pomeranian*   [50]**dachte:** stellte ... vor   [51]**wieder:** *in return*

sich immer munter, und so fühlte ich im Grunde nie einen Wunsch nach Veränderung. Wenn die Alte von ihren langen Wanderungen zurückkam, lobte sie immer meine Aufmerksamkeit, sie sagte, daß ihre Haushaltung, seit ich dazu gehöre, weit ordentlicher geführt werde, sie freute sich über mein Wachstum und mein
5   gesundes Aussehen, kurz, sie ging mit mir wie mit einer Tochter um.

     „Du bist brav,[52] mein Kind!" sagte sie einst zu mir mit einem schnarrenden Tone; „wenn du so fortfährst, wird es dir auch immer gut gehn: aber nie gedeiht es,[53] wenn man von der rechten Bahn abweicht, die Strafe folgt nach, wenn auch noch so spät."[54] — Indem sie das sagte, achtete ich eben nicht sehr darauf, denn ich
10 war in allen meinen Bewegungen sehr lebhaft; aber in der Nacht fiel es mir wieder ein, und ich konnte nicht begreifen, was sie damit hatte sagen wollen. Ich überlegte alle Worte genau, ich hatte wohl von Reichtümern gelesen, und am Ende fiel mir ein, daß ihre Perlen und Edelsteine wohl etwas Kostbares sein könnten. Dieser Gedanke wurde mir bald noch deutlicher. Aber was konnte sie mit der rechten
15 Bahn meinen? Ganz konnte ich den Sinn ihrer Worte noch immer nicht fassen.

     Ich war jetzt vierzehn Jahre alt, und es ist ein Unglück für den Menschen, daß er seinen Verstand nur darum bekommt, um die Unschuld seiner Seele zu verlieren. Ich begriff nämlich wohl, daß es nur auf mich ankomme,[55] in der Abwesenheit der Alten den Vogel und die Kleinodien[56] zu nehmen und damit die Welt, von der ich
20 gelesen hatte, aufzusuchen. Zugleich war es mir dann vielleicht möglich, den überaus schönen Ritter anzutreffen, der mir immer noch im Gedächtnisse lag.

     Im Anfange war dieser Gedanke nichts weiter als jeder andre Gedanke, aber wenn ich so an meinem Rade saß, so kam er mir immer wider Willen zurück, und ich verlor mich so in ihm, daß ich mich schon herrlich geschmückt sah und Ritter
25 und Prinzen um mich her. Wenn ich mich dann so verloren hatte, konnte ich ordentlich betrübt werden, wenn ich wieder aufsah und mich in der kleinen engen Wohnung antraf.[57] Wenn ich meine Geschäfte tat, bekümmerte sich die Alte nicht weiter um mich.

     An einem Tage ging meine Wirtin wieder fort und sagte mir, daß sie diesmal
30 länger als gewöhnlich ausbleiben würde, ich solle ja auf alles ordentlich Acht geben und mir die Zeit nicht lang werden lassen.[58] Ich nahm mit einer gewissen Bangigkeit von ihr Abschied, denn es war mir, als würde ich sie nicht wiedersehn. Ich sah ihr lange nach und wußte selbst nicht, warum ich so beängstigt war; es war fast, als wenn mein Vorhaben schon vor mir stände, ohne daß ich mir dessen
35 deutlich bewußt war.

     Nie hab' ich den Hund und den Vogel mit einer solchen Emsigkeit gepflegt, sie lagen mir näher am Herzen als sonst. Die Alte war schon einige Tage abwesend, als ich mit dem festen Vorsatz aufstand, mit dem Vogel die Hütte zu verlassen und die sogenannte Welt aufzusuchen. Es war mir enge und bedrängt zu Sinne,[59] ich
40 wünschte wieder da zu bleiben, und doch war mir der Gedanke widerwärtig; es war ein seltsamer Kampf in meiner Seele, wie ein Streiten von zwei widerspenstigen

---

[52] brav: artig; *good, well-behaved*   [53] nie gedeiht es: es geht einem nie gut   [54] wenn auch noch so spät: *no matter how late*   [55] es nur auf mich ankomme: es von mir allein abhänge   [56] Kleinodien: Juwelen   [57] antraf: wiederfand   [58] mir die Zeit nicht lang werden lassen: mich nicht langweilen   [59] es war mir . . . zu Sinne: es war mir . . . zumute; ich fühlte mich

Geistern in mir. In dem einen Augenblick kam mir die ruhige Einsamkeit so schön vor, dann entzückte mich wieder die Vorstellung einer neuen Welt mit allen ihren wunderbaren Mannigfaltigkeiten.

Ich wußte nicht, was ich aus mir selber machen sollte,[60] der Hund sprang mich unaufhörlich freundlich an, der Sonnenschein breitete sich munter über die 5 Felder aus, die grünen Birken funkelten: ich hatte die Empfindung, als wenn ich etwas sehr Eiliges zu tun hätte, ich griff also den kleinen Hund, band ihn in der Stube fest und nahm dann den Käfig mit dem Vogel unter den Arm. Der Hund krümmte sich und winselte über diese ungewohnte Behandlung, er sah mich mit bittenden Augen an, aber ich fürchtete mich, ihn mit mir zu nehmen. Noch nahm 10 ich eins von den Gefäßen, das mit Edelsteinen angefüllt war, und steckte es zu mir,[61] die übrigen ließ ich stehn.

Der Vogel drehte den Kopf auf eine wunderliche Weise, als ich mit ihm zur Tür hinaustrat, der Hund strengte sich sehr an, mir nachzukommen, aber er mußte zurückbleiben. 15

Ich vermied den Weg nach den wilden Felsen, sondern ging nach der entgegengesetzten Seite. Der Hund bellte und winselte immerfort, und es rührte mich recht inniglich,[62] der Vogel wollte einigemal zu singen anfangen, aber da er getragen ward, mußte es ihm wohl unbequem sein.

So wie ich weiter ging, hörte ich das Bellen immer schwächer, und endlich 20 hörte es ganz auf. Ich weinte und wäre beinahe wieder umgekehrt, aber die Sucht, etwas Neues zu sehn, trieb mich vorwärts.

Schon war ich über Berge und durch einige Wälder gekommen, als es Abend ward, und ich in einem Dorfe einkehren mußte. Ich war sehr blöde,[63] als ich in die Schenke trat, man wies mir eine Stube und ein Bett an, ich schlief ziemlich ruhig, 25 nur daß ich von der Alten träumte, die mir drohte.

Meine Reise war ziemlich einförmig, aber je weiter ich ging, je mehr ängstigte mich die Vorstellung von der Alten und dem kleinen Hunde; ich dachte daran, daß er wahrscheinlich ohne meine Hilfe verhungern müsse, im Walde glaubt' ich oft, die Alte würde mir plötzlich entgegentreten. So legte ich unter Tränen und Seufzern 30 den Weg zurück;[64] so oft ich ruhte und den Käfig auf den Boden stellte, sang der Vogel sein wunderliches Lied, und ich erinnerte mich dabei recht lebhaft des schönen verlassenen Aufenthalts. Wie die menschliche Natur vergeßlich ist, so glaubt' ich jetzt, meine vormalige Reise in der Kindheit sei nicht so trübselig gewesen als meine jetzige; ich wünschte mich wieder in derselben Lage zu sein. 35

Ich hatte einige Edelsteine verkauft und kam nun nach einer Wanderschaft von vielen Tagen in einem Dorfe an. Schon beim Eintritt ward mir wundersam zumute, ich erschrak und wußte nicht worüber; aber bald erkannt' ich mich,[65] denn es war dasselbe Dorf, in welchem ich geboren war. Wie ward ich überrascht! wie liefen mir vor Freude, wegen tausend seltsamer Erinnerungen, die Tränen von 40 den Wangen! Vieles war verändert, es waren neue Häuser entstanden, andre, die

---

[60]**aus mir selber machen sollte:** von mir selber denken sollte   [61]**zu mir:** in meine Tasche
[62]**inniglich:** innig, herzlich   [63]**blöde:** schüchtern; *timid*   [64]**legte . . . den Weg zurück:** brachte den Weg hinter mich; *accomplished my journey*   [65]**erkannt' ich mich:** kannte ich mich aus; *was familiar with my surroundings*

man damals erst errichtet hatte, waren jetzt verfallen, ich traf auf Brandstellen;[66] alles war weit kleiner, gedrängter, als ich erwartet hatte. Unendlich freute ich mich darauf, meine Eltern nun nach so manchen Jahren[67] wiederzusehen; ich fand das kleine Haus, die wohlbekannte Schwelle, der Griff der Tür war noch ganz so wie 5 damals, es war mir, als hätte ich sie nur gestern erst angelehnt, mein Herz klopfte ungestüm, ich öffnete sie hastig, — aber ganz fremde Gesichter saßen in der Stube umher und stierten mich an. Ich fragte nach dem Schäfer Martin, und man sagte mir, er sei schon seit drei Jahren mit seiner Frau gestorben. — Ich trat schnell zurück und ging laut weinend aus dem Dorfe hinaus.

10   Ich hatte es mir so schön gedacht, sie mit meinem Reichtume zu überraschen; durch den seltsamsten Zufall war das nun wirklich geworden, was ich in der Kindheit immer nur träumte, — und jetzt war alles umsonst, sie konnten sich nicht mit mir freuen, und das, worauf ich am meisten immer im Leben gehofft hatte, war für mich auf ewig verloren.

15   In einer angenehmen Stadt mietete ich mir ein kleines Haus mit einem Garten und nahm eine Aufwärterin[68] zu mir. So wunderbar, als ich es vermutet hatte, kam mir die Welt nicht vor, aber ich vergaß die Alte und meinen ehemaligen Aufenthalt etwas mehr, und so lebt' ich im ganzen recht zufrieden.

Der Vogel hatte schon seit lange[69] nicht mehr gesungen; ich erschrak daher 20 nicht wenig, als er in einer Nacht plötzlich wieder anfing, und zwar mit einem veränderten Liede. Er sang:

> Waldeinsamkeit,
> wie liegst du weit!
> O dich gereut
> 25   einst mit der Zeit.[70]
> Ach einz'ge Freud'
> Waldeinsamkeit.

Ich konnte die Nacht hindurch nicht schlafen, alles fiel mir von neuem in die Gedanken,[71] und mehr als jemals fühlt' ich, daß ich unrecht getan hatte. Als ich 30 aufstand, war mir der Anblick des Vogels ordentlich[72] zuwider, er sah immer nach mir hin, und seine Gegenwart ängstigte mich. Er hörte nun mit seinem Liede gar nicht wieder auf, und er sang es lauter und schallender, als er sonst gewohnt gewesen war. Je mehr ich ihn betrachtete, je bänger machte er mich; ich öffnete endlich den Käfig, steckte die Hand hinein und faßte seinen Hals, herzhaft drückte 35 ich die Finger zusammen, er sah mich bittend an, ich ließ los, aber er war schon gestorben. — Ich begrub ihn im Garten.

Jetzt wandelte mich oft eine Furcht vor meiner Aufwärterin an,[73] ich dachte an mich selbst zurück[74] und glaubte, daß sie mich auch einst berauben oder wohl

---

[66] Brandstellen: *ruins of burnt houses*   [67] so manchen Jahren: *many a year*   [68] Aufwärterin: Dienerin   [69] seit lange: seit langem   [70] dich gereut einst mit der Zeit: du wirst es einmal bereuen [71] alles fiel mir von neuem in die Gedanken: ich erinnerte mich wieder an alles   [72] ordentlich: wirklich; *downright*   [73] wandelte mich ... an: ergriff mich; *befell me*   [74] ich dachte an mich selbst zurück: ich dachte daran, wie ich gehandelt hatte

gar ermorden könne. – Schon lange kannt' ich einen jungen Ritter, der mir überaus gefiel, ich gab ihm meine Hand, – und hiermit, Herr Walter, ist meine Geschichte geendigt."

„Ihr hättet sie damals sehn sollen", fiel Eckbert hastig ein, – „ihre Jugend, ihre Schönheit, und welch einen unbeschreiblichen Reiz ihr ihre einsame Erziehung 5 gegeben hatte. Sie kam mir vor wie ein Wunder, und ich liebte sie ganz über alles Maß.[75] Ich hatte kein Vermögen, aber durch ihre Liebe kam ich in diesen Wohlstand, wir zogen hierher, und unsre Verbindung hat uns bis jetzt noch keinen Augenblick gereut." –

„Aber über mein Schwatzen",[76] fing Berta wieder an, „ist es schon tief in die 10 Nacht[77] geworden, – wir wollen uns schlafen legen!"

Sie stand auf und ging nach ihrer Kammer, Walter wünschte ihr mit einem Handkusse eine gute Nacht und sagte: „Edle Frau, ich danke Euch, ich kann mir Euch recht vorstellen, mit dem seltsamen Vogel, und wie Ihr den kleinen *Strohmian* füttertet". – Ohne zu antworten, ging sie hinein. 15

Auch Walter legte sich schlafen, nur Eckbert ging noch unruhig im Saale auf und ab. – „Ist der Mensch[78] nicht ein Tor?" fing er endlich an; „ich bin erst die Veranlassung, daß meine Frau ihre Geschichte erzählt, und jetzt gereut mich diese Vertraulichkeit! – Wird er sie nicht mißbrauchen? Wird er sie nicht andern mitteilen? Wird er nicht vielleicht, denn das ist die Natur des Menschen, eine 20 unselige Habsucht nach unsern Edelsteinen empfinden und deswegen Pläne anlegen[79] und sich verstellen?"

Es fiel ihm ein, daß Walter nicht so herzlich von ihm Abschied genommen hatte, als es nach einer solchen Vertraulichkeit wohl natürlich gewesen wäre. Wenn die Seele erst einmal zum Argwohn gespannt ist, so trifft sie auch in allen 25 Kleinigkeiten Bestätigungen an. Dann warf sich Eckbert wieder sein unedles Mißtrauen gegen seinen wackeren Freund vor und konnte doch nicht davon zurückkehren.[80] Er schlug sich die ganze Nacht mit diesen Vorstellungen herum[81] und schlief nur wenig.

Berta war krank und konnte nicht zum Frühstück erscheinen; Walter schien 30 sich nicht viel darum zu kümmern und verließ auch den Ritter ziemlich gleichgültig. Eckbert konnte sein Betragen nicht begreifen; er besuchte seine Gattin, sie lag in einer Fieberhitze und sagte, die Erzählung in der Nacht müsse sie auf diese Art gespannt haben.

Seit diesem Abende besuchte Walter nur selten die Burg seines Freundes, und 35 wenn er auch kam, ging er nach einigen unbedeutenden Worten wieder weg. Eckbert ward durch dieses Betragen im äußersten Grade gepeinigt; er ließ sich zwar gegen Berta und Walter nichts davon merken,[82] aber jeder mußte doch seine innerliche Unruhe an ihm gewahr werden.

Mit Bertas Krankheit ward es immer bedenklicher, der Arzt schüttelte den 40

---

[75] über alles Maß: über alle Maßen; *beyond all measure* [76] über mein Schwatzen: während ich so lange geplaudert habe [77] tief in die Nacht: sehr spät [78] der Mensch: d.h., der Mensch im allgemeinen, nicht Walter [79] anlegen: entwerfen, machen [80] konnte doch nicht davon zurückkehren: konnte sein Mißtrauen doch nicht überwinden [81] schlug sich ... herum: *grappled* [82] er ließ sich zwar gegen Berta und Walter nichts davon merken: *he did not indeed reveal this to Berta and Walter*

Kopf, die Röte von ihren Wangen war verschwunden, und ihre Augen wurden immer glühender. – An einem Morgen ließ sie ihren Mann an ihr Bette rufen, die Mägde mußten sich entfernen.

5 „Lieber Mann", fing sie an, „ich muß dir etwas entdecken, was mich fast um meinen Verstand gebracht[83] hat, das meine Gesundheit zerrüttet, so eine unbedeutende Kleinigkeit es auch scheinen mag. – Du weißt, daß ich mich immer nicht, so oft ich von meiner Geschichte sprach, trotz aller angewandten Mühe[84] auf den Namen des kleinen Hundes besinnen konnte, mit dem ich so lange umging. An jenem Abende sagte Walter beim Abschiede plötzlich zu mir: ‚Ich kann mir Euch 10 recht vorstellen, wie Ihr den kleinen *Strohmian* füttertet.' Ist das Zufall? Hat er den Namen erraten, oder hat er ihn mit Vorsatz genannt? Und wie hängt dieser Mensch dann mit meinem Schicksale zusammen? Zuweilen ist es mir eingefallen, ich bilde mir diesen Zufall nur ein, aber es ist gewiß, nur zu gewiß. Ein gewaltiges Entsetzen befiel mich, als mir ein fremder Mensch so zu meinen Erinnerungen half. – Was 15 sagst du, Eckbert?"

Eckbert sah seine leidende Gattin mit einem tiefen Gefühle an; er schwieg und dachte bei sich[85] nach, dann sagte er ihr einige tröstende Worte und verließ sie. In einem abgelegenen Gemache ging er in einer unbeschreiblichen Unruhe auf und ab. Walter war seit vielen Jahren sein einziger Umgang gewesen, und doch war dieser 20 Mensch jetzt der einzige in der Welt, dessen Dasein ihn drückte und peinigte. Es schien ihm, als würde ihm froh und leicht sein, wenn nur dieser einzige Mensch aus dem Wege geschafft wäre.[86] Er nahm seine Armbrust, um sich zu zerstreuen und auf die Jagd zu gehn.

Es war ein rauher stürmischer Wintertag, tiefer Schnee lag auf den Bergen und 25 bog die Zweige der Bäume nieder. Er streifte umher,[87] der Schweiß stand ihm auf der Stirne, er traf auf kein Wild, und das vermehrte seinen Unmut. Plötzlich sah er sich in der Ferne etwas bewegen, es war Walter, der Moos von den Bäumen sammelte; ohne zu wissen, was er tat, legte er an,[88] Walter sah sich um und drohte mit einer stummen Gebärde, aber indem flog der Bolzen[89] fort, und Walter stürzte 30 nieder.

Eckbert fühlte sich leicht und beruhigt, und doch trieb ihn ein Schauder nach seiner Burg zurück; er hatte einen großen Weg zu machen, denn er hatte sich weit hinein in die Wälder verirrt. – Als er ankam, war Berta schon gestorben; sie hatte vor ihrem Tode noch viel von Walter und der Alten gesprochen.

35 Eckbert lebte nun eine lange Zeit in der größten Einsamkeit. Er war schon sonst immer etwas schwermütig gewesen, weil ihn die seltsame Geschichte seiner Gattin beunruhigte, er hatte immer schon einen unglücklichen Vorfall befürchtet, der sich ereignen könnte: aber jetzt war er ganz mit sich zerfallen.[90] Die Ermordung seines Freundes stand ihm unaufhörlich vor Augen, er lebte unter 40 ewigen inneren Vorwürfen.

---

[83] um meinen Verstand gebracht: verrückt gemacht; *made insane*   [84] trotz aller angewandten Mühe: *despite all (applied) efforts*   [85] bei sich: für sich; *to himself*   [86] aus dem Wege geschafft wäre: *would be gotten out of the way: would be eliminated*   [87] streifte umher: wanderte umher; *wandered around*   [88] legte ... an: zielte; *aimed*   [89] Bolzen: Pfeil   [90] mit sich zerfallen: mit sich selbst uneins; *at odds with himself*

Um sich zu zerstreuen, begab er sich zuweilen nach der nächsten großen Stadt, wo er Gesellschaften und Feste besuchte. Er wünschte durch irgend einen Freund die Leere in seiner Seele auszufüllen, und wenn er dann wieder an Walter zurückdachte, so erschrak er schon vor dem Worte Freund; er war überzeugt, daß es ihm notwendig mit allen seinen Freunden unglücklich gehn müsse. Er hatte so lange 5 mit Berta in einer schönen Ruhe gelebt, die Freundschaft Walters hatte ihn so manches Jahr hindurch beglückt, und jetzt waren beide so plötzlich dahingerafft,[91] daß ihm sein Leben in manchen Augenblicken mehr wie ein seltsames Märchen als wie ein wirklicher Lebenslauf erschien.

Ein Ritter, Hugo von Wolfsberg, schloß sich an den[92] stillen betrübten 10 Eckbert, er schien eine wahrhafte Zuneigung gegen ihn zu empfinden. Eckbert fand sich auf eine wunderbare Art überrascht, er kam der Freundschaft des Ritters um so schneller entgegen,[93] je weniger er sie vermutet hatte. Beide waren nun häufig zusammen, der Fremde erzeigte[94] Eckbert alle möglichen Gefälligkeiten, einer ritt fast nicht mehr ohne den andern aus, in allen Gesellschaften trafen sie sich, kurz, sie 15 schienen unzertrennlich.

Eckbert war immer nur auf kurze[95] Augenblicke froh, denn er fühlte es deutlich, daß ihn Hugo nur aus einem Irrtume liebe; jener kannte ihn nicht, er wußte seine Geschichte nicht, und er fühlte wieder denselben Drang, sich ihm ganz mitzuteilen, damit er versichert sein könne, ob jener auch wahrhaft sein Freund sei. 20 Dann hielten ihn wieder Bedenklichkeiten und die Furcht, verabscheut zu werden, zurück. In manchen Stunden war er so sehr von seiner Nichtswürdigkeit überzeugt, daß er glaubte, kein Mensch könnte ihn seiner Achtung würdigen,[96] der ihn nur etwas näher kenne. Aber dennoch konnte er sich nicht widerstehn;[97] auf einem einsamen Spazierritt entdeckte er seinem Freunde seine ganze Geschichte und 25 fragte ihn dann, ob er wohl einen Mörder lieben könne. Hugo war gerührt und suchte ihn zu trösten, Eckbert folgte ihm mit leichterem Herzen zur Stadt.

Es schien aber seine Verdammnis zu sein, grade in der Stunde des Vertrauens Argwohn zu schöpfen,[98] denn kaum waren sie in den Saal getreten, als ihm beim Schein der vielen Lichter die Mienen[99] seines Freundes nicht gefielen. Er glaubte 30 ein hämisches Lächeln zu bemerken, es fiel ihm auf, daß er nur wenig mit ihm sprach, daß er mit den Anwesenden viel redete und seiner[100] gar nicht zu achten schien. Ein alter Ritter war in der Gesellschaft, der sich immer als den Gegner Eckberts gezeigt und sich oft nach seinem Reichtum, nach seiner Frau auf eine eigne[101] Art erkundigt hatte; zu diesem ging jetzt Hugo, und beide sprachen eine 35 Zeitlang heimlich, indem sie beständig nach Eckbert hinsahen. Dieser sah jetzt seinen Argwohn bestätigt, er glaubte sich verraten, und eine schreckliche Wut bemeisterte sich seiner.[102] Indem er noch immer hinstarrte, sah er plötzlich Walters Gesicht, alle seine Mienen, die ganze, ihm so wohlbekannte Gestalt; er sah noch

---

[91] dahingerafft: gestorben   [92] schloß sich an den: befreundete sich mit dem   [93] kam der Freundschaft . . . entgegen: erwiderte die Freundschaft; *returned the friendship*   [94] erzeigte: erwies; *rendered*   [95] auf kurze: während kurzer   [96] seiner Achtung würdigen: respektieren   [97] sich nicht widerstehn: sich nicht davon abhalten; *restrain himself*   [98] Argwohn zu schöpfen: argwöhnisch zu werden; *to become suspicious*   [99] Mienen: Gesichtsausdruck; *facial expression*   [100] seiner: auf ihn   [101] eigne: eigenartige; *peculiar*   [102] bemeisterte sich seiner: kam über ihn

immer hin und ward überzeugt, daß niemand als Walter mit dem Alten
spreche. – Sein Entsetzen war unbeschreiblich; außer sich stürzte er hinaus, verließ
noch in der Nacht die Stadt und kehrte nach vielen Irrwegen auf seine Burg zurück.

    Wie ein unruhiger Geist eilte er jetzt von Gemach zu Gemach, kein Gedanke
5   hielt ihm stand,[103] er eilte von entsetzlichen Vorstellungen auf noch entsetzlichere,
und kein Schlaf kam in seine Augen. Oft dachte er, daß er wahnsinnig sei und sich
nur selber durch seine Einbildung alles erschaffe; dann erinnerte er sich wieder der
Züge Walters, und alles ward ihm immer mehr ein Rätsel. Er beschloß, eine Reise zu
machen, um seine Vorstellungen wieder zu ordnen; den Gedanken an Freundschaft,
10   den Wunsch nach Umgang hatte er nun auf ewig aufgegeben.

    Er zog fort, ohne sich einen bestimmten Weg vorzusetzen,[104] ja er
betrachtete die Gegenden nur wenig, die vor ihm lagen. Als er mit seinem Pferde
einige Tage durchtrabt[105] hatte, sah er sich plötzlich in einem Gewinde[106] von
Felsen verirrt, in denen sich nirgends ein Ausweg entdecken ließ. Endlich traf er auf
15   einen alten Bauer, der ihm einen Pfad, einem Wasserfall vorüber,[107] zeigte: er
wollte ihm zur Danksagung einige Münzen geben, der Bauer aber schlug sie
aus. – „Was gilt's?"[108] sagte Eckbert zu sich selber, „ich könnte mir wieder
einbilden, daß dies niemand anders als Walter sei", – und indem sah er sich noch
einmal um, und es war niemand anders als Walter. – Eckbert spornte sein Roß, so
20   schnell es nur laufen konnte, durch Wiesen und Wälder, bis es erschöpft unter ihm
zusammenstürzte. – Unbekümmert setzte er nun seine Reise zu Fuß fort.

    Er stieg träumend einen Hügel hinan, es war, als wenn er ein nahes muntres
Bellen hörte, Birken säuselten dazwischen, und er hörte mit wunderlichen Tönen
ein Lied singen:

25   Waldeinsamkeit
                    mich wieder freut,
                    mir geschieht kein Leid,
                    hier wohnt kein Neid,
                    von neuem mich freut
30   Waldeinsamkeit.

    Jetzt war es um das Bewußtsein, um die Sinne Eckberts geschehen,[109] er
konnte sich nicht aus dem Rätsel herausfinden, ob er jetzt träume oder ehemals von
einem Weibe Berta geträumt habe, das Wunderbarste vermischte sich mit dem
Gewöhnlichsten, die Welt um ihn her war verzaubert und er keines Gedankens,
35   keiner Erinnerung mächtig.[110]

    Eine krummgebückte Alte schlich hustend mit einer Krücke den Hügel heran.
„Bringst du mir meinen Vogel? Meine Perlen? Meinen Hund?" schrie sie ihm

---

[103]kein Gedanke hielt ihm stand: keinen Gedanken konnte er festhalten   [104]sich vorzusetzen: sich
vorzunehmen; *to choose*   [105]einige Tage durchtrabt: einige Tage lang getrabt (*trotted*)
[106]Gewinde: Labyrinth   [107]einem Wasserfall vorüber: an einem Wasserfall vorbei   [108]Was gilt's?:
Was gilt die Wette? d.h., ich bin bereit zu wetten; ich bin ganz sicher   [109]um das Bewußtsein, um
die Sinne Eckberts geschehen: mit dem Bewußtsein, mit den Sinnen Eckberts zu Ende   [110]er keines
Gedankens, keiner Erinnerung mächtig: er (war) keines Gedankens, keiner Erinnerung fähig (*capable of*)

entgegen. „Siehe, das Unrecht bestraft sich selbst. Niemand als ich war dein Freund Walter, dein Hugo — "

„Gott im Himmel!" sagte Eckbert stille vor sich hin, — „in welcher entsetzlichen Einsamkeit hab' ich denn mein Leben hingebracht!" —

„Und Berta war deine Schwester."   5

Eckbert fiel zu Boden.

„Warum verließ sie mich tückisch? Sonst hätte sich alles gut und schön geendet, ihre Probezeit war ja schon vorüber. Sie war die Tochter eines Ritters, die er bei einem Hirten erziehn ließ, die Tochter deines Vaters."

„Warum hab' ich diesen schrecklichen Gedanken immer geahnt?" rief   10
Eckbert aus.

„Weil du in früher Jugend deinen Vater einst davon erzählen hörtest; er durfte seiner Frau wegen diese Tochter nicht bei sich erziehen lassen, denn sie war von einem anderen Weibe." —

Eckbert lag wahnsinnig in den letzten Zügen;[111] dumpf und verworren hörte   15
er die Alte sprechen, den Hund bellen und den Vogel sein Lied wiederholen.

---

[111] lag . . . in den letzten Zügen: lag . . . im Sterben

ERNST THEODOR AMADEUS HOFFMANN (1776 - 1822)

DAS ÖDE HAUS (1817)

Das Recht auf Selbstbestimmung, das das achtzehnte Jahrhundert proklamierte, setzte den Glauben an die *Fähigkeit* zur Selbstbestimmung voraus. Dieser Glaube ging den Romantikern verloren. Für viele von ihnen ist der einzelne nicht der Meister seines Schicksals; dunkle, unheimliche Mächte, die er weder verstehen noch kontrollieren kann,
5   greifen in sein Leben ein. Sie können auch aus dem Innern des Menschen aufsteigen. Damals in der Romantik wird die Macht des Unbewußten entdeckt, spielt die Bedeutung des Traums eine große Rolle, werden die „Nachtseiten der Natur" hervorgehoben. Die Erzählungen Hoffmanns sind das bekannteste Beispiel dieser Thematik[1] geworden. Hoffmann selbst ist eine merkwürdig gespaltene Figur. Vor dem Wahnsinn, der den
10   Erzähler des *Öden Hauses* bedroht, fürchtete er sich selbst.

Hoffmann war ein wohlausgebildeter Jurist, der sein Leben als Richter am Kammergericht in Berlin beschloß. Die Nächte hindurch aber saß er mit Freunden trinkend in der berühmten Weinstube von Lutter und Wegener. Dazwischen schrieb er seine Geschichten, musizierte, zeichnete seine bösen Karikaturen. Jahrelang hatte er als
15   Kapellmeister in der Welt des Theaters gelebt. Und auf dem Theater hat seine Gestalt fortgelebt, in Offenbachs[2] dämonischer Oper *Hoffmanns Erzählungen*.

Den ganzen vorigen Sommer brachte ich in ***n zu. Die Menge alter Freunde, die ich vorfand, das freie gemütliche Leben, die mannigfachen Anregungen der Kunst und der Wissenschaft, das alles hielt mich fest. Nie war ich heitrer, und
20   meiner alten Neigung, oft allein durch die Straßen zu gehen und die mir begegnenden Gestalten zu betrachten, hing ich hier mit Leidenschaft nach.[3] Schon oft war ich die Allee[4] durchwandelt,[5] die nach dem ***nger Tore führt, als mir eines Tages plötzlich ein Haus ins Auge fiel, das auf ganz wunderliche seltsame Weise von allen übrigen abstach.[6] Denkt euch ein niedriges, vier Fenster breites, von
25   zwei hohen schönen Gebäuden eingeklemmtes Haus, dessen schlecht verwahrtes Dach, dessen zum Teil mit Papier verklebte Fenster, dessen farblose Mauern von gänzlicher Verwahrlosung zeugen. Ich blieb stehen und bemerkte bei näherer Betrachtung, daß alle Vorhänge an den Fenstern dicht zugezogen waren, ja daß vor die Fenster des Erdgeschosses eine Mauer aufgeführt schien, daß die gewöhnliche
30   Glocke an der Haustüre fehlte, und daß an der Türe selbst nirgends ein Schloß zu entdecken war. Ich wurde überzeugt, daß dieses Haus ganz unbewohnt sein müsse,

---

[1] **dieser Thematik:** dieses Themenkreises; *of this group of themes*   [2] **Offenbach:** Jacques Offenbach (1819 - 1880), französischer Opernkomponist (in Deutschland geboren)   [3] **hing ... nach:** folgte; *indulged in*   [4] **Allee:** *avenue*   [5] **durchwandelt:** entlang gegangen   [6] **abstach:** kontrastierte

da ich niemals, so oft und zu welcher[7] Tageszeit ich auch vorübergehen mochte, auch nur die Spur eines menschlichen Wesens darin wahrnahm. Eine wunderliche Erscheinung, und doch fand sie vielleicht darin ihren natürlichen Grund, daß der Besitzer auf einer langen Reise begriffen[8] oder, auf fernen Gütern hausend, dies Grundstück weder vermieten noch verkaufen mochte, um, nach ***n zurück- 5 kehrend, augenblicklich seine Wohnung dort aufschlagen[9] zu können. — So dachte ich, und doch weiß ich selbst nicht, wie es kam, daß, bei dem öden Hause vorüberschreitend, ich jedesmal wie[10] festgebannt stehen bleiben und mich in ganz verwunderliche Gedanken verstricken mußte.

Eines Tages, als ich wieder einmal vor dem Hause stand, bemerkte ich 10 plötzlich, ohne gerade hinzusehen, daß jemand neben mir sich hingestellt und den Blick auf mich gerichtet hatte. Es war Graf P., und sogleich war mir nichts gewisser, als daß auch ihm das Geheimnisvolle des Hauses aufgegangen war.[11] Um so mehr fiel es mir auf, daß, als ich von dem seltsamen Eindruck sprach, den dies verödete Gebäude hier in der belebtesten Gegend der Residenz[12] auf mich gemacht hatte, er 15 sehr ironisch lächelte,[13] bald war aber alles erklärt. Graf P. war viel weiter gegangen als ich, und hatte schließlich die Bewandtnis herausgefunden, die es mit dem Hause hatte.[14] Seine Geschichte hatte die Wirkung eines Sturzbades;[15] ich erfuhr, daß das verödete Haus nichts anderes enthalte als die Zuckerbäckerei[16] des Konditors,[17] dessen prachtvoll eingerichteter Laden dicht anstieß.[18] Daher waren die Fenster des 20 Erdgeschosses, wo die Öfen eingerichtet waren, vermauert, und die zum Aufbewahren des Gebackenen im oberen Stockwerk bestimmten Zimmer[19] mit dicken Vorhängen gegen Sonne und Ungeziefer verwahrt.

Trotz dieser prosaischen Aufklärung mußte ich doch noch immer, vorübergehend, nach dem öden Hause hinschauen, und eines Tages, als ich wie gewöhnlich 25 zur Mittagsstunde in der Allee spazieren ging, bemerkte ich, daß der Vorhang an dem letzten Fenster dicht neben dem Konditorladen sich zu bewegen begann. Eine Hand, ein Arm kam zum Vorschein. Ich riß meinen Operngucker[20] heraus und gewahrte nun deutlich die blendend weiße, schön geformte Hand eines Frauenzimmers,[21] an derem kleinen Finger ein Brillant[22] mit ungewöhnlichem Feuer 30 funkelte. Ein reiches Band blitzte an dem in üppiger Schönheit geründeten[23] Arm. Die Hand setzte eine hohe, seltsam geformte Kristallflasche hin auf die Fensterbank und verschwand hinter dem Vorhange. Erstarrt blieb ich stehen, ein sonderbares Gefühl durchströmte mit elektrischer Wärme mein Inneres, unverwandt blickte ich hinauf nach dem verhängnisvollen Fenster, und wohl mag ein sehnsuchtsvoller 35 Seufzer meiner Brust entflohen sein. Ich wurde endlich wach und fand mich umringt von vielen Menschen, die so wie ich mit neugierigen Gesichtern

---

[7]**welcher:** *whatever*   [8]**begriffen:** begriffen war   [9]**aufschlagen:** einrichten; *set up*   [10]**wie:** *as if*   [11]**ihm ... aufgegangen war:** er ... erkannt hatte   [12]**der Residenz:** des Regierungssitzes; *of the royal residence, seat of government*   [13]**daß ... er sehr ironisch lächelte:** (*secondary clause*)   [14]**hatte ... die Bewandtnis herausgefunden, die es mit dem Hause hatte:** hatte herausgefunden, wie es sich mit dem Hause verhielt; *had found out how matters stood with the house*   [15]**eines Sturzbades:** einer kalten Dusche; *of a cold shower*   [16]**Zuckerbäckerei:** *pastry shop*   [17]**Konditor:** *confectioner*   [18]**anstieß:** angrenzte; *was adjacent to*   [19]**die zum Aufbewahren des Gebackenen im oberen Stockwerk bestimmten Zimmer:** die Zimmer im oberen Stockwerk, die bestimmt waren, das Gebackene aufzubewahren   [20]**Operngucker:** Opernglas   [21]**Frauenzimmer:** Frau   [22]**Brillant:** Diamant   [23]**geründeten:** gerundeten; *rounded*

hinaufguckten. Ich schlich mich leise fort, und der prosaische Dämon flüsterte mir
sehr vernehmlich in die Ohren, daß soeben die reiche, sonntäglich[24] geschmückte
Konditorsfrau eine geleerte Flasche feinen Rosenwassers auf die Fensterbank
gestellt hatte. — Seltner Fall![25] — mir kam urplötzlich ein sehr gescheiter
5   Gedanke. — Ich kehrte um und geradezu ein[26] in den leuchtenden Spiegelladen[27]
des dem öden Hause nachbarlichen Konditors. — Mit kühlendem Atem den heißen
Schaum von der Schokolade[28] wegblasend, fing ich leicht hingeworfen[29] an: „In
der Tat, Sie haben da nebenbei[30] Ihre Anstalt sehr schön erweitert." — Der
Konditor lehnte sich mit aufgestemmtem Arm weit über den Ladentisch herüber
10   und schaute mich mit solch lächelnd fragendem Blick an, als habe er mich garnicht
verstanden. Ich wiederholte, daß er sehr zweckmäßig in dem benachbarten Hause
seine Bäckerei angelegt habe, obwohl das dadurch[31] verödete Gebäude in der
lebendigen Reihe[32] der übrigen düster und traurig absteche. „Ei, mein Herr!" fing
nun der Konditor an, „wer hat Ihnen denn gesagt, daß das Haus nebenan uns
15   gehört? — Leider blieb jeder Versuch, es zu akquirieren,[33] vergebens, und am Ende
mag es auch gut sein,[34] denn mit dem Hause nebenan hat es eine eigene
Bewandtnis." — Gespannt bat ich ihn, mir mehr zu sagen. „Ja mein Herr", sprach
er, „etwas Genaues weiß ich selbst nicht davon, so viel ist aber gewiß, daß das Haus
der Gräfin von S. gehört, die auf ihren Gütern lebt und seit vielen Jahren nicht in
20   ***n gewesen ist. Nur zwei lebendige Wesen hausen darin, ein steinalter
menschenfeindlicher Hausverwalter und ein grämlicher lebenssatter[35] Hund, der
zuweilen auf dem Hinterhofe den Mond anheult. Nach der allgemeinen Sage soll es
in dem öden Gebäude häßlich spuken,[36] und in der Tat, mein Bruder (der Besitzer
des Ladens) und ich, wir beide haben in der Stille der Nacht, besonders zur
25   Weihnachtszeit, wenn uns unser Geschäft hier im Laden wach erhielt, oft seltsame
Klagelaute vernommen, die offenbar sich hier hinter der Mauer im Nebenhause
erhoben. Auch ist es nicht lange her, daß sich zur Nachtzeit ein solch sonderbarer
Gesang hören ließ, den ich Ihnen nun gar nicht beschreiben kann. Es war offenbar
die Stimme eines alten Weibes, die wir vernahmen, aber die Töne waren so gellend
30   klar und liefen in bunten Kadenzen und langen schneidenden Trillern so hoch
hinauf, wie ich es noch nie gehört habe. Mir war so, als würden französische Worte
gesungen, doch konnte ich das nicht genau unterscheiden und überhaupt das tolle
gespenstige Singen nicht lange anhören, denn mir standen die Haare zu Berge.[37] —
Die Glastüre des Ladens knarrte, der Konditor warf mir, nach der eingetretenen Figur
35   hinnickend,[38] einen bedeutenden Blick zu. — Ich verstand ihn vollkommen.
Konnte denn die sonderbare Gestalt jemand anders sein als der Verwalter des
geheimnisvollen Hauses! — Denkt euch einen kleinen dürren Mann mit einem
mumienfarbnen[39] Gesicht, spitzer Nase, zusammengekniffenen[40] Lippen, stetem

---

[24] sonntäglich: besonders schön, wie am Sonntag   [25] Seltner Fall!: Merkwürdiger Fall! *Remarkable*
occurrence!   [26] ein: kehrte ein   [27] Spiegelladen: der Laden hat viele Spiegel   [28] Schokolade: *hot*
chocolate   [29] leicht hingeworfen: beiläufig; *casually*   [30] nebenbei: nebenan   [31] dadurch: *because*
of that   [32] lebendigen Reihe: d.h., im Gegensatz zum „toten" öden Haus   [33] zu akquirieren:
anzukaufen; *to acquire*   [34] am Ende mag es auch gut sein: *in the long run it was probably for the best*
[35] lebenssatter: lebensmüder; *tired of life*   [36] soll es in dem öden Gebäude häßlich spuken: *the*
desolate building is said to be horribly haunted   [37] zu Berge: *on end*   [38] hinnickend: *nodding toward*
[39] mumienfarbnen: *colored like a mummy*   [40] zusammengekniffenen: zusammengepreßten; *tight*

wahnsinnigen Lächeln, altmodisch frisiertem, stark gepudertem Haar, kaffee-
braunem, altem, verbleichtem, doch wohlgeschontem,[41] gebürstetem Kleide,
grauen Strümpfen, großen abgestumpften Schuhen mit Steinschnällchen.[42] Denkt
euch, daß diese kleine dürre Figur doch, besonders was die übergroßen Fäuste mit
langen starken Fingern betrifft, robust geformt ist und kräftig nach dem Ladentisch   5
hinschreitet, dann aber, stets lächelnd und starr hinschauend nach den in
Kristallgläsern aufbewahrten Süßigkeiten, mit ohnmächtiger[43] klagender Stimme
herausweint:[44] „Ein paar eingemachte Pomeranzen[45] – ein paar Makronen –."
Der Konditor suchte alles, was der Alte gefordert, zusammen. „Wiegen Sie, wiegen
Sie, verehrter Herr Nachbar", jammerte der seltsame Mann, holte ächzend und   10
keuchend einen kleinen ledernen Beutel aus der Tasche und suchte mühsam Geld
hervor.[46] Ich bemerkte, daß das Geld, als er es auf dem Ladentisch aufzählte, aus
verschiedenen alten, zum Teil schon ganz aus dem Kurs gekommenen Münzsorten[47] bestand. Der Konditor schaute mich lachend an und sprach dann zu dem
Alten: „Sie scheinen mir nicht recht wohl zu sein, ja, ja, das Alter, die Kräfte   15
nehmen ab." Ohne die Miene zu ändern, rief der Alte mit erhöhter Stimme:
„Alter? – Alter? – Kräfte abnehmen? Ho ho!" Und damit schlug er die Fäuste
zusammen, daß die Gelenke knackten, und sprang, in der Luft ebenso gewaltig die
Füße zusammenklappend,[48] hoch auf, daß der ganze Laden dröhnte und alle Gläser
zitternd erklangen. Aber in dem Augenblick erhob sich auch ein gräßliches   20
Geschrei, der Alte hatte den schwarzen Hund getreten, der, hinter ihm her
geschlichen, dicht an seine Füße geschmiegt, auf dem Boden lag. „Verruchte Bestie!
satanischer Höllenhund", stöhnte leise im vorigen Ton der Alte, öffnete die Tüte
und reichte dem Hunde eine große Makrone hin. Der Hund war sogleich still, setzte
sich auf die Hinterpfoten und knapperte[49] an der Makrone wie ein Eichhörnchen.   25
„Gute Nacht, verehrter Herr Nachbar", sprach der Alte jetzt, reichte dem Konditor
die Hand und drückte die des Konditors so, daß er laut aufschrie vor Schmerz. „Der
alte, schwächliche Greis wünscht Ihnen eine gute Nacht, bester Herr Nachbar
Konditor", wiederholte er dann und schritt zum Laden hinaus, hinter ihm der
schwarze Hund, mit der Zunge die Makronenreste vom Maule leckend. Mich schien   30
der Alte gar nicht bemerkt zu haben, ich stand da, ganz erstarrt vor Erstaunen.
„Sehen Sie", fing der Konditor an, „sehen Sie, so treibt es[50] der wunderliche Alte
hier zuweilen, aber nichts ist aus ihm herauszubringen, als daß er ehemals
Kammerdiener des Grafen von S. war, daß er jetzt hier das Haus verwaltet und
jeden Tag (schon seit vielen Jahren) die Gräflich S-sche Familie[51] erwartet, weshalb   35
auch nichts vermietet werden kann. Mein Bruder ging ihm einmal zu Leibe[52] wegen
des wunderlichen Getöns[53] zur Nachtzeit, da sprach er aber sehr gelassen:
„Ja! – die Leute sagen alle, es spuke im Hause, glauben Sie es aber nicht, es ist
nicht wahr."

---

[41]wohlgeschontem: gut gepflegtem; *well-taken-care-of*   [42]Steinschnällchen: *small shoe buckles,
ornamented with inlaid stones or jewels*   [43]ohnmächtiger: schwacher   [44]herausweint: *whines*
[45]Pomeranzen: bittere Orangen   [46]suchte ... hervor: suchte ... heraus; *picked out*   [47]schon
ganz aus dem Kurs gekommenen Münzsorten: *types of coins already completely out of circulation*
[48]die Füße zusammenklappend: *snapped his legs together*   [49]knapperte: knabberte; *nibbled*
[50]treibt es: *carries on*   [51]die Gräflich S-sche Familie: die Familie des Grafen S.   [52]ging ihm ...
zu Leibe: *took him to task*   [53]Getöns: *sounds, clangor*

So viel stand nun fest, daß die Nachrichten des Grafen P. über das Eigentum und die Benutzung des Hauses falsch waren, daß der alte Verwalter es trotz seines Leugnens nicht allein bewohnte, und daß ganz gewiß irgendein Geheimnis vor[54] der Welt dort verhüllt werden sollte. Meine Phantasie war im Arbeiten, und noch in

5   derselben Nacht, nicht sowohl im Traum, als[55] im Delirieren[56] des Einschlafens, sah ich deutlich die Hand mit dem funkelnden Diamant am Finger, den Arm mit der glänzenden Spange, die ich zuvor im Fenster erblickt hatte. Wie aus dünnen grauen Nebeln trat nach und nach ein holdes Antlitz[57] mit wehmütig flehenden blauen Himmelsaugen, dann die ganze wunderherrliche Gestalt eines Mädchens in

10   voller anmutiger Jugendblüte[58] hervor. Bald bemerkte ich, daß das, was ich für Nebel hielt, der feine Dampf war, der aus der Kristallflasche, die die Gestalt in den Händen hielt, emporstieg. „O du holdes Zauberbild“, rief ich voll Entzücken, „tu es mir kund, wo du weilst,[59] was dich gefangen hält? – O, wie du mich so voll Wehmut und Liebe anblickst! – Ich weiß es, die schwarze Kunst ist es, die dich

15   befangen,[60] du bist die unglückliche Sklavin des boshaften Teufels – “ In dem Augenblick griff eine knotige Faust über meine Schulter weg nach der Kristall-flasche, die, in tausend Stücke zersplittert, in der Luft verstäubte.[61] Mit einem leisen Ton dumpfer Wehklage war die anmutige Gestalt verschwunden in finstrer Nacht.

20   Kaum war der Morgen angebrochen, als ich voll Unruhe und Sehnsucht nach der Allee lief und mich hinstellte vor das öde Haus! Die Straße war noch völlig menschenleer, ich trat dicht an die Fenster des Erdgeschosses und horchte und horchte, aber kein Laut ließ sich hören, still blieb es wie im tiefen Grabe. – Viele Tage hindurch umschlich ich das Haus zu jeder Zeit, ohne auch nur das mindeste zu

25   entdecken; alle Erkundigung, alles Forschen führte zu keinem Ergebnis, und endlich begann das schöne Bild meiner Vision zu verblassen. – Endlich, als ich einst am späten Abend, von einem Spaziergange heimkehrend, bei dem öden Hause herangekommen war, bemerkte ich, daß das Tor halb geöffnet war; ich schritt heran, der Kaffeebraune[62] guckte heraus. Mein Entschluß war gefaßt. „Wohnt nicht der

30   Finanzrat[63] Binder hier in diesem Hause?“ So fragte ich den Alten, indem ich, ihn beinahe zurückdrängend, in den von einer Lampe matt erleuchteten Vorsaal trat. Der Alte blickte mich an mit seinem stehenden[64] Lächeln und sprach leise und gezogen:[65] „Nein, *der* wohnt nicht hier, hat niemals hier gewohnt, wird niemals hier wohnen, wohnt auch in der ganzen Allee nicht. – Aber die Leute sagen, es

35   spuke hier in diesem Hause, jedoch kann ich versichern, daß es nicht wahr ist, es ist ein ruhiges, hübsches Haus, und morgen zieht die gnädige Gräfin von S. ein und – Gute Nacht, mein lieber Herr!“ – Damit manövrierte mich der Alte zum Hause hinaus und verschloß hinter mir das Tor. Ich vernahm, wie er keuchend und hustend mit dem klirrenden Schlüsselbunde über den Flur wegscharrte[66] und dann

40   Stufen, wie mir vorkam, *hinab*stieg.

---

[54]vor: *from*   [55]nicht sowohl ... als: nicht ... sondern   [56]Delirieren: *delirium*   [57]Antlitz: Gesicht   [58]Jugendblüte: *bloom of youth*   [59]tu es mir kund, wo du weilst: sage mir, wo du bist [60]befangen: gefangen hält   [61]verstäubte: *flew off as dust*   [62]der Kaffeebraune: der Mann mit dem kaffeebraunen Kleid   [63]Finanzrat: *treasury official*   [64]stehenden: ständigen; *constant* [65]gezogen: gedehnt; *drawled*   [66]über den Flur wegscharrte: *scuffed, scraped across the corridor*

Nun gingen, wie geweckt durch mein Eindringen in das geheimnisvolle Haus, die Abenteuer auf![67] – Sowie ich den andern[68] Tag in der Mittagsstunde die Allee durchwanderte und mein Blick schon in der Ferne sich unwillkürlich nach dem öden Hause richtete, sah ich an dem letzten Fenster des oberen Stockes etwas schimmern. – Näher getreten, bemerkte ich, daß der Vorhang halb aufgezogen war. Der Diamant funkelte mir entgegen. – O Himmel! gestützt auf den Arm, blickt mich wehmütig flehend jenes Antlitz meiner Vision an. – Ja! Sie war es, das anmutige Mädchen, Zug für Zug! – Nur schien ihr Blick ungewiß. – Nicht nach mir, wie es zuerst schien, blickte sie, vielmehr hatten die Augen etwas Todstarres,[69] und die Täuschung eines lebhaft[70] gemalten Bildes wäre möglich gewesen, hätten sich nicht Arm und Hand zuweilen bewegt. Ganz versunken in den Anblick des verwunderlichen Wesens am Fenster, hatte ich nicht die quäkende[71] Stimme des italienischen Händlers gehört, der mir vielleicht schon lange seine Waren anbot. Er zupfte mich endlich am Arm, noch garnichts habe er heute verdient, nur ein paar Bleifedern,[72] ein Bündelchen Zahnstocher möge ich ihm abkaufen. Voller Ungeduld, den Überlästigen[73] nur geschwind los zu werden, drehte ich mich um und griff in die Tasche nach dem Geldbeutel. Mit den Worten: „Auch hier hab' ich noch schöne Sachen!" zog er den unteren Schub[74] seines Kastens heraus und hielt mir einen kleinen runden Taschenspiegel, der in dem Schub unter anderen Gläsern lag, in kleiner Entfernung seitwärts vor. – Ich erblickte das öde Haus hinter mir, das Fenster und in den schärfsten deutlichsten Zügen die holde Engelsgestalt meiner Vision. – Schnell kaufte ich den kleinen Spiegel, der es mir nun möglich machte, auf einer Bank in der Nähe, indem ich dem Hause den Rücken kehrte und ohne den Nachbarn aufzufallen, nach dem Fenster hinzuschauen. – Doch indem ich nun länger und länger das Gesicht im Fenster anblickte, wurde ich von einem ganz unbeschreiblichen Gefühl, das ich beinahe waches Träumen nennen möchte, befangen.[75] Mir war es, als lähme eine Art Starrsucht[76] meinen Blick, den ich nun niemals mehr würde abwenden können von dem Spiegel. Mit Beschämung muß ich bekennen, daß mir jenes Ammenmärchen[77] einfiel, womit mich in früher Kindheit meine Wartfrau[78] zu Bett trieb, wenn ich mich etwa gelüsten ließ,[79] abends vor dem großen Spiegel in meines Vaters Zimmer stehenzubleiben und hineinzugucken. Sie sagte nämlich, wenn Kinder nachts in den Spiegel blickten, gucke ein fremdes garstiges Gesicht heraus, und der Kinder Augen blieben dann erstarrt stehen. Mir war das ganz entsetzlich, aber in vollem Grausen konnte ich doch oft nicht unterlassen, wenigstens nach dem Spiegel hinzublinzeln, weil ich neugierig war auf das fremde Gesicht. Einmal glaubte ich, ein Paar gräßliche glühende Augen aus dem Spiegel fürchterlich herausfunkeln[80] zu sehen, ich schrie auf und stürzte dann ohnmächtig nieder. In diesem Zufall brach eine langwierige Krankheit aus,[81] aber noch jetzt ist es mir, als hätten jene Augen mich wirklich angefunkelt. – „Sie haben

---

[67]gingen . . . auf: begannen [68]andern: nächsten [69]etwas Todstarres: *something glassy, fixed as in death* [70]lebhaft: *lifelike* [71]quäkende: *squeaky* [72]Bleifedern: Bleistifte; *pencils* [73]den Überlästigen: den sehr lästigen, störenden Mann; *the troublemaker* [74]Schub: Schubfach; *drawer* [75]befangen: siehe S. 212, Z. 15 [76]Starrsucht: *catalepsy* [77]Ammenmärchen: *nursery tale* [78]Wartfrau: Wartefrau, Wärterin; *nursemaid* [79]mich etwa gelüsten ließ: etwa die Lust hatte; *had the desire to* [80]herausfunkeln: *flashing out* [81]In diesem Zufall brach eine langwierige Krankheit aus: *this incident initiated a protracted illness*

da einen niedlichen Spiegel", sprach plötzlich eine Stimme neben mir. Ich erwachte
aus dem Traum und war nicht wenig betroffen, als ich neben mir von beiden Seiten
mich zweideutig anlächelnde Gesichter erblickte. Mehrere Personen hatten auf
derselben Bank Platz genommen und nichts war gewisser, als daß ich ihnen mit dem
5   starren Hineinblicken in den Spiegel auf meine Kosten ein ergötzliches Schauspiel
gegeben hatte. „Sie haben da einen niedlichen Spiegel", wiederholte der Mann.
Schon ziemlich hoch in Jahren,[82] sehr sauber gekleidet, hatte er im Ton der Rede,
im Blick etwas ungemein Gutmütiges und Zutrauen Erweckendes. Ich nahm gar
keinen Anstand,[83] ihm geradehin zu sagen, daß ich im Spiegel ein wundervolles
10   Mädchen erblickt hätte, das hinter mir im Fenster des öden Hauses gelegen. — Noch
weiter ging ich, ich fragte den Alten, ob er nicht auch das holde Antlitz gesehen
hätte. „Dort drüben? — in dem alten Hause — in dem letzten Fenster?" so fragte
mich nun wieder ganz verwundert der Alte. „Allerdings", sprach ich; da lächelte der
Alte sehr und fing an: „Nun das ist doch eine wunderliche Täuschung — nun meine
15   alten Augen — Gott ehre mir meine alten Augen. Ei, mein Herr, wohl habe ich das
hübsche Gesicht dort im Fenster gesehen, aber es war ja ein, wie es mir schien, recht
gut und lebendig in Öl gemaltes Porträt." Schnell drehte ich mich um nach dem
Fenster, alles war verschwunden, der Vorhang heruntergelassen. „Ja!" fuhr der Alte
fort, „eben nahm der Bediente, der dort, wie ich weiß, als Kastellan[84] der Gräfin S.
20   ganz allein wohnt, das Bild, nachdem er es abgestäubt, vom Fenster fort, und ließ
den Vorhang herunter." „Aber Hand und Arm bewegten sich doch", fiel ich ein.
„Ja, ja, sie regten sich, alles regte sich", sprach der Alte lächelnd und sanft mich auf
die Schulter klopfend. Dann stand er auf und verließ mich, höflich sich verbeugend,
mit den Worten: „Nehmen Sie sich doch vor Taschenspiegeln in acht, die so häßlich
25   lügen. — Ganz gehorsamster Diener." —

      Ganz voller Unmut lief ich nach Hause, fest entschlossen, mich ganz
loszusagen[85] von jedem Gedanken an die Mysterien des öden Hauses. Nur begab es
sich in dieser Zeit, daß ich zuweilen aus dem Schlaf auffuhr, wie plötzlich durch
äußere Berührung geweckt, und dann war es mir doch deutlich, daß nur der
30   Gedanke an das geheimnisvolle Wesen, das ich in meiner Vision und in dem Fenster
des öden Hauses erblickt, mich geweckt hatte. Ja selbst während der Arbeit,
während der lebhaftesten Unterhaltung mit meinen Freunden durchfuhr mich oft
plötzlich jener Gedanke wie ein elektrischer Blitz. Dann geschah es eines Tages, daß
mir der kleine Taschenspiegel, vor dem ich mir meine Halsbinde festzuknüpfen
35   pflegte, blind[86] erschien. Als ich ihn anhauchte, um ihn dann hell zu polieren,
stockten alle meine Pulse, mein Innerstes bebte vor wonnigem Grauen! — denn,
sowie mein Hauch den Spiegel überlief, sah ich im bläulichen Nebel das holde
Antlitz, das mich mit jenem wehmütigen, das Herz durchbohrenden Blick
anschaute. Als aber der Hauch zerrann, verschwand auch das Gesicht in dem
40   Funkeln des Spiegels.

      Von da an erneuerte ich die Versuche mit dem Spiegel unaufhörlich; oft
gelang es mir, das geliebte Bild durch meinen Hauch hervorzurufen, aber manchmal

---

[82] hoch in Jahren: alt; *advanced in years*   [83] nahm gar keinen Anstand: zögerte gar nicht; *did not
hesitate at all*   [84] Kastellan: Hausmeister; *steward*   [85] mich ... loszusagen: mich ... zu befreien
[86] blind: trübe; *dull*

blieben selbst die angestrengtesten Bemühungen ohne Erfolg. Dann rannte ich wie
wahnsinnig auf und ab vor dem öden Hause und starrte in die Fenster, aber kein
menschliches Wesen wollte sich zeigen. – Ich lebte nur in dem Gedanken an sie,
alles übrige war abgestorben für mich, ich vernachlässigte meine Freunde, meine
Studien. – Oft ergriff mich ein körperliches Übelbefinden; die Gestalt trat, wie   5
sonst niemals, mit einer Lebendigkeit, mit einem Glanz hervor, daß ich sie zu
erfassen wähnte. Aber dann kam es mir auf gräuliche Weise vor, ich sei selbst die
Gestalt und von den Nebeln des Spiegels umhüllt und umschlossen. Ein empfind-
licher Brustschmerz und dann gänzliche Apathie endigte den peinlichen Zustand,
der immer eine das innerste Mark wegzehrende Erschöpfung[87] hinterließ. – Diese   10
ewige Spannung wirkte gar verderblich auf mich ein, blaß wie der Tod und zerstört
im ganzen Wesen, schwankte ich umher. Meine Freunde hielten mich für krank. War
es Absicht oder Zufall, daß einer von ihnen, welcher Arzneikunde[88] studierte, bei
einem Besuch Reils Buch[89] über Geisteszerrüttungen zurückließ? Ich fing an zu
lesen, das Werk zog mich unwiderstehlich an, aber wie ward mir, als ich in allem,   15
was über fixen Wahnsinn[90] gesagt wird, mich selbst wieder fand!

Das tiefe Entsetzen, das ich empfand, brachte mich zur Besinnung. Ich
steckte meinen Taschenspiegel ein und eilte schnell zu dem Doktor K., berühmt
durch seine Behandlung und Heilung der Wahnsinnigen. Ich erzählte ihm alles, ich
verschwieg ihm nicht den kleinsten Umstand und beschwor ihn, mich zu retten vor   20
dem ungeheuren Schicksal, von dem ich mich bedroht glaubte. Er hörte mich sehr
ruhig an, doch bemerkte ich wohl in seinem Blick tiefes Erstaunen. „Noch”, fing er
an, „noch ist die Gefahr keineswegs so nahe, als Sie glauben, und ich kann mit
Gewißheit behaupten, daß ich sie ganz abzuwenden vermag. Lassen Sie mir Ihren
Taschenspiegel, zwingen Sie sich zu irgendeiner Arbeit, die Ihre Geisteskräfte in   25
Anspruch nimmt, meiden Sie die Allee, arbeiten Sie von der Frühe an, so lange Sie
es nur auszuhalten vermögen, dann aber, nach einem tüchtigen Spaziergange, fort in
die Gesellschaft Ihrer Freunde. Essen Sie nahrhafte Speisen, trinken Sie kräftigen
Wein. Sie sehen, daß ich bloß die fixe Idee, das heißt, die Erscheinung des Sie
betörenden Antlitzes[91] im Fenster des öden Hauses und im Spiegel vertilgen, Ihren   30
Geist auf andere Dinge leiten und Ihren Körper stärken will. Stehen Sie selbst
meiner Absicht redlich bei.”[92] – Es wurde mir schwer, mich von dem Spiegel zu
trennen. Der Arzt, der ihn schon genommen, schien es zu bemerken; er hauchte ihn
an und fragte, indem er ihn mir vorhielt: „Sehen Sie etwas?” „Nicht das mindeste”,
erwiderte ich. „Hauchen *Sie* den Spiegel an”, sprach dann der Arzt, indem er mir   35
den Spiegel in die Hand gab. Ich tat es, das Wunderbild trat deutlicher als je hervor.
„Da ist sie”, rief ich laut. Der Arzt schaute hinein und sprach dann: „Ich sehe nicht
das mindeste, aber nicht verhehlen mag ich Ihnen, daß ich in dem Augenblick, als
ich in Ihren Spiegel sah, einen unheimlichen Schauer fühlte, der aber gleich
vorüberging. Sie bemerken, daß ich ganz aufrichtig bin und ebendeshalb[93] wohl Ihr   40

---

[87] eine das innerste Mark wegzehrende Erschöpfung: *a fatigue which destroyed the very marrow of my
bones*   [88] Arzneikunde: *pharmacology*   [89] Reils Buch: der Arzt Johann Christian Reil (1759 - 1813),
dessen neue und fortschrittliche Methoden, Geisteskranke zu behandeln, damals großes Aufsehen
erregten   [90] fixen Wahnsinn: fixe Idee; *monomania, obsession*   [91] des Sie betörenden Antlitzes:
des Gesichts, das Sie betört   [92] stehen Sie . . . meiner Absicht . . . bei: unterstützen Sie meine
Absicht; *support my intention*   [93] ebendeshalb: gerade aus diesem Grunde

ganzes Zutrauen verdiene. Wiederholen Sie doch den Versuch." Ich tat es, der Arzt umfaßte mich, ich fühlte seine Hand auf dem Rückenwirbel.[94] — Die Gestalt kam wieder, der Arzt, mit mir in den Spiegel schauend, erblaßte, dann nahm er mir den Spiegel aus der Hand, schaute nochmals hinein, verschloß ihn in dem Pult und

5 kehrte erst, als er einige Sekunden hindurch, die Hand vor der Stirn, schweigend dagestanden hatte, zu mir zurück. „Befolgen Sie", fing er an, „genau meine Vorschriften. Ich darf Ihnen bekennen, daß jene Momente, in denen Sie, außer sich selbst gesetzt,[95] Ihr eigenes Ich in physischem Schmerz fühlten, mir noch sehr geheimnisvoll sind, aber ich hoffe, Ihnen recht bald mehr darüber sagen zu

10 können." —

Mit festem Willen, so schwer es mir auch ankam,[96] lebte ich den Vorschriften des Arztes gemäß; doch blieb ich nicht frei von jenen furchtbaren Anfällen, die mittags um zwölf Uhr, viel stärker aber nachts um zwölf Uhr sich einzustellen pflegten.[97] Selbst in munterer Gesellschaft bei Wein und Gesang war es oft, als

15 durchführen plötzlich mein Inneres spitzige glühende Dolche, und alle Macht des Geistes reichte dann nicht hin[98] zum Widerstande, ich mußte mich entfernen und durfte erst wiederkehren, wenn ich aus dem ohnmachtähnlichen[99] Zustande erwachte. Ja, eines Abends, als ich mich in einer Gesellschaft befand, in der über psychische Einflüsse und Wirkungen gesprochen wurde, ging eine solche wahn-

20 sinnige Sehnsucht nach dem unbekannten Bilde in mir auf, daß ich, davon überwältigt, aufspringen und hineilen mußte nach dem verhängnisvollen Hause. Es war mir in der Ferne, als säh' ich Lichter blitzen durch die festverschlossenen Vorhänge, aber der Schein verschwand, als ich näher kam. Rasend vor Liebesver-langen[100] stürzte ich auf die Tür; sie wich meinem Druck,[101] ich stand auf dem

25 matt erleuchteten Hausflur, und ich weiß selbst nicht, wie es geschah, daß ich mich plötzlich in einem mit vielen Kerzen hellerleuchteten Saale befand, der in altertümlicher Pracht mit vergoldeten Möbeln und seltsamen japanischen Gefäßen verziert war. Starkduftendes Räucherwerk[102] wallte in blauen Nebelwolken auf mich zu.[103] „Willkommen — willkommen, süßer Bräutigam — die Stunde ist da, die

30 Hochzeit nah!" — So rief laut und lauter die Stimme eines Weibes, und plötzlich leuchtete aus dem Nebel eine hohe jugendliche Gestalt in reichen Kleidern hervor. Mit dem wiederholten Ruf: „Willkommen, süßer Bräutigam", trat sie mit ausge-breiteten Armen mir entgegen — und ein gelbes, von Alter und Wahnsinn gräßlich verzerrtes Antlitz starrte mir in die Augen. Von Entsetzen durchbebt,[104] wankte

35 ich zurück; doch wie festgezaubert,[105] konnte ich mein Auge nicht abwenden von dem greulichen alten Weibe, konnte ich keinen Schritt weiter mich bewegen. Sie trat näher auf mich zu, da war es mir, als sei das scheußliche Gesicht nur eine Maske von dünnem Flor,[106] durch den die Züge jenes holden Spiegelbildes durchblickten. Schon fühlte ich mich von den Händen des Weibes berührt, als sie laut

---

[94]Rückenwirbel: Rückgrat; *spine*   [95]außer sich selbst gesetzt: *beside yourself*   [96]so schwer es mir auch ankam: so schwer es mir auch fiel; so schwierig es auch für mich war   [97]sich einzustellen pflegten: gewöhnlich anfingen   [98]reichte ... nicht hin: genügte nicht   [99]ohnmachtähnlichen: wie in einer Ohnmacht   [100]Liebesverlangen: *desire for love*   [101]wich meinem Druck: gab meinem Druck nach; *yielded to my pressure*   [102]Räucherwerk: *incense*   [103]wallte ... auf mich zu: *curled toward me*   [104]durchbebt: *shaking*   [105]festgezaubert: *magically rooted to the spot*   [106]Flor: *gauze*

aufkreischend[107] vor mir zu Boden sank und hinter mir eine Stimme rief: „Hu
hu! – treibt schon wieder der Teufel sein Spiel[108] mit Euer Gnaden, zu Bette, zu
Bette, meine Gnädigste, sonst setzt es Hiebe,[109] gewaltige Hiebe!“ – Ich wandte
mich rasch um und erblickte den alten Hausverwalter im bloßen Hemde, eine
tüchtige[110] Peitsche über dem Haupte schwingend. Er wollte losschlagen auf die   5
Alte, die sich heulend am Boden krümmte. Ich fiel ihm in den Arm, aber, mich von
sich schleudernd, rief er: „Donnerwetter, Herr, der alte Satan hätte Sie ermordet,
kam ich nicht dazwischen – fort, fort!“ – Ich stürzte zum Saal hinaus, vergebens
suchte ich in dicker Finsternis die Tür des Hauses. Laut wollte ich um Hilfe rufen,
als der Boden unter meinen Füßen schwand, ich fiel eine Treppe hinab und traf auf   10
eine Tür so hart, daß sie aufsprang und ich der Länge nach[111] in ein kleines
Zimmer stürzte. An dem Bette, das jemand soeben verlassen zu haben schien, an
dem kaffeebraunen, über einen Stuhl gehängten Rocke mußte ich augenblicklich die
Wohnung des alten Hausverwalters erkennen. Wenige Augenblicke nachher polterte
es die Treppe herab, der Hausverwalter stürzte herein und hin zu meinen Füßen.   15
„Um aller Seligkeit willen“,[112] flehte er mit aufgehobenen Händen, „wer Sie auch
sein mögen, verschweigen Sie, was hier geschehen, sonst komme ich um Amt und
Brot![113] – Die wahnsinnige Exzellenz[114] liegt gebunden im Bette. O schlafen Sie
doch, geehrtester Herr! recht sanft und süß – ja, tun Sie das – eine schöne, warme
Julinacht, zwar kein Mondschein, aber beglückter Sternenschimmer.[115] – Nun,   20
ruhige, glückliche Nacht.“ – Unter diesen Reden war der Alte aufgesprungen, hatte
ein Licht genommen, mich herausgebracht aus dem Souterrain,[116] mich zur Türe
hinausgeschoben und diese fest verschlossen. Ganz verstört eilte ich nach Hause,
und, zu tief von dem grauenvollen Geheimnis ergriffen, konnte ich mir auch nicht
den mindesten nur wahrscheinlichen Zusammenhang der Sache denken.[117]   25

Später begab es sich, daß ich in zahlreicher Gesellschaft den Grafen P. fand,
der mich in eine Ecke zog und lachend sprach: „Wissen Sie wohl, daß sich die
Geheimnisse unseres öden Hauses zu enthüllen anfangen?“ Ich horchte hoch[118]
auf, aber indem der Graf weiter erzählen wollte, öffneten sich die Flügeltüren des
Eßsaals, man ging zur Tafel.[119] Ganz vertieft in Gedanken an die Geheimnisse, die   30
mir der Graf entwickeln[120] wollte, hatte ich einer jungen Dame den Arm geboten
und war mechanisch der in steifem Zeremoniell sehr langsam daherschreitenden[121]
Reihe gefolgt. Ich führe meine Dame zu dem offenen Platz, der sich uns darbietet,
schaue sie nun erst recht an und – erblicke mein Spiegelbild in den getreusten
Zügen, so daß gar keine Täuschung möglich ist. Ich erbebte im Innersten, aber   35
ebenso muß ich versichern, daß sich auch nicht der leiseste Anklang[122] jener
wahnsinnigen Liebeswut[123] in mir regte, die mich ganz und gar befing, wenn mein

---

[107]aufkreischend: aufschreiend; *shrieking out*   [108]treibt . . . sein Spiel: *playing games, making
sport*   [109]setzt es Hiebe: gibt es Schläge; *you'll get a beating*   [110]tüchtige: gute, kräftige   [111]der
Länge nach: in meiner ganzen Größe; *full-length*   [112]um aller Seligkeit willen: um Gottes willen
[113]komme ich um Amt und Brot: verliere ich meine Stelle, mein Einkommen   [114]die wahnsinnige
Exzellenz: *Her Excellency, who is insane*   [115]beglückter Sternenschimmer: *gladdening starlight*
[116]Souterrain: Keller   [117]den mindesten nur wahrscheinlichen Zusammenhang der Sache denken:
imagine any possible explanation of the matter   [118]hoch: sehr   [119]zur Tafel: zu Tisch
[120]entwickeln: erzählen   [121]daherschreitenden: *moving along*   [122]der leiseste Anklang: die
kleinste Spur; *the slightest trace*   [123]Liebeswut: *passion of love*

Hauch das wunderbare Frauenbild aus dem Spiegel hervorrief. – Meine Befremdung, mein Erschrecken muß lesbar gewesen sein in meinem Blick, denn das Mädchen sah mich ganz verwundert an, so daß ich für nötig hielt, so gelassen als möglich anzuführen, daß eine lebhafte Erinnerung mich gar nicht zweifeln lasse, sie schon
5   irgendwo gesehen zu haben. Die kurze Abfertigung,[124] daß dies wohl nicht gut der Fall sein könne, da sie gestern erst und zwar das erstemal in ihrem Leben nach ***n gekommen, machte mich etwas verblüfft. Ich verstummte. Bald fand ich, daß ich ein zartes, holdes aber in irgendeinem psychischen Überreiz[125] verkränkeltes[126] Wesen neben mir hatte. Bei einer heiteren Wendung des Gesprächs lächelte sie zwar,
10 aber seltsam schmerzlich, wie zu hart berührt. Doch wäre alles gut gegangen, wenn ich nicht zuletzt unversehens hart an das vor mir stehende Glas gestoßen hätte, so daß es in gellender, schneidender Höhe ertönte. Da erbleichte meine Nachbarin bis zum Tode, und auch mich ergriff ein plötzliches Grauen, weil der Ton mir die Stimme der wahnsinnigen Alten im öden Hause schien. –
15   Erst als man den Kaffee nahm, fand ich Gelegenheit, mich dem Grafen P. zu nähern; er merkte gut, warum. „Wissen Sie wohl, daß Ihre Nachbarin die Gräfin Edmonde von S. war? – Wissen Sie wohl, daß in dem öden Hause die Schwester ihrer Mutter, schon seit Jahren unheilbar wahnsinnig, eingesperrt gehalten wird? – Heute morgen waren beide, Mutter und Tochter, bei der Unglücklichen. Man sagt,
20 daß die Schwester endlich dem Doktor K. das Geheimnis anvertraut hat, und daß dieser noch die letzten Mittel versuchen wird, die Kranke, wo[127] nicht herzustellen, doch von der entsetzlichen Tobsucht, in die sie zuweilen ausbrechen soll, zu retten." – Andere traten hinzu, das Gespräch brach ab. –
      Doktor K. war nun gerade derjenige, an den ich mich meines rätselhaften
25 Zustandes halber[128] gewandt hatte, und sobald ich konnte, eilte ich zu ihm und erzählte ihm alles, was mir seit der Zeit widerfahren war. Ich forderte ihn auf, zu meiner Beruhigung, so viel er von der wahnsinnigen Alten wisse, zu sagen und, nachdem ich ihm strenge Verschwiegenheit gelobt[129] hatte, vertraute er mir folgendes an. „Angelika, Gräfin von Z.", so fing der Doktor an, „obgleich in die
30 Dreißig vorgerückt,[130] stand noch in der vollsten Blüte wunderbarer Schönheit, als der Graf von S., der viel jünger an Jahren war, sie hier in ***n bei Hofe sah. Er verfing sich so in[131] ihren Reizen, daß er die eifrigsten Bewerbungen begann und selbst, als zur Sommerszeit die Gräfin auf die Güter ihres Vaters zurückkehrte, ihr nachreiste, um seine Wünsche dem alten Grafen zu eröffnen. Kaum war Graf S. aber
35 dort angekommen, kaum sah er Angelikas jüngere Schwester Gabriele, als er wie aus einer Verzauberung erwachte. In verblühter Farblosigkeit stand Angelika neben Gabriele, deren Schönheit und Anmut den Grafen S. unwiderstehlich hinriß, und so kam es, daß er, ohne Angelika weiter zu beachten, um Gabrieles Hand warb, die ihm der alte Graf Z. um so lieber zusagte, als Gabriele gleich die entschiedenste
40 Neigung für den Grafen S. zeigte. Angelika äußerte nicht den mindesten Verdruß über die Untreue ihres Liebhabers. „Er glaubt, mich verlassen zu haben. Er merkt

---

[124] Abfertigung: *rebuff*   [125] Überreiz: *overexcitement*   [126] verkränkeltes: kränkelndes; *ailing*
[127] wo: wenn   [128] halber: wegen   [129] gelobt: feierlich versprochen; *solemnly promised*   [130] in
die Dreißig vorgerückt: mehr als dreißig Jahre alt   [131] verfing sich ... in: *was captivated by*

nicht, daß nicht *ich*, daß *er* mein Spielzeug war, das ich wegwarf!" So sprach sie in stolzem Hohn. Übrigens sah man, sobald das Bündnis Gabrieles mit dem Grafen von S. ausgesprochen war,[132] Angelika sehr selten. Sie erschien nicht bei der Tafel, und man sagte, sie schweife einsam im nächsten Walde umher,[133] den sie längst zum Ziel ihrer Spaziergänge gewählt hatte. — Gabrieles Hochzeit rückte heran; mit 5 Erstaunen bemerkte sie eines Tages, daß mehrere Wagen mit Möbeln, Kleidungsstücken, Wäsche, kurz mit einer ganz vollständigen Hauseinrichtung[134] bepackt wurden und abfuhren. Andern Morgens erfuhr sie, daß Angelika, begleitet von dem Kammerdiener des Grafen S. und einer alten Kammerfrau, nachts abgereist sei. Graf Z. löste das Rätsel, indem er erklärte, daß er, Wünschen Angelikas nachgebend, ihr 10 das in ***n gelegene Haus in der Allee als Eigentum geschenkt und ihr erlaubt habe, dort einen eigenen, unabhängigen Haushalt zu führen. Der Graf von S. fügte hinzu, daß, auf Angelikas dringenden Wunsch, er seinen Kammerdiener ihr überlassen habe, der mitgereist sei nach ***n.

Die Hochzeit wurde vollzogen, Graf S. ging mit seiner Gemahlin nach D., und 15 ein Jahr verging ihnen in ungetrübter Heiterkeit. Dann fing aber der Graf an auf ganz eigne Weise zu kränkeln. Es war, als wenn ihm ein geheimer Schmerz alle Lebenskraft raube, und vergebens waren alle Bemühungen seiner Gemahlin, das Geheimnis ihm zu entreißen, das sein Innerstes verderblich zu verstören[135] schien. — Als endlich tiefe Ohnmachten seinen Zustand lebensgefährlich machten, 20 gab er den Ärzten nach und ging angeblich nach Pisa.[136] — Gabriele konnte nicht mitreisen, da sie ihrer Niederkunft entgegensah,[137] die indessen erst nach mehreren Wochen erfolgte. — Hier", sprach der Arzt, „werden die Mitteilungen der Gräfin Gabriele von S. so rhapsodisch,[138] daß nur ein tieferer Blick den näheren Zusammenhang auffassen kann. — Genug — ihr Kind, ein Mädchen, verschwindet auf 25 unbegreifliche Weise aus der Wiege, alle Nachforschungen bleiben vergebens — ihre Trostlosigkeit geht bis zur Verzweiflung, als zur selben Zeit Graf von Z. ihr die entsetzliche Nachricht schreibt, daß er den Schwiegersohn, den er auf dem Wege nach Pisa glaubte, in ***n und zwar in Angelikas Hause, vom Nervenschlage[139] zu Tode getroffen, gefunden; daß Angelika in furchtbaren Wahnsinn geraten sei, und 30 daß er solchen Jammer wohl nicht lange tragen werde. — Sowie Gabriele von S. nur einige Kräfte gewonnen, eilt sie auf die Güter des Vaters; in schlafloser Nacht das Bild des verlornen Gatten, des verlornen Kindes vor Augen, glaubt sie ein leises Wimmern vor der Türe des Schlafzimmers zu vernehmen; ermutigt, zündet sie die Kerzen des Armleuchters bei der Nachtlampe an und tritt heraus. — Heiliger Gott! 35 niedergekauert zur Erde,[140] starrt ihr die Kammerfrau in die Augen — in den Armen hält sie ein kleines Kind, das so ängstlich wimmert; das Herz schlägt der Gräfin hoch auf in der Brust! — es ist ihr Kind! — es ist die verlorne Tochter! — In den nächsten Tagen eilt der Graf von Z. nach ***n zur wahnsinnigen Angelika, das Geheimnis mit dem Kinde zu erforschen. Alles hat sich verändert. Angelikas wilde 40

---

[132] **das Bündnis Gabrieles mit dem Grafen von S. ausgesprochen war:** Gabriele und der Graf von S. sich verlobt hatten   [133] **schweife . . . umher:** wandere . . . herum   [134] **Hauseinrichtung:** Hausrat; *household effects*   [135] **verstören:** erschüttern; *agitate*   [136] **Pisa:** Stadt in Italien   [137] **ihrer Niederkunft entgegensah:** ein Kind erwartete   [138] **rhapsodisch:** unzusammenhängend, *fragmentary*   [139] **Nervenschlag:** Schlaganfall; *stroke*   [140] **niedergekauert zur Erde:** *crouching on the ground*

Raserei hat alle weiblichen Dienstboten entfernt, nur der Kammerdiener ist geblieben. — In einem lichten Zwischenraum[141] beschwört Angelika mit heißen Tränen den Vater, sie in dem Hause sterben zu lassen, und tiefgerührt bewilligt er dies, wiewohl[142] er das Geständnis, das dabei ihren Lippen entflieht, nur für das

5 Erzeugnis des aufs neue ausbrechenden Wahnsinns hält. Sie bekennt, daß Graf S. in ihre Arme zurückgekehrt, und daß das Kind, welches die Kammerfrau in das Haus des Grafen Z. brachte, die Frucht dieses Bündnisses sei. — In der Residenz[143] glaubt man, daß der Graf von Z. die Unglückliche mitgenommen hat auf die Güter, indessen sie hier, tiefverborgen[144] und der Aufsicht des Kammerdieners übergeben,

10 in dem verödeten Hause bleibt. — Graf von Z. ist vor einiger Zeit gestorben, und Gräfin Gabriele von S. kam mit Edmonde her, um Familienangelegenheiten zu berichtigen. Sie durfte es sich nicht versagen, die unglückliche Schwester zu sehen. Bei diesem Besuch muß sich Wunderliches ereignet haben, doch hat mir die Gräfin nichts darüber vertraut, sondern nur im allgemeinen gesagt, daß es nun nötig

15 geworden sei, dem alten Kammerdiener die Unglückliche zu entreißen. — Es würde wohl", so schloß der Arzt seine Erzählung, „ganz überflüssig sein, *Sie*, gerade *Sie* auf den tieferen Zusammenhang aller dieser seltsamen Dinge aufmerksam zu machen. Es ist mir gewiß, daß Sie die Katastrophe herbeigeführt haben, die der Alten Genesung oder baldigen Tod bringen wird. Übrigens mag ich jetzt nicht verhehlen,

20 daß ich mich nicht wenig entsetzte, als ich, nachdem ich mich mit Ihnen in magnetischen Rapport[145] gesetzt hatte, ebenfalls das Bild im Spiegel sah. Daß dies Bild Edmonde war, wissen wir nun beide."

---

[141] in einem lichten Zwischenraum: in einem Moment, wo ihre Krankheit nachläßt; *in a moment of sanity*   [142] wiewohl: obwohl   [143] Residenz: siehe S. 209, Z. 15   [144] tiefverborgen: *closely concealed*   [145] magnetischen Rapport: Hoffmann und andere Romantiker interessierten sich sehr für die Lehre vom „tierischen Magnetismus" des Schweizer Arztes Franz Anton Mesmer (1734 - 1815). Dieser „Magnetismus" war eine Kraft, die, wie man glaubte, im vegetativen Nervensystem ihren Sitz hatte und von dort ausstrahlte. Sie konnte durch Berührung auf andere übertragen werden.

FRIEDRICH HÖLDERLIN (1770 - 1843)

Hölderlin war ein Fremdling in seinem Jahrhundert; verkannt, unverstanden, versank er in frühem Wahnsinn; heute gilt er als einer der drei oder vier großen deutschen Lyriker. Hölderlins Dichtung ist vor allem Klage; Klage des Menschen, der die Einheit mit dem Ganzen der Natur verloren hat, der abgetrennt lebt, durch sein Bewußtsein vereinzelt, reflektierend. Wenn Hölderlin von „Nacht" spricht oder von „Winter", so ist nicht 5
einfach von Tageszeiten oder Jahreszeiten die Rede: es gibt auch Jahreszeiten der Seele, Nachtzeiten der Geschichte. Hölderlin glaubte in einer solchen Nachtzeit zu leben; in einer Zeit, in der die Menschen in keiner göttlichen Ordnung mehr lebten. Es war eine Welt, aus der die Götter verschwunden waren; auf ihre Wiederkehr gilt es zu hoffen. Hölderlins großes Wunschbild[1] waren die Griechen und ihre Götter; ihrem Untergang 10
trauerte er nach, die Gestalten dieser verschwundenen Welt beschwor er in seinen Versen herauf.

Hölderlins *Hyperion* handelt von einem jungen Griechen, der in Deutschland studiert hat und in seine Heimat zurückkehrt, um sich, 1770, an dem Aufstand gegen die Türken, die das Land besetzt halten, zu beteiligen. Der Aufstand scheitert. Doch sind die 15
äußeren Ereignisse nicht das Wesentliche. In Briefen, die Hyperion an seinen Freund Bellarmin schreibt, stellt Hölderlin sein eigenes Seelenleben dar. Es sind lyrisch-philosophische Betrachtungen, Ausdruck von Hölderlins tiefem Leiden an sich selbst und an seiner Zeit.

Aus HYPERION (1797/1799)

Ich habe nichts, wovon ich sagen möchte, es sei mein eigen. 20

Fern und tot sind meine Geliebten, und ich vernehme durch keine Stimme von ihnen nichts mehr.

Mein Geschäft auf Erden ist aus. Ich bin voll Willens an die Arbeit gegangen, habe geblutet darüber, und die Welt um keinen Pfennig reicher gemacht.

Ruhmlos und einsam kehr' ich zurück und wandre durch mein Vaterland, das, 25
wie ein Totengarten,[2] weit umher liegt, und mich erwartet vielleicht das Messer des Jägers,[3] der uns Griechen, wie das Wild des Waldes, sich zur Lust hält.[4]

Aber du scheinst noch, Sonne des Himmels! Du grünst noch, heilige Erde! Noch rauschen die Ströme ins Meer, und schattige Bäume säuseln im[5] Mittag. Der Wonnegesang[6] des Frühlings singt meine sterblichen Gedanken in Schlaf. Die Fülle 30
der alllebendigen[7] Welt ernährt und sättigt mit Trunkenheit mein darbend[8] Wesen.

---

[1] Wunschbild: Ideal [2] Totengarten: Friedhof; *cemetery* [3] des Jägers: d.h., des Türken [4] sich zur Lust hält: *keeps for his pleasure* [5] im: am [6] Wonnegesang: *song of delight* [7] alllebendigen: *teeming with life* [8] darbend: *starving, thirsting*

O selige Natur! Ich weiß nicht, wie mir geschieht,[9] wenn ich mein Auge erhebe vor deiner Schöne, aber alle Lust des Himmels ist in den Tränen, die ich weine vor dir, der Geliebte vor der Geliebten.

Mein ganzes Wesen verstummt und lauscht, wenn die zarte Welle der Luft mir
5   um die Brust spielt. Verloren ins weite Blau, blick' ich oft hinauf an den Äther[10] und hinein ins heilige Meer, und mir ist, als öffnet' ein verwandter Geist mir die Arme, als löste der Schmerz der Einsamkeit sich auf ins Leben der Gottheit.

Eines zu sein mit allem, das ist Leben der Gottheit, das ist der Himmel des Menschen.

10   Eines zu sein mit allem, was lebt, in seliger Selbstvergessenheit wieder-zukehren ins All der Natur, das ist der Gipfel der Gedanken und Freuden.

Auf dieser Höhe stehe ich oft, mein Bellarmin! Aber ein Moment des Besinnens wirft mich herab. Ich denke nach und finde mich, wie ich zuvor war, allein, mit allen Schmerzen der Sterblichkeit, und meines Herzens Asyl, die
15   ewigeinige[11] Welt, ist hin; die Natur verschließt die Arme, und ich stehe, wie ein Fremdling, vor ihr und verstehe sie nicht.

Ach! wär' ich nie in eure Schulen gegangen. Die Wissenschaft, der ich in den Schacht hinunter[12] folgte, von der ich, jugendlich töricht, die Bestätigung meiner reinen Freude erwartete, die hat mir alles verdorben.

20   Ich bin bei euch so recht vernünftig geworden, habe gründlich mich unterscheiden gelernt von dem, was mich umgibt, bin nun vereinzelt in der schönen Welt, bin so ausgeworfen aus dem Garten der Natur, wo ich wuchs und blühte, und vertrockne an der Mittagssonne.

O, ein Gott ist der Mensch, wenn er träumt, ein Bettler, wenn er nachdenkt,
25   und wenn die Begeisterung hin ist, steht er da wie ein mißratener Sohn, den der Vater aus dem Hause stieß.

Da ich noch ein stilles Kind war und von dem allem, was uns umgibt, nichts wußte, war ich da nicht mehr, als jetzt, nach all den Mühen des Herzens und all dem Sinnen und Ringen?

30   Ja! ein göttlich Wesen ist das Kind, solang es nicht in die Chamäleonsfarbe der Menschen[13] getaucht ist.

Es ist ganz, was es ist, und darum ist es so schön.

Der Zwang des Gesetzes und des Schicksals betastet es nicht; im Kind ist Freiheit allein.

35   In ihm ist Frieden; es ist noch mit sich selber nicht zerfallen.[14] Reichtum ist in ihm; es kennt sein Herz, die Dürftigkeit des Lebens nicht. Es ist unsterblich, denn es weiß vom Tode nichts.

---

[9] **wie mir geschieht:** was in mir vorgeht; *what happens inside me*   [10] **Äther:** *ether, upper atmosphere*
[11] **ewigeinige:** *eternally united*   [12] **in den Schacht hinunter:** in die Tiefen der Erde; d.h., weg vom Himmel   [13] **Chamäleonsfarbe der Menschen:** d.h., der Mensch ist ein unbeständiges (*inconstant*) Wesen   [14] **nicht zerfallen:** einig

Wir sprechen von unsrem Herzen, unsern Planen,[15] als wären sie unser, und es ist doch eine fremde Gewalt, die uns herumwirft und ins Grab legt, wie es ihr gefällt, und von der wir nicht wissen, von wannen[16] sie kommt, noch, wohin sie geht.

Es gibt ein Vergessen alles Daseins, ein Verstummen unseres Wesens, wo uns   5
ist, als hätten wir alles gefunden.

Es gibt ein Verstummen, ein Vergessen alles Daseins, wo uns ist, als hätten wir alles verloren, eine Nacht unsrer Seele, wo kein Schimmer eines Sterns, wo nicht einmal ein faules Holz uns leuchtet.

Wir bedauern die Toten, als fühlten sie den Tod, und die Toten haben doch   10
Frieden. Aber das, das ist der Schmerz, dem keiner gleichkommt, das ist unaufhörliches Gefühl der gänzlichen Zernichtung,[17] wenn unser Leben seine Bedeutung so verliert, wenn so das Herz sich sagt, du mußt hinunter, und nichts bleibt übrig von dir; keine Blume hast du gepflanzt, keine Hütte gebaut, nur daß du sagen könntest: ich lasse eine Spur zurück auf Erden.   15

O einst, ihr finstern Brüder![18] war es anders. Da war es über uns so schön, so schön und froh vor uns; auch diese Herzen wallten über[19] vor den fernen seligen Phantomen,[20] und kühn frohlockend drangen auch unsere Geister aufwärts und durchbrachen die Schranke,[21] und wie sie sich umsah'n, wehe, da war es eine unendliche Leere.   20

O! auf die Kniee kann ich mich werfen und meine Hände ringen[22] und flehen, ich weiß nicht wen? um andre Gedanken. Aber ich überwältige sie nicht, die schreiende Wahrheit. Hab' ich mich nicht zwiefach überzeugt? Wenn ich hinsehe ins Leben, was ist das Letzte von allem? Nichts. Wenn ich aufsteige im Geiste, was ist das Höchste von allem? Nichts.   25

Ich seh, ich sehe, wie das enden muß. Das Steuer ist in die Woge gefallen, und das Schiff wird, wie an den Füßen ein Kind, ergriffen und an die Felsen geschleudert.

---

[15] **Planen:** Plänen   [16] **von wannen:** woher   [17] **Zernichtung:** Vernichtung   [18] **ihr finstern Brüder:** Hyperions Freunde und Zeitgenossen, die, wie er, in der Finsternis einer götterlosen Zeit leben   [19] **wallten über:** flossen über; *overflowed*   [20] **vor den ... Phantomen:** vor den Göttergestalten, die sie zu finden hofften   [21] **Schranke:** die Grenze, die den menschlichen Kräften und der menschlichen Erkenntnis gesetzt ist   [22] **ringen:** *wring*

HYPERIONS SCHICKSALSLIED (1799)

Ihr wandelt droben im Licht
auf weichem Boden, selige Genien!
Glänzende Götterlüfte[23]
rühren[24] euch leicht,
5   wie die Finger der Künstlerin
heilige Saiten.

Schicksallos, wie der schlafende
Säugling, atmen die Himmlischen;
keusch bewahrt
10   in bescheidener Knospe,
blühet ewig
ihnen der Geist,
und die seligen Augen
blicken in stiller
15   ewiger Klarheit.

Doch uns ist gegeben,[25]
auf keiner Stätte zu ruhn,
es schwinden,[26] es fallen
die leidenden Menschen
20   blindlings von einer
Stunde zur andern,
wie Wasser von Klippe
zu Klippe geworfen,
jahrlang ins Ungewisse hinab.

DER MAIN* (1800)

25   Wohl manches Land der lebenden Erde möcht'
ich sehn, und öfters über die Berg' enteilt
das Herz mir,[27] und die Wünsche wandern
über das Meer, zu den Ufern, die mir

---

[23]Götterlüfte: *divine breezes*   [24]rühren: berühren; *touch*   [25]gegeben: vom Schicksal bestimmt;
fated   [26]schwinden: *dwindle*   [27]enteilt das Herz mir: eilt mein Herz hinweg; *my heart hurries away*
*Main: ein Fluß, der durch Würzburg und Frankfurt fließt und bei Mainz in den Rhein mündet

vor andern, so[28] ich kenne, gepriesen sind;
    doch lieb ist in der Ferne nicht eines mir,
      wie jenes, wo die Göttersöhne
        schlafen, das trauernde Land der Griechen.

Ach! einmal dort an Suniums[29] Küste möcht'   5
    ich landen, deine Säulen, Olympion![30]
      erfragen, dort, noch eh' der Nordsturm
        hin in den Schutt der Athenertempel

und ihrer Götterbilder auch dich begräbt;
    denn lang schon einsam stehst du, o Stolz der Welt,   10
      die nicht mehr ist! — und o ihr schönen
        Inseln Ioniens,[31] wo die Lüfte

vom Meere kühl an warme Gestade[32] wehen,
    wenn unter kräftiger Sonne die Traube reift,
      Ach! wo ein goldner Herbst dem armen   15
        Volk in Gesänge die Seufzer wandelt,[33]

wenn die Betrübten itzt[34] ihr Limonenwald[35]
    und ihr Granatbaum,[36] purpurner Äpfel[37] voll,
      und süßer Wein und Pauk' und Zithar[38]
        zum labyrinthischen[39] Tanze ladet —   20

zu euch vielleicht, ihr Inseln! gerät[40] noch einst
    ein heimatloser Sänger; denn wandern muß
      von Fremden er zu Fremden, und die
        Erde, die freie, sie muß ja, leider!

statt *Vaterlands* ihm dienen, so lang er lebt,   25
    und wenn er stirbt — doch nimmer vergeß' ich dich,
      so fern ich wandre, schöner Main! und
        deine Gestade, die vielbeglückten.

Gastfreundlich nahmst du, Stolzer! bei dir mich auf
    und heitertest das Auge dem Fremdlinge,   30
      und stillhingleitende[41] Gesänge
        lehrtest du mich und geräuschlos Leben.

---

[28] so: die   [29] Sunium: Kap an der Küste südlich von Athen, wo ein berühmter Tempel des Poseidon stand, dessen Ruinen noch erhalten sind   [30] Olympion: Tempel in Athen   [31] Inseln Ioniens: die zwischen dem griechischen Festland und der Küste Kleinasiens gelegenen Inseln   [32] Gestade: Ufer; *shores*   [33] dem armen Volk in Gesänge die Seufzer wandelt: die Seufzer des armen Volkes in Gesänge verwandelt   [34] itzt: jetzt   [35] Limonenwald: Zitronenwald; *lemon grove*   [36] Granatbaum: *pomegranate tree*   [37] Äpfel: Granatäpfel; *pomegranates*   [38] Zithar: Kithara, griechisches Saiteninstrument   [39] labyrinthischen: *labyrinthine, intricate*   [40] gerät: kommt   [41] stillhingleitende: *quietly flowing*

O ruhig mit den Sternen, du Glücklicher!
wallst du von deinem Morgen zum Abend fort,
dem Bruder zu, dem Rhein; und dann mit
ihm in den Ozean freudig nieder!

HÄLFTE DES LEBENS (1805)

5   Mit gelben Birnen hänget
und voll mit wilden Rosen
das Land[42] in den See,
ihr holden Schwäne,
und trunken von Küssen
10   tunkt[43] ihr das Haupt
ins heilignüchterne[44] Wasser.

Weh mir, wo nehm' ich, wenn
es Winter ist, die Blumen, und wo
den Sonnenschein
15   und Schatten der Erde?
Die Mauern stehn
sprachlos und kalt, im Winde
klirren die Fahnen.[45]

---

[42] das Land: (Subj.)   [43] tunkt: taucht; *dip*   [44] heilignüchterne: *divinely sober*   [45] Fahnen: Wetterfahnen; *weather vanes*

CLEMENS BRENTANO (1778 - 1842)

Einer der ganz wenigen Zeitgenossen, die die wahre Größe Hölderlins erkannten, war
Clemens Brentano. Brentano war selbst einer der großen Lyriker der Epoche. Aber er
bewunderte in Hölderlin nicht in erster Linie das Können, obgleich er den *Hyperion*
beispielsweise für „eins der trefflichsten Bücher der Nation, ja der Welt" hielt; was ihn zu
Hölderlin zog, war vor allem ein Gefühl der Ähnlichkeit ihres Schicksals. Auch Brentano   5
empfand sich als einen „Fremdling" in seiner Zeit, ja im Leben überhaupt. Und er
rechnete sich diese Isolierung als Schuld an. Sein Gedicht *Rückblick* ist ein Ausdruck
dieses Schuldgefühls. Es ist seltsam zu bedenken, daß dieser Rückblick auf ein verfehltes
Leben von einem jungen Menschen stammt; Brentano war fünfundzwanzig Jahre alt, als er
das Gedicht schrieb. Nur die letzte Strophe ist erst später hinzugefügt. Man darf freilich   10
nicht glauben, daß der „Fremdling" Brentano unbekannt in einem Winkel saß. Als Sohn
eines reichen Vaters lebte er nicht wie Hölderlin in Armut; er hatte Freunde, Erfolg bei
Frauen, glänzte in Gesellschaften, wo er hinreißend zur Gitarre sang; nur fand er nirgends
Halt und Ruhe. Kompliziert und bewußt wie er war, und an seiner Bewußtheit leidend,
liebte er das Einfache, Naive, auch in der Dichtung. Zusammen mit seinem Freund Achim   15
von Arnim[1] sammelte er die alten, einfachen Volkslieder und Balladen der Deutschen und
gab sie als *Des Knaben Wunderhorn*[2] (1805/1808) heraus. Es ist die berühmteste
Volksliedersammlung der Deutschen geworden.

    Brentanos *Auf dem Rhein* ist im Stil einer solchen Volksballade geschrieben.
Scheinbar wenigstens. Denn in Wahrheit ist der Schiffer im Kahne, der den breiten Strom   20
hinunter und hinaus ins Meer treibt, ein Bild des Dichters und seiner Lebenssituation.
Man braucht Brentanos Ballade nur gegen ein Gedicht wie Goethes *Mahomets Gesang* zu
halten, um zu sehen, wie verschieden Ströme sein können. „Der Strom des Lebens" ist
eine uralte Metapher, und daß hier nicht einfach vom Rhein, sondern zugleich vom Strom
des Lebens die Rede ist, daran kann man wohl nicht zweifeln.   25

    Ebensowenig freilich kann man glauben, wenn man die gespenstische Erscheinung
der toten Geliebten betrachtet, daß man es einfach mit einem beliebten Motiv der alten
Volksballade zu tun hat, das Brentano übernahm. Denn auch für den, der an Gespenster
nicht glaubt, kann ein „Gespenst" etwas sehr Wirkliches sein. Es ist ein Stück
„unbewältigter Vergangenheit", ein Erlebnis oder eine Vorstellung, die immer wieder-   30
kehrt, die sich weder vergessen noch verarbeiten läßt. Eine „tote" Geliebte, das kann auch
eine verlorene Geliebte sein; es gibt Erfahrungen, die so lähmend sind, die so völlig von
einem Menschen Besitz ergreifen und ihm jede Bewegung unmöglich machen, daß er ist
„wie" einer, der „alles Rudern sein läßt" und regungslos den Strom hinunter treibt. In
diesem „wie" liegt Brentanos Gedicht. Rhythmus und Melodie tragen dazu bei, den   35
unaufhaltsamen Zug nach abwärts zu suggerieren, der das Gedicht erfüllt.

    Den Halt, den Brentano im Leben nicht fand, fand er schließlich in der Kirche.
1816 kehrte er zum Katholizismus, dem Glauben seiner Kindheit, in dem er aufgewachsen

---

[1]Achim von Arnim: (1781 - 1831)   [2]Des Knaben Wunderhorn: *"The Youth's Magic Horn"*

war, zurück. Der *Frühlingsschrei eines Knechtes aus der Tiefe* handelt von den religiösen Kämpfen und der Lebensverzweiflung, die zu dieser Konversion führten. Auch dieses Gedicht ist im Grunde ein einziges großes Bild, das Bild vom Bergmann im Schacht, der vergebens gegen die Flut kämpft, die ihn mit Vernichtung bedroht, und der in seiner Not
5   um Rettung schreit.

AUF DEM RHEIN (1801/1852)

Ein Fischer saß im Kahne,
ihm war das Herz so schwer,
sein Lieb[3] war ihm gestorben,
das glaubt er nimmermehr.

10   Und bis die Sternlein blinken,
und bis zum Mondenschein
harrt er, sein Lieb zu fahren
wohl auf dem tiefen Rhein.

Da kommt sie bleich geschlichen
15   und schwebet in den Kahn
und schwanket in den Knieen,
hat nur ein Hemdlein an.

Sie schimmern auf den Wellen
hinab[4] in tiefer Ruh';
20   da zittert sie und wanket —
„Feinsliebchen;[5] frierest du?

Dein Hemdlein spielt im Winde,
das Schifflein treibt[6] so schnell,
hüll' dich in meinen Mantel,
25   die Nacht ist kühl und hell!"

Stumm streckt sie nach den Bergen
die weißen Arme aus
und lächelt, da der Vollmond
aus Wolken blickt heraus;

und nickt[7] den alten Türmen   30
und will den Sternenschein
mit ihren schlanken Händlein
erfassen in dem Rhein.

„O, halte dich doch stille,
herzallerliebstes Gut,[8]   35
dein Hemdlein spielt im Winde
und reißt dich in die Flut!"

Da fliegen große Städte
an ihrem Kahn vorbei,
und in den Städten klingen   40
wohl Glocken mancherlei.

Da kniet das Mägdlein nieder
und faltet seine Händ';
aus seinen hellen Augen
ein tiefes Feuer brennt.   45

„Feinsliebchen, bet' hübsch stille,[9]
schwank' nicht so hin und her,
der Kahn möcht' uns versinken,[10]
der Wirbel reißt so sehr!"[11]

In einem Nonnenkloster,   50
da singen Stimmen fein,
und aus dem Kirchenfenster
bricht her[12] der Kerzenschein.

---

[3]sein Lieb: seine Geliebte   [4]schimmern ... hinab: *glide along, glittering*   [5]Feinsliebchen: Geliebte
[6]treibt: *drifts*   [7]nickt: *nods toward*   [8]herzallerliebstes Gut: liebster Schatz; *dearest treasure*
[9]hübsch stille: *nicely and quietly*   [10]möcht' uns versinken: könnte versinken   [11]der Wirbel reißt
so sehr: *the current is so strong*   [12]her: zu ihnen herüber

Da singt Feinslieb gar helle
die Metten[13] in dem Kahn
und sieht dabei mit Tränen
den Fischerknaben an.

5   Da singt der Knab' gar traurig
die Metten in dem Kahn
und sieht dazu Feinsliebchen
mit stummen Blicken an.

Und rot und immer röter
10 wird nun die tiefe Flut,
und bleich und immer bleicher
Feinsliebchen werden tut.[14]

Der Mond ist schon zerronnen,
kein Sternlein mehr zu sehn,
15 und auch dem lieben Mägdlein
die Augen schon vergehn.[15]

„Lieb Mägdlein, guten Morgen!
Lieb Mägdlein, gute Nacht!
Warum willst du nun schlafen,
20 da schon der Tag erwacht?"

Die Türme blinken sonnig,
es rauscht der grüne Wald,
in wildentbrannten Weisen[16]
der Vogelsang erschallt.

Da will er sie erwecken,
daß sie die Freude hör', 30
er schaut zu ihr hinüber
und findet sie nicht mehr.

Ein Schwälblein[17] strich[18] vorüber
und netzte[19] seine Brust;
woher, wohin geflogen, 35
das hat kein Mensch gewußt.

Der Knabe liegt im Kahne,
läßt alles Rudern sein
und treibet weiter, weiter
bis in die See hinein. 40

Ich schwamm im Meeresschiffe
aus fremder Welt einher[20]
und dacht' an Lieb und Leben
und sehnte mich so sehr.

Ein Schwälbchen flog vorüber, 45
der Kahn schwamm still einher,
der Fischer sang dies Liedchen,
als ob ich's selber wär'.

FRÜHLINGSSCHREI EINES KNECHTES AUS DER TIEFE (1841) [1816]

25 Meister, ohne dein Erbarmen
muß im Abgrund ich verzagen,
willst du nicht mit starken Armen
wieder mich zum Lichte tragen.

Jährlich greifet deine Güte
in die Erde, in die Herzen; 50
jährlich weckest du die Blüte,
weckst in mir die alten Schmerzen.

---

[13] Metten: nächtlicher Gottesdienst; *matins*   [14] werden tut: wird   [15] vergehen: *fade*   [16] in wildentbrannten Weisen: in leidenschaftlich erregten Melodien; *in impassioned melodies*   [17] Schwälblein: kleine Schwalbe (*swallow*)   [18] strich: flog   [19] netzte: *wetted*   [20] schwamm ... einher: *swam along; i.e., sailed along*

Einmal nur zum Licht geboren,
aber tausendmal gestorben,
bin ich ohne dich verloren,
ohne dich in mir verdorben.

5   Wenn sich so die Erde reget,
wenn die Luft so sonnig wehet,
dann wird auch die Flut beweget,
die in Todesbanden stehet.

Und in meinem Herzen schauert[21]
10 ein betrübter, bittrer Bronnen;
wenn der Frühling draußen lauert,
kommt die Angstflut angeronnen.

Weh, durch gift'ge Erdenlagen,[22]
wie die Zeit sie angeschwemmet,[23]
15 habe ich den Schacht geschlagen,[24]
und er ist nur schwach verdämmet![25]

Wenn nun rings die Quellen schwellen,
wenn der Grund gebärend ringet,[26]
brechen her[27] die bittern Wellen,
20 die kein Witz, kein Fluch mir zwinget.[28]

Andern ruf' ich: „Schwimme, schwimme!"
Mir kann dieser Ruf nicht taugen!
Denn in mir ja steigt die grimme
Sündflut,[29] bricht aus meinen Augen.

25 Und dann scheinen bös Gezüchte[30]
mir die bunten Lämmer[31] alle,
die ich grüßte, süße Früchte,
die mir reiften, bittre Galle.[32]

Herr, erbarme du dich meiner,
daß mein Herz neu blühend werde!   30
Mein erbarmte sich noch keiner
von den Frühlingen der Erde.

Meister, wenn dir alle Hände
nahn mit süß erfüllten Schalen,[33]
kann ich mit der bittern Spende   35
meine Schuld dir nimmer zahlen.

Ach, wie ich auch tiefer wühle,
wie ich schöpfe,[34] wie ich weine,
nimmer ich den Schwall[35] erspüle[36]
zum Kristallgrund[37] fest und reine!   40

Immer stürzen mir die Wände,
jede Schicht hat mich belogen,[38]
und die arbeitblut'gen Hände
brennen in den bittern Wogen.

Weh, der Raum wird immer enger,   45
wilder, wüster stets die Wogen;
Herr, o Herr, ich treib's nicht länger —
schlage deinen Regenbogen![39]

Herr, ich mahne dich: Verschone!
Herr, ich hört' in jungen Tagen,   50
wunderbare Rettung wohne —
ach! — in deinem Blute, sagen.[40]

Und so muß ich zu dir schreien,
schreien aus der bittern Tiefe,
könntest du auch nie verzeihen,   55
daß dein Knecht so kühnlich[41] riefe.

---

[21] schauert: schaudert; *shivers*   [22] Erdenlagen: Erdschichten; *strata*   [23] angeschwemmet: *deposited*   [24] geschlagen: *drilled*   [25] verdämmet: *dammed, shored up against collapse*   [26] gebärend ringet: *struggles as it gives birth*   [27] brechen her: brechen über mich   [28] mir zwinget: (für mich) bezwingt; *subdues (for me)*   [29] Sündflut: Sintflut; *the Flood*   [30] bös Gezüchte: böses Gesindel; *evil rabble*   [31] bunten Lämmer: (*"colorful lambs"*) d.h., hübsche Mädchen   [32] bittre Galle: scheinen mir bittre Galle zu sein   [33] Schalen: Opferschalen; *offering cups*   [34] schöpfe: Wasser schöpfe; *bail out water*   [35] Schwall: Flut   [36] erspüle: *bail out completely*   [37] Kristallgrund: *crystal bottom*   [38] Immer stürzen mir die Wände, jede Schicht hat mich belogen: siehe Strophe 6   [39] schlage deinen Regenbogen!: siehe 1. Mose 9. 12-13: „Und Gott sprach: Das ist das Zeichen des Bundes, den ich gemacht habe zwischen mir und euch und allen lebendigen Seelen bei euch hinfort ewiglich: Meinen Bogen habe ich gesetzt in die Wolken; der soll das Zeichen sein des Bundes zwischen mir und der Erde."   [40] ich hört' in jungen Tagen . . . sagen: als ich jung war, hörte ich sagen, daß . . .   [41] kühnlich: kühn; *boldly*

Daß des Lichtes Quelle wieder
rein und heilig in mir flute,
träufle einen Tropfen nieder,
Jesus, mir von deinem Blute!

RÜCKBLICK (1852) [1803]

Ich wohnte unter vielen, vielen Leuten   5
und sah sie alle tot und stille stehn;
sie sprachen viel von hohen Lebensfreuden
und liebten, sich im kleinsten Kreis zu drehn.
So war mein Kommen schon ein ewig Scheiden,
und jeden hab' ich einmal nur gesehn;   10
denn nimmer hielt mich's, flüchtiges Geschicke
trieb wild mich fort, sehnt' ich mich gleich zurücke.

Und manchem habe ich die Hand gedrücket,
der freundlich meinem Schritt entgegensah,[42]
hab' in mir selbst die Kränze all' gepflücket,[43]   15
(denn keine Blume war, kein Frühling da)
und hab' im Flug[44] die Unschuld[45] mit[46] geschmücket,
war sie verlassen meinem Wege nah;[47]
doch ewig, ewig trieb mich's schnell zu eilen —
konnt' niemals meines Werkes Freude teilen.   20

Rund um mich war die Landschaft wild und öde,
kein Morgenrot, kein goldner Abendschein,
kein kühler Wind durch dunkle Wipfel wehte,
es grüßte mich kein Sänger in dem Hain;
auch aus dem Tal schallt' keines Hirten Flöte,   25
die Welt schien mir in sich erstarrt zu sein.
Ich hörte in des Stromes wildem Brausen
nur eignen Fluges Flügelschläge sausen.[48]

---

[42] **meinem Schritt entgegensah:** mich erwartete   [43] **hab' in mir selbst die Kränze all' gepflücket:** d.h., das wirkliche Leben existierte nur im Dichter selber, in seiner Phantasie   [44] **im Flug:** flüchtig; *hurriedly*   [45] **die Unschuld:** ein unschuldiges Mädchen   [46] **mit:** damit; d.h., mit den Kränzen [47] **war sie verlassen meinem Wege nah:** wenn sie verlassen nah an meinem Wege stand   [48] **nur eignen Fluges Flügelschläge sausen:** *only the swishing wingbeats of my own flight*

Nur in mir selbst die Tiefe zu ergründen,
senkt' ich ins Herz mit Geistesmacht[49] den Blick;
doch hier auch konnt' es eigne Ruh' nicht finden,
kehrt' friedlos stets zur Außenwelt zurück;
5   es sah wie Traum das Leben unten schwinden,
las in den Sternen ewiges Geschick,
und rings um mich eiskalte Stimmen sprachen:
„Das Herz, es will vor Wonne schier[50] verzagen!"

Ich sah sie nicht, die großen Süßigkeiten
10   vom Überfluß der Welt; sie schien mir schal,
ich mußt' hinweg mit schnellem Fittich[51] gleiten.
Hinabgedrückt von unerkannter Qual,
konnt' nimmer ich Frucht und Genuß erbeuten
und zählte stumm der Flügelschläge Zahl,
15   von ewigen, unfühlbar mächt'gen Wogen
in weite, weite Ferne hingezogen.

Und so noch jetzt! Wohl muß ich es gestehen,
daß Dinge mich umscheinen,[52] menschengleich;
zu hören sie, ja leibhaft sie zu sehen,
20   kann ich nicht leugnen; doch bleibt mir dies Reich
der Welt so fremd und hohl, daß all ihr Drehen
so viel nicht schafft,[53] daß mir der Zweifel weich',
ob Sein, ob Nichtsein seinen Spuk hier treibe,[54]
ob solcher Welt auch Seele wohn' im Leibe![55]

---

[49] Geistesmacht: Geisteskraft; *power of mind*   [50] schier: fast   [51] Fittich: Flügel   [52] mich umscheinen: *appear around me*   [53] so viel nicht schafft: nicht genügt   [54] seinen Spuk ... treibe: hier herumspukt; *is haunting this place*   [55] ob solcher Welt auch Seele wohn' im Leibe: ob auch eine Seele in dem Leib solch einer Welt wohne

JOHANN PAUL FRIEDRICH RICHTER (JEAN PAUL) (1763 - 1825)

Ideen oder literarische Motive, die erst in einer bestimmten Epoche möglich werden,
tauchen mitunter, als Versuch, schon viel früher auf. Nietzsches berühmter Ausruf „Gott
ist tot!", der aus dem Ende des neunzehnten Jahrhunderts stammt und später zu einem
viel zitierten Schlagwort wurde, war im achtzehnten Jahrhundert noch ein blasphemischer
Gedanke. Weithin[1] war damals das Denken noch von der Theologie beherrscht. Als   5
Johann Gottlieb Fichte (1762 - 1814), einer der führenden Denker der Romantik,
öffentlich des Atheismus beschuldigt wurde, führte der daraus entstehende Streit zu
seiner Entlassung als Professor der Philosophie an der Universität in Jena.[2] Die Frage, ob
es einen Gott, ob es ein Fortleben nach dem Tode gäbe, war eine Frage, die manchen
bewegte. Für viele war es eine beängstigende Frage. Es schien ihnen allzu schwer, ohne   10
einen liebenden, sorgenden himmlischen Vater zu leben. Jean Paul, ein großer Humorist,
der erfolgreichste Romanschriftsteller der Epoche, hat dieser Befürchtung Ausdruck
verliehen. Er tat es in der Form eines Traumes. Keine Verneinung Gottes wurde damit
proklamiert, aber die *Möglichkeit*, daß es keinen Gott gäbe, wurde dem Leser vor Augen
gestellt. In einer grandiosen apokalyptischen Vision beschreibt Jean Paul, wie die Toten   15
am Jüngsten Tag[3] erwachen und in einem leeren Universum vergeblich nach einem
Gott suchen. Paradoxerweise ist es Christus, der ihnen diese vernichtende Botschaft
verkündet. Jean Pauls Traum ist ein Angsttraum; glücklicherweise gibt es aus ihm ein
Erwachen. Es bedeutet die erlösende Rückkehr in eine vertraute und friedliche Welt, wie
wir sie beispielsweise aus Matthias Claudius' *Abendlied* kennen.   20

REDE DES TOTEN CHRISTUS VOM WELTGEBÄUDE* HERAB, DAß KEIN GOTT SEI (1797)

Ich lag einmal an einem Sommerabende vor[4] der Sonne auf einem Berge und
entschlief. Da träumte mir, ich erwachte auf dem Gottesacker.[5] Die abrollenden[6]
Räder der Turmuhr, die elf Uhr schlug, hatten mich erweckt. Ich suchte im
ausgeleerten Nachthimmel die Sonne, weil ich glaubte, eine Sonnenfinsternis[7]
verhülle sie mit dem Mond. Alle Gräber waren aufgetan, und die eisernen Türen des   25
Gebeinhauses[8] gingen unter unsichtbaren Händen auf und zu. An den Mauern
flogen Schatten, die niemand warf, und andre Schatten gingen aufrecht in der
bloßen Luft. In den offenen Särgen schlief nichts mehr als die Kinder. Am Himmel
hing in großen Falten bloß ein grauer, schwüler Nebel, den ein Riesenschatten, wie
ein Netz, immer näher, enger und heißer hereinzog. Über mir hört' ich den fernen   30

---

[1] weithin: *extensively*   [2] Jena: siehe S. 130, Z. 2   [3] Jüngsten Tag: *Judgment Day*   [4] vor: in
[5] Gottesacker: Kirchhof; *churchyard*   [6] abrollenden: rotierenden   [7] Sonnenfinsternis: *solar eclipse*
[8] Gebeinhaus: Beinhaus; *ossuary (depository for bones of the dead)*
* Weltgebäude: Universum, Kosmos

Fall der Lawinen, unter mir den ersten Tritt[9] eines unermeßlichen Erdbebens. Die Kirche schwankte auf und nieder von zwei unaufhörlichen Mißtönen,[10] die in ihr miteinander kämpften und vergeblich zu einem Wohllaut[11] zusammenfließen wollten. Zuweilen hüpfte an ihren Fenstern ein grauer Schimmer hinan,[12] und
5   unter dem Schimmer lief das Blei und Eisen zerschmolzen nieder. Das Netz des Nebels und die schwankende Erde rückten mich in den Tempel, vor dessen Tore in zwei Gifthecken[13] zwei Basilisken[14] funkelnd brüteten. Ich ging durch unbekannte Schatten, denen alle Jahrhunderte aufgedrückt waren.[15] — Alle Schatten standen um den Altar, und allen zitterte und schlug statt des Herzens die Brust. Nur ein
10   Toter, der erst[16] in die Kirche begraben worden, lag noch auf seinem Kissen ohne eine zitternde Brust, und auf seinem lächelnden Angesicht stand ein glücklicher Traum. Aber da ein Lebendiger hineintrat, erwachte er und lächelte nicht mehr; er schlug mühsam ziehend das schwere Augenlid auf, aber innen lag kein Auge, und in der schlagenden Brust war statt des Herzens eine Wunde. Er hob die Hände empor
15   und faltete sie zu einem Gebete; aber die Arme verlängerten sich und lösten sich ab, und die Hände fielen gefaltet hinweg. Oben am Kirchengewölbe[17] stand das Zifferblatt[18] der Ewigkeit, auf dem keine Zahl erschien, und das sein eigner Zeiger war; nur ein schwarzer Finger zeigte darauf, und die Toten wollten die Zeit darauf sehen.

20   Jetzt sank eine hohe, edle Gestalt mit einem unvergleichlichen Schmerz aus der Höhe auf den Altar hernieder, und alle Toten riefen: „Christus! ist kein Gott?"

       Er antwortete: „Es ist keiner."

       Der ganze Schatten jedes Toten erbebte, nicht bloß die Brust allein, und einer um den andern wurde durch das Zittern zertrennt.

25   Christus fuhr fort: „Ich ging durch die Welten, ich stieg in die Sonnen[19] und flog mit den Milchstraßen durch die Wüsten des Himmels; aber es ist kein Gott. Ich stieg herab, soweit das Sein seine Schatten wirft und schaute in den Abgrund und rief: ‚Vater, wo bist du?' Aber ich hörte nur den ewigen Sturm, den niemand regiert, und der schimmernde Regenbogen aus Westen stand ohne eine Sonne, die
30   ihn schuf, über dem Abgrunde und tropfte hinunter. Und als ich aufblickte zur unermeßlichen Welt nach dem göttlichen Auge, starrte sie mich mit einer leeren, bodenlosen Augenhöhle an; und die Ewigkeit lag auf dem Chaos und zernagte es und wiederkäute sich.[20] — Schreiet fort, Mißtöne, zerschreiet[21] die Schatten; denn Er ist nicht!"

35   Die entfärbten Schatten zerflatterten,[22] wie größerer[23] Dunst, den der Frost gestaltet, im warmen Hauche zerrinnt, und alles wurde leer. Da kamen, schrecklich für das Herz, die gestorbenen Kinder, die im Gottesacker erwacht waren, in den Tempel und warfen sich vor die hohe Gestalt am Altare und sagten: „Jesus! haben wir keinen Vater?" — Und er antwortete mit strömenden Tränen: "Wir sind alle
40   Waisen, ich und ihr, wir sind ohne Vater."

---

[9]**Tritt:** *"kick", vibration*   [10]**Mißtönen:** *discords*   [11]**Wohllaut:** *harmony*   [12]**hüpfte ... hinan:** *leaped up*   [13]**Gifthecken:** *poison hedges*   [14]**Basilisken:** *basilisks (legendary serpents whose breath or look was fatal)*   [15]**aufgedrückt waren:** *were impressed upon; i.e., were recognizable in*   [16]**erst:** *eben erst, vor kurzem; just recently*   [17]**Kirchengewölbe:** *church dome*   [18]**Zifferblatt:** *clockface*   [19]**Sonnen:** Sterne   [20]**wiederkäute sich:** *chewed the cud*   [21]**zerschreiet:** *scream apart*   [22]**zerflatterten:** *fluttered away, were cast to the winds*   [23]**größerer:** schwerer

Da kreischten die Mißtöne heftiger — die zitternden Tempelmauern rückten auseinander — und der Tempel und die Kinder sanken unter — und die ganze Erde und die Sonne sanken nach — und das ganze Weltgebäude sank mit seiner Unermeßlichkeit vor uns vorbei — und oben am Gipfel der unermeßlichen Natur stand Christus und schaute in das mit tausend Sonnen durchbrochene Weltgebäude 5 hinab, gleichsam in das um die ewige Nacht gewühlte Bergwerk,[24] in dem die Sonnen wie Grubenlichter[25] und die Milchstraßen wie Silberadern[26] gehen.

Und als Christus das reibende Gedränge[27] der Welten, den Fackeltanz der himmlischen Irrlichter[28] und die Korallenbänke[29] schlagender Herzen sah, und als er sah, wie eine Weltkugel um die andere[30] ihre glimmenden Seelen auf das 10 Totenmeer[31] ausschüttete, wie eine Wasserkugel[32] schwimmende Lichter auf die Wellen streut: so hob er, groß wie der höchste Endliche,[33] die Augen empor gegen das Nichts und gegen die leere Unermeßlichkeit und sagte: „Starres, dummes Nichts! Kalte, ewige Notwendigkeit! Wahnsinniger Zufall! Kennt ihr das unter euch? Wann zerschlagt ihr das Gebäude und mich? — Zufall, weißt du selber, wann du mit 15 Orkanen durch das Sternen-Schneegestöber[34] schreitest und eine Sonne um die andere auswehst,[35] und wann der funkelnde Tau der Gestirne ausblinkt,[36] indem du vorübergehst? — Wie ist jeder so allein in der weiten Leichengruft[37] des Alls! Ich bin nur neben mir — o Vater! o Vater! wo ist deine unendliche Brust, daß ich an ihr ruhe! — Ach, wenn jedes Ich sein eigner Vater und Schöpfer ist, warum kann es 20 nicht auch sein eigner Würgengel[38] sein?" ...

Hier schaute Christus hinab auf die Erde, und sein Auge wurde voll Tränen, und er sagte: „Ach, ich war sonst[39] auf ihr: da war ich noch glücklich, da hatt' ich noch meinen unendlichen Himmel und drückte die durchstochene Brust an sein linderndes Bild und sagte noch im herben Tode: ,Vater, ziehe deinen Sohn aus der 25 blutenden Hülle und heb' ihn an dein Herz' ... Ach, ihr überglücklichen Erdenbewohner, ihr glaubt *Ihn* noch. Vielleicht geht jetzt eure Sonne unter, und ihr fallt unter Blüten, Glanz und Tränen auf die Knie und hebt die seligen Hände empor und ruft unter tausend Freudentränen zum aufgeschlossenen Himmel hinauf: Auch mich kennst du, Unendlicher, und alle meine Wunden, und nach dem Tode 30 empfängst du mich und schließest sie alle ... Ihr Unglücklichen, nach dem Tode werden sie nicht geschlossen. Wenn der Jammervolle sich mit wundem Rücken in die Erde legt, um einem schöneren Morgen voll Wahrheit, voll Tugend und Freude entgegenzuschlummern,[40] so erwacht er im stürmischen Chaos, in der ewigen Mitternacht — und es kommt kein Morgen und keine heilende Hand und kein 35 unendlicher Vater! — Sterblicher neben mir, wenn du noch lebst, so bete Ihn an: sonst hast du Ihn auf ewig verloren."

---

[24] **gleichsam in das um die ewige Nacht gewühlte Bergwerk:** wie in das Bergwerk, das in die ewige Nacht hinein gegraben worden ist [25] **Grubenlichter:** Lichter in einem Bergwerk [26] **Silberadern:** *veins of silver* [27] **das reibende Gedränge:** *the clashing and pushing* [28] **Irrlichter:** *will-o'-the-wisps* [29] **Korallenbänke:** *coral reefs* [30] wie eine Weltkugel um die andere: wie ein Planet nach dem anderen [31] **Totenmeer:** *sea of the dead* [32] **Wasserkugel:** wahrscheinlich eine auf dem Wasser schwimmende aus Metall oder Spiegelglas bestehende Kugel, die das Licht, das auf sie fällt, reflektiert und dadurch „auf die Wellen streut" [33] **Endliche:** Sterbliche; *mortal* [34] **Sternen-Schneegestöber:** *"snow flurries of stars"* [35] **auswehst:** ausbläst; *blow out* [36] **ausblinkt:** *twinkles to an end* [37] **Leichengruft:** *funeral vault* [38] **Würgengel:** Todesengel; *angel of death* [39] **sonst:** früher einmal [40] **entgegenzuschlummern:** *to fall asleep (i.e., to die) in anticipation of*

Und als ich niederfiel und ins leuchtende Weltgebäude blickte, sah ich die emporgehobenen Ringe der Riesenschlange der Ewigkeit,[41] die sich um das Weltall gelagert hatte — und die Ringe fielen nieder, und sie umfaßte das All doppelt — und dann wand sie sich tausendfach um die Natur — und quetschte die Welten
5 aneinander — und drückte zermalmend den unendlichen Tempel zu einer Gottesackerkirche zusammen, und alles wurde eng, düster, bang — und ein unendlich ausgedehnter Glockenhammer[42] sollte die letzte Stunde der Zeit schlagen und das Weltgebäude zersplittern . . . als ich erwachte.

Meine Seele weinte vor Freude, daß sie wieder Gott anbeten konnte — und
10 die Freude und das Weinen und der Glaube an ihn waren das Gebet. Und als ich aufstand, glimmte die Sonne tief hinter den vollen purpurnen Kornähren und warf friedlich den Widerschein ihres Abendrotes dem kleinen Monde zu, der ohne eine Aurora[43] im Morgen[44] aufstieg, und zwischen dem Himmel und der Erde streckte eine frohe, vergängliche Welt ihre kurzen Flügel aus und lebte, wie ich, vor dem
15 unendlichen Vater; und von der ganzen Natur um mich flossen friedliche Töne aus, wie von fernen Abendglocken.

---

[41] **Riesenschlange der Ewigkeit:** wahrscheinlich die Midgardschlange (nordische Mythologie), die im Meer rings um die Erde liegt   [42] **Glockenhammer:** *clapper of a bell*   [43] **Aurora:** Morgenröte; *rosy dawn*   [44] **im Morgen:** im Osten

JOSEPH VON EICHENDORFF (1788 - 1857)

Eichendorff ist der volkstümlichste der Romantiker. Auch der einfachste. Er hat manches
von andern gelernt: von Goethe, Novalis, Tieck, Friedrich Schlegel und vom Volkslied,
aber an Eichendorff denkt der Leser gewöhnlich zuerst, wenn von Romantik die Rede ist.
Das Rauschen der Wälder und der Brunnen, das Ziehen der Wolken und der Ströme, das
Dunkel des Waldes und das Leuchten der Sterne, Gesang der Nachtigallen, Klang des   5
Waldhorns, Wanderlust, Fernweh[1] und Heimweh — all das sind Motive, die Eichendorff
nicht erfunden hat, doch hat er für sie einen Ton gefunden, der unverwechselbar sein
eigener ist. Nur *eine* Seite der Romantik hat er nicht geteilt: ihren extremen
Subjektivismus. Davor bewahrte ihn der katholische Glaube seiner Kindheit, der ihm nie
verloren ging. Auch seinem unauffälligen Leben fehlt es an Zügen, die wir gewöhnlich als   10
„romantisch" betrachten: er war ein gewissenhafter Beamter in der preußischen
Staatsverwaltung. Doch wußte er sehr genau um die Gefahr der Erstarrung, der Enge und
der Selbstgenügsamkeit,[2] die Amt, Beruf und bürgerliche Existenz mit sich bringen, und
so verstand er die Lockung der Romantik ins Weite, Ferne und Unbegrenzte. Auch die
gefährliche Verführung, die darin lag. Hölderlin gebraucht einmal das Wort von dem   15
„wunderbaren Sehnen dem Abgrund zu".[3] Eichendorffs Figuren sind „romantisch"
genug, um diese Sehnsucht zu empfinden, aber Eichendorff selbst ist wie ein Hüter oder
Wächter, der die Bedrohten immer wieder auf sicheren Boden zurückbringt. Der Titel, den
er einem seiner Gedichte gegeben hat: „Der Umkehrende", paßt auf ihn selber und seine
ganze Dichtung.   20

SEHNSUCHT (1834)

Es schienen so golden die Sterne,
am Fenster ich einsam stand
und hörte aus weiter Ferne
ein Posthorn im stillen Land.
25 Das Herz mir im Leib entbrennte,[4]
da hab ich mir heimlich gedacht:
Ach, wer da mitreisen könnte
in der prächtigen Sommernacht!

Zwei junge Gesellen gingen
vorüber am Bergeshang,[5]   30
ich hörte im Wandern sie singen
die stille Gegend entlang:
von schwindelnden Felsenschlüften[6]
wo die Wälder rauschen so sacht,
von Quellen, die von den Klüften   35
sich stürzen in die Waldesnacht.

---

[1] **Fernweh:** Sehnsucht nach der Ferne; *longing for distant places* [2] **Selbstgenügsamkeit:** *self-
satisfaction* [3] **dem Abgrund zu:** *toward, for the abyss* [4] **entbrennte:** entbrannte; *caught fire*
[5] **Bergeshang:** *mountain slope* [6] **Felsenschlüften:** Felsenschluchten; *rocky ravines*

Sie sangen von Marmorbildern,[7]
von Gärten, die überm Gestein
in dämmernden Lauben verwildern,[8]
Palästen im Mondenschein,
5   wo die Mädchen am Fenster lauschen,
wann der Lauten[9] Klang erwacht,
und die Brunnen verschlafen[10] rauschen
in der prächtigen Sommernacht.

DIE ZWEI GESELLEN (1818)

Es zogen zwei rüst'ge Gesellen
10   zum erstenmal von Haus,[11]
so jubelnd recht[12] in die hellen,
klingenden, singenden Wellen
des vollen Frühlings hinaus.[13]

Die strebten nach hohen Dingen,
15   die wollten, trotz Lust und Schmerz,
was Rechts in der Welt vollbringen,
und wem sie vorübergingen,
dem lachten Sinnen und Herz.

Der erste, der fand ein Liebchen,
20   die Schwieger[14] kauft' Hof und Haus;
der wiegte gar bald ein Bübchen,
und sah aus heimlichem[15] Stübchen
behaglich ins Feld hinaus.

Dem zweiten sangen und logen
die tausend Stimmen im Grund,[16]   25
verlockend' Sirenen, und zogen
ihn in der buhlenden Wogen
farbig klingenden Schlund.[17]

Und wie er auftaucht vom Schlunde,
da war er müde und alt,   30
sein Schifflein das lag im Grunde,
so still war's rings in die Runde,[18]
und über die Wasser weht's kalt.

Es singen und klingen die Wellen
des Frühlings wohl über mir: 35
und seh ich so kecke Gesellen,
die Tränen im Auge mir schwellen
ach Gott, führ uns liebreich zu Dir!

---

[7]**Marmorbildern:** *marble statues*   [8]**verwildern:** *grow wild*   [9]**Lauten:** *lutes*   [10]**verschlafen:** *drowsily*   [11]**von Haus:** aus der Heimat   [12]**recht:** mitten in; *straight into*   [13]**zogen ... hinaus:** (*main verb*)   [14]**Schwieger:** Schwiegermutter; *mother-in-law*   [15]**heimlichem:** *snug, comfortable*   [16]**im Grund:** *in the depths*   [17]**in der buhlenden Wogen farbig klingenden Schlund:** in den Abgrund der liebkosenden (*caressing*) Wellen   [18]**rings in die Runde:** ringsumher; *all around*

DIE HEIMAT (1819)

An meinen Bruder

Denkst du des Schlosses noch auf stiller Höh?
Das Horn lockt nächtlich dort, als ob's dich riefe,
am Abgrund grast das Reh,
es rauscht der Wald verwirrend aus der Tiefe —
o stille, wecke nicht, es war als schliefe   5
da drunten ein unnennbar Weh.

Kennst du den Garten? — Wenn sich Lenz[19] erneut,
geht dort ein Mädchen auf den kühlen Gängen
still durch die Einsamkeit
und weckt den leisen Strom von Zauberklängen,   10
als ob die Blumen und die Bäume sängen
rings von der alten schönen Zeit.

Ihr Wipfel und ihr Bronnen rauscht nur zu!
Wohin du auch in wilder Lust magst dringen,
du findest nirgends Ruh,   15
erreichen wird dich das geheime Singen, —
ach, dieses Bannes zauberischen Ringen[20]
entfliehn wir nimmer, ich und du!

NACHTS (1826)

Ich wandre durch die stille Nacht,
20 da schleicht der Mond so heimlich sacht
oft aus der dunklen Wolkenhülle,[21]
und hin und her im Tal
erwacht die Nachtigall,
dann wieder alles grau und stille.

O wunderbarer Nachtgesang: 25
von fern im Land der Ströme Gang,[22]
leis Schauern in den dunklen Bäumen —
wirrst die Gedanken mir,
mein irres Singen hier
ist wie ein Rufen nur aus Träumen.   30

---

[19] **Lenz:** der Frühling   [20] **dieses Bannes zauberischen Ringen:** *magic circles of this spell*
[21] **Wolkenhülle:** *cloud cover*   [22] **Gang:** *movement*

TODESLUST (1840)

Bevor er in die blaue Flut gesunken,
träumt noch der Schwan und singet todestrunken;[23]
die sommermüde[24] Erde im Verblühen
läßt all ihr Feuer in den Trauben glühen;
5   die Sonne, Funken sprühend im Versinken,
gibt noch einmal der Erde Glut zu trinken,
bis, Stern auf Stern, die Trunkne[25] zu empfangen,
die wunderbare Nacht ist aufgegangen.

DER UMKEHRENDE (1837)

Du sollst mich doch nicht fangen,
10   duftschwüle[26] Zaubernacht!
Es stehn mit goldnem Prangen[27]
die Stern[28] auf stiller Wacht
und machen überm Grunde,
wo du verirret bist,
15   getreu die alte Runde —
gelobt sei Jesus Christ!

Wie bald in allen Bäumen   25
geht nun die Morgenluft,
sie schütteln sich in Träumen,
und durch den roten Duft
eine fromme Lerche steiget,
wenn alles still noch ist,   30
den rechten Weg dir zeiget —
Gelobt sei Jesus Christ!

Aus DEM LEBEN EINES TAUGENICHTS (1826)

Eichendorffs *Taugenichts* handelt von einem romantischen Lieblingsthema: vom Künstler,
der außerhalb des bürgerlichen Lebens steht. Der junge Müllerssohn, den sein Vater in die
Welt hinausschickt, weil er zu Hause nicht zu brauchen ist, und der fröhlich und allein mit
20   seiner Geige durch die Welt zieht, ist gewiß ein Bild des Künstlers. Aber es fehlt diesem
Bild alle Tragik. Dem Hyperion Hölderlins war der Mensch erschienen wie „ein
mißratener Sohn, den der Vater aus dem Hause stieß." Bei Eichendorff geschieht dies im
wörtlichsten Sinne; aber Eichendorff nimmt dem Motiv alle Schwere und macht ein
heiteres Spiel daraus, halb Märchen, halb Komödie. Dem Taugenichts kann nichts

---

[23]todestrunken: *drunk with death*   [24]sommermüde: *tired of summer*   [25]die Trunkne: die
trunkene Erde; *the intoxicated, elated earth*   [26]duftschwüle: *fragrantly sultry*   [27]mit goldnem
Prangen: in goldenem Schein   [28]Stern: Sterne

geschehen; selten versteht er, was um ihn vorgeht; er gerät in die seltsamsten Intrigen und Konfusionen, aber sein kindliches Vertrauen auf sich selber, auf die Welt, auf Gott wird nie enttäuscht. „Und es war alles, alles gut", sind die letzten Worte der Erzählung. Thomas Mann, den der Gegensatz zwischen Künstler und Bürger sein ganzes Leben lang beschäftigt hat, hat in seinen *Betrachtungen eines Unpolitischen* (1918) ein bewun- 5 derndes Kapitel über den *Taugenichts* geschrieben.

Das Rad an meines Vaters Mühle brauste und rauschte schon wieder recht lustig, der Schnee tröpfelte emsig vom Dache, die Sperlinge zwitscherten und tummelten sich dazwischen; ich saß auf der Türschwelle und wischte mir den Schlaf aus den Augen; mir war so recht wohl in dem warmen Sonnenscheine. Da trat der 10 Vater aus dem Hause; er hatte schon seit Tagesanbruch in der Mühle rumort[29] und die Schlafmütze schief auf dem Kopfe, der sagte zu mir: „Du Taugenichts! da sonnst du dich schon wieder und dehnst und reckst dir die Knochen müde und läßt mich alle Arbeit allein tun. Ich kann dich hier nicht länger füttern. Der Frühling ist vor der Tür, geh auch einmal hinaus in die Welt und erwirb dir selber dein Brot." 15

„Nun", sagte ich, „wenn ich ein Taugenichts bin, so ist's gut, so will ich in die Welt gehn und mein Glück machen." Und eigentlich war mir das recht lieb, denn es war mir kurz vorher selber eingefallen, auf Reisen zu gehen, da ich die Goldammer,[30] welche im Herbst und Winter immer betrübt an unserm Fenster sang: Bauer miet mich, Bauer, miet mich! nun in der schönen Frühlingszeit wieder ganz 20 stolz und lustig vom Baume rufen hörte: Bauer, behalt deinen Dienst![31]

Ich ging also in das Haus hinein und holte meine Geige, die ich recht artig spielte, von der Wand, mein Vater gab mir noch einige Groschen Geld mit auf den Weg und so schlenderte ich durch das lange Dorf hinaus. Ich hatte recht meine heimliche Freude, als ich da alle meine alten Bekannten und Kameraden rechts und 25 links, wie gestern und vorgestern und immerdar,[32] zur Arbeit hinausziehen, graben und pflügen sah, während ich so in die freie Welt hinausstrich. Ich rief den armen Leuten auf allen Seiten recht stolz und zufrieden Adjes[33] zu, aber es kümmerte sich eben keiner sehr darum. Mir war es wie ein ewiger Sonntag im Gemüte. Und als ich endlich ins freie Feld hinaus kam, da nahm ich meine liebe Geige vor und spielte 30 und sang, auf der Landstraße fortgehend:

> Wem Gott will rechte Gunst erweisen,[34]
> den schickt er in die weite Welt,
> dem will er seine Wunder weisen
> in Berg und Wald und Strom und Feld. 35

---

[29] **rumort:** Lärm gemacht   [30] **Goldammer:** *yellowhammer, a European finch*   [31] **deinen Dienst:** dein Geld   [32] **immerdar:** für immer   [33] **Adjes:** Adieu (*Fr.*), auf Wiedersehen   [34] **rechte Gunst erweisen:** *do a real favor*

> Die Trägen,[35] die zu Hause liegen,
> erquicket nicht das Morgenrot,
> sie wissen nur vom Kinderwiegen,[36]
> von Sorgen, Last und Not um Brot.
>
> 5 Die Bächlein von den Bergen springen,
> die Lerchen schwirren hoch vor Lust,
> was sollt' ich nicht mit ihnen singen
> aus voller Kehl' und frischer Brust?
>
> Den lieben Gott laß ich nur walten;
> 10 der Bächlein, Lerchen, Wald und Feld
> und Erd' und Himmel will erhalten,
> hat auch mein' Sach' aufs best' bestellt![37]

Indem,[38] wie ich mich so umsehe, kommt ein köstlicher Reisewagen ganz nahe an
mich heran, der mochte wohl schon einige Zeit hinter mir drein[39] gefahren sein,
15 ohne daß ich es merkte, weil mein Herz so voller Klang war, denn es ging ganz
langsam, und zwei vornehme Damen steckten die Köpfe aus dem Wagen und hörten
mir zu. Die eine war besonders schön und jünger als die andere, aber eigentlich
gefielen sie mir alle beide. Als ich nun aufhörte zu singen, ließ die ältere still
halten[40] und redete mich holdselig an: „Ei, lustiger Gesell, Er[41] weiß ja recht
20 hübsche Lieder zu singen." Ich nicht zu faul dagegen:[42] „Euer Gnaden aufzuwarten,[43] wüßt' ich noch viel schönere." Darauf fragte sie mich wieder: „Wohin
wandert Er denn schon so am frühen Morgen?" Da schämte ich mich, daß ich das
selber nicht wußte, und sagte dreist: „Nach Wien."[44] Nun sprachen beide
miteinander in einer fremden Sprache, die ich nicht verstand. Die jüngere schüttelte
25 einigemal mit dem Kopfe, die andere lachte aber in einem fort[45] und rief mir
endlich zu: „Spring Er nur hinten mit auf, wir fahren auch nach Wien." Wer war
froher als ich! Ich machte eine Reverenz[46] und war mit einem Sprunge hinter dem
Wagen, der Kutscher knallte, und wir flogen über die glänzende Straße fort, daß mir
der Wind am Hute pfiff.

---

[35] die Trägen: die faulen Leute; *idle people*   [36] Kinderwiegen: *rocking children in a cradle*   [37] hat
auch mein' Sach' aufs best' bestellt: hat auch mein Leben so gut wie möglich geplant   [38] indem:
indessen; *meanwhile*   [39] hinter mir drein: hinter mir her   [40] still halten: anhalten; *come to a stop*
[41] Er: *you*; siehe S. 114, Z. 12   [42] ich nicht zu faul dagegen: ich antwortete schnell   [43] Euer
Gnaden aufzuwarten: *to oblige Your Grace*   [44] Wien: *Vienna*   [45] in einem fort: immerzu, immer
weiter   [46] ich machte eine Reverenz: ich verbeugte mich; *I bowed*

ANNETTE VON DROSTE-HÜLSHOFF (1797 - 1848)

Um den Glauben, zu dem Brentano zurückfand, und den Eichendorff nie verlor, hat
Annette von Droste-Hülshoff ihr Leben lang gekämpft. Sie hatte den guten Willen, sich in
die Traditionen einzufügen, zu denen sie gehörte, und lebte auf den Schlössern ihrer
Familie ein Leben, wie es sich für ein vornehmes Fräulein aus adligem Hause schickte.
Selbst als sie Gedichte zu schreiben begann, sah das zunächst aus wie ein gebildeter   5
Zeitvertreib. Doch in ihren großen Gedichten durchbrach sie alle Konvention. Ihr
Spiegelbild ist das Bild eines Menschen, für den es keinen Trost und keine Hilfe von außen
gibt, der völlig auf sich selbst gestellt ist. Sich selbst ein Rätsel, vor sich selbst erschreckt,
versucht das Ich dieses Gedichts sich selbst ins Auge zu sehen. Selten ist die Frage: Wer
bin ich? so leidenschaftlich gestellt worden. Vereinsamt, unverstanden von ihrer Zeit und   10
Umwelt, wurde die Droste die größte Dichterin, die Deutschland hervorgebracht hat.

DAS SPIEGELBILD (1844)

Schaust du mich an aus dem Kristall[1]
mit deiner Augen Nebelball,[2]
Kometen gleich, die im Verbleichen;[3]
15 mit Zügen,[4] worin wunderlich
zwei Seelen wie Spione sich
umschleichen,[5] ja, dann flüstre ich:
Phantom, du bist nicht meinesgleichen!

Bist nur entschlüpft der Träume Hut,
20 zu eisen[6] mir das warme Blut,
die dunkle Locke mir zu blassen;[7]
und dennoch, dämmerndes[8] Gesicht,
drin seltsam spielt ein Doppellicht,
trätest du vor, ich weiß es nicht,
25 würd' ich dich lieben oder hassen!

Zu deiner Stirne Herrscherthron,[9]
wo die Gedanken leisten Fron[10]
wie Knechte, würd' ich schüchtern blicken;
doch von des Auges kaltem Glast,[11]
voll toten Lichts, gebrochen fast,   30
gespenstig, würd', ein scheuer Gast,
weit, weit ich meinen Schemel rücken.[12]

Und was den Mund umspielt so lind,
so weich und hülflos[13] wie ein Kind,
das möcht' in treue Hut ich bergen;   35
und wieder, wenn er[14] höhnend spielt,
wie von gespanntem Bogen zielt,[15]
wenn leis' es durch die Züge wühlt,[16]
dann möcht' ich fliehen wie vor Schergen.[17]

---

[1] Kristall: Glas, Spiegel   [2] Nebelball: *ball of fog*   [3] Kometen gleich, die im Verbleichen: *like fading comets*   [4] Zügen: *features*   [5] umschleichen: *stalk each other*   [6] zu eisen: zu Eis zu machen
[7] blassen: bleichen; *bleach*   [8] dämmerndes: *growing indistinct, fading*   [9] Herrscherthron: *sovereign throne*   [10] leisten Fron: leisten Frondienst; *are in servitude*   [11] Glast: Glanz; *brilliance*   [12] würd', ein scheuer Gast, ... ich ... rücken: würde ich, ein scheuer Gast, ... wegrücken (*move away*)
[13] hülflos: hilflos   [14] er: der Mund   [15] wie von gespanntem Bogen zielt: *aims as if from a drawn bow*   [16] wenn leis' es durch die Züge wühlt: *when something gnaws quietly at the facial features*
[17] Schergen: *constables, executioners*

Es ist gewiß, du bist nicht Ich,
ein fremdes Dasein, dem ich mich
wie Moses nahe, unbeschuhet,[18]
voll Kräfte, die mir nicht bewußt,
5   voll fremden Leides, fremder Lust;
Gnade mir Gott,[19] wenn in der Brust
mir schlummernd deine Seele ruhet!

Und dennoch fühl' ich, wie verwandt,
zu deinen Schauern mich gebannt,
und Liebe muß der Furcht sich einen.[20]   10
Ja, trätest aus Kristalles Rund,[21]
Phantom, du lebend auf den Grund,
nur leise zittern würd' ich, und
mich dünkt[22] — ich würde um dich weinen!

---

[18] dem ich mich wie Moses nahe, unbeschuhet: dem ich mich demütig nähere, so wie Moses, der seine
Schuhe auszog, als Gott im Dornbusch zu ihm sprach (2. Mose 3, 5)   [19] Gnade mir Gott: *may God
have mercy on me*   [20] sich einen: sich einigen; *unite*   [21] Rund: Kreis   [22] mich dünkt: ich glaube

ARTHUR SCHOPENHAUER (1788 - 1860)

Die radikalste Verneinung des Zeitalters stammte von Schopenhauer. Genauer, was
Schopenhauer schrieb, war mehr als eine Verneinung des Zeitalters, es war eine Verneinung
der Welt überhaupt. Von den Griechen, von Plato und Aristoteles bis zu Goethe und der
deutschen idealistischen Philosophie hatten die großen Denker geglaubt, daß dem
Menschen im Geist oder in der Vernunft ein Organ gegeben ist, durch das er wenigstens   5
einen Anteil an der höchsten, göttlichen Wahrheit besitzt. Schopenhauer brach mit
diesem Glauben. Im Zentrum seines Denkens steht der Wille; er ist Grund und Wurzel
alles Lebens und Seins. Der Intellekt ist nur der Diener des Willens; es ist nicht so, daß wir
etwas wollen, weil Vernunftgründe uns dazu bringen, sondern weil wir etwas wollen,
erfinden wir Vernunftgründe. Unter „Wille" verstand Schopenhauer den blinden Drang,   10
der der Welt zugrunde liegt, und der sich in der Natur, in den Pflanzen, den Tieren, im
Menschen manifestiert. „Wille" ist ein ewig ungestillter Trieb, der nie Befriedigung findet,
der von Illusion zu Illusion nach dem „Glück" jagt und es nicht findet in einer Welt, in
der Leid und Elend überwiegen. „In meinem siebzehnten Jahr", schrieb er später, „ohne
alle gelehrte Schulbildung, wurde ich vom Jammer des Lebens so ergriffen, wie Buddha in   15
seiner Jugend, als er Krankheit, Alter, Schmerz und Tod erblickte." Befreiung findet der
Mensch nur gelegentlich. In der Kunst hören wir auf zu „wollen"; in der „Askese[1]
überwinden wir den Willen". Doch gelingt dies nur wenigen. Schopenhauers Hauptwerk
Die Welt als Wille und Vorstellung wurde bei seinem Erscheinen kaum beachtet; erst in
der zweiten Hälfte des Jahrhunderts wurde Schopenhauer bekannt. Auf Richard Wagner,   20
Tolstoi, Nietzsche, Thomas Mann und manche andere hatte er entscheidenden Einfluß.

Aus DIE WELT ALS WILLE UND VORSTELLUNG (1819)

VON DER NICHTIGKEIT DES DASEINS

Was das Leben des Einzelnen betrifft, so ist jede Lebensgeschichte eine Leidens-
geschichte: denn jeder Lebenslauf ist, in der Regel, eine fortgesetzte Reihe
großer und kleiner Unfälle, die zwar jeder möglichst verbirgt, weil er weiß, daß
andere selten Teilnahme oder Mitleid, fast immer aber Befriedigung durch die   25
Vorstellung der Plagen, von denen sie gerade jetzt verschont sind, dabei empfinden
müssen; — aber vielleicht wird nie ein Mensch, am Ende seines Lebens, wenn er
besonnen und zugleich aufrichtig ist, wünschen, es nochmals durchzumachen,
sondern, eher als das, viel lieber gänzliches Nichtsein erwählen. Der wesentliche
Inhalt des weltberühmten Monologs im *Hamlet*[2] ist, wenn zusammengefaßt, dieser: 30

---

[1] **Askese:** *ascetism*   [2] **des weltberühmten Monologs im "Hamlet":** *"To be, or not to be . . ." (Act III,
Scene 1)*

Unser Zustand ist ein so elender, daß gänzliches Nichtsein ihm entschieden vorzuziehen wäre. Wenn nun der Selbstmord uns dieses wirklich darböte,[3] daß die Alternative „Sein oder Nichtsein" im vollen Sinn des Wortes vorläge; dann wäre er unbedingt zu erwählen, als eine höchst wünschenswerte Vollendung (a consum-
5   mation devoutly to be wish'd). Allein in uns ist etwas, das uns sagt, dem sei nicht so; es sei damit nicht aus; der Tod sei keine absolute Vernichtung. — Desgleichen ist, was schon der Vater der Geschichte (Herodot[4]) anführt, auch wohl seitdem nicht widerlegt worden, daß nämlich kein Mensch existiert hat, der nicht mehr als einmal gewünscht hätte, den folgenden Tag nicht zu erleben.[5] Danach möchte die so oft
10 beklagte Kürze des Lebens vielleicht gerade das Beste daran sein. —

Wenn man nun endlich noch jedem die entsetzlichen Schmerzen und Qualen, denen sein Leben beständig offen steht, vor die Augen bringen wollte, so würde ihn Grausen ergreifen: und wenn man den verstocktesten Optimisten durch die Krankenhospitäler, Lazarette und chirurgischen Marterkammern,[6] durch die
15 Gefängnisse, Folterkammern und Sklavenställe,[7] über Schlachtfelder und Gerichts-
stätten[8] führen, dann alle die finsteren Behausungen des Elends, wo es sich vor den Blicken kalter Neugier verkriecht, ihm öffnen wollte, so würde sicherlich auch er zuletzt einsehen, welcher Art dieser *meilleur des mondes possibles*[9] ist. Woher denn anders hat Dante den Stoff zu seiner Hölle[10] genommen, als aus dieser unserer
20 wirklichen Welt? Und doch ist es eine recht ordentliche[11] Hölle geworden. Hingegen als er an die Aufgabe kam, den Himmel[12] und seine Freuden zu schildern, da hatte er eine unüberwindliche Schwierigkeit vor sich, weil eben unsere Welt gar keine Materialien zu so etwas darbietet. Hieraus aber erhellt genugsam, welcher Art diese Welt ist. Freilich ist am Menschenleben, wie an jeder schlechten Ware, die
25 Außenseite mit falschem Schimmer[13] überzogen: immer verbirgt sich, was leidet; hingegen was jeder an Prunk und Glanz erschwingen kann, trägt er zur Schau, und je mehr ihm innere Zufriedenheit abgeht,[14] desto mehr wünscht er, in der Meinung anderer als ein Beglückter dazustehen: so weit geht die Torheit, und die Meinung anderer ist ein Hauptziel des Strebens eines jeden, obgleich die gänzliche Nichtigkeit
30 desselben schon dadurch sich ausdrückt, daß in fast allen Sprachen Eitelkeit, *vanitas*, ursprünglich Leerheit und Nichtigkeit bedeutet.

---

[3] darböte: anbieten würde; *would offer*   [4] Herodot: (484? - 425 v. Chr.), griechischer Historiker
[5] daß nämlich kein Mensch existiert hat, der nicht mehr als einmal gewünscht hätte, den folgenden Tag nicht zu erleben: d.h., jeder Mensch wünscht mehr als einmal, den folgenden Tag nicht zu erleben
[6] Marterkammern, Folterkammern: *torture chambers*   [7] Sklavenställe: *slave stalls*   [8] Gerichtsstätten: Richtplätze; *places of execution*   [9] meilleur des mondes possibles: (*Fr.*) „die beste aller möglichen Welten", ein Ausdruck des Philosophen Leibniz (1646 - 1716), den Schopenhauer nur mit Ironie zitieren kann   [10] Hölle: *Inferno*   [11] recht ordentliche: ganz gute (sarkastisch gemeint)
[12] Himmel: *Paradiso*   [13] Schimmer: *glow, shiny exterior*   [14] ihm ... abgeht: ihm ... fehlt; *he lacks*

XI. WENDUNG ZUR NATION

HEINRICH VON KLEIST (1777 - 1811)

Kleist stammte aus einer preußischen Offiziersfamilie. Noch nicht ganz fünfzehn Jahre alt, trat er in die Armee ein; mit zweiundzwanzig verließ er sie, um zu studieren. Als „sieben unwiederbringlich verlorene Jahre" erschien ihm im Rückblick die beim Militär verbrachte Zeit. Sein ganzes Bestreben ging nun auf „Bildung"; er wollte Richtlinien und Gesetze finden, nach denen er sein Handeln bestimmen konnte. Diese Richtlinien fand er nicht. 5
Weder die christliche Tradition noch die Lehren der Aufklärung gaben ihm die absolute Gewißheit, die er suchte. Aus Kants Philosophie zog er den Schluß, daß solche Gewißheit unmöglich sei; so blieb ihm zuletzt nichts als der Versuch, im eigenen Inneren eine letzte Identität zu finden, die als Maßstab des Handelns dienen konnte. Von diesem Versuch handelt sein Drama *Penthesilea*[1] (1808), handeln die meisten seiner Dramen und 10
Novellen. Kleist hatte mit ihnen zu seinen Lebzeiten keinen Erfolg.

Schließlich schienen die politischen Ereignisse Kleist ein Ziel zu geben. Während er um seine Existenz kämpfte, war in Frankreich Napoleon vom Offizier zum Kaiser aufgestiegen und hatte sich[2] fast den ganzen Kontinent unterworfen. Preußen war 1806 im Kampfe gegen Napoleon zusammengebrochen. Ein paar Jahre später schrieb Kleist *Die* 15
Hermannsschlacht, ein Drama, in dem er die Erhebung germanischer Stämme unter Arminius[3] gegen die römische Herrschaft darstellte. Was er meinte und worauf er hoffte, war die Einigung der deutschen Staaten in einem zukünftigen Kampf gegen die napoleonische Herrschaft. *Die Hermannsschlacht* wurde weder gedruckt noch gespielt. Kleist stand damals Kreisen nahe, die eine Erhebung gegen Napoleon vorbereiteten; er 20
versuchte, wieder in die Armee einzutreten, doch wurde sein Gesuch abgelehnt. An der Zukunft Deutschlands verzweifelnd, mit einer Zeitung, die er herausgab, gescheitert, als Dichter verkannt, wirtschaftlich vor dem Nichts stehend, erschien es ihm „ganz unmöglich, länger zu leben." 1811 erschoß er sich am Wannsee in der Nähe von Berlin. Zwei Jahre später erhob sich Preußen gegen Napoleon; im Bunde mit Rußland, Österreich 25
und England brach es seine Macht.

---

[1] Penthesilea: Amazonenkönigin im Trojanischen Krieg   [2] sich: *for himself*   [3] Arminius: siehe S. 1, Z. 11ff.

Aus KLEISTS BRIEFEN

5 Febr. 1801

. . . Liebe Ulrike,[4] es ist ein bekannter Gemeinplatz,[5] daß das Leben ein
schweres Spiel sei; und warum ist es schwer? Weil man beständig und immer von
neuem eine Karte ziehen soll und doch nicht weiß, was Trumpf ist; ich meine
5   darum, weil man beständig und immer von neuem handeln soll und doch nicht
weiß, was recht ist . . .

22. März 1801

. . . Vor kurzem wurde ich mit der neueren sogenannten Kantischen
Philosophie bekannt — und Dir muß ich jetzt daraus einen Gedanken mitteilen,
10 indem ich nicht fürchten darf, daß er Dich so tief, so schmerzhaft erschüttern wird,
als mich . . .
Wenn alle Menschen statt der Augen grüne Gläser hätten, so würden sie
urteilen müssen, die Gegenstände, welche sie dadurch erblicken, *sind* grün — und nie
würden sie entscheiden können, ob ihr Auge ihnen die Dinge zeigt, wie sie sind,
15 oder ob es nicht etwas zu ihnen hinzutut,[6] was nicht ihnen, sondern dem Auge
gehört. So ist es mit dem Verstande. Wir können nicht entscheiden, ob das, was wir
Wahrheit nennen, wahrhaft Wahrheit ist, oder ob es uns nur so scheint. Ist das
letzte,[7] so ist die Wahrheit, die wir hier sammeln, nach dem Tode nicht mehr — und
alles Bestreben, ein Eigentum sich zu erwerben, das uns auch in das Grab folgt, ist
20 vergeblich —
Ach, Wilhelmine,[8] wenn die Spitze dieses Gedankens Dein Herz nicht trifft,
so lächle nicht über einen andern, der sich tief in seinem heiligsten Innern davon
verwundet fühlt. Mein einziges, mein höchstes Ziel ist gesunken, und ich habe nun
keines mehr —

25   *9. April 1801*

. . . Ich habe mich wie ein spielendes Kind auf die Mitte der See gewagt, es
erheben sich heftige Winde, gefährlich schaukelt das Fahrzeug über den Wellen, das
Getöse übertönt alle Besinnung, ich kenne nicht einmal die Himmelsgegend,[9] nach
welcher ich steuern soll, und mir flüstert eine Ahnung zu, daß mir mein Untergang
30 bevorsteht —

---

[4] Ulrike: Ulrike von Kleist (1774 - 1849), Heinrichs Halbschwester   [5] Gemeinplatz: Klischee
[6] hinzutut: hinzusetzt; *adds*   [7] ist das letzte: wenn es das letztere ist; *if it is the latter*   [8] Wilhelmine:
Wilhelmine von Zenge, Kleists Verlobte. Später heiratete sie Professor Wilhelm Traugott Krug,
Immanuel Kants Nachfolger auf dem philosophischen Lehrstuhl in Königsberg.   [9] Himmelsgegend:
Himmelsrichtung; *direction*

1. Febr. 1802

... Wenn Sie[10] mir einmal die Freude Ihres Besuchs schenken werden, so geben Sie wohl Acht auf ein Haus an der Straße, an dem folgender Vers steht: „Ich komme, ich weiß nicht, von wo? Ich bin, ich weiß nicht, was? Ich fahre, ich weiß nicht, wohin? Mich wundert, daß ich so fröhlich bin." — Der Vers gefällt mir 5 ungemein, und ich kann ihn[11] nicht ohne Freude denken, wenn ich spazieren gehe...

(21. Nov. 1811)

„am Morgen meines Todes"

Ich kann nicht sterben, ohne mich, zufrieden und heiter, wie ich bin, mit der 10 ganzen Welt, und somit auch, vor allen anderen, meine teuerste Ulrike, mit Dir versöhnt zu haben[12] ... wirklich, Du hast an mir[13] getan, ich sage nicht, was in Kräften einer Schwester, sondern in Kräften eines Menschen stand, um mich zu retten: die Wahrheit ist, daß mir auf Erden nicht zu helfen war ...

Aus PRINZ FRIEDRICH VON HOMBURG* (1821) [1810]

Der *Prinz von Homburg* ist Kleists letztes Drama. Zwei Figuren stehen sich in ihm 15 gegenüber: Friedrich Wilhelm, der Kurfürst[14] von Brandenburg,[15] und der Prinz von Homburg, der die Reiterei im Heer des Kurfürsten führt. Der Prinz ist jung, tapfer, ruhmsüchtig, in die Nichte des Kurfürsten, die Prinzessin Natalie, verliebt. Das Stück spielt im siebzehnten Jahrhundert, in einem Augenblick, als die Schweden in Deutschland eingefallen sind. 1675, bei Fehrbellin, in der Nähe von Berlin, kommt es zur Schlacht. Der 20 Kurfürst hat einen wohlüberlegten Schlachtplan ausgearbeitet, in dem der Prinz eine bedeutende Aufgabe hat, doch darf er, so wird es ihm am Abend vor der Schlacht gesagt, erst dann in den Kampf eingreifen, wenn ihm dies ausdrücklich befohlen wird. Ohne auf diesen Befehl zu warten, gibt der Prinz jedoch, von Kampflust hingerissen, seiner Reiterei das Signal zum Angriff. Es ist ein Angriff, der die Schlacht, die schwankend 25 steht, — wahrscheinlich — entscheidet. Zwar ist der Feind nicht nach dem Plan des Kurfürsten vernichtet; er kann sich zurückziehen, doch ist es ein glänzender Sieg und triumphierend betrachtet sich der Prinz als den Führer, der den Sieg erkämpft hat. Die Wirkung auf den Kurfürsten ist unerwartet.

---

[10]**Sie:** Heinrich Zschokke, ein Schriftsteller [11]**ihn:** an ihn [12]**ohne mich ... versöhnt zu haben:** *without having made (my) peace (with)* [13]**an mir:** für mich [14]**Kurfürst:** *Elector.* Kurfürsten hießen diejenigen Fürsten, die das Recht hatten, den deutschen König zu wählen. (Kur = Wahl)
[15]**Brandenburg:** Mark Brandenburg, Provinz im nordöstlichen Teil Deutschlands; der Kern (*nucleus*), aus dem später Preußen wurde
***Homburg:** eine Stadt nördlich von Frankfurt am Main, heute Bad Homburg genannt

ZWEITER AUFZUG   Neunter Auftritt

Szene: Berlin. Lustgarten vor dem alten Schloß. Im Hintergrund die Schloßkirche,
mit einer Treppe

Der Kurfürst, Feldmarschall Dörfling, Obrist[16] *Hennings, Graf Truchß, und*
mehrere andere Obristen und Offiziere treten auf. Ihm gegenüber zeigen sich einige
5 *Offiziere mit Depeschen. – In der Kirche sowohl als auf dem Platz Volk jeden*
Alters und Geschlechts

	DER KURFÜRST	Wer immer auch die Reiterei geführt,
		am Tag der Schlacht, und, eh' der Obrist Hennings
		des Feindes Brücken hat zerstören können,
10		damit ist aufgebrochen, eigenmächtig,
		zur Flucht, bevor ich Order gab, ihn zwingend,[17]
		der ist des Todes schuldig, das erklär ich,
		und vor ein Kriegsgericht bestell' ich ihn. –
		Der Prinz von Homburg hat sie nicht geführt?
15	GRAF TRUCHSS	Nein, mein erlauchter Herr!
	DER KURFÜRST	Wer sagt mir das?
	GRAF TRUCHSS	Das können Reiter dir bekräftigen,
		die mir's versichert, vor Beginn der Schlacht.
		Der Prinz hat mit dem Pferd sich überschlagen,
20		man hat verwundet schwer, an Haupt und Schenkeln,
		in einer Kirche ihn verbinden sehn.[18]
	DER KURFÜRST	Gleichviel. Der Sieg ist glänzend dieses Tages,[19]
		und vor dem Altar morgen dank' ich Gott.
		Doch wär' er zehnmal größer, das entschuldigt
25		den[20] nicht, durch den der Zufall mir ihn[21] schenkt:
		mehr Schlachten noch, als die, hab' ich zu kämpfen,
30		und will, daß dom Gesetz Gehorsam sei.
		Wer's immer war, der sie[22] zur Schlacht geführt,
		ich wiederhol's, hat seinen Kopf verwirkt,
		und vor ein Kriegsrecht[23] hiemit[24] lad' ich ihn,
		– Folgt, meine Freunde, in die Kirche mir!

---

[16] Obrist: Oberst; *colonel*   [17] damit ist aufgebrochen, eigenmächtig, zur Flucht, bevor ich Order gab,
ihn zwingend: mit der Reiterei eigenmächtig aufgebrochen ist (*set out*), den Feind zur Flucht
zwingend, bevor ich die Order gab (*Kleist often separates syntactical units and alters conventional
word order; see 1. 14ff., 28, etc.*)   [18] man hat verwundet schwer, an Haupt und Schenkeln,
in einer Kirche ihn verbinden sehn: man hat gesehen, wie er, an Kopf und Schenkeln schwer
verwundet, in einer Kirche verbunden wurde   [19] Der Sieg ist glänzend dieses Tages: der Sieg dieses
Tages ist glänzend   [20] den: den schuldigen Führer der Reiterei   [21] ihn: den Sieg   [22] sie: die
Reiterei   [23] Kriegsrecht: Kriegsgericht; *court-martial*   [24] hiemit: hiermit; *herewith*

Zehnter Auftritt

Der Prinz von Homburg, drei schwedische Fahnen in der Hand, Obrist Kottwitz,
mit deren zwei,[25] *Graf Hohenzollern, Rittmeister*[26] *Golz, Graf Reuß, jeder mit*
einer Fahne, mehrere andre Offiziere, Korporale und Reiter, mit Fahnen, Pauken
und Standarten,[27] *treten auf. — Die Vorigen*   5

FELDMARSCHALL DÖRFLING *(sowie er den Prinzen erblickt)*
Der Prinz von Homburg! — Truchß! Was
machtet Ihr?

DER KURFÜRST *(stutzt)* Wo kommt Ihr her, Prinz?

DER PRINZ VON HOMBURG *(einige Schritte vorschreitend)*   10
Von Fehrbellin, mein Kurfürst,
und bringe diese Siegstrophäen[28] dir.
(Er legt die drei Fahnen vor ihm nieder; die
Offiziere, Korporale und Reiter folgen, jeder
mit der ihrigen)   15

DER KURFÜRST *(betroffen)* Du bist verwundet, hör' ich, und
gefährlich?[29]
— Graf Truchß!

DER PRINZ VON HOMBURG *(heiter)*   Vergib!

GRAF TRUCHSS   Beim Himmel, ich erstaune!   20

DER PRINZ VON HOMBURG Mein Goldfuchs[30] fiel, vor Anbeginn der
Schlacht;
Die Hand hier, die ein Feldarzt[31] mir verband,
verdient nicht, daß du sie verwundet taufst.[32]

DER KURFÜRST Mithin hast du die Reiterei geführt?   25

DER PRINZ VON HOMBURG *(sieht ihn an)* Ich? Allerdings! Mußt du von mir
dies hören?
— Hier legt ich den Beweis zu Füßen dir.

DER KURFÜRST — Nehmt ihm den Degen ab. Er ist gefangen.
FELDMARSCHALL *(erschrocken)*   30
Wem?

DER KURFÜRST *(tritt unter die Fahnen)*
Kottwitz! Sei gegrüßt mir![33]

GRAF TRUCHSS *(für sich)*   O verflucht!

OBRIST KOTTWITZ Bei Gott, ich bin aufs äußerste[34] —!   35

---

[25] mit deren zwei: mit zwei Fahnen   [26] Rittmeister: *cavalry captain*   [27] Standarten: Flaggen, die
von Fürsten geführt werden *(standards)*   [28] Siegstrophäen: *trophies of victory*   [29] gefährlich:
(adv.) dangerously   [30] Goldfuchs: *bay horse*   [31] Feldarzt: *army surgeon*   [32] taufst: nennst
[33] Sei gegrüßt mir!: Ich begrüße dich!   [34] aufs äußerste: wahrscheinlich: aufs äußerste entsetzt;
extremely shocked

DER KURFÜRST	(*Er sieht ihn an*) Was sagst du? —

Schau', welche Saat für unsern Ruhm gemäht!
— *Die* Fahn' ist von der schwed'schen
Leibwacht![35] Nicht?

5   (*Er nimmt eine Fahne auf, entwickelt[36] und
betrachtet sie*)

OBRIST KOTTWITZ   Mein Kurfürst?

FELDMARSCHALL   Mein Gebieter?

DER KURFÜRST   Allerdings!

10   und zwar aus König Gustav Adolfs[37] Zeiten!
— Wie heißt die Inschrift?

OBRIST KOTTWITZ   Ich glaube —

FELDMARSCHALL   Per
aspera ad astra.[38]

15   DER KURFÜRST   Das hat sie nicht bei Fehrbellin gehalten.[39] —

                         (*Pause*)

OBRIST KOTTWITZ   (*schüchtern*) Mein Fürst, vergönn' ein Wort
mir — !

DER KURFÜRST   Was beliebt?[40] —

20   Nehmt alles, Fahnen, Pauken und Standarten,
und hängt sie an der Kirche Pfeiler auf;
beim Siegsfest morgen denk' ich sie zu brauchen!
(*Der Kurfürst wendet sich zu den Kurieren,
nimmt ihnen die Depeschen ab, erbricht,[41] und
25   liest sie*)

OBRIST KOTTWITZ   (*für sich*) Das, beim lebend'gen Gott, ist mir zu
stark![42]
(*Der Obrist nimmt, nach einigem Zaudern, seine
zwei Fahnen auf; die übrigen Offiziere und
Reiter folgen; zuletzt, da die drei Fahnen des
30   Prinzen liegen bleiben, hebt Kottwitz auch diese
auf, so daß er nun fünf trägt*)

EIN OFFIZIER   (*tritt vor den Prinzen*) Prinz, Euren Degen, bitt'
ich.

35   HOHENZOLLERN   (*mit seiner Fahne ihm zur Seite tretend*) Ruhig,
Freund!

---

[35] **Leibwacht:** Leibwache, Leibgarde; *bodyguards (of the king)*   [36] **entwickelt:** entfaltet; *unfolds*
[37] **König Gustav Adolf:** siehe S. 57, Z. 21   [38] **Per aspera ad astra:** (*lat.*) über rauhe Pfade zu den
Sternen   [39] **gehalten:** *keep (as a promise)*   [40] **Was beliebt?:** Was wünschst du?   [41] **erbricht:**
bricht sie auf   [42] **zu stark:** zu viel

DER PRINZ VON HOMBURG   Träum' ich? Wach' ich? Leb' ich? Bin ich bei
                                Sinnen?

GOLZ   Prinz, gib den Degen, rat' ich, hin[43] und
                               schweig!

DER PRINZ VON HOMBURG   Ich, ein Gefangener?   5

HOHENZOLLERN   So ist's!

GOLZ   Ihr hört's!

DER PRINZ VON HOMBURG   Darf man die Ursach' wissen?

HOHENZOLLERN   (*mit Nachdruck*)   Jetzo[44] nicht!
  — Du hast zu zeitig,[45] wie wir gleich gesagt,   10
  Dich in die Schlacht gedrängt; die Order war,
  nicht von dem Platz zu weichen, ungerufen!

DER PRINZ VON HOMBURG   Helft, Freunde, helft! Ich bin verrückt.

GOLZ   (*unterbrechend*)   Still! Still!

DER PRINZ VON HOMBURG   Sind denn die Märkischen[46] geschlagen worden?   15

HOHENZOLLERN   (*Stampft mit dem Fuß auf die Erde*) Gleichviel! —
  Der Satzung soll Gehorsam sein.[47]

DER PRINZ VON HOMBURG   (*mit Bitterkeit*) So! — so, so, so!

HOHENZOLLERN   (*entfernt sich von ihm*) Es wird den Hals nicht
                          kosten.   20

GOLZ   (*ebenso*) Vielleicht, daß du schon morgen wieder
                          los.[48]

  (*Der Kurfürst legt die Briefe zusammen, und
  kehrt sich wieder in den Kreis der Offiziere
  zurück*)   25

DER PRINZ VON HOMBURG   (*nachdem er sich den Degen abgeschnallt*)
  Mein Vetter Friedrich will den Brutus[49] spielen,
  und sieht, mit Kreid' auf Leinewand[50]
                          verzeichnet,
  sich schon auf dem curul'schen Stuhle[51] sitzen: 30
  Die schwed'schen Fahnen in dem Vordergrund,
  und auf dem Tisch die märk'schen Kriegsartikel.
  Bei Gott, in mir nicht findet er den Sohn,
  der, unterm Beil des Henkers, ihn bewundre.

---

[43] gib . . . hin: *surrender*   [44] jetzo: jetzt   [45] zeitig: früh   [46] die Märkischen: die Truppen der Mark Brandenburg   [47] Der Satzung soll Gehorsam sein: man soll der Satzung, den Gesetzen gehorchen   [48] los: befreit bist   [49] Brutus: Lucius Junius Brutus, sagenhafter römischer Konsul, der seine eigenen Söhne zum Tode verurteilte, weil sie an einer Verschwörung gegen den Staat teilgenommen hatten   [50] Leinewand: Leinwand; *canvas*   [51] auf dem curul'schen Stuhle: auf dem Richterstuhle (Der curulische Stuhl war der Sitz der römischen Konsuln.)

Ein deutsches Herz, von altem Schrot und
Korn,[52]
bin ich gewohnt an Edelmut und Liebe,
und wenn er mir, in diesem Augenblick,
5   wie die Antike starr entgegenkommt,[53]
tut er mir leid, und ich muß ihn bedauern!
(Er gibt den Degen an den Offizier und geht ab)

DER KURFÜRST Bringt ihn nach Fehrbellin, ins Hauptquartier,
und dort bestellt das Kriegsrecht,[54] das ihn
10   richte.
(Ab in die Kirche. Die Fahnen folgen ihm . . .)

DRITTER AUFZUG

Das Kriegsgericht tritt zusammen und verurteilt den Prinzen wegen Ungehorsams vor dem
Feinde zum Tode. Der Prinz macht sich zunächst wenig Sorge; sein innerstes Gefühl sagt
ihm, daß der Kurfürst ihn begnadigen wird. Doch dann erreicht ihn im Gefängnis die
15 Nachricht, daß der Kurfürst sich das Todesurteil zur Unterschrift ins Schloß hat kommen
lassen. Nun erst kommt ihm, im Angesicht des Todes, der ganze Ernst seiner Lage zu
Bewußtsein. Er beschließt, die Kurfürstin um ihre Fürsprache zu bitten. Sein Wort als
Offizier genügt, daß man ihm im Gefängnis Urlaub gibt.

Fünfter Auftritt

20 *Zimmer der Kurfürstin*

Die Kurfürstin, Prinzessin Natalie. – Der Prinz von Homburg tritt auf

DER PRINZ VON HOMBURG O meine Mutter![55] *(Er läßt sich auf Knieen vor*
ihr nieder)

DIE KURFÜRSTIN   Prinz! Was wollt Ihr hier?

25 DER PRINZ VON HOMBURG O laß mich deine Knie' umfassen, Mutter!

DIE KURFÜRSTIN *(mit unterdrückter Rührung)*
Gefangen seid Ihr, Prinz, und kommt hieher!
Was[56] häuft Ihr neue Schuld zu Euren[57] alten?

DER PRINZ VON HOMBURG *(dringend)* Weißt du, was mir geschehn?

---

[52] von altem Schrot und Korn: tüchtig und zuverlässig; *i.e., of sterling character*   [53] wenn er mir . . .
wie die Antike starr entgegenkommt: *when he approaches me with the sternness of antiquity (of a
Roman judge like Brutus)*   [54] Kriegsrecht: siehe S. 250, Z. 27   [55] Mutter: Die Kurfürstin ist
eigentlich seine Tante, hat ihn aber an Stelle seiner Mutter erzogen.   [56] Was: warum   [57] Euren:
Der Prinz war schon öfters des Ungehorsams schuldig.

KURFÜRSTIN Ich weiß um alles![58]
Was aber kann ich, Ärmste,[59] für Euch tun?

DER PRINZ VON HOMBURG O meine Mutter, also sprächst du nicht,
wenn dich der Tod umschauerte,[60] wie mich!
Du scheinst mit Himmelskräften, rettenden, 5
Du mir, das Fräulein, deine Frau'n, begabt,
mir alles rings umher;[61] dem Troßknecht[62]
könnt' ich,
dem schlechtesten, der deiner Pferde pflegt,
gehängt am Halse flehen: rette mich! 10
Nur ich allein, auf Gottes weiter Erde,
bin hilflos, ein Verlaßner, und kann nichts!

KURFÜRSTIN Du bist ganz außer dir! Was ist geschehn?

DER PRINZ VON HOMBURG Ach! Auf dem Wege, der mich zu dir führte,
sah ich das Grab, beim Schein der Fackeln, 15
öffnen,
das morgen mein Gebein[63] empfangen soll.
Sieh, diese Augen, Tante, die dich anschaun,
will man mit Nacht umschatten,[64] diesen Busen
mit mörderischen Kugeln mir durchbohren. 20
Bestellt sind auf dem Markte[65] schon die
Fenster,
die auf das öde Schauspiel niedergehn,[66]
und der die Zukunft,[67] auf des Lebens Gipfel,
heut', wie ein Feenreich,[68] noch überschaut, 25
liegt in zwei engen Brettern duftend morgen,
und ein Gestein[69] sagt dir von ihm: er war!
(*Die Prinzessin, welche bisher, auf die Schulter
der Hofdame gelehnt, in der Ferne gestanden
hat, läßt sich, bei diesen Worten, erschüttert an* 30
einen Tisch nieder und weint)

KURFÜRSTIN Mein Sohn! Wenn's so des Himmels Wille ist,
wirst du mit Mut dich und mit Fassung
rüsten![70]

DER PRINZ VON HOMBURG O Gottes Welt, o Mutter, ist so schön! 35
Laßt mich nicht, fleh' ich, eh' die Stunde schlägt,

---

[58]**um alles:** von allem [59]**Ärmste:** as weak as I am [60]**umschauerte:** *were terrorizing, making (you) tremble with terror* [61]**Du scheinst mit Himmelskräften, rettenden, Du mir, das Fräulein, deine Frau'n, begabt, mir alles rings umher:** Du, das Fräulein, deine Frauen, alles rings umher scheint mir mit rettenden Himmelskräften begabt (Du scheinst ... mir ... begabt: *you appear to me to be endowed (with). Note the repetition of* Du *in l.6 for emphasis.*) [62]**Troßknecht:** *stableboy* [63]**mein Gebein:** meine Knochen [64]**umschatten:** *overshadow, cover* [65]**Markte:** Marktplatz [66]**niedergehn:** hinuntersehen [67]**der die Zukunft:** der, der die Zukunft [68]**Feenreich:** *fairy kingdom* [69]**Gestein:** Grabstein; *tombstone* [70]**mit Mut dich und mit Fassung rüsten:** *arm yourself with courage and composure*

zu jenen schwarzen Schatten niedersteigen!
Mag er doch sonst, wenn ich gefehlt, mich

strafen,

warum die Kugel eben muß es sein?
5   Mag er mich meiner Ämter doch entsetzen,[71]
mit Kassation,[72] wenn's das Gesetz so will,
mich aus dem Heer entfernen: Gott des

Himmels!

seit ich mein Grab sah, will ich nichts als leben,
10   und frage nichts mehr, ob es rühmlich sei!

FÜNFTER AUFZUG

Der Prinz von Homburg ist zusammengebrochen. Furchtlos in der Schlacht, verliert er vor
der kalten Unerbittlichkeit des sichern Todes seine Fassung. Im Grunde gibt es für ihn
nichts als seine Existenz und ihre Realisierung; so vermag er den Gedanken, *nicht* zu sein,
nicht zu ertragen. Die Prinzessin Natalie, die ihn liebt, und seinen Zusammenbruch
15   miterlebt hat, begibt sich, von Mitleid getrieben, zum Kurfürsten und bittet ihn um die
Begnadigung des Prinzen. Der Kurfürst will zunächst nicht glauben, daß ein Offizier seiner
Armee so völlig seine Haltung verlieren kann. Doch dann schreibt er an den Prinzen, der
ins Gefängnis zurückgekehrt ist, einen Brief. Der Prinz soll, falls er überzeugt ist, daß ihm
Unrecht geschehen ist, dies erklären, und Leben und Freiheit sind ihm gesichert. Natalie
20   eilt mit dem Brief zum Prinzen. Doch plötzlich zum Richter in seiner eigenen Sache
gemacht, erkennt der Prinz, daß ihm kein Unrecht geschehen ist; er schreibt dem
Kurfürsten, daß er das Urteil annimmt. Inzwischen sucht die Armee, die den Prinzen liebt,
seine Begnadigung zu erreichen; unter den Offizieren zirkuliert eine Petition zu seinen
Gunsten; Gerüchte von Unruhen dringen zum Kurfürsten.

Dritter Auftritt

25   *Saal im Schloß*

Der Kurfürst. – Feldmarschall Dörfling tritt auf

FELDMARSCHALL Rebellion, mein Kurfürst!

DER KURFÜRST (*noch im Ankleiden beschäftigt*) Ruhig, ruhig! —
Es ist verhaßt mir, wie dir wohl bekannt
30   in mein Gemach zu treten,[73] ungemeldet!
— Was willst du?

FELDMARSCHALL   Herr, ein Vorfall — du vergibst! —
führt von besonderem Gewicht[74] mich her.

---

[71] meiner Ämter . . . entsetzen: von meinen Ämtern absetzen; *dismiss from my offices*   [72] Kassation:
Entlassung; *discharge*   [73] in mein Gemach zu treten: wenn jemand in mein Gemach tritt   [74] ein
Vorfall . . . von besonderem Gewicht: *an incident of great weight, importance*

Der Obrist Kottwitz rückte, unbeordert,[75]
hier in die Stadt; an[76] hundert Offiziere
sind auf dem Rittersaal[77] um ihn versammelt;
es geht ein Blatt in ihrem Kreis herum,
bestimmt in deine Rechte einzugreifen.   5

DER KURFÜRST Es ist mir schon bekannt! — Was wird es sein,
als eine Regung[78] zu des Prinzen Gunsten,
dem das Gesetz die Kugel zuerkannte.

FELDMARSHALL So ist's! Beim höchsten Gott! Du hast's
                                            getroffen! 10

DER KURFÜRST Nun gut! — So ist mein Herz in ihrer Mitte.

FELDMARSCHALL Man sagt, sie wollten heut', die Rasenden!
die Bittschrift noch im Schloß dir überreichen,
und falls, mit unversöhntem Grimm, du auf
den Spruch beharrst — kaum wag' ich's dir zu   15
                                            melden! —
aus seiner Haft ihn mit Gewalt befrein!

DER KURFÜRST (*finster*) Wer hat dir das gesagt?

FELDMARSCHALL   Wer mir das sagte?
Die Dame Retzow, der du trauen kannst,   20
die Base[79] meiner Frau! Sie war heut abend
in ihres Ohms,[80] des Drost von Retzow, Haus,
wo Offiziere, die vom Lager kamen,
laut diesen dreisten Anschlag äußerten.

DER KURFÜRST Das muß ein Mann mir sagen, eh' ich's glaube! 25
Mit meinem Stiefel, vor sein[81] Haus gesetzt,
schütz' ich vor diesen jungen Helden ihn!

FELDMARSCHALL Herr, ich beschwöre dich, wenn's überall[82]
dein Wille ist, den Prinzen zu begnadigen:
Tu's, eh' ein höchstverhaßter[83] Schritt   30
                                            geschehn!
Jedwedes[84] Heer liebt, weißt du, seinen Helden;
laß diesen Funken[85] nicht, der es durchglüht,[86]
ein heillos fressend Feuer[87] um sich greifen.
Kottwitz weiß, und die Schar, die er versammelt,   35
noch nicht, daß dich mein treues Wort gewarnt;
schick', eh' er noch erscheint, das Schwert dem
                                            Prinzen,

---

[75]unbeordert: ohne Order   [76]an: etwa   [77]Rittersaal: *knights' hall*   [78]Regung: *intervention*
[79]Base: Kusine   [80]Ohms: Oheims, Onkels   [81]sein: des Prinzen von Homburg   [82]überall:
überhaupt; *at all*   [83]höchstverhaßter: most odious   [84]Jedwedes: jedes   [85]diesen Funken: die
Liebe zum Prinzen   [86]durchglüht: *inflames*   [87]ein heillos fressend Feuer: wie ein heillos fressend
Feuer; d.h., wie eine Rebellion

schick's ihm, wie er's zuletzt verdient, zurück:
du gibst der Zeitung[88] eine Großtat mehr,
und eine Untat weniger zu melden.

DER KURFÜRST Da müßt' ich erst den Prinzen noch befragen,
5 den Willkür nicht, wie dir bekannt sein wird,
gefangen nahm und nicht befreien kann. —
Ich will die Herren, wenn sie kommen, sprechen.

Der Kurfürst empfängt die Offiziere des Heeres, die mit großer Beredsamkeit die Sache
des Prinzen führen. Auf der Höhe der Auseinandersetzung läßt der Kurfürst den Prinzen
10 aus dem Gefängnis holen.

Siebenter Auftritt

*Der Kurfürst. Feldmarschall Dörfling. Obrist Kottwitz, und Obrist Hennings, Graf
Truchß, Graf Hohenzollern und Sparren, Graf Reuß, Rittmeister von der Golz und
Stranz und andre Obristen und Offiziere. Der Prinz von Homburg tritt auf*

15 DER KURFÜRST Mein junger Prinz, Euch ruf' ich mir zu Hilfe!
Der Obrist Kottwitz bringt, zu Gunsten Eurer,[89]
mir dieses Blatt hier, schaut, in langer Reihe
von hundert Edelleuten unterzeichnet;
das Heer begehre, heißt es, Eure Freiheit,
20 und billige den Spruch des Kriegsrechts nicht. —
Lest, bitt' ich, selbst, und unterrichtet Euch!

(*Er gibt ihm das Blatt*)

DER PRINZ VON HOMBURG (*nachdem er einen Blick hineingetan,[90] wendet
er sich, und sieht sich im Kreis der Offiziere um*)
25 Kottwitz, gib deine Hand mir, alter Freund!
Du tust mir mehr, als ich, am Tag der Schlacht,
um dich verdient![91] Doch jetzt geschwind geh'hin
nach Arnstein wiederum, von wo du kamst,
und rühr' dich nicht; ich hab's mir überlegt,
30 ich will den Tod, der mir erkannt,[92] erdulden!

(*Er übergibt ihm die Schrift*)

KOTTWITZ (*betroffen*) Nein, nimmermehr, mein Prinz! Was
sprichst du da?

HOHENZOLLERN Er will den Tod — ?

---

[88] **Zeitung:** Kunde; *tidings, news*   [89] **zu Gunsten Eurer:** *in your favor, for your sake*   [90] **einen
Blick hineingetan:** einen Blick hineingeworfen hat, es angesehen hat   [91] **um dich verdient:** *deserve
from you*   [92] **der mir erkannt:** der mir zuerkannt wurde; *to which I have been sentenced*

GRAF TRUCHSS　　　　　　　　Er soll und darf nicht sterben!

MEHRERE OFFIZIERE (*vordringend*) Mein Herr und Kurfürst! Mein
　　　　　　　　　　　　　　　　Gebieter! Hör' uns!

DER PRINZ VON HOMBURG　Ruhig! Es ist mein unbeugsamer Wille!
　　　　　　　Ich will das heilige Gesetz des Kriegs,　　　　　　　5
　　　　　　　das ich verletzt', im Angesicht[93] des Heers,
　　　　　　　durch einen freien Tod verherrlichen!
　　　　　　　Was kann der Sieg euch, meine Brüder, gelten,
　　　　　　　der eine, dürftige, den ich vielleicht
　　　　　　　dem Wrangel[94] noch entreiße, dem Triumph　　　10
　　　　　　　verglichen,[95] über den verderblichsten
　　　　　　　der Feind'[96] in uns, den Trotz, den Übermut,
　　　　　　　errungen glorreich morgen?[97] Es erliege
　　　　　　　der Fremdling,[98] der uns unterjochen will,
　　　　　　　und frei, auf mütterlichem Grund, behaupte　　　15
　　　　　　　der Brandenburger sich;[99] denn sein ist er,[100]
　　　　　　　und seiner Fluren Pracht nur ihm erbaut![101]

KOTTWITZ　(*gerührt*) Mein Sohn! Mein liebster Freund! Wie
　　　　　　　　　　　　　nenn' ich dich?

GRAF TRUCHSS　O Gott der Welt!　　　　　　　　　　　　20

KOTTWITZ　　　　　　　　Laß deine Hand mich küssen!

(*Sie drängen sich um ihn*)

DER PRINZ VON HOMBURG　(*wendet sich zum Kurfürsten*)
　　　　　　　Doch dir, mein Fürst, der einen süßern Namen
　　　　　　　dereinst mir führte,[102] leider jetzt verscherzt:　25
　　　　　　　dir leg' ich tiefbewegt zu Füßen mich!
　　　　　　　Vergib, wenn ich, am Tage der Entscheidung,
　　　　　　　mit übereiltem Eifer dir gedient:
　　　　　　　Der Tod wäscht jetzt von jeder Schuld mich rein.
　　　　　　　Laß meinem Herzen, das versöhnt und heiter　　30
　　　　　　　sich deinem Rechtspruch unterwirft, den Trost,
　　　　　　　daß deine Brust auch jedem Groll entsagt:
　　　　　　　und in der Abschiedsstunde,[103] dess' zum
　　　　　　　　　　　　　　　　　　　Zeichen,[104]
　　　　　　　bewill'ge huldreich eine Gnade mir!　　　　　35

---

[93] **im Angesicht:** in der Gegenwart; *in the presence (of)* [94] **Wrangel:** Feldmarschall Karl Gustaf
Wrangel, der Führer des schwedischen Heeres [95] **Was kann der Sieg euch ... gelten, der eine,
dürftige, ... dem Triumph verglichen...:** was für einen Wert hat der eine, dürftige Sieg, ... wenn man
ihn mit dem Triumph vergleicht... [96] **der Feind':** *of enemies* [97] **errungen glorreich morgen:** d.h.,
ich erringe den Triumph, indem ich morgen freiwillig und glorreich sterbe [98] **es erliege der Fremdling:**
mag der Feind (die Schweden) erliegen [99] **behaupte ... sich:** mag ... sich behaupten [100] **denn
sein ist er:** denn ihm (dem Brandenburger) gehört er (der Grund) [101] **erbaut:** errichtet, geschaffen;
created [102] **der einen süßern Namen dereinst mir führte:** für den ich früher einen süßeren Namen
hatte; d.h., den ich früher „Vater" nennen durfte (siehe S. 254, Z. 1 (III, v) [103] **Abschiedsstunde:**
hour of parting [104] **dess' zum Zeichen:** *as a sign of this, that you will do this*

DER KURFÜRST   Sprich, junger Held! Was ist's, das du begehrst?
Mein Wort verpfänd' ich dir und Ritterehre,
was es auch sei, es ist dir zugestanden![105]

DER PRINZ VON HOMBURG   Erkauf', o Herr, mit deiner Nichte Hand,

5   von Gustav Karl den Frieden nicht![106] Hinweg
mit diesem Unterhändler[107] aus dem Lager,
der solchen Antrag ehrlos dir gemacht:
mit Kettenkugeln[108] schreib die Antwort ihm!

DER KURFÜRST   (küßt seine Stirn) Sei's wie du sagst! Mit diesem
Kuß, mein Sohn,

10   bewill'g'[109] ich diese letzte Bitte dir!
Was auch bedarf es dieses Opfers[110] noch,
vom Mißglück nur des Kriegs mir abgerungen;[111]
blüht doch aus jedem Wort, das du gesprochen,

15   jetzt mir ein Sieg auf, der zu Staub ihn
malmt![112]
Prinz Homburgs Braut sei sie, werd' ich ihm
schreiben,
der Fehrbellins halb,[113] dem Gesetz verfiel,

20   und seinem Geist, tot vor den Fahnen schreitend,
kämpf' er, auf dem Gefild der Schlacht, sie
ab![114]

(Er küßt ihn noch einmal und erhebt ihn)

DER PRINZ VON HOMBURG   Nun sieh, jetzt schenktest du das Leben mir!

25   Nun fleh' ich jeden Segen dir herab,[115]
den von dem Thron der Wolken, Seraphim
auf Heldenhäupter jauchzend niederschütten:[116]
Geh und bekrieg',[117] o Herr, und überwinde
den Weltkreis,[118] der dir trotzt — denn du bist's

30   wert![119]

DER KURFÜRST   Wache! Führt ihn zurück in sein Gefängnis.

---

[105]zugestanden: gewährt; *granted*   [106]Erkauf', o Herr, mit deiner Nichte Hand, von Gustav Karl den Frieden nicht!: Es war die Absicht des Kurfürsten, seine Nichte, die Prinzessin Natalie, mit dem schwedischen König, Gustav Karl, zu verheiraten.   [107]Unterhändler: Graf Gustav Horn, der schwedische Gesandte, brachte den Antrag von seinem Herrn.   [108]Kettenkugeln: *chain shot*   [109]bewill'g': bewillige; *grant*   [110]dieses Opfers: d.h., der Heirat   [111]vom Mißglück nur des Kriegs mir abgerungen: *which only the mischance of war has wrested from me; i.e., since I did not win a total victory, I was forced to resort to a political marriage*   [112]ihn malmt: den Feind zermalmt; *crushes the enemy*   [113]der Fehrbellins halb: der als Folge der Schlacht bei Fehrbellin   [114]seinem Geist . . . kämpf' er, auf dem Gefild der Schlacht, sie ab: mag er sie seinem Geist auf dem Schlachtfeld abkämpfen; *may he fight his (the Prince's) ghost for her on the battlefield*   [115]fleh' . . . dir herab: *implore down upon you*   [116]niederschütten: *pour down*   [117]bekrieg': bekämpfe; *do battle with*   [118]Weltkreis: Welt   [119]wert: würdig; *deserving*

Achter Auftritt

Natalie und die Kurfürstin zeigen sich unter der Tür.
Hofdamen folgen. – Die Vorigen

NATALIE	O Mutter, laß! Was sprichst du mir von Sitte?
	Die höchst',[120] in solcher Stund', ist ihn zu 5
	<div align="right">lieben!</div>
	– Mein teurer, unglücksel'ger Freund!
DER PRINZ VON HOMBURG	(*bricht auf*) Hinweg!
GRAF TRUCHSS	(*hält ihn*) Nein, nimmermehr, mein Prinz!
	(*Mehrere Offiziere treten ihm in den Weg*) 10
DER PRINZ VON HOMBURG	Führt mich hinweg!
HOHENZOLLERN	Mein Kurfürst, kann dein Herz – ?
DER PRINZ VON HOMBURG	(*reißt sich los*) Tyrannen, wollt ihr
	hinaus an Ketten mich zum Richtplatz
	<div align="right">schleifen?[121] 15</div>
	Fort! – Mit der Welt schloß ich die Rechnung
	<div align="right">ab![122]</div>
	(*Ab, mit Wache*)
NATALIE	(*indem sie sich an die Brust der Tante legt*)
	O Erde, nimm in deinen Schoß mich auf! 20
	Wozu das Licht der Sonne länger schau'n?

Neunter Auftritt

Die Vorigen ohne den Prinzen von Homburg

FELDMARSCHALL	O Gott der Welt! Mußt' es bis dahin kommen!
	(*Der Kurfürst spricht heimlich und angelegent-* 25
	lich[123] mit einem Offizier)
KOTTWITZ	(*kalt*) Mein Fürst und Herr, nach dem, was
	<div align="right">vorgefallen,</div>
	sind wir entlassen?
DER KURFÜRST	<div align="right">Nein! Zur Stund'[124] 30</div>
	<div align="right">noch nicht!</div>
	Dir sag' ich's an, wenn du entlassen bist!
	(*Er fixiert ihn eine Weile mit den Augen;*

---

[120]**die höchst':** die höchste Sitte   [121]**schleifen:** schleppen; *drag*   [122]**schloß ich die Rechnung ab:**
I settled accounts   [123]**angelegentlich:** eindringlich; *urgently*   [124]**zur Stund':** jetzt

alsdann[125] *nimmt er die Papiere, die ihm der*
Page gebracht hat, vom Tisch, und wendet sich
damit zum Feldmarschall)
Hier, diesen Paß dem schwed'schen Grafen

5   Horn![126]
Es wär' des Prinzen, meines Vetters, Bitte,
die ich verpflichtet wäre zu erfüllen;
der Krieg heb' in drei Tagen wieder an![127]

(Pause. — Er wirft einen Blick in das Todesurteil)

10   Ja, urteilt selbst, ihr Herrn! Der Prinz von
                                                                              Homburg
hat im verfloss'nen[128] Jahr, durch Trotz und
                                                                              Leichtsinn,
um zwei der schönsten Siege mich gebracht;[129]

15   den dritten auch hat er mir schwer gekränkt.[130]
Die Schule dieser Tage durchgegangen,[131]
wollt ihr's zum vierten Male mit ihm wagen?

KOTTWITZ UND TRUCHSS   *(durcheinander)* Wie, mein vergöttert —
                                                                              angebeteter — ?

20   DER KURFÜRST   Wollt ihr? Wollt ihr?

          KOTTWITZ   Bei dem lebend'gen Gott,
du könntest an Verderbens Abgrund[132] stehn,
daß er, um dir zu helfen, dich zu retten,
auch nicht das Schwert mehr zückte,[133]

25   ungerufen!

DER KURFÜRST   *(zerreißt das Todesurteil)* So folgt, ihr Freunde,
                                                                              in den Garten mir!

(Alle ab)

---

[125]alsdann: dann   [126]Grafen Horn: siehe S. 260, Z. 6   [127]heb' ... an: soll ... anfangen
[128]verfloss'nen: vergangenen; *past*   [129]um ... mich gebracht: mich beraubt; *deprived me of*
[130]gekränkt: *hurt, impaired*   [131]die Schule dieser Tage durchgegangen: nach der Erfahrung zu
urteilen, die Ihr in diesen Tagen gemacht habt   [132]an Verderbens Abgrund: *on the brink of ruin*
[133]nicht ... mehr zückte: nicht ... mehr zöge; *would not again draw*

ADAM MÜLLER (1779 - 1829)

Der *Prinz von Homburg* ist keine dramatische Demonstration der Tatsache, daß ein Soldat im Krieg die Befehle seiner Vorgesetzten zu befolgen hat. Über diese Selbstverständlichkeit ein Drama zu schreiben, lohnte sich nicht. Viel eher könnte man den *Prinz von Homburg* ein „Erziehungsdrama" nennen. Der Prinz wird in der Tat erzogen: aus einem nicht unedlen, doch völlig egozentrischen Einzelnen entwickelt er sich — „die Schule dieser   5
Tage durchgegangen" — zu einem Mann, der seinen Platz und seine Aufgabe in einem Ganzen kennt und ihm dient. Dieses Ganze sind Nation und Staat. Dies heißt jedoch nicht, daß in Kleists Drama bereits die Idee des „totalen" Staates, die im zwanzigsten Jahrhundert so große Bedeutung erhielt, propagiert wird. Der Kurfürst ist kein Diktator; Kleists Drama besteht darauf, daß der Staat, dem auch der Kurfürst dient, ein Rechtsstaat   10
ist. Doch ist unleugbar, daß neue Ideale sichtbar werden. Gerade für diejenigen, die fühlten, und oft auch darunter litten, daß sie zu keiner lebendigen kirchlichen oder religiösen Gemeinschaft mehr gehörten, bot sich eine neue Möglichkeit, ihrer Vereinzelung zu entgehen. In wachsendem Maß werden im neunzehnten Jahrhundert Volk, Nation und Staat zu Ideen, die von den Menschen Besitz ergreifen. Kleist konnte sie überall   15
finden; er konnte sie auch in sich selbst bilden; bestimmt nicht ohne Einfluß auf ihn waren die Gedanken seines Freundes Adam Müller. Mit Adam Müller gab Kleist im Jahre 1808 eine Zeitschrift heraus, den *Phöbus*; Müller war fast der einzige Zeitgenosse, der Kleists dichterischen Rang erkannte. Er war Schriftsteller, Kritiker, Staatswissenschaftler; in seinen *Elementen der Staatskunst* entwickelte er seine neue Theorie des Staates. In ihr   20
gab er dem Staat eine so exaltierte Bedeutung, daß er damit zumeist Widerspruch hervorrief. Nach seinem Tode wurde er bald vergessen; erst im zwanzigsten Jahrhundert beschäftigte man sich wieder mit ihm. Es ist kein Wunder, denn gerade im zwanzigsten Jahrhundert bildeten sich große politische Systeme, die allem Individualismus ein Ende machten und den Einzelnen der absoluten Autorität des Staates unterstellten. Im Lichte   25
dieser Entwicklungen ist Adam Müller ein merkwürdiger und bedeutender Vorläufer.

Aus DIE ELEMENTE DER STAATSKUNST (1809)

In der *Bewegung* vor allen Dingen will der Staat betrachtet sein, und das Herz des wahren Staatsgelehrten[1] soll so gut wie das Herz des Staatsmannes in diese Bewegung eingreifen. Die Aufgabe für beide ist keineswegs ein willkürliches Anordnen toter Stoffe; das Glück der Völker läßt sich nicht ausstreuen wie Geld;   30
das Streben einer Nation läßt sich nicht abfinden oder richten[2] durch einzelne, klug vorgeschriebene und angewendete Arzneien; — das Werk der Politik ist nie

---

[1] **Staatsgelehrten:** Staatswissenschaftler   [2] **abfinden oder richten:** befriedigen oder lenken; *(be) satisfied or regulated*

abgemacht,[3] so daß der Staatsmann nach Hause oder in den Privatstand[4]
zurückkehren könnte. Kurz, man begibt sich als Staatsmann und als Staatsgelehrter
entweder ganz hinein in den Umschwung des politischen Lebens und trägt den
Stolz, die Schmerzen des erhabenen Staatskörpers wie seine eignen, auf immer; oder
5   man bleibt ewig außerhalb.

Aber klar ist die Vorstellung noch nicht, daß der Staat das Bedürfnis aller
Bedürfnisse des Herzens, des Geistes und des Leibes sei; daß der Mensch nicht etwa
bloß seit den letzten zivilisierten Jahrtausenden, nicht bloß in Europa, sondern
überall und zu allen Zeiten, ohne den Staat nicht hören, nicht sehen, nicht denken,
10   nicht empfinden, nicht lieben kann; kurz, *daß er nicht anders zu denken ist als im
Staate.*

Der Staat ist die innige Verbindung der gesamten physischen und geistigen
Bedürfnisse, des gesamten physischen und geistigen Reichtums, des gesamten
inneren und äußeren Lebens einer Nation, zu einem großen, energischen, unendlich
15   bewegten und lebendigen Ganzen.

Unabhängig von menschlicher Willkür und Erfindung kommt der Staat
unmittelbar und zugleich mit dem Menschen eben daher, woher der Mensch
kommt: aus der *Natur,* – aus *Gott,* sagten die Alten.

Fragt nun noch irgend jemand: was ist denn der *Zweck* des Staates, so frage
20   ich ihn wieder: du betrachtest also den Staat als Mittel? du meinst also noch
immer, daß es außerhalb des Staates etwas gebe, um dessentwillen[5] er da sei, dem er
dienen müsse, wie das Gerüst dem Gebäude, wie die Schale dem Kern?

Lange Friedenszeiten sind für die Kultur der Staatswissenschaft nicht günstig,
eben weil die innere Natur des Staates unter heftigen *Bewegungen,* unter
25   Revolutionen und Kriegen, am deutlichsten ans Licht tritt. – Denn wie der Mensch
unter Leiden und Unglück sein Herz kennen lernt, so lernen unter Kalamitäten,
Bewegungen und Stürmen aller Art die Völker sich selbst kennen und achten. Das
Glück verzieht,[6] verwöhnt, schläfert ein und isoliert die Menschen wie die Völker;
da hingegen das Unglück wach erhält, reizt, bindet und erhebt.

30   Die meisten Staatslehren sind fast allein auf den Friedensstand einer Nation
berechnet: sie enthalten Kapitel vom Kriege und von Kriegsanstalten;[7] sie geben
dem milden, humanen, philanthropischen Wesen, welches sie „*Staat*" nennen und
welches eben nicht gern Blut sehen mag, nun zuletzt noch Schild und Helm, ohne
dafür zu sorgen, daß jeder Muskel, jeder Nerv des Staates zum Kriege gerüstet sein,
35   daß jeder Blutstropfen des Staates, wie er auch für den Frieden glühen möge,
dennoch Eisen enthalten müsse; kurz, sie betrachten den Krieg als eine bloße

---

[3]abgemacht: abgeschlossen; *terminated*   [4]Privatstand: Privatleben   [5]um dessentwillen: *for whose
sake*   [6]verzieht: *pampers, coddles*   [7]Kriegsanstalten: *institutions of war, preparations for war*

Ausnahme von allen Friedensregeln, als ein schreckliches Interregnum[8] des Zufalls, und, sobald er ausbricht, ist ihre gesamte Friedensweisheit[9] zu Ende.

Der Kriegszustand ist ebenso natürlich wie der Friedenszustand; der Staat ist allenthalben[10] beides zugleich: ein *liebreiches* und ein *streitendes* Wesen; und der Gedanke, der Mut des Krieges muß alle Familien, alle Gesetze, alle Institutionen des ganzen Friedens durchdringen. Jeder Staat hat nicht bloß von außen, sondern auch von innen ewige Feinde, geheime und öffentliche; oft ist gerade seine Trägheit und seine Friedensliebe der gefährlichste.

Die Torheit aller Begriffe vom ewigen Frieden braucht nicht erst bewiesen zu werden; ihre Unausführbarkeit leuchtet ein, und auch das Unglück der Welt und der Stillstand der bürgerlichen Gesellschaft, welche der Ausführung auf dem Fuße folgen[11] würden.

Es ist ein Wahn zu glauben, Rechtszustand[12] und Staat wären zwei generisch verschiedene Dinge, und das Recht sei älter als der Staat. Staaten errichten heißt das Recht errichten.

Hätte man sich das Recht als ewig lebendige Idee gedacht, so würde nicht in so viele, selbst mutige Seelen jene Scheu vor dem Kriege, als etwas absolut Unnatürlichem und Unrechtmäßigem, als einer mit Hunger und Pest in gleicher Linie stehenden[13] Nationalkalamität, gekommen sein.

Einem falschen Friedensbegriffe zu gefallen,[14] wurde also auch zwischen den Departements der auswärtigen und inneren Geschäfte eine absolute Scheidewand gezogen, der Diplomatie die Tücke und Hinterlist, dem Kriege das ganze Heer der notwendigen Teufeleien und Mordkünste[15] mit Widerwillen eingeräumt;[16] während es die erste Politik der Regierungen hätte sein sollen, jenen stolzen Geist des Krieges festzuhalten und ihn in den sogenannten Friedenszustand[17] hinein zu bannen,[18] alle einzelnen Friedensanstalten,[19] alle Zweige der Administration durchdringen zu lassen, schwängern[20] zu lassen von einem allgegenwärtigen Kriegsgedanken, und jeden einzelnen Bürger so zu stellen, daß ihm die allen Nachbarstaaten gebietende Gestalt seines Vaterlandes[21] oder des Ganzen teurer und werter geblieben wäre als seine eigene Würde und Bedeutung, daß er alle Eitelkeit eines toten, stillstehenden, faulen Friedenslebens gern hingegeben hätte für die Portion Stolz, die auch ihm von dem dauernden Nationalruhme zuteil werden mußte.

---

[8]Interregnum: Intervall   [9]Friedensweisheit: *"peace wisdom"*   [10]allenthalben: überall   [11]auf dem Fuße folgen: unmittelbar folgen; *follow on the heels of*   [12]Rechtszustand: *constituted law*
[13]in gleicher Linie stehenden: *standing on the same footing*   [14]zu gefallen: *to oblige*
[15]Mordkünste: *arts of murder*   [16]eingeräumt: zugestanden; *granted to*   [17]Friedenszustand: *state of peace*   [18]bannen: zwingen; *force (into)*   [19]Friedensanstalten: *institutions of peace*
[20]schwängern: *impregnate*   [21]die allen Nachbarstaaten gebietende Gestalt seines Vaterlandes: die Gestalt seines Vaterlandes, die allen Nachbarstaaten gebietet (*commands*)

KARL VON CLAUSEWITZ (1780 - 1831)

Ein englischer General, J. F. C. Fuller, hat einmal erklärt, Darwin, Marx und Clausewitz seien die beherrschende Dreiheit („trinity") des neunzehnten und zwanzigsten Jahrhunderts. Vielleicht ist das übertrieben. Überlegt man sich aber, wie entscheidend die Geschichte dieser beiden Jahrhunderte durch eine Reihe großer Kriege bestimmt worden ist, dann
5   wird man finden, daß der klassische Theoretiker des Krieges, und so wird Clausewitz allgemein bezeichnet, zum mindesten Beachtung verdient. Vor allem, wenn er zugleich ein großer Schriftsteller ist. Clausewitz war ein preußischer General; er schrieb sein Buch unter dem Eindruck der napoleonischen Feldzüge; eigene Erfahrungen und sorgfältiges Studium verbanden sich dabei. Doch war Clausewitz nicht in erster Linie Historiker; ihm
10   kam es mehr darauf an, das Wesen des Krieges überhaupt zu erfassen.

Die napoleonische Ära bedeutet den Wandel von den Kabinettskriegen[1] des siebzehnten und achtzehnten Jahrhunderts zu den Volkskriegen des neunzehnten und zwanzigsten Jahrhunderts. Verhältnismäßig kleine, professionelle Armeen wurden mehr und mehr durch konskribierte[2] Massen ersetzt; mehr und mehr wurde der Krieg eine
15   Sache der Völker. Clausewitz war kein Propagandist, sondern ein kühler und illusionsloser Betrachter des Krieges. Seine Ideen setzten sich durch, nicht zuletzt im preußischen Generalstab.

Preußen hatte freilich schon vor Clausewitz seine militärischen Erfolge. Als es Friedrich II. gelang, sich im Siebenjährigen Krieg (1756-1763) erfolgreich gegen die
20   Übermacht Österreichs, Rußlands, Frankreichs und eines Teils der deutschen Staaten zu verteidigen, wurde Preußen eine europäische Macht, Friedrich selbst eine allgemein bewunderte Figur. Preußen ging den deutschen Staaten im Kampf gegen Napoleon voran; später brachte eine Reihe siegreicher Kriege zuletzt die Einigung Deutschlands unter Preußens Führung (1871). Diese kriegerischen Ereignisse bilden nur zum kleinsten Teil
25   den „Stoff" der Literatur; sie gehören aber ganz wesentlich zum Gesamtbild einer Nation, ohne das sich auch die Literatur nicht recht verstehen läßt. Schon Goethe hat betont, „daß die schöne Literatur einer Nation nicht erkannt noch empfunden werden kann, ohne daß man den Komplex ihres ganzen Zustandes sich zugleich vergegenwärtigt." („Ferneres[3] zur Weltliteratur").

---

[1] **Kabinettskriegen:** Kriege, die vom Staatsoberhaupt geführt werden, ohne Rücksicht auf den Willen des Volkes; *"cabinet wars"*   [2] **konskribierte:** *conscripted, forcibly enlisted*   [3] **Ferneres:** Weiteres; *additional matters, thoughts*

Aus VOM KRIEGE (1832)

Der Krieg ist nichts als die fortgesetzte Staatspolitik mit anderen Mitteln.

Seit Napoleon Bonaparte hat sich der Krieg, indem er zuerst auf der einen Seite, dann auch auf der anderen wieder *Sache des ganzen Volkes* wurde, seiner wahren Natur, seiner absoluten Vollkommenheit sehr genähert.

Der Krieg ist ein erweiterter Zweikampf. Jeder sucht den andern durch   5
physische Gewalt zur Erfüllung seines Willens zu zwingen.

Der Krieg ist ein Akt der Gewalt, und es gibt in der Anwendung der Gewalt keine Grenzen.

Die Gewalt rüstet sich mit den Erfindungen der Wissenschaften aus, um der Gewalt zu begegnen. Unmerkliche, kaum nennenswerte Beschränkungen, die sie   10
sich selbst setzt unter dem Namen völkerrechtlicher Sitte,[4] begleiten sie, ohne ihre Kraft wesentlich zu schwächen.

Menschenfreundliche Seelen könnten leicht denken, es gäbe ein Entwaffnen oder Niederwerfen des Gegners, ohne zu viel Wunden zu verursachen, und das sei die wahre Kriegskunst. Wie gut sich das auch ausnimmt,[5] so muß man diesen Irrtum   15
doch zerstören, denn in so gefährlichen Dingen, wie der Krieg eins ist, sind *die* Irrtümer, die aus Gutmütigkeit entstehen, gerade die schlimmsten. Wer sich der Gewalt *rücksichtslos* bedient, bekommt ein Übergewicht, wenn der Gegner anders handelt. So muß man die Sache ansehen, und es ist ein unnützes, sogar verkehrtes Bestreben, aus Widerwillen gegen das rohe Element die Natur des Krieges zu   20
verkennen.

Gewalt, physische Gewalt ist das Mittel; dem Feinde unseren Willen aufzudringen, der Zweck. Um diesen Zweck sicher zu erreichen, müssen wir *den Feind wehrlos machen.* Dies ist dem Begriffe nach das eigentliche Ziel der kriegerischen Handlung.   25

Je großartiger und stärker die Motive des Krieges sind, je mehr sie das ganze Dasein der Völker umfassen, je gewaltsamer die Spannung ist, die dem Kriege vorhergeht, um so mehr wird der Krieg sich seiner abstrakten Gestalt nähern, um so mehr wird es sich um das Niederwerfen des Feindes handeln, um so mehr fallen das kriegerische Ziel und der politische Zweck zusammen, um so reiner kriegerisch,[6]   30
weniger politisch scheint der Krieg zu sein.

---

[4]**völkerrechtlicher Sitte:** *morality based on international law*   [5]**sich ... ausnimmt:** aussieht   [6]**um so reiner kriegerisch:** *all the more purely warlike*

Der Krieg ist unter allen Umständen als kein selbständiges Ding, sondern als ein politisches Instrument zu denken. Nur mit dieser Vorstellungsart ist es möglich, nicht mit der sämtlichen Kriegsgeschichte in Widerspruch zu geraten.

Der Krieg gehört nicht in das Gebiet der Künste und Wissenschaften, sondern
5 in das Gebiet des sozialen Lebens. Er ist ein Konflikt großer Interessen, der sich blutig löst, und nur darin ist er von den anderen verschieden. Besser als mit irgendeiner Kunst ließe er sich mit dem Handel vergleichen, der auch ein Konflikt menschlicher Interessen und Tätigkeiten ist, und viel näher steht ihm die Politik, die ihrerseits wieder als eine Art von Handel in größerem Maßstabe angesehen werden
10 kann.

XII. KRITIK UND EMPÖRUNG

HEINRICH HEINE (1797 - 1856)

Die siegreiche Erhebung gegen Napoleon brachte Deutschland zwar die Befreiung von französischer Herrschaft, doch nicht, worauf viele gehofft hatten, größere bürgerliche Freiheit im Innern. Statt dessen folgte eine Epoche der Reaktion; Zensur und Polizei kontrollierten die öffentliche Meinung. In dieser repressiven Atmosphäre wuchs Heine auf. Er wurde als Sohn jüdischer Eltern im Rheinland geboren, studierte, trat 1825 zum   5
Christentum über, erwarb mit seiner ersten größeren Sammlung von Gedichten, dem *Buch der Lieder* (1827) einen frühen Ruhm und konnte doch nirgends recht Fuß fassen.[1] So ging er 1831 nach Paris, angelockt von den Ideen der Revolution des Jahres 1830. Dort blieb er, von kurzen Reisen abgesehen, bis an sein Lebensende. In Paris schrieb Heine für deutsche Zeitungen und Zeitschriften Berichte über französische Zustände, und für   10
französische Zeitungen und Zeitschriften Berichte über deutsche Zustände. Er war ein großer Journalist, gehörte zu keiner Partei, keiner Gruppe und keiner Clique, ein wahrhaft freier, europäischer Geist.

Als Dichter war Heine in seinen Anfängen, wie fast jeder junge Dichter, zunächst vom Geschmack seiner Zeit bestimmt. Goethe, die Romantiker und das Volkslied waren   15
die großen lyrischen Vorbilder. Mühelos beherrschte Heine den romantischen Ton, er beherrschte ihn so virtuos, daß man ihm die Innigkeit, Stimmung, Einfachheit so mancher Gedichte ohne weiteres glaubte und sie aufs höchste bewunderte. „Du bist wie eine Blume", von Schumann[2] bezaubernd in Musik gesetzt, ist nur ein Beispiel dieser höchst populären Imitationen. Heine selbst wußte freilich genau, daß dieser Ton verbraucht war.   20
Und so zerstörte er ihn selbst, durch die ironischen, witzigen, parodierenden Schlüsse, die er mit Vorliebe seinen stimmungsvollen Gedichten gab. Heine wußte zugleich, daß er in einer Zeit lebte, die sich radikal veränderte. „Die höchsten Blüten ... des deutschen Geistes", schrieb er, „sind die Philosophie und das Lied. Diese Blütezeit ist vorbei, es gehörte dazu die idyllische Ruhe; Deutschland ist jetzt fortgerissen in die Bewegung, der   25
Gedanke ist nicht mehr uneigennützig, in seine abstrakte Welt stürzt die rohe Tatsache,

---

[1] **Fuß fassen:** *gain a footing, become secure*   [2] **Schumann:** Robert Schumann (1810 - 1856), deutscher Komponist; seine romantischen Lieder und Klavierstücke sind weltberühmt

der Dampfwagen[3] der Eisenbahn gibt uns eine zittrige Gemütserschütterung,[4] wobei kein Lied aufgehen kann, der Kohlendampf[5] verscheucht die Sangesvögel,[6] und der Gasbeleuchtungsgestank[7] verdirbt die duftige Mondnacht."

5   Fragt man sich, woran sich Heine hielt in einer Zeit, in der längst etablierte Werte, Ordnungen und Überzeugungen sich auflösten, so scheint oft nicht mehr übrig zu bleiben als die Aufforderung, den Augenblick zu genießen. Sie ist nicht neu.[8] Ebenso alt ist die Erkenntnis, daß der glückliche Augenblick nicht zu halten ist. Sie blieb auch Heine nicht erspart; aus ihr erwuchsen ihm die „*Lamentationen*", Gedichte, die er schrieb, als er, gelähmt, jahrelang in der „Matratzengruft"[9] seiner Wohnung lag. Doch kommt auf die

10   „Gegenstände" eines Dichters nicht allzu viel an; wichtiger für uns ist, daß er für alte, wohlbekannte Erfahrungen ein neues dichterisches Idiom fand. Noch auf Bertolt Brechts Gedichte hat er nachgewirkt.

Bei alledem wäre es falsch, zu glauben, daß der Dichter Heine nur mit sich selbst beschäftigt war. Er hatte scharfe Augen, und diese Augen waren auf seine Umwelt

15   gerichtet. Er sah, wie wenige,[10] die Schwächen und das Unrecht seiner Zeit und er brachte sie, wie wenige, zur Sprache. So wurde er der größte satirische Dichter der Deutschen.

I

FRAGEN (1827)

Am Meer, am wüsten, nächtlichen Meer
steht ein Jüngling-Mann,

20   die Brust voll Wehmut, das Haupt voll Zweifel,
und mit düsteren[11] Lippen fragt er die Wogen:

„O löst mir das Rätsel des Lebens,
das qualvoll uralte Rätsel,
worüber schon manche Häupter gegrübelt,

25   Häupter in Hieroglyphenmützen,[12]
Häupter in Turban[13] und schwarzem Barett,[14]
Perückenhäupter[15] und tausend andre
arme, schwitzende Menschenhäupter —
sagt mir, was bedeutet der Mensch?

---

[3] Dampfwagen: Dampflokomotive; *steam engine*   [4] Gemütserschütterung: *emotional shock*
[5] Kohlendampf: *smoke of burning coal*   [6] Sangesvögel: Singvögel; *songbirds*   [7] Gasbeleuchtungsgestank: *stink of gaslight*   [8] Sie ist nicht neu: siehe z.B., S. 65, Z. 24 - 26   [9] „Matratzengruft":
"mattress grave" (Der schwer erkrankte Heine verbrachte die letzten acht Jahre seines Lebens im Bett.)
[10] wie wenige: wie wenige Menschen es sahen   [11] düsteren: traurigen   [12] Hieroglyphenmützen:
hats with hieroglyphic designs, worn by Egyptian priests   [13] Turban: mohammedanische
Kopfbedeckung   [14] schwarzem Barett: Kopfbedeckung mittelalterlicher Denker
[15] Perückenhäupter: (*wigged heads*) d.h., Philosophen des 17. und 18. Jahrhunderts

Woher ist er kommen?[16] Wo geht er hin?
Wer wohnt dort oben auf goldenen Sternen?"

Es murmeln die Wogen ihr ew'ges Gemurmel,
es wehet der Wind, es fliehen die Wolken,
5   es blinken die Sterne gleichgültig und kalt,
und ein Narr wartet auf Antwort.

DAS HERZ IST MIR BEDRÜCKT* (1826)

Das Herz ist mir bedrückt, und sehnlich
gedenke ich der alten Zeit;
die Welt war damals noch so wöhnlich,[17]
10   und ruhig lebten hin[18] die Leut'.

Doch jetzt ist alles wie verschoben,[19]
das ist ein Drängen! eine Not!
Gestorben ist der Herrgott oben,
und unten ist der Teufel tot,

und alles schaut so grämlich trübe,
so krausverwirrt[20] und morsch und kalt,
und wäre nicht das bißchen Liebe,   25
so gäb' es nirgends einen Halt.

AUF DIESEM FELSEN BAUEN WIR (1834)

15   Auf diesem Felsen[21] bauen wir
die Kirche von dem dritten,
dem dritten neuen Testament;
das Leid ist ausgelitten.[22]

Vernichtet ist das Zweierlei,[23]
20   das uns so lang betöret;
die dumme Leiberquälerei
hat endlich aufgehöret.

Hörst du den Gott im finstern Meer?
Mit tausend Stimmen spricht er.
Und siehst du über unserm Haupt
die tausend Gotteslichter?   30

Der heil'ge Gott, der ist im Licht
wie in den Finsternissen;
und Gott ist alles, was da ist;
er ist in unsern Küssen.

---

[16]kommen: gekommen   [17]wöhnlich: wohnlich, gemütlich; *comfortable* (siehe Claudius' *Abendlied*, S. 79, Z. 7 - 12)   [18]lebten hin: *lived on*   [19]verschoben: *out of place, in disarray* [20]krausverwirrt: *horribly complicated*   [21]Felsen: siehe Matthäus 16, 18: "Und ich sage dir auch: Du bist Petrus, und auf diesen Felsen will ich bauen meine Gemeinde . . ."   [22]ausgelitten: *suffering has ceased*   [23]das Zweierlei: *the dualism between body and soul of the Judeo-Christian tradition, which led to asceticism and torture of the flesh* (Leiberquälerei, Z. 7)
* Das Herz ist mir bedrückt: mein Herz ist bedrückt (*depressed*)

ICH GLAUB' NICHT AN DEN HIMMEL (1822)

Ich glaub' nicht an den Himmel,
wovon das Pfäfflein[24] spricht,
ich glaub' nur an dein Auge,
das ist mein Himmelslicht.

5   Ich glaub' nicht an den Herrgott,
wovon das Pfäfflein spricht;
ich glaub' nur an dein Herze,
'nen andern Gott hab' ich nicht.

Ich glaub' nicht an den Bösen,
an Höll' und Höllenschmerz;   10
ich glaub' nur an dein Auge,
und an dein böses Herz.

SIE SASSEN UND TRANKEN AM TEETISCH (1823)

Sie saßen und tranken am Teetisch,
und sprachen von Liebe viel.
15   Die Herren, die waren ästhetisch,
die Damen von zartem Gefühl.

Die Liebe muß sein platonisch,
der dürre[25] Hofrat[26] sprach.
Die Hofrätin lächelt ironisch,
20   und dennoch seufzet sie: Ach!

Der Domherr[27] öffnet den Mund weit:
Die Liebe sei nicht zu roh,
sie schadet sonst der Gesundheit.
Das Fräulein lispelt: Wieso?

Die Gräfin spricht wehmütig: 25
Die Liebe ist eine Passion!
und präsentiert gütig
die Tasse dem Herren Baron.

Am Tische war noch ein Plätzchen,[28]
mein Liebchen, da hast du gefehlt.   30
Du hättest so hübsch,[29] mein Schätzchen,
von deiner Liebe erzählt.

---

[24] **Pfäfflein:** *priest (derogatory)*   [25] **dürre:** magere; *skinny*   [26] **Hofrat:** *privy councillor (a court official)*   [27] **Domherr:** *canon, clergyman*   [28] **Plätzchen:** freier Platz   [29] **hübsch:** *nicely*

DU BIST WIE EINE BLUME (1825)

Du bist wie eine Blume
so hold und schön und rein;
ich schau' dich an, und Wehmut
schleicht mir ins Herz hinein.

Mir ist, als ob ich die Hände   5
aufs Haupt dir legen sollt',
betend, daß Gott dich erhalte
so rein und schön und hold.

HIMMLISCH WAR'S, WENN ICH BEZWANG (1826)

Himmlisch war's, wenn ich bezwang
meine sündige Begier,   10
aber wenn's mir nicht gelang,
hatt' ich doch ein groß Pläsier.[30]

DIE JAHRE KOMMEN UND GEHEN (1824)

Die Jahre kommen und gehen,
Geschlechter steigen ins Grab,
15 doch nimmer vergeht die Liebe,
die ich im Herzen hab'.

Nur einmal noch möcht' ich dich sehen,
und sinken vor dir aufs Knie,
und sterbend zu dir sprechen:
Madame, ich liebe Sie!   20

ES ZIEHEN DIE BRAUSENDEN WELLEN (1833)

Es ziehen[31] die brausenden Wellen
wohl nach dem Strand;
sie schwellen und zerschellen
wohl auf dem Sand.

Sie kommen groß und kräftig,   25
ohn' Unterlaß;[32]
sie werden endlich heftig —
was hilft uns das?

---

[30] **Pläsier:** (*Fr. plaisir*) Vergnügen   [31] **ziehen:** bewegen sich   [32] **ohn' Unterlaß:** ohne Pause

DAS FRÄULEIN STAND AM MEERE (1833)

Das Fräulein stand am Meere
und seufzte lang und bang,
es rührte sie so sehre[33]
der Sonnenuntergang.

Mein Fräulein! sei'n Sie munter,   5
das ist ein altes Stück;[34]
hier vorne geht sie unter
und kehrt von hinten zurück.

UNSTERN* (1840)

Der Stern erstrahlte[35] so munter,
10   da fiel er vom Himmel herunter.
Du fragst mich, Kind, was Liebe ist?
Ein Stern in einem Haufen Mist.

SELTEN HABT IHR MICH VERSTANDEN (1824)

Selten habt ihr mich verstanden,
selten auch verstand ich euch,
15   nur wenn wir im Kot uns fanden,
so verstanden wir uns gleich.

II
SCHATTENKÜSSE, SCHATTENLIEBE (1824)

Schattenküsse, Schattenliebe,
Schattenleben, wunderbar!
Glaubst du, Närrin, alles bliebe
20   unverändert, ewig wahr?

Was wir lieblich fest besessen[36]
schwindet hin, wie Träumerein,
und die Herzen, die vergessen,
und die Augen schlafen ein.

---

[33] **sehre:** sehr   [34] **ein altes Stück:** eine alte Sache, da ist nichts Neues daran   [35] **erstrahlte:** strahlte
gleamed   [36] **Was wir lieblich fest besessen:** *that which was delightfully, securely ours*
* Unstern: *ill-fated star; misfortune*

ES RAGT* INS MEER DER RUNENSTEIN† (1834)

Es ragt ins Meer der Runenstein,
da sitz' ich mit meinen Träumen.
Es pfeift der Wind, die Möwen schrein,
die Wellen, die wandern und schäumen.

Ich habe geliebt manch schönes Kind   5
und manchen guten Gesellen —
wo sind sie hin? Es pfeift der Wind,
es schäumen und wandern die Wellen.

DAS GLÜCK IST EINE LEICHTE‡ DIRNE¶ (1851)

10   Das Glück ist eine leichte Dirne,
und weilt[37] nicht gern am selben Ort;
sie streicht das Haar dir von der Stirne
und küßt dich rasch und flattert fort.

Frau Unglück hat im Gegenteile
dich liebefest[38] ans Herz gedrückt;
sie sagt, sie habe keine Eile,   15
setzt sich zu dir ans Bett und strickt.

WELTLAUF§ (1851)

Hat man viel, so wird man bald
noch viel mehr dazu bekommen.
Wer nur wenig hat, dem wird
20   auch das wenige genommen.[39]

Wenn du aber gar nichts hast,
ach, so lasse dich begraben —
denn ein Recht zum Leben, Lump,
haben nur, die[40] etwas haben.

RÜCKSCHAU* (1851)

Ich habe gerochen alle Gerüche   25
in dieser holden Erdenküche;[41]
was man genießen kann in der Welt,

---

[37] **weilt:** bleibt   [38] **liebefest:** liebevoll; *devotedly*   [39] **Hat...genommen:** siehe Lukas 19, 26:
„Ich sage euch aber: Wer da hat, dem wird gegeben werden; von dem aber, der nicht hat, wird auch das
genommen werden, was er hat."   [40] **haben nur, die:** haben nur diejenigen, die   [41] **Erdenküche:**
earthly kitchen
* **ragt:** *extends out, projects out*
† **Runenstein:** *rune stone (stone with runic inscriptions, often said to have magical properties)*
‡ **leichte:** leichtfertige; *fickle*
¶ **Dirne:** *flirt (in modern German, "prostitute")*
§ **Weltlauf:** *the way of the world*
* **Rückschau:** siehe auch *Rückblick* von Clemens Brentano, S. 231 ff.

das hab' ich genossen wie je ein Held!
Hab' Kaffee getrunken, hab' Kuchen gegessen,
hab' manche schöne Puppe besessen;
trug seidne Westen, den feinsten Frack,
5   mir klingelten auch Dukaten im Sack.[42]
Wie Gellert ritt ich[42a] auf hohem Roß;
ich hatte ein Haus, ich hatte ein Schloß.
Ich lag auf der grünen Wiese des Glücks,
die Sonne grüßte goldigsten Blicks;[43]
10   ein Lorbeerkranz[44] umschloß die Stirn,
er duftete[45] Träume mir ins Gehirn,
Träume von Rosen und ewigem Mai —
Es ward mir so selig zu Sinne dabei,[46]
so dämmersüchtig,[47] so sterbefaul[48] —
15   Mir flogen gebratne Tauben ins Maul,[49]
und Englein kamen, und aus den Taschen
sie zogen hervor Champagnerflaschen —
Das waren Visionen, Seifenblasen —
Sie platzten — Jetzt lieg' ich auf feuchtem Rasen,
20   die Glieder sind mir rheumatisch gelähmt,
und meine Seele ist tief beschämt.
Ach, jede Lust, ach, jeden Genuß,
hab' ich erkauft durch herben Verdruß;
ich ward getränkt[50] mit Bitternissen[51]
25   und grausam von den Wanzen gebissen;
ich ward bedrängt von schwarzen Sorgen,
ich mußte lügen, ich mußte borgen
bei reichen Buben und alten Vetteln[52] —
Ich glaube sogar, ich mußte betteln.
30   Jetzt bin ich müd' vom Rennen und Laufen,
jetzt will ich mich im Grabe verschnaufen.[53]
Lebt wohl! Dort oben, ihr christlichen Brüder,
ja, das versteht sich,[54] dort sehn wir uns wieder.

---

[42]Sack: Tasche   [42a]Wie Gellert ritt ich: Christian Fürchtegott Gellert (1715 - 1769), ein populärer Dichter des achtzehnten Jahrhunderts, hatte vom Kurfürsten von Sachsen ein Pferd als Geschenk erhalten   [43]goldigsten Blicks: mit goldigstem Blick   [44]Lorbeerkranz: *laurel wreath*   [45]duftete: *breathed with fragrance*   [46]Es ward mir so selig zu Sinne dabei: ich fühlte mich dabei so selig   [47]dämmersüchtig: *trancelike*   [48]sterbefaul: *mortally lazy*   [49]Mir flogen gebratne Tauben ins Maul: d.h., die Welt war mir ein Paradies; siehe S. 81, Z. 3 - 4   [50]getränkt: *soaked*   [51]Bitternissen: Bitterkeiten; *bitternisses, bitter pains*   [52]Vetteln: *hags*   [53]mich . . . verschnaufen: *catch my breath, relax*   [54]das versteht sich: *it goes without saying*

III

Aus DEUTSCHLAND
EIN WINTERMÄRCHEN (1844)

Kaput* I.

Im traurigen Monat November war's,
die Tage wurden trüber,
der Wind riß von den Bäumen das Laub,
da reist' ich nach Deutschland hinüber.

Und als ich an die Grenze kam,   5
da fühlt' ich ein stärkeres Klopfen
in meiner Brust, ich glaube sogar
die Augen begunnen[55] zu tropfen.

Und als ich die deutsche Sprache vernahm,
da ward mir seltsam zu Mute;   10
ich meinte nicht anders,[56] als ob das Herz
recht angenehm verblute.

Ein kleines Harfenmädchen[57] sang.
Sie sang mit wahrem Gefühle
und falscher Stimme, doch ward ich sehr   15
gerühret von ihrem Spiele.

Sie sang von Liebe und Liebesgram,
Aufopfrung und Wiederfinden
dort oben in jener besseren Welt,
wo alle Leiden schwinden.   20

Sie sang vom irdischen Jammertal,[58]
von Freuden, die bald zerronnen,
vom Jenseits, wo die Seele schwelgt
verklärt in ew'gen Wonnen.

---

[55]begunnen: begannen   [56]ich meinte nicht anders: es schien mir   [57]Harfenmädchen:
Harfenspielerin   [58]Jammertal: *vale of tears*
* Kaput: Kapitel; *chapter*

Sie sang das alte Entsagungslied,
das Eiapopeia[59] vom Himmel,
womit man einlullt,[60] wenn es greint,
das Volk, den großen Lümmel.

5   Ich kenne die Weise,[61] ich kenne den Text,
ich kenn' auch die Herren Verfasser;
ich weiß, sie tranken heimlich Wein
und predigten öffentlich Wasser.

Ein neues Lied, ein besseres Lied,
10   o Freunde, will ich euch dichten!
Wir wollen hier auf Erden schon
das Himmelreich errichten.

Wir wollen auf Erden glücklich sein,
und wollen nicht mehr darben;
15   verschlemmen[62] soll nicht der faule Bauch,
was fleißige Hände erwarben.

Es wächst hienieden[63] Brot genug
für alle Menschenkinder,
auch Rosen und Myrten,[64] Schönheit und Lust,
20   und Zuckererbsen[65] nicht minder.

Ja, Zuckererbsen für jedermann,
sobald die Schoten platzen!
Den Himmel überlassen wir
den Engeln und den Spatzen.

DOKTRIN (1842)

25   Schlage die Trommel und fürchte dich nicht,
und küsse die Marketenderin![66]
Das ist die ganze Wissenschaft,
das ist der Bücher tiefster Sinn.

---

[59] **Eiapopeia:** Wiegenlied; *lullaby*   [60] **einlullt:** *lull to sleep*   [61] **Weise:** Melodie   [62] **verschlemmen:** *dissipate in feasting*   [63] **hienieden:** auf dieser Erde   [64] **Myrten:** *myrtle*   [65] **Zuckererbsen:** *sweet peas*   [66] **Marketenderin:** *canteen woman who sells provisions to the soldiers*

Trommle die Leute aus dem Schlaf,
trommle Reveille mit Jugendkraft,
marschiere trommelnd immer voran,
das ist die ganze Wissenschaft.

Das ist die Hegelsche Philosophie,[67]   5
das ist der Bücher tiefster Sinn!
Ich hab' sie begriffen, weil ich gescheit,
und weil ich ein guter Tambour[68] bin.

ENFANT PERDU* (1851)

Verlorner Posten in dem Freiheitskriege,[69]
hielt ich seit dreißig Jahren treulich aus.   10
Ich kämpfe ohne Hoffnung, daß ich siege,
ich wußte, nie komm' ich gesund nach Haus.

Ich wachte Tag und Nacht — Ich konnt' nicht schlafen.
Wie in dem Lagerzelt[70] der Freunde Schar —
(Auch hielt das laute Schnarchen dieser Braven   15
mich wach, wenn ich ein bißchen schlummrig[71] war).

In jenen Nächten hat Langweil' ergriffen
mich oft, auch Furcht — (nur Narren fürchten nichts) —
sie zu verscheuchen, hab' ich dann gepfiffen
die frechen Reime eines Spottgedichts.   20

Ja, wachsam stand ich, das Gewehr im Arme,
und nahte irgend ein verdächt'ger Gauch,[72]
so schoß ich gut und jagt' ihm eine warme,
brühwarme Kugel[73] in den schnöden Bauch.

Mitunter freilich mocht' es sich ereignen,[74]   25
daß solch ein schlechter Gauch gleichfalls sehr gut
zu schießen wußte — ach, ich kann's nicht leugnen —
Die Wunden klaffen[75] — es verströmt[76] mein Blut.

---

[67] **Hegelsche Philosophie:** Georg Wilhelm Friedrich Hegel (1770 - 1831), einer der führenden deutschen Philosophen des 19. Jahrhunderts. Sein „dialektisches Denken" war unter anderem auch für Marx von großer Bedeutung.   [68] **Tambour:** Trommler   [69] **Freiheitskriege:** der Kampf um die Liberalisierung Deutschlands   [70] **Lagerzelt:** *camp tent*   [71] **schlummrig:** schläfrig; *sleepy*
[72] **Gauch:** Narr; *fool*   [73] **brühwarme:** *red-hot*   [74] **mocht' es sich ereignen:** konnte es vorkommen; *it could happen*   [75] **klaffen:** stehen offen; *gape*   [76] **verströmt:** *pours out*
* Enfant perdu: (*Fr.*) verlorenes Kind

Ein Posten ist vakant! — Die Wunden klaffen —
Der eine fällt, die andern rücken nach —
Doch fall' ich unbesiegt, und meine Waffen
sind nicht gebrochen — nur mein Herze brach.

Aus ZUR GESCHICHTE DER RELIGION UND PHILOSOPHIE IN DEUTSCHLAND (1834)

5   Die deutsche Philosophie ist eine wichtige, das ganze Menschengeschlecht betref-
fende Angelegenheit, und erst die spätesten Enkel werden darüber entscheiden
können, ob wir dafür zu tadeln oder zu loben sind, daß wir erst unsere
Philosophie und hernach[77] unsere Revolution ausarbeiteten. Mich dünkt, ein
methodisches Volk wie wir mußte mit der Reformation beginnen, konnte erst
10   hierauf sich mit der Philosophie beschäftigen und durfte nur nach deren
Vollendung zur politischen Revolution übergehen. Diese Ordnung finde ich ganz
vernünftig. Die Köpfe, welche die Philosophie zum Nachdenken benutzt hat, kann
die Revolution nachher zu beliebigen Zwecken abschlagen. Die Philosophie hätte aber
nimmermehr die Köpfe gebrauchen können, die von der Revolution, wenn diese ihr
15   vorherging,[78] abgeschlagen worden wären. Laßt euch aber nicht bange sein, ihr
deutschen Republikaner; die deutsche Revolution wird darum nicht milder und
sanfter ausfallen, weil ihr die Kantsche Kritik,[79] der Fichtesche Transcendentalidealismus[80] und gar die Naturphilosophie[81] vorausging. Durch diese Doktrinen
haben sich revolutionäre Kräfte entwickelt, die nur des Tages harren,[82] wo sie
20   hervorbrechen und die Welt mit Entsetzen und Bewunderung erfüllen können. Es
werden Kantianer zum Vorschein kommen, die auch in der Erscheinungswelt[83] von
keiner Pietät etwas wissen wollen und erbarmungslos mit Schwert und Beil den
Boden unseres europäischen Lebens durchwühlen, um auch die letzten Wurzeln der
Vergangenheit auszurotten. Es werden bewaffnete Fichteaner auf den Schauplatz
25   treten, die in ihrem Willensfanatismus[84] weder durch Furcht noch durch Eigennutz
zu bändigen sind; ... doch noch schrecklicher als alles wären Naturphilosophen, die
handelnd eingriffen in eine deutsche Revolution und sich mit dem Zerstörungswerk
selbst identifizieren würden. Denn wenn die Hand des Kantianers stark und sicher
zuschlägt, weil sein Herz von keiner traditionellen Ehrfurcht bewegt wird; wenn der
30   Fichteaner mutvoll[85] jeder Gefahr trotzt, weil sie für ihn in der Realität gar nicht

---

[77] hernach: danach   [78] wenn diese ihr vorherging: wenn die Revolution vor der Philosophie käme
[79] Kantsche Kritik: siehe S. 92 - 93   [80] der Fichtesche Transcendentalidealismus: Johann Gottlieb
Fichte (1762 - 1814). Seine „Ich-Philosophie" bemühte sich um eine Weiterbildung der Kantischen
Philosophie, im Sinne einer größeren Subjektivität. Fichte hatte auf einige Romantiker, besonders
Novalis, starken Einfluß.   [81] Naturphilosophie: Die Naturphilosophie versuchte die ganze Natur als
eine organische Einheit zu sehen. Ihr bedeutendster Vertreter war Friedrich Wilhelm Joseph Schelling
(1775 - 1854).   [82] des Tages harren: auf den Tag warten   [83] Erscheinungswelt: *external world*
[84] Willensfanatismus: *fanaticism of the will*   [85] mutvoll: *courageously*

existiert: so wird der Naturphilosoph dadurch furchtbar sein, daß er mit den
ursprünglichen Gewalten der Natur in Verbindung tritt, daß er die dämonischen
Kräfte des altgermanischen Pantheismus[86] beschwören kann, und daß in ihm jene
Kampflust erwacht, die wir bei den alten Deutschen finden, und die[87] nicht
kämpft, um zu zerstören, noch um zu siegen, sondern bloß um zu kämpfen. Das 5
Christentum — und das ist sein schönstes Verdienst — hat jene brutale germanische
Kampflust einigermaßen besänftigt, konnte sie jedoch nicht zerstören, und wenn
einst der zähmende Talisman, das Kreuz, zerbricht, dann rasselt wieder empor[88] die
Wildheit der alten Kämpfer, die unsinnige Berserkerwut,[89] wovon die nordischen
Dichter so viel singen und sagen. Jener Talisman ist morsch, und kommen wird der 10
Tag, wo er kläglich zusammenbricht. Die alten steinernen Götter erheben sich dann
aus dem verschollenen[90] Schutt und reiben sich den tausendjährigen Staub aus den
Augen, und Thor[91] mit dem Riesenhammer springt endlich empor und zerschlägt
die gotischen Dome ... Lächelt nicht über den Phantasten,[92] der im Reiche der
Erscheinungen dieselbe Revolution erwartet, die im Gebiete des Geistes statt- 15
gefunden. Der Gedanke geht der Tat voraus wie der Blitz dem Donner. Der
deutsche Donner[93] ist freilich auch ein Deutscher und ist nicht sehr gelenkig und
kommt etwas langsam herangerollt; aber kommen wird er, und wenn ihr es einst
krachen hört, wie es noch niemals in der Weltgeschichte gekracht hat, so wißt: der
deutsche Donner hat endlich sein Ziel erreicht. Bei diesem Geräusche werden die 20
Adler aus der Luft tot niederfallen, und die Löwen in der fernsten Wüste Afrikas
werden die Schwänze einkneifen[94] und sich in ihren königlichen Höhlen
verkriechen. Es wird ein Stück aufgeführt werden in Deutschland, wogegen die
französische Revolution nur wie eine harmlose Idylle erscheinen möchte. Jetzt ist es
freilich ziemlich still: und gebärdet sich auch dort der eine oder der andere etwas 25
lebhaft, so glaubt nur nicht, diese würden einst als wirkliche Akteure auftreten. Es
sind nur die kleinen Hunde, die in der leeren Arena herumlaufen und einander
anbellen und beißen, ehe die Stunde erscheint, wo dort die Schar der Gladiatoren
anlangt, die auf Tod und Leben kämpfen sollen.

Und die Stunde wird kommen. Wie auf den Stufen eines Amphitheaters 30
werden die Völker sich um Deutschland herumgruppieren, um die großen
Kampfspiele zu betrachten. Ich rate euch, ihr Franzosen, ... haltet euch immer
gerüstet, bleibt ruhig auf eurem Posten stehen, das Gewehr im Arm. Ich meine es
gut mit euch, und es hat mich schier erschreckt, als ich jüngst vernahm, eure
Minister beabsichtigten, Frankreich zu entwaffnen. — 35

---

[86]**Pantheismus:** philosophische Lehre, die annimmt, daß Gott und die Welt eins sind, daß Gott
überall in der Natur ist   [87]**die:** die Kampflust   [88]**rasselt ... empor:** *arises with clangor*
[89]**Berserkerwut:** *berserk fury*   [90]**verschollenen:** *age-old*   [91]**Thor:** der germanische Donnergott
[92]**Phantasten:** *visionary*   [93]**Donner:** d.h., die kommende Revolution   [94]**einkneifen:** einziehen;
pull in

GEORG BÜCHNER (1813 - 1837)

1834 gründete der Student der Medizin Georg Büchner an der Universität Gießen[1] die „Gesellschaft der Menschenrechte". Es war eine geheime Gesellschaft, die das Ziel hatte, die Bauern im Großherzogtum[2] Hessen[3] zu revolutionieren. In den dreißiger Jahren hatte die Industrialisierung, das große Ereignis des neunzehnten Jahrhunderts, in Deutschland
5 noch kaum begonnen. 1835 fuhr die erste Eisenbahn von Nürnberg nach Fürth.[4] Doch war Deutschland damals noch fast ganz ein Agrarland.[5] Die Bauern lebten in schlechten Verhältnissen, unterdrückt und ausgebeutet. Ihnen ihre Lage klar zu machen, sie zum Widerstand gegen ein korruptes Regime aufzureizen, schrieb Büchner seine politische Flugschrift *Der Hessische Landbote*.[6] An ihr war auch der Schulrektor Ludwig Weidig
10 beteiligt. Die geplante Revolution scheiterte; die Bauern waren nicht in Bewegung zu bringen, die Verschwörung selbst wurde entdeckt; ihre Führer wurden, soweit sie nicht fliehen konnten, verhaftet. Weidig, im Gefängnis schwer mißhandelt, beging Selbstmord. Büchner verbarg sich zuerst bei seinen Eltern in Darmstadt, wo sein Vater ein angesehener Arzt war. In Darmstadt schrieb er sein erstes Drama *Dantons Tod*[7] (1835). Es ist ein
15 Drama aus der französischen Revolution, aber kein revolutionäres Drama; im Gegenteil, es entsprang aus einer tiefen Enttäuschung an der Revolution, eine lyrisch-dramatische Klage über den „gräßlichen Fatalismus der Geschichte", geschrieben von einem jungen Menschen, der am Sinn der Welt verzweifelte. *Dantons Tod* ist das einzige dichterische Werk Büchners, das zu seinen Lebzeiten veröffentlicht worden ist. Er schrieb es in Hast,
20 unter dem Druck der ständig drohenden Verhaftung. Im letzten Augenblick gelang es ihm, nach Frankreich zu fliehen. In Straßburg[8] schrieb er eine Arbeit über das Nervensystem der Fische, für die er von der Universität in Zürich den medizinischen Doktorgrad erhielt. Kaum hatte er begonnen, in Zürich über vergleichende Anatomie der Fische und Amphibien zu lehren, als er, wenig über dreiundzwanzig Jahre alt, am Typhus
25 starb.

  In seinem Nachlaß[9] fand man zwei Dramen, das Lustspiel *Leonce und Lena*, und das dramatische Fragment *Woyzeck*, dazu eine Novelle, *Lenz*. Den *Woyzeck* hat man das erste proletarische Drama der deutschen Literatur genannt. Es handelt von einem Mann, der einen Mord begeht und doch kein Mörder ist, der arm und hilflos, nur halb
30 verantwortlich für seine Tat, im Grunde an der Kälte, Härte und Indifferenz seiner Mitmenschen zugrundegeht. Büchners Novelle beschreibt mit dem sachlichen Blick des Mediziners und dem tiefen Gefühl des innerlich Verwandten das Schicksal des Dichters Lenz,[10] der im Wahnsinn zugrunde ging. Büchners Stücke wurden erst im zwanzigsten Jahrhundert gespielt. Er wirkte auf die Expressionisten und auf Brecht; heute gilt er als
35 einer der großen deutschen Dramatiker.

---

[1]Gießen: Stadt nördlich von Frankfurt am Main   [2]Großherzogtum: *Grand Duchy*   [3]Hessen: Das frühere Großherzogtum Hessen lag nördlich und südlich von Frankfurt. Frankfurt selbst gehörte nicht dazu.   [4]Fürth: Stadt nordwestlich von Nürnberg   [5]Agrarland: agricultural country   [6]Landbote: *rural messenger*   [7]Dantons Tod: Georges Danton – siehe S. 92, Z. 5   [8]Straßburg: Stadt in Frankreich, an der deutschen Grenze   [9]Nachlaß: literarische Werke, die erst nach dem Tod des Dichters aufgefunden werden   [10]Lenz: Jakob Michael Reinhold Lenz; siehe S. 112ff.

DER HESSISCHE LANDBOTE
(DARMSTADT, IM JULI 1834)

VORBERICHT

Dieses Blatt soll dem hessischen Lande die Wahrheit melden, aber wer die Wahrheit sagt, wird gehenkt; ja sogar der, welcher die Wahrheit liest, wird durch meineidige Richter vielleicht gestraft. Darum haben die, welchen dies Blatt zukommt, folgendes zu beobachten:

1. Sie müssen das Blatt sorgfältig außerhalb ihres Hauses vor der Polizei verwahren;   5
2. sie dürfen es nur an treue Freunde mitteilen;
3. denen, welchen sie nicht trauen wie sich selbst, dürfen sie es nur heimlich hinlegen;
4. würde das Blatt dennoch bei einem gefunden, der es gelesen hat, so muß er gestehen, daß er es eben dem Kreisrat[11] habe bringen wollen;   10
5. wer das Blatt nicht gelesen hat, wenn man es bei ihm findet, der ist natürlich ohne Schuld.

FRIEDE DEN HÜTTEN! KRIEG DEN PALÄSTEN!

Im Großherzogtum Hessen sind 718 373 Einwohner, die geben an den Staat jährlich an[12] 6 363 364 Gulden. Dieses Geld ist der Blutzehnte,[13] der von dem Leib des Volkes genommen wird. An 700 000 Menschen schwitzen, stöhnen und   15
hungern dafür. Im Namen des Staates wird es erpreßt, die Presser[14] berufen sich auf[15] die Regierung, und die Regierung sagt, das sei nötig, die Ordnung im Staat zu erhalten. Was ist denn nun das für ein gewaltiges Ding: der Staat? Wohnt eine Anzahl Menschen in einem Lande und es sind Verordnungen oder Gesetze vorhanden, nach denen jeder sich richten muß, so sagt man, sie bilden einen Staat.   20
Der Staat also sind *alle*; die Ordner im Staate sind die Gesetze, durch welche das Wohl *aller* gesichert wird und die aus dem Wohl *aller* hervorgehen sollen. – Seht nun, was man in dem Großherzogtum aus dem Staat gemacht hat; seht, was es heißt: die Ordnung im Staate erhalten! 700 000 Menschen bezahlen dafür 6 Millionen, d.h., sie werden zu Ackergäulen und Pflugstieren[16] gemacht, damit sie in   25
Ordnung leben. In Ordnung leben heißt hungern und geschunden[17] werden.

   Wer sind denn die, welche diese Ordnung gemacht haben und die wachen,

---

[11] Kreisrat: *district council*   [12] an: etwa   [13] Blutzehnte: *blood tithe (tithe: a tax of a tenth of one's income)*   [14] Presser: Bedrücker; *oppressors*   [15] berufen sich auf: *refer (as a justification) to*   [16] Ackergäulen und Pflugstieren: *farm horses and plow animals*   [17] geschunden: *skinned, oppressed*

diese Ordnung zu erhalten? Das ist die Großherzogliche Regierung. Die Regierung
wird gebildet von dem Großherzog und seinen obersten Beamten. Die andern
Beamten sind Männer, die von der Regierung berufen werden, um jene Ordnung in
Kraft zu erhalten. Ihre Anzahl ist Legion; das Volk ist ihre Herde, sie sind seine
5   Hirten, Melker und Schinder. Ihnen gebt ihr 6 000 000 Gulden Abgaben;[18] sie
haben dafür die Mühe, euch zu regieren; d.h., sich von euch füttern zu lassen und
euch eure Menschen- und Bürgerrechte zu rauben.

Für das Ministerium des Inneren und der Gerechtigkeitspflege[19] werden
bezahlt 1 110 607 Gulden. Dafür habt ihr einen Wust von Gesetzen, zusammen-
10   gehäuft aus willkürlichen Verordnungen aller Jahrhunderte, meist geschrieben in
einer fremden Sprache.[20] Diese Gerechtigkeit ist nur ein Mittel, euch in Ordnung
zu halten, damit man euch bequemer schinde; sie spricht nach Gesetzen, die ihr
nicht versteht, nach Grundsätzen, von denen ihr nichts wißt, Urteile, von denen ihr
nichts begreift. Ihr dürft euern Nachbar verklagen, der euch eine Kartoffel stiehlt;
15   aber klagt einmal über den Diebstahl, der von Staatswegen[21] unter dem Namen von
Abgaben und Steuern jeden Tag an eurem Eigentum begangen wird, damit eine
Legion unnützer Beamten sich von eurem Schweiße mästen;[22] klagt einmal, daß ihr
der Willkür einiger Fettwänste[23] überlassen seid und daß diese Willkür Gesetz heißt,
klagt, daß ihr die Ackergäule des Staates seid, klagt über eure verlorenen
20   Menschenrechte: wo sind die Gerichtshöfe, die eure Klage annehmen, wo die
Richter, die Recht sprächen?

Für das Ministerium der Finanzen 1 551 502 Gulden. Damit werden die
Finanzräte[24] und Steuerbeamten bezahlt. Dafür wird der Ertrag eurer Äcker
berechnet und eure Köpfe gezählt. Der Boden unter euren Füßen, der Bissen
25   zwischen euren Zähnen ist besteuert. Dafür sitzen die Herren in Fräcken
beisammen, und das Volk steht nackt und gebückt vor ihnen; sie legen die Hände an
seine Lenden und Schultern und rechnen aus, wie viel es noch tragen kann, und
wenn sie barmherzig sind, so geschieht es nur, wie man ein Vieh schont, das man
nicht so sehr angreifen[25] will.

30   Für das Militär wird bezahlt 914 820 Gulden. Dafür kriegen eure Söhne einen
bunten Rock auf den Leib, ein Gewehr oder eine Trommel auf die Schulter und
dürfen jeden Herbst einmal blind schießen.[26] Für jene 900 000 Gulden müssen eure
Söhne den Tyrannen schwören und Wache halten an ihren Palästen. Mit ihren
Trommeln übertäuben[27] sie eure Seufzer, mit ihren Kolben zerschmettern sie euch
35   den Schädel, wenn ihr zu denken wagt, daß ihr freie Menschen seid. Sie sind die
gesetzlichen Mörder, welche die gesetzlichen Räuber schützen.

Die Anstalten, die Leute, von denen ich bis jetzt gesprochen, sind nur
Werkzeuge, sind nur Diener. Sie tun nichts in ihrem Namen, unter der Ernennung
zu ihrem Amt steht ein L., das bedeutet Ludwig von Gottes Gnaden, und sie
40   sprechen mit Ehrfurcht: „Im Namen des Großherzogs." Dies ist ihr Feldgeschrei,[28]

---

[18]Abgaben: *fees*   [19]Gerechtigkeitspflege: *administration of justice*   [20]in einer fremden Sprache:
d.h., auf Latein   [21]von Staatswegen: *for the sake of the state*   [22]mästen: dick werden
[23]Fettwänste: sehr dicke Menschen   [24]Finanzräte: *treasury officials*   [25]angreifen: *(here) to
weaken, to exhaust*   [26]blind schießen: *to fire blanks*   [27]übertäuben: unterdrücken; *stifle*
[28]Feldgeschrei: *battle cry*

wenn sie euer Gerät versteigern, euer Vieh wegtreiben, euch in den Kerker werfen. Im Namen des Großherzogs, sagen sie, und der Mensch, den sie so nennen, heißt: unverletzlich,[29] heilig, souverän, königliche Hoheit. Aber tretet zu dem Menschenkinde[30] und blickt durch seinen Fürstenmantel. Es ißt, wenn es hungert, und schläft, wenn sein Auge dunkel wird. Sehet, es kroch so nackt und weich in die Welt 5 wie ihr und wird so hart und steif hinausgetragen wie ihr, und doch hat es seinen Fuß auf eurem Nacken, hat 700 000 Menschen an seinem Pflug, hat Minister, die verantwortlich sind für das, was es tut, hat Gewalt über euer Eigentum durch die Steuern, die es ausschreibt,[31] über euer Leben durch die Gesetze, die es macht, es hat adlige Herrn und Damen um sich, die man Hofstaat heißt, und seine göttliche 10 Gewalt vererbt sich auf seine Kinder mit Weibern, welche aus ebenso übermenschlichen Geschlechtern sind.

Das alles duldet ihr, weil euch Schurken sagen: diese Regierung sei von Gott. Diese Regierung ist nicht von Gott, sondern vom Vater der Lügen.[32] Diese deutschen Fürsten sind keine rechtmäßige Obrigkeit. Aus Verrat und Meineid, und 15 nicht aus der Wahl des Volkes, ist die Gewalt der deutschen Fürsten hervorgegangen, und darum ist ihr Wesen und Tun von Gott verflucht. Deutschland, unser liebes Vaterland, haben diese Fürsten[33] zerrissen; doch das Reich der Finsternis neigt sich zum Ende. Über ein kleines,[34] und Deutschland, das jetzt die Fürsten schinden, wird als ein Freistaat mit einer vom Volk gewählten Obrigkeit wieder 20 auferstehn. Gott wird euch Kraft geben, sobald ihr die Wahrheit erkennt: daß Gott alle Menschen frei und gleich in ihren Rechten schuf, und daß keine Obrigkeit von Gott verordnet ist als die, welche auf das Vertrauen des Volkes sich gründet und vom Volke ausdrücklich oder stillschweigend erwählt ist.

Hebt die Augen auf und zählt das Häuflein eurer Presser, die nur stark sind 25 durch das Blut, das sie euch aussaugen, und durch eure Arme, die ihr ihnen willenlos leiht. Ihrer sind vielleicht 10 000 im Großherzogtum und eurer sind es[35] 700 000, und also verhält sich die Zahl des Volkes zu seinen Pressern auch im übrigen Deutschland. Wohl drohen sie mit dem Rüstzeug der Könige, aber ich sage euch: Wer das Schwert erhebt gegen das Volk, der wird durch das Schwert des 30 Volkes umkommen.[36] Deutschland ist jetzt ein Leichenfeld, bald wird es ein Paradies sein. Das deutsche Volk ist *ein* Leib, ihr seid ein Glied dieses Leibes. Wann der Herr euch seine Zeichen gibt durch die Männer, durch welche er die Völker aus der Dienstbarkeit zur Freiheit führt, dann erhebt euch und der ganze Leib wird mit euch aufstehen. 35

(gekürzt)

---

[29] unverletzlich: *inviolable* [30] Menschenkinde: *human being* [31] ausschreibt: *imposes* [32] Vater der Lügen: vom Teufel [33] Fürsten: (Subj.) [34] Über ein kleines: nach kurzer Zeit [35] Ihrer sind ... eurer sind es: sie sind ... ihr seid [36] Wer ... umkommen: siehe Matthäus 26, 52: „Wer das Schwert nimmt, der soll durchs Schwert umkommen."

LUDWIG FEUERBACH (1804 - 1872)

Ludwig Feuerbach, Sohn eines berühmten Juristen, studierte erst Theologie, dann
Philosophie. Er veröffentlichte 1830 *Gedanken über Tod und Unsterblichkeit*, eine
Schrift, in der er die Idee einer persönlichen Fortdauer nach dem Tode leugnete. Das
Buch wurde von der Zensur verboten. Feuerbachs Ideen erregten so großen Widerstand,
5 daß er die gerade begonnene akademische Laufbahn als aussichtslos aufgeben mußte. Er
lebte von da ab, zuletzt in großer Armut, als Privatgelehrter.[1] Feuerbachs Hauptwerke,
Das Wesen des Christentums (1841), *Das Wesen der Religion* (1845) waren gegen die
herrschende Theologie gerichtet. Gott ist für Feuerbach eine Schöpfung der
Menschen, in ihren Göttern haben die Menschen sich selbst idealisiert; Religion ist
10 Anthropologie.

DIE NATURWISSENSCHAFT UND DIE REVOLUTION (1850)

Der erste Revolutionär der neueren Zeit war der Verfasser der Schrift *De
revolutionibus orbium coelestium,*[2] Nicolaus Copernicus.[3] Copernicus hat den
allgemeinsten, den ältesten, den heiligsten Glauben der Menschheit, den Glauben an
die Unbeweglichkeit der Erde, umgestoßen und mit diesem Stoße das ganze
15 Glaubenssystem der alten Welt erschüttert. Er hat als ein echter „Umsturzmann"[4]
das Unterste zu oberst und das Oberste zu unterst gekehrt und dadurch allen
ferneren und anderweitigen[5] Revolutionen der Erde Tür und Tor geöffnet.[6] Er hat
den menschlichen Geist aus den Zauberkreisen des verworrenen Unsinns einer
eingebildeten Welt erlöst und zur Anschauung der wirklichen Welt, zur Einfachheit
20 der Natur zurückgeführt. Er hat den Blick des Menschen bis in die Unendlichkeit
des Universums erweitert und dem gesunden Menschenverstand Eingang selbst in
den Himmel verschafft. Der Himmel galt sonst in der Religion für den Thron und
Sitz der Gottheit, den Wohnort der Seligen, in der Philosophie für das fünfte
Element,[7] wo keine Negation, keine Veränderung, kein Entstehen und Vergehen
25 wie auf der plebejischen Erde stattfinden sollte, kurz: für ein heiliges göttliches
Wesen. Aber alle diese süßen, heiligen Vorstellungen und Aussichten, die sich sonst
an den Himmel knüpften, hat die moderne Astronomie, deren Urheber[8] oder
Begründer Copernicus war, schonungslos vernichtet. Sie hat zwar die Erde in den
Himmel emporgehoben, aber eben dadurch auch den Himmel profaniert, die

---

[1] Privatgelehrter: *private (independent) scholar*   [2] De revolutionibus . . .: *Die Umläufe der
Himmelskörper* (1543)   [3] Copernicus: siehe S. 48, Z. 29   [4] „Umsturzmann": *"the man who
overturns," a revolutionary*   [5] anderweitigen: von anderen Arten   [6] Tür und Tor geöffnet: *threw
wide the doors*   [7] das fünfte Element: d.h., außer Luft, Feuer, Wasser und Erde   [8] Urheber: *creator*

Himmelsgestirne[9] auf gleichen Fuß mit der Erde gesetzt. Copernicus ist es, der die Menschheit um ihren Himmel gebracht hat. Wo kein sinnlicher[10] Himmel mehr, verschwindet auch bald der Himmel des Glaubens; denn nur an dem sinnlichen Himmel hatte ja auch der religiöse seinen Grund und Haltpunkt.[11] Mit vollen Recht wurde das Copernicanische Weltsystem von den Katholiken als ein ketzerisches 5 förmlich verdammt, von den Protestanten wenigstens theoretisch verworfen, denn es widerspricht der Heiligen Schrift.

Aus VORLESUNGEN ÜBER DAS WESEN DER RELIGION (1851)

DAS ZEITALTER DER POLITIK

Wir leben in einer Zeit, wo das politische Interesse alle anderen Interessen verschlingt, die politischen Ereignisse uns in einer fortwährenden Spannung und Aufregung erhalten, in einer Zeit, wo es sogar Pflicht ist, — namentlich für uns 10 unpolitische Deutsche — alles über der Politik[12] zu vergessen; denn wie der Einzelne nichts erreicht und leistet, wenn er nicht die Kraft hat, das, worin er etwas leisten will, eine Zeit lang ausschließlich zu betreiben,[13] so muß auch die Menschheit zu gewissen Zeiten über einer Aufgabe alle anderen,[14] über einer Tätigkeit alle anderen vergessen, wenn sie etwas Tüchtiges, Vollendetes zu Stande 15 bringen will. Wir wollen uns unmittelbar, handelnd an der Politik beteiligen; es fehlt uns die Ruhe, der Sinn, die Lust zum Lesen und Schreiben, zum Lehren und Lernen. Wir haben uns lange genug mit der Rede und Schrift beschäftigt und befriedigt; wir verlangen, daß endlich das Wort Fleisch, der Geist Materie werde; wir haben ebenso wie den philosophischen, den politischen Idealismus satt; wir wollen 20 jetzt politische Materialisten sein.

---

[9] **Himmelsgestirne:** Himmelskörper; *heavenly bodies*   [10] sinnlicher: konkreter; durch die Sinnen wahrnehmbarer   [11] **Haltpunkt:** Stützpunkt; *support*   [12] alles über der Politik: alles, was außerhalb der Politik liegt   [13] das, worin er etwas leisten will, eine Zeitlang ausschließlich zu betreiben: *to work exclusively for a time in that (area) in which he wishes to accomplish something*   [14] über einer **Aufgabe alle anderen:** siehe Z. 4

CARL SCHURZ (1829 - 1906)

Trotz Reaktion, Zensur und Polizeiherrschaft gab es in den dreißiger und vierziger Jahren eine bürgerliche, liberale und demokratische Opposition in Deutschland. Man forderte Freiheit der Presse, eine wirkliche Volksvertretung, und wollte die politische Einigung Deutschlands. 1848 trat in Frankfurt eine deutsche Nationalversammlung zusammen, die
5   eine neue Verfassung ausarbeitete, doch fehlte es ihr an Macht, sie durchzusetzen. Die deutschen Fürsten, die zunächst bereit schienen, der wachsenden Opposition nach-zugeben, hielten bald wieder an ihrer Macht fest. In Wien, Berlin und vor allem im südwestlichen Deutschland, in Baden[1] und in der Pfalz,[2] kam es zu Aufständen. Sie wurden durch Militär niedergeschlagen. Als sich im Juli 1849 die letzten Revolutionäre, die
10   in der badischen Festung Rastatt eingeschlossen waren, ergeben mußten, war die deutsche bürgerliche Revolution zu Ende.

Unter den in Rastatt Eingeschlossenen befand sich auch ein Student aus Bonn,[3] Carl Schurz. Statt wie seine Mitkämpfer die Waffen niederzulegen, unternahm er jedoch den fast hoffnungslosen Versuch, aus der belagerten Stadt zu entfliehen. Er entkam ins
15   Ausland, kehrte aber noch einmal, mit einem falschen Paß, nach Deutschland zurück. Er hatte den tollkühnen Plan gefaßt, seinen Lehrer Gottfried Kinkel aus der Gefangenschaft zu befreien. Kinkel war Professor an der Universität in Bonn,[3] hatte am Aufstand teilgenommen und war gefangen worden. Man verurteilte ihn erst zum Tode, und begnadigte ihn dann zu lebenslänglichem Zuchthaus. Schurz gelang es mit Hilfe von
20   Geldern,[4] die er für Kinkel gesammelt hatte, einen Wärter des Zuchthauses Spandau,[5] in dem Kinkel saß, zu bestechen und den Gefangenen zu befreien. Über die Ostsee[6] entkamen Schurz und Kinkel nach England. Kinkel wurde später Professor der Kunstgeschichte an der Universität in Zürich, Schurz ging nach Amerika. Seine politischen Ideen, für die er in Deutschland verfolgt worden war, konnte er nun offen vertreten; sie
25   waren jedermanns Ideen. Schurz schloß sich der republikanischen Partei an und trug 1860 bei der Präsidentenwahl entscheidend zum Siege Lincolns bei. Im Sezessionskrieg[7] stieg er bis zum General auf. Später war er Senator für den Staat Missouri und eine Zeitlang Innenminister (Secretary of the Interior).

Wie Carl Schurz wanderten nach der Niederschlagung der Revolution von 1848
30   Hunderttausende von liberal und demokratisch gesinnten Deutschen nach Amerika aus; unter ihnen ist Carl Schurz der bekannteste geworden.

---

[1] **Baden:** Land im südwestlichen Teil Deutschlands   [2] **die Pfalz:** Land auf der westlichen Seite des Rheins   [3] **Bonn:** Stadt am Rhein, jetzt die Hauptstadt der Bundesrepublik Deutschland   [4] **Geldern:** *funds*   [5] **Spandau:** kleine Stadt in der Nähe von Berlin, jetzt ein Teil von West-Berlin   [6] **Ostsee:** *Baltic Sea*   [7] **Sezessionskrieg:** Bürgerkrieg; *Civil War*

Aus LEBENSERINNERUNGEN (1905/06)

MEINE FLUCHT AUS RASTATT

. . Im Hauptquartier hörte ich, daß die Übergabe der Stadt auf Gnade oder Ungnade[8] beschlossen sei. Um 12 Uhr mittags sollten die Truppen aus den Toren marschieren und draußen auf dem Glacis[9] der Festung vor den dort aufgestellten Preußen die Waffen strecken.[10] Die Befehle waren bereits ausgefertigt. Ich ging nach meinem Quartier am Marktplatz, um meinen letzten Brief an meine Eltern zu   5 schreiben. Diesen Brief übergab ich dem guten Herrn Nusser, meinem Wirt, der mir mit Tränen in den Augen versprach, ihn der Post zu übergeben, sobald die Stadt wieder offen sein werde.

Unterdessen nahte die Mittagsstunde. Ich hörte bereits die Signale zum Antreten auf den Wällen und in den Kasernen, und ich machte mich fertig, zum   10 Hauptquartier hinaufzugehen. Da schoß mir plötzlich ein neuer Gedanke durch den Kopf.

Ich erinnerte mich, daß ich vor wenigen Tagen auf einen unterirdischen Abzugskanal[11] für das Straßenwasser[12] aufmerksam gemacht worden war, der bei dem Steinmauerer Tor aus dem Innern der Stadt unter den Festungswerken[13]   15 durch ins Freie[14] führte. Der Eingang des Kanals im Innern der Stadt befand sich nahe bei einer Gartenhecke,[15] und draußen mündete er in einem von Gebüsch überwachsenen Graben an einem Welschkornfelde.[16] Jetzt im letzten Moment vor der Übergabe kam mir die Erinnerung wie ein Lichtblitz[17] zurück. Würde es mir nicht möglich sein, durch diesen Kanal zu entkommen? Würde ich nicht, wenn ich   20 so das Freie erreichte, mich bis an den Rhein durchschleichen, dort einen Kahn finden und nach dem französischen Ufer übersetzen können? Mein Entschluß war schnell gefaßt – ich wollte es versuchen.

Ich rief meinen Burschen, der zum Abmarsch fertig geworden war. „Adam", sagte ich, „Sie sind ein Pfälzer und ein Volkswehrmann.[18] Ich glaube, wenn Sie   25 sich den Preußen ergeben, so wird man Sie bald nach Hause schicken. Ich bin ein Preuße, und uns Preußen werden sie wahrscheinlich totschießen. Ich will daher versuchen davonzukommen, und ich weiß wie. Sagen wir also Adieu!"[19]

„Nein", rief Adam, „ich verlasse Sie nicht, Herr Leutnant. Wohin Sie gehen, gehe ich auch." Die Augen des guten Jungen glänzten vor Vergnügen.   30

„Aber", sagte ich, „Sie haben nichts dabei zu gewinnen, und wir werden vielleicht große Gefahr laufen."

---

[8] auf Gnade oder Ungnade: *for unconditional surrender*   [9] Glacis: *(Fr.) a slope outside the wall of the fort*   [10] die Waffen strecken: sich ergeben; *lay down their arms*   [11] Abzugskanal: *outlet*   [12] Straßenwasser: *rainwater that collects on the street*   [13] Festungswerke: *fortifications*   [14] ins Freie: *into the open (country)*   [15] Gartenhecke: *garden hedge*   [16] Welschkornfelde: *field of Indian corn*   [17] Lichtblitz: Blitz; *lightning bolt*   [18] Volkswehrmann: *militiaman*   [19] Adieu: *(Fr)* auf Wiedersehen

„Gefahr oder nicht", antwortete Adam entschieden, „ich bleibe bei Ihnen."

In diesem Augenblicke sah ich draußen einen mir bekannten Artillerieoffizier namens Neustädter vorübergehen.

„Wo gehen Sie hin, Neustädter?" rief ich ihm durchs Fenster zu.

5   „Zu meiner Batterie", antwortete er, „um die Waffen zu strecken."

„Die Preußen werden Sie totschießen", entgegnete ich. „Gehen Sie doch mit mir, und versuchen wir davonzukommen."

Er horchte auf, kam ins Haus und hörte meinen Plan, den ich ihm mit wenigen Worten darlegte. „Gut", sagte Neustädter, „ich gehe mit Ihnen." Es war

10   nun keine Zeit zu verlieren. Adam wurde sofort ausgeschickt, um einen Laib Brot, ein paar Flaschen Wein und einige Würste zu kaufen. Dann steckten wir unsere Pistolen unter die Kleider und rollten unsere Mäntel auf. In dem meinigen verbarg ich einen kurzen Karabiner,[20] den ich besaß. Die Flaschen und Eßwaren, die Adam brachte, wurden auch so gut es ging[21] verpackt. Unterdessen begann die Besatzung

15   in geschlossenen Kolonnen über den Markt zu marschieren. Wir folgten der letzten Kolonne eine kurze Strecke, schlugen uns[22] dann in eine Seitengasse und erreichten bald die innere Mündung unseres Kanals. Ohne Zaudern schlüpften wir hinein. Es war zwischen ein und zwei Uhr nachmittags am 23. Juli.

Der Kanal war eine von Ziegelsteinen gemauerte Röhre, etwa 4 - 4½ Fuß hoch

20   und 3 - 3½ Fuß breit, so daß wir uns darin in einer unbehaglichen gehuckten[23] Stellung befanden und, um uns fortzubewegen, halb gehen, halb kriechen mußten. Das Wasser auf dem Boden reichte uns bis über die Fußgelenke. Als wir weiter in das Innere des Kanals vordrangen, fanden wir in regelmäßigen Entfernungen enge Luftschächte,[24] oben mit eisernen Gittern verschlossen, durch die das Tageslicht

25   herabkam und den sonst finsteren Kanal fleckweise[25] erhellte. An solchen Stellen ruhten wir einen Augenblick und streckten uns aus, um das Rückgrat wieder in Ordnung zu recken. Wir hatten unserer Berechnung nach ungefähr die Mitte der Länge des Kanals erreicht, als ich mit dem Fuße an ein kurzes im Wasser liegendes Brett stieß, das sich quer zwischen die Wände des Kanals einklemmen ließ, so daß es

30   uns als eine Art von Bank zum Niedersitzen dienen konnte. Auf dieser Bank, die unsere Lage behaglicher machte, drückten wir uns zusammen zu längerer Ruhe.

Bis dahin hatte die beständige Bewegung, zu der wir genötigt gewesen, uns kaum zur Besinnung kommen lassen. Jetzt, auf der Bank sitzend, hatten wir Muße, unsere Gedanken zu sammeln und über das, was nun weiter zu tun sei, Kriegsrat zu

35   halten. Ich schlug meinen Genossen vor, daß wir auf der Bank bis gegen Mitternacht sitzen bleiben sollten, um dann den Kanal zu verlassen und zuerst die Deckung eines nahen mit Welschkorn bepflanzten Feldes zu suchen. Von da würden wir, wenn der Himmel klar wäre, einen kleinen Teil des Weges nach Steinmauern, einem etwa eine Stunde von Rastatt entfernten am Rhein gelegenen Dorfe, überblicken können —

40   wenigstens hinreichend, um uns zu vergewissern, ob wir uns ohne unmittelbare Gefahr aus dem Welschkornfelde herauswagen dürften. Und so würden wir denn, von Zeit zu Zeit Deckung suchend und den Weg vor uns rekognoszierend,[26] hoffen

---

[20] **Karabiner:** *carbine*   [21] **so gut es ging:** so gut wie möglich   [22] **schlugen uns:** *turned*
[23] **gehuckten:** *stooped*   [24] **Luftschächte:** *ventilating shafts*   [25] **fleckweise:** *in spots*
[26] **rekognoszierend:** erkundend; *reconnoitering*

können, lange vor Tagesanbruch Steinmauern zu erreichen und dort einen Kahn zu finden, der uns auf das französische Ufer hinüberbrachte. Dieser Plan wurde von meinen Genossen gutgeheißen.[27]

Während wir so miteinander zu Rate gingen, hörten wir über uns allerlei dumpfes Getöse wie das Rollen von Fuhrwerken und den dröhnenden Tritt großer   5
Menschenmassen — woraus wir schlossen, daß nun die Preußen in die Festung einzögen und die Tore und Wälle besetzten. Als es etwas stiller geworden war, vernahmen wir den Klang einer Turmuhr, welche die Stunden schlug. Unsere Bank befand sich nämlich in der Nähe eines der Luftschächte, so daß das Geräusch der obern Welt unschwer zu uns drang. Gegen neun Uhr abends fing es an zu regnen, und   10
zwar so stark, daß wir das Klatschen des herabströmenden Wassers deutlich unterscheiden konnten. Zuerst schien uns das schlechte Wetter der Ausführung unseres Fluchtplans günstig zu sein. Bald aber kam uns die Sache in einem ganz anderen Lichte vor. Wir fühlten nämlich, wie das Wasser in unserm Kanal stieg und bald mit großer Heftigkeit, wie ein Gießbach,[28] hindurchschoß. Nach einer Weile   15
überflutete es die Bank, auf welcher wir saßen, und reichte uns in unserer sitzenden Stellung bis an die Brust. Auch gewahrten wir lebendige Wesen, die mit großer Rührigkeit um uns her krabbelten. Es waren Wasserratten.

„Wir müssen hinaus", sagte ich zu meinen Genossen, „oder wir werden ertrinken." So verließen wir denn unser Brett und drangen vorwärts. Kaum hatte   20
ich ein paar Schritte getan, als ich in der Finsternis mit dem Kopf gegen einen harten Gegenstand stieß. Ich betastete ihn mit den Händen und entdeckte, daß das Hindernis in einem eisernen Gitter bestand. Sofort kam mir der Gedanke, daß dieses Gitter dort angebracht worden sei, um während einer Belagerung alle Kommunikation durch den Kanal zu verhindern. Dieser Gedanke, den ich meinen Gefährten   25
sofort mitteilte, brachte uns der Verzweiflung nahe. Aber als ich das Gitter mit beiden Händen ergriff, wie wohl ein Gefangener an den Eisenstäben[29] seines Kerkerfensters rüttelt, gewahrte ich, daß es sich ein wenig hin- und herbewegen ließ, und eine weitere Untersuchung ergab, daß es nicht ganz bis auf den Boden reichte, sondern etwa anderthalb bis zwei Fuß davon abstand. Wahrscheinlich war es so   30
eingerichtet, daß es aufgezogen und heruntergelassen werden konnte, um so den Kanal zum Reinigen zu öffnen und dann wieder zu schließen. Glücklicherweise hatte während der Belagerung niemand von diesem Gitter gewußt oder daran gedacht, und so war uns die Möglichkeit des Entkommens geblieben.

Freilich mußten wir, um unter dem Gitter durchzuschlüpfen, mit dem ganzen   35
Körper durch das Wasser kriechen; aber das hielt uns nicht ab. So drangen wir denn rüstig vor, und als wir glaubten, nahe bei der Mündung des Kanals angekommen zu sein, hielten wir einen Augenblick an, um unsere Kraft und Geistesgegenwart für den gefährlichen Moment des Hinaustretens ins Freie zu sammeln.

Da schlug ein furchtbarer Laut an unsere Ohren. Dicht vor uns, nur wenige   40
Schritte entfert, hörten wir eine Stimme „Halt, Werda!"[30] rufen, und sogleich antwortete eine andere Stimme. Wir standen still wie vom Donner gerührt. In kurzer

---

[27]gutgeheißen: akzeptiert   [28]Gießbach: *torrent*   [29]Eisenstäben: *iron bars*   [30]Werda!: Wer (ist) da?

Zeit vernahmen wir ein anderes „Halt, Werda!" in etwas größerer Entfernung. Dann wieder und wieder denselben Ruf immer entfernter. Es war offenbar, daß wir uns unmittelbar bei der Mündung des Kanals befanden, daß draußen eine dichte Kette von preußischen Wachtposten stand, und daß soeben eine Ronde[31] oder Patrouille
5   bei dieser Kette vorüber passiert war. Leise, mit angehaltenem Atem, schlich ich noch ein paar Schritte vorwärts. Da war denn wirklich die Ausmündung des Kanals, von so dichtem Gebüsch überwachsen, daß sie in der dunklen Regennacht fast so finster blieb wie das Innere. Aber mich geräuschlos aufrichtend, konnte ich doch die dunkeln Gestalten eines preußischen Doppelpostens[32] dicht vor mir erkennen,
10   so wie auch das Feuer von Feldwachen[33] in einiger Entfernung. Hätten wir nun auch, was unmöglich schien, unbemerkt ins Freie gelangen können, so wäre doch offenbar der Weg nach Steinmauern uns verschlossen gewesen.

Leise, wie wir gekommen, duckten wir uns in unseren Kanal zurück und suchten dort für den Augenblick Sicherheit. Glücklicherweise hatte der Regen
15   aufgehört. Das Wasser war freilich noch hoch, aber es stieg doch nicht mehr. „Zurück zu unserer Bank!" flüsterte ich meinen Gefährten zu. Wir krochen unter dem Gitter durch und fanden unser Brett wieder. Da saßen wir denn,[34] dicht aneinandergedrängt. Unsere Beratung über das, was nun zu tun sei, hatte eine gewisse Feierlichkeit. Der Worte gab es wenige, des ernsten Nachdenkens viel. Ins
20   Feld hinaus konnten wir nicht – das war klar. Längere Zeit im Kanal bleiben auch nicht, ohne die Gefahr, bei mehr Regen zu ertrinken. Es blieb also nichts übrig, als in die Stadt zurückzukehren. Aber wie konnten wir in die Stadt zurück, ohne den Preußen in die Hände zu fallen? Nachdem wir diese Gedanken flüsternd ausgetauscht, trat eine lange Pause ein.

25   Hungrig und durstig, stärken sie sich nun zunächst an ihren Vorräten.

Nachdem wir unsere Mahlzeit beendigt, nahm Adam das Wort.[35] „In der Stadt habe ich eine Base", sagte er. „Ihr Haus ist nicht weit vom Eingang des Kanals. Um dahin zu kommen, brauchen wir nur durch ein paar Gärten zu gehen. Wir könnten uns da in der Scheune verbergen, bis sich etwas Besseres findet."
30   Dieser Vorschlag fand Beifall, und wir beschlossen, den Versuch zu machen. In demselben Augenblicke stieg mir ein höchst niederschlagender Gedanke auf. Ich erinnerte mich, daß wir während der Belagerung dicht bei dem Eingang des Kanals einen Wachtposten gehabt hatten. War dieser Posten von den Preußen ebenfalls besetzt worden, so saßen wir in dem Kanal zwischen zwei feindlichen Schild-
35   wachen. Ich teilte meinen Gefährten meine Befürchtung mit. Was war zu tun? Vielleicht hatten die Preußen diesen Posten noch nicht besetzt. Vielleicht konnten wir uns vorbeischleichen. Auf alle Fälle — nichts blieb uns übrig als der Versuch, durchzuschlüpfen.

Als wir unsere Bank verließen, um den Rückmarsch anzutreten, hörten wir die
40   Turmuhr draußen drei schlagen. Ich ging voraus und erreichte bald den letzten

---

[31] Ronde: *group of soldiers making the rounds of the sentry posts*   [32] Doppelpostens: Wachtposten zu zwei Mann   [33] Feldwachen: *sentries*   [34] denn: dann   [35] nahm Adam das Wort: fing Adam an zu sprechen

Luftschacht. Ich nahm die Gelegenheit wahr, um mich aufzurichten und ein wenig
zu strecken, wobei mir etwas geschah, das auf den ersten Augenblick ein Unglück
schien. Ich hatte meinen kurzen Karabiner bei dem gebückten Gehen durch den
Kanal als eine Art von Krücke gebraucht. Indem ich mich aufrichtete, fiel mir der
Karabiner ins Wasser und machte ein großes Geräusch. „Holla!" rief eine Stimme   5
just über mir. „Holla! In diesem Loch steckt was![36] Kommt hierher!" Und in
demselben Augenblicke kam ein Bajonett, wie eine Sondiernadel,[37] von oben
herunter durch das Gitter, welches das Luftloch deckte. Ich hörte es, wie es an die
eisernen Stäbe des Gitters anstieß, und wich der Spitze desselben durch rasches
Bücken aus.   10

„Nun schnell hinaus!" flüsterte ich meinen Genossen zu, — „oder wir sind
verloren." Mit wenigen hastigen Schritten erreichten wir das Ende des Kanals. Ohne
uns umzusehen, sprangen wir über eine Hecke in den nächsten Garten und
gewannen[38] in schnellem Lauf einen zweiten Zaun, der ebenso überstiegen wurde.
Atemlos blieben wir dann in einem Felde hoher Gartengewächse[39] stehen, um zu   15
horchen, ob uns jemand folge. Wir hörten nichts. Es ist wahrscheinlich, daß das
Fallen meines Karabiners ins Wasser die Aufmerksamkeit der Wachtposten in der
unmittelbaren Umgebung auf sich gezogen und von der Mündung abgewendet hatte.
So mag unser Entrinnen durch den zuerst unglücklich aussehenden Zufall erleichtert
worden sein.   20

Als Adam sich an unserm Halteplatz orientierte, fand er, daß wir uns dicht bei
dem Hause seiner Base befanden. Wir setzten über einen Zaun, der uns noch von
dem zu diesem Hause gehörenden Garten schied, wurden aber da von dem lauten
Gebell eines Hundes begrüßt. Um ihn zu besänftigen, opferten wir den letzten Rest
unserer Würste. Das Tor der Scheune fanden wir offen, gingen hinein, streckten uns   25
auf dem an der einen Seite aufgehäuften Heu aus und fielen bald in tiefen Schlaf.

Aber diese Ruhe sollte nicht lange währen. Ich wachte jählings[40] auf und
hörte die Turmuhr sechs schlagen. Es war heller Tag. Adam hatte sich bereits
erhoben und sagte, er wolle nun ins Haus zu seiner Base gehen, um anzufragen, was
sie für uns tun könne. Nach wenigen Minuten kehrte er zurück und die Base mit   30
ihm. Ich sehe sie noch vor mir — eine Frau von etwa dreißig Jahren, mit blassem
Gesicht und weit geöffneten, angstvollen Augen. „Um Gottes willen", sagte sie,
„was macht ihr hier. Hier könnt ihr nicht bleiben. Heute morgen kommen
preußische Kavalleristen als Einquartierung. Die werden gewiß in der Scheune nach
Futter und Streu für ihre Pferde suchen. Dann finden sie euch und wir sind allesamt   35
verloren."

„Aber nehmt doch Vernunft an,[41] Base", sagte der gute Adam. „Wo können
wir denn jetzt hin? Ihr werdet uns doch nicht ausliefern!"

Aber die arme Frau war außer sich vor Angst. „Wenn ihr nicht geht",
antwortete sie entschieden, „so muß ich es den Soldaten sagen, daß ihr da seid. Ihr   40
könnt nicht verlangen, daß ich mich und meine Kinder für euch unglücklich
mache."

---

[36] steckt was: ist etwas   [37] Sondiernadel: *probing needle*   [38] gewannen: erreichten
[39] Gartengewächse: Gartenpflanzen   [40] jählings: plötzlich   [41] nehmt doch Vernunft an: seid doch
vernünftig; *be reasonable*

Es wurde noch mehr geredet, aber umsonst. Wir hatten keine Wahl — wir
mußten die Scheune verlassen. Aber wohin? Die Frau zeigte uns durch das
geöffnete Scheunentor einen von hohem und dichtem Gebüsch überwachsenen
Graben auf der andern Seite des Hofes, in welchem wir uns verstecken könnten.
5 Unsere Lage wurde verzweifelt. Da standen wir, alle drei in badischer Uniform,
sofort als Soldaten der Revolutionsarmee zu erkennen. Und nun sollten wir keinen
andern Zufluchtsort haben als das einen Graben deckende Gebüsch, mitten in einer
Stadt, die von feindlichen Truppen wimmelte! Natürlich zögerten wir, die Scheune
zu verlassen, obgleich das auch ein gefährlicher Aufenthalt war; doch bot sie uns ein
10 Dach über dem Kopf, und vielleicht ließ sich darin ein gutes Versteck finden. Noch
hofften wir, die Base werde sich erbitten lassen.[42] Sie ging ins Haus, da sie die
Ankunft der Einquartierung jeden Augenblick erwartete. Nach etwa einer halben
Stunde kehrte sie zurück und sagte, die Kavalleristen seien gekommen und säßen
gerade beim Frühstück. Jetzt könnten wir den Hof passieren,[43] ohne von ihnen
15 gesehen zu werden. Sie bestand mit solcher Entschiedenheit darauf, daß wir uns in
unser Schicksal ergeben mußten.

Sie verstecken sich zunächst im Gebüsch, später im Dachraum[44] eines kleinen
Schuppens.[45] Ein freundlicher Arbeiter verspricht, ihnen etwas zu essen zu bringen.

20   Unser Gemach[46] war gerade groß genug, daß wir drei bequem darin
nebeneinander liegen konnten. Der Boden, auf dem wir uns ausstreckten, war
gedielt[47] und mit zollhohem[48] weißen Staube bedeckt. In diesem Staub lagen wir
nun mit unsern nassen Kleidern. Aber wir fühlten uns wenigstens vorläufig sicher.
Es war ungefähr ein Uhr nachmittags, als wir unser neues Asyl bezogen. Wir
25 warteten ruhig, bis unser Freund uns den nötigen Mundvorrat[49] bringen würde, um
dann mit ihm weitere Rettungspläne zu überlegen. Nun hörten wir die Turmuhr
zwei Uhr schlagen, und drei und vier, aber unser Mann kam noch immer nicht
zurück.
         Kurz nach vier Uhr wurde es in dem Schuppen unter uns sehr lebhaft. Aus
30 dem Sprechen und Rufen und Poltern, das wir hörten, schlossen wir,[50] daß ein
Trupp Reiter gekommen und damit beschäftigt sei, den Schuppen zur zeitweiligen
Unterbringung von Kavalleriepferden einzurichten. Die Pferde kamen bald an und
auf allen Seiten schwärmte es von Soldaten. Durch die Ritzen der Bretterwände
unseres Dachraums konnten wir sie deutlich sehen. Unsere Lage wurde nun wieder
35 eine äußerst kritische. Wäre es einem der Soldaten eingefallen, den Verschlag[51] zu
untersuchen und nachzusehen, was es in dem Dachraum geben möchte, so war
unsere Entdeckung unvermeidlich. Irgend ein Geräusch, ein Husten oder Niesen
unsererseits würde uns verraten haben. Wir gaben uns Mühe, möglichst leise zu
atmen und sehnten uns nach der Nacht. Die Nacht kam, und wir waren noch

---

[42] erbitten lassen: *be moved by entreaties*   [43] passieren: *cross*   [44] Dachraum: Dachboden; *loft*
[45] Schuppen: *shed*   [46] Gemach: Zimmer   [47] gedielt: *made of planks*   [48] zollhohem: *an inch
high*   [49] Mundvorrat: Mundbedarf; *provisions*   [50] schlossen wir: *we concluded*   [51] Verschlag:
Schuppen

unentdeckt, aber der Freund, auf dessen Beistand wir rechneten, hatte sich noch immer nicht wieder gezeigt.

Wir fingen an, recht hungrig und durstig zu werden und hatten weder einen Bissen noch einen Schluck. Der Rest unseres Branntweins war auf dem eiligen Lauf von dem Kanal nach dem Hause der Base verloren gegangen. Nun lagen wir still wie 5 Tote. Nach und nach wurde es ruhiger im Schuppen, und bald hörten wir einige Leute schnarchen, andere von Zeit zu Zeit umhergehen, — wahrscheinlich die Stallwache.[52] Wir fürchteten uns, selbst zu schlafen, obgleich wir sehr erschöpft waren; schließlich aber verständigten wir uns mit leisem Geflüster dahin,[53] abwechselnd zu schlafen und zu wachen und den jeweiligen Schläfer zu wecken, 10 wenn er zu schwer atmete. So ging die Nacht vorüber und der Morgen brach an, aber unser Helfer kam noch immer nicht. Mittag, Nachmittag, Abend — der ganze zweite Tag dahin — , aber von unserem Freunde keine Spur. Da lagen wir still und steif, von feindlichen Soldaten umgeben, und mit jedem Augenblick schien die Aussicht auf Hilfe immer mehr zu schwinden. Der Durst fing an, uns sehr zu quälen. 15 Glücklicherweise setzte während der Nacht wieder ein starker Regen ein. Über meinem Kopf befand sich im Dache ein gebrochener Ziegel und durch das Loch, klein wie es war, tröpfelte das Regenwasser herab. Ich fing etwas davon in der hohlen Hand auf und gewann so einen erquickenden Trunk. Meine Gefährten folgten meinem Beispiel. Wieder wurde es Morgen und unsere Hoffnung auf die 20 Rückkehr unseres Freundes sank und sank. Die Turmuhr schlug Stunde nach Stunde, und keine Hilfe. Unsere Glieder begannen von dem starren Liegen zu schmerzen, und doch konnten wir kaum wagen, unsere Lage zu ändern. Drei Tage und zwei Nächte waren wir nun ohne Nahrung gewesen und ein ungewohntes Gefühl der Schwäche trat ein. So kam die dritte Nacht. Alle Hoffnung auf das 25 Kommen unseres Freundes war nun dahin. Wir erkannten die Notwendigkeit, selbst einen neuen Versuch zu unserer Rettung zu machen, ehe unsere Kräfte gänzlich schwanden. Wir sannen und sannen, ohne ein Wort zu sprechen als höchstens: ,,Er kommt nun nicht mehr.‘‘

Endlich tauchte in mir ein neuer Gedanke auf. Als wir während dieser dritten 30 Nacht die Soldaten unter uns kräftig schnarchen hörten, flüsterte ich meinem Nachbar zu, indem ich meinen Mund seinem Ohr nahe brachte:

Neustädter, haben Sie nicht ein kleines Häuschen bemerkt, das etwa fünfzig Schritt von hier steht?‘‘ ,,Ja‘‘, sagte Neustädter.

,,Da muß ein armer Mann wohnen‘‘, fuhr ich fort, — ,,wahrscheinlich ein 35 Arbeiter. Einer von uns muß zu ihm ins Haus gehen und zusehen,[54] ob er uns helfen kann. Ich würde selbst hingehen, aber ich müßte über Sie wegklettern‘‘ — Neustädter lag der Öffnung in der Bretterwand am nächsten — ,,und das möchte Geräusch geben. Sie sind ohnehin der Kleinste und Leichteste von uns. Wollen Sie es versuchen?‘‘ 40

,,Ja.‘‘

Ich hatte noch etwas Geld. ,,Nehmen Sie meinen Geldbeutel‘‘, flüsterte ich,

---

[52] **Stallwache:** *stable watch* [53] **verständigten wir uns ... dahin:** *we agreed (to)* [54] **zusehen:** *see to it*

„und geben Sie dem Mann, der in dem Häuschen wohnt, zehn Gulden davon, oder so viel er will. Sagen Sie ihm, er solle uns etwas Brot und Wein, oder auch nur Wasser schaffen und sich sobald als möglich erkundigen, ob die preußische Postenkette noch um die Festung herum steht. Sind die Posten eingezogen, so können wir
5 morgen nacht noch einmal den Versuch machen, durch den Kanal fortzukommen."

In einer Minute war Neustädter leicht und leise wie eine Katze durch das Loch in der Bretterwand verschwunden. Mein Herz schlug fast hörbar während seiner Abwesenheit, ein falscher Tritt, ein zufälliges Geräusch konnte ihn verraten. Nach weniger als einer halben Stunde kam er zurück, ebenso leicht und lautlos wie
10 er gegangen war, und streckte sich neben mir aus.

„Es ist alles gut gegangen", flüsterte er. „Hier ist ein Stück Brot – alles was sie im Hause hatten. Und hier ist auch ein Apfel, den ich im Vorbeigehen von einem Baum gepflückt habe. Aber ich glaube, er ist noch grün."

Das Brot und der Apfel waren schnell unter uns verteilt und mit Gier
15 verzehrt. Dann berichtete Neustädter mit seinem Mund an meinem Ohr, er habe in dem kleinen Häuschen einen Mann und dessen Frau gefunden: der Mann, dem er die zehn Gulden gegeben, habe ihm fest versprochen, uns Nahrung und auch die gewünschte Kunde über den Stand der Dinge außerhalb der Festung zu bringen.

Das erfrischte unsere Lebensgeister, und beruhigt schliefen wir abwechselnd
20 bis zum hellen Morgen. Nun erwarteten wir jeden Augenblick unseren Befreier. Aber eine Stunde nach der andern verging, und er kam nicht. Waren wir wieder getäuscht? Endlich gegen Mittag hörten wir jemanden in dem Verschlage dicht unter uns geräuschvoll herum rumoren, als schöbe er schwere Gegenstände von einer Ecke in die andere; dann ein leichtes Husten. Im nächsten Augenblick erschien
25 ein Kopf in der Öffnung unserer Bretterwand und ein Mann stieg zu uns herein. Er war unser neuer Freund. Er schob einen Korb vor sich her, der anscheinend mit Handwerkszeug gefüllt war, aus dessen Tiefe aber bald zwei Flaschen Wein, ein paar Würste und ein großer Laib Brot hervorgelangt wurden. „Da ist etwas für Hunger und Durst", sagte unser Freund leise. „Ich bin auch um die Stadt herum gewesen.
30 Die preußischen Wachtposten sind nicht mehr draußen. Ich will euch gern helfen. Sagt mir nur, was ich tun soll."

Ich bat ihn nun, nach Steinmauern zu gehen und sich dort nach einem Kahn umzusehen, der uns in der kommenden Nacht über den Rhein bringen könne. Dann solle er gegen Mitternacht in dem Welschkornfelde nahe bei dem Steinmauerner Tor
35 uns erwarten. Das Signal werde ein Pfiff sein, den er beantworten solle, um dann mit uns zusammenzutreffen und uns nach der Stelle zu führen, wo der Kahn liege. Seiner Frau sollte er sagen, daß sie um 11 Uhr nachts etwas zu essen für uns bereit haben möge.

Ich gab dem Manne noch etwas mehr Geld; er versprach alles zu tun, was ich
40 verlangt hatte, und verschwand wieder wie er gekommen war. Nun hielten wir ein königliches Mahl, während dessen unsere gute Laune es uns sehr schwer machte, die nötige Stille zu bewahren. Um so länger schienen uns die folgenden Stunden. Sie waren so voll Hoffnung und Besorgnis. Gegen zwei Uhr hörten wir das Knattern einer Gewehrsalve[55] in einiger Entfernung.

45 „Was ist das?" flüsterte Neustädter. „Da erschießen sie wohl einen."

---

[55] Gewehrsalve: *salvo, volley of shots*

Mir schien es auch so. Wir nahmen es als eine Andeutung des Schicksals, das uns bevorstände, wenn wir gefangen würden. In der Tat aber begann, wie wir später erfuhren, das Erschießen erst einige Tage nachher.

Gegen drei Uhr erhob sich ein geräuschvolles Getriebe in dem Schuppen unter uns. Die Reiter machten sich offenbar zum Abzuge bereit. Aber kaum waren sie 5 fort, als eine andere Truppe von dem Schuppen Besitz nahm. Wie wir aus den zu uns heraufdringenden Gesprächen schließen konnten, war es eine Abteilung Husaren.[56] Gegen Abend schien sich eine große Menge zu versammeln, und wir unterschieden auch weibliche Stimmen darunter. Dann erklang eine Trompete, die Walzerweisen[57] spielte, wozu die lustige Gesellschaft tanzte. Dies war uns nicht 10 unlieb, denn wir erwarteten, daß nach einem solchen Vergnügen, bei dem es nicht ohne tapferes Trinken abging, unsere Husaren nur um so tiefer schlafen würden. Gegen neun Uhr zerstreute sich die Menge und es würde alles still geworden sein, hätte nicht einer der Husaren eine Rastatter Maid[58] auf dem Platze zurückgehalten. Das Pärchen[59] stand oder saß dicht bei unserm Versteck und jedes der 15 gewechselten Worte konnten wir verstehen. Die Unterhaltung war sehr gefühlvollen Charakters. Er beteuerte ihr, daß sie reizend sei, daß sie sogleich beim ersten Blick sein Herz in Flammen gesetzt habe, und daß er sie liebe. Sie antwortete, er möge sie mit seinen schlechten Späßen in Ruhe lassen; aber er merkte vielleicht, daß sie wirklich nicht in Ruhe gelassen sein wollte, und so fuhr er fort, dasselbe Thema in 20 allerlei kühnen und blumenreichen Redewendungen zu variieren. Endlich schien sie denn auch geneigt, alles zu glauben, was er ihr sagte. Gerne würden wir gelacht haben, hätten wir lachen dürfen. Als aber dieses sonst so interessante Gespräch gar kein Ende nehmen wollte, fing ich an, besorgt zu werden, es möge bis Mitternacht dauern, und so werde uns die Husarenliebe einen bedenklichen Strich durch die 25 Rechnung machen.[60] Es war uns also eine große Erleichterung, als das Paar endlich gegen zehn Uhr davonging, und wir wünschten ihm den Segen des Himmels.

Nun zählten wir die Minuten, da der entscheidende Augenblick nahte. Mit dem Glockenschlage elf kroch Neustädter aus der Öffnung in der Plankenwand, trat auf das außen am Schuppen aufgeschichtete Brennholz und erreichte mit einem 30 leichten Sprung den Boden. Ich folgte ihm. Meine Beine waren durch das viertägige, bewegungslose Liegen sehr steif geworden, und als ich meinen Fuß auf den Holzhaufen[61] setzte, fielen mehrere Scheite[62] mit großem Geräusch zur Erde. Einen Augenblick später hörte ich in geringer Entfernung den Tritt einer Patrouille. Ich hatte noch eben Zeit, meinem treuen Adam zuzuflüstern, daß er zurück bleiben 35 solle, bis die Patrouille vorübergegangen sei, um uns dann zu folgen. Es gelang mir, zur Erde zu springen und mich zu verbergen, ehe die Patrouille um die Gasse bog. Ich fand Neustädter in dem Häuschen und Adam kam nach einigen Minuten. „Die Patrouille ging ruhig vorüber", sagte er. „Im Schuppen wurde so laut geschnarcht, daß man kaum ein anderes Geräusch hören konnte." 40

Die Frau unseres Freundes in dem Häuschen hatte eine köstliche Rindfleischsuppe mit Reis für uns bereit. Nachdem diese, das gesottene[63] Fleisch und

---

[56]Husaren: *originally cavalrymen from Hungary or Croatia, later a designation for a special type of light cavalry in all European armies* [57]Walzerweisen: *waltz melodies* [58]Maid: Mädchen [59]Pärchen: Paar [60]einen bedenklichen Strich durch die Rechnung machen: unseren Plan bedenklich vereiteln; *upset our plans considerably* [61]Holzhaufen: *woodpile* [62]Scheite: *logs* [63]gesottene: *boiled*

gebratene Kartoffeln unsere Kräfte gestärkt, machten wir uns auf den Weg durch
die Gärten nach dem Kanal. Es war eine helle Mondnacht und wir hielten uns
vorsichtig im Schatten der Hecken, um nicht gesehen zu werden. Dies gelang, bis wir
an dem Graben hart bei der Mündung des Kanals ankamen. Da erwartete uns ein
5   neuer Schrecken. Ein Wachtposten marschierte auf und ab jenseits der Mündung,
kaum dreißig Schritt davon entfernt. Wir hielten an und duckten uns hinter der
Hecke. Hier war nur eins zu tun. Wie der Mann uns den Rücken kehrte und nach der
andern Seite ging, schlüpfte einer von uns vorsichtig in den Kanal. Die beiden
anderen gerade so nachher. In wenigen Minuten waren wir dort versammelt. Wir
10   krochen behutsam vorwärts und stießen auch wieder auf unsere alte Bank, wo wir
ein wenig ausruhten. Dann unseren Weg verfolgend, fanden wir das Gitter in seinem
alten Zustande, krochen durch und sahen bald vor uns einen hellen Schein durch
dunkles Blätterwerk dringend, der uns zeigte, daß der Ausgang ins Feld vor uns lag.
Wir standen nochmals still, um unsere Pistolen fertig zu machen — ob sie nach der
15   Durchnässung hätten abgefeuert werden können, ist fraglich — , denn nach allem,
was wir gelitten, waren wir nun nötigenfalls zum Äußersten entschlossen,[64] um uns
den Weg zu bahnen. Aber der Ausgang war frei, die Postenkette verschwunden. Das
Welschkornfeld lag vor uns. Ein leiser Pfiff von unserer Seite wurde sogleich
beantwortet, und unser Mann trat aus dem Korn hervor.
20   Er berichtete uns, daß die Bahn frei sei. Wir schritten rüstig vorwärts, und in
weniger als einer Stunde hatten wir das Dorf Steinmauern erreicht. Unser Freund
führte uns an das Rheinufer[65] und zeigte uns einen Kahn, in dem ein Mann fest
schlafend lag. Er wurde schnell geweckt, und unser Freund kündigte ihm an, wir
seien die Leute, die über den Rhein gesetzt werden sollten. „Das kostet fünf
25   Gulden", sagte der Bootsmann, der sich auf meine Frage, wo er her sei, als einen
Koblenzer[66] zu erkennen gab. Ich reichte ihm den verlangten Lohn und bot auch
noch etwas Geld unserem braven Führer an. „Ihr habt mir schon genug gegeben",
sagte dieser. „Was ihr noch habt, braucht ihr wohl selbst. Ich heiße Augustin
Löffler. Vielleicht sehen wir uns im Leben noch einmal wieder. Gott behüt euch!"
30   Damit schüttelten wir einander die Hände zum Abschied. Wir Flüchtlinge stiegen in
den Kahn und unser Freund wanderte nach Rastatt zurück.
        Viele Jahre später, als ich Minister des Innern in der Regierung der Vereinigten
Staaten war, empfing ich eines Tages von Augustin Löffler einen Brief
aus einem kleinen Ort in Kanada. Er schrieb mir, er sei nicht lange nach der
35   Revolutionszeit aus Deutschland ausgewandert, und es gehe ihm gut in seiner neuen
Heimat. Er habe in einer Zeitung gelesen, ich sei einer von den drei jungen Leuten,
die er in jener Julinacht 1849 von Rastatt an den Rhein geführt habe. Ich
antwortete ihm, drückte meine Freude über den Empfang seines Briefes aus, und
bat ihn, wieder zu schreiben, habe aber seither nichts wieder von ihm gehört.

---

[64] waren wir . . . zum Äußersten entschlossen: wir waren bereit, das Äußerste zu tun; *we were ready
to risk anything*   [65] Rheinufer: *bank of the Rhine*   [66] Koblenzer: ein Mann aus Koblenz, eine
Stadt am Rhein

KARL MARX (1818 - 1883)

1848, als die bürgerliche Revolution in Deutschland noch kaum begonnen hatte, schrieb Karl Marx, zusammen mit seinem Freunde Friedrich Engels (1820 - 1895), schon das Programm der nächsten, der kommunistischen Weltrevolution. Es wurde zunächst nicht sehr beachtet, so wenig wie *Das Kapital*, Marxs Hauptwerk, dessen erster Band 1867 erschien.   5

Begonnen hatte Marx als Redakteur von rasch verbotenen Zeitungen und Zeitschriften; die Niederlage der Revolution von 1848 trieb ihn endgültig ins Ausland. Über Paris ging er nach London, wo er bis an sein Lebensende blieb. In London lebte Marx mit Frau und Kindern, von denen die Mehrzahl in frühem Alter starb, in fürchterlicher Armut. Als er den ersten Band des *Kapital* beendet hatte, hatte er nicht einmal das Geld   10 für die Briefmarken, um das Manuskript an seinen Verleger schicken zu können.

Auf dem Wege nach Amerika traf in London auch Carl Schurz mit Marx zusammen. Er schrieb in seinen *Lebenserinnerungen* über ihn:

„Was Marx sagte, war in der Tat gehaltreich, logisch und klar. Aber niemals habe ich einen Menschen gesehen von so verletzender, unerträglicher Arroganz des Auftretens.   15 Keiner Meinung, die von der seinigen wesentlich abwich, gewährte er die Ehre einer einigermaßen respektvollen Erwägung. Jeden, der ihm widersprach, behandelte er entweder mit beißendem Spott über die bemitleidenswerte Unwissenheit oder mit ehrenrühriger[1] Verdächtigung der Motive dessen, der es vorgebracht. Ich erinnere mich noch wohl des schneidend höhnischen, ich möchte sagen, des ausspuckenden Tones, mit   20 welchem er das Wort ‚Bourgeois‘ aussprach; und als ‚Bourgeois‘, das heißt als ein unverkennbares Beispiel einer tiefen geistigen und sittlichen Versumpfung,[2] denunzierte er jeden, der seinen Meinungen zu widersprechen wagte.“

Ähnlich wie Schurz haben viele Zeitgenossen über Marx geurteilt. Aber derselbe Marx, der wenige Freunde hatte und sich viele Feinde machte, hat auf die Länge eine   25 historische Wirkung ausgeübt, wie kein anderer deutscher Schriftsteller des neunzehnten Jahrhunderts. Wohl ein Drittel der Menschheit lebt heute in Staatssystemen, deren Organisation auf die Lehren von Karl Marx gegründet ist.

---

[1] ehrenrühriger: *slanderous*   [2] Versumpfung: *dissoluteness*

KARL MARX UND FRIEDRICH ENGELS

Aus DAS MANIFEST DER KOMMUNISTISCHEN PARTEI (1848)

Ein Gespenst geht um in Europa – das Gespenst des Kommunismus. Alle Mächte des alten Europa haben sich zu einer heiligen Hetzjagd[3] gegen dies Gespenst verbündet. Wo ist die Oppositionspartei, die nicht als kommunistisch verschrieen[4] worden wäre?

5   Zweierlei geht aus dieser Tatsache hervor.

Der Kommunismus wird bereits von allen europäischen Mächten als eine Macht anerkannt.

Es ist hohe Zeit, daß die Kommunisten ihre Anschauungsweise, ihre Zwecke, ihre Tendenzen vor der ganzen Welt offen darlegen und dem Märchen vom Gespenst

10   des Kommunismus ein Manifest der Partei selbst entgegenstellen.

Zu diesem Zweck haben sich Kommunisten der verschiedensten Nationalität in London versammelt und das folgende Manifest entworfen.

Die Geschichte aller bisherigen Gesellschaft ist die Geschichte von Klassenkämpfen.

15   Freier und Sklave, Patrizier und Plebejer, Baron und Leibeigener, Zunftbürger und Gesell,[5] kurz, Unterdrücker und Unterdrückte standen in stetem Gegensatz zueinander, führten einen ununterbrochenen, bald versteckten, bald offenen Kampf, einen Kampf, der jedesmal mit einer revolutionären Umgestaltung der ganzen Gesellschaft endete oder mit dem gemeinsamen Untergang der kämpfenden Klassen.

20   Die aus dem Untergang der feudalen Gesellschaft hervorgegangene moderne bürgerliche Gesellschaft hat die Klassengegensätze nicht aufgehoben. Sie hat nur neue Klassen, neue Bedingungen der Unterdrückung, neue Gestaltungen des Kampfes an die Stelle der alten gesetzt.

Unsere Epoche, die Epoche der Bourgeoisie, zeichnet sich jedoch dadurch

25   aus, daß sie die Klassengegensätze vereinfacht hat. Die ganze Gesellschaft spaltet sich mehr und mehr in zwei große feindliche Lager, in zwei große, einander direkt gegenüberstehende Klassen: Bourgeoisie und Proletariat.

Die Entdeckung Amerikas, die Umschiffung[6] Afrikas schufen der aufkommenden Bourgeoisie ein neues Terrain. Der ostindische und chinesische Markt, die

30   Kolonisierung von Amerika, der Austausch mit den Kolonieen, die Vermehrung der Tauschmittel[7] und der Waren überhaupt gaben dem Handel, der Schiffahrt, der

---

[3] Hetzjagd: *chase, hunt, persecution*   [4] verschrieen: *decried*   [5] Leibeigener, Zunftbürger und Gesell:
serf, guild member, and journeyman   [6] Umschiffung: *circumnavigation*   [7] Tauschmittel: *media of*
exchange

Industrie einen nie gekannten Aufschwung und damit dem revolutionären Element in der zerfallenden feudalen Gesellschaft eine rasche Entwicklung.

Die große Industrie hat den Weltmarkt hergestellt, den die Entdeckung Amerikas vorbereitete. Der Weltmarkt hat dem Handel, der Schiffahrt, den Land-Kommunikationen eine unermeßliche Entwicklung gegeben. Diese hat wieder auf die Ausdehnung der Industrie zurückgewirkt, und in demselben Maße, worin Industrie, Handel, Schiffahrt, Eisenbahnen sich ausdehnten, in demselben Maße entwickelte sich die Bourgeoisie, vermehrte sie ihre Kapitalien,[8] drängte sie alle vom Mittelalter her überlieferten[9] Klassen in den Hintergrund.

Die Bourgeoisie, wo sie zur Herrschaft gekommen, hat alle feudalen, patriarchalischen, idyllischen Verhältnisse zerstört. Sie hat die buntscheckigen[10] Feudalbande,[11] die den Menschen an seinen natürlichen Vorgesetzten knüpften, unbarmherzig zerrissen und kein anderes Band zwischen Mensch und Mensch übrig gelassen als das nackte Interesse, als die gefühllose „bare Zahlung".[12] Sie hat die heiligen Schauer der frommen Schwärmerei,[13] der ritterlichen Begeisterung, der spießbürgerlichen Wehmut in dem eiskalten Wasser egoistischer Berechnung ertränkt. Sie hat die persönliche Würde in den Tauschwert aufgelöst und an die Stelle der zahllosen verbrieften[14] und wohlerworbenen[15] Freiheiten die eine gewissenlose Handelsfreiheit gesetzt. Sie hat, mit einem Wort, an die Stelle der mit religiösen und politischen Illusionen verhüllten Ausbeutung die offene, unverschämte, direkte, dürre Ausbeutung gesetzt.

Die Bourgeoisie hat alle bisher ehrwürdigen und mit frommer Scheu betrachteten Tätigkeiten ihres Heiligenscheines entkleidet.[16] Sie hat den Arzt, den Juristen, den Pfaffen, den Poeten, den Mann der Wissenschaft in ihre bezahlten Lohnarbeiter verwandelt.

Die Bourgeoisie hat in ihrer kaum hundertjährigen Klassenherrschaft massenhaftere und kolossalere Produktionskräfte geschaffen, als alle vergangenen Generationen zusammen. Unterjochung der Naturkräfte, Maschinerie, Anwendung der Chemie auf Industrie und Ackerbau, Dampfschiffahrt, Eisenbahnen, elektrische Telegraphen, Urbarmachung[17] ganzer Weltteile, Schiffbarmachung[18] der Flüsse, ganze aus dem Boden hervorgestampfte[19] Bevölkerungen — welches frühere Jahrhundert ahnte, daß solche Produktionskräfte im Schoß der gesellschaftlichen Arbeit schlummerten.

Die moderne bürgerliche Gesellschaft, die so gewaltige Produktions- und Verkehrsmittel hervorgezaubert hat, gleicht dem Hexenmeister, der die unterirdischen Gewalten nicht mehr zu beherrschen vermag, die er heraufbeschwor. Seit

---

[8]Kapitalien: *capital, funds*   [9]überlieferten: *transmitted*   [10]buntscheckigen: *motley*
[11]Feudalbande: *feudal bonds*   [12]bare Zahlung: *payment in cash*   [13]heiligen Schauer der frommen Schwärmerei: *holy thrills of pious ecstasy*   [14]verbrieften: *confirmed, vested*   [15]wohlerworbenen: *duly acquired*   [16]hat alle bisher ehrwürdigen und mit frommer Scheu betrachteten Tätigkeiten ihres Heiligenscheines entkleidet: *stripped of their halo all activities which used to be honorable and were viewed with pious awe*   [17]Urbarmachung: *cultivation*   [18]Schiffbarmachung: *making navigable*
[19]aus dem Boden hervorgestampfte: *conjured up (out of the earth)*

Dezennien[20] ist die Geschichte der Industrie und des Handels nur die Geschichte der Empörung der modernen Produktivkräfte gegen die modernen Produktionsverhältnisse,[21] gegen die Eigentumsverhältnisse, welche die Lebensbedingungen der Bourgeoisie und ihrer Herrschaft sind. Es genügt, die Handelskrisen zu nennen,
5 welche in ihrer periodischen Wiederkehr immer drohender die Existenz der ganzen bürgerlichen Gesellschaft in Frage stellen. In den Krisen bricht eine gesellschaftliche Epidemie aus, welche allen früheren Epochen als ein Widersinn erschienen wäre — die Epidemie der Überproduktion. Die Gesellschaft findet sich plötzlich in einen Zustand momentaner Barbarei zurückversetzt; eine Hungersnot, ein allge-
10 meiner Verwüstungskrieg scheinen ihr alle Lebensmittel abgeschnitten zu haben; die Industrie, der Handel scheinen vernichtet, und warum? Weil sie zu viel Zivilisation, zu viel Lebensmittel, zu viel Industrie, zu viel Handel besitzt. Die Produktivkräfte, die ihr zur Verfügung stehen, dienen nicht mehr zur Beförderung der bürgerlichen Zivilisation und der bürgerlichen Eigentumsverhältnisse; im Gegenteil, sie sind zu
15 gewaltig für diese Verhältnisse geworden, sie werden von ihnen gehemmt; und sobald sie dies Hemmnis überwinden, bringen sie die ganze bürgerliche Gesellschaft in Unordnung, gefährden sie die Existenz des bürgerlichen Eigentums. Die bürgerlichen Verhältnisse sind zu eng geworden, um den von ihnen erzeugten Reichtum zu fassen.[22] — Wodurch überwindet die Bourgeoisie die Krisen? Einer-
20 seits durch die erzwungene Vernichtung einer Masse von Produktivkräften; andrerseits durch die Eroberung neuer Märkte, und die gründlichere Ausbeutung alter Märkte. Wodurch also? Dadurch, daß sie allseitigere und gewaltigere Krisen vorbereitet und die Mittel, den Krisen vorzubeugen, vermindert.

Die Waffen, womit die Bourgeoisie den Feudalismus zu Boden geschlagen hat,
25 richten sich jetzt gegen die Bourgeoisie selbst.

Aber die Bourgeoisie hat nicht nur die Waffen geschmiedet, die ihr den Tod bringen; sie hat auch die Männer gezeugt, die diese Waffen führen werden — die modernen Arbeiter, die *Proletarier*.

Von allen Klassen, welche heutzutage der Bourgeoisie gegenüberstehen, ist nur
30 das Proletariat eine wirklich revolutionäre Klasse.

Alle bisherigen Bewegungen waren Bewegungen von Minoritäten oder im Interesse von Minoritäten. Die proletarische Bewegung ist die selbständige Bewegung der ungeheuren Mehrzahl im Interesse der ungeheuren Mehrzahl. Das Proletariat, die unterste Schicht der jetzigen Gesellschaft, kann sich nicht erheben,
35 nicht aufrichten, ohne daß der ganze Überbau der Schichten, die die offizielle Gesellschaft bilden, in die Luft gesprengt wird.

Der erste Schritt in der Arbeiter-Revolution ist die Erhebung des Proletariats zur herrschenden Klasse, die Erkämpfung der Demokratie.

Das Proletariat wird seine politische Herrschaft dazu benutzen, der Bour-
40 geoisie nach und nach alles Kapital zu entreißen, alle Produktionsinstrumente in

---

[20] **Dezennien:** Jahrzehnten; *decades*   [21] **Produktionsverhältnisse:** *conditions of production*
[22] **fassen:** *contain, control*

den Händen des Staats, das heißt, des als herrschende Klasse organisierten Proletariats zu zentralisieren und die Masse der Produktionskräfte möglichst rasch zu vermehren.

Es kann dies natürlich zunächst nur geschehen vermittelst despotischer Eingriffe in das Eigentumsrecht und in die bürgerlichen Produktionsverhältnisse.   5

Sind im Laufe der Entwicklung die Klassenunterschiede verschwunden, so verliert die öffentliche Gewalt den politischen Charakter. Die politische Gewalt im eigentlichen Sinne ist die organisierte Gewalt einer Klasse zur Unterdrückung einer anderen. Wenn das Proletariat im Kampfe gegen die Bourgeoisie sich notwendig zur Klasse vereint, durch eine Revolution sich zur herrschenden Klasse macht und als   10 herrschende Klasse gewaltsam die alten Produktionsverhältnisse aufhebt, hebt es mit diesen Produktionsverhältnissen die Existenzbedingungen[23] des Klassengegensatzes, die Klassen überhaupt und damit seine eigene Herrschaft als Klasse auf.

An die Stelle der alten bürgerlichen Gesellschaft mit ihren Klassen und Klassengegensätzen tritt eine Assoziation, worin die freie Entwicklung eines Jeden   15 die Bedingung für die freie Entwicklung Aller ist.

Auf Deutschland richten die Kommunisten ihre Hauptaufmerksamkeit,[24] weil Deutschland am Vorabend einer bürgerlichen Revolution steht, und weil es diese Umwälzung unter fortgeschritteneren Bedingungen der europäischen Zivilisation überhaupt, und mit einem viel weiter entwickelten Proletariat vollbringt, als   20 England im siebzehnten und Frankreich im achtzehnten Jahrhundert, die deutsche bürgerliche Revolution also nur das unmittelbare Vorspiel einer proletarischen Revolution sein kann.

Mit einem Wort, die Kommunisten unterstützen überall jede revolutionäre Bewegung gegen die bestehenden gesellschaftlichen und politischen Zustände.   25

In allen diesen Bewegungen heben sie die Eigentumsfrage, welche mehr oder minder entwickelte Form sie auch angenommen haben möge, als die Grundfrage[25] der Bewegung hervor.

Die Kommunisten arbeiten endlich überall an der Verbindung und Verständigung der demokratischen Parteien aller Länder.   30

Die Kommunisten verschmähen es, ihre Ansichten und Absichten zu verheimlichen. Sie erklären es offen, daß ihre Zwecke nur erreicht werden können durch den gewaltsamen Umsturz aller bisherigen Gesellschaftsordnung. Mögen die herrschenden Klassen vor einer kommunistischen Revolution zittern. Die Proletarier haben nichts zu verlieren als ihre Ketten. Sie haben eine Welt zu gewinnen.   35

Proletarier aller Länder, vereinigt Euch!

---

[23] Existenzbedingungen: *conditions for existence*   [24] Hauptaufmerksamkeit: *main attention*
[25] Grundfrage: Hauptfrage; *basic question*

XIII. BEWAHRUNG DER TRADITION

Im Lauf des neunzehnten Jahrhunderts verwandelte sich Deutschland unter der Führung Preußens aus einer losen Vereinigung kleiner Agrarländer in eine hoch industrialisierte politisch geeinigte Großmacht. Die wirtschaftlichen, sozialen, politischen, technischen und wissenschaftlichen Umwälzungen waren gewaltig. Begeistert sprach man von „Fortschritt", doch nicht alle sahen die Entwicklung nur als Gewinn. Im November 1838   5
schrieb der Schriftsteller Varnhagen von Ense[1] in sein Tagebuch, daß die Welt „in großer Arbeit" sei, „sich zweier Hauptstützen des bisherigen Lebens zu entledigen,[2] der Bibel und des klassischen Altertums." Wenn der Prozeß des „Losmachens" gelinge, setzte er prophetisch hinzu — „und er werde und müsse gelingen" — dann werde „eine der größten Revolutionen offenbar sein, deren Anfänge schon lange wirksam" seien. Mit Antike und   10
Christentum waren in der Tat die zwei großen Ordnungssysteme bezeichnet, auf denen die geistige Tradition des Abendlandes beruht hatte. Die große Frage war, ob sich diese Tradition erhalten und mit der Modernität einer neuen Zeit fruchtbar verbinden ließ. Der letzte, dem dies gelungen war, schien Goethe zu sein. Er war für viele nicht nur der größte deutsche Dichter, sondern zugleich ein Weiser, von dem sich Hilfe für die Praxis des   15
eigenen Lebens gewinnen ließ. Gerade an Goethe trennten sich immer wieder die Geister.[3] Liberale und revolutionäre Schriftsteller sahen in ihm eine hemmende und hindernde Macht, einen von der Zeit überholten „Kunstgreis";[4] für andere stand er im Mittelpunkt ihrer geistigen Existenz. Wenn man die letzteren als „konservativ" bezeichnet, so ist das Wort nicht in erster Linie politisch zu verstehen. Es war sehr oft ein   20
Konservatismus der Sorge; er stammte aus der Befürchtung, der Weg in die Freiheit könne ins Chaos führen, der Abbruch alter Ordnungen werde ein geistiges und moralisches Trümmerfeld hinterlassen. Aus dieser Sorge stammt das vielzitierte prophetische Wort Franz Grillparzers, das uns erst im zwanzigsten Jahrhundert ganz verständlich geworden ist: 25

> Der Weg der neueren Bildung geht
> von Humanität
> durch Nationalität
> zur Bestialität.

---

[1] **Varnhagen von Ense**: Karl August Varnhagen von Ense (1785 - 1858)   [2] **sich zweier Hauptstützen ...**
zu entledigen: sich von zwei Hauptstützen (*mainstays*) ... zu befreien   [3] **trennten sich ... die**
Geister: *the intellectuals differed sharply*   [4] **„Kunstgreis"**: *"old man of the arts"*

305

FRANZ GRILLPARZER (1791 - 1872)

Grillparzer war 35 Jahre alt, als er 1826 Goethe in Weimar besuchte. Er kam aus Wien, wo er einen frühen Ruhm als Österreichs bedeutendster Dramatiker erlangt hatte. Die übergroße Schüchternheit, mit der er sich Goethe näherte, ist nicht nur bezeichnend für die überwältigende, manchmal auch bedrückende Stellung, die Goethe in der Öffentlich-
5 keit einnahm, sie ist auch ein Ausdruck von Grillparzers eigenem, gehemmtem Wesen. Er hatte kein Talent, in der Öffentlichkeit eine glanzvolle Rolle zu spielen; allzu leicht geneigt, sich zurückzuziehen, lebte er, erst in kleinen Beamtenstellungen, später als Archivdirektor, ein freudloses Junggesellendasein.[1] Zensur und Bürokratie verbitterten ihm das Leben; als 1838 sein Lustspiel *Weh dem der lügt* vom Wiener Publikum abgelehnt
10 wurde, behielt er von da ab seine Stücke im Schreibtisch; erst nach seinem Tode wurden sie veröffentlicht.

Einer seiner großen Erfolge war das Märchenspiel *Der Traum ein Leben* (1834). In ihm wird ein junger ehrgeiziger Mensch durch den Traum einer Nacht von all seinem Ehrgeiz geheilt. Wünsche und auch Ängste, die in seinem Unbewußten verborgen sind,
15 nehmen im Traum Gestalt an; im stürmischen Verlauf von ein paar Stunden läuft ein ganzes Leben ab, und am Ende bleibt die Einsicht zurück:

> Eines nur ist Glück hienieden,[2]
> eins: des Innern stiller Frieden
> und die schuldbefreite Brust!
> 20 Und die Größe ist gefährlich,
> und der Ruhm ein leeres Spiel;
> was er gibt, sind nicht'ge Schatten,
> was er nimmt, es ist so viel!

Gemeint ist hier politischer, historischer Ruhm, und paradoxerweise stammt diese
25 Einsicht in die Nichtigkeit der geschichtlichen Größe von einem Dichter, der sich gerade für Geschichte wie für weniges sonst interessierte. Er erlebte Geschichte vor allem als österreichische Geschichte; sie gab ihm die Themen zu einigen seiner bedeutendsten Dramen: *König Ottokars Glück und Ende* (1825) und *Ein Bruderzwist in Habsburg* (1872 aus dem Nachlaß[3] veröffentlicht). Österreich, wie Grillparzer es kannte, war ein sehr
30 fragiles Gebilde, ein Nationalitätengemisch,[4] das aus Deutschen, Tschechen, Slowaken, Polen, Kroaten, Ungarn[5] und Italienern bestand und durch die Monarchie nur noch mit Mühe zusammengehalten wurde. Am Ende des Ersten Weltkrieges zerfiel dieser Staat in seine Bestandteile;[6] Österreich hörte auf, eine europäische Macht zu sein.

---

[1] Junggesellendasein: *bachelor existence*   [2] hienieden: hier unten, auf dieser Erde   [3] Nachlaß: siehe S. 282, Z. 26   [4] Nationalitätengemisch: *mixture of nationalities*   [5] Ungarn: *Hungary*
[6] Bestandteile: Komponenten

FORTSCHRITT (1854)

Nur weiter geht ihr tolles Treiben,
von vorwärts! vorwärts! erschallt das Land:
Ich möchte, wär's möglich, stehen bleiben,
wo Schiller und Goethe stand.

Aus GRILLPARZERS SELBSTBIOGRAPHIE (1872) [1853]

*MEIN BESUCH BEI GOETHE**

Gegen Abend ging ich zu Goethe. Ich fand im Salon eine große Gesellschaft, 5
die des noch nicht sichtbar gewordenen Herrn Geheimrats[7] wartete. Endlich
öffnete sich eine Seitentüre und er selbst trat ein. Schwarz gekleidet, den
Ordensstern[8] auf der Brust, gerader, beinahe steifer Haltung, trat er unter uns, wie
ein Audienz gebender Monarch. Er sprach mit diesem und jenem ein paar Worte
und kam endlich auch zu mir, der ich[9] an der entgegengesetzten Seite des Zimmers 10
stand. Er fragte mich, ob bei uns die italienische Literatur sehr betrieben werde?
Ich sagte ihm der Wahrheit gemäß, die italienische Sprache sei allerdings sehr
verbreitet, da alle Angestellten sie vorschriftsmäßig erlernen müßten. Die italienische Literatur dagegen werde völlig vernachlässigt, und man wende sich aus
Modeton[10] vielmehr der englischen zu, welche bei aller Vortrefflichkeit doch eine 15
Beimischung von Derbheit habe, die für den gegenwärtigen Zustand der deutschen
Kultur, vornehmlich der poetischen, mir nichts weniger als förderlich scheine. Ob
ihm diese meine Äußerung gefallen habe oder nicht, kann ich nicht wissen, glaube
aber fast letzteres, da gerade damals die Zeit seines Briefwechsels mit Lord Byron[11]
war. Er entfernte sich von mir, sprach mit andern, kam wieder zu mir zurück, 20
redete, ich weiß nicht mehr von was, enfernte sich endlich, und wir waren entlassen.
Ich gestehe, daß ich mit einer höchst unangenehmen Empfindung in mein
Gasthaus zurückkehrte. Nicht als wäre meine Eitelkeit beleidigt gewesen, Goethe
hatte mich im Gegenteile freundlicher und aufmerksamer behandelt, als ich
voraussetzte. Aber das Ideal meiner Jugend, den Dichter des Faust, Clavigo und 25
Egmont,[12] als steifen Minister zu sehen, der seinen Gästen den Tee gesegnete,[13]

---

[7]Herrn Geheimrats: (*Goethe was a Privy Councillor.*)   [8]Ordensstern: *star-shaped order of merit*
[9]der ich: *who*   [10]aus Modeton: nach der Mode; *according to fashion*   [11]die Zeit seines
Briefwechsels mit Lord Byron: Grillparzer irrt sich hier, da der englische Lyriker George Gordon Noel
Byron (1788 - 1824) damals schon tot war. Ab 1820 hatte Goethe von ihm Briefe bekommen.
[12]Faust, Clavigo und Egmont: *Faust* (siehe S. 190ff.); *Clavigo* (1774); *Egmont* (1788)   [13]der
seinen Gästen den Tee gesegnete: der seinen Gästen einen gutschmeckenden Tee wünschte
*Der Besuch fand im Jahre 1826 statt. Goethe war damals 77 Jahre alt.

ließ mich aus allen meinen Himmeln herabfallen.[14] Wenn er mir Grobheiten gesagt und mich zur Türe hinausgeworfen hätte, wäre es mir fast lieber gewesen. Ich bereute fast, nach Weimar[15] gegangen zu sein.

Grillparzer hat schon den Wagen zur Abreise aus Weimar bestellt, als er eine Einladung zum Mittagessen bei Goethe erhält. Er berichtet hierüber:

Goethe kam mir entgegen und war so liebenswürdig und warm, als er neulich steif und kalt gewesen war. Das Innerste meines Wesens begann sich zu bewegen. Als es[16] aber zu Tische ging und der Mann, der mir die Verkörperung der deutschen Poesie, der mir in der Entfernung und dem unermeßlichen Abstande beinahe zu einer mythischen Person geworden war, meine Hand ergriff, um mich ins Speisezimmer zu führen, da kam einmal wieder der Knabe in mir zum Vorschein, und ich brach in Tränen aus. Goethe gab sich alle Mühe, um meine Albernheit zu maskieren. Ich saß bei Tisch an seiner Seite, und er war so heiter und gesprächig, als man ihn, nach späterer Versicherung[17] der Gäste, seit langem nicht gesehen hatte. Das von ihm belebte Gespräch ward allgemein. Goethe wandte sich aber auch oft einzeln zu mir. Was er aber sprach, weiß ich nicht mehr. Ich habe leider über diese Reise nichts aufgeschrieben, und ich habe von diesem, ich hätte bald gesagt: wichtigsten Moment meines Lebens nichts als die allgemeinen Eindrücke im Gedächtnis behalten. Von den Tischereignissen[18] ist mir nur noch als charakteristisch erinnerlich, daß ich im Eifer des Gespräches nach löblicher Gewohnheit in dem neben mir liegenden Stücke Brot krümelte und dadurch unschöne Brosamen[19] erzeugte. Da tippte denn Goethe mit dem Finger auf jedes einzelne und legte sie auf ein regelmäßiges Häufchen zusammen. Spät erst bemerkte ich es und unterließ dann meine Handarbeit.

Beim Abschiede forderte mich Goethe auf, des nächsten Vormittags zu kommen, um mich zeichnen zu lassen. Er hatte nämlich die Gewohnheit, alle jene von seinen Besuchern, die ihn interessierten, von einem eigens dazu[20] bestellten Zeichner in schwarzer Kreide porträtieren zu lassen. Diese Bildnisse wurden in einen Rahmen, der zu diesem Zwecke im Besuchzimmer hing, eingefügt und allwöchentlich der Reihe nach gewechselt. Mir wurde auch diese Ehre zuteil.

Als ich mich des andern Vormittags einstellte,[21] war der Maler noch nicht gekommen. Man wies[22] mich daher zu Goethe, der in seinem Hausgärtchen auf und nieder ging. Nun wurde mir die Ursache seiner steifen Körperhaltung gegenüber von Fremden klar. Das Alter war nicht spurlos an ihm vorübergegangen. Wie er so im Gärtchen hinschritt, bemerkte man wohl ein gedrücktes Vorneigen des Oberleibs[23] mit Kopf und Nacken. Das wollte er nun vor Fremden verbergen, und daher jenes gezwungene Emporrichten,[24] das eine unangenehme Wirkung machte. Sein Anblick in dieser natürlichen Stellung, mit einem langen Hausrock bekleidet, ein kleines

---

[14]ließ mich aus allen meinen Himmeln herabfallen: *left me dumbfounded*   [15]Weimar: Stadt in Thüringen, wo Goethe lange Zeit als Geheimrat tätig war   [16]es: man   [17]Versicherung: Beteuerung; *affirmation*   [18]Tischereignissen: *events at the table*   [19]Brosamen: *crumbs*   [20]eigens dazu: nur zu diesem Zweck   [21]mich ... einstellte: erschien   [22]wies: *directed*   [23]gedrücktes Vorneigen des Oberleibs: (Oberleib: Oberkörper) *the upper part of the body was bending forward under pressure*   [24]Emporrichten: *straight posture ("raising up")*

Schirmkäppchen[25] auf den weißen Haaren, hatte etwas unendlich Rührendes. Er sah halb wie ein König aus und halb wie ein Vater. Wir sprachen im Auf- und Niedergehen.[26] Er erwähnte meiner *Sappho*,[27] die er zu billigen schien, worin er freilich gewissermaßen sich selbst lobte, denn ich hatte so ziemlich mit seinem Kalbe gepflügt.[28] Als ich meine vereinzelte Stellung in Wien beklagte, sagte er, was 5
wir seitdem gedruckt von ihm gelesen haben: daß der Mensch nur in Gesellschaft Gleicher oder Ähnlicher[29] wirken könne. Wenn er und Schiller das geworden wären, als was die Welt sie anerkennt, verdankten sie es großenteils dieser fördernden und sich ergänzenden Wechselwirkung. Inzwischen kam der Maler. Wir gingen ins Haus, und ich wurde gezeichnet. Goethe war in sein Zimmer gegangen, 10
von wo er von Zeit zu Zeit herauskam und sich von den Fortschritten des Bildes überzeugte, mit dem er nach der Vollendung zufrieden war. Nach Verabschiedung des Malers ließ Goethe durch seinen Sohn mehrere Schaustücke von seinen Schätzen herbeibringen. Da war sein Briefwechsel mit Lord Byron; alles, was sich auf seine Bekanntschaft mit der Kaiserin und dem Kaiser von Österreich[30] in Karlsbad[31] 15
bezog; endlich das kaiserlich österreichische Privilegium[32] gegen den Nachdruck[33] für seine gesammelten Werke. Diese Schätze waren, halb orientalisch, jedes Zusammengehörige einzeln, in ein seidenes Tuch eingeschlagen, und Goethe benahm sich ihnen gegenüber mit einer Art Ehrfurcht. Endlich wurde ich aufs liebevollste entlassen. 20

Im Laufe des Tages forderte mich Kanzler[34] Müller auf, gegen Abend Goethe zu besuchen. Ich würde ihn allein treffen und mein Besuch ihm durchaus nicht unangenehm sein. Erst später fiel mir auf, daß Müller das nicht ohne Goethes Vorwissen gesagt haben konnte.

Nun begab sich meine zweite weimarische[35] Dummheit. Ich fürchtete mich, 25
mit Goethe einen ganzen Abend allein zu sein, und ging, nach manchem Wanken und Schwanken, nicht hin.

Aus ERINNERUNGEN AUS DEM REVOLUTIONSJAHRE 1848
(1888) [1850]

. . . In diesen widersprechenden Richtungen bewegte sich der österreichische Staat, als die Februarrevolution in Paris[36] ausbrach. Ohne sie wäre in Österreich, ja vielleicht in ganz Deutschland die Entwicklung[37] auf wer weiß wie lange 30

---

[25] Schirmkäppchen: *small cap with a visor (to protect the eyes from sun)* [26] im Auf- und Niedergehen: im Auf- und Abgehen; *while walking up and down* [27] Sappho: Grillparzers berühmtes Drama (1818 in Wien uraufgeführt) über die griechische Dichterin Sappho [28] hatte ... mit seinem Kalbe gepflügt: *had plowed with his (Goethe's) heifer: i.e., had copied his style* [29] Gleicher oder Ähnlicher: von gleichen oder ähnlichen Menschen [30] mit der Kaiserin und dem Kaiser von Österreich: Maria Ludovica und Franz I. [31] Karlsbad: ein berühmter Kurort in Böhmen (*Bohemia*). Heute heißt die Stadt Karlovy Vary und gehört zur Tschechoslowakei. [32] Privilegium: Privileg, Lizenz [33] Nachdruck: *reprint* [34] Kanzler: *Chancellor* [35] weimarische: *"Weimarian"* [36] die Februarrevolution in Paris: Der Aufstand in Paris im Februar 1848 hatte zur Folge, daß die Monarchie unter König Louis Philippe durch die Zweite Republik ersetzt wurde. [37] Entwicklung: d.h., die revolutionäre Entwicklung

hinausgeschoben geblieben, nun hatte man aber ein Muster der Nachahmung, und man ging ans Werk. Eine Straßendemonstration ward abgekartet[38] und dabei die Studenten an die Spitze gestellt, weil sie als alberne Jungen allein bereit waren, ihre Pfoten für die brennend heißen Kastanien herzuleihen.[39] Die Sache wurde auf der
5   Straße besprochen, jedermann wußte es, Tag und Stunde war bestimmt. Ich erinnere mich, mehreren der Verschwornen, die ich alle mehr oder weniger kannte, geradezu ins Gesicht gelacht zu haben. Glaubt ihr denn, die Behörden werden es zu eurer Demonstration kommen lassen?[40] sagte ich ihnen. Das Nichtvorauszusetzende[41] trat aber wirklich ein. Es wurden keine Hindernisse in den Weg gelegt und
10 der Krawall des 13. März fand statt.

Gegen Mittag ging ich aus meiner Wohnung, um zu sehen, ob denn von all dem projektierten Unsinn etwas und was allenfalls stattfinde. Da die Sache von den Studenten ausgehen sollte, ging ich vor allem auf den Universitätsplatz, den Ort der verabredeten Zusammenkunft. Ich fand ihn nicht allein[42] menschenleer, sondern
15 auch ohne Spuren, daß früher etwas Ungewöhnliches stattgefunden habe. Ich nahm von da den Weg, den ungefähr ein Studentenaufzug[43] bis zum Landhause[44] genommen haben konnte. Nirgends eine Spur von etwas Ungewöhnlichem, nicht zwei Menschen, die miteinander sprachen oder auf ein besonderes Ereignis hindeuteten. So kam ich auf die Freiung[45] und ging ein Stück in die Herrengasse[46]
20 hinein. Hier endlich, in die Nähe des Landhauses gekommen, sah ich vor demselben etwa 200 bis 250 Menschen zusammengedrängt, die von Zeit zu Zeit einen schwachen Ausruf hören ließen, aber so matt, so erbärmlich, daß ich mich im Namen meiner Landsleute schämte, daß, wenn sie schon krawallen[47] wollten, sie's gar so unscheinbar anfingen.

25 Das war um halb zwölf Uhr, indes[48] die Geschichte schon um acht oder neun Uhr morgens angefangen hatte. Auf den nächstgelegenen Plätzen[49] gingen die Leute unbekümmert ihren Geschäften nach, ja in der Herrengasse selbst zeigte sich nirgends eine Spur von Teilnahme. Aber nirgends Truppen, nicht einmal die gewöhnliche Polizeiwache. Halb verdrießlich, halb beschämt, begab ich mich ins
30 damalige Hofkammerarchiv,[50] dessen Aktensaal[51] die Aussicht auf den Ballplatz[52] gegenüber der Staatskanzlei[53] hatte. Hier hatte ich mich aber kaum zur Arbeit gesetzt, als ein paar Bekannte kamen mit den Worten: „Nun sind sie beim Fürsten Metternich".[54] Ich folgte in den Aktensaal und sah in der Mitte des Ballplatzes einen Haufen von 40 bis 50 jungen Leuten, einer von ihnen auf den Schultern des andern
35 oder auf einem Tisch über die andern hinausragend und im Begriffe, gegen die Staatskanzlei gewendet, eine Rede zu beginnen. Hier endlich waren Grenadiere in dreifacher Reihe, das Gewehr beim Fuße, an der mir gegenüberliegenden Mauer der

---

[38] ward abgekartet: wurde heimlich vereinbart; *was secretly agreed upon*   [39] ihre Pfoten für die brennend heißen Kastanien herzuleihen: *to lend their paws for the burning–hot chestnuts: i.e., to do the dirty work*   [40] werden es zu eurer Demonstration kommen lassen: werden eure Demonstration erlauben   [41] Das Nichtvorauszusetzende: *that which could not be expected, the unexpected*
[42] allein: nur   [43] Studentenaufzug: *procession of students*   [44] Landhaus: Parlamentsgebäude
[45] Freiung: Freyung, Platz im Zentrum Wiens   [46] Herrengasse: Straße vor dem Landhaus
[47] krawallen: *create a disturbance*   [48] indes: *however*   [49] nächstgelegenen Plätzen: *nearest squares*
[50] Hofkammerarchiv: *Court Treasury Archives*   [51] Aktensaal: *documents room*   [52] Ballplatz: Ballhausplatz, westlich der Herrengasse   [53] Staatskanzlei: *State Chancellery*   [54] Klemens Wenzel Nepomuk Lothar, Fürst von Metternich (1773 - 1859): seit dem Ende der napoleonischen Ära der leitende Staatsmann Österreichs

Bastei[55] aufgestellt. Der junge Mensch begann seine Rede, von der ich mühsam den Eingang[56] verstand: „Ich heiße N. N.[57] Burian, aus **, in Galizien[58] geboren, 19 Jahre alt", teils konnte ich den Rest nicht mehr verstehen, teils fürchtete ich jeden Augenblick, die Grenadiere würden mit dem Bajonett auf die jungen Leute losgehen und Verwundungen oder sonstige Mißhandlungen vorfallen, ich verließ daher das 5 Fenster und ging in mein Arbeitszimmer zurück, dachte aber außer Gefahr für die armen Knaben noch an nichts Arges. Doch hatte das Ganze einen großen Eindruck auf mich gemacht. Die Unbekümmertheit, mit der die jungen Leute wie Opferlämmer sich hinstellten und von den aufgestellten Bewaffneten gar keine Notiz nahmen, hatte etwas Großartiges. Das sind heldenmütige Kinder, sagte ich zu 10 mir selbst.

Später trat endlich die bewaffnete Macht ein. Es wurde auf das Volk gefeuert. Wer es immer befohlen hat, er hat die Monarchie an den Rand des Abgrunds gebracht, indem er die Gassenbüberei[59] zu einer Revolution stempelte. Von da an war kein Halt, um so mehr, als man den Fürsten Metternich absetzte, der bei allen 15 seinen Fehlern doch noch der einzige war, der Kopf und Energie gehabt hätte, dem Fortrollen[60] Maß und Ziel zu setzen.

Übrigens war es die lustigste Revolution, die man sich denken kann. Vom schönsten Frühlingswetter begünstigt, bewegte sich die ganze Population den Tag über auf den Straßen. In der Nähe der kaiserlichen Burg[61] angekommen — die 20 indessen mit Militär und Kanonen besetzt worden war — erhob die Menge ein lautes Jubelgeschrei,[62] so daß die im Innern Abgeschlossenen jeden Augenblick glaubten, es gehe an ihr Leben,[63] und alles bewilligten, was einzelne Unverschämte, die sich als Deputierte darstellten, nur irgend zu begehren Lust hatten.[64] Überhaupt war es Mode geworden, daß jeder, dem es beliebte, in die Burg Einlaß begehrte, dort auf 25 den Tisch schlug und den Erzherzögen Grobheiten sagte.

Am ernsthaftesten, aber freilich auch am absurdesten nahmen es die Studenten, die sich als die Helden der Bewegung betrachteten. Da man mit Erteilung[65] der Konstitution zögerte, wollten sie die Burg stürmen. Sie dachten dabei weniger an den Sieg als an die Ehre, für die Freiheit zu sterben. Sie stritten 30 sich um den ersten Platz beim Angriff. Ich habe mich überzeugt, daß die Jüngern und Schwächern begehrten, vorangestellt zu werden, damit, wenn sie erschossen wären, die Ältern und Stärkern sich auf die Kanonen werfen könnten, ehe man noch Zeit hätte, wieder zu laden. Ein nichts weniger als aufgeregter Professor sagte mir: Ich bin überzeugt, sie nehmen die Burg ein. Endlich erschien das Versprechen 35 einer Verfassung. Der Kaiser fuhr durch die Stadt. Jubel, Vivats,[66] Anhänglichkeit, Liebe, Treue überall, und zwar aus reinem Herzen.

Ich selbst war zur Passivität verdammt. Da meine Überzeugungen in allem das Gegenteil von der allgemeinen Begeisterung waren, so fehlte mir jeder Anhaltspunkt der Verständigung. 40

---

[55]**Bastei:** Bastion   [56]**Eingang:** Anfang   [57]**N.N:** *nomen nescio (Lat.)*; „den Namen weiß ich nicht" [58]**Galizien:** Gebiet in Südpolen und in der Ukraine, damals ein Teil des österreichischen Reichs [59]**Gassenbüberei:** *activity of street urchins*   [60]**Fortrollen:** *rolling on (of events)*   [61]**der kaiserlichen Burg:** der Hofburg, der kaiserlichen Residenz   [62]**Jubelgeschrei:** *shouts of joy*   [63]**es gehe an ihr Leben:** ihr Leben sei in Gefahr   [64]**nur irgend zu begehren Lust hatten:** *whatever (they) felt like asking for*   [65]**Erteilung:** *granting*   [66]**Vivats:** vivat! *(Lat.)* — er lebe! *long may he live!*

Hier wäre der Ort, mich über meinen Mangel an Begeisterung für die Freiheit zu rechtfertigen. Der Despotismus hat mein Leben, wenigstens mein literarisches, zerstört, ich werde daher wohl Sinn für die Freiheit haben. Aber nebst dem, daß die Bewegung des Jahres 48 mein Vaterland zu zerstören drohte, das ich bis zum
5   Kindischen liebte, schien mir auch überhaupt kein Zeitpunkt für die Freiheit ungünstiger als der damalige. In Deutschland, das immer von Fortschritten träumte, hatte die ganze Bildung einen solchen Charakter von Unfähigkeit, Unnatur,[67] Übertreibung und zugleich von Eigendünkel[68] angenommen, daß an etwas Vernünftiges und Maßhaltendes[69] gar nicht zu denken war, und doch war hundert
10   auf eins zu wetten,[70] daß die Literatur, wenigstens anfangs, an der Spitze der Bestrebungen stehen werde, ich sage: anfangs, weil gerade durch das Unausführbare[71] ihrer Theorien der im zweiten Gliede stehenden Schlechtigkeit Tür und Tor geöffnet werden mußte.[72] Zur Freiheit gehört vor allem gesunder Verstand und Selbstbeschränkung, und gerade daran fehlte es in Deutschland. Österreich hatte
15   trotz seiner Zensur das Übergreifen der deutschen literarischen Absurditäten nicht verhindern können, und wenn die Wiener von „Aufgehen[73] in Deutschland" träumten, so war es größtenteils, weil sie hofften, das deutsche wissenschaftliche Gebräu mit leichter Mühe und vollen Löffeln in sich hineinschlingen zu können. Deshalb war ich auch zur Passivität verdammt; denn hätte ich gesagt: Was ihr für
20   Weisheit haltet, ist Unsinn; — es hätte mir niemand geglaubt. Vor allem, weil ich alt und der Fortschritt nur in der Jugend beglaubigt[74] war.

---

[67] Unnatur: *unnaturalness, affectation*   [68] Eigendünkel: *conceit*   [69] Maßhaltendes: *moderate*
[70] war hundert auf eins zu wetten: *it was a hundred to one*   [71] Unausführbare: *impracticability*
[72] der im zweiten Gliede stehenden Schlechtigkeit Tür und Tor geöffnet werden mußte: *the doors had to be thrown open for the baseness existing in the second rank (i.e., behind literature in the first rank)*
[73] Aufgehen: *merger (with)*   [74] beglaubigt: glaubwürdig; *believable*

EDUARD MÖRIKE (1804 - 1875)

Eduard Mörikes Gedicht *Auf eine Lampe* ist ein beschreibendes Gedicht, die Darstellung eines schönen Gegenstandes. Man hat diese Art von Gedichten später „Bildgedichte" oder „Dinggedichte" genannt. Ein solches Gedicht ist zugleich ein symbolisches Gedicht. Denn die Lampe, die unbeachtet in dem „nun fast vergessenen Lustgemach"[1] hängt, ist zugleich ein Bild der Kunst in einer Zeit, die sich von der Kunst abgewandt hat. Fast 5 unbeachtet ging auch Mörike durchs Leben, erst als Pfarrvikar[2] und Pfarrer in kleinen schwäbischen[3] Dörfern, dann frühzeitig pensioniert; zuletzt noch fünfzehn Jahre als Professor an einer Mädchenschule in Stuttgart, wo er einmal in der Woche eine Stunde über deutsche Literatur gab.

Mörike ist lange unterschätzt worden. Man hielt ihn für einen harmlosen, 10 liebenswürdigen, etwas provinziellen Idylliker,[4] der hübsche Gedichte wie kostbare Schmuckstücke herstellte. Erst später entdeckte man die Tiefe, die unter seiner heiteren Oberfläche verborgen ist; heute zählt er zu den ersten deutschen Lyrikern.

In seiner großen Novelle *Mozart auf der Reise nach Prag* (1855) hat Mörike ein Bild des Künstlers gegeben, mit dem er sich verwandt fühlte. Es ist der Mozart des *Don* 15 *Giovanni*,[5] in dem sich, wie in Mörikes Werk, Tragik und Heiterkeit, Dämonie und Trivialität zu einem unauflöslichen Ganzen verbinden.

AUF EINE LAMPE (1846)

Noch unverrückt,[6] o schöne Lampe, schmückest du,
an leichten Ketten zierlich aufgehangen hier,
die Decke[7] des nun fast vergeßnen Lustgemachs.[8]   20
Auf deiner weißen Marmorschale,[9] deren Rand[10]
der Efeukranz[11] von goldengrünem Erz[12] umflicht,[13]
schlingt fröhlich eine Kinderschar[14] den Ringelreihn.[15]
Wie reizend alles! lachend, und ein sanfter Geist
des Ernstes doch ergossen[16] um die ganze Form —   25
ein Kunstgebild[17] der echten Art. Wer achtet sein?[18]
Was aber schön ist, selig scheint[19] es in ihm[20] selbst.

---

[1] Lustgemach: *"pleasure room," a room in a garden pavilion* (Lusthäuschen) *for dancing or games*
[2] Pfarrvikar: Pfarrhelfer; *parson's assistant*   [3] schwäbischen: *Swabian*   [4] Idylliker: *idyllic poet*
[5] Don Giovanni: Oper, 1787 komponiert   [6] Noch unverrückt: *still undisturbed, not yet removed*
[7] die Decke: (*object of* schmückest)   [8] Lustgemachs: siehe oben   [9] Marmorschale: *marble bowl*   [10] Rand: (*object of* umflicht)   [11] Efeukranz: *ivy wreath*   [12] Erz: *bronze*   [13] umflicht: *twists around*   [14] Kinderschar: *crowd of children*   [15] schlingt ... den Ringelreihn: *dances with joined hands*   [16] ergossen um: *poured out around*   [17] Kunstgebild: Kunstwerk   [18] Wer achtet sein?: Wer achtet darauf? *Who pays attention to it?*   [19] scheint: Dieses Wort kann entweder *shine* oder *appear, seem* bedeuten.   [20] ihm: sich

VERBORGENHEIT (1838) [1832]

Laß, o Welt, o laß mich sein!
Locket nicht mit Liebesgaben,
laßt dies Herz alleine haben
seine Wonne, seine Pein!

5 Was ich traure,[21] weiß ich nicht,
es ist unbekanntes Wehe;
immerdar[22] durch Tränen sehe
ich der Sonne liebes Licht.

Oft bin ich mir kaum bewußt,
und die helle Freude zücket[23]   10
durch die Schwere, so[24] mich drücket
wonniglich[25] in meiner Brust.

Laß, o Welt, o laß mich sein!
Locket nicht mit Liebesgaben,
laßt dies Herz alleine haben   15
seine Wonne, seine Pein!

ZITRONENFALTER* IM APRIL (1852)

Grausame Frühlingssonne,
du weckst mich vor der Zeit,
dem[26] nur in Maienwonne[27]
20 die zarte Kost gedeiht!
Ist nicht ein liebes Mädchen hier,
das auf der Rosenlippe[28] mir
ein Tröpfchen Honig beut,[29]
so muß ich jämmerlich vergehn
25 und wird der Mai mich nimmer sehn
in meinem gelben Kleid.

FRÜH IM WAGEN (1846)

Es graut[30] vom Morgenreif[31]
in Dämmerung[32] das Feld,
da schon ein blasser Streif
30 den fernen Ost[33] erhellt.

Man sieht im Lichte bald
den Morgenstern vergehn,
und doch am Fichtenwald[34]
den vollen Mond noch stehn:

---

[21] Was ich traure: worum ich trauere; *what I mourn for*   [22] immerdar: immer   [23] zücket: zuckt; *flashes*   [24] so: die   [25] wonniglich: *delightfully (refers to* Freude)   [26] dem: *for whom*   [27] in Maienwonne: *in the delight of May*   [28] Rosenlippe: *rosy lip*   [29] beut: bietet; *offers*   [30] Es graut: es wird grau   [31] Morgenreif: *morning frost*   [32] Dämmerung: *dawn*   [33] Ost: Osten   [34] Fichtenwald: *pine woods*
* Zitronenfalter: *brimstone butterfly (lemon-colored)*

So ist mein scheuer Blick,
den schon die Ferne drängt,[35]
noch in das Schmerzensglück[36]
der Abschiedsnacht[37] versenkt.

5 Dein blaues Auge steht,
ein dunkler See, vor mir,
dein Kuß, dein Hauch umweht,
dein Flüstern mich[38] noch hier.

An deinem Hals begräbt
sich weinend mein Gesicht,   10
und Purpurschwärze[39] webt[40]
mir vor dem Auge[41] dicht.

Die Sonne kommt. Sie scheucht
den Traum hinweg im Nu,[42]
und von den Bergen streicht[43]   15
ein Schauer[44] auf mich zu.

UM MITTERNACHT (1828)

Gelassen[45] stieg die Nacht ans Land,
lehnt träumend an der Berge Wand;
ihr Auge sieht die goldne Wage[46] nun
der Zeit in gleichen Schalen[47] stille ruhn.   20
   Und kecker rauschen die Quellen hervor,[48]
   sie singen der Mutter, der Nacht, ins Ohr
      vom Tage,
   vom heute gewesenen Tage.[49]

Das uralt alte Schlummerlied,[50]   25
sie[51] achtet's nicht, sie ist es müd';
ihr klingt des Himmels Bläue süßer noch,
der flücht' gen Stunden gleichgeschwungnes Joch.[52]
   Doch immer behalten die Quellen das Wort,[53]
   es singen die Wasser im Schlafe noch fort   30
      vom Tage,
   vom heute gewesenen Tage.

---

[35]drängt: bedrängt; *presses in on*   [36]Schmerzensglück: *painful happiness*   [37]Abschiedsnacht: die Nacht vor dem Abschied (*departure*)   [38]dein Hauch umweht, dein Flüstern mich: dein Hauch, dein Flüstern umweht (*wafts around*) mich   [39]Purpurschwärze: *purple blackness: i.e., her hair*   [40]webt: *entwines*   [41]mir vor dem Auge: vor meinem Auge   [42]im Nu: sehr schnell   [43]streicht: *rushes*   [44]Schauer: *shiver*   [45]Gelassen: *calmly*   [46]Wage: Waage; *scales*   [47]gleichen Schalen: *equal pans (of the scales)*   [48]rauschen...hervor: *rush forth*   [49]vom heute gewesenen Tage: *of the day which has just past ("been")*   [50]Schlummerlied: Wiegenlied; *lullaby*   [51]sie: die Nacht   [52]gleichgeschwungnes Joch: *evenly curved arch (of the heavens)*   [53]behalten...das Wort: sprechen weiter

DENK ES, O SEELE! (1852)

Ein Tännlein grünet wo,
wer weiß, im Walde,
ein Rosenstrauch,[54] wer sagt,
in welchem Garten?
5 Sie sind erlesen[55] schon,
denk es, o Seele,
auf deinem Grab zu wurzeln
und zu wachsen.

Zwei schwarze Rößlein[56] weiden
auf der Wiese,   10
sie kehren heim zur Stadt
in muntern Sprüngen.
Sie werden schrittweis[57] gehn
mit deiner Leiche;
vielleicht, vielleicht noch eh'   15
an ihren Hufen
das Eisen[58] los wird,
das ich blitzen sehe.

---

[54] Rosenstrauch: Rosenbusch   [55] erlesen: erwählt; *chosen*   [56] Rößlein: kleine Pferde
[57] schrittweis: *at a slow pace*   [58] Eisen: Hufeisen; *horseshoe*

ADALBERT STIFTER (1805 - 1868)

Adalbert Stifter war wie sein Landsmann Grillparzer aufs tiefste von der Revolution von
1848 erschreckt. Er fürchtete den gewaltsamen Umsturz, die rücksichtslose Zerstörung
des Bestehenden. Als geheimes Gegenbild gegen die Tendenzen der Zeit schrieb er seinen
Roman *Der Nachsommer* (1857). Nachsommer ist eigentlich ein Wort aus der
Meteorologie. Man nennt so eine Periode schönen, warmen, sonnigen und beständigen   5
Wetters, die es in manchen Jahren noch mitten im Herbst gibt. Der Mensch fühlt, es ist
noch Sommer, und weiß zugleich, daß dies nicht dauern kann. Das Wort – Nachsommer – hat große metaphorische Möglichkeiten: man kann vom Nachsommer eines
Lebens, vom Nachsommer einer Epoche sprechen. Einen solchen Nachsommer hat sich
der Freiherr von Risach in Stifters Roman geschaffen. Als armer Bauernjunge auf-   10
gewachsen, studiert er unter großen Entbehrungen, tritt später in den Staatsdienst, steigt
zu hohen Stellungen und Würden auf, gibt dies alles zuletzt auf und kauft sich als alter
Mann ein Landgut am Fuße der Alpen. Dies bewirtschaftet er nun und lebt zugleich
seinen wissenschaftlichen und künstlerischen Neigungen. Risach ist ein großer Sammler.
Das Haus hat große Bibliotheken, ist voll von alten Möbeln, enthält wertvolle Bilder und   15
Skulpturen. Es erinnert ein wenig an das Haus so voll von Sammlungen und
Kunstschätzen, das sich Goethe in Weimar einrichtete, und als einen Nachfolger Goethes
hat Stifter sich selbst betrachtet. „Ich bin zwar kein Goethe, aber einer aus seiner
Verwandtschaft", hat er von sich gesagt, zur Zeit als er am *Nachsommer* schrieb.

    In das Haus des Freiherrn von Risach gerät eines Tages durch Zufall der junge   20
Heinrich Drendorf. Als der Sohn eines reichen Kaufmanns hat er keine Eile, einen Beruf
zu ergreifen, und kann, eine Zeitlang wenigstens, seinen Neigungen folgen. Er hat im
Gebirge geologische Studien getrieben, und als er eines Tages vom nahen Ausbruch eines
Gewitters[1] bedroht wird, fällt ihm ein Haus auf, dessen Front ganz mit Rosen überdeckt
ist. In ihm sucht er Schutz; es ist das Haus des Freiherrn von Risach. Heinrich wird   25
freundlich aufgenommen, zum Bleiben aufgefordert und später, beim Abschied, zum
Wiederkommen eingeladen. Hieraus entwickelt sich eine nähere Beziehung; Heinrich kehrt
im Lauf der nächsten Jahre immer wieder im Hause Risachs ein, der großen Einfluß auf
seine Entwicklung gewinnt. Denn Risach ist zugleich ein großer Erzieher, und in der
Bildung des jungen Heinrich Drendorf besteht die eigentliche Handlung des Romans. Die   30
großen Mächte, die ihn erziehen, sind die Wissenschaft, die Kunst und die Liebe. Weder
auf gelehrtes Wissen noch auf technisches Können kommt es in diesem Erziehungsprozeß
in erster Linie an; viel entscheidender ist die lebendige Gemeinschaft der Menschen, die
zum „Rosenhause" gehören. Denn nicht was geredet, sondern nur was gelebt wird, hat die
beispielgebende[2] Kraft, die allein zur wahren Humanität führen kann.   35

---

[1] nahen Ausbruch eines Gewitters: *impending thunderstorm*   [2] beispielgebende: *exemplary*

Aus DER NACHSOMMER (1857)

DIE GRIECHISCHE STATUE

Eines Abends, da Blitze fast um den ganzen Gesichtskreis[3] leuchteten, und ich[4] von dem Garten gegen das Haus ging, fand ich die Tür, welche zu dem Gange des Ammonitenmarmors,[5] zu der breiten Marmortreppe und zu dem Marmorsaale führte, offen stehen. Ein Arbeiter, der in der Nähe war, sagte mir, daß
5 wahrscheinlich der Herr durch die Tür hinein gegangen sei, und daß er sich vermutlich in dem steinernen Saale befinden werde, in welchen er gerne gehe, wenn Gewitter am Himmel ständen. Ich blickte in den Marmorgang, sah hinter der Schwelle mehrere Paare von Filzschuhen[6] stehen und beschloß, auch in den steinernen Saal hinauf zu gehen, um meinen Gastfreund[7] aufzusuchen. Ich legte ein
10 Paar von passenden Filzschuhen an und ging den Gang des Ammonitenmarmors entlang. Ich kam zu der Marmortreppe und stieg langsam auf ihr empor. Es war heute kein Tuchstreifen[8] über sie gelegt, sie stand in ihrem ganzen feinen Glanze da und erhellte sich noch mehr, wenn ein Blitz durch den Himmel ging und von der Glasbedachung,[9] die über der Treppe war, hereingeleitet[10] wurde. So gelangte ich
15 bis in die Mitte der Treppe, wo in einer Unterbrechung und Erweiterung[11] gleichsam wie in einer Halle nicht weit von der Wand die Bildsäule[12] von weißem Marmor steht. Es war noch so licht, daß man alle Gegenstände in klaren Linien und deutlichen Schatten sehen konnte. Ich blickte auf die Bildsäule, und sie kam mir heute ganz anders vor. Die Mädchengestalt stand in so schöner Bildung,[13] wie sie
20 ein Künstler ersinnen, wie sie sich eine Einbildungskraft vorstellen, oder wie sie ein sehr tiefes Herz ahnen kann, auf dem niedern Sockel vor mir, welcher eher eine Stufe schien, auf die sie gestiegen war, um herumblicken zu können. Ich vermochte[14] nun nicht weiter zu gehen und richtete meine Augen genauer auf die Gestalt. Sie schien mir von heidnischer Bildung zu sein. Das Haupt stand auf dem
25 Nacken, als blühete es auf demselben. Dieser war ein wenig, aber kaum merklich vorwärts gebogen, und auf ihm lag das eigentümliche Licht, das nur der Marmor hat, und das das dicke Glas des Treppendaches[15] hereinsendete. Der Bau[16] der Haare, welcher leicht geordnet gegen den Nacken niederging, schnitt diesen mit einem flüchtigen Schatten, der das Licht noch lieblicher machte. Die Stirne war rein, und
30 es ist begreiflich, daß man nur aus Marmor so etwas machen kann. Ich habe nicht gewußt, daß eine menschliche Stirne so schön ist. Sie schien mir unschuldvoll[17] zu sein, und doch der Sitz von erhabenen Gedanken. Unter diesem Throne[18] war die

---

[3]um den ganzen Gesichtskreis: *around the entire horizon*   [4]ich: Heinrich Drendorf
[5]Ammonitenmarmors: *marble containing fossils (ammonite: fossil shells of cephalopods)*
[6]Filzschuhen: *felt shoes*   [7]Gastfreund: Gastgeber; *host*   [8]Tuchstreifen: *strip of cloth*
[9]Glasbedachung: *glass roof*   [10]hereingeleitet: *led in*   [11]Unterbrechung und Erweiterung:
interruption and widening (of the staircase)   [12]Bildsäule: Statue   [13]Bildung: Formung; *shaping*
[14]vermochte: konnte   [15]Treppendaches: *roof of the stairwell*   [16]Bau: *formation*
[17]unschuldvoll: *full of innocence*   [18]Throne: d.h., Stirn

klare Wange ruhig und ernst, dann der Mund, so feingebildet, als sollte er
verständige Worte sagen oder schöne Lieder singen, und als sollte er doch so gütig
sein. Das Ganze schloß das Kinn[19] wie ein ruhiges Maß. Daß sich die Gestalt nicht
regte, schien bloß in dem strengen, bedeutungsvollen Himmel zu liegen, der mit den
fernen, stehenden Gewittern über das Glasdach gespannt war und zur Betrachtung   5
einlud. Edle Schatten wie schöne Hauche hoben den sanften Glanz der Brust, und
dann waren Gewänder bis an die Knöchel hinunter. Ich dachte an Nausikae,[20] wie
sie an der Pforte des goldenen Saales stand, und zu Odysseus die Worte sagte:
„Fremdling, wenn du in dein Land kommst, so gedenke meiner."[21] Der eine Arm
war gesenkt und hielt in den Fingern ein kleines Stäbchen, der andere war in der   10
Gewandung[22] zum Teile verhüllt, die er ein wenig emporhob. Das Kleid war eher
eine schön geschlungene Hülle als ein nach einem gebräuchlichen Schnitte
Verfertigtes.[23] Es erzählte von der reinen, geschlossenen Gestalt und war so
stofflich treu, daß man meinte, man könne es falten und in einen Schrein
verpacken. Die einfache Wand des grauen Ammonitenmarmors hob die weiße   15
Gestalt noch schärfer ab[24] und stellte sie freier.[25] Wenn ein Blitz geschah, floß ein
rosenrotes Licht an ihr hernieder, und dann war wieder die frühere Farbe da. Mir
dünkte es gut, daß man diese Gestalt nicht in ein Zimmer gestellt hatte, in welchem
Fenster sind, durch die alltägliche Gegenstände herein schauen, und durch die[26]
verworrene Lichter einströmen, sondern daß man sie in einen Raum getan hat, der   20
ihr allein gehört, der sein Licht von oben bekommt und sie mit einer dämmerigen
Helle wie mit einem Tempel umfängt. Auch durfte der Raum nicht einer des
täglichen Gebrauchs sein, und es war sehr geeignet, daß die Wände rings herum mit
einem kostbaren Steine bekleidet[27] sind. Ich hatte eine Empfindung, als ob ich bei
einem lebenden, schweigenden Wesen stände, und hatte fast einen Schauer, als ob   25
sich das Mädchen in jedem Augenblicke regen würde. Ich blickte die Gestalt an und
sah mehrere Male die rötlichen Blitze und die graulich weiße Farbe auf ihr
wechseln. Da ich lange geschaut hatte, ging ich weiter. Wenn es möglich wäre, mit
Filzschuhen noch leichter aufzutreten als es ohnehin stets geschehen muß, so hätte
ich es getan. Ich ging mit dem lautlosen Tritte langsam über die glänzenden Stufen   30
des Marmors bis zu dem steinernen Saale hinan. Seine Tür war halb geöffnet. Ich
trat hinein.

Mein Gastfreund war wirklich in demselben. Er ging in leichten Schuhen mit
Sohlen, die noch weicher als Filz waren, auf dem geglätteten Pflaster auf und
nieder.   35

Da er mich kommen sah, ging er auf mich zu und blieb vor mir stehen.

„Ich habe die Tür zu dem Marmorgange offen gesehen", sagte ich, „man hat
mir berichtet, daß Ihr hier oben sein könntet, und da bin ich herauf gegangen, Euch
zu suchen."

„Daran habt Ihr recht getan", erwiderte er.   40

---

[19]**Kinn:** (Subj.)   [20]**Nausikae:** in der *Odyssee* beschreibt Homer wie Nausikaa den schiffbrüchigen
(*shipwrecked*) Odysseus am Strand fand. Sie führte ihn zu ihrem Vater, dem König von Phäa.
[21]**gedenke meiner:** denke an mich   [22]**Gewandung:** *drapery*   [23]**ein nach einem gebräuchlichen**
Schnitte Verfertigtes: *something made according to a common pattern*   [24]**hob . . . ab:** kontrastierte
mit   [25]**stellte sie freier:** *made it stand out more freely*   [26]**durch die . . . durch die:** *through which*
[27]**bekleidet:** *covered*

„Warum habt Ihr mir denn nicht gesagt", sprach ich weiter, „daß die Bildsäule, welche auf Eurer Marmortreppe steht, so schön ist?"

„Wer hat es Euch denn jetzt gesagt?" fragte er.

„Ich habe es selber gesehen", antwortete ich.

5 „Nun, dann werdet Ihr es um so sicherer wissen und mit desto größerer Festigkeit glauben", erwiderte er, „als wenn Euch jemand eine Behauptung darüber gesagt hätte."

„Ich habe nämlich den Glauben, daß das Bildwerk sehr schön sei", antwortete ich, mich verbessernd.

10 „Ich teile mit Euch den Glauben, daß das Werk von großer Bedeutung sei", sagte er.

„Und warum habt Ihr denn nie zu mir darüber gesprochen?" fragte ich.

„Weil ich dachte, daß Ihr es nach einer bestimmten Zeit selber betrachten und für schön erachten werdet", antwortete er.

15 „Wenn Ihr mir es früher gesagt hättet, so hätte ich es früher gewußt", erwiderte ich.

„Jemanden sagen, daß etwas schön sei", antwortete er, „heißt nicht immer, jemanden den Besitz der Schönheit geben. Er kann in vielen Fällen bloß glauben. Gewiß aber verkümmert man dadurch demjenigen das Besitzen des Schönen, der[28] 20 ohnehin aus eigenem Antriebe darauf gekommen wäre. Dies setzte ich bei Euch voraus und darum wartete ich sehr gerne auf Euch."

„Aber was müßt Ihr denn die Zeit her[29] über mich gedacht haben, daß ich diese Bildsäule sehen konnte und über sie geschwiegen habe?" fragte ich.

„Ich habe gedacht, daß Ihr wahrhaftig seid", sagte er, „und ich habe Euch 25 höher geachtet als die, welche ohne Überzeugung von dem Werke reden, oder als die, welche es darum loben, weil sie hören, daß es von andern gelobt wird."

---

[28] verkümmert ... demjenigen ..., der: *spoils for that person, who*   [29] die Zeit her: bis jetzt

GOTTFRIED KELLER (1819 - 1890)

Gottfried Keller wurde in Zürich als Sohn eines Handwerkers geboren, verlor früh den
Vater, wurde als Fünfzehnjähriger wegen einer Revolte gegen einen unbeliebten Lehrer
von der Schule verwiesen und beschloß, Maler zu werden. Studienjahre in München
überzeugten ihn schließlich, daß sein Talent nicht ausreichte. Er wandte sich nun der
Dichtung zu, aber auch hier war der Weg nicht leicht. Dramatische Versuche schlugen   5
fehl,[1] 1846 erschienen seine ersten Gedichte, doch erst 1854 gelang ihm mit seinem
Roman *Der Grüne Heinrich* der große Wurf,[2] der ihn berühmt machte. *Der Grüne
Heinrich* ist die Geschichte eines Künstlers, eines jungen Menschen, der an der Kunst und
am Leben scheitert. Wie Goethes *Werther* war *Der Grüne Heinrich* die Darstellung einer
Gefahr, von der sein Autor sich bedroht sah. Beide Romane, so verschieden sie sonst sind,   10
sind weithin autobiographisch, außer in einem entscheidenden Punkt: beide enden mit
dem Tod des Helden, während der Autor am Leben blieb. Rund zwanzig Jahre nach dem
Werther veröffentlichte Goethe den *Wilhelm Meister*, die Geschichte eines jungen
Menschen, der sich vergeblich um eine künstlerische Laufbahn[3] bemüht: er will
Schauspieler werden. Sein Irrtum erweist sich jedoch nicht als Niederlage, sondern als ein   15
fruchtbarer Umweg, der ihn zuletzt ins tätige Leben führt. Dreißig Jahre später beendete
Goethe eine Fortsetzung, *Wilhelm Meisters Wanderjahre*. Nun ließ er seinen Helden als
Wundarzt[4] nach Amerika auswandern. Auch Keller suchte nach einer Lösung für die
Problematik[5] seines Helden. 1879 veröffentlichte er eine zweite Fassung, in der Heinrich
am Leben bleibt und eine Tätigkeit als Beamter in einer kleinen Gemeinde seiner Heimat   20
übernimmt. Er findet seinen Platz in einem bescheidenen Amt, in dem er seinen
Mitbürgern von Nutzen ist.

In diesem neuen Schluß spiegelte sich etwas von Kellers eigener Entwicklung. 1861
wurde Keller zum „ersten Staatsschreiber", d.h., zum Leiter der Staatskanzlei[6] in Zürich
ernannt. Die Wahl wurde von Freunden und Gegnern Kellers gleichermaßen angegriffen.   25
Die Freunde fürchteten für seine Existenz als Künstler, die Gegner hielten ihn als Künstler
für unfähig, eine bürgerliche Tätigkeit zu übernehmen. Doch Keller wußte, was er tat;
fünfzehn Jahre lang übte er sein Amt aus und erwies sich dabei als erfolgreicher, fähiger
und höchst gewissenhafter Beamter. Es war eine Periode seines Lebens, die manche
Ähnlichkeit mit der Zeit hat, in der Goethe als Minister an den Regierungsgeschäften[7] des   30
Herzogtums Sachsen-Weimar beteiligt war. Keller war sein Leben lang an den politischen
und öffentlichen Angelegenheiten seiner Heimat aufs höchste interessiert. Freiheitlich[8]
und demokratisch gesinnt, hatte er das Glück, einem Lande anzugehören, das politische
Formen entwickelt hatte, die es seinen Bürgern ermöglichten, aktiv an der Verwaltung des
Staates teilzunehmen. Das ging nicht ohne Kämpfe und schwere Krisen ab, in denen die   35
Schweiz zuletzt ein hohes Maß politischer Stabilität erreicht hat. Die Episode aus dem
Grünen Heinrich, in der erzählt wird, wie Schillers *Wilhelm Tell*[9] von den einfachen

---

[1] schlugen fehl: waren erfolglos (*unsuccessful*)   [2] Wurf: Erfolg   [3] Laufbahn: Karriere   [4] Wundarzt:
Chirurg; *surgeon*   [5] Problematik: problematische Situation   [6] Staatskanzlei: *State Chancellery*
[7] Regierungsgeschäften: *governmental affairs*   [8] Freiheitlich: liberal   [9] Wilhelm Tell: siehe S. 129 - 149

Leuten einer ländlichen Gemeinde aufgeführt und nachgelebt wird, ist ein dichterisch gesteigertes Beispiel und Abbild dieser Tradition.

Aus DER GRÜNE HEINRICH (1854/1879)

DAS SPIEL VOM TELL

Einige Wochen nach Neujahr erhielt ich vom Dorfe aus die Kunde, daß mehrere Ortschaften jener Gegend sich verbunden hätten, dieses Mal zusammen die
5   Fastnachtsbelustigungen[10] durch eine großartige dramatische Schaustellung[11] zu verherrlichen. Mein Heimatdorf war nebst[12] ein paar anderen Dörfern von einem benachbarten Marktflecken[13] eingeladen worden zu einer großen Darstellung des Wilhelm Tell, und infolgedessen war ich wieder durch meine Verwandten aufgefordert worden, an den Vorbereitungen teilzunehmen, da man mir einige
10   Erfahrung und Fertigkeit besonders als Maler zutraute.

Man legte der Aufführung Schillers Tell zu Grunde,[14] welcher in einer Volksschulausgabe[15] vielfach vorhanden war, darin[16] nur die Liebesepisode zwischen Berta von Bruneck und Ulrich von Rudenz fehlte. Das Buch ist den Leuten sehr geläufig,[17] denn es drückt auf eine wunderbare Weise ihre Gesinnung
15   und alles aus, was sie durchaus für wahr halten; wie denn selten ein Sterblicher es übel aufnehmen wird, wenn man ihn dichterisch ein wenig oder gar stark idealisiert.

Weitaus der größere Teil der spielenden Schar sollte als Hirten, Bauern, Fischer, Jäger das Volk darstellen und in seiner Masse von Schauplatz zu Schauplatz ziehen, wo die Handlung vor sich ging. In den Reihen des Volks nahmen auch junge
20   Mädchen teil, sich höchstens in den gemeinschaftlichen Gesängen äußernd, während die handelnden Frauenrollen Jünglingen übertragen waren. Der Schauplatz der eigentlichen Handlung war auf alle Ortschaften verteilt, so daß dadurch ein festliches Hin- und Herwogen[18] der kostümierten Menge und der Zuschauermassen bedingt wurde.
25   Im Hause des Oheims[19] war ich ein eigentliches Faktotum[20] und eifrig bestrebt, die Kleidung der Söhne so historisch als möglich zu machen und die Töchter, welche sich sehr modern aufputzen wollten, von solchem Beginnen abzuhalten. Mit Ausnahme der Braut wollten sich alle Kinder des Oheims beteiligen, und sie suchten auch Anna zu überreden, welche überdies von dem leitenden
30   Ausschuß dringend eingeladen war. Allein sie wollte sich durchaus nicht dazu verstehen,[21] ich glaube nicht nur aus Zaghaftigkeit, sondern auch ein wenig aus Stolz, bis der Schulmeister, für diese Veredlung der alten roheren Spiele[22]

---

[10]Fastnachtsbelustigungen: *carnival amusements on Shrove Tuesday (Mardi Gras)*   [11]Schaustellung: Austellung, Aufführung; *exhibition, performance*   [12]nebst: zusammen mit   [13]Marktflecken: kleinen Ort   [14]legte . . . zu Grunde: *used . . . as a basis*   [15]Volksschulausgabe: *primary school edition*   [16]darin: worin   [17]geläufig: *familiar*   [18]Hin- und Herwogen: *surging back and forth* [19]Oheims: Onkels   [20]Faktotum: einer, der alles tut   [21]verstehen: entschließen   [22]Veredlung der alten roheren Spiele: *refinement of old cruder plays*

langher[23] begeistert, sie entschieden aufforderte, auch das ihrige beizutragen. Nun
war aber die große Frage, was sie vorstellen[24] sollte; ihre Feinheit und Bildung
sollte dem Feste zur Zierde gereichen,[25] während doch alle hervorragenden
Frauenrollen jungen Männern zuteil geworden. Ich hatte mir aber längst etwas für
sie ausgedacht und überzeugte bald meine Basen und den Schulmeister von der   5
Trefflichkeit meines Vorschlages. Obgleich die Rolle der Berta von Bruneck
gänzlich wegfiel,[26] so konnte sie doch als stumme Person das ritterliche Gefolge
Geßlers verherrlichen. Ich selbst hatte den Rudenz übernommen; einer der Vettern
machte[27] Rudolf den Harras und Anna konnte also sich im Schutze von zwei
Verwandten befinden. Zufällig war die Originalausgabe von Schiller gar nicht   10
bekannt im Hause, und selbst der Schulmeister las diesen Dichter nicht, weil seine
Bildung nach anderen Seiten hinstrebte; also ahnte kein Mensch die Beziehungen,
welche ich in meinen Plan legte, und Anna ging arglos in die ihr gestellte Falle. Das
Schwerste war, sie zum Reiten zu bringen; ein kugelrunder gemütlicher Schimmel[28]
stand im Stalle meines Oheims, welcher nie jemandem ein Haar gekrümmt hatte[29]   15
und auf welchem der Oheim über Land zu reiten pflegte. Auf dem Boden[30] befand
sich ein vergessener Damensattel[31] aus der alten Zeit; dieser wurde mit rotem Plüsch
neu bezogen, den man einem ehrwürdigen Lehnstuhle entnahm, und als Anna zum
erstenmal sich darauf setzte, ging es ganz trefflich, besonders da der reitkundige[32]
Nachbar Müller einige Anleitung gab, und Anna fand zuletzt großes Vergnügen an   20
dem guten Schimmel. Eine mächtige hellgrüne Damastgardine,[33] welche einst ein
Himmelbett[34] umgeben hatte, wurde zerschnitten und in ein Reitkleid umge-
wandelt; auch besaß der Schulmeister als ein altes Erbstück eine Krone von
silbernem Flechtwerke,[35] wie sie ehemals die Bräute getragen; Annas gold-
glänzendes Haar wurde nur zunächst der Schläfe zierlich geflochten, unterhalb aber   25
in seiner ganzen Länge frei ausgebreitet und dann die Krone aufgesetzt, auch ein
breites goldenes Halsband umgetan, auf meinen Rat einige Ringe über die weißen
Handschuhe gesteckt, und als sie zum erstenmal diesen ganzen Anzug probierte, sah
sie nicht nur aus wie ein Ritterfräulein,[36] sondern wie eine Feenkönigin,[37] und das
ganze Haus war in ihrem lieblichen Anblick verloren. Aber jetzt weigerte sie sich   30
aufs neue, an dem Spiele teilzunehmen, weil sie sich selber so fremd vorkam, und
wenn nicht die ganze Bevölkerung in ihren ehrbarsten Familien bei der Sache
gewesen wäre, so hätte man sie nicht dazu gebracht.

Der wichtige und ersehnte Tag brach an mit dem allerschönsten Morgen; der
Himmel glänzte wolkenlos und es war an diesem Hornung[38] schon so warm, daß   35
die Bäume anfingen auszuschlagen[39] und die Wiesen grünten. Mit Sonnenaufgang,
als eben der Schimmel an dem funkelnden Flüßchen stand und gewaschen wurde,
tönten Alpenhörner und Herdengeläute[40] durch das Dorf herab und ein Zug von
mehr als hundert prächtigen Kühen, bekränzt und mit Glocken versehen, kam

---

[23] langher: seit langem   [24] vorstellen: spielen   [25] zur Zierde gereichen: *serve as an ornament*
[26] wegfiel: *was cut*   [27] machte: spielte   [28] Schimmel: weißes Pferd   [29] nie jemandem ein Haar
gekrümmt hatte: *had never harmed a hair of anyone*   [30] Boden: Dachboden; *attic*   [31] Damensattel:
lady's saddle   [32] reitkundige: *skilled in riding*   [33] Damastgardine: *damask curtain*   [34] Himmelbett:
four-poster   [35] Flechtwerke: *filigree*   [36] Ritterfräulein: *knight's lady*   [37] Feenkönigin: *fairy
queen*   [38] an diesem Hornung: in diesem Februar   [39] auszuschlagen: Blätter zu bekommen
[40] Herdengeläute: *cowbells*

heran, begleitet von einer großen Menge junger Burschen und Mädchen, um das Tal hinauf zu ziehen in die anderen Dörfer und so eine Bergfahrt[41] vorzustellen. Die frischen Hemdärmel der Jünglinge und Mädchen, ihre roten Westen und blumigen Mieder leuchteten weithin in frohem Gewimmel, und als sie vor unserem Hause und

5   der benachbarten Mühle anhielten und unter den Bäumen plötzlich das bunteste Gewühl entstand, von Gesang, Jauchzen und Gelächter begleitet, als sie mit lautem Grüßen einen Frühtrunk[42] verlangten, da fuhren wir vom reichlichen Frühstück, um welches wir, mit Ausnahme Annas, schon angekleidet versammelt waren, lustig auf[43] und die Freude überraschte uns in ihrer Wirklichkeit viel gewaltiger und feuriger, als

10   wir bei aller Erwartung darauf gefaßt waren. Schnell begaben wir uns mit den bereit gehaltenen Weingefäßen[44] und einer Menge Gläser in das Gewimmel, der Oheim und seine Frau mit großen Körben voll ländlichen Backwerkes. Dieser erste Jubel, weit entfernt eine frühe Erschöpfung zu bedeuten,[45] war nur der sichere Vorbote eines langen Freudentages und noch größerer Dinge. Die Muhme[46] prüfte und pries

15   das schöne Vieh, streichelte und kraute berühmte Kühe, welche ihr wohlbekannt waren, und machte tausend Späße mit dem jungen Volke; der Oheim schenkte unaufhörlich ein, seine Töchter boten die Gläser herum und suchten die Mädchen zum Trinken zu überreden, während sie wohl wußten, daß ihr ehrsames Geschlecht am frühen Morgen keinen Wein trinkt. Desto munterer sprachen die Hirtinnen den

20   schmackhaften Kuchen zu[47] und versorgten mit denselben die vielen Kinder, welche nebst ihren Ziegen den Zug vergrößerten.

     Auf einmal zeigte sich Anna, schüchtern und verschämt; doch ihre Zaghaftigkeit ward von der Gewalt der allgemeinen Freude sogleich vernichtet und sie war in einem Augenblicke wie umgewandelt. Sie lächelte sicher und wohlgemut,[48] ihre

25   Silberkrone blitzte in der Sonne, ihr Haar wehte und flatterte schön im Morgenwind und sie ging so anmutig und sicher in ihrem aufgeschürzten[49] Reitkleide, das sie mit den ringgeschmückten[50] Händen hielt, als ob sie ihr Lebenlang ein solches getragen hätte. Sie mußte überall herumgehen und wurde mit staunender Bewunderung begrüßt. Endlich aber bewegte sich der Zug weiter. Anna, Rudolf der Harras und ich

30   setzten uns nun zu Pferde; wir ritten stattlich das Dorf hinauf und gaben nun selbst ein Schauspiel für die Leute, die zurückblieben, und für eine Menge Kinder, welche uns nachliefen, bis eine andere Gruppe ihre Aufmerksamkeit erregte.

     Vor dem Dorfe sahen wir es bunt und schimmernd von allen Seiten her sich bewegen, und als wir eine Viertelstunde weit geritten waren, kamen wir an eine

35   Schenke an einer Kreuzstraße, vor welcher die sechs barmherzigen Brüder[51] saßen, die den Geßler wegtragen sollten.[52] Dies waren die lustigsten Bursche[53] der Umgegend; sie hatten sich unter den Kutten[54] ungeheure Bäuche gemacht und schreckliche Bärte von Werg[55] umgebunden, auch die Nasen rot gefärbt; sie

---

[41] Bergfahrt: Almfahrt; *driving of cattle to the summer mountain pasture* (Alm)   [42] Frühtrunk: *morning drink*   [43] fuhren … auf: sprangen … auf   [44] Weingefäßen: *wine containers*   [45] weit entfernt … zu bedeuten: *far from indicating*   [46] Muhme: Tante   [47] sprachen … zu: *ate heartily*   [48] wohlgemut: fröhlich   [49] aufgeschürzten: *tucked up*   [50] ringgeschmückten: *decorated with rings*   [51] barmherzigen Brüder: (*Brothers of Mercy*) religiöser Orden für die Krankenpflege   [52] die den Geßler wegtragen sollten: d.h., nachdem Tell ihn erschießt   [53] Bursche: Burschen; *fellows*   [54] Kutten: *cowls*   [55] Werg: *oakum (twisted fiber)*

gedachten den ganzen Tag sich auf eigene Faust[56] herumzutreiben und spielten
Karten mit großem Hallo,[57] wobei sie andere Spielkarten aus den Kapuzen zogen
und statt der Heiligen[58] an die Leute verschenkten. Auch führten sie große
Proviantsäcke[59] mit sich und schienen schon ziemlich angeglüht,[60] so daß wir für
die Feierlichkeit ihrer Verrichtung bei Geßlers Tod etwas besorgt wurden.   5

Im nächsten Dorf sahen wir den Arnold von Melchthal ruhig einem
Stadtmetzger[61] einen Ochsen verkaufen, wozu er schon seine alte Tracht trug; dann
kam ein Zug mit Trommel und Pfeife und mit dem Hut auf der Stange, um in der
Umgegend das höhnische Gesetz zu verkünden.[62] Denn dies war das schönste, daß
man sich nicht an die theatralische Einschränkung hielt, daß man es nicht auf   10
Überraschung absah, sondern sich frei herumbewegte und wie aus der Wirklichkeit
heraus und wie von selbst an den Orten zusammentraf, wo die Handlung vor sich
ging. Hundert kleine Schauspiele entstanden dazwischen und überall gab es was zu
sehen und zu lachen, während doch bei den wichtigen Vorgängen die ganze Menge
andächtig und gesammelt erschien.   15

Endlich gelangten wir in den Marktflecken, welcher für heute unser Altorf[63]
war. Als wir durch das alte Tor ritten, fanden wir die kleine Stadt, welche nur *einen*
mäßig großen Platz bildete, schon ganz belebt, voll Musik und Fahnen, und
Tannenreiser[64] an allen Häusern. Eben ritt Herr Geßler hinaus, um in der
Umgegend einige Untaten zu begehen, und nahm den Müller und den Harras mit;   20
ich stieg mit Anna vor dem Rathause ab, wo die übrigen Herrschaften versammelt
waren, und begleitete sie in den Saal, wo sie von dem Ausschusse und den
anwesenden Gemeinderatsfrauen[65] bewunderungsvoll begrüßt wurde. Ich war hier
nur wenig bekannt und lebte nur in dem Glanze, welchen Anna auf mich warf. Jetzt
kam auch der Schulmeister angefahren mit seiner Begleiterin; sie gesellten sich zu   25
uns und erzählten, wie soeben auf der Landschaft dem jungen Melchthal die Ochsen
vom Pfluge genommen, er flüchtig geworden und sein Vater gefangen sei; wie die
Tyrannen überhaupt ihren Spuk trieben[66] und vor dem Stauffacherschen Hause[67]
merkwürdige Szenen stattgefunden hätten vor vielen Zuschauern. Diese strömten
auch bald zum Tore herein; denn obgleich nicht alle überall sein wollten, so   30
begehrte doch die größere Zahl die ehrwürdigen und bedeutungsvollen Haupt-
begebenheiten zu sehen und vor allem den Tellenschuß.[68] Schon sahen wir auch
aus dem Fenster des Rathauses die Spießknechte[69] mit der verhaßten Stange
ankommen, dieselbe mitten auf dem Platze aufpflanzen und unter Trommelschlag
das Gesetz verkünden. Der Platz wurde jetzt geräumt, das sämtliche Volk an die   35
Seiten verwiesen und vor allen Fenstern, auf Treppen, Holzgalerien[70] und Dächern
wimmelte die Menge. Bei der Stange schritten die beiden Wachen auf und ab; jetzt
kam der Tell mit seinem Knaben über den Platz gegangen, von rauschendem Beifall
begrüßt; er hielt das Gespräch mit dem Kinde nicht, sondern wurde bald in den

---

[56]auf eigene Faust: *on their own*   [57]Hallo: *uproar*   [58]Heiligen: *icons*   [59]Proviantsäcke: *sacks
of food (provisions)*   [60]angeglüht: angeheitert; *mellow, "high"*   [61]Stadtmetzger: *butcher from the
town*   [62]mit dem Hut auf der Stange, um in der Umgegend das höhnische Gesetz zu verkünden:
siehe S. 131   [63]Altorf: Altdorf   [64]Tannenreiser: *sprigs of pine*   [65]Gemeinderatsfrauen: *wives
of the town councillors*   [66]ihren Spuk trieben: *made their mischief*   [67]wie soeben . . . Stauffacherschen Hause: (Szenen aus dem ersten Akt des Dramas)   [68]Tellenschuß: Tells Schuß auf den Apfel
[69]Spießknechte: *pikemen*   [70]Holzgalerien: *wooden galleries, stands*

schlimmen Handel mit den Schergen[71] verwickelt, dem das Volk mit gespannter Aufmerksamkeit zusah, indessen Anna und ich nebst anderm zwingherrlichen Gelichter[72] uns zur Hintertür hinausbegaben und zu Pferde stiegen, da es Zeit war, uns mit dem Geßlerschen Jagdzuge[73] zu vereinigen, der schon vor dem Tore hielt.

5 Wir ritten nun unter Trompetenklang herein und fanden die Handlung in vollem Gange, den Tell in großen Nöten und das Volk in lebhafter Bewegung und nur zu geneigt,[74] den Helden seinen Drängern[75] zu entreißen. Doch als der Landvogt[76] seine Rede begann, wurde es still. Die Rollen wurden nicht theatralisch und mit Gebärdenspiel[77] gesprochen, sondern mehr wie die Reden in einer Volksver-

10 sammlung, laut, eintönig und etwas singend, da es doch Verse waren; man konnte sie auf dem ganzen Platze vernehmen, und wenn jemand, eingeschüchtert, nicht verstanden wurde, so rief das Volk: „lauter, lauter!" und war höchst zufrieden, die Stelle noch einmal zu hören, ohne sich die Illusion stören zu lassen.

Als der Tell schoß, schien es ihm fast leid zu tun, daß er nicht seine

15 Kugelbüchse[78] zur Hand hatte und nur einen blinden Theaterschuß[79] absenden konnte. Doch zitterte er wirklich und unwillkürlich, indem er anlegte, so sehr war er von der Ehre durchdrungen, diese geheiligte Handlung darstellen zu dürfen. Und als er dem Tyrannen den zweiten Pfeil drohend unter die Augen hielt, während alles Volk in atemloser Beklemmung zusah, da zitterte seine Hand wieder mit dem Pfeile,

20 er durchbohrte den Geßler mit den Augen und seine Stimme erhob sich einen Augenblick lang mit solcher Gewalt der Leidenschaft, daß Geßler erblaßte und ein Schrecken über den ganzen Markt fuhr. Dann verbreitete sich ein frohes Gemurmel, tief tönend, man schüttelte sich die Hände und sagte, der Tell wäre ein ganzer Mann[80] und solange wir solche hätten, tue es nicht not![81]

25 Doch wurde der wackere Mann einstweilen gefänglich[82] abgeführt, und die Menge strömte aus dem Tore nach verschiedenen Seiten, um anderen Auftritten beizuwohnen, oder sich sonst nach Belieben umherzutreiben. Viele blieben auch im Orte, um dem Klange der Geigen nachzugehen, welche da und dort sich hören ließen.

30 Annas Vater schlug vor, wir beide sollten uns zu ihm ins Fuhrwerk setzen, damit wir zusammen dem Schauspiele nachführen; doch gab sie den Wunsch zu erkennen, lieber den ausgeruhten Schimmel zu besteigen und noch ein wenig umherzureiten, da es später unter keinem Vorwande mehr geschehen würde. Hiermit war der Schulmeister auch zufrieden und erklärte: so wolle er wenigstens

35 mit uns fahren, bis er etwa Gelegenheit finde, einer bejahrten[83] Person den Heimweg zu erleichtern,[84] da ihn die Jungen alle im Stiche ließen.[85] Ich aber lief mit frohen Gedanken nach dem Hause, wo unsere Pferde standen, ließ dieselben auf die Straße bringen, und als ich Anna in den Sattel half, klopfte mir das Herz vor heftigem Vergnügen und stand wieder still vor angenehmem Schreck, weil ich voraussah, bald

40 allein neben ihr durch die Landschaft zu reiten.

---

[71] Schergen: Spießknechte   [72] zwingherrlichen Gelichter: despotischer Sippschaft; *the despot's rabble*   [73] Jagdzuge: *hunting procession*   [74] nur zu geneigt: *only too inclined*   [75] Drängern: oppressors   [76] Landvogt: Gouverneur   [77] Gebärdenspiel: Gebärden; *gestures*   [78] Kugelbüchse: Gewehr; *rifle*   [79] blinden Theaterschuß: *blank, pretended shot*   [80] ein ganzer Mann: *a real man*   [81] tue es nicht not: haben wir es gut   [82] gefänglich: *under arrest*   [83] bejahrten: alten   [84] den Heimweg zu erleichtern: d.h., nach Hause zu fahren   [85] im Stiche ließen: *left in the lurch*

Dies traf auch ein, obgleich noch auf andere Weise, als ich es gehofft hatte. Wir waren noch nicht weit aus dem Tore, als der gastliche Schulmeister sein Wägelchen[86] schon mit drei alten Leutchen beladen hatte und in lustigem Trabe vorausfuhr, der angenommenen hohlen Gasse zu.[87] Still ritten wir nun im Schritte dahin und grüßten sehr beflissen[88] die fröhlichen Leute, denen wir begegneten, 5 links und rechts, bis wir in die Nähe der wogenden und summenden Menge kamen und dieselbe beinahe erreichten. Da stießen wir auf den Philosophen,[89] dessen schönes Gesichtchen vor Mutwillen glühte und den tollen Spuk[90] verkündete, welchen er schon ausgeübt.[91] Er war in gewöhnlicher Kleidung und trug ein Buch in der Hand, da er nebst einem anderen Lehrer das Amt eines Einbläsers[92] 10 übernommen, um überall zur Hand zu sein, wenn einen Helden die Erinnerung verlassen sollte. Doch erzählte er jetzt, wie die Leute gar nichts mehr hören wollten und alles von selber seinen ziemlich wilden Gang ginge; er habe daher, rief er, nun die schönste Muße, uns beiden zu der Jagdszene zu soufflieren, die wir ohne Zweifel aufzuführen so einsam ausgezogen wären;[93] es sei auch die höchste Zeit dazu, und 15 wir wollten uns ungesäumt ans Werk machen![94]

Ich wurde rot und trieb die Pferde an; aber der Philosoph fiel uns in die Zügel;[95] Anna fragte, was denn das wäre mit der Jagdszene, worauf er lachend ausrief: er werde uns doch nicht sagen müssen, was alle Welt belustige und uns ohne Zweifel mehr als alle Welt! Anna wurde nun auch rot und verlangte standhaft zu 20 wissen, was er meine. Da reichte er ihr das aufgeschlagene Buch, und während mein Brauner[96] und ihr Schimmel behaglich sich beschnupperten, ich aber wie auf Kohlen saß, las sie, das Buch auf dem rechten Knie haltend, aufmerksam die Szene, wo Rudenz und Berta ihr Bündnis schließen, von Anfang bis zu Ende, mehr und mehr errötend. Die Schlinge kam nun an den Tag,[97] welche ich ihr so harmlos 25 gelegt, der Philosoph rüstete sich sichtbar zu endlosem Unfuge, als Anna plötzlich das Buch zuschlug, es hinwarf, und höchst entschieden erklärte, sie wolle sogleich nach Hause. Zugleich wandte sie ihr Pferd und begann feldein[98] zu reiten auf einem schmalen Fahrwege, ungefähr in der Richtung nach unserem Dorfe. Verlegen und unentschlossen sah ich ihr eine Weile nach; doch faßte ich mir ein Herz und trabte 30 bald hinter ihr her, da sie doch einen Begleiter haben mußte; während ich sie erreichte, sang uns der Philosoph ein loses[99] Lied nach, welches jedoch immer schwächer hinter uns verklang, und zuletzt hörten wir nichts mehr als die muntere, aber ferne Hochzeitsmusik aus der hohlen Gasse und vereinzelte Freudenrufe und Jauchzer an verschiedenen Punkten der Landschaft. Diese erschien aber durch die 35 Unterbrechungen nur um so stiller und lag mit Feldern und Wäldern friedevoll im Glanze der Nachmittagssonne wie im reinsten Golde. Wir ritten nun auf einer gestreckten Höhe,[100] ich hielt mein Pferd immer noch um eine

---

[86]sein Wägelchen: seinen kleinen Wagen   [87]der angenommenen hohlen Gasse zu: *toward the assumed narrow pass (where Tell shoots Gessler)*   [88]beflissen: *solicitously*   [89]Philosophen: Der „Philosoph" ist ein junger Lehrer des Dorfes, dem die Leute diesen Namen gegeben haben.   [90]Spuk: *mischief*   [91]ausgeübt: *carried out*   [92]Einbläsers: Souffleurs; *prompter*   [93]die wir ohne Zweifel aufzuführen so einsam ausgezogen wären: wir wären ohne Zweifel so einsam ausgezogen (hinausgeritten), weil wir die Jagdszene aufführen wollten   [94]wollten uns ungesäumt ans Werk machen: sollten sofort damit anfangen   [95]fiel uns in die Zügel: *seized the reins*   [96]mein Brauner: mein braunes Pferd   [97]Die Schlinge kam nun an den Tag: *the trap was now evident*   [98]feldein: feldeinwärts; *into the fields*   [99]loses: *naughty*   [100]gestreckten Höhe: *extended ridge*

Kopflänge[101] hinter dem ihrigen zurück und wagte nicht, ein Wort zu
sagen. Da gab Anna dem Schimmel einen kecken Schlag mit der Gerte und setzte
ihn in Galopp, ich tat das gleiche; ein lauer Wind wehte uns entgegen, und als ich
auf einmal sah, daß sie, ganz gerötet die balsamische Luft einatmend, vergnügt vor
5 sich hin[102] lächelte, den Kopf hoch aufgehalten mit dem funkelnden Krönchen,
während ihr Haar wagrecht[103] schwebte, schloß ich mich dicht an ihre Seite, und
so jagten wir wohl fünf Minuten lang über die einsame Höhe dahin. Der Weg war
noch halb feucht und doch fest; rechts unter uns zog der Fluß, wir blickten seine
glänzende Bahn entlang; jenseits sahen wir über viele Höhenzüge[104] weg im
10 Nordosten ein paar schwäbische Berge, einsame Pyramiden, in unendlicher Stille
und Ferne. Im Südwesten lagen die Alpen weit herum, noch tief herunter mit
Schnee bedeckt, und über ihnen lagerte ein wunderschönes mächtiges Wolkengebirge[105] im gleichen Glanze, Licht und Schatten ganz von gleicher Farbe wie die
Berge, ein Meer von leuchtendem Weiß und tiefem Blau, aber in tausend Formen
15 gegossen, von denen eine die andere übertürmte. Das Ganze war eine senkrecht
aufgerichtete glänzende und wunderbare Wildnis, gewaltig und nah an das Gemüt
rückend und doch so lautlos, unbeweglich und fern. Wir sahen alles zugleich, ohne
daß wir besonders hinblickten; wie ein unendlicher Kranz schien sich die weite Welt
um uns zu drehen, bis sie sich verengte, als wir allmählich bergab jagten, dem Flusse
20 zu. Aber es war uns nur, als ob wir im Traume in einen geträumten Traum
träten,[106] als wir auf einer Fähre über den Fluß fuhren, die durchsichtig grünen
Wellen sich rauschend am Schiffe brachen und unter uns wegzogen, während wir
doch auf Pferden saßen und uns in einem Halbbogen[107] über die Strömung weg
bewegten. Und wieder glaubten wir uns in einen andern Traum versetzt, als wir, am
25 andern Ufer angekommen, langsam einen dunklen Hohlweg[108] emporklommen, in
welchem schmelzender Schnee lag. Hier war es kalt, feucht und schauerlich; von
den dunklen Büschen tropfte es und fielen zahlreiche Schneeklumpen, wir befanden
uns ganz in einer kräftig braunen Dunkelheit, in deren Schatten der alte Schnee
traurig schimmerte, nur hoch über uns glänzte der goldene Himmel. Auch hatten
30 wir den Weg nun verloren und wußten nicht recht, wo wir waren, als es mit einem
Male grün und trocken um uns wurde. Wir kamen auf die Höhe und befanden uns in
einem hohen Tannenwald, dessen Stämme drei bis vier Schritte auseinander
standen, auf einem dicht mit trocknem Moose bedeckten Boden und die Äste hoch
oben in ein dunkelgrünes Dach verwachsen, so daß wir vom Himmel fast nichts
35 mehr sehen konnten. Ein warmer Hauch empfing uns hier, goldene Lichter streiften
da und dort über das Moos und an den Stämmen, der Tritt der Pferde war unhörbar,
wir ritten gemächlich zwischen durch, um die Tannen herum, bald trennten wir uns
und bald drängten wir uns nahe zusammen zwischen zwei Säulen durch, wie durch
eine Himmelspforte.[109] Eine solche Pforte fanden wir aber gesperrt durch den
40 quergezogenen[110] Faden einer frühen Spinne; er schimmerte in einem Streiflichte[111] mit allen Farben, blau, grün und rot, wie ein Diamantstrahl. Wir bückten

---

[101] um eine Kopflänge: *a head's length*   [102] vor sich hin: zu sich selbst   [103] wagrecht: waagerecht;
horizontally   [104] Höhenzüge: *ridges of hills*   [105] Wolkengebirge: *mountain range of clouds*
[106] in einen geträumten Traum träten: *stepped into a dream being dreamed*   [107] Halbbogen: *arc*
[108] Hohlweg: *narrow pass*   [109] Himmelspforte: *heavenly gate*   [110] quergezogenen: *drawn across*
[111] Streiflichte: Licht von der Seite kommend

uns einmütig darunter weg und in diesem Augenblicke kamen sich unsere Gesichter
so nah, daß wir uns unwillkürlich küßten. Im Hohlweg hatten wir schon zu sprechen
angefangen und plauderten nun eine Weile ganz glückselig, bis wir uns darauf
besannen, daß wir uns geküßt, und sahen, daß wir rot wurden, wenn wir uns
anblickten. Da wurden wir wieder still. Der Wald senkte sich nun auf die andere   5
Seite hin und stand wieder im Schatten. In der Tiefe sahen wir ein Wasser glänzen,
und die gegenüberstehende Berghalde,[112] ganz nah, leuchtete mit Felsen und
Fichten im hellen Sonnenscheine durch die dunklen Stämme, unter denen wir
zogen, und warf ein geheimnisvolles Zwielicht in die schattigen Hallen unseres
Tannenwaldes. Der Boden wurde jetzt so abschüssig,[113] daß wir absteigen mußten.   10
Als ich Anna vom Pferde hob, küßten wir uns zum zweiten Male, sie sprang aber
sogleich weg und wandelte vor mir über den weichen grünen Teppich hinunter,
während ich die beiden Tiere führte. Wie ich die reizende, fast märchenhafte Gestalt
so durch die Tannen gehen sah, glaubte ich wieder zu träumen und hatte die größte
Mühe, die Pferde nicht fahren zu lassen,[114] um mich von der Wirklichkeit zu   15
überzeugen, indem ich ihr nachstürzte und sie in die Arme schloß. So kamen wir
endlich an das Wasser und sahen nun, daß wir uns bei der Heidenstube[115]
befanden, in einem wohlbekannten Bezirke. Hier war es womöglich noch stiller als
in dem Tannenwalde, und am allerheimlichsten;[116] die besonnte[117] Felswand
spiegelte sich in dem reinen Wasser, über ihr kreisten drei große Habichte[118] in der   20
Luft, sich unaufhörlich begegnend, und das Braun auf ihren Schwingen[119] und das
Weiß an der inneren Seite wechselten und blitzten mit dem Flügelschlage und den
Schwenkungen im Sonnenscheine, während wir unten im Schatten waren. Ich sah
dies alles in meinem Glücke, indessen ich den guten Gäulen,[120] welche nach dem
Wasser begehrten, die Zäume abnahm. Anna erblickte ein weißes Blümchen, ich weiß   25
nicht was für eines, brach es und trat auf mich zu, es auf meinen Hut zu stecken; ich
sah und hörte jetzt nichts mehr, als wir uns zum dritten Male küßten. Zugleich
umschlang ich sie mit den Armen, drückte sie mit Heftigkeit an mich und fing an,
sie mit Küssen zu bedecken. Erst hielt sie zitternd einen Augenblick still, dann legte
sie ihre Arme um meinen Hals und küßte mich wieder; aber bei dem fünften oder   30
sechsten Kusse wurde sie totenbleich und suchte sich loszumachen, indessen ich
ebenfalls eine sonderbare Verwandlung fühlte. Die Küsse erloschen wie von selbst,
es war mir, als ob ich einen urfremden,[121] wesenlosen Gegenstand im Arme hielte,
wir sahen uns fremd und erschreckt ins Gesicht, unentschlossen hielt ich meine
Arme immer noch um sie geschlungen und wagte sie weder loszulassen, noch fester   35
an mich zu ziehen. Mich dünkte, ich müßte sie in eine grundlose Tiefe fallen lassen,
wenn ich sie losließe, und töten, wenn ich sie ferner gefangen hielt; eine große
Angst und Traurigkeit senkte sich auf unsere kindischen Herzen. Endlich wurden
mir die Arme locker und fielen auseinander, beschämt und niedergeschlagen
standen wir da und blickten auf den Boden. Dann setzte sich Anna auf einen Stein,   40
dicht an dem klaren tiefen Wasser, und fing bitterlich an zu weinen. Erst als ich dies

---

[112] Berghalde: *mountain slope*   [113] abschüssig: steil; *steep*   [114] fahren zu lassen: loszulassen
[115] Heidenstube: *name of a certain piece of land belonging to the community*   [116] am
allerheimlichsten: *most hidden of all*   [117] besonnte: *sunny*   [118] Habichte: *hawks*   [119] Schwingen:
Flügeln   [120] Gäulen: Pferden   [121] urfremden: *completely alien*

sah, konnte ich mich wieder mit ihr beschäftigen, so sehr war ich in meine eigene Verwirrung und in die eisige Kälte versunken, die uns überfallen hatte. Ich näherte mich dem schönen, trauernden Mädchen und suchte eine Hand zu fassen, indem ich zaghaft ihren Namen nannte. Aber sie hüllte ihr Gesicht fest in die Falten des langen
5 grünen Kleides, fortwährend reichliche Tränen vergießend. Endlich erholte sie sich ein wenig und sagte bloß: „O! wir waren so froh bis jetzt!" Ich glaubte sie zu verstehen, weil ich ziemlich das gleiche fühlte, nur nicht so tief wie sie; daher erwiderte ich nichts, sondern setzte mich still etwas von ihr entfernt halb gegenüber, und so blickten wir mit düsterm Schweigen in das feuchte Element. Von dessen
10 Grunde sah ich ihr Spiegelbild mit dem Krönchen heraufleuchten wie aus einer andern Welt, wie eine fremde Wasserfei,[122] die nach einem Vertrauensbruch in die Tiefe zu fliehen droht.

Indem ich sie so gewaltsam an mich gedrückt und geküßt und sie in der Verwirrung dies erwidert, hatten wir den Becher unserer unschuldigen Lust zu sehr
15 geneigt;[123] sein Trank überschüttete uns mit plötzlicher Kälte, und das fast feindliche Fühlen des Körpers riß uns vollends aus dem Himmel. Diese Folgen einer so unschuldigen und herzlichen Aufwallung[124] zwischen zwei jungen Leutchen, welche einst als Kinder schon genau dasselbe getan ohne alle Bekümmernis,[125] würden vielen närrisch vorkommen; uns aber dünkte die Sache nicht spaßhaft, und
20 wir saßen mit wirklichem Grame an dem Wasser, das um keinen Grad reiner war als Annas Seele. Den wahren Grund der schreckhaften Begebenheit ahnte ich gar nicht; denn ich wußte nicht, daß in jenem Alter das rote Blut weiser sei als der Geist und sich von selbst zurückdämme,[126] wenn es in ungehörige Wellen geschlagen worden. Anna hingegen mochte sich hauptsächlich vorwerfen, daß sie nun doch für ihr
25 Nachgeben, dem Feste beizuwohnen, bestraft und ihre eigene Art und Weise gröblich und roh gestört worden sei.

Ein gewaltiges Rauschen in den Baumkronen[127] rings umher weckte uns aus der melancholischen Versenkung, die eigentlich schon wieder an eine andere Art von schönem Glück streifte; denn meiner Erinnerung sind die letzten Augenblicke,
30 ehe uns der starke Südwind wach rauschte, nicht weniger lieb und kostbar, als jener Ritt auf der Höhe und durch den Tannenwald. Auch Anna schien sich zufriedener zu fühlen; als wir uns erhoben, lächelte sie flüchtig gegen mein eigenes verschwindendes Bild im Wasser; doch schienen ihre anmutig entschiedenen Bewegungen zu sagen: Wage es ferner nicht, mich zu berühren!
35 Die Pferde hatten längst zu trinken aufgehört und standen verwundert in der engen Wildnis, wo sie zwischen Steinen und Wasser beinahe keinen Raum fanden, sich zu regen; ich legte ihnen das Gebiß[128] an, hob Anna auf den Schimmel, und denselben führend, suchte ich auf dem schmalen, oft vom Flüßchen beeinträchtigten Pfade so gut als möglich vorwärts zu dringen, während der Braune geduldig
40 und treulich nachfolgte. Wir gelangten auch wohlbehalten auf die Wiesen und endlich unter die Bäume vor dem alten Pfarrhause. Kein Mensch war daheim, selbst der Oheim und seine Frau waren auf den Abend fortgegangen und alles still um das

---

[122]Wasserfei: *water sprite*   [123]geneigt: *tipped*   [124]Aufwallung: emotion   [125]Bekümmernis: *grief*   [126]sich ... zurückdämme: *"dams itself back," restrains itself*   [127]Baumkronen: *treetops* [128]Gebiß: *bit*

Haus. Dieweil Anna sogleich hineineilte, zog ich den Schimmel in den Stall, sattelte ihn ab und steckte ihm sein Heu vor. Dann ging ich hinauf, um für den Braunen etwas Brot zu holen, da ich auf ihm noch dem Schauspiele zuzueilen gedachte. Auch forderte mich Anna gleich dazu auf, als ich in die Stube kam. Sie war schon umgekleidet und flocht eben ihr Haar etwas hastig in seine gewohnten Zöpfe; über dieser Beschäftigung von mir betroffen, errötete sie aufs neue und wurde verlegen. 5

    Ich ging hinab, den Braunen zu füttern, und während ich ihm das Brot vorschnitt[129] und ein Stück um das andere in das Maul steckte, stand Anna an dem offenen Fenster, ihr Haar vollends aufbindend, und schaute mir zu. Die gemächliche Beschäftigung unserer Hände in der Stille, die über dem Gehöfte[130] lagerte, erfüllte 10 uns mit einer tiefen und von Grund aus glücklichen Ruhe, und wir hätten jahrelang so verharren mögen; manchmal biß ich selbst ein Stück von dem Brote, ehe ich es dem Pferde gab, worauf sich Anna ebenfalls Brot aus dem Schranke holte und am Fenster aß. Darüber mußten wir lachen, und wie uns das trockene Brot so wohl schmeckte nach dem festlichen und geräuschvollen Mahle, so schien auch die jetzige 15 Art unseres Zusammenlebens das rechte Fahrwasser[131] zu sein, in welches wir nach dem kleinen Sturme eingelaufen und in welchem wir bleiben sollten. Anna gab ihre Zufriedenheit auch dadurch zu erkennen, daß sie das Fenster nicht verließ, bis ich weggeritten war.

---

[129] vorschnitt: *sliced*   [130] Gehöfte: Farm   [131] das rechte Fahrwasser: *the right channel*

CONRAD FERDINAND MEYER (1825 - 1898)

Rund hundert Jahre nach Goethes *Auf dem See*[1] schrieb C. F. Meyer ein Gedicht, das denselben landschaftlichen Hintergrund hat. Er gab ihm sogar zunächst den gleichen Titel: *Auf dem See*. Der See, der gemeint war, war der Züricher See. Meyer, in Zürich geboren, kannte ihn gut und hat ihn in seiner Jugend oft befahren. Aber wo Goethe in
5   morgendlicher Stunde[2] im Kreis jugendlicher Gefährten auf den See hinausgefahren war, da verließ Meyer sein Haus oft erst nachts, im Schutze der Dunkelheit, um niemandem zu begegnen, ruderte einsam auf den See hinaus und ließ sich von den Wellen treiben. *Eingelegte Ruder,*[3] der Titel, den Meyer seinem Gedichte schließlich gab, bezeichnet zunächst diese ganz konkrete Situation. Aber es gibt auch eine *Lebens*reise, auf der man
10 die Ruder einlegen kann. Und so wie Goethe nicht nur von einer Bootsfahrt an einem heiteren Junimorgen spricht, sondern vom Mut und der Zuversicht eines Lebensmorgens, so spricht Meyer von Indifferenz, von seelischer Lähmung, von einem Leben, das weder Ziel noch Richtung kennt. Goethes Gedicht beginnt im „Rudertakt", von dem die erste Strophe spricht; Meyers Gedicht bewegt sich, mit voller Absicht, kaum von der Stelle, mit
15 langen Pausen, in denen der schwere und langsame Rhythmus immer wieder zum Stillstand kommt. Es mag wohl sein, daß Lebensmut uns lieber ist als Schwermut, lieber als die *acedia,*[4] die im Mittelalter als Todsünde galt, aber Anlaß zu großen Gedichten können sie beide werden.

Goethes Satz, „man muß etwas sein, um etwas zu machen", ist mit dem ganzen
20 Stolz einer reichen und überströmenden Natur gesagt, die auf die Kraft, die in ihr lebt, vertraut. Angesichts manches Künstlerlebens möchte man den Satz eher umkehren: man muß etwas machen, um etwas zu sein. So jedenfalls scheint er viel eher auf C. F. Meyer zu passen, der sein Leben in einem tiefen Gefühl der Leere, der Ohnmacht und der Bedeutungslosigkeit begann. Erst die Kunst, die unablässige Mühe des Formens und
25 Machens, gab diesem Leben Sinn und Inhalt.

Mit beispielloser Zähigkeit arbeitete sich Meyer aus den inneren Schwierigkeiten seiner Anfänge heraus. Er stammte aus einer zwar wohlhabenden doch seelisch und physisch belasteten und gefährdeten Schweizer Familie. Des Vaters Lebenskraft war früh erschöpft; die Mutter endete durch Selbstmord; Meyer selbst mußte, nach dem Ausbruch
30 einer schweren Nervenkrise, sich in seinem siebenundzwanzigsten Lebensjahr in eine Irrenanstalt begeben. Einsichtige[5] Ärzte, Familienfreunde, seine eigene Schwester, die über zwei Jahrzehnte, bis zu seiner Heirat, hingebend für ihn sorgte, halfen ihm weiter. Hilfe war ihm auch das calvinistisch modifizierte Luthertum, an dem er sein Leben lang festhielt. Aus dem Studium der Geschichte schließlich holte er sich, was er im Leben und
35 in seiner Umgebung nicht finden konnte: große Gegenstände, mächtige Figuren, heroische Gesten, leidenschaftliche Kämpfe, tragische Konflikte. Er bewunderte das starke Leben, das ihm selber fehlte, und er unterstellte[6] es zugleich der Unerbittlichkeit[7] ethischer

---

[1] **Auf dem See:** siehe S. 163   [2] **in morgendlicher Stunde:** am Morgen   [3] **Eingelegte Ruder:** *shipped oars*   [4] **acedia:** auch *accidia* (*Lat.*); *spiritual torpor, apathy*   [5] **Einsichtige:** einsichtsvolle; *judicious*   [6] **unterstellte:** *subordinated*   [7] **Unerbittlichkeit:** *implacability*

Maßstäbe. Aus solcher Perspektive erwuchsen seine historischen Novellen, die ihn berühmt machten. Schwerer hatte es C. F. Meyer mit seiner Lyrik. Selten hat ein Dichter so wenig vielversprechend, so offensichtlich „talentlos" angefangen. Doch was Meyer an lyrischer Kraft und Ursprünglichkeit fehlte, ersetzte er durch unermüdliche Arbeit. Es gibt Gedichte von ihm, die er zwölfmal und öfter umgearbeitet und dabei beständig verbessert 5 hat. Überblickt man die Leistung seines Lebens, so möchte man an den alten Spruch glauben: Genie ist Fleiß. Doch selbst was er nach solchen Mühen vorlegte, fand nicht leicht den Beifall der Zeitgenossen. Man wandte gegen seine Gedichte ein, daß sie von Erfahrungen sprachen, nicht von Gefühlen. Das war aus einer Tradition geurteilt, die an „Erlebnislyrik" gewöhnt war, an Lieder, die man singen konnte, an Gefühl und 10 Bekenntnis, an ein „lyrisches Ich", das seine eigenen Freuden und Schmerzen aussprach, in Gedichten, die von Herzen kamen und zum Herzen gingen. Später urteilte man anders. „Verse sind nicht", erklärte Rilke in seinen *Aufzeichnungen des Malte Laurids Brigge* (1910), „wie die Leute meinen, Gefühle (die hat man früh genug), — es sind Erfahrungen." Meyer jedenfalls konnte nicht und wollte auch nicht von seinen Gefühlen 15 sprechen. Es wäre ihm undelikat erschienen. Er brauchte und er fand Masken, bildhafte Analogien, gegenständliche Äquivalente, „objective correlatives", wie T. S. Eliot das genannt hat. So schuf er einen Typus von symbolischen „Dinggedichten", den schon Mörike in seinem Gedicht *Auf eine Lampe* entwickelt und Rilke später zur Vollendung gebracht hat. In seinen besten Schöpfungen ist es ihm gelungen, Innen und Außen, 20 seelische Emotion und plastische Figur zu einem neuen, einheitlichen Ganzen zu verschmelzen.

EINGELEGTE RUDER* (1882)

Meine eingelegten Ruder triefen,
Tropfen fallen langsam in die Tiefen.

Nichts, das mich verdroß! Nichts, das mich freute! 25
Niederrinnt[8] ein schmerzenloses Heute!

Unter mir — ach, aus dem Licht verschwunden —
träumen schon die schönern meiner Stunden.

Aus der blauen Tiefe ruft das Gestern:
sind im Licht noch manche meiner Schwestern? 30

---

[8] Niederrinnt: *runs, trickles down*
* Eingelegte Ruder: siehe S. 332, Z. 8

IM SPÄTBOOT* (1882)

Aus der Schiffsbank mach ich meinen Pfühl,[9]
endlich wird die heiße Stirne kühl!
O wie süß erkaltet[10] mir das Herz!
O wie weich verstummen Lust und Schmerz!
5 Über mir des Rohres[11] schwarzer Rauch
wiegt und biegt sich in des Windes Hauch.
Hüben hier und wieder drüben dort[12]
hält das Boot an manchem kleinen Port:
bei der Schiffslaterne kargem Schein
10 steigt ein Schatten aus und niemand ein.
Nur der Steurer noch, der wacht und steht!
Nur der Wind, der mir im Haare weht!
Schmerz und Lust erleiden sanften Tod:
einen Schlummrer trägt das dunkle Boot.

MÖWENFLUG† (1882)

15 Möwen[13] sah um einen Felsen kreisen
ich in unermüdlich gleichen Gleisen,[14]
auf gespannter Schwinge[15] schweben bleibend,
eine schimmernd weiße Bahn beschreibend,
und zugleich in grünem Meeresspiegel[16]
20 sah ich um dieselben Felsenspitzen[17]
eine helle Jagd gestreckter Flügel
unermüdlich durch die Tiefe blitzen.
Und der Spiegel hatte solche Klarheit,
daß sich anders nicht die Flügel hoben
25 tief im Meer als hoch in Lüften oben,
daß sich völlig glichen[18] Trug und Wahrheit.

---

[9]**Pfühl:** *pillow*   [10]**erkaltet:** wird kalt   [11]**Rohres:** *smokestack*   [12]**Hüben hier und wieder drüben dort:** auf dieser und wieder auf der anderen Seite   [13]**Möwen:** (Obj.)   [14]**Gleisen:** *paths*   [15]**auf gespannter Schwinge:** aufgespanntem Flügel; *on outstretched wing*   [16]**Meeresspiegel:** *surface of the sea*   [17]**Felsenspitzen:** *rocky points*   [18]**sich völlig glichen:** *were completely equal*
*Spätboot: *night boat*
†Möwenflug: *flight of seagulls*

Allgemach[19] beschlich es mich[20] wie Grauen,
Schein und Wesen[21] so verwandt zu schauen,
und ich fragte mich, am Strand verharrend,[22]
ins gespenstische Geflatter[23] starrend:
Und du selber? Bist du echt beflügelt?[24]   5
Oder nur gemalt und abgespiegelt?
Gaukelst du[25] im Kreis mit Fabeldingen?[26]
Oder hast du Blut in deinen Schwingen?

STAPFEN* (1882)

In jungen Jahren war's. Ich brachte dich
zurück ins Nachbarhaus, wo du zu Gast,[27]   10
durch das Gehölz. Der Nebel rieselte,
du zogst des Reisekleids Kapuze vor
und blicktest traulich mit verhüllter Stirn.
Naß ward der Pfad. Die Sohlen prägten sich
dem feuchten Waldesboden[28] deutlich ein,   15
die wandernden.[29] Du schrittest auf dem Bord,[30]
von deiner Reise sprechend. Eine noch,
die längre, folge drauf, so sagtest du.
Dann scherzten wir, der nahen Trennung klug
das Angesicht verhüllend, und du schiedst,[31]   20
dort wo der First[32] sich über Ulmen[33] hebt.
Ich ging denselben Pfad gemach[34] zurück,
leis schwelgend noch in deiner Lieblichkeit,
in deiner wilden Scheu, und wohlgemut[35]
vertrauend auf ein baldig Wiedersehn.   25
Vergnüglich schlendernd sah ich auf dem Rain[36]
den Umriß deiner Sohlen deutlich noch
dem feuchten Waldesboden eingeprägt,
die kleinste Spur von dir, die flüchtigste,
und doch dein Wesen: wandernd, reisehaft,   30
schlank, rein, walddunkel,[37] aber o wie süß!
Die Stapfen schritten jetzt entgegen dem

---

[19] **Allgemach:** allmählich; *gradually*   [20] **beschlich es mich:** *it crept over me*   [21] **Wesen:** *essence, reality*   [22] **verharrend:** bleibend, wartend   [23] **Geflatter:** *fluttering*   [24] **beflügelt:** *winged*   [25] **Gaukelst du:** flatterst du; *are you fluttering*   [26] **Fabeldingen:** Dinge der Phantasie   [27] **wo du zu Gast:** wo du zu Gast warst; *where you were a guest*   [28] **Waldesboden:** *forest floor*   [29] **die wandernden:** die wandernden Sohlen   [30] **Bord:** Rand; *edge (of the path)*   [31] **schiedst:** gingst fort   [32] **First:** Dachfirst; *roof ridge*   [33] **Ulmen:** *elms*   [34] **gemach:** langsam   [35] **wohlgemut:** fröhlich   [36] **Rain:** *ridge (on the path's edge)*   [37] **walddunkel:** *forest-dark*
* **Stapfen:** Fußstapfen; *footprints*

zurück dieselbe Strecke Wandernden:[38]
aus deinen Stapfen hobst du dich empor
vor meinem innern Auge. Deinen Wuchs
erblickt' ich mit des Busens zartem Bug.[39]
5   Vorüber gingst du, eine Traumgestalt.
Die Stapfen wurden jetzt undeutlicher,
vom Regen halb gelöscht, der stärker fiel.
Da überschlich mich eine Traurigkeit:
fast unter meinem Blick verwischten sich
10   die Spuren deines letzten Gangs mit mir.

DIE FELSWAND (1882)

Feindselig, wildzerrissen[40] steigt die Felswand.
Das Auge schrickt zurück. Dann irrt es unstet
daran herum. Bang sucht es, wo es hafte.[41]
Dort! über einem Abgrund schwebt ein Brücklein
15   wie Spinnweb. Höher um die scharfe Kante
sind Stapfen[42] eingehaun, ein Wegesbruchstück![43]
Fast oben ragt ein Tor mit blauer Füllung:[44]
dort klimmt ein Wanderer zu Licht und Höhe!
Das Aug verbindet Stiege, Stapfen, Stufen.
20   Es sucht. Es hat den ganzen Pfad gefunden,
und gastlich, siehe, wird die steile Felswand.

---

[38] entgegen dem zurück dieselbe Strecke Wandernden: dem entgegen, der auf derselben Strecke zurückwanderte   [39] Bug: *curve*   [40] wildzerrissen: *wildly torn up*   [41] hafte: festhalten soll; *hold fast*   [42] Stapfen: *here, footholds*   [43] Wegesbruchstück: *fragment of a path*   [44] ein Tor mit blauer Füllung: *a gate with a blue panel: i.e., the sky is visible in an opening*

THEODOR FONTANE (1819 - 1898)

„Denn wie er ganz zuletzt war, so war er eigentlich": das Wort, mit dem Fontane seinen Vater charakterisiert hat, ließe sich mit nicht geringerem Recht von ihm selbst sagen. Er ist wirklich erst spät zum Eigentlichen gekommen.[1] Als 1878 sein erster Roman erschien, war er nahezu sechzig; die Romane, die ihn berühmt machten, schrieb er als Siebziger. *Irrungen, Wirrungen*[2] (1888), *Frau Jenny Treibel* (1892), *Effi Briest* (1895) waren sehr   5 anders als die Romane der deutschen Tradition. „Kolossal empirisch und ganz unphilosophisch", wie Fontane sich vorkam, lag ihm nichts[3] am Innenleben träumerischer Jünglinge. Gesellschaftsromane wollte er schreiben, nicht Entwicklungsromane. „Aufgabe des modernen Romans", erklärte er, „scheint mir die zu sein, ein Leben, eine Gesellschaft, einen Kreis von Menschen zu schildern, der ein unverzerrtes[4] Widerspiel[5]   10 *des* Lebens ist, das wir führen." Dies Leben, das er um sich sah und mit dem er vertraut war, waren die Menschen und die Zustände in der neuen Hauptstadt des Deutschen Reiches, Berlin, und in ihrer Umgebung, der Mark Brandenburg.[6] Zwei Klassen waren es vor allem, die er kannte und die er darstellte: das Berliner Bürgertum und den preußischen Adel. Ihre Kenntnis erwarb er sich in einem langen, nicht eben[7] leichten   15 Leben. Angefangen hatte Fontane als Apotheker, gab diese Laufbahn jedoch auf, als er einsah, daß er nie das Geld haben würde, um sich eine eigene Apotheke zu kaufen. Er versuchte sich dann in kleinen Beamtenstellungen,[8] für die seine Natur zu unabhängig war, war gelegentlich Privatlehrer und wurde schließlich Journalist. Es war eine schwierige Existenz, doppelt schwierig auch deshalb, weil Fontane sie sich gegen den Willen seiner   20 Lebensgefährtin erkämpfen mußte,[9] die, vor allem um der Kinder willen, glaubte, nur in gesicherten Verhältnissen leben zu können. Unter ähnlichem Druck war die Ehe von Fontanes Eltern zerbrochen; die seinige hatte Bestand.[10]

Der Journalismus wurde Fontanes eigentliche Schule; in ihr entwickelten sich die Fähigkeiten, die in ihm angelegt waren:[11] ein Sinn für Tatsachen, Nüchternheit, ein   25 klarer, illusionsloser Blick. Zu dieser Schulung gehörte auch ein mehrjähriger[12] Aufenthalt in England. Fontane war gerne in England; er bewunderte die selbstverständliche *fairness* englischen Lebens und die Neigung zum *understatement*, die er teilte. In London, in den großen Verhältnissen eines Weltreichs, wurde ihm klar, sofern er diese Belehrung überhaupt nötig hatte, daß Preußen nicht die Welt war. Dabei hing er an seiner   30 märkischen Heimat,[13] an den bescheidenen Reizen ihrer Landschaft, am Leben der kleinen Leute in der Provinz, auch wenn er den größten Teil seines Lebens in Berlin verbrachte. Jahrelang durchstreifte er die ländliche Umgebung Berlins; aus dem Bild von

---

[1] zum Eigentlichen gekommen: *came into his own*   [2] Irrungen, Wirrungen: *errors, confusions (The novel has been translated into English with the title, "Trials and Tribulations.")*   [3] lag ihm nichts: war er nicht ... interessiert   [4] unverzerrtes: *undistorted*   [5] Widerspiel: Widerspieglung; *reflection*   [6] Mark Brandenburg: siehe S. 249   [7] nicht eben: nicht besonders   [8] Er versuchte sich dann in kleinen Beamtenstellungen: *he then tried his hand at jobs as a minor official*   [9] sie sich ... erkämpfen mußte: um seine Existenz ... kämpfen mußte   [10] die seinige hatte Bestand: *his lasted*   [11] die in ihm angelegt waren: *which he possessed*   [12] mehrjähriger: *of several years*   [13] seiner märkischen Heimat: seiner Heimat in der Mark Brandenburg

Mensch und Landschaft, aus Gegenwart und lokaler Geschichte formte er Beschreibungen, die er schließlich als *Wanderungen durch die Mark Brandenburg* (1861 - 1882) veröffentlichte und die nicht zuletzt der Substanz seiner Romane zugute kamen.[14]

Wie viele seiner Altersgenossen hatte auch Fontane mit der bürgerlichen Revolution
5   von 1848 sympathisiert. Zugleich wußte er sehr wohl, wie viel Preußen einzelnen seiner Fürsten[15] verdankte; Männer wie der Große Kurfürst[16] und der „Alte Fritz"[17] hätten, so fand er, Preußen *gemacht*, allerdings ohne das Volk. Eben dieses Volk aber, und *nur das Volk*, habe 1813 die Befreiung von der napoleonischen Herrschaft[18] gebracht und sei dann von den Fürsten schmählich um seine Freiheitsrechte betrogen worden. „Ich sage
10 Dir", schrieb er einem Freund, „wenn wir noch heut am Tage[19] 37 Fürsten nach Van-Diemensland[20] schicken – es geht uns nicht um ein Haar[21] schlechter, wir sparen viel Geld und sind in acht Tagen auch reif für die schönste Republik. Und wären wir's nicht, was liegt daran[22] – so müßten wir's *werden*,[23] und, auf Wort,[24] wir *würden* es. Scheußliche Verhöhnung, in der Knechtschaft reif für die Freiheit zu werden, schwimmen
15 zu lernen auf dem Trocknen. Nur in der Freiheit wird man frei."

Der Freund, dem Fontane das schrieb, war ein preußischer Junker, der Freiherr[25] Bernhard von Lepel. Vier Jahre zuvor, als Fontane sein Militärjahr abdiente, war Lepel sein Vorgesetzter gewesen. Der erste Brief aus der Korrespondenz zwischen Fontane und Lepel, der erhalten ist, ist ein Brief des Leutnants von Lepel, in dem er die Einladung des
20 Grenadiers Fontane zu einem der Poesie gewidmeten Abend annimmt. Es muß ein seltsamer Anblick gewesen sein: ein preußischer Leutnant und sein Untergebener, in einer Kasernenstube[26] einander Gedichte vorlesend. Vier Jahre später bat Fontane seinen Freund um Waffen. Natürlich erhielt er sie nicht. Er fand auch sonst keine. Vielleicht auch deshalb, weil er sie nicht allzu eifrig suchte. Fontane war kein Kämpfer, weder
25 Verschwörer noch Rebell. Andere gingen nach dem Scheitern des Aufstands von 1848 in die Verbannung, Fontane schrieb, mit inneren Vorbehalten, für konservative Zeitungen. Er war gewiß oft genug zu Kompromissen gezwungen, er war mitunter auch zu Kompromissen geneigt. Dabei hatte er ein unbestechliches Auge. Es lehrte ihn, daß selten das Recht nur auf *einer* Seite liegt. Was er sah und hörte, sah und hörte er kritisch. Daß er
30 in seinen Romanen Figuren des Adels liebenswert zeichnete, hinderte ihn nicht, zu sehen, daß der Adel als Stand überlebt war. Er beobachtete und beschrieb den materiellen Aufschwung des Berliner Bürgertums nach der Reichsgründung,[27] doch: „reiche Leute sind noch keine vornehmen Leute", erklärt, sicher in seinem Sinn, eine seiner Figuren.

Fontane ging durch eine Epoche der Prosperität, ohne an ihr teilzuhaben. Er sah
35 den falschen Glanz, den brüchigen Boden, die fragwürdige Zukunft. So durchzieht sein Werk ein verdeckter Pessimismus, der als Resignation in Erscheinung tritt, durch Ironie gemildert, durch Humor verklärt. Die Menschen seiner Romane werden weder verherrlicht

---

[14]zugute kamen: *benefited*   [15]einzelnen seiner Fürsten: *certain princes*   [16]der Große Kurfürst: Friedrich Willhelm (1620 - 1688), der Gründer Preußens. Siehe Kleists *Prinz Friedrich von Homburg*, S. 249ff.   [17]der „Alte Fritz": Friedrich II., „Friedrich der Große" (1712 - 1786), der als Sieger im Siebenjährigen Kriege Preußen zu einer großen Militärmacht machte   [18]1813 die Befreiung von der napoleonischen Herrschaft: die Schlacht bei Leipzig (Oktober 1813)   [19]noch heut am Tage: noch heute, am heutigen Tag   [20]Van - Diemensland: *Tasmania*   [21]nicht um ein Haar: *not a bit*   [22]was liegt daran: *what does it matter*   [23]müßten wir's werden: müßten wir reif werden   [24]auf Wort: *upon my word*   [25]Freiherr: Baron   [26]Kasernenstube: *room in the barracks*   [27]Reichsgründung: Das deutsche Reich wurde 1871 gegründet.

noch verdammt; Fontane zeigt ihre Schicksale, unsentimental, doch nicht gefühllos. Am liebsten gibt er ihnen selbst das Wort.[28] Wohl niemand in Deutschland hat ihn in der Kunst des Dialoges übertroffen.

Aus EFFI BRIEST (1895)

Effi von Briest, aufgewachsen auf dem Gut Hohen-Cremmen in der Mark Brandenburg, wird, siebzehnjährig, von ihren Eltern mit dem Baron Geert von Innstetten verlobt. Sie   5
kennt zwar den Baron kaum, aber er mißfällt ihr nicht. „Landrat,[29] gute Figur und sehr männlich", so hat sie ihn, noch ehe sie mit ihm verlobt war, ihren Freundinnen gegenüber charakterisiert. Baron von Innstetten ist ein Mann von ausgezeichnetem Ruf und tadellosen Formen,[30] ein hervorragender Beamter, dem man allgemein eine glänzende Karriere prophezeit. Wohl ist er zwanzig Jahre älter als Effi, aber niemand hält den   10
Altersunterschied für wichtig, auch Effi nicht. Effi ist noch ein halbes Kind, hübsch, lebhaft, heiter, mit sehr viel Charme und sehr viel Phantasie. Über die Ehe macht sie sich nicht viel Gedanken. Gleich nach der Verlobung geht sie zu ihren Freundinnen, den Töchtern des Lehrers Jahnke, und im Garten wird die Verlobung besprochen:

    „Nun, Effi", sagte Hertha, während alle drei zwischen den rechts und links   15
blühenden Studentenblumen[31] auf- und abschritten, „nun, Effi, wie ist dir eigentlich?"

    „Wie mir ist? O, ganz gut. Wir nennen uns auch schon du und bei Vornamen. Er heißt nämlich Geert, was ich euch, wie mir einfällt, auch schon gesagt habe."

    „Ja, das hast du. Mir ist aber doch so bange dabei. Ist es denn auch der   20
Richtige?"

    „Gewiß ist es der Richtige. Das verstehst du nicht, Hertha. Jeder ist der Richtige. Natürlich muß er von Adel sein und eine Stellung haben und gut aussehen."

    „Gott, Effi, wie du nur sprichst. Sonst sprachst du doch ganz anders."   25
    „Ja, sonst."

    „Und bist du auch schon ganz glücklich?"

    „Wenn man zwei Stunden verlobt ist, ist man immer ganz glücklich. Wenigstens denk ich es mir so."

    „Und ist es dir denn gar nicht, ja, wie sag ich nur, ein bißchen genant?"[32]   30
    „Ja, ein bißchen genant ist es mir, aber doch nicht sehr. Und ich denke, ich werde darüber weg kommen."

---

[28]**gibt er ihnen selbst das Wort:** läßt er sie selbst sprechen   [29]**Landrat:** *district president*
[30]**Formen:** Manieren; *manners*   [31]**Studentenblumen:** *French marigolds*   [32]**genant:** peinlich
embarrassing

Während der nicht sehr langen Verlobungszeit bewährt sich Innstetten als gewissenhafter Briefschreiber. Er schreibt täglich, erwartet aber „allwöchentlich nur einen ganz kleinen Antwortbrief". Auch Effis Mutter bekommt Innstettens Briefe zu lesen. Sie findet sie „heiter und unterhaltlich[33] und gar nicht väterlich weise", und sie ist
5   zuversichtlich, daß Effi und Innstetten eine „Musterehe"[34] führen werden. Effi stimmt ihr bei:

„Ja, das glaube ich auch, Mama. Aber kannst du dir vorstellen, und ich schäme mich fast, es zu sagen, ich bin nicht so sehr für das, was man eine Musterehe nennt."

10   „Das sieht dir ähnlich.[35] Und nun sage mir, wofür bist du denn eigentlich?"
„Ich bin . . . nun, ich bin für gleich und gleich[36] und natürlich auch für Zärtlichkeit und Liebe. Und wenn es Zärtlichkeit und Liebe nicht sein können, weil Liebe, wie Papa sagt, doch nur ein Papperlapapp[37] ist (was ich aber nicht glaube), nun, dann bin ich für Reichtum und ein vornehmes Haus, ein *ganz* vornehmes, wo
15   Prinz Friedrich Karl[38] zur Jagd kommt, auf Elchwild oder Auerhahn,[39] oder wo der alte Kaiser[40] vorfährt und für jede Dame, auch für die jungen, ein gnädiges Wort hat. Und wenn wir dann in Berlin sind, dann bin ich für Hofball[41] und Galaoper,[42] immer dicht neben der großen Mittelloge."[43]
„Sagst du das so bloß aus Übermut und Laune?"
20   „Nein, Mama, das ist mein völliger Ernst. Liebe kommt zuerst, aber gleich hinterher kommt Glanz und Ehre, und dann kommt Zerstreuung — ja, Zerstreuung, immer was Neues, immer was, daß ich lachen oder weinen muß. Was ich nicht aushalten kann, ist Langeweile."

Als Effi wieder einmal ihrer Mutter einen Brief Innstettens vorgelesen hat, kommt es zu
25   folgendem Gespräch:

„Das ist ein sehr hübscher Brief", sagte Frau von Briest, „und daß er in allem das richtige Maß hält, das ist ein Vorzug mehr."
„Ja, das rechte Maß, das hält er."
„Meine liebe Effi, laß mich eine Frage tun;[44] wünschtest du, daß der Brief
30   *nicht* das richtige Maß hielte, wünschtest du, daß er zärtlicher wäre, vielleicht überschwenglich zärtlich?"
„Nein, nein, Mama. Wahr und wahrhaftig[45] nicht, das wünsche ich nicht. Da ist es doch besser so."
„Da ist es doch besser so. Wie das nun wieder klingt.[46] Du bist so sonderbar.

---

[33]unterhaltlich: unterhaltend; *entertaining*   [34]Musterehe: *ideal marriage*   [35]Das sieht dir ähnlich: *that's just like you*   [36]gleich und gleich: d.h., „gleich und gleich gesellt sich gern"; *i.e., Effi is for equality of interests and of social background*   [37]Papperlapapp: Unsinn; *nonsense*   [38]Prinz Friedrich Karl: (1828 - 1885), preußischer Generalfeldmarschall   [39]Elchwild oder Auerhahn: *elk or mountain cock*   [40]der alte Kaiser: Kaiser Wilhelm I. (1797 - 1888)   [41]Hofball: *court ball*   [42]Galaoper: *gala opera performance*   [43]dicht neben der großen Mittelloge: d.h., dort wo der Kaiser sitzt   [44]tun: stellen   [45]Wahr und wahrhaftig: *really and truly*   [46]Wie das nun wieder klingt: *Listen to that!*

Und daß du vorhin weintest. Hast du was auf deinem Herzen?[47] Noch ist es Zeit. Liebst du Geert nicht?"

„Warum soll ich ihn nicht lieben? Ich liebe Hulda, und ich liebe Bertha, und ich liebe Hertha. Und ich liebe auch den alten Niemeyer. Und daß ich euch liebe, davon spreche ich gar nicht erst. Ich liebe alle, die's gut mit mir meinen und gütig 5 gegen mich sind und mich verwöhnen. Und Geert wird mich auch wohl verwöhnen. Natürlich auf seine Art. Er will mir ja schon Schmuck schenken in Venedig.[48] Er hat keine Ahnung davon, daß ich mir nichts aus Schmuck mache.[49] Ich klettere lieber und ich schaukle mich lieber, und am liebsten immer in der Furcht, daß es irgendwo reißen oder brechen und ich niederstürzen[50] könnte. Den Kopf wird es ja 10 nicht gleich kosten."

„Und liebst du vielleicht auch deinen Vetter Briest?"

„Ja, sehr. Der erheitert mich immer."

„Und hättest du Vetter Briest heiraten mögen?"

„Heiraten? Um Gottes willen nicht. Er ist ja noch ein halber Junge. Geert ist 15 ein Mann, ein schöner Mann, ein Mann, mit dem ich Staat machen kann[51] und aus dem was wird in der Welt. Wo denkst du hin,[52] Mama."

„Nun, das ist recht, Effi, das freut mich. Aber du hast noch was auf der Seele."[53]

„Vielleicht." 20

„Nun, sprich."

„Sieh, Mama, daß er älter ist als ich, das schadet nichts, das ist vielleicht recht gut: er ist ja doch nicht alt und ist gesund und frisch und so soldatisch und so schneidig.[54] Und ich könnte beinah sagen, ich wäre ganz und gar für ihn, wenn er nur . . . ja, wenn er nur ein bißchen anders wäre." 25

„Wie denn, Effi?"

„Ja, wie. Nun, du darfst mich nicht auslachen. Es ist etwas, was ich erst ganz vor kurzem aufgehorcht[55] habe, drüben im Pastorhause. Wir sprachen da von Innstetten, und mit einem Male zog der alte Niemeyer seine Stirn in Falten,[56] aber in Respekts- und Bewunderungsfalten,[57] und sagte: ,Ja, der Baron! Das ist ein 30 Mann von Charakter, ein Mann von Prinzipien.' "

„Das ist er auch, Effi."

„Gewiß. Und ich glaube, Niemeyer sagte nachher sogar, er sei auch ein Mann von Grundsätzen.[58] Und das ist, glaub ich, noch etwas mehr. Ach, und ich . . . ich habe keine. Sieh, Mama, da liegt etwas, was mich quält und ängstigt. Er ist so lieb 35 und gut gegen mich und so nachsichtig, aber . . . ich fürchte mich vor ihm."

---

[47] Hast du was auf deinem Herzen?: Stört dich etwas? *Is something troubling you?*   [48] Venedig: *Venice*   [49] ich mir nichts aus Schmuck mache: *I don't care for jewelry*   [50] niederstürzen: hinunterfallen   [51] mit dem ich Staat machen kann: *whom I can show off*   [52] Wo denkst du hin: Was fällt dir ein? *What are you thinking of?*   [53] auf der Seele: auf dem Herzen; *on your mind*   [54] schneidig: *dashing*   [55] aufgehorcht: gehört   [56] zog . . . seine Stirn in Falten: *wrinkled his brow*   [57] Respekts- und Bewunderungsfalten: *wrinkles of respect and admiration*   [58] Prinzipien . . . Grundsätzen: „Prinzipien" *probably means here a code of behavior taken from the standards of one's group or class:* „Grundsätze" *derive from a code of behavior based on one's own convictions.*

Die Hochzeit findet statt, und Effi übersiedelt nach Kessin, der Hafenstadt an der Ostsee,[59] in der Innstetten als höchster Verwaltungsbeamter des Kreises[60] tätig ist. Die Ehe läßt sich gut an;[61] Effi richtet sich als Hausfrau in dem alten, großen, ein wenig düsteren Hause Innstettens ein. Es ist ein Haus, in dem es spuken soll. Effi ängstigt sich
5   mitunter, besonders wenn sie allein ist; ein paarmal hat sie auch seltsame Erscheinungen, vielleicht Träume; Innstetten, dem sie davon erzählt, ist nicht recht imstande, ihre Furcht zu zerstreuen. Im übrigen lebt sich Effi in ihre Rolle als erste Frau des Städtchens ein. Nur mit Zerstreuungen, mit Unterhaltung und Geselligkeit sieht es schlecht aus. Die Honoratioren[62] des Städtchens, Pastor, Doktor, Amtsrichter,[63] ein paar Schiffskapitäne,
10 sind nicht gerade unterhaltend, und die paar adligen Familien der Umgegend sind es ebensowenig. Über Familie, Kinder und Landwirtschaft kommen die Gespräche nicht hinaus. Eine Ausnahme machen nur der Apotheker des Städtchens, Dr. Alonzo Gieshübler, ein hochgebildeter und künstlerisch interessierter Mann, verwachsen[64] zwar, doch Effi glühend ergeben, und der Landwehrbezirkskommandeur,[65] ein Major, der der
15 Aushebung[66] der wehrpflichtigen[67] Soldaten vorsteht. Über den letzteren schreibt Effi an ihre Mutter:

„Etwas, meine liebe Mama, hätte ich beinah vergessen: den neuen Landwehrbezirkskommandeur, den wir nun schon beinah vier Wochen hier haben. Ja, haben wir ihn wirklich? Das ist die Frage, und eine Frage von Wichtigkeit dazu, so
20 sehr Du darüber lachen wirst und auch lachen mußt, weil Du den gesellschaftlichen Notstand nicht kennst, in dem wir uns nach wie vor[68] befinden. Oder wenigstens ich, die ich[69] mich mit dem Adel hier nicht gut zurechtfinden kann. Vielleicht meine Schuld. Aber das ist gleich.[70] Tatsache bleibt: Notstand, und deshalb sah ich, durch all diese Winterwochen hin, dem neuen Bezirkskommandeur wie einem
25 Trost- und Rettungsbringer[71] entgegen. Sein Vorgänger war ein Greuel, von schlechten Manieren und noch schlechteren Sitten, und zum Überfluß auch noch immer schlecht bei Kasse.[72] Wir haben all die Zeit über unter ihm gelitten, Innstetten noch mehr als ich, und als wir Anfang April hörten, Major von Crampas sei da, das ist nämlich der Name des neuen, da fielen wir uns in die Arme, als könne
30 uns nun nichts Schlimmes mehr in diesem lieben Kessin passieren. Aber, wie schon kurz erwähnt, es scheint, trotzdem er da ist, wieder nichts werden zu wollen.[73] Crampas ist verheiratet, zwei Kinder von zehn und acht Jahren, die Frau ein Jahr älter als er, also sagen wir fünfundvierzig. Das würde nun an und für sich[74] nicht viel schaden, warum soll ich mich nicht mit einer mütterlichen Freundin wundervoll
35 unterhalten können? Aber mit der Frau von Crampas, übrigens keine Geborene,[75] kann es nichts werden. Sie ist immer verstimmt, beinahe melancholisch, und das alles aus Eifersucht. Er, Crampas, soll nämlich ein Mann vieler Verhältnisse[76] sein,

---

[59] Ostsee: *Baltic Sea*   [60] Verwaltungsbeamter des Kreises: *administrative official of the district*
[61] läßt sich gut an: fängt gut an; ist vielversprechend   [62] Honoratioren: *people of rank*
[63] Amtsrichter: *district judge*   [64] verwachsen: *deformed*   [65] Landwehrbezirkskommandeur:
commander of the district militia   [66] Aushebung: *conscription*   [67] wehrpflichtigen: *draftable*
[68] nach wie vor: immer   [69] die ich: *who*   [70] gleich: egal; *all the same*   [71] Trost- und
Rettungsbringer: *consoler and savior*   [72] schlecht bei Kasse: er hat wenig Geld   [73] es scheint . . .
wieder nichts werden zu wollen: *it seems that nothing will come of it this time either*   [74] an und für
sich: *in and of itself*   [75] keine Geborene: keine geborene „von"; *born without a title, not a member
of the nobility*   [76] vieler Verhältnisse: *of many affairs*

ein Damenmann,[77] etwas was mir immer lächerlich ist und mir auch in diesem Fall
lächerlich sein würde, wenn er nicht, um eben solcher Dinge willen,[78] ein Duell mit
einem Kameraden gehabt hätte. Der linke Arm wurde ihm dicht unter der Schulter
zerschmettert, und man sieht es sofort, trotzdem die Operation, wie mir Innstetten
erzählt (ich glaube, sie nennen es Resektion,[79] damals noch von Wilms[80]   5
ausgeführt), als ein Meisterstück der Kunst gerühmt wurde. Beide, Herr und Frau
von Crampas, waren vor vierzehn Tagen bei uns, um uns ihren Besuch zu machen;[81]
es war eine sehr peinliche Situation, denn Frau von Crampas beobachtete ihren
Mann so, daß er in eine halbe und ich in eine ganze Verlegenheit kam.[82] Daß er
selbst sehr anders sein kann, ausgelassen und übermütig, davon überzeugte ich mich,   10
als er vor drei Tagen mit Innstetten allein war, und ich, von meinem Zimmer her,
dem Gang ihrer Unterhaltung folgen konnte. Nachher sprach auch ich ihn.
Vollkommener Kavalier, ungewöhnlich gewandt. Innstetten war während des
Krieges in derselben Brigade mit ihm, und sie haben sich im Norden von Paris bei
Graf Gröben[83] öfter gesehen. Ja, meine liebe Mama, das wäre nun also etwas   15
gewesen, um in Kessin neues Leben beginnen zu können; er, der Major, hat auch
nicht die pommerschen Vorurteile, trotzdem er in Schwedisch-Pommern[84] zu
Hause sein soll. Aber die Frau! Ohne sie geht es natürlich nicht, und mit ihr erst
recht nicht."

Zu einer näheren Beziehung zu dem Crampasschen Ehepaar kommt es in der Tat   20
nicht. Auch ist Effi durch die glückliche Geburt eines Mädchens in Anspruch genommen,
und als die kleine Annie ein paar Monate alt ist, reist sie mit dem Kind zu einem
sechswöchigen Besuch nach Hohen-Cremmen. Sie ist glücklich, wieder einmal bei ihren
Eltern zu sein, und zugleich ein bißchen enttäuscht, daß Innstetten in all den sechs
Wochen nicht einmal ein paar Tage Urlaub nimmt und sie besucht. Am Morgen nach ihrer   25
Rückkehr hält sie es ihm — scherzhaft natürlich — ein wenig vor:[85]

Effi hatte sich in einen Schaukelstuhl gelehnt und sagte, während sie das
Kaffeebrett[86] von der Seite her ihrem Manne zuschob: „Geert, du könntest heute
den liebenswürdigen Wirt machen;[87] ich für mein Teil find es so schön in diesem
Schaukelstuhl, daß ich nicht aufstehen mag. Also strenge dich an, und wenn du dich   30
recht freust, mich wieder hier zu haben, so werd ich mich auch zu revanchieren
wissen." Und dabei zupfte sie die weiße Damastdecke[88] zurecht und legte ihre
Hand darauf, die Innstetten nahm und küßte.
      „Wie bist du nur eigentlich ohne mich fertig geworden?"[89]
      „Schlecht genug, Effi."   35

---

[77]**Damenmann:** *lady's man*   [78]**um eben solcher Dinge willen:** *just because of such an affair*
[79]**Resektion:** *amputation of part of a bone*   [80]**Wilms:** Robert Friedrich Wilms (1824 - 1880),
berühmter Berliner Chirurg (*surgeon*)   [81]**um uns ihren Besuch zu machen:** *to pay their official visit
to us*   [82]**daß er in eine halbe und ich in eine ganze Verlegenheit kam:** daß er halb verlegen
(*embarrassed*) und ich ganz verlegen war   [83]**Graf Gröben:** Georg Graf von der Gröben, preußischer
Generalleutnant   [84]**pommerschen ... Schwedisch-Pommern:** Gebiet auf der Südküste der Ostsee;
ein Teil wurde vor 1815 von Schweden regiert   [85]**hält ... vor:** *reproaches*   [86]**Kaffeebrett:** *coffee
tray*   [87]**machen:** spielen   [88]**Damastdecke:** *damask tablecloth*   [89]**Wie bist du ... fertig geworden:**
how did you get along

„Das sagst du so hin[90] und machst ein betrübtes Gesicht, und ist doch eigentlich alles nicht wahr."

„Aber Effi . . ."

„Was ich dir beweisen will. Denn wenn du ein bißchen Sehnsucht nach
5 deinem Kinde gehabt hättest — von mir selber will ich nicht sprechen, was ist man am Ende solchem hohen Herrn,[91] der so lange Jahre Junggeselle war und es nicht eilig hatte . . ."[92]

„Nun?"

„Ja, Geert, wenn du nur ein bißchen Sehnsucht gehabt hättest, so hättest du
10 mich nicht sechs Wochen mutterwindallein[93] in Hohen-Cremmen sitzen lassen wie eine Witwe, und nichts da als Niemeyer und Jahnke und mal die Schwantikower. Und von den Rathenowern ist niemand gekommen, als ob sie sich vor mir gefürchtet hätten oder als ob ich zu alt geworden sei."

„Ach, Effi, wie du nur sprichst. Weißt du, daß du eine kleine Kokette bist?"
15 „Gott sei Dank, daß du das sagst. Das ist für euch das Beste, was man sein kann. Und du bist nichts anderes als die anderen, wenn du auch so feierlich und ehrsam tust.[94] Ich weiß es recht gut, Geert . . . Eigentlich bist du . . ."

„Nun, was?"

„Nun, ich will es lieber nicht sagen. Aber ich kenne dich recht gut; du bist
20 eigentlich, wie der Schwantikower Onkel mal sagte, ein Zärtlichkeitsmensch[95] und unterm Liebesstern[96] geboren, und Onkel Belling hatte ganz recht, als er das sagte. Du willst es bloß nicht zeigen und denkst, es schickt sich nicht[97] und verdirbt einem die Karriere. Hab ich's getroffen?"[98]

Innstetten lachte. „Ein bißchen getroffen hast du's. Weißt du was, Effi, du
25 kommst mir ganz anders vor. Bis Anniechen da war, warst du ein Kind. Aber mit einem Male . . ."

„Nun?"

„Mit einem Male bist du wie vertauscht.[99] Aber es steht dir,[100] du gefällst mir sehr, Effi. Weißt du was?"

30 „Nun?"

„Du hast was Verführerisches."

„Ach, mein einziger Geert, das ist ja herrlich, was du da sagst; nun wird mir erst recht wohl ums Herz[101] . . . Gib mir noch eine halbe Tasse . . . Weißt du denn, daß ich mir das immer gewünscht habe? Wir müssen verführerisch sein, sonst sind
35 wir gar nichts . . ."

„Hast du das aus dir?"

„Ich könnt es wohl auch aus mir haben. Aber ich hab es von Niemeyer . . ."

"Von Niemeyer! O du himmlischer Vater, ist *das* ein Pastor. Nein, solche gibt es hier nicht. Aber wie kam denn *der* dazu? Das ist ja, als ob es irgendein Don Juan
40 oder Herzensbrecher gesprochen hätte."

---

[90] **Das sagst du so hin:** *you simply say that*   [91] **was ist man am Ende solchem hohen Herrn:** *what am I, after all, to such an important man*   [92] **es nicht eilig hatte:** *who wasn't in a hurry (to get married)*
[93] **mutterwindallein:** mutterseelenallein; *all alone*   [94] **tust:** *act*   [95] **Zärtlichkeitsmensch:** *fond, tender person*   [96] **Liebesstern:** *love star*   [97] **es schickt sich nicht:** es gehört sich nicht; *it isn't proper*   [98] **Hab ich's getroffen?:** Habe ich recht?   [99] **vertauscht:** ausgewechselt; *transformed*
[100] **es steht dir:** *that suits you well, becomes you well*   [101] **wird mir . . . wohl ums Herz:** werde ich froh

„Ja, wer weiß", lachte Effi . . . „Aber kommt da nicht Crampas? Und vom Strand her. Er wird doch nicht gebadet haben am 27. September . . ."

„Er macht öfter solche Sachen. Reine Renommisterei."[102]

Derweilen[103] war Crampas bis in die nächste Nähe[104] gekommen und grüßte.

„Guten Morgen", rief Innstetten ihm zu. „Nur näher, nur näher." 5

Crampas trat heran. Er war in Zivil und küßte der in ihrem Schaukelstuhl sich weiter wiegenden Effi die Hand. „Entschuldigen Sie mich, Major, daß ich so schlecht die Honneurs des Hauses mache;[105] aber die Veranda ist kein Haus und zehn Uhr früh ist eigentlich gar keine Zeit.[106] Da wird man formlos[107] oder, wenn Sie wollen, intim. Und nun setzen Sie sich und geben Sie Rechenschaft von Ihrem 10 Tun. Denn an Ihrem Haar, ich wünschte Ihnen, daß es mehr wäre, sieht man deutlich, daß Sie gebadet haben."

Er nickte.

„Unverantwortlich", sagte Innstetten, halb ernst, halb scherzhaft. „Da haben Sie nun selber vor vier Wochen die Geschichte mit dem Bankier Heinersdorf erlebt, 15 der auch dachte, das Meer und der grandiose Wellenschlag würden ihn um seiner Million willen respektieren. Aber die Götter sind eifersüchtig untereinander, und Neptun[108] stellte sich ohne weiteres gegen Pluto[109] oder doch wenigstens gegen Heinersdorf."

Crampas lachte. „Ja, eine Million Mark! Lieber Innstetten, wenn ich die hätte, 20 da hätt ich es am Ende nicht gewagt; denn so schön das Wetter ist, das Wasser hatte nur neun Grad.[110] Aber unsereins mit seiner Million Unterbilanz, gestatten Sie mir diese kleine Renommage,[111] unsereins kann sich so was ohne Furcht vor der Götter Eifersucht erlauben. Und dann muß einen das Sprichwort trösten: ‚Wer für den Strick geboren ist,[112] kann im Wasser nicht unkommen.' " 25

„Aber, Major, Sie werden sich doch nicht etwas so Urprosaisches,[113] ich möchte beinah sagen an den Hals reden wollen.[114] Allerdings glauben manche, daß . . . ich meine *das*, wovon Sie eben gesprochen haben . . . daß ihn[115] jeder mehr oder weniger verdiene. Trotzdem, Major . . . für einen Major . . ."

„ . . . Ist es keine herkömmliche Todesart.[116] Zugegeben, meine Gnädigste. 30 Nicht herkömmlich und in meinem Falle auch nicht einmal sehr wahrscheinlich — also alles bloß Zitat oder noch richtiger façon de parler.[117] Und doch steckt etwas Aufrichtiggemeintes[118] dahinter, wenn ich da eben sagte, die See werde mir nichts anhaben.[119] Es steht mir nämlich fest,[120] daß ich einen richtigen und hoffentlich ehrlichen Soldatentod sterben werde. Zunächst bloß Zigeunerprophezeiung,[121] 35 aber mit Resonanz im eigenen Gewissen."[122]

---

[102] Renommisterei: *boasting*   [103] Derweilen: mittlerweile; *meanwhile*   [104] bis in die nächste Nähe: *up close*   [105] die Honneurs des Hauses mache: *do the honors (of the house)*   [106] gar keine Zeit: *not a proper time (for a visit)*   [107] formlos: ohne Manieren   [108] Neptun: der Meeresgott   [109] Pluto: der Gott des Reichtums   [110] neun Grad: achtundvierzig Grad Fahrenheit   [111] Renommage: *boast*   [112] Wer für den Strick geboren ist: *he who is born to die by the rope*   [113] Urprosaisches: *extremely prosaic*   [114] sich . . . an den Hals reden wollen: *to make it come true by talking about it (note the play on words with* Strick*)*   [115] ihn: der Strick   [116] herkömmliche Todesart: *usual manner of dying*   [117] façon de parler: (*Fr.*) Redensart; *manner of speaking*   [118] Aufrichtiggemeintes: *sincerely meant*   [119] werde mir nichts anhaben: werde mir nicht schaden können   [120] Es steht mir nämlich fest: man hat es mir garantiert   [121] Zigeunerprophezeiung: *gypsy prophecy*   [122] mit Resonanz im eigenen Gewissen: d.h., mein eigenes Gewissen sagt mir dasselbe

Innstetten lachte. „Das wird seine Schwierigkeiten haben, Crampas, wenn Sie nicht vorhaben, beim Großtürken[123] oder unterm chinesischen Drachen Dienste zu nehmen. Da schlägt man sich jetzt herum.[124] Hier ist die Geschichte, glauben Sie mir, auf dreißig Jahre vorbei,[125] und wer seinen Soldatentod sterben will . . .“

5   „. . . Der muß sich erst bei Bismarck[126] einen Krieg bestellen. Weiß ich alles, Innstetten. Aber das ist doch für Sie eine Kleinigkeit. Jetzt haben wir Ende September; in zehn Wochen spätestens ist der Fürst[127] wieder in Varzin,[128] und da er ein liking für Sie hat – mit der volkstümlichen Wendung will ich zurückhalten,[129] um nicht direkt vor Ihren Pistolenlauf[130] zu kommen –, so werden Sie

10   einem alten Kameraden von Vionville[131] her doch wohl ein bißchen Krieg besorgen können. Der Fürst ist auch nur ein Mensch, und Zureden hilft.“

Effi hatte während dieses Gesprächs einige Brotkügelchen gedreht,[132] würfelte damit und legte sie zu Figuren zusammen, um so anzuzeigen, daß ihr ein Wechsel des Themas wünschenswert wäre. Trotzdem schien Innstetten auf Crampas

15   scherzhafte Bemerkungen antworten zu wollen, was denn Effi bestimmte, lieber direkt einzugreifen. „Ich sehe nicht ein, Major, warum wir uns mit Ihrer Todesart beschäftigen sollen; das Leben ist uns näher und zunächst auch eine viel ernstere Sache.“

Crampas nickte.

20   „Das ist recht, daß Sie mir recht geben. Wie soll man hier leben? *Das* ist vorläufig die Frage, *das* ist wichtiger als alles andere.“

Das Gespräch wendet sich nun anderen Dingen zu, vor allem dem geselligen Verein der Stadt, mit seinen Theateraufführungen, an denen Crampas und Effi sich beteiligen wollen. Innstetten und Crampas reiten in der nächsten Zeit öfter miteinander aus, bald

25 schließt sich auch Effi diesen morgendlichen Ausflügen an, und schließlich reiten Effi und Crampas gelegentlich, wenn Innstetten durch seine Arbeit verhindert ist, auch ohne diesen, wobei sie im übrigen immer von den beiden Reitknechten begleitet sind. Auf einem dieser Ritte kommt es zu einem Gespräch über Innstetten, mit dem Crampas schon früher in seinen Militärjahren bekannt gewesen ist:

30   Crampas, ein guter Causeur,[133] erzählte dann Kriegs- und Regimentsgeschichten, auch Anekdoten und kleine Charakterzüge von Innstetten, der mit seinem Ernst und seiner Zugeknöpftheit[134] in den übermütigen Kreis der Kameraden nie recht hineingepaßt habe, so daß er eigentlich immer mehr respektiert als geliebt worden sei.

„Das kann ich mir denken“, sagte Effi, „ein Glück nur, daß der Respekt die

35 Hauptsache ist.“

---

[123]**Großtürken:** Sultan   [124]**Da schlägt man sich jetzt herum:** da kämpft man jetzt. (Gemeint sind die Kriege zwischen Rußland und der Türkei [1877] und zwischen China und Japan [1875, 1882 - 1885].)   [125]**auf dreißig Jahre vorbei:** dreißig Jahre lang vorbei   [126]**Bismarck:** siehe S. 363ff.   [127]**der Fürst:** Bismarck   [128]**Varzin:** ein Landgut (*estate*) Bismarcks in Pommern [129]**mit der volkstümlichen Wendung will ich zurückhalten:** *I won't mention the popular saying.* Er meint, „Er hat einen Narren an Ihnen gefressen“; *he (the prince) is infatuated with you* [130]**Pistolenlauf:** *pistol barrel*   [131]**Vionville:** Schlacht bei Vionville im August 1870; die Deutschen schlugen die französische Rheinarmee   [132]**hatte . . . Brotkügelchen gedreht:** *had rolled little pellets of bread*   [133]**Causeur:** (*Fr.*) Plauderer; *talker*   [134]**Zugeknöpftheit:** *reservedness*

„Ja, zu seiner Zeit.[135] Aber er paßt doch nicht immer. Und zu dem allen kam noch seine mystische Richtung, die mitunter Anstoß gab, einmal weil Soldaten überhaupt nicht sehr für derlei[136] Dinge sind, und dann weil wir die Vorstellung unterhielten,[137] vielleicht mit Unrecht, daß er doch nicht ganz so dazu stände,[138] wie er's uns einreden wollte."

„Mystische Richtung?" sagte Effi. „Ja, Major, was verstehen Sie darunter? Er kann doch keine Konventikel abgehalten[139] und den Propheten gespielt haben."

„Nein, so weit ging er nicht. Aber es ist vielleicht besser, davon abzubrechen. Ich möchte nicht hinter seinem Rücken etwas sagen, was falsch ausgelegt werden könnte. Zudem sind es Dinge, die sich sehr gut auch in seiner Gegenwart verhandeln lassen, Dinge, die nur, man mag wollen oder nicht, zu was Sonderbarem aufgebauscht[140] werden, wenn er nicht dabei ist und nicht jeden Augenblick eingreifen und uns widerlegen oder meinetwegen auch auslachen kann."

„Aber das ist ja grausam, Major. Wie können Sie meine Neugier so auf die Folter spannen.[141] Erst ist es was, und dann ist es wieder nichts. Und Mystik! Ist er denn ein Geisterseher?"[142]

„Ein Geisterseher! Das will ich nicht gerade sagen. Aber er hatte eine Vorliebe, uns Spukgeschichten zu erzählen. Und wenn er uns dann in große Aufregung versetzt und manchen auch wohl geängstigt hatte, dann war es mit einem Male wieder, als habe er sich über alle die Leichtgläubigen bloß mokieren wollen. Und kurz und gut, einmal kam es, daß ich ihm auf den Kopf zusagte:[143] ‚Ach was, Innstetten, das ist ja alles bloß Komödie. Mich täuschen Sie nicht. Sie treiben Ihr Spiel mit uns. Eigentlich glauben Sie's grad so wenig wie wir, aber Sie wollen sich interessant machen und haben eine Vorstellung davon, daß Ungewöhnlichkeiten nach oben hin besser empfehlen.[144] In höheren Karrieren will man keine Alltagsmenschen.[145] Und da Sie so was vorhaben, so haben Sie sich was Apartes[146] ausgesucht und sind bei der Gelegenheit auf den Spuk gefallen.' "

Effi sagte kein Wort, was dem Major zuletzt bedrücklich[147] wurde. „Sie schweigen, gnädigste Frau."

„Ja."

„Darf ich fragen warum? Hab ich Anstoß gegeben?[148] Oder finden Sie's unritterlich, einen abwesenden Freund, ich muß das trotz aller Verwahrungen[149] einräumen,[150] ein klein wenig zu hecheln?[151] Aber da tun Sie mir trotz alledem unrecht. Das alles soll ganz ungeniert seine Fortsetzung vor seinen Ohren haben,[152] und ich will ihm dabei jedes Wort wiederholen, was ich jetzt eben gesagt habe."

„Glaub es." Und nun brach Effi ihr Schweigen und erzählte, was sie alles in

---

[135]zu seiner Zeit: *in its proper time*   [136]derlei: solche   [137]die Vorstellung unterhielten: uns vorstellten   [138]dazu stände: darüber dachte   [139]Konventikel abgehalten: *held a conventicle (meeting of a religious sect)*   [140]aufgebauscht: übertrieben; *exaggerated, blown up*   [141]auf die Folter spannen: *put on the rack, keep in suspense*   [142]Geisterseher: *spiritualist*   [143]ihm auf den Kopf zusagte: ihm vorwarf; *accused him*   [144]Ungewöhnlichkeiten nach oben hin besser empfehlen: *uncommon things make more of an impression on the higher-ups*   [145]Alltagsmenschen: *commonplace people*   [146]Apartes: Ungewöhnliches   [147]bedrücklich: *oppressive*   [148]Anstoß gegeben: *offended (you)*   [149]Verwahrungen: Proteste   [150]einräumen: zugestehen; *concede*   [151]hecheln: *criticize behind his back*   [152]seine Fortsetzung ... haben: fortgesetzt werden; *be continued*

ihrem Hause erlebt und wie sonderbar sich Innstetten damals dazu gestellt habe. „Er sagte nicht ja und nicht nein, und ich bin nicht klug aus ihm geworden."[153]

„Also ganz der Alte", lachte Crampas. „So war er damals auch schon, als wir in Liancourt und dann später in Beauvais[154] mit ihm in Quartier lagen.[155] Er
5 wohnte da in einem alten bischöflichen Palast — beiläufig, was Sie vielleicht interessieren wird, war es ein Bischof von Beauvais, glücklicherweise ‚Cochon' mit Namen, der die Jungfrau von Orleans[156] zum Feuertod verurteilte — und da verging denn kein Tag, das heißt keine Nacht, wo Innstetten nicht Unglaubliches erlebt hatte. Freilich immer nur so halb.[157] Es konnte auch nichts sein. Und nach
10 diesem Prinzip arbeitet er noch, wie ich sehe."

„Gut, gut. Und nun ein ernstes Wort, Crampas, auf das ich mir eine ernste Antwort erbitte: wie erklären Sie sich dies alles?"

„Ja, meine gnädigste Frau . . ."

„Keine Ausweichungen,[158] Major. Dies alles ist sehr wichtig für mich. Er ist
15 Ihr Freund, und ich bin Ihre Freundin. Ich will wissen, wie hängt dies zusammen? Was denkt er sich dabei?"

„Ja, meine gnädigste Frau, Gott sieht ins Herz, aber ein Major vom Landwehrbezirkskommando, der sieht in gar nichts. Wie soll ich solche psychologischen Rätsel lösen? Ich bin ein einfacher Mann."

20 „Ach, Crampas, reden Sie nicht so töricht. Ich bin zu jung, um eine große Menschenkennerin zu sein; aber ich müßte noch vor der Einsegnung und beinah vor der Taufe stehen, um Sie für einen einfachen Mann zu halten. Sie sind das Gegenteil davon, Sie sind gefährlich . . ."

„Das Schmeichelhafteste, was einem guten Vierziger[159] mit einem a.D.[160]
25 auf der Karte[161] gesagt werden kann. Und nun also, was sich Innstetten dabei denkt . . ."

Effi nickte.

„Ja, wenn ich durchaus[162] sprechen soll, er denkt sich dabei, daß ein Mann wie Landrat Baron Innstetten, der jeden Tag Ministerialdirektor[163] oder
30 dergleichen werden kann (denn glauben Sie mir, er ist hoch hinaus),[164] daß ein Mann wie Baron Innstetten nicht in einem gewöhnlichen Hause wohnen kann, nicht in einer solchen Kate,[165] wie die landrätliche Wohnung, ich bitte um Vergebung, gnädigste Frau, doch eigentlich ist. Da hilft er denn nach.[166] Ein Spukhaus ist nie was Gewöhnliches . . . Das ist das eine."

35 „Das eine? mein Gott, haben Sie noch etwas?"

„Ja."

---

[153]ich bin nicht klug aus ihm geworden: ich habe ihn nicht durchschauen können; *I couldn't make him out* [154]Liancourt . . . Beauvais: Städte nördlich von Paris [155]in Quartier lagen: einquartiert waren; *were quartered* [156]Bischof von Beauvais . . . „Cochon" . . . die Jungfrau von Orleans: die Jungfrau von Orleans (*Joan of Arc*) wurde verbrannt nach einem Prozeß, der vom Bischof von Beauvais geführt wurde. Er hieß Peter Cauchon; das klingt wie *cochon*, (*Fr.*) „Schwein". [157]nur so halb: *only halfway: i.e., not really* [158]Ausweichungen: *evasions* [159]einem guten Vierziger: einem, der mehr als vierzig Jahre alt ist [160]a.D.: „außer Dienst"; *retired* [161]auf der Karte: *on his calling card* [162]durchaus: unbedingt; *absolutely* [163]Ministerialdirektor: *Ministerial Director (a high government official)* [164]er ist hoch hinaus: er will hoch hinaus, er ist sehr ehrgeizig (*ambitious*) [165]Kate: kleines Haus, Hütte [166]Da hilft er denn nach: *so he improves things a little (i.e., by making the house more interesting)*

„Nun denn, ich bin ganz Ohr. Aber wenn es sein kann, lassen Sie's was Gutes sein."

„Dessen bin ich nicht ganz sicher. Es ist etwas Heikles, beinah Gewagtes, und ganz besonders vor Ihren Ohren, gnädigste Frau."

„Das macht mich nur um so neugieriger."   5

„Gut denn. Also Innstetten, meine gnädigste Frau, hat außer seinem brennenden Verlangen, es koste, was es wolle,[167] ja, wenn es sein muß unter Heranziehung eines Spuks,[168] seine Karriere zu machen, noch eine zweite Passion: er operiert nämlich immer erzieherisch, ist der geborene Pädagog."

„Und will er mich auch erziehen? Erziehen durch Spuk?"   10

„Erziehen ist vielleicht nicht das richtige Wort. Aber doch erziehen auf einem Umweg."

„Ich verstehe Sie nicht."

„Eine junge Frau ist eine junge Frau, und ein Landrat ist ein Landrat. Er kutschiert oft im Kreise[169] umher,[170] und dann ist das Haus allein und   15
unbewohnt. Aber solch Spuk ist wie ein Cherub mit dem Schwert ..."[171]

„Ah, da sind wir wieder aus dem Walde heraus", sagte Effi. „Und da ist Utpatels Mühle. Wir müssen nur noch an dem Kirchhof vorüber."

Auf einem der nächsten Ausflüge reitet nur Effis Diener mit; Knut, Crampas' Reitknecht fehlt. Effi erkundigt sich nach ihm: 20

„Wo haben Sie Knut gelassen?"

„Er hat einen Ziegenpeter."[172]

„Merkwürdig", lachte Effi. „Eigentlich sah er schon immer so aus."

„Sehr richtig. Aber Sie sollten ihn jetzt sehen! Oder doch lieber nicht. Denn Ziegenpeter ist ansteckend, schon bloß durch Anblick."   25

„Glaub ich nicht."

„Junge Frauen glauben vieles nicht."

„Und dann glauben sie wieder vieles, was sie besser nicht glaubten."

„An meine Adresse?"[173]

„Nein."   30

„Schade."

„Wie dies ‚schade' Sie kleidet.[174] Ich glaube wirklich, Major. Sie hielten es für ganz in der Ordnung, wenn ich Ihnen eine Liebeserklärung machte."

„So weit will ich nicht gehen. Aber ich möchte den sehen, der sich dergleichen nicht wünschte. Gedanken und Wünsche sind zollfrei."   35

„Das fragt sich.[175] Und dann ist doch immer noch ein Unterschied zwischen Gedanken und Wünschen. Gedanken sind in der Regel etwas, das noch im Hintergrunde liegt, Wünsche aber liegen meist schon auf der Lippe."

---

[167] **es koste, was es wolle:** *whatever it may cost*   [168] **unter Heranziehung eines Spuks:** *having recourse to a ghost: summoning up a ghost*   [169] **Kreis:** *district*   [170] **kutschiert ... umher:** *drives around*   [171] **Cherub mit dem Schwert:** *i.e., the ghost serves as a guardian* („Cherub mit dem Schwert"), *keeping Effi virtuous while Innstetten is absent.*   [172] **einen Ziegenpeter:** *the mumps*
[173] **An meine Adresse?:** Geht das an meine Adresse? Bin ich damit gemeint? *Does that mean me?*
[174] **kleidet:** *becomes you, suits you*   [175] **Das fragt sich:** *that is a question*

„Nur nicht gerade *diesen* Vergleich."

„Ach Crampas, Sie sind . . . Sie sind . . ."

„Ein Narr."

„Nein. Auch darin übertreiben Sie wieder. Aber Sie sind etwas anderes. In
5   Hohen-Cremmen sagten wir immer, und ich mit, das Eitelste, was es gäbe, das sei
ein Husarenfähnrich[176] von achtzehn . . ."

„Und jetzt?"

„Und jetzt sag ich, das Eitelste, was es gibt, ist ein Landwehrbezirksmajor von
zweiundvierzig."

10   „ . . . Wobei die zwei Jahre, die Sie mir gnädigst erlassen,[177] alles wieder gut
machen, — küß die Hand."[178]

„Ja, küß die Hand. Das ist so recht das Wort, das für Sie paßt. Das ist
wienerisch. Und die Wiener, die hab ich kennen gelernt in Karlsbad,[179] vor vier
Jahren, wo sie mir vierzehnjährigem Dinge den Hof machten.[180] Was ich da alles
15   gehört habe!"

„Gewiß nicht mehr als recht war."

„Wenn das zuträfe,[181] wäre das, was mir schmeicheln soll, ziemlich
ungezogen . . ."

An einem hübschen Platz am Strand wird gerastet und Kruse, der Diener, serviert
20   ein kleines Frühstück: „Teebrötchen[182] und Aufschnitt von kaltem Braten, dazu
Rotwein und neben der Flasche zwei hübsche, zierliche Trinkgläser, klein und mit
Goldrand, wie man sie in Badeorten kauft oder von Glashütten[183] als Erinnerung
mitbringt." Nach dem Essen, als der Diener abdecken will, unterbricht ihn Crampas:

„Kruse, das eine Glas, *das* da, das lassen Sie stehen. Das werde ich selber
25   nehmen."

„Zu Befehl,[184] Herr Major."

Effi, die dies mit angehört hatte, schüttelte den Kopf. Dann lachte sie.
„Crampas, was fällt Ihnen nur eigentlich ein? Kruse ist dumm genug, über die
Sache nicht weiter nachzudenken, und wenn er darüber nachdenkt, so findet er
30   glücklicherweise nichts. Aber das berechtigt Sie doch nicht, dies Glas . . . dies
Dreißigpfennigglas[185] aus der Josefinenhütte . . ."[186]

„Daß Sie so spöttisch den Preis nennen, läßt mich seinen Wert um so tiefer
empfinden."

„Immer derselbe. Sie haben so viel von einem Humoristen, aber doch von
35   ganz sonderbarer Art. Wenn ich Sie recht verstehe, so haben Sie vor — es ist zum
Lachen, und ich geniere mich fast, es auszusprechen — so haben Sie vor, sich vor der
Zeit auf den König von Thule hin auszuspielen."[187]

---

[176]Husarenfähnrich: *hussar ensign* (siehe S. 297, Z. 8)   [177]die Sie mir gnädigst erlassen: *which you
so generously dispense with*   [178]küß die Hand: (ein wienerischer Gruß)   [179]Karlsbad: siehe
S. 309, Z. 15   [180]mir vierzehnjährigem Dinge den Hof machten: *courted me, a fourteen-year-old
"thing"*   [181]zuträfe: wahr wäre   [182]Teebrötchen: *tea biscuits*   [183]Glashütten: *glassworks*
[184]Zu Befehl: jawohl   [185]Dreißigpfennigglas: ein sehr billiges Glas, das nur dreißig Pfennige kostet
[186]Josefinenhütte: Glashütte in Schreiberhau (heute in Südwestpolen)   [187]sich vor der Zeit auf den
König von Thule hin auszuspielen: *prematurely to play the role of the King of Thule*. „Der König von
Thule" ist eine Ballade von Goethe im ersten Teil des *Faust*. Von seinem Reichtum war dem König
von Thule nichts wertvoller als der Becher, den er von seiner sterbenden Geliebten erhielt.

Er nickte mit einem Anfluge[188] von Schelmerei.

„Nun denn, meinetwegen. Jeder trägt seine Kappe;[189] Sie wissen, welche. Nur das muß ich Ihnen doch sagen dürfen, die Rolle, die Sie *mir* dabei zudiktieren,[190] ist mir zu wenig schmeichelhaft. Ich mag nicht als Reimwort auf Ihren König von Thule[191] herumlaufen. Behalten Sie das Glas, aber bitte, ziehen 5 Sie nicht Schlüsse daraus,[192] die mich kompromittieren. Ich werde Innstetten davon erzählen."

„Das werden Sie nicht tun, meine gnädigste Frau."

„Warum nicht?"

„Innstetten ist nicht der Mann, solche Dinge so zu sehen, wie sie gesehen sein 10 wollen."[193]

Sie sah ihn einen Augenblick scharf an. Dann aber schlug sie verwirrt und fast verlegen die Augen nieder.

Da es auf den Winter zugeht, werden nun die Spazierritte[194] eingestellt. Doch ergeben sich neue Begegnungen, vor allem im Theaterverein. Auf einem winterlichen Ausflug 15 in größerer Gesellschaft, bei dem sich Effi auf der Rückfahrt durch einen nicht ganz ohne Zutun[195] des Majors herbeigeführten Zufall allein mit Crampas in einem Schlitten findet, kommt es zu Zärtlichkeiten zwischen beiden. Daran schließen sich heimliche Zusammenkünfte. Bald darauf wird Innstetten als Ministerialrat[196] ins Ministerium nach Berlin berufen. Effi fühlt sich erlöst; so wenig sie imstande war, dem 20 Major auf die Dauer zu widerstehen, so sehr hat sie gleichzeitig unter ihren Heimlichkeiten gelitten. Innstetten und Effi ziehen nach Berlin, ein neues Leben beginnt, der Major wird vergessen. Mehr als sechs Jahre später aber, während Effi zu einer Badekur in Ems[197] ist, findet der in Berlin gebliebene Innstetten ein Bündel Briefe, die Crampas noch in Kessin an Effi geschrieben hat. Sie lassen ihm keinen Zweifel über das Verhältnis 25 der beiden. Er sucht seinen Freund Wüllersdorf auf, findet ihn nicht zu Hause und bittet ihn um seinen Besuch. Wüllersdorf kommt:

„Pardon, Wüllersdorf", empfing ihn Innstetten, „daß ich Sie gebeten habe, noch gleich heute bei mir vorzusprechen.[198] Ich störe niemand gern in seiner Abendruhe,[199] am wenigsten einen geplagten Ministerialrat. Es ging aber nicht 30 anders. Ich bitte Sie, machen Sie sich's bequem. Und hier ist eine Zigarre."

Wüllersdorf setzte sich. Innstetten ging wieder auf und ab und wäre bei der ihn verzehrenden Unruhe[200] gern in Bewegung geblieben, sah aber, daß das nicht gehe. So nahm er denn auch seinerseits eine Zigarre, setzte sich Wüllersdorf gegenüber und versuchte ruhig zu sein. 35

„Es ist", begann er, „um zweier Dinge willen, daß ich Sie habe bitten

---

[188] Anfluge: *touch*   [189] Jeder trägt seine Kappe: Jeder trägt seine Narrenkappe (*fool's cap*). Effi meint: wenn Sie ein Narr sein wollen, kann ich Sie nicht hindern.   [190] zudiktieren: *impose upon* [191] Reimwort auf Ihren König von Thule: das Reimwort in Goethes Gedicht ist „Buhle" (*paramour*) [192] ziehen Sie nicht Schlüsse daraus: *don't draw conclusions*   [193] wie sie gesehen sein wollen: *as they ought to be seen*   [194] Spazierritte: *horse rides*   [195] Zutun: *assistance*   [196] Ministerialrat: *councillor of a ministerial department*   [197] Ems: Bad Ems, Stadt nicht weit vom Rhein   [198] bei mir vorzusprechen: mich zu besuchen   [199] Abendruhe: *peaceful evening*   [200] bei der ihn verzehrenden Unruhe: *in his agitation which was consuming him*

lassen:[201] erst um eine Forderung[202] zu überbringen und zweitens um hinterher, in der Sache selbst, mein Sekundant zu sein; das eine ist nicht angenehm und das andere noch weniger. Und nun Ihre Antwort."

„Sie wissen, Innstetten, Sie haben über mich zu verfügen.[203] Aber eh ich die
5 Sache kenne, verzeihen Sie mir die naive Vorfrage:[204] muß es sein? Wir sind doch über die Jahre weg, Sie, um die Pistole in die Hand zu nehmen, und ich um dabei mitzumachen. Indessen, mißverstehen Sie mich nicht, alles dies soll kein nein sein. Wie könnte ich Ihnen etwas abschlagen. Aber nun sagen Sie, was ist es?"

„Es handelt sich um einen Galan[205] meiner Frau, der zugleich mein Freund
10 war oder doch beinah."

Wüllersdorf sah Innstetten an. „Innstetten, das ist nicht möglich."

„Es ist mehr als möglich, es ist gewiß. Lesen Sie."

Wüllersdorf flog drüber hin. „Die sind an Ihre Frau gerichtet?"

„Ja. Ich fand sie heut in ihrem Nähtisch."[206]

15 „Und wer hat sie geschrieben?"

„Major Crampas."

„Also Dinge, die sich abgespielt, als Sie noch in Kessin waren?"

Innstetten nickte.

„Liegt also sechs Jahre zurück oder noch ein halb Jahr länger."

20 „Ja."

Wüllersdorf schwieg. Nach einer Weile sagte Innstetten:

„Es sieht fast so aus, Wüllersdorf, als ob die sechs oder sieben Jahre einen Eindruck auf Sie machten. Es gibt eine Verjährungstheorie,[207] natürlich, aber ich weiß doch nicht, ob wir hier einen Fall haben, diese Theorie gelten zu lassen."

25 „Ich weiß es auch nicht", sagte Wüllersdorf. „Und ich bekenne Ihnen offen, um diese Frage scheint sich hier alles zu drehen."

Innstetten sah ihn groß an. „Sie sagen das in vollem Ernst?"

„In vollem Ernst. Es ist keine Sache, sich in jeu d'esprit[208] oder in dialektischen Spitzfindigkeiten[209] zu versuchen."

30 „Ich bin neugierig, wie Sie das meinen. Sagen Sie mir offen, wie stehen Sie dazu?"

„Innstetten, Ihre Lage ist furchtbar, und Ihr Lebensglück ist hin. Aber wenn Sie den Liebhaber totschießen, ist Ihr Lebensglück sozusagen doppelt hin, und zu dem Schmerz über empfangenes Leid kommt noch der Schmerz über getanes Leid.
35 Alles dreht sich um die Frage, müssen Sie's durchaus tun? Fühlen Sie sich so verletzt, beleidigt, empört, daß einer weg muß, er oder Sie? Steht es so?"

„Ich weiß es nicht."

„Sie müssen es wissen."

Innstetten war aufgesprungen, trat ans Fenster und tippte voll nervöser
40 Erregung an die Scheiben. Dann wandte er sich rasch wieder, ging auf Wüllersdorf zu und sagte: „Nein, so steht es nicht."

---

[201] ich Sie habe bitten lassen: ich Sie gebeten habe zu kommen [202] Forderung: Forderung zu einem Duell [203] Sie haben über mich zu verfügen: *I am at your disposal* [204] Vorfrage: *preliminary question* [205] Galan: Liebhaber; *beau* [206] Nähtisch: *sewing table* [207] Verjährungstheorie: *theory of limitations* [208] jeu d'esprit: (*Fr.*) *witty comments* [209] Spitzfindigkeiten: *subtleties*

„Wie steht es dann?"

„Es steht so, daß ich unendlich unglücklich bin; ich bin gekränkt, schändlich hintergangen,[210] aber trotzdem, ich bin ohne jedes Gefühl von Haß oder gar von Durst nach Rache. Und wenn ich mich frage, warum nicht? so kann ich zunächst nichts anderes finden als die Jahre. Man spricht immer von unsühnbarer[211] Schuld; 5 vor Gott ist es gewiß falsch, aber vor den Menschen auch. Ich hätte nie geglaubt, daß die *Zeit*, rein als Zeit, so wirken könne. Und dann als zweites: ich liebe meine Frau, ja, seltsam zu sagen, ich liebe sie noch, und so furchtbar ich alles finde, was geschehen, ich bin so sehr im Bann ihrer Liebenswürdigkeit, eines ihr eignen[212] heiteren Charmes, daß ich mich, mir selbst zum Trotz, in meinem letzten 10 Herzenswinkel[213] zum Verzeihen geneigt fühle."

Wüllersdorf nickte. „Kann ganz folgen, Innstetten, würde mir vielleicht ebenso gehen. Aber wenn Sie so zu der Sache stehen und mir sagen: ‚Ich liebe diese Frau so sehr, daß ich ihr alles verzeihen kann', und wenn wir dann das andere hinzunehmen, daß alles weit, weit zurückliegt, wie ein Geschehnis auf einem andern 15 Stern, ja, wenn es so liegt, Innstetten, so frage ich, wozu die ganze Geschichte?"

„Weil es trotzdem sein muß. Ich habe mir's hin und her überlegt. Man ist nicht bloß ein einzelner Mensch, man gehört einem Ganzen an, und auf das Ganze haben wir beständig Rücksicht zu nehmen, wir sind durchaus abhängig von ihm. Ging es, in Einsamkeit zu leben, so könnt ich es gehen lassen; ich trüge dann die mir 20 aufgepackte Last,[214] das rechte Glück wäre hin, aber es müssen so viele leben ohne dies ‚rechte Glück', und ich würde es auch müssen und — auch können. Man braucht nicht glücklich zu sein, am allerwenigsten hat man einen Anspruch darauf, und den, der einem das Glück genommen, den braucht man nicht notwendig aus der Welt zu schaffen.[215] Man kann ihn, wenn man weltabgewandt weiter existieren will, auch 25 laufen lassen.[216] Aber im Zusammenleben mit den Menschen hat sich ein Etwas ausgebildet, das nun mal da ist und nach dessen Paragraphen[217] wir uns gewöhnt haben, alles zu beurteilen, die andern und uns selbst. Und dagegen zu verstoßen geht nicht; die Gesellschaft verachtet uns, und zuletzt tun wir es selbst und können es nicht aushalten und jagen uns die Kugel durch den Kopf. Verzeihen Sie, daß ich 30 Ihnen solche Vorlesung halte, die schließlich doch nur sagt, was sich jeder selber hundertmal gesagt hat. Aber freilich, wer kann was Neues sagen! Also noch einmal, nichts von Haß oder dergleichen, und um eines Glückes willen, das mir genommen wurde, mag ich nicht Blut an den Händen haben; aber jenes, wenn Sie wollen, uns tyrannisierende Gesellschafts-Etwas,[218] das fragt nicht nach Charme und nicht 35 nach Liebe und nicht nach Verjährung. Ich habe keine Wahl. Ich muß."

„Ich weiß doch nicht, Innstetten . . ."

Innstetten lächelte. „Sie sollen selbst entscheiden, Wüllersdorf. Es ist jetzt zehn Uhr. Vor sechs Stunden, diese Konzession will ich Ihnen vorweg machen, hatt ich das Spiel noch in der Hand,[219] konnt ich noch das eine und noch das andere, 40

---

[210]hintergangen: betrogen; *deceived*   [211]unsühnbarer: *inexpiable*   [212]ihr eignen: *unique to her*   [213]meinem letzten Herzenswinkel: *last corner of my heart*   [214]die mir aufgepackte Last: *the burden loaded upon me*   [215]aus der Welt zu schaffen: zu töten   [216]laufen lassen: *let go free*   [217]nach dessen Paragraphen: *according to its articles, statutes*   [218]uns tyrannisierende Gesellschafts-Etwas: *a "something" (a law) of society which tyrannizes us*   [219]hatt ich das Spiel noch in der Hand: *I was in control*

da war noch ein Ausweg. Jetzt nicht mehr, jetzt stecke ich in einer Sackgasse. Wenn Sie wollen, so bin ich selber schuld daran; ich hätte mich besser beherrschen und bewachen, alles in mir verbergen, alles im eignen Herzen auskämpfen sollen. Aber es kam mir zu plötzlich, zu stark, und so kann ich mir kaum einen Vorwurf machen,
5   meine Nerven nicht geschickter in Ordnung gehalten zu haben. Ich ging zu Ihnen und schrieb Ihnen einen Zettel, und damit war das Spiel aus meiner Hand. Von dem Augenblicke an hatte mein Unglück und, was schwerer wiegt, der Fleck auf meiner Ehre einen halben Mitwisser, und nach den ersten Worten, die wir hier gewechselt, hat es einen ganzen. Und weil dieser Mitwisser da ist, kann ich nicht mehr zurück."
10   „Ich weiß doch nicht", wiederholte Wüllersdorf. „Ich mag nicht gerne zu der alten abgestandenen Phrase[220] greifen, aber doch läßt sich's nicht besser sagen: Innstetten, es ruht alles in mir wie in einem Grabe."
          „Ja, Wüllersdorf, so heißt es immer. Aber es gibt keine Verschwiegenheit. Und wenn Sie's wahr machen und gegen andere die Verschwiegenheit selber sind, so
15   wissen *Sie* es, und es rettet mich nicht vor Ihnen, daß Sie mir eben Ihre Zustimmung ausgedrückt und mir sogar gesagt haben: ich kann Ihnen in allem folgen. Ich bin, und dabei bleibt es, von diesem Augenblicke an ein Gegenstand Ihrer Teilnahme (schon nicht etwas sehr Angenehmes), und jedes Wort, das Sie mich mit meiner Frau wechseln hören, unterliegt Ihrer Kontrolle,[221] Sie mögen wollen oder nicht,
20   und wenn meine Frau von Treue spricht oder, wie Frauen tun, über eine andere zu Gericht sitzt,[222] so weiß ich nicht, wo ich mit meinen Blicken hin soll.[223] Und ereignet sich's gar, daß ich in irgendeiner ganz alltäglichen Beleidigungssache[224] zum guten rede,[225] ‚weil ja der dolus[226] fehle‘ oder so was Ähnliches, so geht ein Lächeln über Ihr Gesicht, oder es zuckt wenigstens darin, und in Ihrer Seele klingt
25   es: ‚der gute Innstetten, er hat doch eine wahre Passion, alle Beleidigungen auf ihren Beleidigungsgehalt[227] chemisch zu untersuchen, und das richtige Quantum Stickstoff[228] findet er nie. Er ist noch nie an einer Sache erstickt‘ . . . Habe ich recht, Wüllersdorf, oder nicht?"
          Wüllersdorf war aufgestanden. „Ich finde es furchtbar, daß Sie recht haben,
30   aber Sie *haben* recht. Ich quäle Sie nicht länger mit meinem ‚muß es sein‘. Die Welt ist einmal wie sie ist, und die Dinge verlaufen nicht, wie *wir* wollen, sondern wie die *andern* wollen. Das mit dem ‚Gottesgericht‘,[229] wie manche hochtrabend versichern, ist freilich ein Unsinn, nichts davon, umgekehrt, unser Ehrenkultus[230] ist ein Götzendienst, aber wir müssen uns ihm unterwerfen, so lange der Götze gilt."
          Innstetten nickte.
35   Sie blieben noch eine Viertelstunde miteinander, und es wurde festgestellt, Wüllersdorf solle noch denselben Abend abreisen. Ein Nachtzug ging um zwölf.
          Dann trennten sie sich mit einem kurzen: „Auf Wiedersehen in Kessin."

---

[220]abgestandenen Phrase: *stale cliché*   [221]unterliegt Ihrer Kontrolle: *is subject to your verification* [222]zu Gericht sitzt: *sits in judgment*   [223]wo ich mit meinen Blicken hin soll: wohin ich blicken soll   [224]Beleidigungssache: *libel case*   [225]zum guten rede: rate; *advise*   [226]dolus: (*Lat.*) böse Absicht; *evil intention*   [227]Beleidigungsgehalt: *substance, content of insult*   [228]das richtige Quantum Stickstoff: *the right quantity of nitrogen, i.e.; the point where the evil intention would justify punitive action*   [229]„Gottesgericht": *ordeal (as a medieval form of judicial procedure)* [230]Ehrenkultus: *cult of honor*

Das Duell findet statt. Crampas wird erschossen. Durch Effis Eltern läßt Innstetten Effi nach Bad Ems mitteilen, daß er sie nicht mehr wiederzusehen wünscht. Der Schluß von Frau von Briests Brief lautet:

„ . . . Und nun Deine Zukunft, meine liebe Effi. Du wirst Dich auf Dich selbst stellen[231] müssen und darfst dabei, soweit äußere Mittel mitsprechen, unserer 5 Unterstützung sicher sein. Du wirst am besten in Berlin leben (in einer großen Stadt vertut sich[232] dergleichen am besten) und wirst da zu den vielen gehören, die sich um freie Luft und lichte Sonne gebracht haben.[233] Du wirst einsam leben, und wenn Du das nicht willst, wahrscheinlich aus Deiner Sphäre herabsteigen müssen. Die Welt, in der Du gelebt hast, wird Dir verschlossen sein. Und was das Traurigste 10 für uns und für Dich ist (auch für Dich, wie wir Dich zu kennen vermeinen) – auch das elterliche Haus wird Dir verschlossen sein; wir können Dir keinen stillen Platz in Hohen-Cremmen anbieten, keine Zuflucht in unserem Hause, denn es hieße das, dies Haus von aller Welt abschließen, und das zu tun sind wir entschieden nicht geneigt. Nicht weil wir zu sehr an der Welt hingen[234] und ein Abschiednehmen von 15 dem, was sich ‚Gesellschaft‘ nennt, uns als etwas unbedingt Unerträgliches erschiene; nein, *nicht* deshalb, sondern einfach, weil wir Farbe bekennen[235] und vor aller Welt, ich kann Dir das Wort nicht ersparen, unsere Verurteilung Deines Tuns, des Tuns unseres einzigen und von uns so sehr geliebten Kindes, aussprechen wollen . . .“ 20

Kurz darauf wird die Scheidung erklärt. Annie, die Tochter, wird dem Vater zugesprochen. Effi lebt ein paar Jahre einsam in Berlin, fängt an zu kränkeln; als sich ihr Zustand weiter verschlechtert, holen die Eltern sie nach Hohen-Cremmen, doch es ist zu spät, ihre Gesundheit ist nicht mehr zu retten. Innstettens Karriere geht weiter nach oben, aber sein Lebensglück ist zerstört. Effis Eltern ahnen, daß sie nicht ohne Mitschuld an den 25 Ereignissen sind, aber zu klarer Einsicht gelangen sie nicht; es sind rechtliche, doch von den gesellschaftlichen Wertungen ihrer Klasse bestimmte Menschen.

---

[231]**Dich auf Dich selbst stellen:** *be self-reliant* [232]**vertut sich:** *dissipates* [233]**sich um . . . gebracht haben:** *have deprived themselves of* [234]**an der Welt hingen:** *uns um unsere Umwelt kümmern; are so concerned about our (social) surroundings* [235]**Farbe bekennen:** *show our true colors*

JACOB BURCKHARDT (1818 - 1897)

Im Jahre 1840 kam der junge Jacob Burckhardt nach Berlin. Sehr anders als Fontane erschien ihm die Stadt „odiös", ihre Häuserreihen „trostlos", die Umgebung eine „Sandwüste", in der er nicht begraben sein wollte. „Viele Stunden herum[1] ist kein guter Acker!" schreibt er nach Hause; „Obst wächst der Kälte wegen nicht mehr; nichts als
5   Föhren und Buchen,[2] deshalb ist hier alles so arm, selbst die vornehmen Leute haben lange nicht so viel als die Baslerherren."[3] Der so schreibt, ist aus Basel, Sohn einer alten, traditionsgesättigten[4] Stadt, deren Geschichte bis zu den Römern zurückreicht, und wohlvertraut mit den Feldern, Hügeln und Weingärten der fruchtbaren Rheinebene,[5] die er von Jugend auf durchwandert hat. Und doch hielt Burckhardt es in dem „wider-
10   wärtigen" Berlin vier Jahre lang aus. Was ihn festhielt, waren große Lehrer, darunter der berühmte Historiker Leopold von Ranke.[6] Denn um Geschichte zu studieren, war der Pfarrerssohn Burckhardt nach Berlin gekommen, nachdem er an der Theologie gescheitert war. Er fand, was er suchte; mit einem wahren „Geschichtsjubel"[7] stürzte er sich in seine Studien. Was ihn zur Geschichte trieb, war ein „enormer Durst nach Anschauung".[8]
15   Zeitlebens hat Burckhardt sich nicht an Begriffen orientiert, sondern an Bildern. Seinen Durst zu stillen, genügten Bücher freilich nicht; erst Italiens Städte und Landschaften, seine Paläste und Kirchen, Statuen und Bilder, gaben ihm die „Anschauung", die er suchte. Rom, das „ewige, unparteiische, unmoderne, tendenzlose,[9] großartig abgetane Rom"[10] wurde die Stadt seiner Wahl. Rom war angeschaute[11] Antike, der versteinerte
20   Niederschlag[12] von Jahrtausenden, durch Sprache zu beschwören. Es war die Stadt, die er gern zu seinem „Lebensaufenthalt"[13] gemacht hätte, in die er immer wieder zurück-kehrte, und als er sie nach einem dreimonatigen Aufenthalt 1848 das erste Mal verließ, wußte er, daß er außerhalb Roms nie mehr ganz glücklich sein würde. *Gelebt* aber hat Burckhardt in der Schweiz, in dem „engen und kleinen" Basel, einer Stadt „ohne höhere
25   Geselligkeit und fast ohne wissenschaftliche Anregung" unter „langweiligen Leuten". Und doch: Basel war *seine* Stadt, in die er, wie er fühlte, gehörte und in der er sein Leben als Professor für Geschichte und Kunstgeschichte verbrachte.

Es fing sehr bescheiden an, mit einer Vorlesung über mittelalterliche Geschichte, zu der sich vier Studenten einfanden. Die Zahl ist vielleicht nicht ganz so klein, wie sie
30   erscheint, wenn man weiß, daß die ganze Universität damals nur achtundzwanzig Studenten hatte. Im nächsten Semester waren es dann schon sechs Studenten, von denen allerdings nur fünf blieben, doch dauerte es rund dreißig Jahre bis sich diese Zahlen, für Burckhardt sowohl wie für die Universität, verzehnfachten.[14] Neben seinen Vorlesungen

---

[1] Viele Stunden herum: *for a distance of many hours' travel*   [2] Föhren und Buchen: *pines and beech trees*   [3] Baslerherren: die Herren aus Basel (eine schweizerische Stadt am Rhein an der deutsch-französischen Grenze)   [4] traditionsgesättigten: *saturated with tradition*   [5] Rheinebene: *Rhine river plain*   [6] Leopold von Ranke: (1795 - 1886)   [7] „Geschichtsjubel": *exultation over history*   [8] Anschauung: *viewing, seeing concretely*   [9] tendenzlose: zeitlose; *timeless*   [10] großartig abgetane Rom: *Rome, magnificent in its ruins (reminiscent of its former glory)*   [11] angeschaute: *visible*   [12] Niederschlag: *deposit, remains*   [13] „Lebensaufenthalt": *residence for life*
[14] verzehnfachten: *increased ten times*

an der Universität und dem Unterricht am Pädagogium[15] hielt er außerdem noch
öffentliche Vorträge für ein Publikum aus der Stadt, und hier konnte er sehr bald und mit
Recht sagen, daß das ganze gebildete Basel zu seinen Füßen sitze. Außerhalb Basels hat er,
so oft er eingeladen wurde, nie Vorträge gehalten; Kollegen suchte er in den Städten, in
die er auf seinen zahlreichen Reisen kam, nicht auf; an Sitzungen gelehrter Gesellschaften, 5
zu denen er gehörte, nahm er nicht teil; Orden und Ehrenzeichen lehnte er ab. Dabei war
er kein Sonderling; er war lebensfreundlich, gelassen, gefällig, liebte heitere Geselligkeit,
hatte Freunde, mit denen er abends gern beim Wein saß und manchmal musizierte oder
wanderte. Nur heiraten wollte er nicht, denn, schrieb er einmal, „eine Familie will ich
dieser infamen Zeit nicht mehr in die Krallen liefern."[16] (12. 9. 1846) 10

    1872 bot man ihm den Lehrstuhl für Geschichte an der Universität Berlin als
Nachfolger Rankes an. Es war die glanzvollste historische Professur,[17] die es damals im
Bereich der deutschen Sprache gab. Burckhardt entschied sich, in Basel zu bleiben.
Damals war er längst berühmt, berühmt vor allem als Verfasser der *Kultur der Renaissance
in Italien* (1860). Mit diesem Buch hat Burckhardt für Generationen die Anschauung der 15
Renaissance bestimmt. Er liebte die Themen, die, wie er einmal sagte, „rittlings auf der
Grenzscheide[18] zwischen Mittelalter und neuerer Zeit schweben". Als das bedeutendste
dieser Themen erschien ihm die Entstehung des modernen Bewußtseins, der große
historische Prozeß, der von den kollektiven Strukturen des mittelalterlichen Denkens und
der mittelalterlichen Gesellschaft zum modernen Subjektivismus und zur Autonomie des 20
Einzelnen führte. Diese Subjektivität war für ihn in der Tat die „Signatur der drei letzten
Jahrhunderte". Sie würde freilich, so glaubte er, die Signatur kommender Jahrhunderte
nicht mehr sein. Was Burckhardt kommen sah, war vielmehr ein zukünftiger „Massendespotismus",[19] ein Zeitalter der schonungslosen und schrankenlosen Gewalt, von der die
Menschen des neunzehnten Jahrhunderts noch keine Ahnung hatten. Hierüber hielt er 25
freilich keine Vorlesungen. Er wollte, wie er einmal einem Freund erklärte, seine
Studenten nicht erschrecken; nur gelegentlich legte er seine Beobachtungen in Briefen an
vertraute Freunde nieder.[20] Erst als man im zwanzigsten Jahrhundert anfing, seine Briefe
herauszugeben, wurde man auf seine Voraussagen aufmerksam. So ergab sich noch ein
später Nachruhm für ihn, der begann, als 1905 aus dem Nachlaß seine *Weltgeschichtlichen* 30
Betrachtungen veröffentlicht wurden, worunter besonders die Kapitel über „Die
weltgeschichtlichen Krisen" und „Über Glück und Unglück in der Weltgeschichte"
berühmt wurden. Es war ein Ruhm, der sich verstärkte, je mehr sich in den Krisen und
Katastrophen des zwanzigsten Jahrhunderts die Richtigkeit seiner Prophezeiungen
bestätigte. Er selber hatte auf fast unheimliche Art, nahezu inkognito, und gänzlich 35
illusionslos, schon nicht mehr in der Gegenwart gelebt. Mit dem Herzen der Vergangenheit treu verbunden, die er noch als Einheit des Abendlands überschaute, erfaßte sein
klarer und kritischer Blick zugleich die kommende Epoche, von der er wußte, daß sie eine
große Tradition zerstören würde. „Ich kenne hier schon Leute", schrieb er 1876 an einen
Freund, „die nach der wirklichen Lage der Dinge zu leben angefangen haben; sie 40
existieren wie Belagerte."[21] Zu ihnen gehörte vor allem er selbst.

---

[15] Pädagogium: *boarding school*   [16] in die Krallen liefern: *deliver up to (its) claws*   [17] Professur:
Lehrstuhl eines Universitätsprofessors   [18] Grenzscheide: Grenze; *boundary*
[19] „Massendespotismus": *despotism of the masses*   [20] legte . . . nieder: schrieb . . . nieder
[21] Belagerte: *besieged people*

Aus JACOB BURCKHARDTS *BRIEFEN:*

September 1849

Von der Zukunft hoffe ich gar nichts; möglich, daß uns noch ein paar halb
und halb erträgliche Jahrzehnte vergönnt sind, so ein Genre[22] römischer Kaiserzeiten.[23] Ich bin nämlich der Meinung, daß Demokraten und Proletariat, auch
5   wenn sie noch die wütendsten Versuche machen, einem immer schroffer werdenden
Despotismus definitiv werden weichen müssen ...

3. Juli 1870

Wenn der deutsche Geist noch einmal aus seinen innersten und eigensten[24]
Kräften gegen diese große Vergewaltigung reagiert, wenn er ihr eine neue Kunst,
10 Poesie *und Religion* entgegenzustellen im Stande ist,[25] dann sind wir gerettet, wo
nicht, nicht. — Ich sage: Religion, denn ohne ein überweltliches[26] Wollen,[27] das
den ganzen Macht- und Geldtaumel[28] aufwiegt, geht es nicht.

20. Juli 1870

Eine in ihrer Art tröstliche Lektüre kann jetzt der Simplizissimus[29] werden,
15 in welchem das Fortleben der edlern Menschennatur unter den greulichsten
Umständen das eigentliche Thema ist.

31. Dezember 1870

Das Bedenklichste ist aber nicht der jetzige Krieg, sondern die Ära von
Kriegen, in welche wir eingetreten sind, und auf *diese* muß sich der neue Geist
20 einrichten.

2. Juli 1871

Das große Unheil ist im vorigen Jahrhundert angezettelt[30] worden, hauptsächlich durch Rousseau[31] mit seiner Lehre von der Güte der menschlichen Natur.
Plebs[32] und Gebildete destillierten hieraus die Doktrin eines goldenen Zeitalters,

---

[22] ein Genre: eine Art   [23] römischer Kaiserzeiten: d.h., die Zeiten, bevor Rom von den Germanen
überfallen wurde   [24] eigensten: *most characteristic*   [25] im Stande ist: *is capable of*
[26] überweltliches: übernatürliches   [27] Wollen: *desire*   [28] Macht- und Geldtaumel: *intoxication by
power and money*   [29] Simplizissimus: siehe S. 59ff.   [30] angezettelt: *plotted*   [31] Rousseau: siehe
S. 112, Z. 5 und S. 183, Z. 6   [32] Plebs: (*Lat.*) das ungebildete Volk; *plebeians*

welches ganz unfehlbar kommen müßte, wenn man das edle Menschentum nur gewähren ließe. Die Folge war, wie jedes Kind weiß, die völlige Auflösung des Begriffes Autorität in den Köpfen der Sterblichen, worauf man freilich periodisch der bloßen Gewalt anheimfiel. In den intelligenten Schichten der abendländischen Nationen war inzwischen die Idee von der Naturgüte[33] umgeschlagen in die des Fortschritts, das heißt des unbedingten Geldverdienens[34] und Komforts, mit Gewissensbeschwichtigung[35] durch Philanthropie. Die einzige denkbare Heilung wäre: daß endlich der verrückte Optimismus bei groß und klein wieder aus den Gehirnen verschwände. Auch unser jetziges Christentum genügt hiezu nicht, da es sich seit hundert Jahren viel zu stark mit diesem Optimismus eingelassen und verquickt[36] hat. Kommen wird und muß die Veränderung, aber nach Gott weiß wie vielen Leiden.

26. April 1872

Aber nun sind wir erst am Anfang. Nicht wahr, all unser Tun ist jetzt als beliebig,[37] dilettantisch, launenhaft in einen zunehmend lächerlichen Kontrast geraten zu der hohen und bis in alles Detail durchgebildeten Zweckmäßigkeit des Militärwesens?[38] Letzteres muß nun das Muster alles Daseins werden. Für Sie, verehrter Herr und Freund, ist es nun am interessantesten, zu beobachten wie die Staats- und Verwaltungsmaschine militärisch umgestaltet werden wird; für mich: wie man das Schul- und Bildungswesen[39] in die Kur nehmen wird[40] usw. Am merkwürdigsten wird es den Arbeitern gehen; ich habe eine Ahnung, die vor der Hand[41] noch völlig wie Torheit lautet und die mich doch durchaus nicht loslassen will: der Militärstaat muß Großfabrikant[42] werden. Jene Menschenanhäufungen[43] in den großen Werkstätten dürfen nicht in Ewigkeit ihrer Not und ihrer Gier überlassen bleiben: ein bestimmtes und überwachtes Maß von Misere mit Avancement und in Uniform, täglich unter Trommelwirbel begonnen und beschlossen, das ist's was logisch kommen müßte.

27. Dezember 1874

Seit der Pariser Kommune[44] ist überall in Europa alles möglich, hauptsächlich deshalb, weil überall gute, vortreffliche liberale Leute vorhanden sind, welche nicht

---

[33]Naturgüte: *natural goodness of man*   [34]Geldverdienens: *earning of money*
[35]Gewissensbeschwichtigung: *appeasement of conscience*   [36]verquickt: *mixed (with)*
[37]beliebig: *arbitrary, according to one's wishes*   [38]zu der hohen und bis in alles Detail durchgebildeten Zweckmäßigkeit des Militärwesens: *to the high-grade functionalism of the military which has been accomplished in every detail*   [39]Schul- und Bildungswesen: *educational institutions*
[40]wie man . . . in die Kur nehmen wird: *how roughly one will deal with*   [41]vor der Hand: jetzt
[42]Großfabrikant: *large-scale industrial manager*   [43]Menschenanhäufungen: *accumulations of people*
[44]Pariser Kommune: Im Jahre 1871 rebellierten Pariser ohne Erfolg gegen ihre konservative Regierung. Nach einer langen Belagerung wurden Anhänger der Pariser Kommune in großen Mengen getötet.

genau wissen wo Recht und Unrecht sich abgrenzen und wo die Pflicht von Widerstand und Gegenwehr beginnt. *Diese* sind's, welche überall den entsetzlichen Massen die Türen aufmachen und die Pfade ebnen.[45] Gott besser's.[46]

19. November 1881

5   Mich überkommt bisweilen ein Grauen, die Zustände Europas möchten einst über Nacht in eine Art Schnellfäule[47] überschlagen,[48] mit plötzlicher Todesschwäche[49] der jetzigen scheinbar erhaltenden Kräfte.

---

[45]die Pfade ebnen: *smooth the way decay*   [46]Gott besser's: Mag Gott es bessern   [47]Schnellfäule: *rapid*   [48]überschlagen: *turn (into)*   [49]Todesschwäche: *mortal weakness*

XIV. DAS DEUTSCHE REICH

Als am Ende des siegreichen, gegen Frankreich geführten Krieges[1] 1871 der König von Preußen[2] im Spiegelsaal[3] des Schlosses zu Versailles[4] von den deutschen Fürsten zum deutschen Kaiser gekrönt wurde, war damit ein alter deutscher Traum verwirklicht: das Ende der deutschen „Kleinstaaterei",[5] die Einigung der deutschen Staaten war erreicht.

Die große wirtschaftliche Prosperität, deren sich dieses neue deutsche Reich 5 erfreute, verdankte es in erster Linie[6] dem ungeheuren, allgemeinen Aufschwung von Technik und Industrie, an dem die meisten europäischen Staaten teilhatten; die politische Einigung aber war in hohem Maße das Werk eines einzelnen Mannes, des Fürsten Otto von Bismarck. Dank seiner überlegenen Leitung wurde Deutschland für ein paar Jahrzehnte zur führenden Macht auf dem europäischen Kontinent. Wir wissen heute, daß Bismarcks 10 Werk nicht von Dauer war; als Deutschland den Ersten Weltkrieg verlor und 1919 in demselben Spiegelsaale von Versailles um Frieden bitten mußte, in dem es fünfzig Jahre zuvor triumphiert hatte, ging seine europäische Vormachtstellung[7] zugrunde. Mehr noch ging zugrunde. Zunächst nur von wenigen erkannt, hatte der Krieg Folgen, die sich keineswegs nur auf die Besiegten erstreckten. Sein eigentliches, welthistorisches Ergebnis 15 war, nach dem Wort eines bedeutenden Franzosen, Paul Valérys:[8] die „Rückkehr Europas auf den zweiten Rang". Diese Entwicklung haben die aus dem Ersten Weltkrieg hervorgegangenen restaurativen oder totalitären politischen Systeme[9] nicht mehr rückgängig machen[10] können, sondern eher beschleunigt, und nach dem Zweiten Weltkrieg schließlich erscheint Europa als ein Vorfeld, das im Strahlungsbereich[11] der beiden 20 neuen, großen, die Welt beherrschenden Kräftezentren[12] liegt: der Vereinigten Staaten und Rußlands. Selbst der sich fortsetzende technologische und naturwissenschaftliche Aufstieg, das Unmaß[13] an Erfindungen und Entdeckungen auf den Gebieten der Physik und Chemie, Biologie und Medizin, in denen sich das Tempo des neunzehnten Jahrhunderts vervielfacht,[14] erhärtet doch zugleich die Tatsache, daß Europa den 25 unbestrittenen Anspruch auf Vorrang und Führung verloren hat.

---

[1] **Krieges:** *Franco-Prussian War*   [2] **der König von Preußen:** Wilhelm I.; siehe S. 340, Z. 16
[3] **Spiegelsaal:** *Hall of Mirrors*   [4] **Versailles:** ehemaliges königliches Schloß, südwestlich von Paris
[5] **„Kleinstaaterei":** *political disunity resulting from the existence of many small states*   [6] **in erster Linie:** an erster Stelle; *in the first place*   [7] **Vormachtstellung:** *position of supremacy*   [8] **Paul Valéry:** (1871 - 1945), Dichter und Kritiker   [9] **restaurativen ... politischen Systeme:** *political systems which restored an earlier form of government*   [10] **rückgängig machen:** *reverse, turn back*
[11] **Strahlungsbereich:** *sphere of influence*   [12] **Kräftezentren:** *centers of power*   [13] **Unmaß:** *immensity*   [14] **vervielfacht:** multipliziert

Sonderbarerweise[15] aber ist die Literatur der verfallenden Epoche, mit der wir es zu tun haben,[16] keine Verfallsliteratur[17] geworden. Im Gegenteil, gegen Ende des neunzehnten und in den ersten Jahrzehnten des zwanzigsten Jahrhunderts erlebt die deutsche Literatur eine große Blütezeit. Zwar stehen auch die Dichter in ihrer Zeit. Als

5   „Organe ihres Jahrhunderts", in dem sie sich wie alle Menschen „meist unbewußt bewegen" (Goethe), wurzeln auch sie in der Geschichtlichkeit ihres Zeitalters und haben an ihm teil. Aber durchaus nicht immer handeln die Dichter direkt von den Gegenständen, Ereignissen oder Figuren ihrer Zeit, von denen jedermann redet. „Symbolische Träumer", wie Hofmannsthal sie genannt hat, enthüllen und maskieren sie

10   in *Bildern* die tieferen Kräfte, Strebungen[18] und Ängste ihrer Epoche, auch da, und besonders da, wo sie sich nicht mit der getreuen Wiedergabe der „Wirklichkeit" befassen. Denn die Kunst *verwandelt*: dem Weine gleich, der noch die Traube und den Boden erkennen läßt, woraus er stammt, ist auch die Dichtung etwas anderes als ihr Gegenstand: ein Destillat des Stofflichen.[19]

---

[15]Sonderbarerweise: *strangely enough*   [16]mit der wir es zu tun haben: mit der wir uns beschäftigen
[17]Verfallsliteratur: *literature of decline, decay*   [18]Strebungen: *trends*   [19]Destillat des
Stofflichen: *distillation of material things, of physical matter*

OTTO VON BISMARCK (1815 - 1898)

Wie von vielen großen Männern der Geschichte lebt auch von Bismarck ein vereinfachtes
Bild im Gedächtnis der Nachwelt. Er war, so heißt es, der „eiserne Kanzler", der Mann
von „Blut und Eisen", ein rücksichtsloser „Realpolitiker",[1] der zäh, verschlagen,[2] selbst
brutal, die Einheit des Deutschen Reiches erzwang. Kein Wunder, sagen manche, daß
zuletzt Hitler auf ihn folgte. Aber gerade wenn man Bismarck mit den Diktatoren des   5
zwanzigsten Jahrhunderts vergleicht, erkennt man, wie sehr er sich von ihnen unterscheidet. Bedenkt man es genau, so scheint er einem Manne wie Churchill viel näher zu
stehen als einem Diktator wie Hitler. Es ist wahr, er strebte nach Macht, er verstand sich
auf sie,[3] er wußte sie auszuüben. „Ich bin von früh auf[4] Jäger und Fischer gewesen", hat
er von sich gesagt; damit erklärte er seine Geduld, die Fähigkeit, den rechten Augenblick   10
zu erfassen, die günstige Gelegenheit abzuwarten, auch seinen Sinn für das Mögliche und
Wirkliche. An unerreichbaren Zielen, an absoluter Macht lag ihm nichts, so skrupellos er
mitunter sein konnte. Als preußischer Ministerpräsident regierte er eine Zeitlang gegen
Parlament und Verfassung, ohne Budget. Er führte drei Kriege: 1864 nahm er, zusammen
mit Österreich, den Dänen Schleswig-Holstein[5] weg; 1866 kam es hierüber und über die   15
Vorherrschaft in Deutschland zwischen Preußen und Österreich zum Streit,[6] der in einem
kurzen Feldzug und durch eine einzige Schlacht zugunsten Preußens entschieden wurde.
Der Friede, den Bismarck mit dem besiegten Feinde abschloß, war, entgegen den
Wünschen seines Königs, mild. Der siegreiche Krieg, den Preußen zusammen mit den
übrigen deutschen Staaten 1870 - 1871 gegen Frankreich führte, endete mit der   20
politischen Einigung Deutschlands und der Übertragung der deutschen Kaiserwürde[7] an
den König von Preußen. Mit der Einigung Deutschlands waren Bismarcks außenpolitische
Ziele erreicht; von da ab[8] bemühte er sich unablässig und erfolgreich um die Erhaltung
des Friedens in Europa.

Bismarck war ein Royalist und preußischer Junker,[9] mit den Vorurteilen seiner   25
Klasse. Von seinem Souverän ernannt und zuletzt, von Wilhelm II.,[10] entlassen, konnte er
mit Recht von sich sagen, es sei ihm nie um etwas anderes gegangen[11] als seinem Herrn
„richtig und nützlich zu dienen". Politik war der Sinn seines Lebens, aber er übte sie aus
im Rahmen der Sittengesetze seiner Zeit, die ihm selbstverständlich waren; es gab fraglos
Dinge für ihn, die er nie getan hätte, ganz gleich ob[12] sie die Interessen seines Landes   30
befördert hätten.

Die *Gedanken und Erinnerungen* (1898/1921), die Bismarck nach seiner Entlassung
schrieb, sind nicht nur ein wichtiges historisches Dokument, sie sind zugleich ein Buch

---

[1] „Realpolitiker": ein Politiker, der die Tatsachen, „die Realität" betrachtet, anstatt sich nach
Theorien zu richten   [2] verschlagen: *crafty*   [3] er verstand sich auf sie: *he was skilled in it (the
exercise of power)*   [4] von früh auf: schon als Junge   [5] Schleswig-Holstein: nördlichste Gebiete
Deutschlands, an der dänischen Grenze   [6] kam es ... zum Streit: *it came to a dispute*
[7] Kaiserwürde: *emperorship*   [8] von da ab: von dieser Zeit an   [9] Junker: *noble landowner*
[10] Wilhelm II.: (1859 - 1941)   [11] es sei ihm nie um etwas anderes gegangen: nichts anderes sei jemals
für ihn wichtig gewesen   [12] ganz gleich ob: *no matter whether*

großer deutscher Prosa. Denn Bismarck war nicht zuletzt[13] ein großer Schriftsteller, ein Meister der deutschen Sprache. Seine Reden, seine Briefe und seine Memoiren gehören deshalb zur deutschen Literatur.

Aus BISMARCKS REDEN UND SCHRIFTEN

In meinem ganzen, unter verschiedenen Gestaltungen der europäischen Politik stets
5   mit entschlossener Vertretung der Interessen meines Königs und meines Landes durchgeführten politischen Leben[14] ist mir die Ehre zu teil geworden,[15] sehr viele Feinde zu haben. Gehen Sie von der Garonne,[16] um mit der Gascogne[17] anzufangen, bis zur Weichsel,[18] vom Belt[19] bis zur Tiber,[20] suchen Sie an den heimischen Strömen der Oder[21] und des Rheins umher, so werden Sie finden, daß
10   ich in diesem Augenblicke wohl die am stärksten und — ich behaupte stolz — die am besten gehaßte Persönlichkeit in diesem Lande bin.

(Im Landtage,[22] am 16. Januar 1874)

Ich habe von Anfang meiner Karriere an nur den einen Leitstern[23] gehabt: durch welche Mittel und auf welchem Wege kann ich Deutschland zu einer Einigung
15   bringen, und soweit dies erreicht ist, wie kann ich diese Einigung befestigen, fördern und so gestalten, daß sie aus freiem Willen aller Mitwirkenden dauernd erhalten wird.

(Im Reichstag,[24] am 9. Juli 1879)

Ich halte den Absolutismus für keine Form einer in Deutschland auf die
20   Dauer[25] haltbaren oder erfolgreichen Regierung.

(Gedanken und Erinnerungen II.)

Auch diejenigen, die an die Offenbarungen des Christentums nicht mehr glauben, möchte ich daran erinnern, daß doch die ganzen Begriffe von Moral, Ehre und Pflichtgefühl, nach denen sie ihre anderen Handlungen in dieser Welt
25   einrichten, wesentlich nur die fossilen[26] Überreste des Christentums ihrer Väter

---

[13] **nicht zuletzt:** *to a significant extent*   [14] **In meinem ganzen, unter verschiedenen Gestaltungen ... durchgeführten politischen Leben:** in meinem ganzen politischen Leben, das unter verschiedenen Gestaltungen ... durchgeführt worden ist   [15] **zu teil geworden:** *been granted*   [16] **Garonne:** Fluß in Südfrankreich   [17] **Gascogne:** Provinz in Südfrankreich   [18] **Weichsel:** (*Vistula*) Polens größter Fluß   [19] **Belt:** dänische Meeresenge (*strait*)   [20] **Tiber:** Roms Fluß   [21] **Oder:** Heute bildet die Oder die Grenze zwischen Ostdeutschland und Polen.   [22] **Landtage:** Parlament eines Landes   [23] **Leitstern:** *polestar; guiding principle*   [24] **Reichstag:** Parlament des deutschen Reiches   [25] **auf die Dauer:** *in the long run*   [26] **fossilen:** *fossilized*

sind, die unsere sittliche Richtung, unser Rechts- und Ehrgefühl[27] noch heute, manchem Ungläubigen unbewußt, bestimmen, wenn er auch die Quelle selbst vergessen hat, aus der unsere heutigen Begriffe von Zivilisation und Pflicht geflossen sind. Ich glaube also auch ihnen und selbst denen, die einer anderen Konfession angehören, ist doch das Gebot der Nächstenliebe, das Gebot der Wohltätigkeit auch   5
in ihrer Konfession ein vorherrschendes.

(Im Reichstag, am 9. Januar 1882)

Wir können durch Liebe und Wohlwollen leicht bestochen werden – vielleicht zu leicht – aber durch Drohungen ganz gewiß nicht! Wir Deutsche[28] fürchten Gott, aber sonst nichts in der Welt.   10

(Im Reichstag, 6. Februar 1888)

Der Deutsche hat an und für sich[29] eine starke Neigung zur Unzufriedenheit. Ich weiß nicht, wer von uns einen zufriedenen Landsmann kennt. Ich kenne sehr viele Franzosen, die vollständig mit ihrem Geschick, mit ihren Erlebnissen zufrieden sind. Wenn sie ein Handwerk ergreifen, so stellen sie sich die Aufgabe,[30] durch   15
dasselbe, wenn's möglich ist, vielleicht bis zum 45., 50. Jahre eine gewisse Vermögensquote[31] zu erreichen; haben sie die, so ist ihr ganzer Ehrgeiz, sich als Rentier[32] bis zu ihrem Lebensende zurückzuziehen. Vergleichen Sie damit den Deutschen; dessen Ehrgeiz ist von Hause aus[33] nicht auf eine nach dem 50. Jahre zu genießende Rente gerichtet, – sein Ehrgeiz ist schrankenlos. Der Bäcker, der sich   20
etabliert, will nicht etwa der wohlhabendste Bäcker in seinem Ort werden, nein, er will Hausbesitzer, Rentier, er will nach seinem größeren Berliner Ideal[34] schließlich Bankier, Millionär werden. Sein Ehrgeiz hat keine Grenzen.

(Im Reichstag, 9. Oktober 1887)

Nicht durch Reden und Majoritätsbeschlüsse[35] werden die großen Fragen der   25
Zeit entschieden – das ist der große Fehler von 1848 und 1849 gewesen, – sondern durch Eisen und Blut.

(Im Abgeordnetenhaus,[36] 30. September 1862)

---

[27]**Rechts- und Ehrgefühl:** *feeling of justice and honor*   [28]**Wir Deutsche:** (Heute sagt man meistens „wir Deutschen".)   [29]**an und für sich:** eigentlich; *actually*   [30]**stellen sie sich die Aufgabe:** *they set themselves the task: they make it their business*   [31]**Vermögensquote:** *financial quota*   [32]**Rentier:** Rentner; *pensioner*   [33]**von Hause aus:** von Natur aus; *by nature*   [34]**seinem größeren Berliner Ideal:** *Presumably, since everything in Berlin is bigger, everybody has someone in Berlin whom he tries to emulate.*   [35]**Majoritätsbeschlüsse:** *majority resolutions*   [36]**Abgeordnetenhaus:** *House of Representatives*

Die Folge der nationalen Entwicklung eines jeden Landes beruht hauptsächlich auf der Minorität der Gebildeten, die das Land enthält. Ich habe bei irgend
einer neulichen[37] Gelegenheit einmal gesagt: eine Verstimmung der abhängigen
Massen kann eine akute Krankheit hervorrufen, für die wir Heilungsmittel[38] haben,
5   eine Verstimmung der gebildeten Minorität ruft eine chronische Krankheit hervor,
deren Diagnose schwer ist und deren Heilung langwierig.

(Zu einer Abordnung von 600 Lehrern höherer Schulen, 1. April 1895)

Ich betrachte auch einen siegreichen Krieg an sich[39] immer als ein Übel,
welches die Staatskunst den Völkern zu ersparen bemüht sein muß.[40]

10   *(Rundschreiben[41] an die diplomatischen Vertreter des Norddeutschen Bundes,[42] 9. Juli 1878)*

Der Mächtige kann unter Umständen[43] nachgiebig sein.

(Ansprache an 6000 Studenten, 1. April 1895)

Ich beneide Sie um Ihre Lieblingsbeschäftigung[44] am Abend Ihres Lebens;
die Pflanzenwelt ist für die ihr gewidmete Pflege[45] empfänglicher und dankbarer als
15   die Politik. Es war das Ideal meiner jungen Jahre, mich als Greis im Garten mit dem
Okuliermesser[46] sorgenfrei vorzustellen.

(Brief an den Generalkonsul von Lade, Sommer 1887)

---

[37] neulichen: jüngsten; *recent*   [38] Heilungsmittel: Heilmittel; *remedies*   [39] an sich: eigentlich
[40] zu ersparen bemüht sein muß: *must be anxious to spare*   [41] Rundschreiben: *circular*
[42] Norddeutschen Bundes: (*North German Confederation*) Allianz der norddeutschen Staaten nach
1866, welche schließlich zur Reichsgründung führte   [43] unter Umständen: manchmal
[44] Lieblingsbeschäftigung: *favorite occupation*   [45] die ihr gewidmete Pflege: *the care dedicated to it*
[46] Okuliermesser: *grafting knife*

RICHARD WAGNER (1813-1883)

Wer sich den Schluß von Richard Wagners *Meistersingern* oder besser noch die ganze Oper
auf der Schallplatte anhört, wird finden, daß das Wort „deutsch" reichlich oft darin
vorkommt. In der Tat waren *Die Meistersinger von Nürnberg*[1] das große deutsche
Festspiel, in dem das Bürgertum des Kaiserreichs sich verherrlicht fand. Was aber in dieser
Oper als „deutsch" gefeiert wird, ist nicht das Deutsche Reich, sondern die deutsche   5
Kunst. Politische Gebilde können zerfallen und vergehen, die Kunst jedoch erscheint als
ein höchstes, ein „heiliges" Werk, dem Dauer zukommt.[2] Diese Preisung der Kunst wird
in die Vergangenheit verlegt, in das Nürnberg des sechzehnten Jahrhunderts. Damals gab
es in Nürnberg Schulen, die, von Handwerkern betrieben, der Pflege der Kunst dienten.
Dichtung konnte man wie ein Handwerk lernen. Der bekannteste dieser „Meistersinger"   10
war Hans Sachs,[3] ein Schuhmacher; er steht im Mittelpunkt von Wagners Oper. Es geht
um ein großes Wettsingen;[4] der Sieger soll außer dem Preis auch Eva, die schöne Tochter
eines der angesehensten und reichsten Meistersinger zur Frau erhalten. Ein junger Ritter,
Walther von Stolzing, der aus Franken[5] nach Nürnberg kommt, wirbt um sie, doch gelingt
es ihm nicht, in der Singschule der Meister aufgenommen zu werden. Sein großes doch   15
wildes Talent fügt sich nicht in die Gesetze einer nach Regeln betriebenen Kunst.
Beckmesser, sein Nebenbuhler, der als „Merker"[6] eifersüchtig über die Einhaltung der
Regeln wacht, bringt ihn zu Fall.[7] Sein Name ist seither zum Prototyp einer starren, nach
unbiegsamen Regeln urteilenden Kritik geworden. Konvention ohne Leben und Inspira-
tion ohne Gesetz stehen sich so in Beckmesser und Stolzing als zwei Extreme der Kunst   20
gegenüber. In der Mitte steht Hans Sachs, eine Vaterfigur, die den Liebenden hilft; nicht
nur ein wahrer Künstler, sondern zugleich ein Meister des Lebens, ein Erzieher und ein
Weiser. Unter seiner Leitung gelingt Stolzing der Durchbruch zur großen Kunst; mit
seinem Preislied[8] gewinnt er das Wettsingen und die Hand der geliebten Eva.

     Die Meistersinger waren ein Wunschbild, entstanden in einer Zeit, in der die   25
Trennung des Künstlers von der Gesellschaft viel eher die Regel war als die Verbindung
mit ihr. Von Goethes *Werther*[9] und *Tasso*[10] bis zu Thomas Manns *Tonio Kröger*[11] und
Doktor Faustus[12] ist diese Entfremdung und Isolierung immer wieder empfunden und
dargestellt worden. Auch von Richard Wagner, und zwar in seiner frühen Oper *Der
Fliegende Holländer* (1843). Die Sage von dem Seefahrer, der ruhelos, von einem   30
unerbittlichen Fluch verfolgt, über die Meere jagt, hatte er in Heines Schriften[13] gelesen.
Ob Heine diese Geschichte wirklich, wie er behauptete, auf dem Theater in Amsterdam
gesehen hat, ist fraglich. Nicht fraglich ist, was beide, Heine und Wagner, in dem Stoff

---

[1] **Nürnberg:** Stadt in Bayern   [2] **dem Dauer zukommt:** *which merits permanence*   [3] **Hans Sachs:**
siehe S. 30, Z. 15   [4] **Es geht um ein großes Wettsingen:** *a large singing match is at stake*   [5] **Franken:**
Gebiet im nördlichen Teil Bayerns   [6] **„Merker":** einer, der beim Wettsingen die Fehler des Singenden
aufschreibt   [7] **bringt ihn zu Fall:** richtet ihn zugrunde; *brings him down*   [8] **Preislied:** ein Lied, das
Stolzing singt, um den Preis (*prize*) zu gewinnen, und das er gleichzeitig zum Preis (*praise*) seiner
geliebten Eva singt   [9] **Werther:** siehe S. 166ff.   [10] **Tasso:** *Torquato Tasso* (1790); die Hauptgestalt
des Dramas ist der italienische Dichter Tasso (1544 - 1595)   [11] **Tonio Kröger:** (1903) eine Novelle;
siehe S. 386   [12] **Doktor Faustus:** (1947) ein Roman über einen Komponisten   [13] **in Heines
Schriften:** *Aus den Memoiren des Herren von Schnabelewopski* (1834)

sahen: ein Sinnbild der eigenen Heimatlosigkeit. Doch bezieht sich dies nicht einfach auf ihr persönliches Schicksal; nicht nur der Künstler, auch die Kunst hatte, so fühlte es der frühe Wagner, keine wirkliche „Heimat", keinen wirklichen Platz im Ganzen der Nation. Ihr diesen Platz wieder zu schaffen, empfand er als seine Aufgabe. So wurde es sein
5   Ehrgeiz, dem modernen Drama eine Bedeutung zu schaffen, die der des griechischen Dramas ähnlich war. Dessen Funktion war eine mythisch-religiöse gewesen. Und auf den Mythos griff auch Wagner zurück, indem er seinen Musikdramen Stoffe aus altgermanischen Mythen und mittelalterlichen Sagen zugrunde legte, für die schon die Romantik ein neues Interesse geweckt hatte. So entstanden Werke wie *Tristan und Isolde*[14] (1865), *Der Ring*
10 *des Nibelungen*[15] (1869/76), *Parsifal*[16] (1882). Es waren Werke, die, vom Griechischen wie vom Germanischen gleich weit entfernt, Reste des Christentums, Schopenhauersche Philosophie[17] und Wagnersche Ideen von der erlösenden Kraft der Liebe zu verbinden suchten. Entscheidend war dabei die unerhörte Theaterbegabung[18] Wagners. Nietzsche nannte ihn „das erstaunlichste Theatergenie, das die Deutschen gehabt haben".
15   Erstaunlich war auch Wagners persönliche Laufbahn. Sie führte ihn vom 48er Revolutionär, der lange Jahre im Exil verbringen mußte, bis zum Günstling Ludwigs II. von Bayern.[19] Mit der Hilfe des Königs erbaute er das Festspielhaus[20] in Bayreuth,[21] das einzig der Aufführung seiner eigenen Werke gewidmet war und wo noch heute jeden Sommer große Wagner-Festspiele für ein internationales Publikum abgehalten werden.
20 Als Wagner 1883 im Palazzo Vendramin in Venedig starb, beherrschten seine Dramen die Opernbühnen[22] Europas.

Aus DIE MEISTERSINGER VON NÜRNBERG (1868)

HANS SACHS   *(Walther von Stolzing fest an der Hand fassend)*
            Verachtet mir die Meister nicht,
                und ehrt mir[23] ihre Kunst!
25   Was ihnen hoch zum Lobe spricht,
                fiel reichlich Euch zur Gunst.
            Nicht Euren Ahnen, noch so wert,[24]
            nicht Euren Wappen, Speer noch Schwert,
                daß Ihr ein Dichter seid,
30   ein Meister Euch gefreit,[25]
            dem dankt Ihr heut Eu'r höchstes Glück.[26]

---

[14] Tristan . . .: Den Stoff für die Oper lieferte das große höfische Epos, *Tristan* (um 1210 geschrieben), von Gottfried von Straßburg.   [15] Der Ring des Nibelungen: siehe S. 1, Z. 30; S. 2, Z. 11; S. 8ff.   [16] Parsifal: siehe S. 16ff.   [17] Schopenhauersche Philosophie: siehe S. 245f.   [18] Theaterbegabung: *theatrical talent*   [19] Ludwig II. von Bayern: (1845 - 1886)   [20] Festspielhaus: *festival house*   [21] Bayreuth: Stadt nördlich von Nürnberg   [22] Opernbühnen: *opera stages*   [23] mir . . . mir: *(an "ethical dative," omit in translation)*   [24] noch so wert: *ever so worthy*   [25] ein Meister Euch gefreit: *have earned the title of* Meistersänger   [26] Nicht Euren Ahnen . . . nicht Euren Wappen . . . höchstes Glück: Euer höchstes Glück heute (nämlich Eva) verdankt Ihr nicht Euren Ahnen, Euren Wappen, usw. . . . sondern (der Tatsache), daß Ihr ein Dichter seid.

Drum, denkt mit Dank Ihr dran zurück,
wie kann die Kunst wohl unwert sein,
die solche Preise schließet ein?[27] —
Daß unsre Meister sie[28] gepflegt,
   grad' recht nach ihrer Art,   5
nach ihrem Sinne treu gehegt,[29]
   das hat sie echt bewahrt:
blieb sie nicht adlig, wie zur Zeit,
wo Höf' und Fürsten sie geweiht,
   im Drang[30] der schlimmen Jahr'   10
   blieb sie doch deutsch und wahr;
und wär' sie anders nicht geglückt,[31]
als wie[32] wo alles drängt' und drückt',[33]
Ihr seht, wie hoch sie blieb in Ehr':
was wollt Ihr von den Meistern mehr?   15
Habt acht![34] Uns drohen üble Streich': —
zerfällt erst deutsches Volk und Reich,
in falscher welscher[35] Majestät
kein Fürst bald mehr sein Volk versteht;
und welschen Dunst[36] mit welschem Tand[37]   20
sie pflanzen uns ins deutsche Land.
Was deutsch und echt[38] wüßt' keiner mehr,
lebt's nicht[39] in deutscher Meister Ehr'.

   Drum sag' ich Euch:
ehrt Eure deutschen Meister,   25
dann bannt[40] Ihr gute Geister!
Und gebt Ihr ihrem Wirken Gunst,[41]
   zerging'[42] in Dunst[43]
   das Heil'ge Röm'sche Reich,[44]
   uns bliebe gleich   30
   die heil'ge deutsche Kunst!

(Alle fallen begeistert in den Schlußvers ein. — Eva nimmt den Kranz von Walthers Stirn und drückt ihn Sachs auf;[45] dieser nimmt die Kette aus Pogners[46] Hand und hängt sie Walther um. — Walther und Eva lehnen sich zu beiden Seiten an Sachsens Schultern: Pogner läßt sich, wie huldigend, auf ein Knie vor Sachs nieder. 35 *Die Meistersinger deuten mit erhobenen Händen auf Sachs, als auf ihr Haupt.[47]*

---

[27]schließet ein: einschließt; *includes*   [28]sie: die Kunst   [29]gehegt: *fostered*   [30]Drang: *distress*   [31]wär' ... geglückt: hätte ... Erfolg gehabt; *had been successful*   [32]als wie: *than*   [33]drängt und drückt: *is in a turmoil*   [34]Habt acht!: Seid vorsichtig! *Take care!*   [35]welscher: aus Welschland; d.h., Frankreich, Italien, und Spanien   [36]Dunst: *deception*   [37]Tand: *worthless pomp*   [38]Was deutsch und echt: was deutsch und echt ist   [39]lebt's nicht: wenn es nicht ... lebte   [40]bannt: *command*   [41]gebt ihr ihrem Wirken Gunst: *if you favor, promote their activity*   [42]zerging': auch wenn ... zergehen (*dissolve*) würde   [43]Dunst: *dust, vapor*   [44]das Heil'ge Röm'sche Reich: *the Holy Roman Empire*   [45]drückt ... auf: *impresses upon*   [46]Pogner: Evas Vater   [47]Haupt: *chief*

Während die Lehrbuben[48] *jauchzend in die Hände schlagen und tanzen, schwenkt das Volk begeistert Hüte und Tücher.)*

VOLK   Heil Sachs! Hans Sachs!
       Heil Nürnbergs teurem Sachs!

5   *(Der Vorhang fällt.)*

---

[48] **Lehrbuben:** Lehrlinge; *apprentices*

FRIEDRICH NIETZSCHE (1844 - 1900)

Die überragende Figur, die am Eingang des zwanzigsten Jahrhunderts steht, ist Friedrich Nietzsche. Er war der große Gegner, der sich der Epoche entgegenstellte: wo andere Fortschritt sahen, sah er Verfall.

Wie so viele berühmte Deutsche stammte auch Nietzsche aus einem protestantischen Pfarrhaus. Früh, als Fünfundzwanzigjähriger, wurde er, nachdem er klassische Philologie   5 studiert hatte, als Professor für griechische Sprache und Literatur an die Universität Basel[1] berufen. Schon sein erstes Buch, *Die Geburt der Tragödie* (1872), ein kühner Versuch, die griechische Kunst neu zu verstehen, erregte Aufsehen, und mehr noch Widerspruch. Der Widerstand der Zeitgenossen ist Nietzsche treu geblieben; ja, er verschärfte sich von Werk zu Werk, je härter er die Ideale, Überzeugungen, Konventionen und Illusionen seiner Zeit   10 angriff. Schritt für Schritt geriet er so in eine wachsende Einsamkeit, die zuletzt so radikal war, daß er nicht einmal mehr einen Verleger für seine Bücher fand; schließlich mußte er sie auf eigene Kosten drucken lassen. Nietzsche hat sein Lebenswerk dauernder Krankheit abkämpfen müssen;[2] furchtbare Kopfschmerzen machten ihm oft tagelang das Arbeiten unmöglich. 1879 gab er seine Professur[3] auf; von da ab[4] lebte er, immer wieder seinen   15 Aufenthalt wechselnd, in kleinen Hotels und Pensionen[5] der Schweiz und Italiens, immer auf der Suche nach dem idealen Klima, das ihm das Leben und die Arbeit erleichtern sollte. 1889 verfiel er in Wahnsinn; elf Jahre lebte er noch in der Pflege seiner Mutter und seiner Schwester.

Berühmt wurde Nietzsche erst nach seinem Tode. „Eigentlich", erklärte später   20 Gottfried Benn,[6] zweiundvierzig Jahre nach Nietzsche geboren, „eigentlich hat alles, was meine Generation diskutierte . . . bereits bei Nietzsche . . . definitive Formulierung gefunden, alles weitere war Exegese."[7] So verschiedenartige Geister wie Thomas Mann und Ernst Jünger, George und Hesse, Rilke und Camus, Gide und Malraux, Yeats und D. H. Lawrence, Hamsun und d'Annunzio, Saint-Exupéry, Montherlant, Valéry[8] haben   25 entscheidende Impulse von ihm erfahren.

Die prägnanteste Biographie Nietzsches, die es gibt, stammt von ihm selbst. Sie umfaßt sechs Zeilen, steht unter dem Titel *Ecce homo*[8a] im „Vorspiel" zu seinem Aphorismenbuch *Die fröhliche Wissenschaft* (1882) und lautet:

---

[1] **Basel:** siehe S. 356, Z. 6   [2] **hat sein Lebenswerk dauernder Krankheit abkämpfen müssen:** hat dauernd gegen Krankheit kämpfen müssen, um sein Lebenswerk zu vollenden   [3] **Professur:** *professorship*   [4] **von da ab:** von dieser Zeit an   [5] **Pensionen:** *boardinghouses*   [6] **Gottfried Benn:** siehe S. 478ff.   [7] **Exegese:** Interpretation   [8] **Thomas Mann . . . Valéry:** Thomas Mann (siehe S. 385ff.); Ernst Jünger (siehe S. 485ff.); Stefan George (siehe S. 471ff.); Hermann Hesse (siehe S. 394ff.); Rainer Maria Rilke (siehe S. 443ff.); Albert Camus (siehe S. 169, Z. 9); André Gide (1869 - 1951), französischer Schriftsteller; André Malraux (1901 - —), französischer Schriftsteller und Kultusminister; William Butler Yeats (1865 - 1939), irischer Dichter und Dramatiker; D. H. Lawrence (1885 - 1930), englischer Schriftsteller; Knut Hamsun (1859 - 1952), norwegischer Schriftsteller; Gabriele d'Annunzio (1863 - 1938), italienischer Schriftsteller; Antoine de Saint-Exupéry (1900 - 1944), französischer Schriftsteller und Flieger: Henry de Montherlant (1896 - 1972), französischer Schriftsteller; Paul Valéry (siehe S. 361, Z. 16)   [8a] **Ecce homo:** (*Lat.*) „Sehet, welch ein Mensch." Nach dem Evangelium Johannis der Ausruf des Pontius Pilatus, mit dem er dem Volk den dornengekrönten Christus vorstellte.

> Ja! Ich weiß, woher ich stamme!
> Ungesättigt[9] gleich der Flamme[10]
> glühe und verzehr' ich mich.
> Licht wird alles, was ich fasse,
> 5   Kohle alles, was ich lasse:
> Flamme bin ich sicherlich.

Im Bild des Feuers gelang es Nietzsche, den Doppelaspekt zu bezeichnen, auf dem sein Wesen und seine Wirkung beruhten: die ungeheure destruktive Energie, die ihn trieb, und die intensive Helligkeit, die bei diesen Zerstörungsakten[11] frei wurde.

10   Nietzsche war vor allem ein genialer Diagnostiker. Er durchschaute wie niemand sonst in seiner Zeit die tödliche Schwäche seines Jahrhunderts, die sich unter einer glänzenden Außenseite verbarg.[12] Nicht mit Unrecht, so fühlen wir heute, empfand er sich als den großen Psychologen der *décadence*. Er beschrieb mit Scharfsinn, Klarsicht[13] und nicht ohne Zynismus das Krankenbild[14] Europas. Die Heilmittel freilich, die er
15   anpries, haben, wie Karl Jaspers[15] mit Recht bemerkt hat, in tragischer Ironie die Übel nur vermehrt. Jaspers hat ihn mit einer Säure verglichen, die alles zerfrißt, was kein Edelmetall ist. Wenn das zutrifft, dann hat das Christentum des neunzehnten Jahrhunderts nicht zu den Edelmetallen gehört. Nietzsches jubelnder und bis zum Überdruß zitierter Ausruf: „Gott ist tot!" meinte den Gott des Christentums; und obwohl
20   Nietzsche nicht der erste war, der sich das Amt des metaphysischen Totenbeschauers[16] beilegte,[17] so hat es doch niemand sonst mit der gleichen Hingabe ausgeübt.

Derselbe Nietzsche jedoch, der bereit war, *einen* Gott zu töten, war ebenso entschlossen, einen anderen wiederzubeleben: den Gott der Griechen, Dionysos.[18] Dionysos und das Dionysische: das bedeutete ein doppeltes Gegenbild. Einmal gegen die
25   von der Goethezeit geprägte Auffassung des Griechentums. Statt Maß und Grenze, statt des ‚Humanen', statt Ratio,[19] Form, Heiterkeit, Klarheit, Kontur pries Nietzsche Fülle und Wildheit, Maßlosigkeit, Rausch, Ekstase, die tragische und orgiastische Komponente des Griechischen: „Uns hat die griechische Kunst gelehrt", heißt es in der *Geburt der Tragödie*, „daß es keine wahrhaft schöne Fläche ohne eine schreckliche Tiefe gibt." Diese
30   Tiefe aufzureißen und den Abgrund weithin sichtbar zu machen, betrachtete er als seine Aufgabe, und so wurde ihm der Angriff gegen die traditionelle Auffassung des Griechentums zugleich zum Angriff gegen die traditionelle Auffassung des Daseins und der Natur überhaupt. Hohnvoll[20] wandte er sich gegen den „weichlichen und feigen Begriff ‚Natur', ... den Rousseauschen Naturbegriff,[21] wie als ob ‚Natur' Freiheit, Güte,
35   Unschuld, Billigkeit, Gerechtigkeit, Idyll sei". Für Nietzsche jedenfalls ist sie von all dem das Gegenteil, nämlich schrecklich. Dies wußten die Griechen; sie kannten die „Schrecken und Entsetzlichkeiten" des Daseins, sie begriffen und beschworen sie unter dem Namen

---

[9] **Ungesättigt:** *unsatiated*   [10] **gleich der Flamme:** wie die Flamme   [11] **Zerstörungsakten:** *acts of destruction*   [12] **sich ... verbarg:** sich ... versteckte; *hid itself*   [13] **Klarsicht:** *clear-sightedness*
[14] **Krankenbild:** Krankheitszustand; *state of disease*   [15] **Karl Jaspers:** (1883 - 1969), deutscher Philosoph   [16] **Totenbeschauers:** Leichenbeschauers; *coroner*   [17] **sich das Amt ... beilegte:** *bestowed the office upon himself*   [18] **Dionysos:** Gott der Fruchtbarkeit, des Weins   [19] **Ratio:** Vernunft; *rationality*   [20] **Hohnvoll:** höhnisch; *scornfully*   [21] **Rousseauschen Naturbegriff:** siehe S. 112, Z. 5; S. 183, Z. 6

des Dionysos und der ihm geweihten Kulte, in denen „gerade die wildesten Bestien der Natur ... entfesselt" wurden.

Nietzsches Zerstörung oder Umstilisierung[22] dessen, was bisher als ‚griechisch' gegolten hatte, setzte sich, obwohl umstritten, weithin durch, nicht zuletzt deshalb,[23] weil die Katastrophen des zwanzigsten Jahrhunderts eine These bestätigten, die auf der Erkenntnis beruhte, wie nahe unter der Oberfläche einer jeden Zivilisation die Mächte des Chaos zum Ausbruch bereit liegen.

Den Weg, der zur künftigen Herrschaft des Dionysischen führen sollte, nannte Nietzsche *Nihilismus*. Nihilismus bedeutet einen radikalen Prozeß der Dekomposition, Abbau der herrschenden Moralsysteme, Schwund der obersten Werte, Verlust aller zur Zeit bestehenden Deutungen der Welt, bis nichts mehr übrigbleibt. Dieses Nichts – der Nihilismus – ist die Voraussetzung, durch die die bedingungslose Bejahung des Lebens in seiner ganzen Große und Fülle, jenseits von Sinn und Ziel, erst möglich wird. Dieser Prozeß ist, nach Nietzsche, nicht mehr aufzuhalten.

Aus DAVID STRAUß,* DER BEKENNER† UND DER SCHRIFTSTELLER (1873)

Die öffentliche Meinung in Deutschland scheint es fast zu verbieten, von den schlimmen und gefährlichen Folgen des Krieges, zumal[24] eines siegreich beendeten Krieges zu reden: um so williger werden aber diejenigen Schriftsteller angehört, welche keine wichtigere Meinung als jene öffentliche kennen und deshalb wetteifernd beflissen sind, den Krieg zu preisen und den mächtigen Phänomenen seiner Einwirkung auf Sittlichkeit, Kultur und Kunst jubilierend nachzugehen. Trotzdem sei es gesagt: ein großer Sieg ist eine große Gefahr. Die menschliche Natur erträgt ihn schwerer als eine Niederlage; ja es scheint selbst leichter zu sein, einen solchen Sieg zu erringen als ihn so zu ertragen, daß daraus keine schwere Niederlage entsteht. Von allen schlimmen Folgen aber, die der letzte mit Frankreich geführte Krieg[25] hinter sich drein zieht, ist vielleicht die schlimmste ein weitverbreiteter, ja allgemeiner Irrtum: der Irrtum der öffentlichen Meinung und aller öffentlich Meinenden,[26] daß auch die deutsche Kultur in jenem Kampfe gesiegt habe und deshalb jetzt mit den Kränzen geschmückt werden müsse, die so außerordentlichen Begebnissen und Erfolgen gemäß seien. Dieser Wahn ist höchst verderblich: nicht etwa weil er ein Wahn ist – denn es gibt die heilsamsten und

---

[22] Umstilisierung: *reinterpretation*   [23] nicht zuletzt deshalb: *to a large extent*   [24] zumal: besonders
[25] mit Frankreich geführte Krieg: siehe S. 361, Z. 1   [26] aller öffentlich Meinenden: *of all those who state their opinions publicly*

* David Strauß: (1808 - 1874), deutscher Theologe und Philosoph. Sein kontroverses Werk, *Das Leben Jesu* (1835 - 1836), behandelte die Evangelien in erster Linie als geschichtliche Dokumente und nicht, wie man es früher getan hatte, aus rein religiösen Gesichtspunkten.

† Bekenner: einer, der sich zu etwas bekennt, oder: der Bekenntnisse (*confessions*) schreibt. Nach Nietzsche „bekennt" sich David Friedrich Strauß in seinen Schriften, ohne es zu wissen, zum Philistertum (*Philistinism*), d.h., er ist selbstzufrieden, oberflächlich (*superficial*) und gegen alles Neue.

segensreichsten Irrtümer – sondern weil er im Stande ist,[27] unseren Sieg in eine
völlige Niederlage zu verwandeln: *in die Niederlage, ja Exstirpation*[28] *des deutschen
Geistes zu Gunsten des „deutschen Reiches".*

Aus SCHOPENHAUER* ALS ERZIEHER (1874)

Jede Philosophie, welche durch ein politisches Ereignis das Problem des Daseins
5   verrückt[29] oder gar gelöst glaubt, ist eine Spaß- und Afterphilosophie.[30] Es
sind schon öfter, seit die Welt steht, Staaten gegründet worden; das ist ein altes
Stück.[31] Wie sollte eine politische Neuerung ausreichen, um die Menschen ein für
allemal zu vergnügten Erdenbewohnern[32] zu machen? Glaubt aber jemand recht
von Herzen, daß dies möglich sei, so soll er sich nur melden; denn er verdient
10   wahrhaftig, Professor der Philosophie an einer deutschen Universität zu werden.
          Hier aber erleben wir die Folgen jener neuerdings von allen Dächern
gepredigten Lehre, daß der Staat das höchste Ziel der Menschheit sei und daß es für
einen Mann keine höheren Pflichten gebe, als dem Staat zu dienen: worin ich nicht
einen Rückfall ins Heidentum, sondern in die Dummheit erkenne. Es mag sein, daß
15   ein solcher Mann, der im Staatsdienst seine höchste Pflicht sieht, wirklich auch
keine höheren Pflichten kennt; aber deshalb gibt es jenseits[33] doch noch Männer
und Pflichten – und eine dieser Pflichten, die mir wenigstens höher gilt als der
Staatsdienst, fordert auf, die Dummheit in jeder Gestalt zu zerstören, also auch
diese Dummheit . . .
20   Wie sieht nun der Philosoph die Kultur in unserer Zeit an? Sehr anders
freilich als jene in ihrem Staat vergnügten[34] Philosophieprofessoren. Fast ist es ihm,
als ob er die Symptome einer völligen Ausrottung und Entwurzelung[35] der Kultur
wahrnähme, wenn er an die allgemeine Hast und zunehmende Fallgeschwindigkeit,[36] an das Aufhören aller Beschaulichkeit und Simplizität denkt. Die Gewässer
25   der Religion fluten ab[37] und lassen Sümpfe oder Weiher[38] zurück; die Nationen
trennen sich wieder auf das Feindseligste[39] und begehren sich zu zerfleischen. Die
Wissenschaften, ohne jedes Maß und im blindesten *laisser faire*[40] betrieben,
zersplittern und lösen alles Festgeglaubte[41] auf; die gebildeten Stände und Staaten
werden von einer großartig verächtlichen Geldwirtschaft[42] fortgerissen. Niemals
30   war die Welt mehr Welt, nie ärmer an Liebe und Güte. Die gelehrten Stände sind
nicht mehr Leuchttürme oder Asyle, inmitten aller dieser Unruhe der Verwelt-

---

[27] im Stande ist: fähig ist   [28] Exstirpation: *extirpation, extermination*   [29] verrückt: *shifted, moved*
[30] ist eine Spaß- und Afterphilosophie: *is a joke and a sham as philosophy*   [31] ein altes Stück: eine
alte Sache   [32] vergnügten Erdenbewohnern: *contented inhabitants of the earth*   [33] jenseits:
außerhalb des Staates   [34] in ihrem Staat vergnügten: *pleased with their state*   [35] Entwurzelung:
uprooting   [36] Fallgeschwindigkeit: *speed of fall, decline*   [37] fluten ab: fließen ab; *are draining off*
[38] Weiher: *ponds*   [39] auf das Feindseligste: *in the most hostile manner*   [40] laisser faire: auch *laissez
faire (Fr.)*: „laßt (sie) machen (was sie wollen)"; d.h., ohne Einmischung einer höheren Autorität
[41] Festgeglaubte: *that which is firmly believed in*   [42] Geldwirtschaft: *monetary system, economy*
*Schopenhauer: siehe S. 245f.

lichung;[43] sie selbst werden täglich unruhiger, gedanken- und liebeloser.[44] Alles dient der kommenden Barbarei, die jetzige Kunst und Wissenschaft mit einbegriffen.

Wenn es aber einseitig sein sollte, nur die Schwäche der Linien und die Stumpfheit der Farben am Bilde des modernen Lebens hervorzuheben, so ist jedenfalls die zweite Seite um nichts[45] erfreulicher, sondern nur um so beunruhigender. Es sind gewiß Kräfte da, ungeheure Kräfte, aber wilde, ursprüngliche und ganz und gar unbarmherzige. Man sieht mit banger Erwartung auf sie hin wie in den Braukessel[46] einer Hexenküche:[47] es kann jeden Augenblick zucken[48] und blitzen, schreckliche Erscheinungen anzukündigen. Seit einem Jahrhundert sind wir auf lauter fundamentale Erschütterungen vorbereitet; und wenn neuerdings versucht wird, diesem tiefsten modernen Hange,[49] einzustürzen oder zu explodieren, die konstitutive[50] Kraft des sogenannten nationalen Staates entgegenzustellen, so ist doch für lange Zeiten hinaus auch er nur eine Vermehrung der allgemeinen Unsicherheit und Bedrohlichkeit. Daß die einzelnen sich so gebärden, als ob sie von allen diesen Besorgnissen nichts wüßten, macht uns nicht irre: ihre Unruhe zeigt es, wie gut sie davon wissen; sie denken mit einer Hast und Ausschließlichkeit[51] an sich, wie noch nie Menschen an sich gedacht haben, sie bauen und pflanzen für ihren Tag, und die Jagd nach Glück wird nie größer sein, als wenn es zwischen heute und morgen erhascht werden muß: weil übermorgen vielleicht überhaupt alle Jagdzeit zu Ende ist. Wir leben die Periode der Atome, des atomistischen Chaos. Die feindseligen Kräfte wurden im Mittelalter durch die Kirche ungefähr zusammengehalten und durch den starken Druck, welchen sie ausübte, einigermaßen einander assimiliert. Als das Band zerreißt, der Druck nachläßt, empört sich eines wider das andere. Die Reformation erklärte viele Dinge für *adiaphora*,[52] für Gebiete, die nicht von dem religiösen Gedanken bestimmt werden sollten; dies war der Kaufpreis,[53] um welchen sie selbst leben durfte: wie schon das Christentum, gegen das viel religiösere Altertum gehalten, um einen ähnlichen Preis seine Existenz behauptete. Von da an griff die Scheidung immer weiter um sich.[54] Jetzt wird fast alles auf Erden nur noch durch die gröbsten und bösesten Kräfte bestimmt, durch den Egoismus der Erwerbenden und die militärischen Gewaltherrscher. Der Staat, in den Händen dieser letzteren, macht wohl, ebenso wie der Egoismus der Erwerbenden, den Versuch,[55] alles aus sich heraus neu zu organisieren und Band und Druck[56] für alle jene feindseligen Kräfte zu sein: das heißt, er wünscht, daß die Menschen mit ihm denselben Götzendienst treiben möchten, den sie selbst mit der Kirche getrieben haben. Mit welchem Erfolge? Wir werden es noch erleben; jedenfalls befinden wir uns auch jetzt noch im eistreibenden[57] Strome des Mittelalters; er ist aufgetaut und in gewaltige verheerende Bewegung geraten. Scholle[58] türmt sich auf Scholle, alle Ufer sind überschwemmt und gefährdet. Die Revolution ist gar nicht zu vermeiden . . .

---

[43] **Verweltlichung:** Säkularisierung   [44] **gedanken- und liebeloser:** *more thoughtless and unkind*   [45] **um nichts:** keineswegs: *not in any way*   [46] **Braukessel:** *brewing kettle*   [47] **Hexenküche:** *witches' kitchen*   [48] **zucken:** *flash*   [49] **Hange:** Tendenz   [50] **konstitutive:** *constitutive, determining*   [51] **Ausschließlichkeit:** *exclusivity*   [52] **adiaphora:** (*Gr.*) vom kirchlichen Standpunkt aus gleichgültig; *indifferent to the church*   [53] **Kaufpreis:** *price (they had to pay)*   [54] **griff . . . um sich:** *gained ground*   [55] **macht wohl . . . den Versuch:** *indeed attempts*   [56] **Band und Druck:** *restraint and compulsion*   [57] **eistreibenden:** *carrying floating ice*   [58] **Scholle:** Eisscholle; *ice floe*

Aus MENSCHLICHES, ALLZUMENSCHLICHES* (1878/80)

DAS MITTEL ZUM WIRKLICHEN FRIEDEN

Keine Regierung gibt jetzt zu, daß sie das Heer unterhalte, um gelegentliche Eroberungsgelüste[59] zu befriedigen; sondern der Verteidigung soll es dienen. Jene Moral, welche die Notwehr billigt, wird als ihre Fürsprecherin angerufen. Das heißt aber: sich die Moralität und dem Nachbar die Immoralität vorbehalten, weil er

5   angriffs- und eroberungslustig[60] gedacht werden muß, wenn unser Staat notwendig an die Mittel der Notwehr denken soll; überdies erklärt man ihn,[61] der genau ebenso wie unser Staat die Angriffslust leugnet und auch seinerseits das Heer vorgeblich nur aus Notwehrgründen[62] unterhält, durch unsere Erklärung, weshalb wir ein Heer brauchen, für einen Heuchler und listigen Verbrecher, welcher gar zu

10 gern ein harmloses und ungeschicktes Opfer ohne allen Kampf *überfallen* möchte. So stehen nun alle Staaten jetzt gegen einander: sie setzen die schlechte Gesinnung des Nachbars und die gute Gesinnung bei sich voraus. Diese Voraussetzung ist aber eine Inhumanität, so schlimm und schlimmer als der Krieg: ja, im Grunde ist sie schon die Aufforderung und Ursache zu Kriegen, weil sie, wie gesagt, dem Nachbar

15 die Immoralität *unterschiebt*[63] und dadurch die feindselige Gesinnung und Tat zu provozieren scheint. Der Lehre von dem Heer als einem Mittel der Notwehr muß man ebenso gründlich abschwören als den Eroberungsgelüsten. Und es kommt vielleicht ein großer Tag, an welchem ein Volk, durch Kriege und Siege, durch die höchste Ausbildung der militärischen Ordnung und Intelligenz ausgezeichnet und

20 gewöhnt, diesen Dingen die schwersten Opfer zu bringen, freiwillig ausruft: *„Wir zerbrechen das Schwert"* – und sein gesamtes Heerwesen[64] bis in die letzten Fundamente zertrümmert. *Sich wehrlos machen, während man der Wehrhafteste*[65] *war*, aus einer *Höhe* der Empfindung heraus, – das ist das Mittel zum *wirklichen* Frieden, welcher immer auf einem Frieden der Gesinnung ruhen muß: während der

25 sogenannte bewaffnete Friede, wie er jetzt in allen Ländern einhergeht,[66] der Unfriede der Gesinnung ist, der sich und dem Nachbar nicht traut und halb aus Haß, halb aus Furcht die Waffen nicht ablegt. Lieber zu Grunde gehn als hassen und fürchten, und *zweimal lieber zu Grunde gehn als sich hassen und fürchten machen*, – dies muß einmal auch die oberste Maxime jeder einzelnen staatlichen

30 Gesellschaft werden! – Unsern liberalen Volksvertretern fehlt es, wie bekannt, an Zeit zum Nachdenken über die Natur des Menschen: sonst würden sie wissen, daß sie umsonst arbeiten, wenn sie für eine „allmähliche Herabminderung"[67] der

---

[59] Eroberungsgelüste: *appetites, desires for conquest*   [60] angriffs- und eroberungslustig: als angriffs-
und eroberungslustig: *as (one who is) thirsting for attack and conquest*   [61] ihn: den Nachbar
[62] Notwehrgründen: *reasons of (self-)defense*   [63] unterschiebt: *attributes falsely*   [64] Heerwesen:
military system   [65] Wehrhafteste: *militarily the strongest*   [66] einhergeht: *moves around; i.e.,*
prevails   [67] Herabminderung: Herabsetzung; *reduction*
* Menschliches, Allzumenschliches: *"things human, all too human"*

Militärlast"[68] arbeiten. Vielmehr: erst wenn diese Art Not am größten ist, wird auch die Art Gott am nächsten sein, die hier allein helfen kann. Der Kriegsglorien-Baum[69] kann nur mit einem Male, durch einen Blitzschlag zerstört werden: der Blitz aber kommt, ihr wißt es ja, aus der Wolke und aus der Höhe.

Aus ECCE HOMO* (1908) [1889]

Ich bin meiner Art nach[70] kriegerisch. Angreifen gehört zu meinen Instinkten. Feind sein *können*, Feind sein — das setzt vielleicht eine starke Natur voraus, jedenfalls ist es bedingt in jeder starken Natur. Sie braucht Widerstände, folglich *sucht* sie Widerstand; das *aggressive* Pathos[71] gehört ebenso notwendig zur Stärke als das Rach- und Nachgefühl[72] zur Schwäche. Das Weib zum Beispiel ist rachsüchtig: das ist in seiner Schwäche bedingt, so gut wie seine Reizbarkeit für fremde Not. — Die Stärke des Angreifenden hat in der Gegnerschaft, die er nötig hat, eine Art *Maß;* jedes Wachstum verrät sich im Aufsuchen eines gewaltigen Gegners — oder Problems: denn ein Philosoph, der kriegerisch ist, fordert auch Probleme zum Zweikampf heraus. Die Aufgabe ist *nicht*, überhaupt über Widerstände Herr zu werden, sondern über solche, an denen man seine ganze Kraft, Geschmeidigkeit und Waffen-Meisterschaft einzusetzen hat, — über *gleiche* Gegner ... Gleichheit vor dem Feinde — erste Voraussetzung zu einem *rechtschaffnen* Duell. Wo man verachtet, *kann* man nicht Krieg führen; wo man befiehlt, wo man etwas *unter* sich sieht, *hat* man nicht Krieg zu führen. — Meine Kriegs-Praxis ist in vier Sätze zu fassen. Erstens: ich greife nur Sachen an, die siegreich sind, — ich warte unter Umständen, bis sie siegreich sind. Zweitens: ich greife nur Sachen an, wo ich keine Bundesgenossen finden würde, wo ich allein stehe, — wo ich mich allein kompromittiere[73] ... Ich habe nie einen Schritt öffentlich getan, der nicht kompromittierte: das ist *mein* Kriterium des rechten Handelns. Drittens: ich greife nie Personen an, — ich bediene mich der Person nur wie eines starken Vergrößerungsglases, mit dem man einen allgemeinen, aber schleichenden, aber wenig greifbaren Notstand sichtbar machen kann. So griff ich Wagner[74] an, genauer die Falschheit, die Instinkt-Halbschlächtigkeit[75] unsrer „Kultur", welche die Raffinierten mit den Reichen, die Späten mit den Großen verwechselt. Viertens: ich greife nur Dinge an, wo jedwede[76] Personen-Differenz ausgeschlossen ist, wo jeder Hintergrund schlimmer Erfahrungen fehlt. Im Gegenteil, angreifen ist bei mir ein Beweis des Wohlwollens, unter Umständen[77] der Dankbarkeit. Ich ehre, ich zeichne aus damit, daß ich meinen Namen mit dem einer Sache, einer Person verbinde: für oder wider — das gilt mir darin gleich. Wenn ich dem Christentum den

---

[68] Militärlast: *military burden*   [69] Der Kriegsglorien-Baum: *the tree of war's glories*   [70] meiner Art nach: meiner Natur nach   [71] Pathos: Leidenschaft; *passion*   [72] Rach- und Nachgefühl: *vengefulness and resentment, rancor*   [73] mich ... kompromittiere: mich bloßstelle; *expose myself*   [74] Wagner: siehe S. 367ff.   [75] Instinkt-Halbschlächtigkeit: *hybrid, uncertain instincts*   [76] jedwede: jede   [77] unter Umständen: manchmal
*Ecce Homo: siehe S. 371, Z. 28

Krieg mache, so steht mir dies zu,[78] weil ich von dieser Stelle aus keine
Fatalitäten[79] und Hemmungen erlebt habe, — die ernstesten Christen sind mir
immer gewogen gewesen. Ich selber, ein Gegner des Christentums *de rigueur,*[80] bin
ferne davon, es dem Einzelnen nachzutragen, was das Verhängnis von Jahr-
5   tausenden ist.

Aus DER WILLE ZUR MACHT (1901/06)

Meine Freunde, wir haben es hart gehabt, als wir jung waren: wir haben an der
Jugend selber gelitten wie an einer schweren Krankheit. Das macht die Zeit, in die
wir geworfen sind – die Zeit eines großen inneren Verfalles und Auseinanderfalles,[81] welche mit allen ihren Schwächen und noch mit ihrer besten Stärke dem
10   Geiste der Jugend entgegenwirkt. Das Auseinanderfallen, also die Ungewißheit ist
dieser Zeit eigen: nichts steht auf festen Füßen[82] und hartem Glauben an sich: man
lebt für morgen, denn das übermorgen ist zweifelhaft. Es ist alles glatt und
gefährlich auf unserer Bahn, und dabei ist das Eis, das uns noch trägt, so dünn
geworden: wir fühlen alle den warmen unheimlichen Atem des Tauwindes[83] — wo
15   wir noch gehen, da wird bald niemand mehr gehen *können!*

Was ich erzähle, ist die Geschichte der nächsten zwei Jahrhunderte. Ich
beschreibe, was kommt, was nicht mehr anders kommen kann: *Die Heraufkunft*[84]
des Nihilismus. Diese Geschichte kann jetzt schon erzählt werden: denn die
Notwendigkeit selbst ist hier am Werke. Diese Zukunft redet schon in hundert
20   Zeichen, dieses Schicksal kündigt überall sich an; für diese Musik der Zukunft sind
alle Ohren bereits gespitzt. Unsre ganze europäische Kultur bewegt sich seit langem
schon mit einer Tortur der Spannung, die von Jahrzehnt zu Jahrzehnt wächst, wie
auf eine Katastrophe los: unruhig, gewaltsam, überstürzt: einem Strom ähnlich, der
ans Ende will, der sich nicht mehr besinnt, der Furcht davor hat, sich zu besinnen.

25   Denn man vergreife sich nicht über den Sinn des Titels, mit dem dies
Zukunfts-Evangelium[85] benannt sein will. „*Der Wille zur Macht.* Versuch einer
Umwertung aller Werte" — mit dieser Formel ist eine *Gegenbewegung* zum
Ausdruck gebracht, in Absicht auf Prinzip und Aufgabe; eine Bewegung, welche in
irgend einer Zukunft jenen vollkommenen Nihilismus ablösen wird; welche ihn aber
30   *voraussetzt,* logisch und psychologisch, welche schlechterdings nur *auf ihn und aus*
ihm kommen kann. Denn warum ist die Heraufkunft des Nihilismus nunmehr
notwendig? Weil unsre bisherigen Werte selbst es sind, die in ihm ihre letzte
Folgerung ziehen; weil der Nihilismus die zu Ende gedachte Logik unsrer großen

---

[78] **steht mir dies zu:** *I am entitled to it*   [79] **Fatalitäten:** *misfortunes*   [80] **de rigueur:** *(Fr.) of great*
strictness   [81] **Auseinanderfalles:** Auflösung; *disintegration*   [82] **auf festen Füßen:** *on a firm footing*
[83] **Tauwindes:** *mild, thawing breeze*   [84] **Heraufkunft:** Aufstieg; *rise*   [85] **Zukunfts-Evangelium:**
Gospel of the future

Werte und Ideale ist, — weil wir den Nihilismus erst erleben müssen, um dahinter zu kommen, was eigentlich der *Wert* dieser „Werte" war ... Wir haben, irgendwann, *neue Werte* nötig ...

Was bedeutet Nihilismus? — *Daß die obersten Werte sich entwerten.* Es fehlt das Ziel; es fehlt die Antwort auf das „Warum". 5

... Die Wertung, mit der heute die verschiedenen Formen der Sozietät beurteilt werden, ist ganz und gar eins mit jener, welche dem Frieden einen höheren Wert zuerteilt als dem Krieg: aber dies Urteil ist antibiologisch, ist selbst eine Ausgeburt der décadence des Lebens ... Das Leben ist eine Folge des Kriegs, die Gesellschaft selbst ein Mittel zum Krieg ... 10

Ich habe das Glück, nach ganzen Jahrtausenden der Verirrung und Verwirrung den Weg wiedergefunden zu haben, der zu einem Ja und einem Nein führt.

Ich lehre das Nein zu allem was schwach macht, — was erschöpft.

Ich lehre das Ja zu allem, was stärkt, was Kraft aufspeichert, was das Gefühl der Kraft rechtfertigt. 15

... Unter den heiligsten Namen zog ich die zerstörerischen Tendenzen heraus; man hat Gott genannt, was schwächt, Schwäche lehrt, Schwäche infiziert ... ich fand, daß der „gute Mensch" eine Selbstbejahungsform[86] der décadence ist.

Jene Tugend, von der noch Schopenhauer gelehrt hat, daß sie die oberste, die einzige und das Fundament aller Tugenden sei: eben jenes Mitleiden erkannte ich als gefährlicher als irgendein Laster. Die Auswahl in der Gattung,[87] ihre Reinigung vom Abfall[88] grundsätzlich kreuzen[89] — das hieß bisher Tugend par excellence[90] ... 20

Man soll das Verhängnis in Ehren halten; das Verhängnis, das zum Schwachen sagt „geh zugrunde!" ... 25

Es gibt nichts am Leben, was Wert hat, außer dem Grade der Macht — gesetzt eben, daß Leben selbst der Wille zur Macht ist. Die Moral behütete die *Schlechtweggekommenen*[91] vor Nihilismus, indem sie *jedem* einen unendlichen Wert, einen metaphysischen Wert beimaß[92] und ihn in eine Ordnung einreihte, die mit der weltlichen Macht und Rangordnung nicht stimmt: sie lehrt Ergebung, 30 Demut usw. *Gesetzt, daß der Glaube an diese Moral zugrunde geht*, so würden die Schlechtweggekommenen ihren Trost nicht mehr haben — und *zugrunde gehn.*

Das *Himmelreich* ist ein Zustand des Herzens (— von den Kindern wird gesagt, „denn ihrer ist das Himmelreich"): Nichts, was „über der Erde" ist. Das Reich Gottes „kommt" nicht chronologisch-historisch, nicht nach dem Kalender, etwas, 35 das eines Tages da wäre und tags vorher[93] nicht: sondern es ist eine „Sinnesän-

---

[86] **Selbstbejahungsform:** *form of self-affirmation*   [87] **Auswahl in der Gattung:** *selection within the species (Darwin)*   [88] **Abfall:** *wastage*   [89] **kreuzen:** *prevent, combat*   [90] **par excellence:** (*Fr.*) *vor allem anderen; in the highest degree*   [91] **die Schlechtweggekommenen:** *those who have made out badly*   [92] **beimaß:** *attributed*   [93] **tags vorher:** *am Tage vorher*

derung im einzelnen", etwas, das jederzeit kommt und jederzeit noch nicht da ist . . .

Jesus gebietet:[94] Man soll dem, der böse gegen uns ist, weder durch die Tat, noch im Herzen Widerstand leisten.

Man soll keinen Grund anerkennen, sich von seinem Weibe zu scheiden.

Man soll keinen Unterschied zwischen Fremden und Einheimischen, Ausländern und Volksgenossen[95] machen.

Man soll sich gegen Niemanden erzürnen, man soll Niemanden geringschätzen. Gebt Almosen im Verborgnen. Man soll nicht reich werden wollen. Man soll nicht schwören. Man soll nicht richten. Man soll sich versöhnen, man soll vergeben. Betet nicht öffentlich.

Die „Seligkeit" ist nichts Verheißenes: sie ist da, wenn man so und so lebt und tut.

Das *Christentum* ist ein naiver Ansatz zu einer buddhistischen *Friedensbewegung,* mitten aus dem eigentlichen Herde[96] des Ressentiments[97] heraus . . . aber durch *Paulus*[98] zu einer heidnischen Mysterienlehre[99] umgedreht, welche endlich sich mit der ganzen *staatlichen Organisation* vertragen lernt . . . und Kriege führt, verurteilt, foltert, schwört, haßt.

Die *Kirche* ist exakt Das, wogegen Jesus gepredigt hat — und wogegen er seine Jünger kämpfen lehrte —

Die Christen haben niemals die Handlungen praktiziert, welche ihnen Jesus vorgeschrieben hat, und das unverschämte Gerede von der „Rechtfertigung durch den Glauben"[100] und dessen oberster und einziger Bedeutsamkeit ist nur die Folge davon, daß die Kirche nicht den Mut, noch den Willen hatte, sich zu den *Werken* zu bekennen, welche Jesus forderte.

Der Buddhist handelt anders als der Nichtbuddhist; *der Christ handelt wie alle Welt*[101] und hat ein Christentum der Zeremonien und der *Stimmungen.*

Das Christentum ist jeden Augenblick noch möglich. Es ist an keines der unverschämten Dogmen gebunden, welche sich mit seinem Namen geschmückt haben: es braucht weder die Lehre vom *persönlichen Gott,* noch von der *Sünde,* noch von der *Unsterblichkeit,* noch von der *Erlösung,* noch vom *Glauben*; es hat schlechterdings keine Metaphysik nötig, noch weniger den Asketismus,[102] noch weniger eine christliche „Naturwissenschaft". Das Christentum ist eine *Praxis,* keine Glaubenslehre.[103] Es sagt uns wie wir handeln, nicht was wir glauben sollen.

Wer jetzt sagte „ich will nicht Soldat sein", „ich kümmere mich nicht um die

---

[94] Jesus gebietet: in der Bergpredigt (*Sermon on the Mount*), Matthäus 5, 1-7, 29   [95] Volksgenossen: *fellow citizens*   [96] Herde: *center, seat*   [97] Ressentiments: *(Fr.) resentment*   [98] Paulus: *St. Paul*   [99] Mysterienlehre: *secret, mystic teaching*   [100] „Rechtfertigung durch den Glauben": siehe Martin Luther, S. 34ff.   [101] wie alle Welt: *wie jeder Mensch*   [102] Asketismus: *asceticism*   [103] eine Praxis, keine Glaubenslehre: *a way of life, not a doctrine*

Gerichte", „die Dienste der Polizei werden von mir nicht in Anspruch genommen",[104] „ich will nichts tun, was den Frieden in mir selbst stört: und wenn ich daran leiden muß, nichts wird mir mehr den Frieden erhalten als Leiden" – der wäre Christ.

Ich verstehe unter „Moral" ein System von Wertschätzungen, welches mit den Lebensbedingungen eines Wesens sich berührt.

Mit der Tugend selbst gründet man nicht die Herrschaft der Tugend; mit der Tugend selbst verzichtet man auf Macht, verliert den Willen zur Macht.

Ein Mensch, wie er sein *soll:* das klingt uns so abgeschmackt wie: „ein Baum, wie er sein soll". 10

Wahrheit ist die Art von Irrtum, ohne welche eine bestimmte Art von lebendigen Wesen nicht leben könnte. Der Wert für das *Leben* entscheidet zuletzt.

Alles Geschehen, alle Bewegung, alles Werden als ein Feststellen von Grad- und Kraftverhältnissen,[105] als ein *Kampf* . . .

Die *Demokratie* repräsentiert den *Unglauben* an große Menschen . . . 15

Ich fand noch keinen Grund zur Entmutigung. Wer sich einen starken *Willen* bewahrt und anerzogen hat,[106] zugleich mit einem weiten Geiste, hat günstigere Chancen als je. Denn die *Dressierbarkeit*[107] der Menschen ist in diesem demokratischen Europa sehr groß geworden: Menschen, welche leicht lernen, leicht sich fügen, sind die Regel; das Herdentier,[108] sogar höchst intelligent, ist 20 präpariert.[109] Wer befehlen kann, findet Die, welche gehorchen *müssen*; ich denke z.B. an Napoleon und Bismarck.

Gesamt-Anblick[110] des zukünftigen Europäers: derselbe als das intelligenteste Sklaventier, sehr arbeitsam, im Grunde sehr bescheiden, bis zum Exzeß neugierig, vielfach verzärtelt, willensschwach, – ein kosmopolitisches Affekt- und 25 Intelligenzen-Chaos.[111] Wie möchte sich aus ihm eine *stärkere Art* herausheben? . . . Um sich aus jenem Chaos . . . emporzukämpfen – dazu bedarf es einer *Nötigung*: man muß die Wahl haben, entweder zugrunde zu gehen oder *sich durchzusetzen.* Eine herrschaftliche Rasse[112] kann nur aus furchtbaren und gewaltsamen Anfängen emporwachsen. Problem: wo sind die *Barbaren* des 30 zwanzigsten Jahrhunderts? Offenbar werden sie erst nach ungeheuren sozialistischen Krisen sichtbar werden und sich konsolidieren, – es werden die Elemente

---

[104] werden von mir nicht in Anspruch genommen: *are not laid claim to by me; I do not require their services* [105] Grad- und Kraftverhältnissen: *relationships of grade (degree) and strength* [106] sich . . . anerzogen hat: *has instilled into himself (through education)* [107] Dressierbarkeit: *"trainability,"* teachability [108] Herdentier: *animal of the herd* [109] präpariert: *fertig* [110] Gesamt-Anblick: *the entire picture* [111] Affekt- und Intelligenzen-Chaos: *emotional and intellectual chaos* [112] eine herrschaftliche Rasse: *eine Rasse, die fähig ist zu herrschen*

sein, die der *größten Härte gegen sich selber* fähig sind, und den *längsten*[113] *Willen* garantieren können.

Der Sozialismus — als die zu Ende gedachte *Tyrannei* der Geringsten und Dümmsten, d.h. der Oberflächlichen, Neidischen und der Dreiviertels-Schauspieler[114] — ist in der Tat die Schlußfolgerung der „modernen Ideen" und ihres latenten Anarchismus . . . Trotzdem wird es immer zu viel Besitzende geben, als daß der Sozialismus mehr bedeuten könnte als einen Krankheits-Anfall: und diese Besitzenden sind wie Ein Mann Eines Glaubens „man muß etwas besitzen, um etwas *zu sein*". Dies aber ist der älteste und gesundeste aller Instinkte: ich würde hinzufügen „man muß mehr haben wollen, als man hat, um mehr zu *werden*". So nämlich klingt die Lehre, welche allem, was lebt, durch das Leben selber gepredigt wird: die Moral der Entwicklung. Haben und mehr haben wollen, *Wachstum* mit einem Wort — das ist das Leben selber. In der Lehre des Sozialismus versteckt sich schlecht ein „Wille zur Verneinung des Lebens": so müssen mißratene Menschen oder Rassen sein, welche eine solche Lehre ausdenken. In der Tat, ich wünschte, es würde durch einige große Versuche bewiesen, daß in einer sozialistischen Gesellschaft das Leben sich selber verneint, sich selber die Wurzeln abschneidet. Die Erde ist groß genug und der Mensch immer noch unausgeschöpft[115] genug, als daß mir eine derart praktische Belehrung und *demonstratio ad absurdum,*[116] selbst wenn sie mit einem ungeheuren Aufwand von Menschenleben gewonnen und bezahlt würde, nicht wünschenswert erscheinen müßte.

Die Arbeiter sollen einmal leben wie jetzt die Bürger; — aber über ihnen, sich durch Bedürfnislosigkeit[117] auszeichnend, die *höhere Kaste*: also ärmer und einfacher, doch im Besitz der Macht.

Man ist um den Preis[118] Künstler, daß man Das, was alle Nichtkünstler „Form" nennen, als *Inhalt*, als „die Sache selbst" empfindet.

Wir haben die Kunst, damit wir nicht an der Wahrheit zugrunde gehen.

Ein Romantiker ist ein Künstler, den das große Mißvergnügen an sich[119] schöpferisch macht — der von sich und seiner Mitwelt wegblickt, zurückblickt.

Ich sehe durchaus nicht ab,[120] wie Einer es wieder gut machen kann, der versäumt hat, zur rechten Zeit in eine *gute Schule* zu gehen.[121] Ein solcher kennt sich nicht; er geht durchs Leben, ohne gehen gelernt zu haben; der schlaffe Muskel verrät sich bei jedem Schritt noch. Mitunter ist das Leben so barmherzig, diese harte Schule nachzuholen: jahrelanges Siechtum vielleicht, das die äußerste

---

[113]längsten: am längsten aushaltenden; *longest - lasting*   [114]Dreiviertels-Schauspieler: *i.e., people without strength of character, who pretend, play roles*   [115]unausgeschöpft: *unexhausted*
[116]demonstratio ad absurdum: *(Lat.) demonstration showing the absurd consequences of a proposition*   [117]Bedürfnislosigkeit: *frugality*   [118]um den Preis: *at this price, cost*   [119]an sich: an seiner eigenen Person   [120]sehe . . . ab: sehe   [121]der versäumt hat . . . in eine „gute Schule" zu gehen: *i.e., whose abilities have not been trained and tested long and rigorously*

Willenskraft und Selbstgenugsamkeit[122] herausfordert: oder eine plötzlich herein-
brechende Notlage, zugleich noch für Weib und Kind, welche eine Tätigkeit
erzwingt, die den erschlafften Fasern wieder Energie gibt und dem Willen zum
Leben *die Zähigkeit zurückgewinnt.* Das Wünschenswerteste bleibt unter allen
Umständen eine harte Disziplin *zur rechten Zeit,* d.h. in jenem Alter noch, wo es   5
stolz macht,[123] viel von sich verlangt zu sehen. Denn dies unterscheidet die harte
Schule von jeder anderen: daß viel verlangt wird; daß streng verlangt wird; daß das
Gute, das Ausgezeichnete selbst, als normal verlangt wird; daß das Lob selten ist,
daß die Indulgenz fehlt; daß der Tadel scharf, sachlich, ohne Rücksicht auf Talent
und Herkunft laut wird. Eine solche Schule hat man in jedem Betracht nötig; das   10
gilt vom Leiblichsten[124] wie vom Geistigsten: es wäre verhängnisvoll, hier trennen
zu wollen!

Ein Erzieher sagt nie, was er selber denkt: sondern immer nur, was er im
Verhältnis zum Nutzen dessen, den[125] er erzieht, über eine Sache denkt. In dieser
Verstellung darf er nicht erraten werden; es gehört zu seiner Meisterschaft, daß man   15
an seine Ehrlichkeit glaubt. *

Typus meiner Jünger.[126] — Solchen Menschen, *welche mich etwas
angehen,*[127] wünsche ich Leiden, Verlassenheit, Krankheit, Mißhandlung, Entwür-
digung, — ich wünsche, daß ihnen die tiefe Selbstverachtung, die Marter des
Mißtrauens gegen sich, das Elend des Überwundenen nicht unbekannt bleibt: ich   20
habe kein Mitleid mit ihnen, weil ich ihnen das einzige wünsche, was heute beweisen
kann, ob Einer *Wert* hat oder nicht, — *daß er standhält.*

Unzählig viele einzelne[128] höherer Art gehen jetzt zugrunde: Aber wer *davon
kommt,* ist stark wie der Teufel.

---

[122] **Selbstgenugsamkeit:** gewöhnlich „Selbstgenügsamkeit", hier *"self-reliance"*   [123] wo es stolz
macht: wo es einen stolz macht   [124] **Leiblichsten:** Physischsten   [125] **dessen, den:** *of him, whom*
[126] **Jünger:** *disciples*   [127] **mich angehen:** *concern me, appeal to me*   [128] **einzelne:** einzelne
Menschen

XV. DIE MODERNE

THOMAS MANN (1875 - 1955)

„Damit ein bedeutendes Geistesprodukt auf der Stelle[1] eine breite und tiefe Wirkung zu
üben vermöge, muß eine geheime Verwandtschaft, ja Übereinstimmung zwischen dem
persönlichen Schicksal seines Urhebers und dem allgemeinen[2] des mitlebenden[3]
Geschlechtes bestehen." Der Satz steht in Thomas Manns Novelle *Der Tod in Venedig*; er
erklärt zugleich die „breite und tiefe Wirkung" von Thomas Manns eigenem ersten   5
Roman, *Buddenbrooks* (1901). Thomas Mann wollte zunächst nichts als von sich selbst
erzählen: die Geschichte eines „schlechten Schülers", der den Anforderungen der Schule
nicht gewachsen ist,[4] sollte ins Tragische gesteigert werden. Solche Geschichten waren um
die Jahrhundertwende[5] Mode; immer wieder wurde der Konflikt zwischen der zarten,
reizbaren, unverstandenen Seele eines besonders begabten oder sensitiven Kindes und der   10
robusten, harten und verständnislosen Disziplin eines inhumanen Schulsystems dargestellt.
Thomas Mann ging dabei nur gründlicher vor[6] als die meisten; er hielt es für notwendig,
auch die besonderen *Bedingungen* aufzuzeigen, unter denen sein kleiner Schüler, Hanno
Buddenbrook, aufwächst. Auch hierin folgte er einem Zug der Zeit, die es liebte, den
Menschen als Produkt zweier Faktoren zu verstehen: Milieu und Vererbung. Um den   15
Sohn zu verstehen, mußte man also die Eltern kennen, und am besten auch deren Eltern;
kein Wunder, daß die kleine Novelle vom Schüler Hanno Buddenbrook sich unter[7] der
Arbeit zu einem Familienroman ausweitete, der schließlich vier Generationen umfaßte.

   Diese Geschichte einer Lübecker[8] Kaufmannsfamilie erzählte von Verlobungen,
Hochzeiten, Kindstaufen,[9] von Geburtstagen, Festessen, Krankheiten, Ehescheidungen,   20
Todesfällen und Begräbnissen, von Familienfesten und Familienstreitigkeiten,[10] von
Firmengründungen und Firmenauflösungen,[11] und indem Thomas Mann seine eigene
Familiengeschichte erzählte, erzählte er zugleich die Geschichte des deutschen Bürgertums
von 1830 bis 1880. Es ist, wie der Untertitel des Romans angibt, die Geschichte eines
Verfalls. „Ich hatte", erklärte Thomas Mann fünfzig Jahre später im Rückblick auf seinen   25

---

[1] auf der Stelle: sofort   [2] dem allgemeinen: dem allgemeinen Schicksal   [3] mitlebenden: zur
gleichen Zeit lebenden; *contemporary*   [4] nicht gewachsen ist: *is not equal to*   [5] Jahrhundertwende:
turn of the century   [6] ging ... vor: *proceeded*   [7] unter: während   [8] Lübecker: Lübeck, eine Stadt
in Norddeutschland, nicht weit von der Ostsee entfernt   [9] Kindstaufen: *christening of infants*
[10] Familienstreitigkeiten: *family arguments*   [11] Firmengründungen und Firmenauflösungen:
establishment and liquidation of firms

Roman, „persönlich-familiäre Erfahrungen zum Roman stilisiert, mit der Empfindung zwar, daß etwas … Allgemeingültiges[12] daran sei, aber doch ohne eigentliches Bewußtsein davon, daß ich, indem ich die Auflösung eines Bürgerhauses erzählte, von mehr Auflösung[13] und Endzeit,[14] einer weit größeren kulturell-sozialgeschichtlichen
5   Cäsur[15] gekündet hatte.“[16] Doch hat dieser „Verfall“ einen doppelten Aspekt: physischer Niedergang wird kompensiert durch seelische Verfeinerung, Verlust an Vitalität gleicht sich aus durch Gewinn an Geist. Der kleine Hanno, der dem Leben nicht gewachsen ist, ist zugleich ein hochbegabter Musiker; aus einer Reihe von Bürgern entspringt zuletzt der Künstler. Oder, wie Thomas Mann später erklärt hat: „Ohne den
10   *décadent*, den kleinen Hanno wären Menschheit und Gesellschaft seit diluvialen[17] Zeiten um keinen Schritt vorwärtsgekommen. Es ist die Lebensuntauglichkeit,[18] welche das Leben steigert, denn sie ist dem Geist verbunden.“

Aus DER ZAUBERBERG* (1924)

Der Gegensatz zwischen dem „Leben“ und dem „Geist“, zwischen Bürgertum und Kunst, und, damit verbunden, die Themenkreise[19] von Krankheit, Verfall und Tod haben
15   Thomas Mann immer wieder beschäftigt, bald ironisch wie im *Tonio Kröger* (1903), bald[20] tragisch wie im *Tod in Venedig* (1912), am umfassendsten vielleicht im *Zauberberg,* der sich in zwölfjähriger Arbeit auswuchs zum großen „Versuch einer Bestandaufnahme[21] der europäischen Problematik[22] nach der Jahrhundertwende“. Held des Romans ist Hans Castorp, ein junger Mann, der eben seine Studien abgeschlossen
20   hat – er will Ingenieur werden – und einen kurzen Ferienurlaub[23] dazu benützt, seinen Vetter Joachim Ziemßen zu besuchen, einen jungen Offizier, der, an Lungentuberkulose erkrankt, sich zur Kur in einem Schweizer Sanatorium aufhält. Hans Castorp ist der typische Held des deutschen Bildungsromans,[24] harmlos, liebenswert, gutartig, kein sehr ausgeprägter Charakter und gerade dadurch ein getreuer Spiegel der Kräfte, Strömungen,
25   und Ideen, die von allen Seiten her auf ihn einwirken.

Hans Castorp war weder ein Genie noch ein Dummkopf, und wenn wir das Wort „mittelmäßig“ zu seiner Kennzeichnung[25] vermeiden, so geschieht es aus Gründen, die nichts mit seiner Intelligenz und kaum etwas mit seiner schlichten

---

[12]etwas … Allgemeingültiges: *something of universal validity*   [13]Auflösung: *disintegration*
[14]Endzeit: *"the end of time", time of total ruin*   [15]kulturell-sozialgeschichtlichen Cäsur: *break in cultural and social history* (Cäsur = Zäsur; *caesura*)   [16]daß ich … gekündet hatte: daß ich … kundgegeben hatte; *that I had announced*   [17]diluvialen: *antediluvian*   [18]Lebensuntauglichkeit: *inaptitude for life*   [19]Themenkreise: *groupings of themes*   [20]bald … bald: manchmal … manchmal   [21]Bestandaufnahme: Bestandsaufnahme; *stock-taking, inventory*   [22]Problematik: problematische Situation   [23]Ferienurlaub: *vacation*   [24]Bildungsromans: siehe S. 190, Z. 6
[25]Kennzeichnung: Charakterisierung
* Der Zauberberg: *The Magic Mountain*

Person überhaupt zu tun haben, nämlich aus Achtung vor seinem Schicksal, dem wir eine gewisse überpersönliche Bedeutung zuzuschreiben geneigt sind.

Der Mensch lebt nicht nur sein persönliches Leben als Einzelwesen, sondern, bewußt oder unbewußt, auch das seiner Epoche und Zeitgenossenschaft,[26] und sollte er die allgemeinen und unpersönlichen Grundlagen seiner Existenz auch als 5 unbedingt gegeben[27] und selbstverständlich betrachten[28] und vor dem Einfall, Kritik daran zu üben, so weit entfernt sein,[29] wie der gute Hans Castorp es wirklich war, so ist doch sehr wohl möglich, daß er sein sittliches Wohlbefinden durch ihre Mängel[30] vage[31] beeinträchtigt fühlt. Dem einzelnen Menschen mögen mancherlei persönliche Ziele, Zwecke, Hoffnungen, Aussichten vor Augen schweben, aus denen 10 er den Impuls zu hoher Anstrengung und Tätigkeit schöpft;[32] wenn das Unpersönliche um ihn her, die Zeit[33] selbst der Hoffnungen und Aussichten bei aller äußeren Regsamkeit im Grunde[34] entbehrt, wenn sie[35] sich ihm als hoffnungslos, aussichtslos und ratlos heimlich zu erkennen gibt[36] und der bewußt oder unbewußt gestellten, aber doch irgendwie gestellten Frage nach einem letzten, 15 mehr als persönlichen, unbedingten Sinn aller Anstrengung und Tätigkeit ein hohles Schweigen entgegensetzt,[37] so wird gerade in Fällen redlicheren Menschentums[38] eine gewisse lähmende Wirkung solches Sachverhalts[39] fast unausbleiblich sein, die sich auf dem Wege über das Seelisch-Sittliche[40] geradezu auf das physische und organische Teil des Individuums erstrecken mag. 20

Hans Castorp hat die Absicht, seinem Vetter drei Wochen Gesellschaft zu leisten,[41] aber gleich nach seiner Ankunft stellt sich heraus, daß er etwas Fieber hat. Er wird vom Arzt untersucht, ein kleiner Schade[42] an der Lunge ist nicht ausgeschlossen, und so wird ihm geraten, da er nun einmal da ist, wie die anderen Gäste des Sanatoriums ernsthaft Kur zu machen. Das leichte Fieber aber läßt sich nicht vertreiben, was umso verständlicher ist, 25 wenn man bedenkt, daß manche Menschen im Hochgebirge — wo das Sanatorium gelegen ist — ohnedies zu erhöhter Temperatur neigen. Hans Castorp bleibt also; er bleibt sehr lange, er bleibt zuletzt sieben Jahre. Nicht daß er eigentlich merkt, daß sieben Jahre vergehen; die Zeit steht gleichsam still an diesem Ort — es *ist* ein Zauberberg — ; ohne Ziel und Ausblick, nur mit sich selbst beschäftigt, kreist hier das Leben um sich selbst. Doch 30 fehlt es nicht an „Lehrern" in diesem Bildungsroman. Einer, mit dem Hans Castorp nähere Bekanntschaft schließt, ist ein Italiener, Lodovico Settembrini, ein Mann mit festen Grundsätzen, die er wohl zu formulieren weiß.

Nach Settembrinis Anordnung und Darstellung lagen zwei Prinzipien im Kampf um die Welt: die Macht und das Recht, die Tyrannei und die Freiheit, der 35

---

[26]Zeitgenossenschaft: *contemporary society* [27]gegeben: *given, determined* [28]sollte er ... betrachten: *were he ... to regard* [29]so weit entfernt sein: sollte er so weit entfernt sein [30]ihre Mängel: die Mängel seiner Epoche und seiner Zeitgenossenschaft [31]vage: *vaguely* [32]schöpft: zieht; *draws* [33]das Unpersönliche ... die Zeit: (*subjects of* entbehrt) [34]im Grunde: *fundamentally* [35]sie: das Unpersönliche, die Zeit [36]sie sich ... zu erkennen gibt: *it reveals itself* [37]der ... Frage ... ein hohles Schweigen entgegensetzt: (*if it*) *confronts the ... question ... with a hollow silence* [38]in Fällen redlicheren Menschentums: *in the case of a more upright, honest human being* [39]Sachverhalts: *state of affairs* [40]das Seelisch-Sittliche: *the spiritual and ethical (sphere)* [41]Gesellschaft zu leisten: *to keep company* [42]Schade: *injury*

Aberglaube und das Wissen, das Prinzip des Beharrens und dasjenige der gärenden Bewegung, des Fortschritts. Man konnte das eine das asiatische Prinzip, das andere aber das europäische nennen, denn Europa war das Land der Rebellion, der Kritik und der umgestaltenden Tätigkeit, während der östliche Erdteil die Unbeweglichkeit,
5 die untätige Ruhe verkörperte. Gar kein Zweifel, welcher der beiden Mächte endlich der Sieg zufallen würde, — es war die[43] der Aufklärung, der vernunftgemäßen[44] Vervollkommnung. Denn immer neue Völker raffte die Menschlichkeit auf ihrem glänzenden Wege mit fort,[45] immer mehr Erde eroberte sie in Europa selbst und begann, nach Asien vorzudringen. Doch fehlte noch viel an ihrem vollen Siege, und
10 noch große und edelmütige Anstrengungen waren von den Wohlgesinnten,[46] von denen, welche das Licht erhalten hatten, zu machen, bis nur erst der Tag kam, wo auch in den Ländern unseres Erdteils, die in Wahrheit weder ein achtzehntes Jahrhundert noch ein 1789[47] erlebt hatten, die Monarchien und Religionen zusammenstürzen würden. Aber dieser Tag werde kommen, sagte Settembrini und
15 lächelte fein unter seinem Schnurrbart, — er werde, wenn nicht auf Taubenfüßen,[48] so auf Adlersschwingen[49] kommen und anbrechen als die Morgenröte der allgemeinen Völkerverbrüderung[50] im Zeichen der Vernunft, der Wissenschaft und des Rechtes.

Settembrini hat einen radikalen Gegenspieler, Leo Naphta, einen galizischen[51] Juden, der
20 katholisch geworden und von den Jesuiten erzogen worden ist. Naphta hält Settembrinis Ideen von Freiheit, Fortschritt, Brüderlichkeit und Menschheitsbeglückung[52] für veraltet, naiv und etwas lächerlich; woran er glaubt und wofür er plädiert, das sind die totalitären Systeme der Zukunft. Zwischen den beiden Gegnern finden große Rededuelle[53] statt; Hans Castorp selbst hat den Eindruck, daß Settembrini und Naphta sich „pädagogisch"
25 um seine arme Seele raufen, „wie Gott und Teufel um den Menschen im Mittelalter".

„Ich protestiere!" rief Settembrini, indem er seine Teetasse dem Gastgeber mit ausgestrecktem Arm entgegenhielt. „Ich protestiere gegen die Unterstellung,[54] daß der moderne Staat die Teufelsknechtschaft[55] des Individuums bedeute! Ich protestiere zum drittenmal, und zwar gegen die vexatorische[56] Alternative von
30 Preußentum[57] und gotischer[58] Reaktion, vor die Sie uns stellen wollen! Die Demokratie hat keinen anderen Sinn, als den einer individualistischen Korrektur jedes Staatsabsolutismus. Wahrheit und Gerechtigkeit sind Kronjuwelen[59] individueller Sittlichkeit, und im Falle des Konflikts mit dem Staatsinteresse mögen sie wohl sogar den Anschein staatsfeindlicher Mächte gewinnen, während sie
35 in der Tat das höhere, sagen wir es doch: das überirdische Wohl des Staates im Auge haben. Die Renaissance der Ursprung der Staatsvergottung![60] Welche Afterlogik![61]

---

[43] die: die Macht   [44] vernunftgemäßen: rationalen   [45] raffte ... fort: raffte ... weg; *snatched up*
[46] Wohlgesinnten: *well-meaning people*   [47] 1789: Beginn der französischen Revolution
[48] Taubenfüßen: *dove's feet*   [49] Adlersschwingen: *eagles' wings*   [50] Völkerverbrüderung: *fraternization of peoples*   [51] galizischen: Galizien, Gebiet in Südpolen und in der Ukraine
[52] Menschheitsbeglückung: *gratification, fulfillment of mankind*   [53] Rededuelle: *verbal duels*
[54] Unterstellung: *insinuation*   [55] Teufelsknechtschaft: *servitude to the devil*   [56] vexatorische: *vexing*   [57] von Preußentum: d.h., von dem autoritären preußischen Staat   [58] gotischer: *gothic, barbarous*   [59] Kronjuwelen: *crown jewels*   [60] Staatsvergottung: *deification of the state*
[61] Afterlogik: falsche Logik

Die Errungenschaften – ich sage mit etymologischer Betonung: die *Errungen-*
schaften von Renaissance und Aufklärung, mein Herr, heißen Persönlichkeit,
Menschenrecht, Freiheit!"

Die Zuhörer atmeten aus, denn sie hatten die Luft angehalten bei Herrn
Settembrinis großer Replik. Hans Castorp konnte sogar nicht umhin,[62] mit der 5
Hand, wenn auch zurückhaltenderweise,[63] auf den Tischrand zu schlagen.
„Brillant!" sagte er zwischen den Zähnen, und auch Joachim zeigte starke
Befriedigung, obgleich ein Wort gegen das Preußentum gefallen war. Dann aber
wandten sich beide dem eben zurückgeschlagenen Interlokutor zu, Hans Castorp
mit solchem Eifer, daß er den Ellbogen auf den Tisch und das Kinn in die Faust 10
stützte, und Herrn Naphta aus nächster Nähe gespannt ins Gesicht blickte.

Dieser saß still und scharf, die mageren Hände im Schoß. Er sagte:

„Ich suchte[64] Logik in unser Gespräch einzuführen, und Sie antworten mir
mit Hochherzigkeiten.[65] Daß die Renaissance all das zur Welt gebracht hat, was
man Liberalismus, Individualismus, humanistische Bürgerlichkeit[66] nennt, war mir 15
leidlich bekannt; aber Ihre ‚etymologischen Betonungen' lassen mich kühl, denn das
‚ringende', das heroische Lebensalter Ihrer Ideale ist längst vorüber, diese Ideale sind
tot, sie liegen heute zum mindesten in den letzten Zügen[67] und die Füße derer, die
ihnen den Garaus machen werden,[68] stehen schon vor der Tür. Sie nennen sich,
wenn ich nicht irre, einen Revolutionär. Aber wenn Sie glauben, daß das Ergebnis 20
künftiger Revolutionen – Freiheit sein wird, so sind Sie im Irrtum. Das Prinzip der
Freiheit hat sich in fünfhundert Jahren erfüllt und überlebt. Eine Pädagogik, die sich
heute noch als Tochter der Aufklärung versteht und in der Kritik, der Befreiung und
Pflege des Ich, der Auflösung absolut bestimmter Lebensformen ihre Bildungsmittel[69] erblickt, – eine solche Pädagogik mag noch rhetorische Augenblicks- 25
folge[70] davontragen, aber ihre Rückständigkeit ist für den Wissenden über jeden
Zweifel erhaben. Alle wahrhaft erzieherischen Verbände[71] haben von jeher[72]
gewußt, um was es sich in Wahrheit bei aller Pädagogik immer nur handeln kann:
nämlich um den absoluten Befehl, die eiserne Bindung, um Disziplin, Opfer,
Verleugnung des Ich, Vergewaltigung der Persönlichkeit. Zuletzt bedeutet es ein 30
liebloses Mißverstehen der Jugend, zu glauben, sie finde ihre Lust in der Freiheit.
Ihre tiefste Lust ist der Gehorsam."

Joachim richtete sich gerade auf. Hans Castorp errötete. Herr Settembrini
drehte erregt an seinem schönen Schnurrbart.

„Nein!" fuhr Naphta fort. „Nicht Befreiung und Entfaltung des Ich sind das 35
Geheimnis und das Gebot der Zeit. Was sie braucht, wonach sie verlangt, was sie
sich schaffen wird, das ist – der Terror."

Unter den Patienten des Sanatoriums befindet sich auch eine elegante, etwas mysteriöse
Russin, Clawdia Chauchat. Hans Castorp, der etwas schüchtern und sehr bürgerlich ist,
wagt nicht, sich ihr zu nähern; nur von ferne folgt er ihr mit den Blicken. Erst eine 40

---

[62] konnte ... nicht umhin: konnte ... nicht anders, als; *could not help but* [63] zurückhaltenderweise: *reservedly* [64] suchte: versuchte [65] Hochherzigkeiten: *exalted ideals* [66] humanistische Bürgerlichkeit: *middle-class humanism* [67] liegen ... in den letzten Zügen: liegen ... im Sterben [68] die ihnen den Garaus machen werden: die sie vernichten (*destroy*) werden [69] Bildungsmittel: *means of education* [70] Augenblickserfolge: *momentary successes* [71] Verbände: Organisationen [72] von jeher: immer

Karnevalsfeier,[73] bei der sich allgemein die Konventionen lockern, verhilft ihm zu dem Mut, sie anzusprechen. Er tut es, indem er sie um einen Bleistift bittet, den er zu einem Gesellschaftsspiel braucht. Doch Hans Castorp kann kein Russisch und Madame Chauchat nur wenig Deutsch; so sprechen sie französisch miteinander. Die fremde Sprache hat eine
5 unerwartete Wirkung; sie macht Hans Castorp kühner, so daß er Dinge sagt, die er in seiner eigenen Sprache zu sagen sich nicht trauen würde. Und die Sitte des Karnevals, die es jedem erlaubt, den andern mit „Du" anzureden, beflügelt[74] ihn weiter. Was er zu hören bekommt, klingt ihm sehr unvertraut, wenn auch lockend und jedenfalls weit entfernt von Settembrinis moralischen Lehren. Denn auch über die Moral unterhalten sich
10 die beiden, und dies ist es, was Madame Chauchat Hans Castorp zu sagen hat:

*„La morale? Cela t'intéresse? Eh bien, il nous semble, qu'il faudrait chercher la morale non dans la vertu, c'est à dire dans la raison, la discipline, les bonnes moeurs, l'honnêteté, – mais plutôt dans le contraire, je veux dire: dans le péché, en s'abandonnant au danger, à ce qui est nuisible, à ce qui nous consume. Il
15 nous semble qu'il est plus moral de se perdre et même de se laisser dépérir que de se conserver. Les grands moralistes n'étaient point de vertueux, mais des aventuriers dans le mal, des vicieux, des grands pécheurs qui nous enseignent à nous incliner chrétiennement devant la misère. Tout ça doit te déplaire beaucoup, n'est-ce pas?"

Dies und vieles andere wird mitten im Treiben[75] der Karnevalsgeselligkeit, im großen Saal
20 des Sanatoriums gesprochen. In dem langen Gespräch aber erfährt Hans Castorp zugleich zu seiner Bestürzung, daß dies der Abend vor Clawdia Chauchats Abreise ist. Doch als sie schon den Saal verläßt, sagt sie ihm noch in der Tür, über die Schulter, er solle nicht vergessen, ihr den Bleistift zurückzugeben. Hans Castorp vergißt es nicht. Am nächsten Morgen reist Madame Chauchat ab.
25 Wie so viele Insassen des Zauberbergs kommt jedoch auch Madame Chauchat nach einiger Zeit wieder. Diesmal allerdings nicht allein, sondern in Begleitung eines mächtigen Holländers. Mynheer[76] Peeperkorn ist ein reicher Kaffeepflanzer aus Java, ein Mann in den Sechzigern, ein „großer, alter Mann". Zwar hat er, verglichen mit wortgewaltigen[77] Rednern wie Settembrini oder Naphta, wenig zu sagen, kaum kann er sich zusammen-
30 hängend ausdrücken, doch ist Peeperkorn nicht auf die Sprache angewiesen; die Vitalität, die von ihm ausstrahlt, ist so überwältigend, daß sie alles um ihn her in Bann schlägt.[78]

Peeperkorn dämmte mit der Hand die Unterhaltung zurück,[79] schuf Stille, wie der Dirigent, der das Durcheinander der stimmenden Instrumente zum

---

[73]Karnevalsfeier: *Mardi Gras celebration*   [74]beflügelt: treibt . . . an; *incites*   [75]Treiben: *bustle*
[76]Mynheer: (holländisch) Herr   [77]wortgewaltigen: beredsamen; *eloquent*   [78]in Bann schlägt: *captivates*   [79]dämmte . . . zurück: hielt . . . zurück
*„Die Moral? Das interessiert dich? Nun, es scheint uns, daß man die Moral nicht in der Tugend suchen müßte, das heißt, in der Vernunft, der Disziplin, den guten Sitten, der Ehrbarkeit, – sondern vielmehr im Gegenteil, ich meine: in der Sünde, in der Hingabe an die Gefahr, an das Schädliche, an das, was uns verzehrt. Es scheint uns, daß es moralischer ist, sich zu verlieren und selbst sich zugrunde zu richten, als sich zu bewahren. Die großen Moralisten waren keine tugendhaften Menschen, sondern Abenteurer im Bösen, Lasterhafte, große Sünder, die uns lehren, uns christlich vor dem Elend zu neigen. Das alles muß dir sehr mißfallen, nicht wahr?"

Schweigen bringt und sein Orchester, kulturell gebietend, zum Beginn der
Aufführung sammelt, — denn da sein großes, vom weißen Haar umflammtes[80]
Haupt mit den blassen Augen, den mächtigen Stirnfalten, dem langen Kinnbart[81]
und dem bloßliegenden[82] wehen[83] Munde darüber unstreitig bedeutend wirkte,
so fügte alles sich[84] seiner Gebärde. Alle verstummten, sahen ihn lächelnd an,   5
warteten, und da und dort nickte einer ihm zur Ermunterung lächelnd zu. Er sagte
mit ziemlich leiser Stimme:

„Meine Herrschaften. — Gut. Alles gut. Er-ledigt. Wollen Sie jedoch ins Auge
fassen[85] und nicht — keinen Augenblick — außer acht lassen,[86] daß — Doch über
diesen Punkt nichts weiter. Was auszusprechen mir obliegt,[87] ist weniger jenes, als   10
vor allem und einzig dies, daß wir verpflichtet sind, — daß der unverbrüchliche — ich
wiederhole und lege alle Betonung auf diesen Ausdruck — der *unverbrüchliche*
Anspruch an uns gestellt ist — — Nein! Nein, meine Herrschaften, nicht so! Nicht
so, daß ich etwa — Wie weit gefehlt[88] wäre es, zu denken, daß ich — — Er-*ledigt*,
meine Herrschaften! Vollkommen erledigt. Ich weiß uns einig in alldem,[89] und so   15
denn: zur Sache!"

Er hatte nichts gesagt; aber sein Haupt erschien so unzweifelhaft bedeutend,
sein Mienen- und Gestenspiel[90] war dermaßen entschieden, eindringlich, ausdrucks-
voll gewesen, daß alle und auch der lauschende Hans Castorp höchst Wichtiges
vernommen zu haben meinten oder, sofern ihnen das Ausbleiben sachlicher und zu   20
Ende geführter Mitteilung bewußt geworden war,[91] dergleichen doch nicht
vermißten. Wir fragen uns, wie einem Tauben[92] zumute gewesen wäre. Vielleicht
hätte er sich gegrämt, weil er den Fehlschluß vom Ausdruck aufs Ausgedrückte
gemacht und sich eingebildet hätte,[93] durch sein Gebrechen geistig zu kurz zu
kommen. Solche Leute neigen zu Mißtrauen und Bitterkeit. Ein junger Chinese   25
dagegen, am anderen Tischende, der des Deutschen noch wenig mächtig war und
nicht verstanden, aber gehört und gesehen hatte, bekundete seine erfreute
Befriedigung durch den Ruf: „Very well!" — und applaudierte sogar.

Hans Castorps Erziehung vollzieht sich auf Umwegen. Von den Alternativen, die er vor
sich sieht, heißt es einmal: 30

Zum Leben gibt es zwei Wege: Der eine ist der gewöhnliche, direkte und
brave. Der andere ist schlimm, er führt über den Tod, und das ist der geniale Weg!

„Genial" ist dieser Weg, weil die Vertrautheit mit dem Tode zuletzt eine tiefere Kenntnis
des *Lebens* bewirkt. Doch ist der „genialere" zugleich auch der gefährlichere Weg, und

---

[80] **umflammtes:** *"surrounded by flames": i.e., shocks of white hair*   [81] **Kinnbart:** *goatee*
[82] **bloßliegenden:** *exposed*   [83] **wehen:** *sorrowful, wounded*   [84] **fügte alles sich:** fügten alle
Personen sich   [85] **ins Auge fassen:** bedenken; *consider*   [86] **nicht . . . außer acht lassen:** nicht
beachten; *not disregard*   [87] **mir obliegt:** meine Pflicht ist; *is my obligation*   [88] **weit gefehlt:** falsch
[89] **alldem:** *all that*   [90] **Mienen- und Gestenspiel:** *pantomime and gestures*   [91] **sofern ihnen das
Ausbleiben sachlicher und zu Ende geführter Mitteilung bewußt geworden war:** sofern ihnen bewußt
geworden war, daß Peeperkorns Mitteilung weder sachlich war noch zu Ende geführt wurde
[92] **Tauben:** tauben Menschen; *deaf person*   [93] **weil er den Fehlschluß vom Ausdruck aufs
Ausgedrückte gemacht . . . hätte:** *because he would have reached a false conclusion about that which
was expressed based on the manner of expression*

Hans Castorp ist einmal nahe daran, sich auf ihm zu verlieren. Bei einem Skiausflug[94] allein in den Bergen verirrt er sich im Schneesturm, und während er sich vergeblich müht, die verlorene Richtung wiederzufinden, wird die Versuchung fast übermächtig, sich im Schnee niederzulegen und einzuschlafen. Aber aus den Halbträumen[95] des tief
5   Erschöpften steigt dann der Satz empor: „*Der Mensch soll um der Güte und Liebe willen dem Tode keine Herrschaft einräumen*[96] *über seine Gedanken.*" Es ist der einzige Satz im Buch, der durch den Druck hervorgehoben ist,[97] und er bedeutet für Hans Castorp den Entschluß zur Rettung. Auch den Versuchungen gegenüber, die der Zauberberg in sich birgt und die bei weitem subtiler sind als ein Schneesturm im Gebirge. Doch ist Thomas
10 Mann kein Schulmeister, der seinen Schüler sorglich von Stufe zu Stufe emporführt, er geht eher lässig mit ihm um, und was den Bann des Zauberberges schließlich sprengt, ist keine Einsicht des Helden, sondern ein „Donnerschlag" von außen: der Ausbruch des Ersten Weltkriegs. Hans Castorp sieht sich in diesem Augenblick „entzaubert,[98] erlöst, befreit – nicht aus eigener Kraft, wie er sich mit Beschämung gestehen mußte, sondern an
15 die Luft gesetzt[99] von elementaren Außenmächten,[100] denen seine Befreiung sehr nebensächlich mit unterlief".[101] – Er muß zur Armee, und im Kriege, bei einem Sturmangriff[102] irgendwo in Frankreich, verlieren Autor und Leser ihn schließlich aus den Augen.

Der Donnerschlag des Weltkriegs war kein Theatercoup,[103] um einen Roman zu
20 beenden, der kein Ende finden konnte, er sollte vielmehr anzeigen, daß nunmehr eine *Epoche* an ihr Ende gekommen war. Dies bedeutete unter anderem, daß Begriffe wie Sekurität, Stabilität und Kontinuität, mit denen Thomas Mann noch aufgewachsen war, von nun an keine Geltung mehr hatten. Auf den Zusammenbruch des Deutschen Reiches folgte das kurzfristige Zwischenspiel einer demokratischen Republik. Sie wird von den
25 Historikern gern Weimarer Republik genannt, nach dem Ort, wo sie sich ihre Verfassung gab. Weimar: das war die Stadt, in der Goethe, Schiller und Herder gelebt hatten, und an ihren Geist sollte erinnert werden. Es war eine vergebliche Hoffnung. 1933 kam Hitler an die Macht, und auch er wählte sich einen symbolischen Ort für die Gründungsfeier[104] seines neuen „Tausendjährigen Reiches". Es war Potsdam,[105] der Ort, wo Friedrich der
30 Große[106] seine Residenz gehabt hatte. Thomas Mann wählte die Emigration. Er lebte von da ab erst in der Schweiz, dann vierzehn Jahre in Amerika, und zuletzt, bis zu seinem Tode, wieder in der Schweiz.

Von Thomas Manns zahlreichen Werken sei hier nur noch eines genannt, sein „leidenschaftlichster" Roman, der *Doktor Faustus*, (1947), den er im Alter von siebzig
35 Jahren in Kalifornien schrieb. Die Sage von Faust ist in der deutschen Dichtung immer wieder behandelt worden;[107] Thomas Mann modernisierte sie und rückte sie zugleich wieder näher an die alte Fassung, die, anders wie Goethe, mit dem Untergang des Helden geschlossen hatte. Thomas Manns Faust ist ein moderner Musiker, der Komponist Adrian

---

[94] Skiausflug: *skiing excursion*   [95] Halbträumen: *"half-dreams", delirious visions*   [96] einräumen: zugestehen; *concede*   [97] durch den Druck hervorgehoben ist: *is emphasized by the typeface; i.e., is printed in italics*   [98] entzaubert: *disenchanted*   [99] an die Luft gesetzt: hinausgeworfen; *thrown out* [100] elementaren Außenmächten: *elemental outside forces*   [101] denen seine Befreiung sehr nebensächlich mit unterlief: *by which his liberation was quite incidentally brought about* [102] Sturmangriff: *assault*   [103] Theatercoup: Theaterstreich; *stage trick*   [104] Gründungsfeier: *inaugural ceremony*   [105] Potsdam: Stadt in der Nähe von Berlin   [106] Friedrich der Große: siehe S. 338, Z. 6   [107] Die Sage von Faust ist ... immer wieder behandelt worden: siehe S. 48ff., 170ff.

Leverkühn. Probleme der modernen Kunst, die Verbrauchtheit[108] traditioneller Kunst-
formen, die beständige Drohung der Erschöpfung und Sterilität stehen im Mittelpunkt des
Romans. Wie die alte Sage und wie Goethes *Faust* kennt auch Thomas Manns *Doktor
Faustus* einen Pakt mit dem Teufel. Es versteht sich, daß Thomas Manns Teufel ein
moderner Teufel ist, d.h. eine Halluzination, eine Schöpfung aus Leverkühns eigenem   5
Geist, furchtbar wirklich dennoch als eine Projektion seiner tiefsten Wünsche. Leverkühn
schließt seinen Pakt mit dem Teufel, indem er der Versuchung der Krankheit erliegt und
dem verführerischen Wunsch, Krankheit als geheimes und „verbotenes" Stimulans zu
künstlerischer Schöpfung zu benützen. Den Preis, den er dafür bezahlen muß, die
Höllenfahrt, zu der er sich verdammt, ist sein schließlicher Untergang im Wahnsinn.   10
Leverkühns musikalisches Meisterwerk jedoch, das er kurz vor seinem Untergang noch
zustandebringt, ist eine Kantate, *Dr. Fausti Weheklag.*[109] Ihr Text beruht auf der alten
vorgoetheschen Fassung[110] des Stoffes. Musikalisch und thematisch ist sie als „Zurücknahme" gedacht, als ein Widerruf von Beethovens *Neunter Symphonie* und von Schillers
Lied *An die Freude,* das der *Neunten Symphonie* zugrundeliegt.   15

    Es gibt jedoch im *Doktor Faustus* noch eine zweite Höllenfahrt. Sie läuft parallel zu
Leverkühns Höllenfahrt und betrifft das deutsche Volk. Denn auch das deutsche Volk
schließt einen Pakt mit dem Teufel, und *dieser* Teufel ist alles andere als eine
Halluzination. Der Preis, der ihm zuletzt gezahlt werden muß, ist der physische und
moralische Ruin Deutschlands am Ende des Zweiten Weltkriegs.   20

    Ähnlich wie Leverkühns Kantate ist auch Thomas Manns Roman selbst eine
„Zurücknahme", eine Zurücknahme von Goethes *Faust* nämlich. Das heißt nicht, daß
Thomas Manns Roman als Kritik an Goethes dichterischem Rang gemeint war; Thomas
Mann wollte es nicht „besser" als Goethe machen, aber anders jedenfalls. Diese
Verschiedenheit stammte aus einer anderen, dunkleren Ansicht der Welt, aus dem   25
Erlebnis der großen Katastrophen des zwanzigsten Jahrhunderts und aus dem verloren
gegangenen Glauben an die angeborene Güte der menschlichen Natur, an die das
achtzehnte Jahrhundert so gern geglaubt hatte.

---

[108] Verbrauchtheit: *staleness*   [109] Weheklag: Wehklage; *lament*   [110] vorgoetheschen Fassung:
pre-Goethean version

HERMANN HESSE (1877 - 1962)

„Es wäre Schönes, Zartes und Liebenswertes zu erzählen von meiner Kindheit, von meinem Geborgensein[1] bei Vater und Mutter ... Aber mich interessieren nur die Schritte, die ich in meinem Leben tat, um zu mir selbst zu gelangen." Dies sagt Emil Sinclair, der fiktive Erzähler von Hesses *Demian* (1919), doch gilt es nicht weniger von
5   Hesse selbst. Seine Werke wie sein Leben sind nichts als der immer erneute Versuch, diesen Weg zu sich selbst zu finden. Er fand ihn nicht leicht. Denn zu den Erziehungsidealen, die in seiner Jugend herrschten, gehörte es nicht, junge Menschen zu sich selbst zu führen; eher hatte man das Gegenteil im Sinn. So heißt es von der Jugendzeit Harry Hallers im *Steppenwolf* (1927), „daß er von liebevollen, aber strengen
10 und sehr frommen Eltern und Lehrern in jenem Sinne erzogen wurde, der das ‚Brechen des Willens' zur Grundlage der Erziehung macht." Man darf das nicht mißverstehen: das „Brechen des Willens" beruht nicht etwa auf der Lust an der Brutalität. Es beruhte viel mehr auf einem alten christlichen Mißtrauen gegen die menschliche Natur. Nicht darauf kommt es an, den eigenen Willen zu verwirklichen und ihn durchzusetzen, sondern
15 darauf, ihn aufzugeben und dem Willen Gottes zu unterwerfen. Denn daß das menschliche Ich von Grund auf[2] böse ist und Gottes Hilfe braucht, um seine angeborene Sündhaftigkeit zu überwinden, ist ein Gedanke, der von jeher zur christlichen Tradition gehört hat. In dieser Tradition wuchs der junge Hermann Hesse auf. Sein Vater stand im Dienst der christlichen Mission, seine Mutter war als Tochter eines Missionars in Indien
20 geboren, zahlreich waren die Theologen in der Freundschaft und Verwandtschaft. Und Theologe sollte Hesse werden. Nun gab es in Württemberg,[3] und Hesse war Württemberger, eine Möglichkeit, kostenlos Theologie zu studieren. Man mußte dazu ein sehr schwieriges Examen bestehen, kam dann ein paar Jahre in ein theologisches Seminar[4] und zuletzt zum Studium der Theologie ins „Stift"[5] nach Tübingen, worauf man dann die
25 Wahl hatte, Pfarrer oder Lehrer zu werden. Dieses „Stift" gehörte zur Universität; es war eine sehr berühmte Schule; aus ihr sind Dichter wie Hölderlin[6] und Mörike,[7] Philosophen wie Schelling[8] und Hegel[9] hervorgegangen. Hesse jedoch hielt es schon im Seminar nicht mehr aus; er lief weg, wurde von der Polizei wieder eingefangen, zurückgebracht, schwer bestraft, schließlich von seinem Vater nach Hause geholt und
30 später, da die Eltern nicht mehr mit ihm zurechtkamen,[10] zu einem befreundeten Pfarrer in Pflege gegeben. Dort machte er einen Selbstmordversuch. Damals war er fünfzehn Jahre alt. Die ratlosen Eltern brachten ihn nun in einer „Heilanstalt für Schwachsinnige und Epileptische" unter, wo er hauptsächlich mit Gartenarbeit beschäftigt wurde, aber auch beim Unterrichten jüngerer, geistig zurückgebliebener Kinder half. Aus dieser Anstalt
35 schrieb er den folgenden Brief an seinen Vater:

---

[1] **Geborgensein:** Geborgenheit; *security, shelter*   [2] **von Grund auf:** *"from the ground up": basically*
[3] **Württemberg:** Gebiet im südlichen Teil Deutschlands   [4] **Seminar:** *boarding school*   [5] **"Stift":**
seminary   [6] **Hölderlin:** siehe S. 212ff.   [7] **Mörike:** siehe S. 313ff.   [8] **Schelling:** siehe S. 280, Z. 14
[9] **Hegel:** siehe S. 279, Z. 5   [10] **zurechtkamen:** auskamen; *got along (with)*

Sehr geehrter Herr!   *Stetten,* 14. September 1892*

Da Sie sich so auffällig opferwillig zeigen, darf ich Sie vielleicht um 7 M[11] oder
gleich um den Revolver bitten. Nachdem Sie mich zur Verzweiflung gebracht, sind
Sie doch wohl bereit, mich dieser und sich meiner[12] rasch zu entledigen. Eigentlich
hätte ich ja schon im Juni krepieren[13] sollen.   5

Sie schreiben: Wir machen Dir gar keine „schrecklichen Vorwürfe" weil ich
über St[etten] schimpfe. Dies wäre auch mir durchaus unverständlich, denn das
Recht zu schimpfen darf man einem Pessimisten nicht nehmen, weil es sein einziges
und letztes ist.

„Vater" ist doch ein seltsames Wort, ich scheine es nicht zu verstehen.   10
Es muß jemand bezeichnen, den man lieben kann und liebt, so recht von Herzen.
Wie gern hätte ich eine solche Person! Könnten Sie mir nicht einen Rat geben. In
alter Zeit war das Fortkommen leicht: jetzt ist's schwer, ohne Scheine, Ausweise
etc durchzukommen. Ich bin 15jährig und kräftig, vielleicht könnte ich an der
Bühne[14] unterkommen?   15

Mit Herrn Schall[15] mag ich nicht verhandeln, der herzlose Schwarzfrack[16] ist
mir verhaßt, ich könnte ihn erstechen. Er gönnt mir keine Familie, so wenig als Sie
oder irgend jemand.

Ihre Verhältnisse zu mir scheinen sich immer gespannter zu gestalten, ich
glaube, wenn ich Pietist und nicht Mensch wäre,[17] wenn ich jede Eigenschaft und   20
Neigung an mir ins Gegenteil verkehrte, könnte ich mit Ihnen harmonieren. Aber so
kann und will ich nimmer leben und wenn ich ein Verbrechen begehe, sind
nächst[18] mir Sie schuld, Herr Hesse, der Sie mir die Freude am Leben nahmen. Aus
dem „lieben Hermann" ist ein andrer geworden, ein Welthasser,[19] eine Waise, deren
„Eltern" leben.   25

Schreiben Sie nimmer „Lieber H." etc; es ist eine gemeine Lüge.

Der Inspektor[20] traf mich heute zweimal, während ich seinen Befehlen nicht
nachkam. Ich hoffe, daß die Katastrophe nimmer lang auf sich warten läßt. Wären
nur Anarchisten da!

H. Hesse, Gefangener   30
im Zuchthaus zu Stetten,

wo er „nicht zur Strafe" ist. Ich beginne mir Gedanken zu machen, *wer* in dieser
Affaire schwachsinnig ist.

Übrigens wäre es mir erwünscht, wenn Sie gelegentlich mal herkämen.

---

[11] **7 M:** 7 Mark, die Kosten für den Kauf eines Revolvers   [12] **mich dieser und sich meiner:** mich aus
dieser Verzweiflung zu befreien und dabei zugleich mich (durch den Tod) loszuwerden   [13] **krepieren:**
(vulgär) umkommen, sterben. Die Bemerkung bezieht sich auf Hesses Selbstmordversuch.   [14] **an der
Bühne:** am Theater   [15] **Herrn Schall:** Pfarrer Schall, der geistliche Leiter der Anstalt, in der Hesse sich
befand   [16] **Schwarzfrack:** bezieht sich auf die schwarze Kleidung des Pfarrers   [17] **wenn ich Pietist
... wäre:** Der Pietismus war eine religiöse Bewegung innerhalb des Protestantismus, die den
traditionellen kirchlichen Formen kritisch gegenüberstand, ein mehr innerliches Christentum anstrebte,
die Kraft brüderlicher Liebe betonte und zur Sektenbildung (*formation of sects*) neigte. Hesses Eltern
standen pietistischen Kreisen nahe. Für den jungen Hesse ist „Pietist" (siehe S. 104, Z. 22) ein
Schimpfwort und bezeichnet einen frömmlichen (*bigoted*) Menschen.   [18] **nächst:** neben
[19] **Welthasser:** *"world-hater"*   [20] **Der Inspektor:** Pfarrer Schall
* **Stetten:** Dorf östlich von Stuttgart

Was hier ein Fünfzehnjähriger an seinen Vater schreibt, erscheint geradezu ungeheuerlich, wenn man sich klar macht, mit welch unbeschränkter Autorität damals Eltern ihre Kinder regierten. Doch schon zehn oder fünfzehn Jahre später wurde diese Autorität zum mindesten von einem Teil der Jugend in Frage gestellt, durch die deutsche Jugend-
5 bewegung. Hesses Brief war natürlich auch ein ungerechter Brief, denn Hesses Vater war alles andere als ein Tyrann. Er war ein eher zarter als gewalttätiger Mann, zu Gewissensskrupeln[21] geneigt, und er bemühte sich mit redlicher Sorge, seinen trotzigen und ungehorsamen Sohn zu verstehen. Es gelang ihm freilich nicht. Und im übrigen war Hesses Brief ein unerhört begabter Brief, begabt in der drastischen Ausdruckskraft seiner
10 Sprache, und im Mut zur eigenen Person,[22] mit dem sich hier ein junger Mensch gegen seine ganze Umgebung stellte. Denn Hesses Rebellion richtete sich nicht nur gegen sein Elternhaus, sondern gegen seine ganze Umgebung, gegen Schule, Kirche und die bürgerliche Gesellschaft, gegen das „Establishment", wie man heute sagen würde. In diesem Kampf fand er schließlich seine Bestimmung. Nach mancherlei fehlgeschlagenen
15 Versuchen bildete er sich zum Buchhändler aus, las viel, begann zu schreiben, und hatte 1904 mit seinem ersten größeren Roman, *Peter Camenzind*, einen großen Erfolg, der es ihm ermöglichte, von da ab als Schriftsteller zu leben. 1912 siedelte er in die Schweiz über, und von 1919 ab lebte er bis zu seinem Tode in Montagnola, einem kleinen Dorf über dem Luganer See.[23]

20   Trotz seines ständig wachsenden Ruhms ist Hesse sein Leben lang ein Einzelgänger geblieben. So hat er sich selbst oft genannt, und es mag auf den ersten Blick überraschen, daß er dieses Einzelgängertum[24] mit dem Christentum in Verbindung brachte. „Ich bin Individualist", hat er erklärt, „und halte die christliche Ehrfurcht vor jeder Menschenseele für das Beste und Heiligste am Christentum." Sieht man genau zu, so findet man bei Hesse
25 immer wieder solche Überreste christlichen Erbes. Im Grunde christlich ist seine Ablehnung der „Welt", christlich ist die Intensität, mit der er um das „Heil seiner Seele", das heißt, um einen Sinn seines individuellen Lebens ringt. Dieses „Christentum" ist ein sehr undogmatisches Christentum und im tiefsten verwandt mit den Lehren östlicher, indischer und chinesischer Weisheit, denen er anhing.[25] Bei alledem fühlte er zugleich,
30 daß er damit vielleicht einer schon halb abgestorbenen Welt angehöre, und daß ein „Kollektivmensch ohne Einzelseele" im Entstehen begriffen sei, der mit der ganzen religiösen und individualistischen Tradition der Menschheit aufräumen[26] werde.

      Als erste große Manifestation dieser kollektiven Welt erschien ihm der Erste Weltkrieg. Bei seinem Ausbruch gehörte Hesse zu den wenigen, die die patriotische
35 Begeisterung der kriegführenden Völker nicht teilten. Nationaler Machtgewinn[27] sagte ihm nichts;[28] er sah am Krieg nur das Blut, das Elend und die Wunden. Dieselbe Abneigung empfand er gegen alle großen politischen Massenbewegungen überhaupt, die vom Einzelnen das Opfer seiner Individualität verlangen. Dies verbot ihm, wie er sagte, ein „moralischer Instinkt", und als er sich noch spät, fast siebzigjährig, rückblickend fragte,
40 was ihm wohl diese „Widerstandsfähigkeit gegen Massenpsychosen" verliehen habe, da fand er, es seien „ drei starke und lebenslänglich nachwirkende Einflüsse" gewesen, die

---

[21] Gewissensskrupeln: *moral scruples*   [22] im Mut zur eigenen Person: *the courage to be oneself*
[23] Luganer See: *Lago di Lugano*, See teils in der Schweiz, teils in Norditalien   [24] Einzelgängertum: *individualism*   [25] denen er anhing: *to which he adhered*   [26] aufräumen: *do away (with)*
[27] Machtgewinn: *increase in national power*   [28] sagte ihm nichts: sprach ihn nicht an; *did not appeal to him*

diese Erziehung an ihm vollbracht hätten. „Es war", erklärte er, „der christliche und nahezu völlig un-nationalistische Geist meines Elternhauses, es war die Lektüre der großen Chinesen und es war, nicht zuletzt, der Einfluß des einzigen Historikers, dem ich je mit Vertrauen, Ehrfurcht und dankbarer Jüngerschaft[29] zugetan war: Jacob Burckhardt."[30]

Versucht man das Leben Hesses im ganzen zu überblicken, so ist vielleicht das [5] merkwürdigste an ihm das Phänomen, daß dieser extreme Einzelgänger Unzähligen anderen Rat und Hilfe gebracht hat. Hesse suchte die Einsamkeit, er wollte allein gelassen sein, ein Schild an seinem Hause erklärte, daß ihm Besuche nicht erwünscht seien, und doch hat er Tausende von Briefen beantwortet, in denen ratlose Menschen ihre inneren Schwierigkeiten vor ihm ausbreiteten.   [10]

Die folgenden Texte sind Auszüge aus solchen Briefen.

An Dr. M. A. Jordan   *1932*

Sie postulieren, daß einem Dichter, welcher das Vertrauen vieler Leser gewonnen hat, daraus die Verpflichtung zur Führerschaft erwachse. Ich gestehe, daß ich das von der deutschen Jugend so mißbrauchte Wort „Führer" geradezu hasse. [15] Den Führer braucht und verlangt, wer[31] selbst nicht verantworten und selber nicht denken mag. Der Dichter, soweit er in unserer Zeit und Kultur überhaupt möglich ist, kann diese Aufgabe nicht haben. Wohl[32] soll er verantwortlich sein, wohl soll er etwas wie Vorbild sein, aber nicht, indem er Überlegenheit, Gesundheit, Unange-fochtenheit[33] zeigt (das wäre ohne Verlegenheit wohl keinem möglich), sondern [20] indem er unter Verzicht auf Führerschaft und „Weisheit" den Anstand und die Tapferkeit hat, sich durch das Vertrauen seiner Leser nicht in die Rolle eines Wissenden und Priesters drängen zu lassen, während er doch selbst nur ein Ahnender und ein Leidender ist.

Daß viele, namentlich junge Menschen, in meinen Schriften etwas finden, was [25] ihnen Vertrauen zu mir gibt, das erkläre ich daraus, daß es viele gibt, welche ähnlich leiden, ähnlich um Glauben und Sinn ringen, ähnlich an ihrer Zeit verzweifeln und doch hinter dieser und jeder Zeit das Göttliche verehrend ahnen. Sie finden in mir einen Sprecher, es tut den Jungen wohl, auch einen scheinbar Fertigen und Entwickelten sich zu manchen ihrer Nöte bekennen zu sehen, und es tut den in [30] Denken und Sprache Schwachen[34] wohl, wesentliche Teile ihres Erlebens aus-gesprochen zu finden von einem, der anscheinend das Wort besser als sie beherrscht.

Gewiß, die Mehrzahl dieser meist jungen Leser ist damit noch nicht zufrieden. Sie möchten nicht bloß einen Leidensgenossen,[35] sie möchten viel lieber einen „Führer", sie möchten nahe Ziele und Erfolge, möchten unfehlbare Rezepte des [35] Trostes. Aber diese Rezepte sind ja alle da, es steht uns ja die Weisheit aller Zeitalter zur Verfügung, und ich habe Hunderte und Hunderte von ungestümen jungen Briefschreibern, welche die letzte Weisheit von mir zu hören begehrten, auf die

---

[29]Jüngerschaft: *devotion (of a disciple)*   [30]Jacob Burckhardt: siehe S. 356ff.   [31]verlangt, wer: verlangt derjenige, der   [32]Wohl: *to be sure*   [33]Unangefochtenheit: *absence of self-doubt, personal invulnerability*   [34]den in Denken und Sprache Schwachen: denen, die im Denken und in der Sprache schwach sind   [35]Leidensgenossen: *fellow sufferer*

wirklichen und echten hingewiesen, auf die unvergänglichen Worte aus dem alten China und Indien, aus der Antike, aus der Bibel und dem Christentum.

Nicht jede Zeit, nicht jedes Volk und jede Sprache ist dazu bestimmt, Weisheit auszusprechen, nicht in jedem Jahrhundert lebt ein Wissender, der zugleich 5 ein Meister des Wortes wäre, dennoch haben alle Zeiten und Völker teil am gemeinsamen Schatz, und wer die Weisheit aller Zeitalter, als Trost für sein ganz persönliches Leid, durchaus ganz neu und ganz nur für seinen Fall formuliert haben will, der legt dem Manne, den er als Führer haben möchte, eine Autorität und Macht in die Hand, wie sie nur eine echte Kirche ihren Priestern mitgeben kann. Meine 10 Rolle kann nicht die des Priesters sein, denn es steht keine Kirche hinter mir, und wenn ich dennoch Tausenden in Briefen und Hinweisen Rat zu geben versucht habe, so tat ich es niemals als Führer, immer nur als Mitleidender, als etwas älterer Bruder.

An Herrn H. Sch., Pohle in der Oberlausitz*   *Ende Januar 1933*

15   ... Je weniger ich im ganzen an unsere Zeit glauben kann, je mehr ich das Menschentum verkommen und verdorren zu sehen meine, desto weniger stelle ich diesem Verfall die Revolution entgegen, und desto mehr glaube ich an die Magie der Liebe. In einer Sache schweigen, über die alles klatscht, ist schon etwas. Über Menschen und Einrichtungen ohne Feindschaft lächeln, das Minus an Liebe in der 20 Welt durch ein kleines Plus an Liebe im Kleinen und Privaten bekämpfen: durch vermehrte Treue in der Arbeit, durch größere Geduld, durch Verzicht auf manche billige Rache des Spotts und der Kritik: das sind allerlei kleine Wege, die man gehen kann. Ich freue mich darüber, daß es auch schon im *Steppenwolf* steht: Die Welt war nie ein Paradies, sie ist nicht früher gut gewesen und jetzt Hölle geworden, 25 sondern sie ist immer und jederzeit unvollkommen und dreckig, und bedarf, um ertragen und wertvoll zu werden, der Liebe, des Glaubens.

An Rudolf Jakob Humm, Zürich   *Mitte März 1933*

... Ich habe den Krieg 1914-18 so intensiv und bis nahe zur Vernichtung erlebt, daß ich seither über eines vollkommen und unerschütterlich im klaren bin: 30 daß ich, für meine Person, jede Änderung der Welt durch Gewalt ablehne und nicht unterstütze, auch nicht die sozialistische, auch nicht die scheinbar erwünschte und gerechte. Es werden immer die Falschen totgeschlagen, und auch wenn es die Rechten wären: an die bessernde und entsühnende[36] Kraft des Totschlagens glaube ich nun einmal nicht, und sehe in der Zuspitzung der Parteikämpfe[37] zum 35 Bürgerkrieg zwar wohl die Kraft des Entschlusses, die moralische Spannung des

---

[36] entsühnende: *atoning, expiating*   [37] Parteikämpfe: factional struggles
*Oberlausitz: Gebiet heute im südöstlichen Teil Ostdeutschlands.

„Entweder-Oder", aber ich lehne die Gewalt ab. Die Welt ist krank an Ungerechtig-
keit, ja. Sie ist noch viel mehr krank aus Mangel an Liebe, an Menschentum, an
Brudergefühl. Das Brudergefühl, das dadurch genährt wird, daß man zu Tausenden
marschiert und Waffen trägt, ist mir sowohl in der militärischen wie revolutionären
Form nicht annehmbar.   5

An einen jungen Verwandten   *1. Februar 1937*

    ... Es hat im Laufe der Jahrhunderte tausend „Gesinnungen" und Parteien und
Programme gegeben, tausend Revolutionen, sie haben die Welt verändert und
(vielleicht) vorwärts gebracht. Aber keines ihrer Programme und Bekenntnisse hat
seine Zeit überdauert. Die Bilder und Worte einiger echter Künstler und auch die   10
Worte einiger echter Weiser und Liebender und Sichopfernder[38] haben die Zeiten
überdauert, und tausendmal hat ein Wort Jesu, oder ein Wort eines griechischen
oder andern Dichters, nach Jahrhunderten noch Menschen getroffen und auf-
geweckt, und ihnen den Blick für das Leid und das Wunder des Menschentums
geöffnet. In der Reihe dieser Liebenden und Zeugen ein kleiner, einer von   15
Tausenden zu sein, wäre mein Wunsch und Ehrgeiz ...

An Herrn Fr. A., Basel*   *Anfang Februar 1938*

    ... So strebe ich, als Dichter, danach, einer kleinen Anzahl von Menschen, die
gerade mich verstehen und meinem Einfluß erreichbar sind, inmitten der Geld- und
Kriegsmaschinerie, zu der die Welt geworden ist, ein beseeltes Leben, oder doch die 20
Sehnsucht nach ihm, zu erhalten.[39] Inmitten der Kanonen und Lautsprecher unsre
kleinen Flöten spielen, die Aussichtslosigkeit[40] unsres Tuns und auch seine
Lächerlichkeit auf uns nehmen, das muß unsere Form von Tapferkeit sein.

An R. J. Humm, Zürich   *8. Juli 1938*

    ... Sie spüren in mir etwas wie einen Glauben, etwas was mich hält, eine   25
Erbschaft von Christentum teils, teils Humanität, die nicht bloß anerzogen und
nicht bloß intellektuell fundiert ist. Damit hat es seine Richtigkeit, nur könnte ich
meinen Glauben nicht formulieren, je länger, je weniger. Ich glaube an den
Menschen als an eine wunderbare Möglichkeit, die auch im größten Dreck nicht
erlischt und ihm aus der größten Entartung zurückzuhelfen vermag, und ich glaube, 30
diese Möglichkeit ist so stark und so verlockend, daß sie immer wieder als Hoffnung

---

[38] **Sichopfernder:** *those who sacrifice themselves*   [39] **strebe ich ... zu erhalten:** *I strive to preserve*
[40] **Aussichtslosigkeit:** Hoffnungslosigkeit; *hopelessness*
* Basel: Stadt in der Schweiz an der deutsch-französischen Grenze

und als Forderung spürbar wird, und die Kraft, die den Menschen von seinen höhern Möglichkeiten träumen läßt und ihn immer wieder vom Tierischen wegführt, ist wohl immer dieselbe, einerlei ob[41] sie heut Religion, morgen Vernunft und übermorgen wieder anders genannt wird. Das Schwingen, das Hin und Her zwischen
5   dem realen Menschen und dem möglichen, dem erträumbaren[42] Menschen ist dasselbe, was die Religionen als Beziehung zwischen Mensch und Gott auffassen.

TROSTBRIEF* WÄHREND DES KRIEGES

Hochgeschätzter[42a] Herr   *7. Februar 1940*

Im Wald kann es vorkommen, daß ein junger Baum, geknickt oder entwurzelt, sich im Umlegen[43] auf einen alten stützt, und dabei sich herausstellt, daß auch mit
10   dem alten nichts mehr los ist,[44] daß er, der noch ganz stattlich aussah, hohl und schwach ist, und unter dem jüngern zusammenbricht. So ähnlich könnte es mit Ihnen und mir sein. Nur ist doch alles auch wieder anders. In Ihre Lage kann ich mich denken, ich habe die vier Jahre 1914 bis 18 miterlebt, bis zum Kaputt-gehen,[45] und diesmal habe ich drei Söhne, die Soldaten sind (der älteste ist seit
15   kurzem auf Pikett gestellt,[46] die zwei andern seit 1. September im Dienst).

Wie etwa ich die ganze Geschichte ansehe, zeigt Ihnen vielleicht am besten ein Beispiel aus der Mythologie. Die indische Mythologie zum Beispiel hat auch die Sage von den vier Weltzeitaltern,[47] und wenn das letzte so weit ist, und alles in Krieg, Verkommenheit und Elend steht bis an den Hals, dann muß Shiva,[48] der Kämpfer
20   und Aufräumer unter den Göttern, antreten, er muß die Welt im Tanz zertrampeln. Kaum ist er damit fertig, so hat der holde Schöpfergott Vishnu,[49] irgendwo im Rasen liegend, einen schönen Traum, und aus dem Traum, oder aus einem Atemzug oder aus einem Haar von ihm, sprießt schön und jung und entzückend eine neue Welt auf,[50] und alles fängt von neuem an, aber nicht wie eine Mechanik, sondern
25   beschwingt und zauberisch schön.

Nun, ich glaube, daß unser Abendland im vierten Zeitalter steht, und daß Shiva schon auf uns tanzt; ich glaube, daß fast alles kaputt gehen wird. Aber ich glaube nicht minder, daß es von vorn beginnen wird, daß alsbald wieder Menschen Opferfeuer[51] anzünden und Heiligtümer bauen werden.
30   Und so bin ich, als alter müder Kerl, dessen froh, daß ich alt genug und verbraucht bin, um ohne Bedauern sterben zu können. Aber ich lasse die Jugend, auch meine Söhne, nicht im Hoffnungslosen, sondern nur im Schweren und Bangen[52] zurück, im Feuer der Prüfung, und zweifle gar nicht daran, daß alles, was

---

[41] **einerlei ob:** *no matter whether*   [42] **erträumbaren:** *envisioned*   [42a] **Hochgeschätzter:** *highly esteemed*   [43] **Umlegen:** Fallen   [44] **mit dem alten nichts mehr los ist:** der alte Baum nichts mehr taugt (*is no good*)   [45] **bis zum Kaputtgehen:** bis ich ruiniert wurde   [46] **ist . . . auf Pikett gestellt:** *has been assigned to a military outpost or squad*   [47] **Weltzeitaltern:** *ages of the world*   [48] **Shiva:** *Shiva the Destroyer, Hindu god*   [49] **Vishnu:** *Vishnu the Preserver*   [50] **sprießt . . . auf:** *springs up, develops*   [51] **Opferfeuer:** *sacrificial fires*   [52] **im Schweren und Bangen:** *in the severity and anxiety (of our times)*
*Trostbrief: letter of consolation

uns heilig und schön war, ihnen und künftigen Menschen es auch wieder sein wird. Der Mensch, so glaube ich, ist großer Erhebungen und großer Schweinereien fähig, er kann zum Halbgott steigen und zum Halbteufel sinken; aber er fällt, wenn er etwas recht Großes oder recht Säuisches[53] getan hat, immer wieder auf seine Füße und auf sein Maß zurück,[54] und dem Pendelschlag[55] der Wildheit und Dämonie 5 folgt unweigerlich der Rückschlag, folgt die dem Menschen unentrinnbar eingeborne Sehnsucht nach Maß und Ordnung.[56]

Und so glaube ich, daß zwar ein alter Mann heute nichts Hübsches von außen mehr zu erwarten hat und wohl daran tut,[57] sich zu den Vätern zu legen, daß aber ein schöner Vers, eine Musik, ein aufrichtiger Aufblick zum Göttlichen heute 10 mindestens so wirklich, so lebendig und wertvoll ist wie früher, im Gegenteil: es zeigt sich ja, daß das sogenannte „Wirkliche", das der Techniker, Generäle und Bankdirektoren, immer unwirklicher, immer wesenloser, immer unwahrscheinlicher wird, sogar der Krieg hat, seit seiner Liebe zum Totalen, fast all seine Zugkraft[58] und Majestät verloren: es sind riesige Schemen und Chimären,[59] die einander in 15 diesen Materialschlachten[60] bekämpfen — während dagegen jede seelische Wirklichkeit, jedes Wahre, jedes Schöne, jede Sehnsucht danach, heut wirklicher und wesenhafter scheint als je.

An Frau Fr.   *Ende 1949*

. . . Ihr Anliegen, der geplante Besuch bei mir.   20

Ja, wenn Sie diesen Besuch ausführen würden, so fänden Sie an meiner Haustür ein Papier mit folgendem Text:

*Worte des Meng Hsiä** (altchinesisch)

Wenn Einer alt geworden ist und das Seine[61] getan hat, steht ihm zu,[62] sich in der Stille mit dem Tode zu befreunden.   25

Nicht bedarf er der Menschen. Er kennt sie, er hat ihrer genug gesehen. Wessen er bedarf, ist Stille.

Nicht schicklich ist es, einen Solchen aufzusuchen, ihn anzureden, ihn mit Schwatzen zu quälen.

An der Pforte seiner Behausung ziemt es sich vorbeizugehen, als wäre sie 30 Niemandes Wohnung.

---

[53] etwas . . . Säuisches: *something swinish, obscene*   [54] fällt . . . auf sein Maß zurück: *returns to his proper proportions*   [55] Pendelschlag: *swing of the pendulum (toward)*   [56] die dem Menschen unentrinnbar eingeborne Sehnsucht nach Maß und Ordnung: die Sehnsucht (nach Maß und Ordnung), die dem Menschen unentrinnbar *(inescapably)* eingeboren ist   [57] wohl daran tut: guttut; *does well*
[58] Zugkraft: Attraktion   [59] Schemen und Chimären: *phantoms and chimeras*
[60] Materialschlachten: *battles with heavy equipment*   [61] das Seine: seine Pflicht; *his duty*
[62] steht ihm zu: ist es sein Recht
* Meng Hsiä: Meng-tse (Mencius) (371? - 288? v. Chr.), chinesischer Philosoph

GERHART HAUPTMANN (1862 - 1946)

Um die Jahrhundertwende[1] hatte Nietzsches Lehre angefangen, mehr und mehr in die Breite[2] zu wirken. Es gab nun viele, die glaubten, daß das Christentum sich in einem Stadium des Niedergangs und Verfalls befinde. Andere hingegen waren der Meinung, die Menschheit habe es noch gar nicht wirklich versucht, nach den Lehren Christi zu leben.

5   So konnte die Frage gestellt werden: was würde geschehen, wenn Christus heute wiederkäme? *Eine* Antwort darauf hatte Dostojewski[3] gegeben in der berühmten Legende vom Großinquisitor, die in den *Brüdern Karamasov* (1879/80) erzählt wird. Dasselbe Thema liegt Gerhart Hauptmanns bedeutendstem Roman zugrunde, dem *Narr in Christo Emanuel Quint* (1910). Hauptmann verlegt die Geschichte von der Wiederkehr

10   Christi in ein Milieu, das er kannte: seine schlesische[4] Heimat. Schlesien war immer ein religiös bewegtes Land gewesen; pietistische[5] Sekten wie die Herrnhuter[6] hatten sich um ein undogmatisches, in tätiger Nächstenliebe sich erfüllendes Christentum bemüht;[7] Gerhart Hauptmann wußte vieles davon aus seiner Familie. Auch sein „Narr in Christo" ist ein Sektierer, ein einfacher Tischlergeselle,[8] der in der Nachfolge Christi[9] nach dem

15   Evangelium zu leben versucht. Christushafte[10] Züge zeigen sich an ihm; er heilt Kranke; Anhänger, Jünger sammeln sich um ihn; schließlich wächst der Wahn in ihm, er *sei* Christus. Auch dieser „Christus" kommt mit den herrschenden Mächten, den Vertretern von Staat und Kirche, in Konflikt. Doch wird er nicht ans Kreuz geschlagen; die Zeit ist viel zu indifferent, um religiöse Märtyrer zu schaffen. Auf einer letzten Wanderung durch

20   Deutschland, auf der überall, wo er um ein Nachtlager bittet, die Türen vor ihm zugeschlagen werden, gelangt Quint zuletzt in die Schweiz, wo seine Spur verloren geht und er schließlich hoch in den Bergen, im Schnee erfroren, gefunden wird.

Aus DER NARR IN CHRISTO EMANUEL QUINT (1910)

In der Nähe ... erschien am ersten Oktober ein lang aufgeschossener,[11] dürftig gekleideter, rotblonder und bleicher Mensch, der von einigen Leuten gesehen

25   wurde. Er pochte kurz darauf an die Türe eines Küsters[12] leise an, worauf das Weib des Küsters, einen Bettler vermutend, öffnete. „Ich bin Christus! Gib mir ein Nachtlager!" Da schlug sie ihm, selbstverständlich tief erschrocken, sogleich mit ganzer Kraft die Tür vor der Nase zu.

So ging es auch im Hause des Lehrers einige Tage später. Die Lehrersleute[13]

---

[1] Jahrhundertwende: *turn of the century*   [2] in die Breite: *in breadth; i.e., in various countries, on many levels of society*   [3] Dostojewski: F. M. Dostojewski (1821-1881)   [4] schlesische: Schlesien (*Silesia*), früher ein deutsches Gebiet, heute ein Teil von Polen   [5] pietistische: siehe S. 104, Z. 22   [6] Herrnhuter: siehe S. 186, Z. 23   [7] hatten sich ... bemüht: *had strived (for)*   [8] Tischlergeselle: *journeyman carpenter*   [9] Nachfolge Christi: *imitation of Christ*   [10] Christushafte: *Christlike*   [11] lang aufgeschossener: *lanky*   [12] Küsters: *sexton*   [13] Die Lehrersleute: die Familie des Lehrers

saßen bei Tisch und ein kalter Herbstwind durchbrauste[14] draußen die Dunkelheit. Man hörte einen Schritt auf der Hausschwelle[15] und hernach ein Pochen gegen die Tür. Die Frau wollte nicht öffnen, sie fürchtete sich. Nachdem, aus irgend einem Grunde ängstlich geworden, der fromme Lehrer seine Seele dem Herrn empfohlen hatte, öffnete er und fragte durch den Türspalt:[16] „Wer ist hier?" „Christus!" kam 5
es leise zur Antwort. Und sofort schlug mit einer Gewalt, die das Häuschen erbeben machte, von der Hand des Lehrers gerissen, die Tür ins Schloß. Er kam schlotternd herein zu seiner Frau und behauptete, draußen stünde ein Wahnsinniger.

Etwa eine Woche nach diesen Vorfällen brachten Berliner Zeitungen diese kurze Notiz: 10

Die Bewohner des Ostens unserer Stadt werden seit einiger Zeit durch die Erscheinung eines Menschen beunruhigt, der nie um Geld, sondern immer nur um Obdach und Brot bittet und auf die stereotype Frage: Wer ist da? sich als Christus bezeichnet. Man kann sich denken, welchen Schreck der im übrigen[17] wahrscheinlich harmlose Irre überall, wo er auftaucht, verursacht. Er dürfte wenig Geschäfte 15
machen.[18] Die Hausfrauen schieben meist, kaum daß die ominöse Bezeichnung gefallen ist,[19] den Riegel vor[20] und bringen die Sicherheitskette[21] in Ordnung.

Wiederum eine Woche später fing der gleiche Unfug in der ehemaligen freien Reichsstadt Frankfurt am Main[22] die Leute ein Weilchen zu beschäftigen an. Vor dem Narren und Bettler, der sich Christus nannte, waren mittlerweile zwischen 20
Berlin und Frankfurt Hunderte und Aberhunderte[23] von Haustüren zugeflogen. Ein Frankfurter, der die Angelegenheit auf ironische Weise nahm, sagte, der Herrgott in seinem Himmel müsse unzweifelhaft durch den ungewohnten, wilden Lärm des Türenschlagens[24] neuerdings auf die Vorgänge unter dem Menschengeschlecht aufmerksam geworden sein. 25

Unwillkürlich dankt man dem Himmel, daß nur ein armer Erdennarr[25] und nicht Christus selber der Wanderer gewesen ist: dann hätten nämlich Hunderte von katholischen und protestantischen Geistlichen, Arbeitern, Beamten, Landräten,[26] Kaufleuten aller Art, Generalsuperintendenten,[27] Bischöfen, Adligen und Bürgern, kurz zahllose fromme Christen, den Fluch der Verdammnis auf sich geladen. 30

Aber wie konnte man wissen — obgleich wir „Führe uns nicht in Versuchung" beten, ob es nicht doch am Ende der wahre Heiland war, der in der Verkleidung des armen Narren nachsehen wollte, inwieweit seine Saat von Gott gesäet, die Saat des Reiches,[28] inzwischen gereift wäre?

Dann hätte Christus seine Wanderung, wie ermittelt wurde, über Darmstadt, 35
Heidelberg, Karlsruhe, Basel, Zürich, Luzern bis nach Göschenen und Andermatt[29] fortgesetzt und hätte überall immer nur von dem gleichen Türenschlagen an seinen Vater im Himmel berichten können. Nämlich der Narr, der sich Christus nannte,

---

[14] durchbrauste: *roared through*   [15] Hausschwelle: *threshold*   [16] Türspalt: *narrow opening of the door*   [17] im übrigen: *by the way*   [18] Er dürfte wenig Geschäfte machen: wahrscheinlich macht er wenig Geschäfte   [19] gefallen ist: gemacht, gesagt worden ist   [20] schieben ... den Riegel vor: *slip the latch*   [21] Sicherheitskette: *safety chain*   [22] der ehemaligen freien Reichsstadt Frankfurt am Main: Frankfurt wurde von Preußen nach dem siegreichen Krieg gegen Österreich (1866) übernommen.   [23] Hunderte und Aberhunderte: *hundreds upon hundreds*   [24] Türenschlagens: *slamming of doors*   [25] Erdennarr: *mortal fool*   [26] Landräten: *district officials*   [27] Generalsuperintendenten: lutherische Bischöfe   [28] Reiches: *Kingdom of Heaven*   [29] Darmstadt ... Andermatt: d.h., von Deutschland südlich in die Schweizer Alpen

teilte zuletzt mit zwei armen, barmherzigen Schweizer Berghirten,[30] oberhalb
Andermatt, Brot und Nachtquartier. Seitdem ist er nicht mehr gesehen worden.

Dem Chronisten, der auf den Spuren Emanuel Quintens ging, ist es
wahrscheinlich, daß jener Mensch, der seinen Christuswahn,[31] verlassen und
5   einsam, durch Deutschland und durch die Schweiz schleppte, der verschwundene,
arme Tischlergeselle aus Schlesien war. Er war auch derselbe, wie ihm[32] scheint,
der oberhalb des Gotthardhospizes[33] nach der Schneeschmelze[34] im Frühjahr
darauf erstarrt und zusammengekauert[35] gefunden wurde. Unzweifelhaft hatte sich
Quint beim tiefen Schneegestöber verirrt, hatte das Hospiz, auf dem Passe zu
10   milderen Breiten,[36] verfehlt und war in die Wildnis des Pizzo Centrale[37]
hinaufgeraten. Dort hatten Nacht, Nebel und Schneegestöber ihn eingesargt.[38]

Dies mußte im Spätherbst oder beginnenden Winter gewesen sein, denn er
hatte, als ihn die Sennen[39] heraushoben, sicherlich fünf oder sechs Monate lang in
der tiefen Schnee- und Eisschicht[40] verborgen gesteckt. Auf einem Briefbogen, den
15   man in seiner Tasche fand, waren die Worte noch deutlich zu lesen gewesen: „Das
Geheimnis des Reichs?" die keiner beachtete noch verstand, die aber dem
Chronisten, als er das traurige Dokument in Händen hielt, eine gewisse Rührung
abnötigten. War er überzeugt oder zweifelnd gestorben? Wer weiß es? Der Zettel
enthält eine Frage, sicherlich! Aber was bedeutet es: Das Geheimnis des Reichs?

Aus DIE WEBER (1892)

20   Christliche Liebe, die bereit ist, sich für andere zu opfern, ist der höchste Wert, den
Hauptmann kennt; Selbstgerechtigkeit,[41] Gleichgültigkeit, Härte des Herzens, sich den
Leiden der Mitmenschen verschließend, sind die eigentlichen Todsünden, die er immer
wieder aufzeigt. Um diese Gegensätze geht es auch in Hauptmanns Dramen, und als
Dramatiker hat Hauptmann die deutsche Bühne im ersten Drittel des zwanzigsten
25   Jahrhunderts beherrscht.

Von der Not der Armen, denen nicht geholfen wird, handelt Hauptmanns
Schauspiel *Die Weber. Die Weber* waren nicht Hauptmanns erstes Drama, aber das erste,
das ihn wirklich berühmt machte. Hauptmann kannte den Stoff aus Erzählungen seines
Großvaters, der selbst ein armer schlesischer[42] Weber gewesen war. Für Hungerlöhne[43]
30   arbeiteten in der Zeit der beginnenden Industrialisierung diese Weber an ihren
Webstühlen. 1844 war es zu einer Revolte gekommen, die mühelos von bewaffnetem

---

[30] Berghirten: *alpine shepherds*   [31] Christuswahn: Wahn (*delusion*), daß er Christus sei   [32] ihm:
dem Chronisten   [33] Gotthardhospizes: Hospiz (*hospice*) auf dem Sankt Gotthard-Paß. Der Paß führt
über den Sankt Gotthard, eine Berggruppe in der mittleren Schweiz.   [34] Schneeschmelze: *thaw*
[35] zusammengekauert: *curled up*   [36] zu milderen Breiten: (*to milder latitudes*); d.h., in die südliche
Schweiz und nach Italien   [37] Pizzo Centrale: eine Bergspitze östlich vom Sankt Gotthard-Paß
[38] eingesargt: *entombed*   [39] Sennen: Berghirten   [40] Schnee- und Eisschicht: *layers of snow and ice*
[41] Selbstgerechtigkeit: *self-righteousness*   [42] schlesischer: siehe S. 402, Z. 10   [43] Hungerlöhne:
starvation wages

Militär niedergeschlagen wurde. Hauptmanns Drama hat kaum irgendwelche Handlung: ein paar Fensterscheiben werden eingeschlagen; Tische und Stühle in einer Fabrikanten-wohnung[44] werden zertrümmert; ein paar Gewehrsalven[45] beenden das Stück; ein frommer Weber, der sich an dem Aufstand nicht beteiligt hat und arbeitend an seinem Webstuhl sitzen geblieben war, wird von einer verirrten Kugel getroffen. Das ist alles, was 5
geschieht. Das Stück hat auch keinen Helden; die Weber insgesamt sind sein Held. Aber Hauptmann zeigt nicht etwa eine anonyme Masse; jede der Figuren hat ihr eigenes, unverwechselbares[46] Gesicht. Mit vier, fünf Sätzen kann Hauptmann einen Menschen lebendig machen; eine Szene kann, hier wie in anderen Dramen, Dinge fühlbar machen, um die sich Theaterdichter sonst nicht kümmern: die Stimmung einer Landschaft (in 10
Rose Bernd, 1903), die Atmosphäre eines Hauses (*Fuhrmann Henschel*, 1898; *Die Ratten*, 1911).

    Mit den *Webern* und einer Reihe weiterer Dramen brachte Hauptmann eine neue soziale Schicht auf die Bühne. Was Lessing und Schiller im achtzehnten Jahrhundert für den „dritten Stand",[47] das Bürgertum, getan hatten, tat Hauptmann nun für den vierten, 15
das Proletariat. Zwar war ihm Büchner mit seinem *Woyzeck*[48] vorangegangen, aber Büchner war im neunzehnten Jahrhundert fast ganz unbekannt geblieben; erst im Jahre 1913 wurde *Woyzeck* zum ersten Male gespielt. Hauptmann hat mehr als vierzig Dramen geschrieben; 1912 erhielt er den Nobelpreis für Literatur, mit dem übrigens auch Thomas Mann (1929) und Hermann Hesse (1946) ausgezeichnet[49] wurden. 20

VIERTER AKT

*   Peterswaldau.[50] — Privatzimmer des Parchentfabrikanten[51] Dreißiger. Ein im frostigen Geschmack der ersten Hälfte unseres Jahrhunderts luxuriös ausgestatteter Raum. Die Decke, der Ofen, die Türen sind weiß; die Tapete gradlinig kleingeblümt[52] und von einem kalten, bleigrauen[53] Ton. Dazu kommen rotüber- 25
zogene Polstermöbel[54] aus Mahagoniholz, reich geziert und geschnitzt, Schränke und Stühle von gleichem Material und wie folgt[55] verteilt: rechts, zwischen zwei Fenstern mit kirschroten Damastgardinen,[56] steht der Schreibsekretär,[57] ein Schrank, dessen vordere Wand sich herabklappen[58] läßt; ihm gerade gegenüber das Sofa, unweit davon ein eiserner Geldschrank,[59] vor dem Sofa der Tisch, Sessel und Stühle; an der Hinterwand[60] ein Gewehrschrank.[61] Diese sowie die andern Wände 30
sind durch schlechte Bilder in Goldrahmen[62] teilweise verdeckt. Über dem Sofa hängt ein Spiegel mit stark vergoldetem Rokokorahmen.[63] Eine einfache Tür links führt in den Flur, eine offene Flügeltur der Hinterwand in einen mit dem gleichen*

---

[44] Fabrikantenwohnung: *manufacturer's apartment*   [45] Gewehrsalven: *volleys of rifle fire*
[46] unverwechselbares: unverkennbares; *unmistakable*   [47] „dritten Stand": *Third Estate*   [48] Woyzeck: siehe S. 282   [49] ausgezeichnet: geehrt; *honored*   [50] Peterswaldau: kleiner Ort in Schlesien
[51] Parchentfabrikanten: Barchentfabrikanten; *manufacturer of fustian* (Barchent), *a cotton fabric*
[52] gradlinig kleingeblümt: *decorated with small, straight-lined floral patterns*   [53] bleigrauen: *lead gray*   [54] rotüberzogene Polstermöbel: *furniture with red upholstery*   [55] wie folgt: *as follows*
[56] Damastgardinen: *damask curtains*   [57] Schreibsekretär: *secretary (writing desk with bookshelves)*
[58] herabklappen: *fold down*   [59] Geldschrank: *safe*   [60] Hinterwand: *back wall*   [61] Gewehrschrank: *rifle cabinet*   [62] Goldrahmen: *gilt frames*   [63] Rokokorahmen: *frame with rococo ornaments*

ungemütlichen Prunk überladenen Salon.[64] *Im Salon bemerkt man zwei Damen,*
Frau Dreißiger und Frau Pastor Kittelhaus, damit beschäftigt, Bilder zu besehen –
ferner den Pastor Kittelhaus im Gespräch mit dem Kandidaten[65] *und Hauslehrer*
Weinhold.

5	KITTELHAUS	*(ein kleines, freundliches Männchen, tritt gemütlich plaudernd und rauchend mit dem ebenfalls rauchenden Kandidaten in das Vorderzimmer; dort sieht er sich um und schüttelt, da er niemand bemerkt, verwundert den Kopf)* Es ist ja durchaus nicht zu verwundern, Herr Kandidat: Sie sind jung. In Ihrem Alter hatten wir Alten – ich will nicht sagen dieselben Ansichten, aber doch ähnliche. Ähnliche jedenfalls. Und es ist ja auch was Schönes um die Jugend[66] – um alle die schönen Ideale, Herr Kandidat. Leider nur sind sie flüchtig, flüchtig wie Aprilsonnenschein. Kommen Sie erst in meine Jahre! Wenn man erst mal dreißig Jahre das Jahr zweiundfünfzigmal – ohne die Feiertage – von der Kanzel herunter den Leuten sein Wort gesagt hat, dann ist man notwendigerweise ruhiger geworden. Denken Sie an mich, wenn es mit Ihnen so weit sein wird, Herr Kandidat.

	WEINHOLD	*(neunzehnjährig, bleich, mager, hochaufge-schossen,*[67] *mit schlichtem, langem Blondhaar. Er ist sehr unruhig und nervös in seinen Bewegungen)* Bei aller Ehrerbietung, Herr Pastor ... Ich weiß doch nicht ... Es existiert doch eine große Verschiedenheit in den Naturen.

	KITTELHAUS	Lieber Herr Kandidat, Sie mögen ein noch so unruhiger Geist sein – *(im Tone eines Verweises)* und das sind Sie – Sie mögen noch so heftig und ungebärdig gegen die bestehenden Verhältnisse angehen, das legt sich alles.[68] Ja, ja, ich gebe ja zu, wir haben ja Amtsbrüder,[69] die in ziemlich vorgeschrittenem[70] Alter noch recht jugendliche Streiche machen. Der eine predigt gegen die Branntweinpest[71] und gründet Mäßigkeitsvereine,[72] der andere verfaßt Aufrufe, die sich unleugbar recht ergreifend lesen. Aber was erreicht er damit? Die

---

[64] eine ... Flügeltür ... in einen ... Salon: eine ... Flügeltür *(folding-door)* ... führt in einen ... Salon   [65] Kandidaten: *candidate for a university degree*   [66] um die Jugend: *about youth*
[67] hochaufgeschossen: *lanky*   [68] das legt sich alles: das wird alles nachlassen; *that will all subside*
[69] Amtsbrüder: Kollegen   [70] vorgeschrittenem: *advanced*   [71] Branntweinpest: *"brandy plague"*
[72] Mäßigkeitsvereine: *temperance societies*

Not unter den Webern wird, wo sie vorhanden ist,
nicht gemildert. Der soziale Frieden dagegen wird
untergraben. Nein, nein, da möchte man wirklich
fast sagen: Schuster, bleib bei deinem Leisten![73]
Seelsorger, werde kein Wanstsorger![74] Predige dein   5
reines Gotteswort, und im übrigen laß den sorgen,
der den Vögeln ihr Bett und ihr Futter bereitet hat
und die Lilie auf dem Felde nicht läßt verderben[75] — Nun aber möcht' ich doch wirklich wissen,
wo unser liebenswürdiger Wirt so plötzlich hinge-   10
kommen ist.

FRAU DREISSIGER (*kommt mit der Pastorin nach vorn. Sie ist eine
dreißigjährige, hübsche Frau von einem kernigen und
robusten Schlage.[76] Ein gewisses Mißverhältnis
zwischen ihrer Art zu reden oder sich zu bewegen*   15
und ihrer vornehm reichen Toilette ist auffällig) Se[77]
haben ganz recht, Herr Pastor. Wilhelm macht's
immer so. Wenn 'n[78] was einfällt, da rennt er fort
und läßt mich sitzen.[79] Da hab' ich schon so drüber
gered't, aber da mag man sagen, was man will.   20

KITTELHAUS Liebe, gnädige Frau, dafür ist er Geschäftsmann.

WEINHOLD Wenn ich nicht irre, ist unten etwas vorgefallen.

DREISSIGER (*kommt. Echauffiert,[80] aufgeregt*) Nun, Rosa, ist
der Kaffee serviert?

FRAU DREISSIGER (*schmollt*) Ach, daß du ooch[81] immer fortlaufen   25
mußt.

DREISSIGER (*leichthin*) Ach, was weißt du!

KITTELHAUS Um Vergebung![82] Haben Sie Ärger gehabt, Herr
Dreißiger?

DREISSIGER Den hab' ich alle Tage, die Gott der Herr werden   30
läßt,[83] lieber Herr Pastor. Daran bin ich gewöhnt.
Nun, Rosa?! Du sorgst wohl dafür.

FRAU DREISSIGER (*geht mißlaunig[84] und zieht mehrmals heftig an
dem breiten gestickten Klingelzug[85]*)

---

[73] Schuster, bleib bei deinem Leisten!: (*Cobbler, stick to your last!*) Tu nur das, wovon du etwas
verstehst! [74] Seelsorger, werde kein Wanstsorger: d.h., einer, der für Seelen sorgt, soll sich nicht um
den Wanst (*belly*) kümmern. [75] der den Vögeln ihr Bett und ihr Futter bereitet hat und die Lilie auf
dem Felde nicht läßt verderben: siehe Matthäus 6, 26 & 28 [76] Schlage: Typ [77] Se: Sie [78] 'n:
ihm [79] läßt mich sitzen: läßt mich im Stich; *leaves me in the lurch* [80] Echauffiert: erhitzt; *hot,*
angry [81] ooch: auch [82] Um Vergebung!: Ich bitte um Vergebung! [83] alle Tage, die Gott der
Herr werden läßt: *i.e., every day which God grants us* [84] mißlaunig: schlecht gelaunt; *ill-humored,*
in a bad mood [85] Klingelzug: *bellpull*

DREISSIGER Jetzt eben — (*nach einigen Umgängen*[86]) — Herr Kandidat, hätte ich Ihnen gewünscht, dabei zu sein. Da hätten Sie was erleben können. Übrigens ... Kommen Sie, fangen wir unsern Whist an!

5   KITTELHAUS Ja, ja, ja und nochmals ja! Schütteln Sie des Tages Staub und Last von den Schultern, und gehören Sie uns!

DREISSIGER (*ist ans Fenster getreten, schiebt eine Gardine beiseite und blickt hinaus. Unwillkürlich*)
10   Bande!!![87] — Komm doch mal her, Rosa! (*Sie kommt*) Sag doch mal: dieser lange, rothaarige Mensch dort!

KITTELHAUS Das ist der sogenannte rote Bäcker.

DREISSIGER Nu sag mal, ist das vielleicht derselbe, der dich vor
15   zwei Tagen insultiert hat? Du weißt ja, was du mir erzähltest, als dir Johanna in den Wagen half.

FRAU DREISSIGER (*macht einen schiefen Mund, gedehnt*[88]) Ich wöß nich[89] mehr.

DREISSIGER Aber so laß doch jetzt das Beleidigttun.[90] Ich muß
20   das nämlich wissen. Ich habe die Frechheiten nun nachgerade satt. Wenn es der ist, so zieh' ich ihn nämlich zur Verantwortung. (*Man hört das Weberlied*[91] *singen*) Nun hören Sie bloß, hören Sie bloß!

KITTELHAUS (*überaus entrüstet*) Will denn dieser Unfug wirklich
25   immer noch kein Ende nehmen? Nun muß ich aber wirklich auch sagen: es ist Zeit, daß die Polizei einschreitet. Gestatten Sie mir doch mal! (*Er tritt ans Fenster.*) Nun sehen Sie an, Herr Weinhold! Das sind nun nicht bloß junge Leute, da laufen auch alte,
30   gesetzte[92] Weber in Masse mit. Menschen, die ich lange Jahre für höchst ehrenwert und gottesfürchtig gehalten habe, sie laufen mit. Sie nehmen teil an diesem unerhörten Unfug. Sie treten Gottes Gesetz mit Füßen. Wollen Sie diese Leute vielleicht nun
35   noch in Schutz nehmen?

WEINHOLD Gewiß nicht, Herr Pastor. Das heißt, Herr Pastor, cum grano salis.[93] Es sind eben hungrige, unwissende Menschen. Sie geben halt ihre Unzufriedenheit

---

[86] nach einigen Umgängen: *after pacing around a few times*   [87] Bande!: *Rabble!*   [88] macht einen schiefen Mund, gedehnt: *makes a wry face, drawling*   [89] wöß nich: weiß nicht   [90] laß doch jetzt das Beleidigttun: tu nicht so, als ob du beleidigt (*insulted*) wärest   [91] Weberlied: ein revolutionäres Lied, das von den Webern viel gesungen wird   [92] gesetzte: *sedate, mature*   [93] cum grano salis: (*Lat.*) *with a grain of salt*

kund, wie sie's verstehen. Ich erwarte gar nicht, daß
solche Leute . . .

FRAU KITTELHAUS (*klein, mager, verblüht, gleicht mehr einer alten Jungfer als einer alten Frau*) Herr Weinhold, Herr Weinhold! aber ich bitte Sie!   5

DREISSIGER Herr Kandidat, ich bedaure sehr . . . Ich habe Sie nicht in mein Haus genommen, damit Sie mir Vorlesungen über Humanität halten. Ich muß Sie ersuchen, sich auf die Erziehung meiner Knaben zu beschränken, im übrigen aber meine Angelegen-   10 heiten mir zu überlassen, mir ganz allein! Verstehen Sie mich?

WEINHOLD (*steht einen Augenblick starr und totenblaß und verbeugt sich dann mit einem fremden Lächeln. Leise*) Gewiß, gewiß, ich habe Sie verstanden. Ich   15 sah es kommen; es entspricht meinen Wünschen. (*Ab*)

DREISSIGER (*brutal*) Dann aber doch möglichst bald, wir brauchen das Zimmer.

FRAU DREISSIGER Aber Wilhelm, Wilhelm!   20

DREISSIGER Bist du wohl bei Sinnen?[94] Du willst einen Menschen in Schutz nehmen, der solche Pöbeleien und Schurkereien[95] wie dieses Schmählied[96] da verteidigt?!

FRAU DREISSIGER Aber Männdel, Männdel,[97] er hat's ja gar nich . . .   25

DREISSIGER Herr Pastor, hat er's verteidigt, oder hat er's nicht verteidigt?

KITTELHAUS Herr Dreißiger, man muß es seiner Jugend zugute halten.[98]

FRAU KITTELHAUS Ich weiß nicht, der junge Mensch ist aus einer so   30 guten und achtbaren Familie. Vierzig Jahr' war sein Vater als Beamter tätig und hat sich nie auch nur das geringste zuschulden kommen lassen.[99] Die Mutter war so überglücklich, daß er hier ein so schönes Unterkommen gefunden hatte. Und nun, nun weiß   35 er sich das so wenig wahrzunehmen.[100]

---

[94] **Bist du wohl bei Sinnen?** : *Have you lost your senses?* [95] Pöbeleien und Schurkereien: *vulgarity and knavery* [96] Schmählied: *abusive song* [97] Männdel: Männchen; *"hubby"* [98] man muß es seiner Jugend zugute halten: *his youth is to blame* [99] hat sich nie auch nur das geringste zuschulden kommen lassen: hat nie etwas Unrechtes getan; *i.e., did not have the slightest spot on his reputation* [100] weiß er sich das so wenig wahrzunehmen: nützt er das so wenig aus; *he takes so little advantage of it*

PFEIFER (*reißt die Flurtür auf, schreit herein*) Herr Dreißicher, Herr Dreißicher! se hab'n 'n feste.[101] Se
mechten[102] kommen. Se haben een'n gefangen.

DREISSIGER (*hastig*) Ist jemand zur Polizei gelaufen?

5   PFEIFER D'r Herr Verwalter[103] kommt schonn[104] die
Treppe ruf.[105]

DREISSIGER (*in der Tür*) Ergebener Diener,[106] Herr Verwalter!
Es freut mich, daß Sie gekommen sind.

KITTELHAUS (*macht den Damen pantomimisch begreiflich, daß es
besser sei, sich zurückzuziehen. Er, seine Frau und
Frau Dreißiger verschwinden in den Salon*)

DREISSIGER (*im höchsten Grade aufgebracht, zu dem inzwischen
eingetretenen Polizeiverwalter*) Herr Verwalter, ich
habe nun endlich einen der Hauptsänger[107] von
meinen Färbereiarbeitern[108] festnehmen lassen. Ich
konnte das nicht mehr weiter mit ansehen. Die
Frechheit geht einfach ins Grenzenlose. Es ist
empörend. Ich habe Gäste, und diese Schufte
erdreisten sich ... sie insultieren meine Frau, wenn
sie sich zeigt; meine Knaben sind ihres Lebens nicht
sicher. Ich riskiere, daß sie meine Gäste mit Püffen
traktieren.[109] Ich gebe Ihnen die Versicherung,
wenn es in einem geordneten Gemeinwesen unge-
straft möglich sein sollte, unbescholtene Leute, wie
ich und meine Familie, fortgesetzt öffentlich zu
beschimpfen ... ja dann ... dann müßte ich
bedauern, andere Begriffe von Recht und Gesittung
zu haben.

POLIZEIVERWALTER (*etwa fünfzigjähriger Mann, mittelgroß, korpulent,
vollblütig.[110] Er trägt Kavallerieuniform mit Schlepp-
säbel[111] und Sporen*) Gewiß nicht ... Nein, gewiß
nicht, Herr Dreißiger! Verfügen Sie über mich.[112]
Beruhigen Sie sich nur, ich stehe ganz zu Ihrer
Verfügung. Es ist ganz in der Ordnung ... Es ist mir
sogar sehr lieb, daß Sie einen der Hauptschreier[113]
haben festnehmen lassen. Es ist mir sehr recht, daß
die Sache nun endlich mal zum Klappen kommt.[114]

---

[101]se hab'n 'n feste: sie haben ihn fest (d.h., gefangengenommen)   [102]mechten: möchten, sollen
[103]Verwalter: Polizeiverwalter; *police chief*   [104]schonn: schon   [105]ruf: herauf   [106]Ergebener
Diener: *your humble servant*   [107]Hauptsänger: *chief singers (of the weavers' song)*
[108]Färbereiarbeitern: *dyers*   [109]mit Püffen traktieren: schlagen (Puff: *punch*)   [110]vollblütig:
ruddy, florid   [111]Schleppsäbel: *long cavalry saber* (schleppen: *to drag along the ground*)
[112]Verfügen Sie über mich: ich stehe zu Ihrer Verfügung; *I am at your disposal*   [113]Hauptschreier:
main troublemakers   [114]zum Klappen kommt: *comes to a showdown*

Es sind so'n paar Friedensstörer[115] hier, die ich
schon lange auf der Pike habe.[116]

DREISSIGER So'n paar grüne Burschen, ganz recht, arbeitsscheues
Gesindel, faule Lümmels, die ein Luderleben[117]
führen, Tag für Tag in den Schenken rumhocken,[118] 5
bis der letzte Pfennig durch die Gurgel gejagt ist.
Aber nun bin ich entschlossen, ich werde diesen
berufsmäßigen Schandmäulern[119] das Handwerk
legen,[120] gründlich. Es ist im allgemeinen Interesse,
nicht nur im eigenen Interesse. 10

POLIZEIVERWALTER Unbedingt! ganz unbedingt, Herr Dreißiger. Das
kann Ihnen kein Mensch verdenken. Und soviel in
meinen Kräften steht . . .

DREISSIGER Mit dem Kantschu[121] müßte man hineinfahren
in[122] das Lumpengesindel. 15

POLIZEIVERWALTER Ganz recht, ganz recht. Es muß ein Exempel
statuiert werden.[123]

GENDARM[124] KUTSCHE (*kommt und nimmt Stellung.[125] Man hört, da die
Flurtür offen ist, das Geräusch von schweren Füßen,
welche die Treppe heraufpoltern*) Herr Verwalter, 20
ich melde gehorsamst: m'r[126] hab'n einen Menschen festgenommen.

DREISSIGER Wollen Sie den Menschen sehen, Herr Polizeiverwalter?

POLIZEIVERWALTER Ganz gewiß, ganz gewiß. Wir wollen ihn zuallererst 25
mal aus nächster Nähe[127] betrachten. Tun Sie mir
den Gefallen, Herr Dreißiger, und bleiben Sie ganz
ruhig. Ich verschaffe Ihnen Genugtuung, oder ich
will nicht Heide heißen.

DREISSIGER Damit kann ich mich nicht zufrieden geben, der 30
Mensch kommt unweigerlich vor den Staatsanwalt.

JÄGER (*wird von fünf Färbereiarbeitern hereingeführt, die,
an Gesicht, Händen und Kleidern mit Farbe befleckt, direkt von der Arbeit herkommen. Der
Gefangene hat die Mütze schief sitzen, trägt eine* 35
freche Heiterkeit zur Schau[128] und befindet sich

---

[115]Friedensstörer: *disturbers of the peace*   [116]auf der Pike habe: im Auge habe; *have an eye on*
[117]Luderleben: *dissolute life*   [118]rumhocken: herumhocken, herumsitzen   [119]Schandmäulern:
slanderers   [120]das Handwerk legen: *put a stop to their activities*   [121]Kantschu: Peitsche; *whip,*
cat-o'-nine-tails   [122]hineinfahren in: *have a go at, deal with*   [123]Es muß ein Exempel statuiert
werden: *we must set an example*   [124]Gendarm: Polizist   [125]nimmt Stellung: *stands at attention*
[126]m'r: wir   [127]aus nächster Nähe: *close up*   [128]trägt . . . zur Schau: *displays*

infolge des vorherigen Branntweingenusses[129] in
gehobenem Zustand)[130] O ihr älenden[131] Kerle!
Arbeiter wollt 'r[132] sein? Kamraden wollt 'r sein?
Eh ich das machte – eh ich mich vergreifen tät[133]

5   a[134] mein'n Genossen, da tät ich denken, die Hand
mißt[135] m'r verfauln dahier![136] (Auf einen Wink
des Verwalters hin[137] veranlaßt Kutsche, daß die
Färber ihre Hände von dem Opfer nehmen. Jäger
steht nun frei und frech da, während um ihn alle

10   Türen verstellt[138] werden.)

POLIZEIVERWALTER (schreit Jäger an) Mütze ab, Flegel! (Jäger nimmt sie
ab, aber sehr langsam, ohne sein ironisches Lächeln
aufzugeben) Wie heißt du?

JÄGER Hab ich mit dir schonn die Schweine gehit't?[139]

15   (Unter dem Eindruck der Worte entsteht eine
Bewegung unter den Anwesenden.)

DREISSIGER Das ist stark.

POLIZEIVERWALTER (wechselt die Farbe, will aufbrausen, kämpft den
Zorn nieder) Das übrige wird sich finden.[140] Wie du

20   heißt, frage ich dich! (Als keine Antwort erfolgt,
rasend) Kerl, sprich, oder ich lasse dir fünfundzwanzig überreißen.[141]

JÄGER (mit vollkommener Heiterkeit und ohne auch nur
durch ein Wimperzucken[142] auf die wütende Ein-

25   rede zu reagieren, über die Köpfe der Anwesenden
hinweg zu einem hübschen Dienstmädchen, das, im
Begriff, den Kaffee zu servieren, durch den unerwarteten Anblick betroffen mit offenem Munde
stehengeblieben ist) Nu sag m'r ock,[143] Plättbrettl-

30   Emilie,[144] bist du jetzt bei der Gesellschaft?! Na da
sieh ock, daß de hier nausfind'st.[145] Hie kann amal
d'r Wind gehn,[146] und der bläst alles weg ieber[147]
Nacht. (Das Mädchen starrt Jäger an, wird, als sie

---

[129] infolge des vorherigen Branntweingenusses: as a result of the brandy he had drunk previously
[130] in gehobenem Zustand: in high spirits   [131] älenden: elenden; miserable   [132] 'r: ihr
[133] vergreifen tät: vergreifen würde; would have laid hands on   [134] a: an   [135] mißt: müßte
[136] dahier: hier   [137] auf einen Wink ... hin: at a sign (from)   [138] verstellt: guarded   [139] Hab ich
mit dir schonn die Schweine gehit't? : Habe ich schon mit dir die Schweine gehütet? Literally: "Have
I already tended pigs with you?" – a vulgar way of saying, "Since when are we on such familiar
terms? " Jäger objects to the Police Chief's use of du.   [140] Das übrige wird sich finden: the rest will
be taken care of later   [141] ich lasse dir fünfzwanzig überreißen: i.e., you'll get twenty-five lashes
[142] Wimperzucken: twitch of an eyelash   [143] Nu sag m'r ock: nun sage mir doch   [144] Plättbrettl-
Emilie: "ironing-board-Emily"   [145] daß de hier nausfind'st: daß du dich hier herausfindest, daß du
von hier wegkommst   [146] Hie kann amal d'r Wind gehn: hier kann einmal der Wind gehen (blasen);
d.h., ein Aufstand (uprising) kann kommen   [147] ieber: über

begreift, daß die Rede ihr galt, rot vor Scham,
schlägt sich die Hände vor die Augen und läuft
hinaus, das Geschirr zurücklassend, wie es gerade
steht und liegt. Wiederum entsteht eine Bewegung
unter den Anwesenden)   5

POLIZEIVERWALTER (*nahezu fassungslos zu Dreißiger*) So alt wie ich bin,
eine solche unerhörte Frechheit ist mir doch ...
(*Jäger spuckt aus*)

DREISSIGER Kerl, du bist in keinem Viehstall,[148] verstanden?!

POLIZEIVERWALTER Nun bin ich am Ende meiner Geduld. Zum letzten   10
Mal: wie heißt du?

KITTELHAUS (*der während der letzten Szene hinter der ein wenig*
geöffneten Salontür hervorgeblickt und gehorcht
hat, kommt nun, durch die Geschehnisse hingeris-
sen, um, bebend vor Erregung, zu intervenieren) Er   15
heißt Jäger, Herr Verwalter. Moritz . . . nicht?
Moritz Jäger. (*Zu Jäger*) Nu sag bloß, Jäger, kennst
du mich nich mehr?

JÄGER (*ernst*) Sie sein[149] Pastor Kittelhaus.

KITTELHAUS Ja, dein Seelsorger, Jäger! Derselbe, der dich als   20
kleines Wickelkind in die Gemeinschaft der Heiligen
aufgenommen hat. Derselbe, aus dessen Händen du
zum erstenmal den Leib des Herrn empfangen hast.
Erinnerst du dich noch? Da hab' ich mich nun
gemüht und gemüht und dir das Wort Gottes ans   25
Herz gelegt. Ist das nun die Dankbarkeit?

JÄGER (*finster, wie ein geduckter*[150] *Schuljunge*) Ich hab'
ja een Taler[151] Geld ufgelegt.[152]

KITTELHAUS Geld, Geld ... Glaubst du vielleicht, daß das
schnöde, erbärmliche Geld ... Behalt dir dein Geld,   30
das ist mir viel lieber. Was das für ein Unsinn ist! Sei
brav, sei ein Christ! Denk an das, was du gelobt hast.
Halt Gottes Gebote, sei gut und sei fromm. Geld,
Geld ...

JÄGER Ich bin Quäker, Herr Pastor, ich gloob an nischt   35
mehr.[153]

KITTELHAUS Was, Quäker, ach rede doch nicht! Mach,[154] daß du
dich besserst, und laß unverdaute Worte aus dem

---

[148]**Viehstall:** *cattle barn*   [149]**sein:** sind   [150]**geduckter:** *humiliated*   [151]**Taler:** (*origin of*
"dollar")   [152]**ufgelegt:** aufgelegt; *contributed*   [153]**ich gloob an nischt mehr:** ich glaube an nichts
mehr   [154]**Mach:** siehe zu; *see to it*

Spiel! Das sind fromme Leute, nicht Heiden wie du. Quäker! was Quäker!

POLIZEIVERWALTER Mit Erlaubnis, Herr Pastor. (*Er tritt zwischen ihn und Jäger*) Kutsche! binden Sie ihm die Hände!

5 (*Wüstes Gebrüll von draußen: Jäger! Jäger soll rauskommen!*)

DREISSIGER (*gelinde*[155] *erschrocken wie die übrigen Anwesenden, ist unwillkürlich ans Fenster getreten*) Was heißt denn das nun wieder?

10 POLIZEIVERWALTER Oh, das versteh' ich. Das heißt, daß sie den Lumpen wieder raushaben wollen. Den Gefallen werden wir ihnen nun aber mal nicht tun. Verstanden, Kutsche? Er kommt ins Stockhaus.[156]

KUTSCHE (*mit dem Strick in der Hand, zögernd*) Mit Respekt
15 zu vermelden,[157] Herr Verwalter, wir werden woll[158] unsere Not haben.[159] Es ist eine ganz verfluchte Hetze[160] Menschen. De richt'ge Schwefelbande,[161] Herr Verwalter. Da is der Bäcker, da is der Schmied.

20 KITTELHAUS Mit gütiger Erlaubnis — um nicht noch mehr böses Blut zu machen, würde es nicht angemessener sein, Herr Verwalter, wir versuchten es friedlich? Vielleicht verpflichtet sich der Jäger, gutwillig mitzugehen oder so . . .

25 POLIZEIVERWALTER Wo denken Sie hin!![162] Meine Verantwortung! Auf so etwas kann ich mich unmöglich einlassen. Vorwärts, Kutsche! nich lange gefackelt![163]

JÄGER (*die Hände zusammenlegend und lachend hinhaltend*) Immer feste, feste, aso feste, wie 'r
30 kennt.[164] 's is ja doch nich uf lange.[165] (*Er wird gebunden von Kutsche mit Hilfe der Kameraden*)

POLIZEIVERWALTER Nu vorwärts, marsch! (*Zu Dreißiger*) Wenn Sie Sorge haben, dann lassen Sie sechs Mann von den Färbern mitgehen. Die können ihn in die Mitte nehmen. Ich
35 reite voran, Kutsche folgt. Wer sich entgegenstellt, wird niedergehauen. (*Geschrei von unten: Kikeriki – i!! Wau wau, wau!*[166])

---

[155]gelinde: ein wenig   [156]Stockhaus: Gefängnis; *prison*   [157]Mit Respekt zu vermelden: *"to announce with respect": beg to report*   [158]woll: wohl   [159]unsere Not haben: Schwierigkeiten haben   [160]Hetze: Meute; *pack*   [161]De richt'ge Schwefelbande: *a real gang of ruffians*   [162]Wo denken Sie hin!: *What are you thinking of?*   [163]nich lange gefackelt!: nicht lange gezögert! *Don't hesitate!*   [164]aso feste, wie 'r kennt: so fest wie ihr könnt   [165]'s is ja doch nich uf lange: es wird nicht lange dauern   [166]Kikeriki . . . wau wau: *cock-a-doodle-doo! bow-wow!*

POLIZEIVERWALTER (*nach dem Fenster drohend*) Kanaillen![167] ich werde euch bekikerikien und bewauwauen.[168] Marsch, vorwärts! (*Er schreitet voran hinaus mit gezogenem Säbel, die andern folgen mit Jäger*)

JÄGER (*schreit im Abgehen*) Und wenn sich de gnäd'ge 5 Frau Dreißichern o[169] noch aso stolz macht, die is deshalb ni[170] mehr wie unsereens.[171] Die hat mein[172] Vater viel hundertmal fer drei Fennige[173] Schnaps vorgesetzt.[174] Schwadron links schwenkt,[175] marsch, marsch! (*Ab mit Gelächter*) 10

DREISSIGER (*nach einer Pause, scheinbar gelassen*) Wie denken Sie, Herr Pastor? Wollen wir nun nicht unsern Whist machen?[176] Ich denke, der Sache steht nun nichts mehr im Wege. (*Er zündet sich eine Zigarre an, dabei lacht er mehrmals kurz, sobald sie brennt, laut* 15 *heraus*) Nu fang' ich an, die Geschichte komisch zu finden. Dieser Kerl! (*In einem nervösen Lachausbruch*[177]) Es ist aber auch unbeschreiblich lächerlich. Erst der Krakeel[178] bei Tisch mit dem Kandidaten. Fünf Minuten darauf empfiehlt er sich. Fort 20 über alle Berge![179] Dann diese Geschichte. Und nun spielen wir unsern Whist weiter.

KITTELHAUS Ja aber ... (*Gebrüll von unten*) Ja, aber ... Wissen Sie: die Leute machen einen so schrecklichen Skandal.[180] 25

DREISSIGER Ziehen wir uns einfach in das andere Zimmer zurück. Da sind wir ganz ungestört.

KITTELHAUS (*kopfschüttelnd*) Wenn ich nur wüßte, was in diese Menschen gefahren ist![181] Ich muß dem Kandidaten darin recht geben, wenigstens war ich bis vor 30 kurzem auch der Ansicht, die Webersleute wären ein demütiger, geduldiger und lenksamer Menschenschlag. Geht es Ihnen nicht auch so, Herr Dreißiger?

DREISSIGER Freilich waren sie geduldig und lenksam, freilich waren es früher gesittete und ordentliche Leute. 35 Solange nämlich die Humanitätsdusler[182] ihre Hand aus dem Spiele ließen.[183] Da ist ja den Leuten lange

---

[167]Kanaillen: Schufte; *scoundrels* [168]ich werde euch bekikerikien und bewauwauen: *I'll cock-a-doodle-doo and bow-wow you* [169]o: auch [170]ni: nicht [171]unsereens: unsereins; *the likes of us* [172]mein: meinem [173]fer drei Fennige: für drei Pfennige [174]vorgesetzt: *served* [175]Schwadron links schwenkt: *squadron left face!* [176]machen: spielen [177]Lachausbruch: *outburst of laughter* [178]Krakeel: lauter Streit; *noisy quarrel* [179]Fort über alle Berge!: *Off and away!* [180]Skandal: (hier) Tumult [181]was in diese Menschen gefahren ist: *what has gotten into these people* [182]Humanitätsdusler: *humanity mongerers* [183]ihre Hand aus dem Spiele ließen: sich nicht einmischten

genug klargemacht worden, in welchem entsetzlichen Elend sie drinstecken.[184] Bedenken Sie
doch: all die Vereine und Komitees zur Abhilfe der
Webernot.[185] Schließlich glaubt es der Weber, und
5   nun hat er den Vogel.[186] Nun komme einer her[187]
und rücke ihnen den Kopf wieder zurecht.[188] Jetzt
ist er im Zuge.[189] Jetzt murrt er ohne aufzuhören.
Jetzt paßt ihm das nicht und jen's[190] nicht. Jetzt
möchte alles gemalt und gebraten sein.[191]

10   (*Plötzlich ein vielstimmiges, aufschwellendes Hurragebrüll*[192])

KITTELHAUS So haben sie denn mit all ihrer Humanität nichts
weiter zuwege gebracht,[193] als daß aus Lämmern
über Nacht buchstäblich Wölfe geworden sind.

15   DREISSIGER Ach was! bei kühlem Verstande, Herr Paster,[194]
kann man der Sache vielleicht sogar noch 'ne gute
Seite abgewinnen.[195] Solche Vorkommnisse werden
vielleicht in den leitenden Kreisen nicht unbemerkt
bleiben. Möglicherweise kommt man dort doch mal
20   zu der Überzeugung, daß es so nicht mehr lange
weitergehen kann, daß etwas geschehen muß, wenn
unsre heimische Industrie nicht völlig zugrunde
gehen soll.

KITTELHAUS Ja, woran liegt aber dieser enorme Rückgang, sagen
25   Sie bloß?

DREISSIGER Das Ausland hat sich gegen uns durch Zölle verbarrikadiert. Dort sind uns die besten Märkte abgeschnitten, und im Inland müssen wir ebenfalls auf
Tod und Leben konkurrieren, denn wir sind preis
30   gegeben, völlig preisgegeben.

PFEIFER (*kommt atemlos und blaß hereingewankt*) Herr
Dreißicher, Herr Dreißicher!

DREISSIGER (*bereits in der Salontür, im Begriff zu gehen, wendet
sich geärgert*) Nu, Pfeifer, was gibt's schon wieder?

35   PFEIFER Nee,[196] nee ... nu laßt mich zufriede![197]

DREISSIGER Was ist denn nu los?

---

[184] sie drinstecken: sie sich befinden; *they are in*   [185] Webernot: *weavers' indigence*   [186] hat er den
Vogel: *he has a bee in his bonnet*   [187] komme einer her: *let someone come here*   [188] rücke ihnen
den Kopf wieder zurecht: *bring them to their senses again*   [189] Jetzt ist er im Zuge: *now he is going
strong*   [190] jen's: jenes   [191] Jetzt möchte alles gemalt und gebraten sein: *now everything has to be
just so*   [192] Hurragebrüll: *roar of "hurrah!"*   [193] zuwege gebracht: fertig gebracht; *accomplished*
[194] Paster: Pastor   [195] der Sache ... 'ne gute Seite abgewinnen: *see a good side to this affair*
[196] Nee: nein   [197] nu laßt mich zufriede: *leave me alone (because this is more than I can take)*

KITTELHAUS   Sie machen einem ja Angst; reden Sie doch!

PFEIFER   (*immer noch nicht bei sich*[198]) Na, da laßt mich zufriede! nee so was! nee so was aber ooch! Die Obrigkeit . . . na, den wird's gutt gehn.[199]

DREISSIGER   In's[200] Teufels Namen, was is Ihnen denn in die   5 Glieder geschlagen?[201] Hat jemand den Hals gebrochen?

PFEIFER   (*fast weinend vor Angst, schreit heraus*) Se hab'n a[202] Jäger Moritz befreit, a Verwalter gepriegelt[203] und fortgejagt, a Schandarm[204] gepriegelt und   10 fortgejagt. Ohne Helm . . . a Säbel zerbrochen . . . nee, nee!

DREISSIGER   Pfeifer, Sie sind wohl übergeschnappt.

KITTELHAUS   Das wäre ja Revolution.

PFEIFER   (*auf einem Stuhl sitzend, am ganzen Leibe zitternd,*   15 *wimmernd*) Herr Dreißicher, 's wird ernst! Herr Dreißicher, 's wird ernst!

DREISSIGER   Na, dann kann mir aber die ganze Polizei . . .

PFEIFER   Herr Dreißicher, 's wird ernst!

DREISSIGER   Ach, halten Sie's Maul, Pfeifer! Zum Donnerwetter!   20

FRAU DREISSIGER   (*mit der Pastorin aus dem Salon*) Ach, das ist aber wirklich empörend, Wilhelm. Der ganze schöne Abend wird uns verdorben. Nu hast du's, nu will die Frau Pastern am liebsten zu Hause[205] gehn.

KITTELHAUS   Liebe, gnädige Frau Dreißiger, es ist doch vielleicht   25 heute wirklich das beste . . .

FRAU DREISSIGER   Aber Wilhelm, du solltest doch auch mal gründlich dazwischen fahren.[206]

DREISSIGER   Geh du doch und sag's 'n! Geh du doch! Geh du doch! (*Vor dem Pastor stillstehend, unvermittelt*)   30 Bin ich denn ein Tyrann? Bin ich denn ein Menschenschinder?[207]

KUTSCHER JOHANN   (*kommt*) Gnäd'ge Frau, ich hab de Pferde derweile[208] angeschirrt.[209] A Jorgel und 's Karl-

---

[198] bei sich: *in control of himself*   [199] den wird's gutt gehn: denen wird es gut gehen; d.h., die werden schon was erleben; *they'll get theirs*   [200] In's: in des   [201] was is Ihnen denn in die Glieder geschlagen: *what has gotten into you?*   [202] a: den   [203] gepriegelt: geprügelt; *beaten*   [204] Schandarm: Gendarm (siehe S. 411, Z. 18)   [205] zu Hause: nach Hause   [206] dazwischen fahren: dazwischen treten; *intervene*   [207] Menschenschinder: *oppressor*   [208] derweile: *in the meantime*   [209] angeschirrt: *harnessed*

chen[210] hat d'r Herr Kandedate schon in a Wagen gesetzt. Kommt's gar schlimm,[211] da fahr m'r los.[212]

FRAU DREISSIGER Ja, was soll denn schlimm kommen?

JOHANN Nu ich weeß halt au ni.[213] Ich meen halt aso![214] 's wern[215] halt immer mehr Leute. Se hab'n halt doch a Verwalter mit samst'n[216] Schandarme fortgejagt.

PFEIFER 's wird ernst, Herr Dreißiger! 's wird ernst!

FRAU DREISSIGER (*mit steigender Angst*) Ja, was soll denn werden? Was wollen die Leute? Se könn uns doch nich ieberfallen, Johann?

JOHANN Frau Madame, 's sein riede[217] Hunde drunter.

PFEIFER 's wird ernst, bittrer Ernst.

DREISSIGER Maul halten, Esel! Sind die Türen verrammelt?

KITTELHAUS Tun Sie mir den Gefallen ... Tun Sie mir den Gefallen ... Ich habe einen Entschluß gefaßt ... Tun Sie mir den Gefallen ... (*Zu Johann*) Was verlangen denn die Leute?

JOHANN (*verlegen*) Mehr Lohn woll'n sie halt hab'n, die tummen[218] Luder.

KITTELHAUS Gut, schön! — Ich werde hinausgehen und meine Pflicht tun. Ich werde mit den Leuten mal ernstlich reden.

JOHANN Herr Paster, Herr Paster! das lassen Se ock unterwegens.[219] Hie is jedes Wort umsonste.[220]

KITTELHAUS Lieber Herr Dreißiger, noch ein Wörtchen. Ich möchte Sie bitten: stellen Sie Leute hinter die Tür, und lassen Sie sogleich hinter mir abschließen.

FRAU KITTELHAUS Ach, willst du das wirklich, Joseph?

KITTELHAUS Ich will es. Ich will es. Ich weiß, was ich tue. Hab keine Sorge, der Herr wird mich schützen.

FRAU KITTELHAUS (*drückt ihm die Hand, tritt zurück und wischt sich Tränen aus den Augen*)

KITTELHAUS (*indes von unten herauf ununterbrochen das dumpfe Geräusch einer großen, versammelten Menschen-*

---

[210]A Jorgel und 's Karlchen: den Jorgel (Georg) und das Karlchen (Dreißigers Söhne) [211]Kommt's gar schlimm: wenn es schlimm wird [212]fahr m'r los: fahren wir los [213]au ni: auch nicht [214]Ich meen halt aso!: ich meine nur so; *it's just a hunch* [215]wern: werden [216]mit samst'n: mitsamt dem, zusammen mit dem [217]riede: rüde; *rough, rude* [218]tummen: dummen [219]das lassen Se ock unterwegens: das tun Sie doch lieber nicht; lassen Sie es doch lieber sein [220]umsonste: umsonst; *in vain*

menge heraufdringt) Ich werde mich stellen[221] ...
Ich werde mich stellen, als ob ich ruhig nach Hause
ginge. Ich will doch sehen, ob mein geistliches Amt
... ob nicht mehr so viel Respekt bei diesen Leuten
... Ich will doch sehen ... (*Er nimmt Hut und*   5
Stock) Vorwärts also, in Gottes Namen. (*Ab,*
begleitet von Dreißiger, Pfeifer und Johann)

FRAU KITTELHAUS Liebe Frau Dreißiger, — (*sie bricht in Tränen aus*
und umhalst[222] sie) — wenn ihm nur nicht ein
Unglück zustößt!   10

FRAU DREISSIGER (*wie abwesend*) Ich weeß gar nich, Frau Pastern, mir
is aso ... Ich weeß gar nich, wie mir zumute is. So
was kann doch reen[223] gar nich menschenmeeglich[224] sein. Wenn das aso is ... da is ja grade, als
wie wenn's Reichtum a[225] Verbrechen wär. Sehn S'   15
ock, wenn mir das hätte jemand gesagt,[226] ich weeß
gar nich, Frau Pastern, am Ende wär ich lieber in
mein   kleenlichen[227]   Verhältnissen   drinnegeblieben.[228]

FRAU KITTELHAUS Liebe Frau Dreißiger, es gibt in allen Verhältnissen   20
Enttäuschungen und Ärger genug.

FRAU DREISSIGER Nu freilich, nu freilich, das denk ich mir doch ooch
eben. Und daß mir[229] mehr haben als andere Leute
... nu Jes's[230] mir haben's doch ooch nich ge-
stohlen. 's is doch Heller fer Fennig[231] uf recht-   25
lichem Wege erworben. So was kann doch reen gar
nich meeglich sein, daß die Leute ieber een herfal-
len. Is denn mein Mann schuld, wenn's Geschäfte
schlecht geht?

(*Von unten herauf dringt tumultuarisches Gebrüll.*   30
Während die beiden Frauen noch bleich und er-
schrocken einander anblicken, stürzt Dreißiger
herein)

DREISSIGER Rosa, wirf dir was über[232] und spring in den Wagen,
ich komme gleich nach! (*Er stürzt nach dem*   35
Geldschrank, schließt ihn auf und entnimmt ihm
verschiedene Wertsachen)

JOHANN (*kommt*) Alles bereit! Aber nu schnell, eh's Hintertor ooch besetzt is!

---

[221] Ich werde mich stellen: ich werde so tun   [222] umhalst: umarmt; *embraces*   [223] reen: rein
[224] menschenmeeglich: menschenmöglich; *humanly possible*   [225] a: ein   [226] hätte jemand gesagt:
jemand gesagt hätte   [227] kleenlichen: kleinlichen; *lowly*   [228] drinnegeblieben: (daringeblieben)
geblieben   [229] mir: wir   [230] Jes's: Jesus   [231] Heller fer Fennig: Heller für Pfennig; *to the last*
penny   [232] wirf dir was über: ziehe dir etwas an; *put something on*

FRAU DREISSIGER (*in panischem Schrecken den Kutscher umhalsend*) Johann, liebster Johann! Rett' uns, alleralleraller-bester Johann! Rette meine Jungen, ach, ach . . .

DREISSIGER Sei doch vernünftig! Laß doch den Johann los!

5 JOHANN Madam, Madam! Sein S' ock ganz geruhig.[233] Unse Rappen sein gutt im Stande.[234] Die holt keener ein. Wer de ni beiseite geht,[235] wird iebergefahr'n.[236] (*Ab*)

FRAU KITTELHAUS (*in ratloser Angst*) Aber mein Mann? Aber, aber
10 mein Mann? Herr Dreißiger, mein Mann?

DREISSIGER Frau Pastor, Frau Pastor, er ist ja gesund. Beruhigen Sie sich doch nur, er ist ja gesund.

FRAU KITTELHAUS Es ist ihm was Schlimmes zugestoßen. Sie sagen's bloß nicht. Sie sagen's bloß nicht.

15 DREISSIGER O lassen Sie's gut sein,[237] die werden's bereun. Ich weiß ganz genau, wessen Hände dabei waren. Eine so namenlose Frechheit bleibt nicht ungerochen.[238] Eine Gemeinde, die ihren Seelsorger mißhandelt, pfui Teufel! Tolle Hunde, nichts weiter, toll gewor-
20 dene Bestien, die man demgemäß behandeln wird. (*Zu Frau Dreißiger, die wie betäubt dasteht*) Nu so geh doch und rühr dich. (*Man hört gegen die Haustür schlagen*) Hörst du denn nicht? Das Gesindel ist wahnsinnig geworden. (*Man hört Klimpern von*
25 *zerbrechenden Scheiben, die im Parterre ein-geworfen werden*) Das Gesindel hat den Sonnen-koller.[239] Da bleibt nichts übrig, wir müssen machen,[240] daß wir fortkommen. (*Man hört vereint rufen:*) Expedient[241] Feifer[242] soll rauskom-
30 men! — Expedient Feifer soll rauskommen!

FRAU DREISSIGER Feifer, Feifer, sie wollen Feifer raushaben.

PFEIFER (*stürzt herein*) Herr Dreißicher, am Hintertor stehn o[243] schonn Leute. De Haustier[244] hält keene drei Minuten mehr. D'r Wittigschmied[245] haut mit an
35 Ferdeeimer[246] drauf nei[247] wie a Unsinniger. (*Von unten Gebrüll lauter und deutlicher:*) Expedi-

---

[233] Sein S' ock ganz geruhig: Seien Sie doch ganz ruhig   [234] Unse Rappen sein gutt im Stande: unsere Pferde sind in guter Verfassung (*condition*)   [235] Wer de ni beiseite geht: wer denen nicht aus dem Wege geht   [236] iebergefahr'n: überfahren   [237] lassen Sie's gut sein: *don't worry about it* [238] ungerochen: *unrevenged*   [239] hat den Sonnenkoller: (*literally, "sun frenzy"*) *are crazy* [240] machen: zusehen; *see to it*   [241] Expedient: *shipping clerk*   [242] Feifer: Pfeifer   [243] o: auch [244] Haustier: Haustür   [245] Wittigschmied: Wittig the blacksmith   [246] an Ferdeeimer: einem Pferdeeimer (*pail for the feeding of horses*)   [247] drauf nei: darauf (hinein)

ent Feifer soll rauskommen! – Expedient Feifer soll rauskommen!

FRAU DREISSIGER (*rennt davon, wie gejagt; ihr nach Frau Kittelhaus. Beide ab*)

PFEIFER (*horcht auf, wechselt die Farbe, versteht den Ruf und ist im nächsten Moment von wahnsinniger Angst erfaßt. Das Folgende weint, wimmert, bettelt, winselt er in rasender Schnelligkeit durcheinander. Dabei überhäuft er Dreißiger mit kindlichen Lieb-kosungen, streichelt ihm Wangen und Arme, küßt seine Hände und umklammert ihn schließlich wie ein Ertrinkender, ihn dadurch hemmend und fesselnd und nicht von ihm lassend*) Ach liebster, scheenster, allergnädigster Herr Dreißicher, lassen Sie mich nich zuricke,[248] ich hab Ihn[249] immer treu gedient; ich hab ooch de Leute immer gutt behandelt. Mehr Lohn, wie festgesetzt war,[250] konnt ich'n[251] doch nich geben. Verlassen Se mich nich, se machen mich kalt.[252] Wenn se mich finden, schlagen se mich tot. Ach Gott im Himmel, ach Gott im Himmel! Meine Frau, meine Kinder . . .

DREISSIGER (*indem er abgeht, vergeblich bemüht, sich von Pfeifer loszumachen*) Lassen Sie mich doch wenig-stens los, Mensch! Das wird sich ja finden;[253] das wird sich ja alles finden. (*Ab mit Pfeifer. Einige Sekunden bleibt der Raum leer. Im Salon zerklirren Fenster. Ein starker Krach durchschallt[254] das Haus, hierauf brausendes Hurra, danach Stille. Einige Sekunden vergehen, dann hört man leises und vorsichtiges Trappen[255] die Stufen zum ersten Stock empor, dazu nüchterne und schüchterne Aus-rufe:*) links! – oben nuf![256] – pscht![257] – lang-sam! langsam! – shipp ock nich![258] – hilf schir-jen![259] – praatz,[260] – praatz, hab ich a Ding! – macht fort,[261] ihr Wirgebänder![262] – mir[263] gehn zur Hochzeit! – geh du nei![264] – o geh du!

(*Es erscheinen nun junge Weber und Webermädchen in der Flurtür, die nicht wagen einzutreten und eines*

5

10

15

20

25

30

35

---

[248]zuricke: zurück   [249]Ihn: Ihnen   [250]wie festgesetzt war: als festgesetzt (*fixed, determined*) war   [251]ich'n: ich ihnen   [252]se machen mich kalt: sie werden mich töten   [253]Das wird sich ja finden: es wird schon alles gut werden   [254]durchschallt: *echoes through*   [255]Trappen: *footsteps*   [256]nuf: hinauf   [257]pscht!: *sssh!*   [258]schipp ock nich!: stoß' doch nicht! *don't push!*   [259]schirjen: schieben (*push*)   [260]praatz: *wow*   [261]macht fort: beeilt euch; *hurry up*   [262]Wirgebänder: *cutthroats*   [263]mir: wir   [264]nei: hinein

das andere hereinzustoßen suchen. Nach einigen
Sekunden ist die Schüchternheit überwunden, und
die ärmlichen, mageren, teils kränklichen, zerlump-
ten oder geflickten[265] *Gestalten verteilen sich in*
5   *Dreißigers Zimmer und im Salon, alles zunächst*
neugierig und scheu betrachtend, dann betastend.
Mädchen versuchen die Sofas; es bilden sich Grup-
pen, die ihr Bild im Spiegel bewundern. Es steigen
einzelne auf Stühle, um die Bilder zu betrachten und
10 *herabzunehmen, und dazwischen strömen immer*
neue Jammergestalten[266] *vom Flur herein*)

EIN ALTER WEBER   (*kommt*) Nee, nee, da laßt mich aber doch
zufriede![267] Unten da fangen se gar schonn an und
richten an Sache zugrunde.[268] Ne die Tollheet![269]
15   Da ist doch kee[270] Sinn und kee Verstand o nich
drinne.[271] Ums[272] Ende wird das noch gar sehr a
beese Ding.[273] Wer hie an hellen Kopp behält,[274]
der macht ni[275] mit. Ich wer[276] mich in Obacht
nehmen und wer mich an solchen Untaten beteili-
20   gen![277]

(*Jäger, Bäcker, Wittig mit einem hölzernen Eimer,*
der alte Baumert und eine Anzahl junger und alter
Weber kommen wie auf der Jagd nach etwas
hereingestürmt, mit heiseren Stimmen durcheinan-
25   *derrufend*[278])

JÄGER   Wo is a hin?[279]

BÄCKER   Wo is der Menschenschinder?[280]

DER ALTE BAUMERT   Kenn mir Gras fressen, friß du Sägespäne.[281]

WITTIG   Wenn m'r 'n kriegen, knippen mer 'n uf.[282]

30   ERSTER JUNGER WEBER   Mir nehmen 'n bei a Been'n[283] und schmeißen 'n
zum Fenster naus, uf de Steene,[284] daß a bald fer
immer liegenbleibt.

ZWEITER JUNGER WEBER   (*kommt*) A is fort ieber alle Berge.[285]

---

[265]geflickten: *patched*   [266]Jammergestalten: *pitiful figures*   [267]da laßt mich aber doch zufriede:
siehe S. 416, Z. 35   [268]richten an Sache zugrunde: *destroy things*   [269]Tollheet: Tollheit; *insanity*
[270]kee: kein   [271]o nich drinne: auch nicht dabei (*double negative*)   [272]Ums: am   [273]gar
sehr a beese Ding: ein sehr böses Ding; *a very evil thing*   [274]an hellen Kopp behält: einen hellen
Kopf behält; *keeps a clear head*   [275]ni: nicht   [276]wer: werde   [277]wer mich an solchen Untaten
beteiligen: (er meint, er werde *es nicht* tun)   [278]durcheinanderrufend: *shouting simultaneously*
[279]Wo is a hin? Wo ist er hingegangen?   [280]Menschenschinder: siehe S. 417, Z. 32   [281]Kenn
mir Gras fressen, friß du Sägespäne: Wenn wir Gras fressen können (d.h., müssen), dann mußt du
(Dreißiger) Sägespäne (*sawdust*) fressen.   [282]Wenn m'r 'n kriegen; knippen mer 'n uf: Wenn wir ihn
fangen, knüpfen wir ihn auf (*we'll string him up*)   [283]bei a Been'n: an den Beinen   [284]naus, uf de
Steene: hinaus, auf die Steine   [285]fort ieber alle Berge: siehe S. 415, Z. 21.

ALLE Wer denn?

ZWEITER JUNGER WEBER Dreißicher.

BÄCKER Feifer o?[285a]

STIMMEN Sucht Feifern! sucht Feifern!

DER ALTE BAUMERT Such, such, Feiferla,[286] 's is a Weberschmann 5
auszuhungern.[287] *(Gelächter)*

JÄGER Wenn mersch[288] o ni kriegen, das Dreißicher-
viech[289] ... arm soll a wern.[290]

DER ALTE BAUMERT Arm soll a wern wie 'ne Kirchenmaus. Arm soll a
wern. 10
*(Alle stürmen in der Absicht zu demolieren auf die
Salontür zu)*

BÄCKER *(der voraneilt,[291] macht eine Wendung und hält die
andern auf)* Halt, heert[292] uf mich! Sei mer hier
fertig, da fang m'r erscht recht an.[293] Von hier aus 15
geh mer[294] nach Bielau[295] nieder, zu Dit-
trichen,[296] der de mechan'schen Webstihle[297] hat.
Das ganze Elend kommt von a Fabriken.

ANSORGE *(kommt vom Flur herein. Nachdem er einige
Schritte gemacht, bleibt er stehen, sieht sich un- 20
gläubig um, schüttelt den Kopf, schlägt sich vor die
Stirn und sagt)* Wer bin ich? D'r Weber Anton
Ansorge. Is a verruckt gewor'n, Ansorge? 's is wahr,
mit mir dreht sich's ums Kreisel rum wie 'ne
Bremse.[298] Was macht a hier? Was a lustig is, wird 25
a woll machen.[299] Wo is a hier, Ansorge? *(Er
schlägt sich wiederholt vor den Kopf)* Ich bin ni
gescheut![300] Ich steh fer nischt.[301] Ich bin ni recht
richtig.[302] Geht weg, geht weg! Geht weg, ihr
Rebeller! Kopp weg, Beene weg, Hände weg![303] 30
Nimmst du m'r mei Häusl,[304] nehm ich d'r dei
Häusl. Immer druf![305] *(Mit Geheul ab in den Salon.
Die Anwesenden folgen ihm mit Gejohl und
Gelächter)*

[285a]o: auch   [286]Feiferla: Pfeiferlein; *little Pfeifer*   [287]s is a Weberschmann auszuhungern: hier
ist ein Weber auszuhungern (*to starve*)   [288]mersch: wir es   [289]Dreißicherviech: Dreißiger-Vieh;
Dreißiger the brute   [290]a wern: er werden   [291]voraneilt: *runs on ahead*   [292]heert: hört
[293]Sei mer hier fertig, da fang m'r erst recht an: Wenn wir hier fertig sind, fangen wir erst recht an
(*we'll start with a vengeance*)   [294]geh mer: gehen wir   [295]Bielau: Dorf südöstlich von Peterswaldau
[296]Dittrichen: Dittrich, einem anderen Fabrikanten   [297]Webstihle: Webstühle; *looms*   [298]mit mir
dreht sich's ums Kreisel rum wie 'ne Bremse: *i.e., my head is spinning like a top* (Bremse: *horsefly*)
[299]Was a lustig is, wird a woll machen: Wozu er Lust hat (*whatever he likes to do*), wird er wohl machen.
[300]ni gescheut: nicht gescheit, verrückt   [301]Ich steh fer nischt: *I won't be responsible for anything*
[302]Ich bin ni recht richtig: Ich bin nicht ganz bei Sinnen; *I'm not quite sane*   [303]Kopp ... Beene ...
Hände weg!: *heads ... legs ... hands out of my way!*   [304]mei Häusl: mein Häuschen   [305]Immer
druf!: Immer weiter!

ARTHUR SCHNITZLER (1862 - 1931)

Arthur Schnitzler wurde zuerst bekannt durch eine Reihe kleiner Einakter, die unter dem
Namen der Hauptperson, *Anatol* (1893), zusammengefaßt sind. Es sind Szenen, die
Schnitzler aus dem Milieu um sich, aus der Wiener Gesellschaft, gegriffen hatte, und als
Repräsentant Wiens und des Wiener Lebens gewann Schnitzler einen frühen Ruhm. Um
5   die Wende des zwanzigsten Jahrhunderts hatte die Hauptstadt der österreichisch-
ungarischen Monarchie einen europäischen Ruf als den einer heiteren, fröhlichen,
unbeschwerten Stadt, als die Stadt „an der schönen blauen Donau",[1] die Stadt des
Wiener Walzers, die Stadt von Wein, Weib und Gesang, eine Stadt, in der man sorgenlos
leben konnte. Und überdies war Wien eine Theaterstadt; hier wie nirgends sonst im
10 deutschen Kulturgebiet[2] war das Theater immer eine geistige Macht gewesen, mit Oper
und Ballett, mit seinem berühmten Hoftheater, der „Burg",[3] und den vielen kleinen
Theatern, in die das Volk strömte, und die Leben und Tonfall, Empfindung und Dialekt
der kleinen Leute widerspiegelten.

Beinahe gleichzeitig mit seinen witzigen und verspielten *Anatol*-Szenen veröffent-
15 lichte Schnitzler seine erste größere Erzählung. Sie war sehr anders im Ton, hieß *Sterben*
(1894) und handelte von einem jungen, an Tuberkulose erkrankten Mann, der nur noch
ein Jahr zu leben hat. Schnitzler liebt es, seine Menschen dem Tod gegenüberzustellen.
„Es gehen eigentlich lauter[4] zum Tode Verurteilte auf der Erde herum", heißt das Fazit,
das in *Sterben* vom Dasein gezogen wird,[5] und was die Menschen voneinander
20 unterscheidet, ist nur die kürzere oder längere Frist, die sie noch vom Tode trennt. Es ist
klar, daß die meisten von ihnen einer solchen Erkenntnis nicht ins Auge zu sehen
vermögen. Sie klammern sich am Leben fest, halten sich an den Augenblick und
versuchen, ihn so unbekümmert wie möglich zu genießen. Mit tiefem Sinn steht deshalb in
Schnitzlers Welt der physische Akt der sexuellen Erfüllung als Gegenpol[6] dem physischen
25 Akt der Vernichtung gegenüber. Er wird zur Quintessenz der „lebendigen Stunde", des
erfüllten und ergriffenen Augenblicks. Um diesen Augenblick kreist, zehnmal in zehn
Szenen, Schnitzlers Komödie *Reigen*[7] (1900).

Genau umgekehrt wie Goethes Faust *möchten* Schnitzlers Menschen zum Augenblicke sagen: Verweile doch, du bist so schön![8] Und doch müssen sie immer wieder die
30 Erfahrung machen, daß der schöne Augenblick nicht zu halten ist. Nichts wäre ihnen
lieber, als aus dem Leben ein Spiel zu machen, das unverbindlich ist und keine Folgen hat.
Unerbittlich aber laufen Schnitzlers Dramen und Erzählungen auf die „Stunde des
Erkennens" zu, in der das Spiel zu Ende ist, in der die Illusionen zerbrechen, die Masken
fallen, und der Mensch der Wahrheit seines Lebens gegenübersteht.
35 Doch kann Schnitzler seinen Themen auch komische Seiten abgewinnen.[9] In

---

[1] **Donau:** *the Danube River*   [2] **Kulturgebiet:** *cultural sphere*   [3] **Hoftheater, der „Burg":** Das Burg-
theater ist seit dem 18. Jahrhundert als das österreichische Nationaltheater bekannt.   [4] **lauter:** nichts
als   [5] **das Fazit, das . . . gezogen wird:** *the conclusion which is drawn*   [6] **Gegenpol:** *opposite pole*
[7] **Reigen:** Tanz im Kreis; *round dance*   [8] **Verweile doch, du bist so schön:** siehe S. 173, Z. 37
[9] **abgewinnen:** *extract*

Leutnant Gustl (1900) gerät ein junger, unbedeutender Leutnant der österreichischen
Armee in einen Streit mit einem Zivilisten. Da er sich dabei lächerlich macht, hält er seine
Offiziersehre[10] für so tödlich verletzt, daß ihm kein anderer Ausweg zu bleiben scheint
als der Selbstmord. Er setzt sich eine Frist von ein paar Stunden und versucht, sich im
Angesicht des Todes so etwas wie Rechenschaft über sein Leben abzulegen.[11] Die   5
Gedanken, die ihm in seinen letzten Stunden durch den Kopf gehen, sind jedoch genau so
banal wie sein Leben von jeher gewesen ist. Daß dann ein Zufall es dem Leutnant erspart,
den geplanten Selbstmord auszuführen, erhält die Geschichte im Bereich des Komischen.
Das nichtige, oberflächliche, inhaltslose, leere und triviale Leben des Leutnants kann
weitergehen. Es war das Leben einer ganzen Schicht, das Schnitzler satirisch in der Person   10
seines Leutnants traf, und daß diese Schicht sich getroffen fühlte, ließ sie erkennen:
Schnitzler verlor auf Grund des *Leutnant Gustl* seinen Rang als Reserveoffizier.

   Auch durch ihre neue Form erregte die Erzählung Aufsehen. Es war eine
Erzählung, in der es scheinbar keinen Erzähler mehr gibt: sie enthält nichts als die
ungeordneten Gedanken des Leutnants, wie sie aus seinem Unterbewußtsein aufsteigen   15
und sich assoziativ miteinander verbinden. Schnitzler schrieb damit den ersten konsequen-
ten „inneren Monolog" der deutschen Literatur und entwickelte auf dem Gebiet der
Erzählung eine Technik, die den Methoden der Psychoanalyse und der Tiefenpsychologie
verwandt war. Fast zur selben Zeit wie Schnitzler den *Leutnant Gustl,* schrieb Sigmund
Freud (1856 - 1938) seine *Traumdeutung*[12] (1900), in der er neue Wege fand, in die   20
Tiefen des Unbewußten einzudringen und sie zu durchleuchten. Und da die Dichtung aus
denselben unterirdischen Quellen aufsteigt wie der Traum, waren damit auch neue Wege
zu *ihrer* Deutung erschlossen. Viel später, 1922, in einem Brief zu Schnitzlers sechzigstem
Geburtstag schrieb Freud, daß Schnitzler „durch Intuition" alles das wisse, was er, Freud,
„in mühseliger Arbeit" an anderen Menschen aufgedeckt habe.   25

   Allzu häufig und zu Unrecht ist Schnitzler mit der Gesellschaft, die er schilderte,
identifiziert worden. In Wirklichkeit sah er sie kritisch. Er war zunächst Arzt gewesen und
verstand sich auf Krankheitsbilder,[13] war ein scharfer Beobachter und ein kühler
Diagnostiker, auch war ihm die Psychologie der *décadence*, die Nietzsche gelehrt hatte,
nicht fremd; im Grunde seines Wesens aber war er ein Moralist.   30

Aus LEUTNANT GUSTL (1900)

Wie lange wird denn das noch dauern? Ich muß auf die Uhr schauen . . . schickt
sich wahrscheinlich nicht[14] in einem so ernsten Konzert. Aber wer sieht's denn?
Wenn's einer sieht, so paßt er gerade so wenig auf, wie ich, und vor dem brauch' ich
mich nicht zu genieren . . . Erst viertel auf[15] zehn? . . . Mir kommt vor, ich sitz'
schon drei Stunden in dem Konzert. Ich bin's halt nicht gewohnt . . . Was ist es   35
denn eigentlich? Ich muß das Programm anschauen . . . Ja, richtig: Oratorium? Ich

---

[10]**Offiziersehre:** *honor of an officer*   [11]**Rechenschaft . . . abzulegen:** *to answer for, account for*
[12]**Traumdeutung:** *"The Interpretation of Dreams"*   [13]**verstand sich auf Krankheitsbilder:** *was
familiar with the symptoms of disease*   [14]**schickt sich . . . nicht:** gehört sich . . . nicht; *is not proper*
[15]**auf:** vor

hab' gemeint: Messe. Solche Sachen gehören doch nur in die Kirche. Die Kirche hat
auch das Gute, daß man jeden Augenblick fortgehen kann. – Wenn ich wenigstens
einen Ecksitz[16] hätt'! – Also Geduld, Geduld! Auch Oratorien nehmen ein End'!
Vielleicht ist es sehr schön, und ich bin nur nicht in der Laune. Woher sollt' mir
5   auch die Laune kommen? Wenn ich denke, daß ich hergekommen bin, um mich zu
zerstreuen ... Hätt' ich die Karte lieber dem Benedek geschenkt, dem machen
solche Sachen Spaß; er spielt ja selber Violine. Aber da wär' der Kopetzky beleidigt
gewesen. Es war ja sehr lieb von ihm, wenigstens gut gemeint. Ein braver Kerl, der
Kopetzky! Der einzige, auf den man sich verlassen kann ... Seine Schwester singt ja
10 mit unter denen da oben. Mindestens hundert Jungfrauen, alle schwarz gekleidet;
wie soll ich sie da herausfinden? Weil sie mitsingt, hat er auch das Billett gehabt,
der Kopetzky ... Warum ist er denn nicht selber gegangen? – Sie singen übrigens
sehr schön. Es ist sehr erhebend – sicher! Bravo! bravo! ... Ja, applaudieren wir
mit. Der neben mir klatscht wie verrückt. Ob's ihm wirklich so gut gefällt? – Das
15 Mädel drüben in der Loge ist sehr hübsch. Sieht sie mich an oder den Herrn dort mit
dem blonden Vollbart? ... Ah, ein Solo! Wer ist das? Alt:[17] Fräulein Walker,
Sopran: Fräulein Michalek ... das ist wahrscheinlich Sopran ... Lang' war ich
schon nicht in der Oper. In der Oper unterhalt' ich mich immer, auch wenn's
langweilig ist. Übermorgen könnt' ich eigentlich wieder hineingeh'n, zur
20 „Traviata".[18] Ja, übermorgen bin ich vielleicht schon eine tote Leiche! Ah, Unsinn,
das glaub' ich selber nicht! Warten S' nur, Herr Doktor, Ihnen wird's vergeh'n,
solche Bemerkungen zu machen![19] Das Nasenspitzel[20] hau' ich Ihnen herunter[21] ...

Wenn ich die in der Loge nur genau sehen könnt'! Ich möcht' mir den
Operngucker[22] von dem Herrn neben mir ausleih'n, aber der frißt mich ja auf,
25 wenn ich ihn in seiner Andacht stör' ... In welcher Gegend die Schwester vom
Kopetzky steht? Ob ich sie erkennen möcht'?[23] Ich hab' sie ja nur zwei- oder
dreimal gesehen, das letztemal im Offizierskasino ... Ob das lauter anständige
Mädeln sind, alle hundert? O jeh! ... „Unter Mitwirkung des Singvereins!"[24] –
Singverein ... komisch! Ich hab' mir darunter eigentlich immer so was Ähnliches
30 vorgestellt, wie die Wiener Tanzsängerinnen,[25] das heißt, ich hab' schon gewußt, daß
es was anderes ist! ... Schöne Erinnerungen! Damals beim „Grünen Tor"[26] ... Wie
hat sie nur geheißen? Und dann hat sie mir einmal eine Ansichtskarte aus
Belgrad[27] geschickt ... auch eine schöne Gegend! – Der Kopetzky hat's gut, der
sitzt jetzt längst im Wirtshaus und raucht seine Virginia![28] ...

35   Was guckt mich denn der Kerl dort immer an? Mir scheint, der merkt, daß
ich mich langweil' und nicht herg'hör'[29] ... Ich möcht' Ihnen raten, ein etwas
weniger freches Gesicht zu machen, sonst stell' ich Sie mir[30] nachher im
Foyer! – Schaut schon weg! ... Daß sie alle vor meinem Blick so eine Angst
hab'n ... „Du hast die schönsten Augen, die mir je vorgekommen sind!" hat neulich

---

[16]Ecksitz: *corner seat, seat on the aisle*   [17]Alt: *alto*   [18]"Traviata": *La Traviata*, Oper von
Giuseppe Verdi (1813 - 1901)   [19]Ihnen wird's vergeh'n, solche Bemerkungen zu machen!: *I.e., you'll
eat your words!*   [20]Das Nasenspitzel: die Nasenspitze; *the tip of the nose* (*The* -l *or* -erl *is a typical
Austrian diminutive.*)   [21]hau' ... herunter: schlage ... ab; *knock off*   [22]Operngucker: Opernglas;
opera glasses   [23]möcht': würde   [24]Singvereins: *Singing Club*   [25]Wiener Tanzsängerinnen: *chorus
girls in a Viennese music hall*   [26]„Grünen Tor": *a Viennese dance hall*   [27]Belgrad: heute die
Hauptstadt von Jugoslavien   [28]Virginia: eine Zigarre   [29]herg'hör': hierhergehöre; *belong here*
[30]stell' ich Sie mir: fordere ich Sie zum Duell auf; *I'll challenge you to a duel*

die Steffi gesagt . . . O Steffi, Steffi, Steffi! — Die Steffi ist eigentlich schuld, daß ich
dasitz' und mir stundenlang vorlamentieren lassen muß.[31] — Ah, diese ewige
Abschreiberei[32] von der Steffi geht mir wirklich schon auf die Nerven! Wie schön
hätt' der heutige Abend sein können. Ich hätt' große Lust, das Brieferl von der
Steffi zu lesen. Da hab' ich's ja. Aber wenn ich die Brieftasche herausnehm', frißt   5
mich der Kerl daneben auf! — Ich weiß ja, was drinsteht . . . sie kann nicht
kommen, weil sie mit „ihm" nachtmahlen[33] gehen muß . . . Ah, das war komisch
vor acht Tagen, wie sie mit ihm in der Gartenbaugesellschaft[34] gewesen ist, und ich
vis-a-vis[35] mit'm Kopetzky; und sie hat mir immer die Zeichen gemacht mit den
Augerln, die verabredeten. Er hat nichts gemerkt — unglaublich! Muß übrigens ein   10
Jud' sein! Freilich, in einer Bank ist er, und der schwarze Schnurrbart . . .
Reserveleutnant soll er auch sein! Na, in mein Regiment sollt' er nicht zur
Waffenübung[36] kommen! Überhaupt, daß sie noch immer so viel Juden zu
Offizieren machen — da pfeif' ich auf'n ganzen Antisemitismus![37] Neulich in der
Gesellschaft, wo die G'schicht' mit dem Doktor passiert ist bei den Mannhei-   15
mers . . . die Mannheimer selber sollen ja auch Juden sein, getauft natürlich[38] . . .
denen merkt man's aber gar nicht an[39] — besonders die Frau . . . so blond,
bildhübsch[40] die Figur . . . War sehr amüsant im ganzen. Famoses Essen, großartige
Zigarren . . . Na ja, wer hat's Geld? . . .

Bravo, bravo! Jetzt wird's doch bald aus sein? — Ja, jetzt steht die ganze   20
G'sellschaft da droben auf . . . sieht sehr gut aus — imposant! — Orgel auch? . . .
Orgel hab' ich sehr gern . . . So, das laß' ich mir g'fall'n[41] — sehr schön! Es ist
wirklich wahr, man sollt' öfter in Konzerte gehen . . . Wunderschön ist's g'wesen,
werd' ich dem Kopetzky sagen . . . Werd' ich ihn heut' im Kaffeehaus treffen? —
Ah, ich hab' gar keine Lust, ins Kaffeehaus zu geh'n; hab' mich gestern so gegiftet![42]   25
Hundertsechzig Gulden[43] auf einem Sitz[44] verspielt — zu dumm! Und wer hat alles
gewonnen? Der Ballert, grad' der, der's nicht notwendig hat . . . Der Ballert ist
eigentlich schuld, daß ich in das blöde Konzert hab' geh'n müssen . . . Na ja, sonst
hätt' ich heut' wieder spielen können, vielleicht doch was zurückgewonnen. Aber es
ist ganz gut, daß ich mir selber das Ehrenwort gegeben hab', einen Monat lang keine   30
Karte anzurühren . . . Die Mama wird wieder ein G'sicht machen, wenn sie meinen
Brief bekommt! — Ah, sie soll zum Onkel geh'n, der hat Geld wie Mist;[45] auf die
paar hundert Gulden kommt's ihm nicht an. Wenn ich's nur durchsetzen könnt',
daß er mir eine regelmäßige Sustentation[46] gibt . . . aber nein, um jeden Kreuzer[47]

---

[31] mir stundenlang vorlamentieren lassen muß: *have to let myself be lamented at for hours; i.e., by
listening to the oratorium*   [32] Abschreiberei: schriftliches Absagen; *i.e., she often writes letters
canceling their meetings*   [33] nachtmahlen: Abendbrot essen (Mahl[zeit]: *meal*)   [34] Gartenbaugesellschaft: elegantes Restaurant in Wien   [35] vis-a-vis: (*Fr.*) gegenüber; *opposite*   [36] Waffenübung:
annual military exercises, especially for the Reserves   [37] da pfeif' ich auf'n ganzen Antisemitismus!.
da ist mir der ganze Antisemitismus völlig egal! *Then I don't give a damn about antisemitism!*
[38] getauft natürlich: In deutschsprachigen Ländern war es selten möglich, daß ein Jude eine
erfolgreiche Karriere machen konnte, ohne sich zum Christentum zu bekennen. Heinrich Heine (siehe
S. 269ff.), der sich 1825 taufen ließ, nannte den Taufzettel (*baptism certificate*) „das Entreebillet
(*admission ticket*) zur europäischen Kultur".   [39] denen merkt man's aber gar nicht an: *i.e., they
don't look Jewish*   [40] bildhübsch: bildschön; *pretty as a picture*   [41] das laß' ich mir g'fall'n: das ist
für mich das Richtige, das gefällt mir sehr   [42] hab' mich . . . gegiftet: habe mich . . . geärgert; *was
annoyed*   [43] Gulden: *florins*   [44] auf einem Sitz: auf einmal; *in one shot*   [45] der hat Geld wie Mist:
gewöhnlich: der hat Geld wie Heu (*hay*, statt Mist: *manure*); *i.e., he has money to burn*
[46] Sustentation: Unterstützung; *support, allowance*   [47] Kreuzer: *coin of small value*

muß man extra betteln. Dann heißt's wieder: Im vorigen Jahr war die Ernte
schlecht! . . . Ob ich heuer[48] im Sommer wieder zum Onkel fahren soll auf vierzehn
Tag'? Eigentlich langweilt man sich dort zum Sterben . . . Wenn ich die . . . wie hat
sie nur geheißen? . . . Es ist merkwürdig, ich kann mir keinen Namen merken! . . .
5   Ah, ja: Etelka! . . . Kein Wort deutsch hat sie verstanden, aber das war auch nicht
notwendig . . . hab' gar nichts zu reden brauchen! . . . Ja, es wird ganz gut sein,
vierzehn Tage Landluft[49] und vierzehn Nächt' Etelka oder sonstwer[50] . . . Aber
acht Tag' sollt' ich doch auch wieder beim Papa und bei der Mama sein . . . Schlecht
hat sie ausg'seh'n heuer zu Weihnachten . . . Na, jetzt wird die Kränkung schon
10   überwunden sein. Ich an ihrer Stelle wär' froh, daß der Papa in Pension gegangen
ist. — Und die Klara wird schon noch einen Mann kriegen . . . Der Onkel kann schon
was hergeben . . . Achtundzwanzig Jahr, das ist doch nicht so alt . . . Die Steffi ist
sicher nicht jünger . . . Aber es ist merkwürdig: *die* Frauenzimmer[51] erhalten sich
länger jung. Wenn man so bedenkt: die Maretti neulich in der „Madame
15   Sans-Gêne"[52] — siebenunddreißig Jahr ist sie sicher, und sieht aus . . . Na, ich hätt'
nicht Nein g'sagt! — Schad', daß sie mich nicht g'fragt hat . . .
          Heiß wird's! Noch immer nicht aus? Ah, ich freu' mich so auf die frische
Luft! Werd' ein bißl[53] spazieren geh'n, übern Ring[54] . . . Heut' heißt's: früh ins
Bett, morgen nachmittag frisch sein! Komisch, wie wenig ich daran denk', so egal ist
20   mir das! Das erstemal hat's mich doch ein bißl aufgeregt. Nicht, daß ich Angst
g'habt hätt'; aber nervös bin ich gewesen in der Nacht vorher . . . Freilich,
der Oberleutnant Bisanz war ein ernster Gegner. — Und doch, nichts ist mir
g'scheh'n! . . . Auch schon anderthalb Jahr her. Wie die Zeit vergeht! Und wenn mir
der Bisanz nichts getan hat, der Doktor wird mir schon gewiß nichts tun!
25   Obzwar,[55] gerade diese ungeschulten[56] Fechter sind manchmal die gefährlichsten.
Der Doschintzky hat mir erzählt, daß ihn ein Kerl, der das erstemal einen Säbel in
der Hand gehabt hat, auf ein Haar[57] abgestochen hätt'; und der Doschintzky ist
heut Fechtlehrer bei der Landwehr. Freilich — ob er damals schon so viel können[58]
hat . . . Das Wichtigste ist: kaltes Blut. Nicht einmal einen rechten Zorn hab' ich
30   mehr in mir, und es war doch eine Frechheit — unglaublich! Sicher hätt' er sich's
nicht getraut, wenn er nicht Champagner getrunken hätt' vorher . . . So eine
Frechheit! Gewiß ein Sozialist! Die Rechtsverdreher[59] sind doch heutzutag' alle
Sozialisten! Eine Bande . . . am liebsten möchten sie gleich's ganze Militär
abschaffen; aber wer ihnen dann helfen möcht',[60] wenn die Chinesen über sie
35   kommen, daran denken sie nicht. Blödisten![61] — Man muß gelegentlich ein
Exempel statuieren.[62] Ganz recht hab' ich g'habt. Ich bin froh, daß ich ihn nimmer
auslassen hab'[63] nach der Bemerkung. Wenn ich dran denk', werd' ich ganz wild!
Aber ich hab' mich famos benommen; der Oberst sagt auch, es war absolut
korrekt. Wird mir überhaupt nützen, die Sache. Ich kenn' manche, die den Burschen

---

[48]heuer: dieses Jahr   [49]Landluft: *country air*   [50]sonstwer: sonst jemand; *whoever else*
[51]Frauenzimmer: Frauen (*derog.*)   [52]„Madame Sans-Gêne": Komödie von Victorien Sardou
(1831 - 1908) und Emile Moreau (1852 - 1922)   [53]bißl: bißchen   [54]Ring: Straße im Zentrum
Wiens   [55]Obzwar: obwohl   [56]ungeschulten: *untrained, unschooled*   [57]auf ein Haar: beinahe;
came within a hair   [58]können: gekonnt   [59]Rechtsverdreher: *pettifoggers*   [60]möcht': soll
[61]Blödisten!: Narren! *Fools!*   [62]ein Exempel statuieren: *to set an example (of one of them)*
[63]ihn . . . auslassen hab': ihn . . . freigelassen, losgelassen habe; *let him get away*

hätten durchschlüpfen lassen. Der Müller sicher, der wär' wieder objektiv gewesen
oder so was. Mit dem Objektivsein[64] hat sich noch jeder blamiert . . . „Herr
Leutnant!" . . . schon die Art, wie er „Herr Leutnant" gesagt hat, war unverschämt! . . . „Sie werden mir doch zugeben müssen" . . . —Wie sind wir denn nur
d'rauf gekommen? Wieso hab' ich mich mit dem Sozialisten in ein Gespräch einge-   5
lassen? Wie hat's denn nur angefangen? . . . Mir scheint, die schwarze Frau, die ich
zum Büfett geführt hab', ist auch dabei gewesen . . . und dann dieser junge Mensch,
der die Jagdbilder[65] malt — wie heißt er denn nur? . . . Meiner Seel', der ist an der
ganzen Geschichte schuld gewesen! Der hat von den Manövern geredet; und dann
erst ist dieser Doktor dazugekommen und hat irgendwas g'sagt, was mir nicht   10
gepaßt hat, von Kriegsspielerei[66] oder so was — aber wo ich noch nichts hab' reden
können . . . Ja, und dann ist von den Kadettenschulen gesprochen worden . . . ja, so
war's . . . und ich hab' von einem patriotischen Fest erzählt . . . und dann hat der
Doktor gesagt — nicht gleich, aber aus dem Fest hat es sich entwickelt — „Herr
Leutnant, Sie werden mir doch zugeben, daß nicht alle Ihre Kameraden zum Militär   15
gegangen sind, ausschließlich um das Vaterland zu verteidigen!" So eine Frechheit!
Das wagt so ein Mensch einem Offizier ins Gesicht zu sagen! Wenn ich mich nur
erinnern könnt', was ich d'rauf geantwortet hab'? . . . Ah ja, etwas von Leuten, die
sich in Dinge dreinmengen,[67] von denen sie nichts versteh'n . . . Ja, richtig . . . und
dann war einer da, der hat die Sache gütlich beilegen[68] wollen, ein älterer Herr mit   20
einem Stockschnupfen[69] . . . Aber ich war zu wütend! Der Doktor hat das absolut
in dem Ton gesagt, als wenn er direkt mich gemeint hätt'. Er hätt' nur noch sagen
müssen, daß sie mich aus dem Gymnasium hinausg'schmissen[70] haben, und daß ich
deswegen in die Kadettenschul' gesteckt worden bin . . . Die Leut' können eben
unserein'n[71] nicht versteh'n, sie sind zu dumm dazu . . . Wenn ich mich so erinner',   25
wie ich das erstemal den Rock[72] angehabt hab', so was erlebt eben nicht ein
jeder . . . Im vorigen Jahr bei den Manövern — ich hätt' was drum gegeben, wenn's
plötzlich Ernst gewesen wär' . . . Und der Mirovic hat mir g'sagt, es ist ihm ebenso
gegangen. Und dann, wie Seine Hoheit die Front abgeritten sind,[73] und die
Ansprache vom Obersten — da muß einer schon ein ordentlicher Lump sein, wenn   30
ihm das Herz nicht höher schlägt . . . Und da kommt so ein Tintenfisch[74] daher,[75]
der sein Lebtag[76] nichts getan hat, als hinter den Büchern gesessen, und erlaubt sich
eine freche Bemerkung! . . . Ah, wart' nur, mein Lieber — bis zur Kampfunfähigkeit[77] . . . jawohl, du sollst so kampfunfähig werden . . .

  Ja, was ist denn? Jetzt muß es doch bald aus sein? . . . „Ihr, seine Engel,   35
lobet den Herrn" . . . — Freilich, das ist der Schlußchor . . . Wunderschön, da kann
man gar nichts sagen. Wunderschön! — Jetzt hab' ich ganz die aus der Loge
vergessen, die früher zu kokettieren angefangen hat. Wo ist sie denn? . . . Schon
fortgegangen . . . Die dort scheint auch sehr nett zu sein . . . Zu dumm, daß ich

---

[64] **Mit dem Objektivsein:** mit der Objektivität   [65] **Jagdbilder:** *hunting scenes*   [66] **Kriegsspielerei:**
war games   [67] **dreinmengen:** einmischen; *mix in*   [68] **gütlich beilegen:** *settle amicably*
[69] **Stockschnupfen:** *chronic cold*   [70] **hinausg'schmissen:** hinausgeworfen   [71] **unserein'n:** unsereins;
our sort   [72] **Rock:** *military tunic*   [73] **die Front abgeritten sind:** die Front abgeritten haben;
inspected the regiment on horseback (rode down the front line)   [74] **Tintenfisch:** *(literally, "octopus")*
scribbler   [75] **daher:** her   [76] **sein Lebtag:** sein ganzes Leben   [77] **bis zur Kampfunfähigkeit:** bis
einer der Duellanten nicht mehr kämpfen kann

keinen Operngucker[78] bei mir hab'! Der Brunnthaler ist ganz gescheit, der hat sein
Glas immer im Kaffeehaus bei der Kassa[79] liegen, da kann einem nichts g'scheh'n
. . . Wenn sich die Kleine da vor mir nur *ein*mal umdreh'n möcht'! So brav sitzt s'[80]
alleweil[81] da. Das neben ihr ist sicher die Mama. — Ob ich nicht doch einmal
5   ernstlich ans Heiraten denken soll? Der Willy war nicht älter als ich, wie[82] er
hineingesprungen ist. Hat schon was für sich, so immer gleich ein hübsches Weiberl
zu Haus vorrätig zu haben . . . Zu dumm, daß die Steffi grad heut' keine Zeit hat!
Wenn ich wenigstens wüßte, wo sie ist, möcht' ich mich wieder vis-a-vis[83] von ihr
hinsetzen. Das wär' eine schöne G'schicht',[84] wenn ihr der draufkommen
10 möcht',[85] da hätt' *ich* sie am Hals . . . Wenn ich so denk', was dem Fließ sein
Verhältnis mit der Winterfeld kostet! Und dabei betrügt sie ihn hinten und vorn.
Das nimmt noch einmal ein Ende mit Schrecken . . . Bravo, bravo! Ah, aus! . . . So,
das tut wohl, aufsteh'n können, sich rühren . . . Na, vielleicht! Wie lang' wird der da
noch brauchen, um sein Glas ins Futteral[86] zu stecken?

15   „Pardon, pardon, wollen[87] mich nicht hinauslassen?"

Ist das ein Gedränge! Lassen wir die Leut' lieber vorbeipassieren[88] . . .
Elegante Person . . . ob das echte Brillanten[89] sind? . . . Die da ist nett . . . Wie
sie mich anschaut! . . . O ja, mein Fräulein, ich möcht' schon! . . . O, die
Nase! — Jüdin . . . Noch eine . . . Es ist doch fabelhaft, da sind auch die Hälfte
20 Juden . . . nicht einmal ein Oratorium kann man mehr in Ruhe genießen . . . So,
jetzt schließen wir uns an . . . Warum drängt denn der Idiot hinter mir? Das werd'
ich ihm abgewöhnen . . . Ah, ein älterer Herr! . . . Wer grüßt mich denn dort von
drüben? . . . Habe die Ehre,[90] habe die Ehre! Keine Ahnung hab' ich, wer das ist . . .
das Einfachste wär', ich ging gleich zum Leidinger hinüber nachtmahlen[91] . . .
25 oder soll ich in die Gartenbaugesellschaft?[92] Am End'[93] ist die Steffi auch dort?
Warum hat sie mir eigentlich nicht geschrieben wohin sie mit ihm geht? Sie wird's
selber noch nicht gewußt haben. Eigentlich schrecklich, so eine abhängige Existenz
. . . Armes Ding! — So, da ist der Ausgang . . . Ah, die ist aber bildschön! Ganz
allein? Wie sie mich anlacht. Das wär' eine Idee, der geh' ich nach! . . . So, jetzt die
30 Treppen hinunter . . . Oh, ein Major von Fünfundneunzig[94] . . . Sehr liebenswürdig
hat er gedankt . . . Bin doch nicht der einzige Offizier hier gewesen . . . Wo ist denn
das hübsche Mädel? Ah, dort . . . am Geländer steht sie . . . So, jetzt heißt's[95] noch
zur Garderobe . . . Daß mir die Kleine nicht auskommt[96] . . . Hat ihm schon![97] So
ein elender Fratz![98] Läßt sich da von einem Herrn abholen, und jetzt lacht sie noch
35 auf mich herüber![99] — Es ist doch keine was wert . . . Herrgott, ist das ein
Gedränge bei der Garderobe! . . . Warten wir lieber noch ein bissel . . . So! Ob der
Blödist[100] meine Nummer nehmen möcht'? . . .

„Sie, zweihundertvierundzwanzig! Da hängt er! Na, hab'n Sie keine

---

[78]Operngucker: siehe S. 426, Z. 24   [79]Kassa: Kasse; *cash register*   [80]s': sie   [81]alleweil: die
ganze Zeit   [82]wie: als   [83]vis-a-vis: siehe S. 427, Z. 9   [84]eine schöne G'schicht': eine schöne
Sache   [85]wenn ihr der draufkommen möcht': *if he were to find her out*   [86]Futteral: *case*
[87]wollen: wollen Sie   [88]vorbeipassieren: vorbeigehen   [89]Brillanten: Diamanten   [90]Habe die
Ehre: Guten Abend   [91]nachtmahlen: siehe S. 427, Z. 7   [92]Gartenbaugesellschaft: siehe S. 427,
Z. 18   [93]Am End': *after all*   [94]Fünfundneunzig: Regiment Nr. 95   [95]heißt's: muß ich
[96]mir . . . auskommt: mir . . . entkommt; *eludes me*   [97]Hat ihm schon!: *Too late!*   [98]Fratz: *rogue*
[99]lacht . . . auf mich herüber: *is laughing across (the hall) at me*   [100]Blödist: siehe S. 428, Z. 35

Augen? Da hängt er! Na, Gott sei Dank! ... Also bitte!"[101] ... Der Dicke da
verstellt[102] einem schier die ganze Garderobe ...„Bitte sehr!"...

„Geduld, Geduld!"

Was sagt der Kerl?

„Nur ein bissel[103] Geduld!"

Dem muß ich doch antworten ... „Machen Sie doch Platz!"

„Na, Sie werden's auch nicht versäumen!"[104]

Was sagt er da? Sagt er das zu mir? Das ist doch stark! Das darf ich mir nicht
gefallen lassen! „Ruhig!"

„Was meinen Sie?"

Ah, so ein Ton? Da hört sich doch alles auf![105]

„Stoßen Sie nicht!"

„Sie, halten Sie das Maul!" Das hätt' ich nicht sagen sollen, ich war zu
grob ... Na, jetzt ist's schon g'scheh'n!

„Wie meinen?"

Jetzt dreht er sich um ... Den kenn' ich ja! — Donnerwetter, das ist ja der
Bäckermeister, der immer ins Kaffeehaus kommt ... Was macht denn der da? Hat
sicher auch eine Tochter oder so was bei der Singakademie ... Ja, was ist denn
das? Ja, was macht er denn? Mir scheint gar ... ja, meiner Seel',[106] er hat den
Griff von meinem Säbel in der Hand ... Ja, ist der Kerl verrückt? ... „Sie
Herr ..."

„Sie, Herr Luetnant, sein S' jetzt ganz stad."[107]

Was sagt er da? Um Gottes willen, es hat's doch keiner gehört? Nein, er red't
ganz leise ... Ja, warum laßt er denn meinen Säbel net aus?[108] ... Herrgott noch
einmal[109] ... Ah, da heißt's rabiat sein ... ich bring' seine Hand vom Griff nicht
weg ... nur keinen Skandal jetzt! ... Ist nicht am End'[110] der Major hinter mir?
... Bemerkt's nur niemand, daß er den Griff von meinem Säbel hält? Er red't ja zu
mir! Was red't er denn?

„Herr Leutnant, wenn Sie das geringste Aufsehen machen, so zieh' ich den
Säbel aus der Scheide, zerbrech' ihn und schick' die Stück' an Ihr Regimentskom-
mando. Versteh'n Sie mich, Sie dummer Bub?"[111]

Was hat er g'sagt? Mir scheint, ich träum'! Red't er wirklich zu mir? Ich
sollt' was antworten ... Aber der Kerl macht ja Ernst — der zieht wirklich den
Säbel heraus. Herrgott — er tut's! ... Ich spür's, er reißt schon dran.[112] Was red't
er denn? ... Um Gottes willen, nur kein' Skandal — — Was red't er denn noch
immer?

„Aber ich will Ihnen die Karriere nicht verderben ... Also, schön brav
sein![113] ... So, hab'n S' keine Angst, 's hat niemand was gehört ... es ist schon alles
gut ... so! Und damit keiner glaubt, daß wir uns gestritten haben, werd' ich jetzt
sehr freundlich mit Ihnen sein! — Habe die Ehre, Herr Leutnant, hat mich sehr
gefreut — habe die Ehre."

---

[101] **Also bitte!:** *If you please!* [102] **verstellt:** *blocks* [103] **bissel:** bißchen [104] **Sie werden's auch
nicht versäumen!:** *You won't miss your chance! You'll get there soon enough!* [105] **Da hört sich
doch alles auf!:** Das ist zuviel! [106] **meiner Seel':** *by my soul* [107] **stad:** ruhig [108] **net aus:** nicht
los [109] **Herrgott noch einmal:** *for heaven's sake!* [110] **am End':** *on top of everything* [111] **Bub:**
Bube, Junge [112] **reißt ... dran:** *is pulling at it* [113] **schön brav sein!:** *Be nice! Be a good boy!*

Um Gottes willen, hab' ich geträumt? . . . Hat er das wirklich gesagt? . . . Wo
ist er denn? . . . Da geht er . . . Ich müßt' ja den Säbel ziehen und ihn
zusammenhauen[114] — — Um Gottes willen, es hat's doch niemand gehört? . . .
Nein, er hat ja nur ganz leise geredet, mir ins Ohr . . . Warum geh' ich denn nicht hin
5   und hau' ihm den Schädel auseinander? . . . Nein, es geht ja nicht, es geht ja nicht
. . . gleich hätt' ich's tun müssen . . . Warum hab' ich's denn nicht gleich getan? . . .
Ich hab's ja nicht können . . . er hat ja den Griff nicht auslassen,[115] und er ist
zehnmal stärker als ich . . . Wenn ich noch ein Wort gesagt hätt', hätt' er mir
wirklich den Säbel zerbrochen . . . Ich muß ja noch froh sein, daß er nicht laut
10   geredet hat! Wenn's ein Mensch gehört hätt', so müßt' ich mich ja *stante pede*[116]
erschießen . . . Vielleicht ist es doch ein Traum gewesen . . . Warum schaut mich
denn der Herr dort an der Säule so an? hat der am End' was gehört? . . . Ich werd'
ihn fragen . . . Fragen? — Ich bin ja verrückt! — Wie schau' ich denn aus? — Merkt
man mir was an? — Ich muß ganz blaß sein. — Wo ist der Hund? . . . Ich muß ihn
15   umbringen! . . . Fort ist er . . . Überhaupt schon ganz leer . . . Wo ist denn mein
Mantel? . . . Ich hab' ihn ja schon angezogen . . . Ich hab's gar nicht gemerkt . . .
Wer hat mir denn geholfen? . . . Ah, der da . . . dem muß ich ein Sechserl[117] geben
. . . So! . . . Aber was ist denn das? Ist es denn wirklich gescheh'n? Hat wirklich
einer so zu mir geredet? Hat mir wirklich einer „dummer Bub" gesagt? Und ich hab'
20   ihn nicht auf der Stelle zusammengehauen? . . . Aber ich hab' ja nicht können . . . er
hat ja eine Faust' gehabt wie Eisen . . . ich bin[118] ja dagestanden wie angenagelt[119]
. . . Nein, ich muß den Verstand verloren gehabt haben, sonst hätt' ich mit der
anderen Hand . . . Aber da hätt' er ja meinen Säbel herausgezogen und zerbrochen,
und aus wär's gewesen — alles wär' aus gewesen! Und nachher, wie[120] er
25   fortgegangen ist, war's zu spät . . . ich hab' ihm doch nicht den Säbel von hinten in
den Leib rennen können.

Was, ich bin schon auf der Straße? Wie bin ich denn da heraus-
gekommen? — So kühl ist es . . . ah, der Wind, der ist gut . . . Wer ist denn das da
drüben? Warum schau'n denn die zu mir herüber? Am Ende haben die was gehört
30   . . . Nein, es kann niemand was gehört haben . . . ich weiß ja, ich hab' mich gleich
nachher umgeschaut! Keiner hat sich um mich gekümmert, niemand hat was gehört
. . . Aber gesagt hat er's, wenn's auch niemand gehört hat; gesagt hat er's doch. Und
ich bin dagestanden und hab' mir's gefallen lassen, wie[121] wenn mich einer vor den
Kopf[122] geschlagen hätt'! . . . Aber ich hab' ja nichts sagen können, nichts tun
35   können; es war ja noch das einzige, was mir übrig geblieben ist: stad[123] sein, stad
sein! . . . 's ist fürchterlich, es ist nicht zum Aushalten; ich muß ihn totschlagen, wo
ich ihn treff'! . . . Mir sagt das einer! Mir sagt das so ein Kerl, so ein Hund! Und er
kennt mich . . . Herrgott noch einmal, er kennt mich, er weiß, wer ich bin! . . . Er
kann jedem Menschen erzählen, daß er mir das g'sagt hat! . . . Nein, nein, das wird
40   er ja nicht tun, sonst hätt' er auch nicht so leise geredet . . . er hat auch nur
wollen,[124] daß ich es allein hör'! . . . Aber wer garantiert mir, daß er's nicht doch

---

[114]zusammenhauen: *cut to pieces*   [115]auslassen: losgelassen   [116]stante pede: (*Lat.*) sofort
[117]Sechserl: kleines österreichisches Geldstück   [118]bin: habe   [119]angenagelt: *nailed down*
[120]wie: als   [121]wie: als   [122]vor den Kopf: *on my head*   [123]stad: siehe S. 431, Z. 22
[124]wollen: gewollt

erzählt, heut' oder morgen, seiner Frau, seiner Tochter, seinen Bekannten im Kaffeehaus. — — Um Gottes willen, morgen seh' ich ihn ja wieder! Wenn ich morgen ins Kaffeehaus komm', sitzt er wieder dort wie alle Tag' und spielt seinen Tapper[125] mit dem Herrn Schlesinger und mit dem Kunstblumenhändler[126] ... Nein, nein, das geht ja nicht, das geht ja nicht ... Wenn ich ihn seh', so hau' ich ihn 5 zusammen ... Nein, das darf ich ja nicht ... gleich hätt' ich's tun müssen, gleich! ... Wenn's nur gegangen wär'![127] Ich werd' zum Obersten geh'n und ihm die Sache melden ... ja, zum Obersten ... Der Oberst ist immer sehr freundlich — und ich werd' ihm sagen: Herr Oberst, ich melde gehorsamst, er hat den Griff gehalten, er hat ihn nicht aus'lassen;[128] es was genau so, als wenn ich ohne Waffe gewesen wäre 10 ... — Was wird der Oberst sagen? — Was er sagen wird? — Aber da gibt's ja nur eins: quittieren[129] mit Schimpf und Schand — quittieren! ... Sind das Freiwillige[130] da drüben? ... Ekelhaft, bei der Nacht schau'n sie aus, wie Offiziere ... sie salutieren! — Wenn die wüßten — wenn die wüßten! ... — Da ist das Café Hochleitner ... Sind jetzt gewiß ein paar Kameraden drin ... vielleicht auch einer 15 oder der andere, den ich kenn' ... Wenn ich's dem ersten Besten[131] erzählen möcht', aber so, als wär's einem andern passiert? ... — Ich bin ja schon ganz irrsinnig ... Wo lauf' ich denn da herum? Was tu' ich denn auf der Straße? — Ja, aber wo soll ich denn hin? Hab' ich nicht zum Leidinger wollen?[132] Haha, unter Menschen mich niedersetzen ... ich glaub', ein jeder müßt' mir's anseh'n ... Ja, 20 aber irgendwas muß doch gescheh'n ... Was soll denn gescheh'n? ... Nichts, nichts — es hat ja niemand was gehört ... es weiß ja niemand was ... in dem Moment weiß niemand was ... Wenn ich jezt zu ihm in die Wohnung ginge und ihn beschwören möchte, daß er's niemandem erzählt? ... — Ah, lieber gleich eine Kugel vor den Kopf, als so was! ... Wär' so das Gescheiteste! ... Das Gescheiteste? Das 25 Gescheiteste? — Gibt ja überhaupt nichts anderes ... gibt nichts anderes ... Wenn ich den Oberst fragen möcht', oder den Kopetzky — oder den Blany — oder den Friedmair: — jeder möcht' sagen: es bleibt dir nichts anderes übrig! ...

---

[125]**Tapper:** ein Kartenspiel   [126]**Kunstblumenhändler:** *seller of artificial flowers*   [127]**Wenn's nur gegangen wär'!:** Wenn es nur möglich gewesen wäre!   [128]**aus'lassen:** siehe S. 432, Z. 7 [129]**quittieren:** *resign (from the army)*   [130]**Freiwillige:** *Usually* „Einjährig-Freiwillige". *Graduates of the German and the Austrian system of higher education had the privilege of "volunteering" for a year of military service instead of serving the regular two years. They often received special training for commissions in the reserve. Army career men such as Gustl often looked down upon them.*   [131]**dem ersten Besten:** *to the first one who comes along*   [132]**wollen:** gehen wollen

HUGO VON HOFMANNSTHAL (1874 - 1929)

Unter den großen Themen der Literatur des zwanzigsten Jahrhunderts gibt es vielleicht keines, das so häufig wiederkehrt wie das der Einsamkeit. Diese Häufigkeit ist nicht biographisch zu erklären. „Einsam" fühlen sich so viele Dichter nicht deshalb, weil sie keine Freunde haben oder weil sie nicht geliebt werden. Das kann, es muß aber nicht so
5 sein. Was die moderne Literatur unter Einsamkeit versteht, ist eine neue, viel radikalere Form dieses Erlebnisses. Diese „neue" Einsamkeit meinte Nietzsche, als er in einem Brief an seinen Freund Overbeck schrieb: „Zuletzt gab es für alle die, welche irgendwie einen ‚Gott' zur Gesellschaft hatten, noch gar nicht das, was *ich* als Einsamkeit kenne." (2. 7. 1885) Diejenigen nämlich, die noch einen ‚Gott' zur Gesellschaft hatten, hatten damit
10 zugleich einen Sinn ihres Lebens, Richtlinien ihres Handelns, und waren mit anderen, die in demselben Glauben lebten, zu einer Gemeinschaft verbunden. In dem Maße aber, in dem grundlegende, allen gemeinsame Überzeugungen[1] sich auflösten, blieb dem einzelnen zuletzt keinerlei unmittelbare Gewißheit als das eigene Ich. Dies führte freilich zu neuen und verschärften Schwierigkeiten. Denn das Ich, für das es nichts Sicheres mehr gab außer
15 dem Bewußtsein seiner selbst, fand nun außerhalb seiner selbst sehr oft nichts anderes als Spiegelungen, Reflexionen seiner selbst. Eingeschlossen in dieser seiner eigenen Welt erschien sich der Einzelne dann oft mehr gefangen als gesichert.
　　　Gleichzeitig aber zeigte sich, daß in einer Welt, in der alles fragwürdig geworden war, auch der Rückzug auf das Ich keine wirkliche Sicherheit mehr bot. Das Ich selbst war
20 fragwürdig geworden, es erwies sich als ein fiktiver Begriff; bei genauerem Zusehen[2] löste sich seine Einheit auf. Zu einer solchen Erkenntnis trug auch die neue Wissenschaft der Tiefenpsychologie bei. In ihrer Sicht erschien das menschliche Bewußtsein nur wie die Spitze eines Eisbergs, der, dem Auge fast völlig unsichtbar, unter der Oberfläche seine eigentliche Ausdehnung hat. Vom Unterbewußten, vom Unbewußten her aber konnten
25 jederzeit mächtige, dem Bewußtsein unbekannte und unverständliche Impulse in die rationale Sphäre einbrechen, Triebe, gegen die sich die menschliche Vernunft als ohnmächtig erwies.
　　　Die Identität des Ichs wurde aber außerdem auch von einer anderen Dimension her angegriffen: von der Zeitlichkeit. Denn dies Ich war, wie die Psychologie zeigte, in
30 fortwährender Wandlung begriffen;[3] es änderte sich mit jedem Augenblick, löste sich auf in ein fließendes Nacheinander von Erlebnismomenten.[4] Nicht nur der Augenblick, nicht nur alles, was er an Inhalten[5] mit sich führt,[6] auch derjenige, der ihn erfährt, wandelt sich von Minute zu Minute. „Das Ich ist keine unveränderliche, bestimmte, scharf begrenzte Einheit", erklärte der Philosoph Ernst Mach.[7] Seine *Analyse der Empfindungen* (1885)
35 versuchte den Nachweis zu führen,[8] daß das Ich „unrettbar" sei.
　　　Hofmannsthal hatte als Student in Wien bei Mach Vorlesungen gehört. Sein *Brief des Lord Chandos [Ein Brief]* (1902), ist berühmt geworden als eine Dichtung, die von

---

[1] in dem grundlegende, allen gemeinsame Überzeugungen: *in which basic convictions common to all*
[2] Zusehen: Betrachtung; *inspection*　　[3] begriffen: *engaged (in)*　　[4] in ein fließendes Nacheinander von Erlebnismomenten: *in a flowing succession of momentary experiences*　　[5] Inhalten: *contents, substance*　　[6] führt: *carries*　　[7] Ernst Mach: (1838 - 1916)　　[8] den Nachweis zu führen: zu beweisen; *to prove*

dieser Krise des Ichbewußtseins handelt. In diesem Briefe versucht Lord Chandos seinem Freunde, dem englischen Philosophen Francis Bacon,[9] zu erklären, warum er als Dichter verstummt sei. „Es ist mir", schreibt Chandos, „völlig die Fähigkeit abhanden gekommen,[10] über irgend etwas zusammenhängend zu denken oder zu sprechen ... Ich empfand ein unerklärliches Unbehagen, die Worte ‚Geist', ‚Seele' oder ‚Körper' nur auszusprechen ... Die abstrakten Worte ... zerfielen mir im Munde wie modrige[11] Pilze ..." Die Krise des Ichbewußtseins führt zu einer Sprachkrise. Denn Kommunikation ist ja nur möglich, wenn die sprachlichen Zeichen und Begriffe, deren sich Menschen bedienen, etwas bezeichnen, das den Sprechenden gemeinsam ist. Für Chandos aber löst sich die Welt in Einzelheiten auf, die keinen Zusammenhang miteinander haben. „Es zerfiel mir alles in Teile, die Teile wieder in Teile, und nichts mehr ließ sich mit einem Begriff umfassen." Statt einer sinnvoll geordneten Einheit erlebt Chandos die Welt als ein ungeordnetes Nebeneinander[12] sinnlicher Eindrücke: „Eine Gießkanne,[13] eine auf einem Felde verlassene Egge,[14] ein Hund in der Sonne, ein ärmlicher Kirchhof, ein Krüppel, ein kleines Bauernhaus", dieses sind die Impressionen, die auf ihn eindringen. Er erlebt sie oft mit einer ungeheuerlichen Intensität, nur irgendwie sinnvoll machen lassen sie sich nicht mehr.[15] So versinkt Chandos in einer „geistigen Starrnis",[16] die der Lähmung sehr ähnlich ist, von der Thomas Mann im *Zauberberg*[17] spricht.

Im *Brief des Lord Chandos* hatte Hofmannsthal, nur leicht maskiert, seine eigene Krise dargestellt. Zwar verstummte er nicht, doch schrieb er von jetzt ab keine Gedichte mehr. Und gerade als Lyriker hatte Hofmannsthal eine frühe Berühmtheit erlangt. Siebzehnjährig, noch als Schüler des Wiener Akademischen Gymnasiums, hatte er seine ersten Gedichte veröffentlicht. Nun schrieb er, zehn Jahre später, vor allem als Theaterdichter weiter. Besonders die Welt der Oper lockte ihn. Gerade für einen Dichter, der dem Wort so sehr mißtraute, ergaben sich in der Verbindung mit der Musik neue, mehr spielerische Aufgaben für die Sprache. So fand er sich aufs glücklichste mit Richard Strauß[18] zusammen,[19] dem er die Texte für die meisten seiner Opern schrieb.

„Daß alles gleitet und vorüberrinnt",[20] ist eine Erkenntnis, die Hofmannsthal nie widerrufen hat; für die eigentliche Pflicht des Lebens aber hielt er es, dieser Einsicht standzuhalten, ja, ihr entgegenzuhandeln. Auch aus ihm sprach das stoische „dennoch", mit dem sich schon die Dichter des Barock der Vergänglichkeit, Traumhaftigkeit[21] und Flüchtigkeit des Daseins entgegenstellten.[22] Und so werden in Hofmannsthals Theaterspielen[23] den Flüchtigen und Gleitenden,[24] den „Abenteurern" diejenigen gegenübergestellt, die sich binden[25] (*Cristinas Heimreise*, 1908), so steht Treue gegen Genuß, und so zeigt seine schönste Komödie, *Der Schwierige* (1921), wie in einer Welt der Sprachverwirrung und der Sprachverzweiflung,[26] in der es unmöglich erscheint, sich zu verständigen, zwei Menschen fast wortlos zueinander finden.[27]

---

[9] Francis Bacon: (1561 - 1626) [10] Es ist mir ... abhanden gekommen: ich habe ... verloren
[11] modrige: *moldy* [12] Nebeneinander: *juxtaposition, simultaneity* [13] Gießkanne: *watering can*
[14] Egge: *harrow* [15] nur irgendwie sinnvoll machen lassen sie sich nicht mehr: nur lassen sich die Impressionen nicht mehr irgendwie sinnvoll machen [16] Starrnis: Starrheit; *numbness*
[17] Zauberberg: siehe S. [18] Richard Strauß; (1864 - 1949) [19] fand er sich ... zusammen: traf er ... zusammen, befreundete sich [20] vorüberrinnt: *flows past: i.e., is transitory*
[21] Traumhaftigkeit: *illusoriness* [22] die Dichter des Barock ... entgegenstellten: siehe S. 65ff.
[23] Theaterspielen: Dramen [24] den Flüchtigen und Gleitenden: *the transients and those who slide from one adventure to another* [25] die sich binden: *who commit themselves* [26] Sprachverwirrung und ... Sprachverzweiflung: *confusion and despair of communication through language*
[27] zueinander finden: zusammenkommen

Auf Treue begründet ist auch Hofmannsthals Verhältnis zum Lande seiner Herkunft. Es schien ihm der Mühe wert, die Kontinuität des alten habsburgischen Österreich[28] zu erhalten, und damit zugleich die kulturelle Tradition des alten Europas. Für diese Aufgabe der Bewahrung setzte er seine Kraft ein. Er tat es wider besseres

5 Wissen. Der Erste Weltkrieg machte dann dem alten Österreich ein Ende; die Barbarisierung Europas kündigte sich an. Sechs Jahre nach dem Ausbruch des Krieges schrieb Hofmannsthal aus Wien an einen Freund: „Seit sechs Jahren liege ich hier wie ein Hund an der Kette ... in einer langsam zusammenstürzenden, dann verwesenden Welt." In der wachsenden Verdüsterung,[29] die diese Einsicht in ihm bewirkte, konnte er freilich

10 nicht sehen, daß es nicht zuletzt[30] sein eigenes Werk war, in dem sich eine versinkende Welt erhielt.[31]

VORFRÜHLING* (1892)

Es läuft der Frühlingswind
durch kahle Alleen,
seltsame Dinge sind
15 in seinem Wehn.[32]

Er hat sich gewiegt,[33]
wo Weinen war,
und hat sich geschmiegt
in zerrüttetes[34] Haar.

20 Er schüttelte nieder
Akazienblüten[35]
und kühlte die Glieder,
die atmend glühten.

Lippen im Lachen
25 hat er berührt,
die weichen und wachen[36]
Fluren durchspürt.[37]

Er glitt durch die Flöte
als schluchzender Schrei,
30 an dämmernder Röte[38]
flog er vorbei.

Er flog mit Schweigen
durch flüsternde Zimmer
und löschte im Neigen[39]
der Ampel[40] Schimmer.   35

Es läuft der Frühlingswind
durch kahle Alleen,
seltsame Dinge sind
in seinem Wehn.

Durch die glatten   40
kahlen Alleen
treibt sein Wehn
blasse Schatten.

Und den Duft,
den er gebracht,   45
von wo er gekommen
seit gestern Nacht.

---

[28] des alten habsburgischen Österreich: Das Haus Habsburg regierte Österreich von 1282 bis 1918.
[29] Verdüsterung: Verdunkelung; *darkening*   [30] nicht zuletzt: *to a significant extent*   [31] sich ... erhielt: *was preserved*   [32] Wehn: Wehen; *blowing*   [33] sich gewiegt: *rocked itself*   [34] zerrüttetes: *disheveled*   [35] Akazienblüten: *acacia blossoms*   [36] wachen: *wide-awake, lively*   [37] hat ... durchspürt: *felt his way over*   [38] dämmernder Röte: *redness of dawn or twilight*   [39] im Neigen: *dipping down*   [40] Ampel: *hanging lamp*
* Vorfrühling: *"Early Spring"*

BALLADE DES ÄUSSEREN LEBENS (1895)

Und Kinder wachsen auf mit tiefen Augen,
die von nichts wissen, wachsen auf und sterben,
und alle Menschen gehen ihre Wege.

Und süße Früchte werden aus den herben
und fallen nachts wie tote Vögel nieder   5
und liegen wenig Tage und verderben.

Und immer weht der Wind, und immer wieder
vernehmen wir und reden viele Worte
und spüren[41] Lust und Müdigkeit der Glieder.

Und Straßen laufen durch das Gras, und Orte   10
sind da und dort, voll Fackeln, Bäumen, Teichen,
und drohende, und totenhaft[42] verdorrte ...

Wozu sind diese aufgebaut? und gleichen[43]
einander nie? und sind unzählig viele?
Was[44] wechselt[45] Lachen, Weinen und Erbleichen?[46]   15

Was frommt das alles uns[47] und diese Spiele,
die wir[48] doch groß und ewig einsam sind
und wandernd nimmer suchen irgend Ziele?

Was frommts, dergleichen viel gesehen haben?
Und dennoch sagt der viel, der „Abend" sagt,   20
ein Wort, daraus Tiefsinn und Trauer rinnt

wie schwerer Honig aus den hohlen Waben.[49]

ÜBER VERGÄNGLICHKEIT (1895)

Noch spür ich ihren Atem auf den Wangen:
Wie kann das sein, daß diese nahen Tage
fort sind, für immer fort, und ganz vergangen?

---

[41]spüren: fühlen   [42]totenhaft: totenähnlich, wie die Toten   [43]gleichen: *resemble*   [44]Was:
warum   [45]wechselt: *alternates*   [46]Erbleichen: Sterben   [47]Was frommt das alles uns: was nützt
uns das alles; *of what use is all this to us*   [48]die wir: *we who*   [49]Waben: *honeycombs*

Dies ist ein Ding, das keiner voll aussinnt,[50]
und viel zu grauenvoll, als daß man klage:
daß alles gleitet und vorüberrinnt.[51]

Und daß mein eignes Ich, durch nichts gehemmt,
5 herüberglitt[52] aus einem kleinen Kind
mir wie ein Hund unheimlich stumm und fremd.[53]

Dann: daß ich auch vor hundert Jahren war
und meine Ahnen, die im Totenhemd,[54]
mit mir verwandt sind wie mein eignes Haar,

10 so eins mit mir als wie mein eignes Haar.

INSCHRIFT (1896)

Entzieh dich nicht dem einzigen Geschäfte!
Vor dem dich schaudert, dieses ist das deine:
Nicht anders sagt das Leben, was es meine,
und schnell verwirft das Chaos deine Kräfte.

Aus DER ROSENKAVALIER (1911)

15 In seinem Briefwechsel mit Richard Strauß kommt Hofmannsthal einmal auf Wagners
Meistersinger[55] zu sprechen und fragt dabei, worauf „der große Reiz und die große
Kraft" dieser Oper beruhe. Die Antwort, die er sich selbst auf diese Frage gibt, heißt:
Nürnberg. In diesem „Stadtganzen",[56] das „die deutsche bürgerliche Geistes-, Gemüts-
und Lebenswelt[57] von 1500" nicht bloß widerspiegelt, sondern wahrhaft vergegen-
20 wärtigt, sieht er das entscheidende Element, wodurch sich dieses Werk noch über alle
anderen Werke „dieses einzigartigen Mannes" heraushebt. Dies, findet er, „gibt dieser Oper
ihre unzerstörbare Wirklichkeit: daß sie eine echte, geschlossene Welt wieder lebendig
macht". Etwas Ähnliches nun glaubte Hofmannsthal auch vom *Rosenkavalier* sagen zu
können, der „Komödie für Musik", die er für Richard Strauß gedichtet hatte und die zur
25 Zeit, als er diesen Brief schrieb, längst einen Welterfolg errungen hatte. „Wie dort das

---

[50]aussinnt: *versteht; "thinks out"*   [51]daß alles gleitet und vorüberrinnt: siehe S. 435, Z. 28
[52]herüberglitt: *glided this way*   [53]mir... stumm und fremd: *silent and alien to me*
[54]Totenhemd: *shroud*   [55]Meistersinger: siehe S. 368ff.   [56]„Stadtganzen": *entire concept of the
city*   [57]Geistes-, Gemüts- und Lebenswelt: *intellectual, spiritual, and everyday life*

Nürnberg von 1500, ist hier das theresianische Wien[57a] — eine wirkliche, darum glaubhafte ganze Stadtwelt mit hundert lebendigen Bezügen in sich — der eigentliche Träger des Ganzen, und durch dieses Ganze werden die Figuren lebendig."

Natürlich ist weder Wagner noch Hofmannsthal in erster Linie[58] ein Historiker, dem es vor allem darauf ankommt,[59] irgend eine Vergangenheit wieder zu beleben. 5 Hofmannsthal hat darauf hingewiesen, in welchem Maße selbstbiographische Elemente in die *Meistersinger* eingegangen sind, und dies gilt genau so für den *Rosenkavalier*. Auch im *Rosenkavalier* geht es um[60] ein sehr persönliches Problem, um das Erlebnis der Vergänglichkeit, das Hofmannsthal so sehr beschäftigt hat, oder vielmehr um seine Bewältigung. Im Mittelpunkt der Oper steht die Marschallin,[61] Fürstin Werdenberg, eine 10 große Dame der Wiener Gesellschaft. Sie liebt einen „jungen Herrn aus großem Haus", Octavian, den sie mit einem Kosenamen[62] „Quin-quin" nennt. Doch da sie älter ist als Octavian, so ist, noch in der Stunde, in der sie ihn in den Armen hält, das Wissen in ihr wach, daß der Geliebte ihr entgleitet, daß sie ihn früher oder später an eine Jüngere verlieren wird. Doch nicht dies Wissen ist das letzte, sondern die schmerzlich gefaßte[63] 15 Heiterkeit, die ein menschliches Herz diesem Wissen entgegensetzt. Zwar kann Octavian sich nicht vorstellen, daß er je eine andere lieben wird. Als aber dann das Unvorstellbare sich ereignet, als Octavian sich einem Mädchen zuwendet, das, kleiner und unbedeutender als die Marschallin, nur eben dies für sich hat,[64] daß es jung ist, da trifft ihn kein Wort der Anklage. Es gibt keinen Neid, keine Vorwürfe, keine Szenen, keine Feindschaft, keinen 20 Haß, sondern ein lächelndes Hinnehmen des Unabwendbaren,[65] ja, mehr als das, Hilfe für die jungen Liebenden. Wohl niemand in der nachmittelalterlichen[66] deutschen Dichtung außer Kleist hat adlige Lebensart so vollendet dargestellt wie Hofmannsthal. Nicht von Rang oder Stand ist hier die Rede, sondern von dem, was Rang und Stand erst Sinn gibt: von einer Haltung, die sich immer und überall in der Gewalt[67] hat. 25

Die folgende Szene sollte nicht nur gelesen, sondern zugleich mit der Musik gehört werden. Um sie zu verstehen, muß man wissen, was ihr an Handlung[68] vorausgeht. Die Marschallin und Octavian sind zusammen, werden aber gestört, einen Augenblick scheint es, der Marschall sei vorzeitig[69] von der Jagd zurückgekehrt, es ist aber ein älterer Vetter der Marschallin, der Baron Ochs von Lerchenau, der ihr einen Besuch macht. Nachdem er 30 sich verabschiedet hat, kehrt Octavian, der sich kurz entfernt hatte, zurück.

ERSTER AUFZUG

OCTAVIAN (*tritt von rechts ein*)

MARSCHALLIN (*mit halbem Lächeln*) Ach, du bist wieder da!

[57a] **das theresianische Wien:** das Wien des achtzehnten Jahrhunderts, zur Zeit der Regierung der Kaiserin Maria Theresia (1740 - 1780) [58] **in erster Linie:** *primarily* [59] **dem es vor allem darauf ankommt:** der sich vor allem dafür interessiert [60] **geht es um:** *it is a matter of* [61] **Marschallin:** Frau eines Feldmarschalls (*field marshal*) [62] **Kosename:** *pet name* [63] **gefaßte:** *composed, calm* [64] **nur eben dies für sich hat:** nur eben diesen Vorteil (*advantage*) hat [65] **Hinnehmen des Unabwendbaren:** *acceptance of the inevitable* [66] **nachmittelalterlichen:** *postmedieval* [67] **in der Gewalt:** *in control* [68] **an Handlung:** *concerning the plot* [69] **vorzeitig:** zu früh

OCTAVIAN   Und du bist traurig!

MARSCHALLIN   Es ist ja schon vorbei. Du weißt ja, wie ich bin.
Ein halbes Mal lustig, ein halbes Mal[70] traurig.
Ich kann halt meine Gedanken nicht kommandieren.

5   OCTAVIAN   Ich weiß, warum du traurig bist, du Schatz.
Weil du erschrocken bist und Angst gehabt hast.
Hab' ich nicht recht? Gesteh' mir nur:
du hast Angst gehabt,
du Süße, du Liebe.
10   Um mich, um mich!

MARSCHALLIN   Ein bißl[71] vielleicht.
Aber ich hab' mich erfangen[72] und hab' mir vorgesagt:[73]
Es wird schon nicht dafür stehn.
Und wär's dafür gestanden?[74]

15   OCTAVIAN   Und es war kein Feldmarschall,
nur ein spaßiger Herr Vetter, und du gehörst mir,
du gehörst mir!

MARSCHALLIN   Taverl,[75] umarm' Er[76] nicht zu viel.
Wer allzuviel umarmt, der hält nichts fest.

20   OCTAVIAN   Sag' daß du mir gehörst! Mir!

MARSCHALLIN   Oh, sei Er jetzt sanft, sei Er gescheit und sanft und gut.
Nein, bitt' schön,[77] sei Er nicht, wie alle Männer sind!

OCTAVIAN   Wie alle Männer?

MARSCHALLIN   Wie der Feldmarschall und der Vetter Ochs.

25   OCTAVIAN   Bichette![78]

MARSCHALLIN   Sei Er nur nicht, wie alle Männer sind.

OCTAVIAN   (*zornig*) Ich weiß nicht, wie alle Männer sind.
(*Sanft*)
Weiß nur, daß ich dich lieb hab',
30   Bichette, sie haben mir dich ausgetauscht.[79]
Bichette, wo ist Sie[80] denn?

MARSCHALLIN   (*ruhig*) Sie ist wohl da, Herr Schatz.

OCTAVIAN   Ja, ist Sie da? Dann will ich Sie halten,
und Sie pressen, daß Sie mir nicht wieder entkommt!
35   Packen will ich Sie, packen daß

---

[70] **Ein halbes Mal . . . ein halbes mal:** manchmal . . . manchmal   [71] **Ein bißl:** ein bißchen   [72] **mich erfangen:** mich gefangen; *pulled myself together*   [73] **vorgesagt:** gesagt   [74] **Es wird schon nicht dafür stehn und wär's dafür gestanden?:** Es wird schon nicht sein. Und hätte es sein können?   [75] **Taverl:** Kosename für Octavian   [76] **Er:** *you (archaic usage, between the familiar* du *and the formal* Sie.)   [77] **bitt' schön:** *if you please*   [78] **Bichette:** (*Fr.*) Rehlein; *"little doe"*   [79] **sie haben mir dich ausgetauscht:** *they have exchanged you for someone else*   [80] **Sie:** siehe Z. 18

        Sie es spürt, zu wem Sie gehört —
        zu mir: Denn ich bin Ihr und Sie ist mein!

MARSCHALLIN   (*sich ihm entwindend*)[81] Oh, sei Er gut, Quin-quin. Mir ist
                                               zumut,[82]
        daß ich die Schwäche von allem Zeitlichen recht spüren muß,   5
        bis in mein Herz hinein:
        wie man nichts halten soll,
        wie man nichts packen kann,
        wie alles zerlauft[83] zwischen den Fingern,
        alles sich auflöst, wonach wir greifen,   10
        alles zergeht wie Dunst und Traum.

OCTAVIAN   Mein Gott, wie Sie das sagt.
        Sie will mir doch nur zeigen, daß Sie nicht an mir hängt.
        (*Er weint*)

MARSCHALLIN   Sei Er doch gut, Quin-quin!   15

OCTAVIAN   (*weint stärker*)

MARSCHALLIN   Jetzt muß ich noch den Buben dafür trösten,
        daß er mich über kurz oder lang wird sitzen lassen.[84]
        (*Sie streichelt ihn*)

OCTAVIAN   Über kurz oder lang?   20
        Wer legt Ihr heut die Wörter in den Mund, Bichette?

MARSCHALLIN   Daß Ihn das Wort so kränkt!

OCTAVIAN   (*hält sich die Ohren zu*)

MARSCHALLIN   Die Zeit im Grund,[85] Quin-quin, die Zeit,
        die ändert doch nichts an den Sachen.   25
        Die Zeit, die ist ein sonderbares Ding.
        Wenn man so hinlebt,[86] ist sie rein gar nichts.
        Aber dann auf einmal, da spürt man nichts als sie:
        sie ist um uns herum, sie ist auch in uns drinnen.
        In den Gesichtern rieselt sie,   30
        im Spiegel da rieselt sie,
        in meinen Schläfen fließt sie.
        Und zwischen mir und dir
        da fließt sie wieder, lautlos, wie eine Sanduhr.[87]
        Oh, Quin-quin! Manchmal hör' ich sie fließen — unaufhaltsam.   35
        Manchmal steh' ich auf, mitten in der Nacht,
        und laß die Uhren alle, alle stehen.[88]

---

[81] sich ... entwindend: *extricating herself*   [82] Mir ist zumut: ich fühle   [83] zerlauft: zerläuft, zerfließt; *melts*   [84] daß er mich über kurz oder lang wird sitzen lassen: daß er mich bald oder später im Stich lassen wird; *that sooner or later he'll desert me*   [85] im Grund: *basically*   [86] hinlebt: *keeps on living*   [87] Sanduhr: *hourglass*   [88] laß ... stehen: *make ... stop*

                       Allein man muß sich auch vor ihr nicht fürchten.
                       Auch sie ist ein Geschöpf des Vaters,
                       der uns alle erschaffen hat.

  OCTAVIAN Mein schöner Schatz, will Sie sich traurig machen mit Gewalt?
5   Wo Sie mich da hat,
      wo[89] ich meine Finger in Ihre Finger schlinge,
      wo ich mit meinen Augen Ihre Augen suche,
      wo Sie mich hat —
      gerade da ist Ihr so zumut?[90]

10 MARSCHALLIN (*sehr ernst*) Quin-quin, heut oder morgen geht Er hin
      und gibt mich auf um einer andern willen,
      (*Octavian will ihr den Mund zuhalten*)
      die schöner oder jünger ist als ich.

---

[89]Wo: *at a time when* [90]gerade da ist Ihr so zumut: siehe S. 441, Z. 3-4

RAINER MARIA RILKE (1875 - 1926)

Als Rilke 1910 *Die Aufzeichnungen*[1] *des Malte Laurids Brigge* veröffentlichte, waren
viele seiner ihm bis dahin treu ergebenen Leser[2] schockiert und ratlos. Manche schrieben
an ihn und baten um Auskunft, was denn der Roman „bedeute", was Rilke mit ihm
„gemeint" habe. Diesen Lesern erklärte Rilke nicht, daß er im *Malte* versucht habe, die
traditionelle Struktur des Romans zu zertrümmern — was er getan hatte — er antwortete   5
vielmehr in der Form einer Frage. „Wie ist es möglich, zu leben", schrieb er, „wenn doch
die Elemente dieses Lebens uns völlig unfaßlich[3] sind?" (Brief vom 8. November 1915)
Dies, und nur dies sei es, worum es eigentlich im *Malte* gehe.[4] Zugleich aber hatte Rilke
damit an die große Frage des zwanzigsten Jahrhunderts gerührt. Es war die Frage, die sich
stellte, nachdem die metaphysischen Gewißheiten früherer Jahrhunderte fragwürdig oder   10
unglaubhaft geworden waren; nachdem Gott „tot" war, wie es Nietzsche ausgedrückt
hatte.

Gott war der Mittelpunkt von Rilkes *Stundenbuch*[5] (1905) gewesen, eines Zyklus
von Gedichten, mit dem Rilke seinen größten Erfolg errungen hatte. Die Religiosität, die
sich darin aussprach, war eine mystische Frömmigkeit, die in vieler Hinsicht der Mystik,   15
wie sie etwa Meister Eckhart[6] vertreten hatte, nahestand. Auch der dunkle Gott des
Stundenbuchs ist „unaussprechbar",[7] und doch versucht der Dichter, wie der Mystiker,
ihn immer wieder auszusprechen. In zahllosen, kühnen, farbigen, paradoxen Bildern
umschreibt er etwas Unsagbares, das Gott genannt wird, umkreist er den Ort, an dem
Gott sich verborgen hält, beschwört er eine Leere, die durch Gott ausgefüllt werden   20
müßte. Nur sprach Rilke in diesen Gedichten nicht in eigenem Namen; er legte sie
vielmehr einem russischen Mönch in den Mund, der eine Frömmigkeit glaubhaft zu
machen hatte, die Rilke selbst sich verzweifelt ersehnte und die er doch nur erträumen
konnte.

Im *Malte* versuchte Rilke, einer Welt ohne Gott ins Auge zu sehen. Wiederum   25
sprach er nicht in eigenem Namen; der „Malte", dessen Aufzeichnungen wir zu lesen
bekommen, ist ein junger Däne, der in Paris als Dichter zu leben versucht. Geschrieben
aber war dies alles von einem jungen Manne, der nicht anders wie Malte, ebenfalls in Paris
als Dichter zu leben versuchte. Was Goethe vom *Werther*[8] hätte sagen können, hat Rilke
vom *Malte* gesagt: es war ein Buch, das aus seinen Gefahren gemacht war. Denn das Paris,   30
das im *Malte* in Erscheinung tritt, diese Welt der Bettler und Kranken, der Blinden und
Armen, der Alten und Einsamen, der Weggeworfenen[9] und der Sterbenden, all dies war
das Paris, von dem sich Rilke selbst bedroht fühlte. Oder vielmehr, es war das Leben. Und
dieses Leben in seiner ganzen Furchtbarkeit und Härte, ohne Trost und ohne
Beschönigung[10] auszuhalten, war die Aufgabe, die Rilke seinem Malte und sich selber   35

---

[1] **Aufzeichnungen:** Notizen; *notes*   [2] **viele seiner ihm bis dahin treu ergebenen Leser:** viele seiner
Leser, die ihm bis dahin treu ergeben (*devoted*) waren   [3] **unfaßlich:** unbegreiflich, nicht zu verstehen
[4] **worum es ... gehe:** *what is at stake, of primary importance*   [5] **Stundenbuch:** *"Book of Hours"*
[6] **Meister Eckhart:** siehe S. 22ff.   [7] **unaussprechbar:** unaussprechlich; *inexpressible*   [8] **Werther:**
siehe S. 166ff.   [9] **Weggeworfenen:** *i.e., the rejected ones*   [10] **ohne Beschönigung:** ohne es schöner
zu machen, als es ist

stellte. Wie im *Zauberberg*[11] bleibt auch im *Malte* das Ende offen. Der *Malte* hat keine
kontinuierliche Handlung; notwendig zerfällt eine Welt, die von keinem Sinn mehr
zusammengehalten wird, in Stücke. Doch ähnlich wie Hofmannsthals Lord Chandos[12]
erlebt auch Rilkes Malte die isolierten Dinge, Figuren, Situationen und Ereignisse, die

5   seine Aufmerksamkeit erregen, oft mit einer unerhörten Gewalt und Intensität.
Beschreibungen isolierter Gegenstände und Figuren sind auch viele der Gedichte, die
Rilke ungefähr in der Zeit schrieb, als er am Malte arbeitete, und die er als *Buch der
Bilder* (1902/1906) und als *Neue Gedichte* (1907/1908) veröffentlichte. Die Schärfe des
Auges, die Genauigkeit der Zeichnung, die Sachlichkeit und Objektivität, die sich in

10 diesen „Dinggedichten"[13] manifestiert, ist oft gerühmt worden. Um eins der bekannte-
sten Gedichte aus dieser Zeit, den *Panther*, zu nennen, so hat Rilke selbst erzählt, wie er
wochenlang in Paris in den Zoo gegangen sei, und sich immer wieder vor dem Käfig, in
dem der Panther gehalten wurde, niedergelassen[14] habe, um, sehend und beobachtend,
wie ein Maler oder Bildhauer „vor der Natur zu arbeiten" und diesen Panther zu

15 „machen". Wenn man dann aber Sätze liest wie die Bemerkung Hesses: „Ich ... bin ein
Dichter, ... in der Welt und Luft dieses Heute[15] gefangen und zum Verrecken[16]
bestimmt wie ein seltenes Tier im Käfig des Zoo", oder den Satz Nietzsches: „Der
Mensch, an sich selbst leidend,[17] ... etwa wie ein Tier, das in den Käfig gesperrt ist", so
wird man doch sehr nachdenklich. Ist nicht, so fragen wir uns, ein Raubtier ein freies,

20 schweifendes[18] Wesen, bestimmt, auf freier Wildbahn[19] zu jagen? Warum eigentlich wird
es uns hinter Gittern gezeigt, gefangen, seiner wahren Bestimmung entfremdet, im
Innersten gelähmt? Sollte uns das wirklich nur etwas über das Tier sagen, das beschrieben
wird, und nichts über den, der es beschrieben hat? Unleugbar besteht hier eine Affinität
zwischen dem Künstler und seinem Gegenstand, und diese Korrespondenz erlaubt es uns,

25 hier von symbolischen Gedichten zu sprechen. Oder denken wir an eine Stadt, die Rilke
„gemacht" hat: Venedig.[20] Venedig: — das mag dem einen gar nichts sagen, mag ein
ferner, winziger Punkt auf der Landkarte sein. Dem zweiten ist es vielleicht ein flüchtig
vorübergezogenes Bild, im Kino gesehen, dem dritten die Erinnerung an ein paar
Ferientage in einem heißen Sommer ... Aber ist das Venedig? Oder ist Venedig nicht

30 vielmehr ein Name, der eine große Vergangenheit bezeichnet, eine gewaltige Geschichte,
ein Ganzes, das sich durch viele Jahrhunderte erstreckt? „Halb Märchen, halb
Fremdenfalle"[21] wird Venedig einmal in Thomas Manns *Tod in Venedig*[22] genannt, und
als „Fremdenfalle", als „Köder"[23] erscheint es auch zunächst in Rilkes *Spätherbst in
Venedig*. „Spätherbst" aber heißt hier, daß der Sommer der Ferienreisenden[24] vorüber ist.

35 Oberflächlichen Touristen hat dieses Venedig nur seine Oberfläche geboten; nun wird
unter der Oberfläche seine eigentliche Tiefe sichtbar gemacht, die ungeheure Willensleistung,[25] die dieses märchenhafte Gebilde beinahe aus dem Nichts hervorgerufen hat.
Dasselbe Venedig, das heute eine verfallende und langsam im Meer versinkende Stadt ist,
hatte einst mit seiner Flotte das ganze Mittelmeer[26] beherrscht. Aus dem Werdenden und

---

[11] Zauberberg: siehe S. 386ff.   [12] Lord Chandos: siehe S. 435f.   [13] Dinggedichten: Gedichte, die
ein Objekt, ein Ding beschreiben   [14] sich ... niedergelassen: sich ... hingesetzt   [15] dieses Heute:
der Gegenwart; *of the present (day)*   [16] Verrecken: Sterben   [17] an sich selbst leidend: *suffering
from himself, from his own existence*   [18] schweifendes: *roving*   [19] Wildbahn: *hunting ground*
[20] Venedig: *Venice*   [21] Fremdenfalle: *tourist trap*   [22] Tod in Venedig: siehe S. 386   [23] Köder:
lure, bait   [24] Ferienreisenden: *vacationers*   [25] Willensleistung: *accomplishment of the will*
[26] Mittelmeer: *Mediterranean Sea*

Vergehenden aber ein Bleibendes zu schaffen, und das heißt, die Welt in Sprache zu verwandeln, ist die Aufgabe des Dichters. Auch hier, Venedig gegenüber, besteht eine geheime Korrespondenz zwischen Rilke und dem Gegenstand seines Gedichts. Denn dieses Venedig, das beinahe aus dem Nichts geschaffen war — von Flüchtlingen, die sich auf ein paar Inseln in der Lagune gerettet hatten — und das sich zuletzt in einen Fabeltraum[27] 5 der Kunst verwandelte, was war es als ein Sinnbild für Rilkes eigene Aufgabe. Es war die durch äußerste Energie erzwungene „Leistung", die er im Bild Venedigs als Vor-bild[28] vor sich hinstellte, so wie Goethe, in *Mahomets Gesang,*[29] das Bild des Stromes als Vorbild eines großen, schöpferischen Daseins vor sich hingestellt hatte. Eine solche Korrespondenz zwischen Ding und lyrischem Ich ließe sich wohl für jedes dieser Gedichte 10 finden.

Jahre später, in den *Duineser Elegien*[30] (1922) und in den *Sonetten an Orpheus*[31] (1922) gelang Rilke dann noch ein weiterer Schritt. Die Furchtbarkeit des Lebens „auszuhalten", sie zu „bestehen", war lange die Mühe seines Lebens gewesen; nun gelang es ihm, das Leben als Ganzes, seine Schönheit *und* seine Schrecklichkeit zu bejahen, ja, es 15 zu „rühmen".

Rilke gehört, mit Kleist und Nietzsche, zu den großen „Unbehausten"[32] der deutschen Literatur. Er war in Prag[33] geboren, doch anders als für Hofmannsthal bedeutete Österreich für ihn keine Heimat. Ruhelos, in allen Ländern Europas zu Gast,[34] immer auf der Suche nach dem idealen Ort für seine Arbeit, lebte er die letzten Jahre 20 seines Lebens, schon von Krankheit verstört,[35] in Muzot, einem kleinem Schlößchen in der Schweiz, das Freunde ihm zur Verfügung gestellt hatten.

VORGEFÜHL* (1906)

Ich bin wie eine Fahne von Fernen umgeben.
Ich ahne die Winde, die kommen, und muß sie leben,[36]
während die Dinge unten sich noch nicht rühren: 25
die Türen schließen noch sanft, und in den Kaminen[37] ist Stille;
die Fenster zittern noch nicht, und der Staub ist noch schwer.

Da weiß ich die Stürme schon und bin erregt wie das Meer.
Und breite mich aus und falle in mich hinein 30
und werfe mich ab und bin ganz allein
in dem großen Sturm.

---

[27]**Fabeltraum:** *legendary dream*   [28]**Vor-bild:** Vorbild = *model; implied also is* Urbild: *prototype*
[29]**Mahomets Gesang:** siehe S. 161f.   [30]**Duineser Elegien:** Duino ist ein Schloß an der Adria
(*Adriatic Sea*) nicht weit von Triest. Rilke besuchte es zum ersten Mal im Jahre 1910.   [31]**Orpheus:**
nach der griechischen Sage ein berühmter Sänger und Sohn Apollos, der durch seinen Gesang selbst
wilde Tiere, Felsen und Bäume bewegte. Für Rilke ist Orpheus ein mythisches Urbild des Dichters
überhaupt.   [32]**Unbehausten:** *the homeless, alienated*   [33]**Prag:** Hauptstadt der Tschechoslowakei,
damals ein Teil des österreichischen Reichs   [34]**zu Gast:** ein Besucher   [35]**von Krankheit verstört:**
stricken with illness   [36]**muß sie leben:** muß sie erleben (*experience*), muß ihr Leben leben
[37]**Kaminen:** *fireplaces*
* Vorgefühl: *presentiment, anticipation*

HERBSTTAG (1906)

Herr: es ist Zeit. Der Sommer war sehr groß.
Leg deinen Schatten auf die Sonnenuhren,[38]
und auf den Fluren laß die Winde los.

Befiehl den letzten Früchten voll zu sein;
5   gib ihnen noch zwei südlichere[39] Tage,
dränge sie zur Vollendung hin[40] und jage[41]
die letzte Süße in den schweren Wein.

Wer jetzt kein Haus hat, baut sich keines mehr.
Wer jetzt allein ist, wird es lange bleiben,
10   wird wachen, lesen, lange Briefe schreiben
und wird in den Alleen hin und her
unruhig wandern, wenn die Blätter treiben.[42]

DAS KARUSSELL (1907)
JARDIN DU LUXEMBOURG*

Mit einem Dach und seinem Schatten dreht
sich eine kleine Weile der Bestand[43]
15   von bunten Pferden, alle aus dem Land,
das lange zögert, eh es untergeht.[44]
Zwar manche sind an Wagen angespannt,[45]
doch alle haben Mut in ihren Mienen;[46]
ein böser roter Löwe geht mit ihnen
20   und dann und wann[47] ein weißer Elefant.

Sogar ein Hirsch ist da, ganz wie im Wald,
nur daß er einen Sattel trägt und drüber
ein kleines blaues Mädchen aufgeschnallt.[48]

---

[38] Sonnenuhren: *sundials*   [39] südlichere: wärmere, wie im Süden   [40] dränge ... hin: *press, urge*
[41] jage: treibe; *drive*   [42] treiben: *drift along*   [43] Bestand: Vorrat; *supply, collection*   [44] aus dem
Land, das lange zögert, eh es untergeht: d.h., aus dem Land der Kindheit, der Kindermärchen und
Sagen, aus dem die Karuselltiere stammen   [45] angespannt: *harnessed*   [46] in ihren Mienen: in ihrem
Gesichtsausdruck; *in their facial expressions*   [47] dann und wann: *now and then*   [48] aufgeschnallt:
angeschnallt; *buckled on*
*Jardin du Luxembourg: der Park des Palais du Luxembourg in Paris

Und auf dem Löwen reitet weiß ein Junge[49]
und hält sich mit der kleinen heißen Hand,
dieweil[50] der Löwe Zähne zeigt und Zunge.

Und dann und wann ein weißer Elefant.

Und auf den Pferden kommen sie vorüber, 5
auch Mädchen, helle, diesem Pferdesprunge[51]
fast schon entwachsen;[52] mitten in dem Schwunge[53]
schauen sie auf, irgendwohin, herüber —

Und dann und wann ein weißer Elefant.

Und das geht hin[54] und eilt sich, daß es endet, 10
und kreist und dreht sich nur und hat kein Ziel.
Ein Rot, ein Grün, ein Grau vorbeigesendet,[55]
ein kleines kaum begonnenes Profil —.
Und manchesmal[56] ein Lächeln, hergewendet,[57]
ein seliges, das blendet und verschwendet[58] 15
an dieses atemlose blinde Spiel . . .

PONT DU CARROUSEL* (1906)

Der blinde Mann, der auf der Brücke steht,
grau wie ein Markstein[59] namenloser Reiche,[60]
er ist vielleicht das Ding, das immer gleiche,
um das von fern die Sternenstunde geht,[61] 20
und der Gestirne[62] stiller Mittelpunkt.
Denn alles um ihn irrt und rinnt und prunkt.[63]

Er ist der unbewegliche Gerechte,
in viele wirre Wege hingestellt;[64]
der dunkle Eingang in die Unterwelt 25
bei einem oberflächlichen Geschlechte.

---

[49] reitet weiß ein Junge: reitet ein weißer Junge   [50] dieweil: während   [51] Pferdesprunge: *leap of a horse*   [52] entwachsen: *outgrown*   [53] in dem Schwunge: in der Bewegung des Karussels, vielleicht auch: in ihrer Begeisterung   [54] geht hin: geht weiter, oder auch: geht zu Ende   [55] vorbeigesendet: *sent past*   [56] manchesmal: manchmal   [57] hergewendet: *turned this way*   [58] verschwendet: verschwendet wird; *is lavished, squandered*   [59] Markstein: *landmark, boundary stone*   [60] Reiche: *realms*   [61] um das von fern die Sternenstunde geht: *around which from afar the sidereal hour revolves*   [62] der Gestirne: aller Sterne   [63] prunkt: *shows off, exhibits itself*   [64] hingestellt: hineingestellt; *placed into*
* Pont du Carrousel: Brücke über die Seine in Paris

DER PANTHER (1903)

IM JARDIN DES PLANTES,* PARIS

Sein Blick ist vom Vorübergehn der Stäbe[65]
so müd geworden, daß er nichts mehr hält.[66]
Ihm ist,[67] als ob es tausend Stäbe gäbe
und hinter tausend Stäben keine Welt.

5   Der weiche Gang[68] geschmeidig starker Schritte,
der sich im allerkleinsten Kreise dreht,
ist wie ein Tanz von Kraft um eine Mitte,
in der betäubt[69] ein großer Wille steht.

Nur manchmal schiebt der Vorhang der Pupille
10   sich lautlos auf[70] — . Dann geht ein Bild hinein,
geht durch der Glieder angespannte Stille[71] —
und hört im Herzen auf zu sein.

DAS LIED DES AUSSÄTZIGEN† (1906)

Sieh ich bin einer, den alles verlassen hat.
Keiner weiß in der Stadt von mir,
15   Aussatz hat mich befallen.
Und ich schlage mein Klapperwerk,[72]
klopfe mein trauriges Augenmerk[73]
in die Ohren allen
die nahe vorübergehn.
20   Und die[74] es hölzern hören, sehn
erst gar nicht her, und was hier geschehn
wollen sie nicht erfahren.

Soweit der Klang meiner Klapper reicht
bin ich zuhause; aber vielleicht
25   machst Du meine Klapper so laut,
daß sich keiner in meine Ferne[75] traut

---

[65]Stäbe: *bars*   [66]hält: *retains*   [67]Ihm ist: ihm scheint   [68]Gang: *tread, pace*   [69]betäubt:
stupefied, benumbed   [70]schiebt ... sich ... auf: *slides open*   [71]der Glieder angespannte Stille:
die angespannte (*tense*) Stille der Glieder   [72]Klapperwerk: *rattle to warn others of his presence*
[73]Augenmerk: Anblick (*sight*); Gegenwart (*presence*) oder auch: Warnung   [74]die: die, die
[75]in meine Ferne: *"in my distance," opposite to* in meine Nähe
*Jardin des Plantes: der Zoologische Garten in Paris
†des Aussätzigen: *of a leper*

der mir jetzt aus der Nähe weicht.[76]
So daß ich sehr lange gehen kann
ohne Mädchen, Frau oder Mann
oder Kind zu entdecken.

Tiere will ich nicht schrecken. 5

DER ÖLBAUM-GARTEN* (1907)

Er[77] ging hinauf unter dem grauen Laub
ganz grau und aufgelöst im Ölgelände[78]
und legte seine Stirne voller Staub
tief in das Staubigsein[79] der heißen Hände.

Nach allem dies. Und dieses war der Schluß. 10
Jetzt soll ich gehen, während ich erblinde,
und warum willst Du,[80] daß ich sagen muß
Du seist, wenn ich Dich selber nicht mehr finde.

Ich finde Dich nicht mehr. Nicht in mir, nein.
Nicht in den andern. Nicht in diesem Stein. 15
Ich finde Dich nicht mehr. Ich bin allein.

Ich bin allein mit aller Menschen Gram,
den ich durch Dich zu lindern unternahm,
der Du nicht bist. O namenlose Scham . . .

Später erzählte man: ein Engel kam —. 20

Warum ein Engel? Ach es kam die Nacht
und blätterte gleichgültig in den Bäumen.
Die Jünger[81] rührten sich in ihren Träumen.
Warum ein Engel? Ach es kam die Nacht.

Die Nacht, die kam, war keine ungemeine; 25
so gehen hunderte vorbei.
Da schlafen Hunde und da liegen Steine.
Ach eine traurige, ach irgendeine,
die wartet, bis es wieder Morgen sei.

---

[76]weicht: ausweicht; *avoids* [77]Er: Jesus [78]Ölgelande: *olive-tree terrain* [79]Staubigsein:
Staubigkeit; *dustiness* [80]Du: Gott [81]Jünger: *disciples*
* Der Ölbaum-Garten: der Garten von Gethsemane, in dem Jesus mit seinen Jüngern die letzte Nacht
  vor seiner Gefangennahme verbrachte (Ölbaum: *olive tree*)

Denn Engel kommen nicht zu solchen Betern,[82]
und Nächte werden nicht um solche[83] groß.
Die Sich-Verlierenden[84] läßt alles los,
und sie sind preisgegeben von den Vätern
5   und ausgeschlossen aus der Mütter Schooß.[85]

DER SCHWAN (1907)

Diese Mühsal, durch noch Ungetanes[86]
schwer und wie gebunden hinzugehn,[87]
gleicht dem ungeschaffnen Gang[88] des Schwanes.

Und das Sterben, dieses Nichtmehrfassen[89]
10   jenes Grunds, auf dem wir täglich stehn,
seinem ängstlichen Sich-Niederlassen[90] —:

in die Wasser, die ihn sanft empfangen
und die sich, wie glücklich und vergangen,[91]
unter ihm zurückziehn, Flut um Flut;[92]
während er unendlich still und sicher
15   immer mündiger[93] und königlicher
und gelassener zu ziehn[94] geruht.

DIE KATHEDRALE (1907)

In jenen kleinen Städten, wo herum
die alten Häuser wie ein Jahrmarkt[95] hocken,
der sie[96] bemerkt hat plötzlich und, erschrocken,
die Buden zumacht und, ganz zu und stumm,
20   die Schreier[97] still, die Trommeln angehalten,
zu ihr hinaufhorcht[98] aufgeregten Ohrs[99] —;
dieweil[100] sie ruhig immer in dem alten
Faltenmantel[101] ihrer Contreforts[102]
dasteht und von den Häusern gar nicht weiß:

---

[82]Betern: *those who pray*   [83]um solche: wegen solcher Beter   [84]Die Sich-Verlierenden: die, die
sich verlieren   [85]aus der Mütter Schooß: aus dem Schoß (*womb*) der Mütter   [86]Ungetanes: das,
was noch nicht getan wurde   [87]hinzugehn: *to move on*   [88]ungeschaffnen Gang: *formless, awkward
walk*   [89]dieses Nichtmehrfassen: das, was man nicht mehr begreift, versteht   [90]seinem ängstlichen
Sich-Niederlassen: gleicht dem ängstlichen Sich-Hinsetzen des Schwanes   [91]vergangen: vorbei;
passed on   [92]Flut um Flut: *wave upon wave*   [93]mündiger: reifer; *more mature*   [94]zu ziehn: *to
move along*   [95]Jahrmarkt: *fair*   [96]sie: die Kathedrale   [97]Schreier: *barkers*   [98]hinaufhorcht:
listens upwards   [99]aufgeregten Ohrs: mit aufgeregten Ohren   [100]dieweil: während
[101]Faltenmantel: *pleated coat*   [102]Contreforts: *buttresses supporting the walls of the cathedral*

in jenen kleinen Städten kannst du sehn,
wie sehr entwachsen[103] ihrem Umgangskreis[104]
die Kathedralen waren. Ihr Erstehn[105]
ging über alles fort, so wie den Blick
des eignen Lebens viel zu große Nähe   5
fortwährend übersteigt,[106] und als geschähe
nichts anderes; als wäre Das Geschick,
was sich in ihnen[107] aufhäuft ohne Maßen,[108]
versteinert und zum Dauernden bestimmt,[109]
nicht Das,[110] was unten in den dunkeln Straßen   10
vom Zufall irgendwelche Namen nimmt
und darin geht, wie Kinder Grün und Rot[111]
und was der Krämer hat als Schürze tragen.
Da war Geburt in diesen Unterlagen,[112]
und Kraft und Andrang[113] war in diesem Ragen[114]   15
und Liebe überall wie Wein und Brot,
und die Portale voller Liebesklagen.[115]
Das Leben zögerte im Stundenschlagen,[116]
und in den Türmen, welche voll Entsagen
auf einmal nicht mehr stiegen, war der Tod.   20

ARCHAISCHER TORSO APOLLOS* (1908)

Wir kannten nicht sein unerhörtes Haupt,
darin[117] die Augenäpfel[118] reiften. Aber
sein Torso glüht noch wie ein Kandelaber,[119]
in dem sein Schauen, nur zurückgeschraubt,[120]

---

[103] entwachsen: *outgrown*   [104] Umgangskreis: *"circle of acquaintances": i.e., environment*
[105] Erstehn: Entstehen; *rising, building*   [106] so wie . . . übersteigt: so wie die viel zu große Nähe des eigenen Lebens den Blick fortwährend übersteigt; *i.e., the immediacy of their own lives prevented them from attaining a more far-reaching perspective*   [107] in ihnen: in den Kathedralen   [108] ohne Maßen: *without measure*   [109] zum Dauernden bestimmt: *destined to last*   [110] als wäre Das Geschick . . . nicht Das: *as if that were destiny . . ., not (on the other hand) that*   [111] wie Kinder Grün und Rot: wie Kinder Grün und Rot tragen   [112] Unterlagen: *foundations*   [113] Andrang: *thronging, rushing* [114] Ragen: *prominence*   [115] Liebesklagen: *amorous complaints*   [116] im Stundenschlagen: *in the striking of the hours*   [117] darin: worin   [118] Augenäpfel: Augäpfel; *eyeballs*   [119] Kandelaber: candelabrum   [120] zurückgeschraubt: *turned down (like the light of a candelabrum)*
* Archaischer Torso Apollos: eine griechische Statue, die Rilke im Louvre in Paris sah (Apollo: Gott der Sonne, der Dichtung und der Musik)

sich hält[121] und glänzt. Sonst könnte nicht der Bug[122]
der Brust dich blenden, und im leisen Drehen
der Lenden[123] könnte nicht ein Lächeln gehen
zu jener Mitte, die die Zeugung[124] trug.

5   Sonst stünde dieser Stein entstellt und kurz
unter der Schultern durchsichtigem Sturz[125]
und flimmerte nicht so wie Raubtierfelle;[126]

und bräche nicht aus allen seinen Rändern[127]
aus[128] wie ein Stern: denn da ist keine Stelle,
10   die dich nicht sieht. Du mußt dein Leben ändern.

SPÄTHERBST IN VENEDIG (1908)

Nun treibt[129] die Stadt schon nicht mehr wie ein Köder,[130]
der alle aufgetauchten[131] Tage fängt.
Die gläsernen Paläste klingen spröder[132]
an deinen Blick. Und aus den Gärten hängt

15   der Sommer wie ein Haufen Marionetten
kopfüber,[133] müde, umgebracht.[134]
Aber vom Grund aus alten Waldskeletten[135]
steigt Willen auf: als sollte über Nacht

der General des Meeres[136] die Galeeren[137]
20   verdoppeln in dem wachen Arsenal,
um schon die nächste Morgenluft zu teeren[138]

mit einer Flotte, welche ruderschlagend[139]
sich drängt und jäh, mit allen Flaggen tagend,[140]
den großen Wind hat, strahlend und fatal.[141]

---

[121] sich hält: *is retained, sustains itself*   [122] Bug: *curve*   [123] Lenden: *loins*   [124] Zeugung: Geschlechtsteil; *reproductive organ*   [125] Sturz: *lintel, or perhaps: glass bell*   [126] Raubtierfelle: Raubtierfell; *skin of a beast of prey*   [127] Rändern: *borders, edges*   [128] bräche . . . aus: würde . . . ausbrechen   [129] treibt: bewegt sich   [130] Köder: siehe S. 444, Z. 33   [131] aufgetauchten: *risen*   [132] spröder: *more brittle*   [133] kopfüber: *heads hanging lower than their feet*   [134] umgebracht: getötet   [135] Waldskeletten: wahrscheinlich die in die Erde versenkten hölzernen Pfosten (*wooden piles*), auf denen die Häuser und Paläste Venedigs erbaut sind (oder auch: versunkene Schiffe)   [136] der General des Meeres: der Admiral der Flotte   [137] Galeeren: *galleys*   [138] teeren: mit dem Geruch des Teeres (*tar*) erfüllen   [139] ruderschlagend: *with the beating of oars*   [140] tagend: den Tag erfüllend, heraufkommend wie der Tag   [141] fatal: verhängnisvoll, tödlich; *fateful, fatal (usually fatal means "disagreeable, embarrassing")*

SONETTE AN ORPHEUS* I (1923)

VII

Rühmen, das ists! Ein zum Rühmen Bestellter,[142]
ging er[143] hervor wie das Erz aus des Steins
Schweigen.[144] Sein Herz, o vergängliche Kelter[145]
eines den Menschen unendlichen Weins.

Nie versagt[146] ihm die Stimme am Staube,[147]   5
wenn ihn das göttliche Beispiel ergreift.
Alles wird Weinberg,[148] alles wird Traube,
in seinem fühlenden Süden gereift.

Nicht in den Grüften der Könige Moder[149]
straft ihm die Rühmung lügen,[150] oder   10
daß von den Göttern ein Schatten fällt.[151]

Er ist einer der bleibenden Boten,
der noch weit in die Türen der Toten
Schalen mit rühmlichen Früchten hält.

SONETTE AN ORPHEUS II (1923)

XV

O Brunnen-Mund,[152] du gebender, du Mund,   15
der unerschöpflich Eines, Reines, spricht, —
du, vor des Wassers fließendem Gesicht,
marmorne Maske. Und im Hintergrund

---

[142]Ein zum Rühmen Bestellter: einer, der bestellt (*summoned*) wurde zu rühmen   [143]er: Orpheus;
d.h., der Dichter   [144]wie das Erz aus des Steines Schweigen: Da das Erz dem *Schweigen* des Steins
entgegengestellt ist, kann es wohl nur *tönendes* Erz sein, wahrscheinlich Glocken, da ja auch die
Glocken „zum Rühmen bestellt" sind.   [145]Kelter: *winepress*   [146]versagt: *fails*   [147]am Staube:
wegen des Staubes   [148]Weinberg: *vineyard*   [149]der Könige Moder: d.h., der Tod (*"decay of
kings"*)   [150]straft ihm die Rühmung lügen: *refutes his praise*   [151]daß von den Göttern ein Schatten
fällt: daß die Götter menschliches Dasein verdunkeln, schwere Schicksale (*blows of fate*) senden
[152]Brunnen-Mund: *carved stone mouth of a spring or fountain*
* Orpheus: siehe S. 445, Z. 12

der Aquädukte Herkunft. Weither an
Gräbern vorbei, vom Hang des Apennins[153]
tragen sie dir dein Sagen zu,[154] das dann
am schwarzen Altern[155] deines Kinns

5   vorüberfällt[156] in das Gefäß davor.
Dies ist das schlafend hingelegte Ohr,
das Marmorohr, in das du immer sprichst.

Ein Ohr der Erde. Nur mit sich allein
redet sie also. Schiebt ein Krug sich ein,
10   so scheint es ihr, daß du[157] sie unterbrichst.

---

[153] Apennins: Gebirge in Italien   [154] tragen ... zu: *carry (to)*   [155] Altern: *aging*   [156] vorüberfällt: *falls past*   [157] du: d.h., der Mensch, der mit einem Krug dazwischenkommt

GEORG TRAKL (1887 - 1914)

„Wer mag er gewesen sein?" Die Frage, die Rilke nach Georg Trakls frühem Tode stellte, besteht noch immer. Trakl war unverstanden und fast unbekannt durchs Leben gegangen. Er ging am Krieg zugrunde. Als Sanitätssoldat[1] mit der Betreuung von neunzig Schwerverwundeten und Sterbenden beauftragt, die er allein versorgen mußte, machte er in einem Augenblick, als er das fürchterliche Leiden um sich nicht mehr ansehen konnte, 5 einen Selbstmordversuch. Man brachte ihn in ein Lazarett;[2] dort starb er an der zu großen Dosis eines Schlafmittels. Doch war Trakl schon vorher als ein schwer Gefährdeter durchs Leben gegangen, von Alkohol und Drogen bedroht. „Es ist ein so namenloses Unglück, wenn einem die Welt entzweibricht", schrieb er einmal an einen Freund.

Seine Gedichte sind die Scherben einer solchen zerbrochenen Welt, Stücke, in die 10 das Dasein auseinanderfällt, das von keinem Sinn mehr geordnet ist. Wie Hofmannsthals Lord Chandos[3] sah auch Trakl nur noch Einzelheiten, aber wie Chandos sah er sie mit unerhörter Intensität. Seine Dichtung kennt nur wenige Motive: Herbst, Abend, Untergang, Verfall, Einsamkeit, Leere, aber diese verbinden sich assoziativ immer neu, wie von der Strömung des Rausches oder des Traumes getragen. Rational oft nicht mehr 15 faßbar, wirken diese Gedichte durch andere als logische Mittel: durch eine dunkle Energie des Ausdrucks, durch die Leuchtkraft[4] ihrer Bilder, durch eine halluzinatorische Farbigkeit, durch die Musik ihrer Schwermut.

Rilke war einer der wenigen gewesen, die den hohen dichterischen Rang des jungen Österreichers sofort erkannten. Heute wird Trakl zu den großen Lyrikern der deutschen 20 Sprache gerechnet.

PSALM (1912)

Es ist ein Licht, das der Wind ausgelöscht hat.
Es ist ein Heidekrug,[5] den am Nachmittag ein Betrunkener verläßt.
Es ist ein Weinberg,[6] verbrannt und schwarz mit Löchern voll Spinnen.
Es ist ein Raum, den sie mit Milch getüncht[7] haben. 25
Der Wahnsinnige ist gestorben. Es ist eine Insel der Südsee,
den Sonnengott zu empfangen. Man rührt[8] die Trommeln.
Die Männer führen kriegerische Tänze auf.
Die Frauen wiegen die Hüften in Schlinggewächsen[9] und Feuerblumen,[10]
wenn das Meer singt. O unser verlorenes Paradies. 30

---

[1]Sanitätssoldat: *medical orderly*   [2]Lazarett: *military hospital*   [3]Lord Chandos: siehe S. 435
[4]Leuchtkraft: *illuminating power, radiance*   [5]Heidekrug: Wirtshaus auf einer Heide (*heath, moor*)
[6]Weinberg: *vineyard*   [7]getüncht: *whitewashed*   [8]rührt: schlägt   [9]Schlinggewächsen:
Schlingpflanzen; *creepers, climbing plants*   [10]Feuerblumen: Klatschmohn; *red poppies*

Die Nymphen haben die goldenen Wälder verlassen.
Man begräbt den Fremden. Dann hebt ein Flimmerregen[11] an.[12]
Der Sohn des Pan[13] erscheint in Gestalt eines Erdarbeiters,[14]
der den Mittag[15] am glühenden Asphalt verschläft.
5   Es sind kleine Mädchen in einem Hof in Kleidchen voll herzzerreißender Armut!
Es sind Zimmer, erfüllt von Akkorden[16] und Sonaten.
Es sind Schatten, die sich vor einem erblindeten Spiegel umarmen.
An den Fenstern des Spitals[17] wärmen sich Genesende.
Ein weißer Dampfer am Kanal trägt blutige Seuchen herauf.

10   Die fremde Schwester erscheint wieder in jemands bösen Träumen.
Ruhend im Haselgebüsch[18] spielt sie mit seinen Sternen.
Der Student, vielleicht ein Doppelgänger,[19] schaut ihr lange vom Fenster nach.
Hinter ihm steht sein toter Bruder, oder er geht die alte Wendeltreppe[20] herab.
Im Dunkel brauner Kastanien[21] verblaßt die Gestalt des jungen Novizen.[22]
15   Der Garten ist im Abend.[23] Im Kreuzgang[24] flattern die Fledermäuse[25] umher.
Die Kinder des Hausmeisters hören zu spielen auf und suchen das Gold des
     Himmels.
Endakkorde[26] eines Quartetts. Die kleine Blinde läuft zitternd durch die Allee,
und später tastet ihr Schatten an kalten Mauern hin,[27] umgeben von Märchen und
20   heiligen Legenden.

Es ist ein leeres Boot, das am Abend den schwarzen Kanal heruntertreibt.[28]
In der Düsternis[29] des alten Asyls[30] verfallen menschliche Ruinen.
Die toten Waisen liegen an der Gartenmauer.
Aus grauen Zimmern treten Engel mit kotgefleckten[31] Flügeln.
25   Würmer tropfen von ihren vergilbten[32] Lidern.
Der Platz vor der Kirche ist finster und schweigsam, wie in den Tagen der Kindheit.
Auf silbernen Sohlen gleiten frühere Leben vorbei
und die Schatten der Verdammten steigen zu den seufzenden Wassern nieder.
In seinem Grab spielt der weiße Magier mit seinen Schlangen.

30   Schweigsam über der Schädelstätte[33] öffnen sich Gottes goldene Augen.

---

[11]Flimmerregen: *glittering rain*   [12]hebt ... an: fängt ... an   [13]Pan: *Greek pastoral god, usually portrayed with horns and goat's feet*   [14]Erdarbeiters: *excavator, digger*   [15]den Mittag ... verschläft: *sleeps away the noon hour*   [16]Akkorden: *chords*   [17]des Spitals: des Hospitals   [18]Haselgebüsch: *hazel bushes*   [19]Doppelgänger: *(spiritual) double*   [20]Wendeltreppe: *spiral staircase*   [21]Kastanien: *chestnuts*   [22]Novizen: *man who has just entered a religious order, novitiate*   [23]Der Garten ist im Abend: es ist Abend im Garten   [24]Kreuzgang: *covered passage in a monastery*   [25]Fledermäuse: *bats*   [26]Endakkorde: *final chords*   [27]tastet ... hin: *feels its way along*   [28]heruntertreibt: herunterschwimmt   [29]Düsternis: Dunkelheit; *darkness*   [30]Asyls: *asylum for destitute people* ("menschliche Ruinen")   [31]kotgefleckten: *spotted with dirt*   [32]vergilbten: *yellowed*   [33]Schädelstätte: *Calvary*

FRANZ KAFKA (1883 - 1924)

Thomas Mann hat einmal einem Essay, in dem er von seiner Jugend und von seinen
dichterischen Anfängen erzählte, den Titel gegeben: „Lübeck[1] als geistige Lebensform".[2]
Er wollte damit sagen, daß Lübeck nicht einfach der Ort war, wo er geboren war, sondern
eine Stadt, die seine ganze Art zu denken und zu sein entscheidend bestimmt hatte. Man
könnte sich einen ähnlichen Aufsatz von Kafka denken: Prag[3] als geistige Lebensform. 5
Auch Kafkas Wesen ist von seiner Geburtsstadt geformt worden. Wie Lübeck ist Prag eine
alte Stadt, glanzvoller allerdings und großartiger. Prag war eine Zeitlang, im vierzehnten
Jahrhundert, die Hauptstadt des Deutschen Reiches gewesen; Karl IV.[4] hatte dort 1348
die erste deutsche Universität gegründet; Rudolf II.[5] von Habsburg regierte in Prag;
Johann Hus,[6] der böhmische Reformator, der 1415 in Konstanz[7] als Ketzer verbrannt 10
wurde, ging von Prag aus; der Dreißigjährige Krieg[8] begann in Prag.

Als Kafka geboren wurde, war Prag die Hauptstadt der österreichischen Provinz
Böhmen. Doch war es nur an der Oberfläche deutsch. Deutsch war die herrschende
Schicht, die Regierung, die Beamten und ein kleiner Teil der übrigen Bevölkerung. Der
größere Teil war tschechisch. So lebten die Deutschen in Prag im Grund[9] isoliert, als 15
Minorität, von einem Volk umgeben, das sich unterdrückt fühlte und ihnen feindselig
gegenüberstand. Inmitten dieser deutsch sprechenden Minderheit gehörte Kafka, als Jude,
noch einmal zu einer Minderheit. Und selbst in der jüdischen Gruppe war er als ein
ungläubiger, geistig emanzipierter Jude vereinzelt. Nun geschieht es in Minderheits-
gruppen, die sich fremd in ihrer Umgebung fühlen, sehr oft, daß sich die Angehörigen 20
einer Familie dafür umso enger zu einer Gemeinschaft zusammenschließen. Das war auch
in Kafkas Elternhaus so. Es wurde beherrscht von der mächtigen und vitalen Gestalt von
Kafkas Vater, der in allem das Gegenteil seines Sohnes war: ein robuster, praktischer,
ökonomisch gerichteter,[10] bürgerlicher, seiner selbst sicherer Geschäftsmann, der für die
literarischen Neigungen seines Sohnes kein Interesse und kein Verständnis hatte. Von 25
diesem Vater hat sich Kafka innerlich nie gelöst; er bewunderte ihn, haßte ihn und lebte
in einem ewigen Konflikt mit ihm. Noch im Alter von sechsunddreißig Jahren schrieb er
ihm einen sechzig Seiten langen Brief, halb Anklage und halb Rechtfertigung. Diesen Brief
hat Kafka nie abgeschickt; er übergab ihn seiner Mutter, die ihn zurückbehielt; so ist er
erhalten geblieben. Um sich dem Vater gegenüber als tüchtig zu beweisen, ergriff Kafka 30
einen bürgerlichen Beruf; nach dem juristischen Studium arbeitete er in einer Prager
Versicherungsgesellschaft.[11] Seine dichterischen Werke schrieb er größtenteils nachts.
Erst eine schwere Erkrankung befreite ihn aus seinem Brotberuf,[12] freilich um einen allzu
hohen Preis: nach wenigen Jahren starb Kafka an der Tuberkulose, die die letzten Jahre
seines Lebens überschattete. 35

---

[1] Lübeck: siehe S. 385, Z. 19   [2] Lebensform: *way of life*   [3] Prag: siehe S. 445, Z. 18   [4] Karl IV ·
(1316 - 1378)   [5] Rudolf II.: (1552 - 1612)   [6] Johann Hus: (1369? - 1415); siehe S. 35, Z. 18
[7] Konstanz: Stadt in Süddeutschland am Bodensee *(Lake Constance)*   [8] böhmische . . . der
Dreißigjährige Krieg: siehe S. 57.   [9] im Grund: *basically*   [10] ökonomisch gerichteter: *economy-
minded*   [11] Versicherungsgesellschaft: *insurance company*   [12] Brotberuf: Broterwerb; *bread-
winning work, livelihood*

Blickt man auf Kafkas Leben, so kann man sich nicht wundern, daß die Themen der Isoliertheit, der Fremdheit, der mangelnden Kommunikation in seinem Werk eine so große Rolle spielen. Immer wieder begegnen wir Figuren, die sich ausgeschlossen fühlen, die darunter leiden, daß sie nirgends hingehören.[13] Eine von Kafkas berühmtesten
5 Erzählungen, *Die Verwandlung* (geschrieben 1912, gedruckt 1915) handelt von dem extremen Fall einer solchen Isolierung. Sie beginnt mit dem erstaunlichen, scheinbar etwas Unmögliches aussagenden Satz: „Als Gregor Samsa eines Morgens aus unruhigen Träumen erwachte, fand er sich in seinem Bett zu einem ungeheueren Ungeziefer[14] verwandelt." Bis zum Augenblick seiner Verwandlung hat Samsa das alltägliche Leben
10 eines Reisenden[15] geführt, der zusammen mit seinen Eltern und einer Schwester in derselben Wohnung lebt. Verständlicherweise empfindet die Familie Gregors Existenz als eine fürchterliche Schande; zwar sorgt sie für ihn, Gregor lebt weiter in seiner Familie, aber als ein Fremder, völlig von ihr getrennt. Er bleibt in sein Zimmer eingeschlossen, aus dem es ihm nicht mehr auszubrechen gelingt; er hört und versteht, was seine Angehörigen
15 miteinander reden, er selbst aber kann sich nicht mehr verständlich machen, und in der Isoliertheit seines Zimmers geht er schließlich zugrunde, nicht zuletzt[16] an einer tödlichen Wunde, die ihm sein Vater bei einem Ausbruchsversuch[17] beigebracht hat.[18] Mit dieser Geschichte, so unwirklich sie scheint, will aber Kafka weder einen Traum noch ein Märchen, sondern – im Bild – etwas Wahres erzählen, die Wahrheit einer extremen
20 Situation. Wir alle kennen die Redensart vom „schwarzen Schaf", womit ein Mensch bezeichnet wird, der der Gruppe, zu der er gehört, Schande macht.[19] Das kann der Sohn einer ehrenwerten Familie sein, der zum Verbrecher geworden ist, oder unheilbar wahnsinnig, ein Trinker, oder sonst ein „outcast", jemand der grundlegend anders ist als die anderen, vielleicht ein Künstler, der wie Thomas Mann immer wieder zeigte, sich nicht
25 in die bürgerliche Gesellschaft einfügt. Kafkas entscheidender künstlerischer Einfall war es, die alltägliche Redensart wörtlich zu nehmen. Und indem er den Namen seines Helden an den eigenen annäherte, indem er Kafka zu Samsa verschob,[20] machte er zugleich darauf aufmerksam, daß von ihm selbst die Rede war.[21] Gerade durch die groteske Übertreibung versuchte er eine „Wahrheit" sichtbar zu machen. Sie bestand im Erlebnis
30 einer äußersten Isolierung, die so radikal ist, daß daneben alles, was Realität genannt wird, als weit weniger wirklich erscheint. „Alles ist Phantasie", schrieb Kafka im Jahre 1921, „die Familie, das Bureau, die Freunde; die Straße, alles Phantasie, fernere oder nähere, die Frau; die nächste Wahrheit aber ist nur, daß du den Kopf gegen die Wand einer fenster- und türlosen Zelle drückst."
35 Auch die „fenster- und türlose Zelle" ist natürlich ein dichterisches Bild, ein Bild freilich, das nicht darauf beschränkt ist, Sinnbild besonderer, persönlicher Isolierung zu sein, sondern das einen Zustand bezeichnet, der so allgemein ist, daß immer wieder die Dichter der Gegenwart gerade zu diesem Bild greifen. „Vor hundertfünfzig Jahren waren es die Seen und die Wälder, vor denen die Leute in Rührung gerieten.[22] Heute haben wir
40 den Lyrismus der Zelle." So heißt es in Albert Camus'[23] Roman *La Chute* (*Der Fall*).

---

[13] nirgends hingehören: *belong nowhere*   [14] Ungeziefer: *bug, vermin*   [15] Reisenden: *traveling salesman*   [16] nicht zuletzt: *largely because of*   [17] Ausbruchsversuch: *escape attempt*   [18] beigebracht hat: *inflicted*   [19] Schande macht: *brings disgrace (to)*   [20] verschob: transformierte
[21] daß von ihm selbst die Rede war: daß von ihm selbst gesprochen wurde; daß er selbst gemeint war
[22] vor denen die Leute in Rührung gerieten: von denen die Leute gerührt wurden; *by which the people were moved*   [23] Albert Camus: siehe S. 166, Z. 8

Von der „Einzelhaft",[24] zu der „wir alle verurteilt sind" ist in Tennessee Williams'[25] *Cat on a Hot Tin Roof* die Rede. Sinnbild, Ausdruck oder Szenerie solcher „Einzelhaft" kann im Grunde alles werden was Grenzen, Mauern, Wände oder Gitter um sich hat: Insel, Schiff, Turm, Schloß, Park, Haus, Zimmer, Mönchs-, Irrenhaus- und Gefängniszelle.

Nicht immer freilich besteht die Isolierung darin, daß man wie zwischen hohen Wänden eingeschlossen ist; sie kann auch darin bestehen, daß man aus einer Gemeinschaft *aus*geschlossen ist und vergebens nach einem Zugang sucht. In Kafkas Roman *Das Schloß* (1926 posthum veröffentlicht) kommt ein Mann in ein Dorf, in dem er fremd ist. Er ist von der Verwaltung des Schlosses, das das Dorf überragt,[26] als Landvermesser[27] bestellt, oder er glaubt zum mindesten, bestellt zu sein. Trotz unablässiger Bemühungen gelingt es ihm jedoch nie, Zutritt zum Schloß zu erhalten. Auch die Erlaubnis, sich im Dorf niederzulassen, wird ihm nicht gegeben. Noch während er vergeblich um seine Zulassung kämpft, bricht der Roman ab.

Auch kann es sein, daß die Wände, die den Einzelnen abschließen, gar nicht ohne weiteres sichtbar sind. Josef K., der Held von Kafkas *Prozeß* (1925 aus dem Nachlaß veröffentlicht) wird eines Morgens verhaftet, so plötzlich wie Samsa in ein Insekt verwandelt wird. Doch führt man ihn in keine Gefängniszelle; er kann sich frei bewegen, kann weiter seinen Beruf als Bankbeamter ausüben, ohne freilich je das Bewußtsein zu verlieren, daß er angeklagt ist und daß ein Prozeß gegen ihn geführt wird. Er bleibt „verhaftet". Doch ist es kein gewöhnliches Gericht, das ihn verhaftet hat, sondern ein sehr seltsames, neben den normalen Gerichten bestehendes Gericht, das nicht „legal" zu sein doch ungeheure Macht zu haben scheint. Josef K. bekommt seine Richter nie zu sehen,[28] er hat es immer nur mit den untersten Angehörigen einer riesigen Bürokratie zu tun, die unsichtbar und unzugänglich bleibt. Nicht einmal die Anklage, die gegen ihn erhoben wird, kann Josef K., so sehr er sich bemüht, in Erfahrung bringen.[29] Doch ist das Gericht nicht etwa ein Traum oder besteht nur in seiner Einbildung. Eines Tages, ein Jahr nachdem er „verhaftet" worden ist, holen ihn zwei Abgesandte[30] des Gerichts aus seiner Wohnung ab, führen ihn in einen abgelegenen Steinbruch[31] vor der Stadt und richten ihn dort hin.

Man kann es wohl verstehen, daß Leser und Kritiker von Kafkas Erzählungen sich immer wieder gefragt haben, was hinter den rätselhaften Geschehnissen, die er erzählt, verborgen ist, was sie „bedeuten". Eine Antwort, die freilich die Frage im Grunde zurückweist, hat Kafka selbst gegeben, in der Parabel *Von den Gleichnissen.*[32] „Alle diese Gleichnisse", heißt es da, „wollen eigentlich nur sagen, daß das Unfaßbare unfaßbar ist, und das haben wir gewußt." Wir haben es gewußt, soweit wir in einer Welt leben, deren Sinn, Ziel und Richtung uns nicht bekannt ist, und in der wir uns doch bewegen müssen. Schon Kleist wußte es, als er das Leben mit einem Kartenspiel verglich, in dem wir „immer eine Karte ziehen", das heißt, handeln müssen, „ohne doch zu wissen, was Trumpf ist". Kafkas Werk bezeugt, in immer neuen Gestaltungen, den permanenten Schock einer solchen Erkenntnis.

---

[24] Einzelhaft: *solitary confinement*   [25] Tennessee Williams: (1914 - –), amerikanischer Dramatiker   [26] überragt: *towers over*   [27] Landvermesser: *(land) surveyor*   [28] bekommt ... nie zu sehen: sieht ... ... nie   [29] in Erfahrung bringen: erfahren; *discover*   [30] Abgesandte: Boten; *emissaries*   [31] Steinbruch: *quarry*   [32] Gleichnissen: Parabeln

GIBS AUF! (1936) [1922/23]

Es war sehr früh am Morgen, die Straßen rein und leer, ich ging zum Bahnhof. Als ich eine Turmuhr[33] mit meiner Uhr verglich, sah ich, daß es schon viel später war, als ich geglaubt hatte, ich mußte mich sehr beeilen, der Schrecken über diese Entdeckung ließ mich im Weg unsicher werden, ich kannte mich in dieser Stadt
5   noch nicht sehr gut aus, glücklicherweise war ein Schutzmann[34] in der Nähe, ich lief zu ihm und fragte ihn atemlos nach dem Weg. Er lächelte und sagte: „Von mir willst du den Weg erfahren?" ..Ja", sagte ich, „da ich ihn selbst nicht finden kann." „Gibs auf, gibs auf", sagte er und wandte sich mit einem großen Schwunge ab,[35] so wie Leute, die mit ihrem Lachen allein sein wollen.

AUF DER GALERIE (1919)

10   Wenn irgendeine hinfällige,[36] lungensüchtige[37] Kunstreiterin[38] in der Manege[39] auf schwankendem Pferd vor einem unermüdlichen Publikum vom peitschenschwingenden erbarmungslosen Chef[40] monatelang ohne Unterbrechung im Kreise rundum[41] getrieben würde,[42] auf dem Pferde schwirrend,[43] Küsse werfend, in der Taille sich wiegend,[44] und wenn dieses Spiel unter dem nichtaussetzenden[45]
15   Brausen des Orchesters und der Ventilatoren in die immerfort weiter sich öffnende graue Zukunft sich fortsetzte, begleitet vom vergehenden[46] und neu anschwellenden Beifallsklatschen[47] der Hände, die eigentlich Dampfhämmer[48] sind – vielleicht eilte dann ein junger Galeriebesucher die lange Treppe durch alle Ränge[49] hinab, stürzte in die Manege, riefe das: Halt! durch die Fanfaren des immer sich
20   anpassenden[50] Orchesters.

Da es aber nicht so ist; eine schöne Dame,[51] weiß und rot, hereinfliegt, zwischen den Vorhängen, welche die stolzen Livrierten[52] vor ihr öffnen; der Direktor, hingebungsvoll ihre Augen suchend, in Tierhaltung[53] ihr entgegenatmet;[54] vorsorglich[55] sie auf den Apfelschimmel[56] hebt, als wäre sie seine über alles

---

[33]**Turmuhr:** *clock in a tower*   [34]Schutzmann: Polizist   [35]wandte sich ... ab: *turned away*
[36]hinfällige: gebrechliche; *frail*   [37]lungensüchtige: lungenschwindsüchtige; *consumptive*
[38]Kunstreiterin: *equestrienne*   [39]Manege: Reitbahn, Zirkusarena   [40]peitschenschwingenden ...
Chef: Chef, der eine Peitsche (*whip*) schwingt   [41]rundum: rings; *around*   [42]getrieben würde:
(Note repeated use of subjunctive in this lengthy wenn ... wenn ... dann *clause.)*   [43]schwirrend:
whirling, whirring past   [44]in der Taille sich wiegend: *rocking from the waist*   [45]nichtaussetzenden: nie aufhörenden   [46]vergehenden: *dying away*   [47]Beifallsklatschen: *applause*
[48]Dampfhämmer: *steam hammers*   [49]Ränge: *tiers, rows*   [50]immer sich anpassenden: *constantly
adapting (its playing to suit the occasion)*   [51]eine schöne Dame: *(In this and in subsequent clauses
to the end,* da *is understood.)*   [52]Livrierten: *liveried (uniformed) attendants*   [53]Tierhaltung: in
der Haltung (*posture, attitude*) eines Tieres   [54]entgegenatmet: *breathes, pants in her direction*
[55]vorsorglich: mit Vorsicht; *with caution, with great care*   [56]Apfelschimmel: *dapple-gray horse*

geliebte Enkelin, die sich auf gefährliche Fahrt begibt;[57] sich[58] nicht entschließen kann, das Peitschenzeichen[59] zu geben; schließlich in Selbstüberwindung[60] es knallend gibt; neben dem Pferde mit offenem Munde einherläuft;[61] die Sprünge der Reiterin scharfen Blickes[62] verfolgt; ihre Kunstfertigkeit kaum begreifen kann; mit englischen Ausrufen zu warnen versucht; die reifenhaltenden Reitknechte[63] wütend   5
zu peinlichster Achtsamkeit ermahnt; vor dem großen Saltomortale[64] das Orchester mit aufgehobenen Händen beschwört,[65] es möge[66] schweigen; schließlich die Kleine vom zitternden Pferde hebt, auf beide Backen küßt und keine Huldigung des Publikums für genügend erachtet; während sie selbst, von ihm gestützt, hoch auf den Fußspitzen,[67] vom Staub umweht,[68] mit ausgebreiteten Armen, zurückgelehntem   10
Köpfchen ihr Glück mit dem ganzen Zirkus teilen will — da dies so ist, legt der Galeriebesucher das Gesicht auf die Brüstung[69] und, im Schlußmarsch[70] wie in einem schweren Traum versinkend, weint er, ohne es zu wissen.

EINE KAISERLICHE BOTSCHAFT (1919)

Der Kaiser — so heißt es[71] — hat dir, dem Einzelnen, dem jämmerlichen Untertanen, dem winzig vor der kaiserlichen Sonne in die fernste Ferne geflüchteten Schatten,[72]   15
gerade dir hat der Kaiser von seinem Sterbebett aus eine Botschaft gesendet. Den Boten hat er beim Bett niederknien lassen und ihm die Botschaft ins Ohr zugeflüstert; so sehr war ihm an ihr gelegen,[73] daß er sich sie noch ins Ohr wiedersagen ließ. Durch Kopfnicken hat er die Richtigkeit des Gesagten bestätigt. Und vor der ganzen Zuschauerschaft[74] seines Todes — alle hindernden Wände   20
werden niedergebrochen und auf den weit und hoch sich schwingenden Freitreppen[75] stehen im Ring die Großen des Reichs — vor allen diesen hat er den Boten abgefertigt. Der Bote hat sich gleich auf den Weg gemacht;[76] ein kräftiger, ein unermüdlicher Mann; einmal diesen, einmal[77] den andern Arm vorstreckend, schafft er sich Bahn[78] durch die Menge; findet er Widerstand, zeigt er auf die Brust,   25
wo das Zeichen der Sonne ist; er kommt auch leicht vorwärts, wie kein anderer. Aber die Menge ist so groß; ihre Wohnstätten[79] nehmen kein Ende. Öffnete sich freies Feld, wie würde er fliegen und bald wohl hörtest du das herrliche Schlagen seiner Fäuste an deiner Tür. Aber statt dessen, wie nutzlos müht er sich ab; immer noch zwängt er sich durch die Gemächer[80] des innersten Palastes; niemals wird er   30

---

[57] sich . . . begibt: *undertakes (a)*   [58] sich: der Direktor (*subject of subsequent clauses*)
[59] Peitschenzeichen: *signal with the whip*   [60] Selbstüberwindung: *with the greatest reluctance*
[61] einherläuft: *runs along*   [62] scharfen Blickes: mit scharfem Blick   [63] die reifenhaltenden
Reitknechte: *the grooms holding the hoop(s)*   [64] Saltomortale: (*Ital.*) „Todessprung"; "*breakneck
jump*," *most dangerous jump of an act*   [65] beschwört: *implores*   [66] möge: soll   [67] auf den
Fußspitzen: auf den Zehen (*toes*)   [68] vom Staub umweht: *surrounded by blowing dust*
[69] Brüstung: *balustrade*   [70] Schlußmarsch: *closing march*   [71] so heißt es: so sagt man   [72] dem
winzig vor der kaiserlichen Sonne in die fernste Ferne geflüchteten Schatten: dem winzigen (*tiny*)
Schatten, der vor der kaiserlichen Sonne in die fernste Ferne geflüchtet ist (*has fled*)   [73] so sehr war
ihm an ihr gelegen: so wichtig erschien sie (die Botschaft) ihm   [74] Zuschauerschaft: *audience,
onlookers*   [75] sich schwingenden Freitreppen: *hanging outside staircases*   [76] hat sich . . . auf den
Weg gemacht: *set out*   [77] einmal . . . einmal: manchmal . . . manchmal   [78] schafft er sich Bahn:
schafft er sich einen Weg   [79] Wohnstätten: *places of residence, homes*   [80] Gemächer: Zimmer

sie überwinden; und gelänge ihm dies, nichts wäre gewonnen;[81] die Treppen hinab müßte er sich kämpfen; und gelänge ihm dies, nichts wäre gewonnen; die Höfe wären zu durchmessen,[82] und nach den Höfen der zweite umschließende Palast; und wieder Treppen und Höfe; und wieder ein Palast; und so weiter durch
5   Jahrtausende; und stürzte er endlich aus dem äußersten Tor — aber niemals, niemals kann es geschehen — , liegt erst die Residenzstadt[83] vor ihm, die Mitte der Welt, hochgeschüttet[84] voll ihres Bodensatzes.[85] Niemand dringt hier durch und gar mit[86] der Botschaft eines Toten. — Du aber sitzt an deinem Fenster und erträumst sie dir, wenn der Abend kommt.

DER SCHLAG ANS HOFTOR[87] (1936) [1917]

10   Es war im Sommer, ein heißer Tag. Ich kam auf dem Nachhauseweg mit meiner Schwester an einem Hoftor vorüber. Ich weiß nicht, schlug sie aus Mutwillen ans Tor oder aus Zerstreutheit oder drohte sie nur mit der Faust und schlug gar nicht. Hundert Schritte weiter an der nach links sich wendenden Landstraße[88] begann das Dorf. Wir kannten es nicht, aber gleich nach dem ersten Haus kamen
15   Leute hervor und winkten uns, freundschaftlich oder warnend, selbst erschrocken, gebückt vor Schrecken. Sie zeigten nach dem Hof, an dem wir vorübergekommen waren, und erinnerten uns an den Schlag ans Tor. Die Hofbesitzer[89] werden uns verklagen, gleich werde die Untersuchung beginnen. Ich war sehr ruhig und beruhigte auch meine Schwester. Sie hatte den Schlag wahrscheinlich gar nicht
20   getan, und hätte sie ihn getan, so wird deswegen nirgends auf der Welt ein Beweis geführt.[90] Ich suchte[91] das auch den Leuten um uns begreiflich zu machen, sie hörten mich an, enthielten sich aber eines Urteils.[92] Später sagten sie, nicht nur meine Schwester, auch ich als Bruder werde angeklagt werden. Ich nickte lächelnd. Alle blickten wir zum Hofe zurück, wie man eine ferne Rauchwolke[93] beobachtet
25   und auf die Flamme wartet. Und wirklich, bald sahen wir Reiter ins weit offene Hoftor einreiten. Staub erhob sich, verhüllte alles, nur die Spitzen der hohen Lanzen blinkten. Und kaum war die Truppe im Hof verschwunden, schien sie gleich die Pferde gewendet zu haben und war auf dem Wege zu uns. Ich drängte meine Schwester fort,[94] ich werde alles allein ins Reine bringen.[95] Sie weigerte sich, mich
30   allein zu lassen. Ich sagte, sie solle sich aber wenigstens umkleiden, um in einem besseren Kleid vor die Herren zu treten. Endlich folgte[96] sie und machte sich auf den langen Weg[97] nach Hause. Schon waren die Reiter bei uns, noch von den

---

[81] gewonnen: erreicht   [82] wären zu durchmessen: *would have to be traversed*   [83] Residenzstadt: Stadt der kaiserlichen Residenz; Sitz der kaiserlichen Regierung   [84] hochgeschüttet: *heaped high* [85] Bodensatzes: *dregs*   [86] gar mit: schon gar nicht mit; *let alone with*   [87] Hoftor: *courtyard gate* [88] Landstraße: *highway*   [89] Hofbesitzer: *owners of the farm*   [90] wird . . . ein Beweis geführt: *a case be made (against her act)*   [91] suchte: versuchte   [92] enthielten sich . . . eines Urteils: *refrained from making a judgment*   [93] Rauchwolke: *cloud of smoke*   [94] drängte . . . fort: *urged . . . away*   [95] ins Reine bringen: in Ordnung bringen   [96] folgte: gehorchte; *obeyed*   [97] machte sich auf den . . . Weg: siehe S. 461, Z. 23

Pferden herab fragten sie nach meiner Schwester. Sie ist augenblicklich nicht hier, wurde ängstlich geantwortet, werde aber später kommen. Die Antwort wurde fast gleichgültig aufgenommen; wichtig schien vor allem, daß sie mich gefunden hatten. Es waren hauptsächlich zwei Herren, der Richter, ein junger, lebhafter Mann, und sein stiller Gehilfe, der Aßmann genannt wurde. Ich wurde aufgefordert in die 5
Bauernstube[98] einzutreten. Langsam, den Kopf wiegend, an den Hosenträgern rückend,[99] setzte ich mich unter den scharfen Blicken der Herren in Gang.[100] Noch glaubte ich fast, ein Wort werde genügen, um mich, den Städter, sogar noch unter[101] Ehren, aus diesem Bauernvolk zu befreien. Aber als ich die Schwelle der Stube überschritten hatte, sagte der Richter, der vorgesprungen war und mich schon 10
erwartete: „Dieser Mann tut mir leid.“ Es war aber über allem Zweifel, daß er damit nicht meinen gegenwärtigen Zustand meinte, sondern das, was mit mir geschehen würde. Die Stube sah einer Gefängniszelle ähnlicher als einer Bauernstube. Große Steinfliesen,[102] dunkel, ganz kahle Wand, irgendwo eingemauert ein eiserner Ring, in der Mitte etwas, das halb Pritsche,[103] halb Operationstisch war. 15

Könnte ich noch andere Luft schmecken als die des Gefängnisses? Das ist die große Frage oder vielmehr, sie wäre es, wenn ich noch Aussicht[104] auf Entlassung hätte.

VOR DEM GESETZ (1919) [1914]

Vor dem Gesetz steht ein Türhüter.[105] Zu diesem Türhüter kommt ein Mann vom Lande und bittet um Eintritt in das Gesetz. Aber der Türhüter sagt, daß er ihm 20
jetzt den Eintritt nicht gewähren könne. Der Mann überlegt und fragt dann, ob er also später werde eintreten dürfen. „Es ist möglich“, sagt der Türhüter, „jetzt aber nicht.“ Da das Tor zum Gesetz offensteht wie immer und der Türhüter beiseitetritt, bückt sich der Mann, um durch das Tor in das Innere zu sehen. Als der Türhüter das merkt, lacht er und sagt: „Wenn es dich so lockt, versuche es doch, trotz meines 25
Verbotes hineinzugehen. Merke aber: Ich bin mächtig. Und ich bin nur der unterste Türhüter. Von Saal zu Saal stehn aber Türhüter, einer mächtiger als der andere. Schon den Anblick des dritten kann nicht einmal ich mehr ertragen.“ Solche Schwierigkeiten hat der Mann vom Lande nicht erwartet; das Gesetz soll doch jedem und immer zugänglich sein, denkt er, aber als er jetzt den Türhüter in seinem 30
Pelzmantel genauer ansieht, seine große Spitznase,[106] den langen, dünnen, schwarzen tatarischen[107] Bart, entschließt er sich, doch lieber zu warten, bis er die Erlaubnis zum Eintritt bekommt. Der Türhüter gibt ihm einen Schemel[108] und läßt ihn seitwärts von der Tür sich niedersetzen. Dort sitzt er Tage und Jahre. Er macht viele Versuche, eingelassen zu werden, und ermüdet den Türhüter durch seine 35

---

[98]Bauernstube: *living room of the farmhouse*   [99]an den Hosenträgern rückend: *adjusting my suspenders*   [100]setzte ich mich . . . in Gang: fing ich an zu gehen (*"I put myself in motion"*) [101]unter: mit   [102]Steinfliesen: *flagstones*   [103]Pritsche: *plank bed*   [104]Aussicht: *prospects (for)*   [105]Türhüter: *doorkeeper*   [106]Spitznase: *pointed nose*   [107]tatarischen: *Tatar* [108]Schemel: *stool*

Bitten. Der Türhüter stellt öfters kleine Verhöre mit ihm an,[109] fragt ihn über seine Heimat aus und nach vielem andern, es sind aber teilnahmslose Fragen, wie sie große Herren stellen, und zum Schlusse sagt er ihm immer wieder, daß er ihn noch nicht einlassen könne. Der Mann, der sich für seine Reise mit vielem ausgerüstet hat,

5 verwendet alles, und sei es noch so wertvoll,[110] um den Türhüter zu bestechen. Dieser nimmt zwar alles an, aber sagt dabei: „Ich nehme es nur an, damit du nicht glaubst, etwas versäumt zu haben." Während der vielen Jahre beobachtet der Mann den Türhüter fast ununterbrochen. Er vergißt die andern Türhüter, und dieser erste scheint ihm das einzige Hindernis für den Eintritt in das Gesetz. Er verflucht den

10 unglücklichen Zufall, in den ersten Jahren rücksichtslos[111] und laut, später, als er alt wird, brummt er nur noch vor sich hin.[112] Er wird kindisch, und, da er in dem jahrelangen Studium des Türhüters auch die Flöhe in seinem Pelzkragen[113] erkannt hat, bittet er auch die Flöhe, ihm zu helfen und den Türhüter umzustimmen. Schließlich wird sein Augenlicht schwach, und er weiß nicht, ob es um ihn wirklich

15 dunkler wird, oder ob ihn nur seine Augen täuschen. Wohl aber erkennt er jetzt im Dunkel einen Glanz, der unverlöschlich[114] aus der Türe des Gesetzes bricht. Nun lebt er nicht mehr lange. Vor seinem Tode sammeln sich in seinem Kopfe alle Erfahrungen der ganzen Zeit zu einer Frage, die er bisher an den Türhüter noch nicht gestellt hat. Er winkt ihm zu, da er seinen erstarrenden Körper nicht mehr

20 aufrichten kann. Der Türhüter muß sich tief zu ihm hinunterneigen, denn der Größenunterschied[115] hat sich sehr zuungunsten[116] des Mannes verändert. „Was willst du denn jetzt noch wissen?" fragt der Türhüter, „du bist unersättlich." „Alle streben doch nach dem Gesetz", sagt der Mann, „wieso kommt es, daß in den vielen Jahren niemand außer mir Einlaß verlangt hat?" Der Türhüter erkennt, daß

25 der Mann schon an seinem Ende ist und, um sein vergehendes Gehör noch zu erreichen, brüllt er ihn an: „Hier konnte niemand sonst Einlaß erhalten, denn dieser Eingang war nur für dich bestimmt. Ich gehe jetzt und schließe ihn."

---

[109] stellt ... an: *carries on, conducts*   [110] sei es noch so wertvoll: *be it ever so valuable*
[111] rücksichtslos: *without restraint*   [112] brummt ... vor sich hin: *grumbles to himself*
[113] Pelzkragen: *fur collar*   [114] unverlöschlich: *inextinguishably*   [115] Größenunterschied:
difference in height   [116] zuungunsten: zum Nachteil; *to the disadvantage of*

ROBERT MUSIL (1880 - 1942)

Baudelaire[1] hat einmal erklärt, man müsse, um einen Dichter zu verstehen, auf die Wörter achten, die sich bei ihm immer wiederholen. An ihnen könne man seine „Besessenheit" erkennen. Was für einzelne Wörter gilt, gilt natürlich genau so für Situationen, Figuren, Konflikte, Motive oder Themen. Auch lassen sich diese Wiederholungen nicht nur an einzelnen Künstlern beobachten, sondern sehr oft auch innerhalb ganzer Epochen.   5

Wer Robert Musils *Fliegenpapier* zum ersten Mal liest, wird wahrscheinlich die außerordentliche Präzision bewundern, mit der hier ein winziges Ereignis beschrieben ist: das Mißgeschick einer Fliege, die auf ein mit giftigem Leim[2] bestrichenes[3] Papier geraten ist und nicht mehr loskommt. Erst bei genauerem Lesen entdeckt man die vielen Kunstgriffe,[4] durch die die Vorstellung analoger Situationen im menschlichen Leben   10 hervorgerufen wird. Und plötzlich erkennen wir dann das *Fliegenpapier* als Metapher einer menschlichen Situation, von der wir sprechen, wenn wir sagen: „Ich bin in eine Falle geraten" oder „I am trapped", und wir brauchen dann nicht lange zu suchen, um ähnliche Bilder bei anderen modernen Dichtern zu finden, in Rilkes *Panther*[5] etwa oder Kafkas *Prozeß.*[6] Offensichtlich ist das Gefühl, in einer ausweglosen[7] Lage zu sein, seine   15 Freiheit verloren zu haben, ein Gefühl, das dem Menschen der modernen Gesellschaft naheliegt.

Die Gesellschaft, die Musil kannte, war die österreichische vom Anfang des zwanzigsten Jahrhunderts. Er hatte eigentlich Offizier werden sollen, war in Militärschulen ausgebildet worden, studierte dann aber Maschinenbau[8] und wurde Ingenieur,   20 wechselte noch einmal, um Philosophie, vor allem Logik und experimentelle Psychologie zu studieren, und schrieb eine Dissertation über die Philosophie Ernst Machs.[9] Doch gab er zuletzt alle Möglichkeiten einer bürgerlichen Karriere auf, um ein Leben als freier Schriftsteller zu führen. Als Hitler 1938 in Österreich einmarschierte, emigrierte Musil in die Schweiz, wo er fast unbekannt und in großer Armut starb. „Ich halte es für wichtiger   25 ein Buch zu schreiben als ein Reich zu regieren. Und auch für schwieriger", erklärte er in der Skizze zu einer Autobiographie.

Musils bedeutendstes Werk ist ein großer Roman von rund[10] fünfzehnhundert Seiten, an dem er den größten Teil seines Lebens arbeitete, den er nicht vollendete, und der vielleicht unvollendbar war, *Der Mann ohne Eigenschaften*[11] (1930/1952). *Der Mann ohne*   30 *Eigenschaften* spielt im Jahre 1913 in Österreich und handelt von einer „vaterländischen Aktion",[12] die von einem Komitee prominenter Persönlichkeiten vorbereitet wird, um das siebzigjährige Regierungsjubiläum des Kaisers Franz Joseph[13] zu feiern. Es ist an eine Feierlichkeit gedacht, die die Sekurität und Stabilität dieses Reiches weithin sichtbar machen soll. Unermüdlich und allerdings vergeblich wird nach einer leitenden Idee   35

---

[1] Baudelaire: Charles Baudelaire (1821 - 1867)   [2] Leim: *glue*   [3] bestrichenes: *spread*
[4] Kunstgriffe: *(here) artistic devices*   [5] Rilkes Panther: siehe S. 448   [6] Kafkas Prozeß: siehe S. 459
[7] ausweglosen: *inescapable*   [8] Maschinenbau: *mechanical engineering*   [9] Ernst Mach: siehe S. 434,
Z. 34   [10] rund: etwa, ungefähr   [11] Der Mann ohne Eigenschaften: *The Man Without Qualities*
[12] vaterländischen Aktion: *patriotic undertaking*   [13] Regierungsjubiläum des Kaisers Franz Joseph:
anniversary of the coronation of the Emperor Franz Joseph (1830 - 1916)

gesucht, mit deren Hilfe die Aktion eindrucksvoll und überzeugend gemacht werden könnte. Die geplante Veranstaltung soll im Jahre 1918 stattfinden. Dabei weiß der Leser natürlich, und darin besteht die Ironie des Buches, daß zu diesem Zeitpunkt das Reich, das gefeiert werden soll, bereits zusammengebrochen war. Doch geht es für Musil um[14]

5   mehr als um den Zusammenbruch Österreichs, es geht um den Zusammenbruch der abendländischen Kultur überhaupt. Nicht daß ein sinnloser Krieg verloren geht, ist eine Tragödie, sondern die Tatsache, daß er stattfinden kann, daß er möglich ist.

Von einer ganz anderen Perspektive her — und dieser „vielschichtige"[15] Roman hat viele Perspektiven — haben zwei moderne Kritiker (Ernst Kaiser und Eithne Wilkins) den

10   *Mann ohne Eigenschaften* ein „modernes Gegenstück[16] zu Wolframs *Parzival*"[17] genannt. Danach wäre der Roman ein „Bericht über eine Art Suche nach etwas ‚Unwirklichem', vergleichbar der Suche nach dem Gral". Ganz einfach drückt es Ulrich, der Held des Romans, selbst einmal aus, indem er erklärt, „daß nur eine Frage das Denken wirklich lohne,[18] und das sei die Frage des rechten Lebens".

DAS FLIEGENPAPIER (1913)

15   Das Fliegenpapier Tangle-foot ist ungefähr sechsunddreißig Zentimeter lang und einundzwanzig Zentimeter breit; es ist mit einem gelben, vergifteten Leim bestrichen und kommt aus Kanada. Wenn sich eine Fliege darauf niederläßt — nicht besonders gierig, mehr aus Konvention, weil schon so viele andere da sind —, klebt sie zuerst nur mit den äußersten, umgebogenen Gliedern[19] aller ihrer Beinchen fest.

20   Eine ganz leise, befremdliche Empfindung, wie wenn wir im Dunkel gingen und mit nackten Sohlen auf etwas träten, das noch nichts ist als ein weicher, warmer, unübersichtlicher[20] Widerstand und schon etwas, in das allmählich das grauenhaft Menschliche hineinflutet,[21] das Erkanntwerden[22] als eine Hand, die da irgendwie liegt und uns mit fünf immer deutlicher werdenden Fingern festhält.

25   Dann stehen sie alle forciert aufrecht, wie Tabiker,[23] die sich nichts anmerken lassen wollen, oder wie klapprige[24] alte Militärs[25] (und ein wenig o-beinig,[26] wie wenn man auf einem scharfen Grat[27] steht). Sie geben sich Haltung[28] und sammeln Kraft und Überlegung. Nach wenigen Sekunden sind sie entschlossen und beginnen, was sie vermögen,[29] zu schwirren[30] und sich

30   abzuheben. Sie führen diese wütende Handlung so lange durch, bis die Erschöpfung sie zum Einhalten zwingt. Es folgt eine Atempause und ein neuer Versuch. Aber die Intervalle werden immer länger. Sie stehen da, und ich fühle, wie ratlos sie sind. Von unten steigen verwirrende Dünste auf. Wie ein kleiner Hammer tastet ihre Zunge

---

[14]geht es . . . um: *it is a matter of*   [15]vielschichtige: *many-layered*   [16]Gegenstück: *counterpart*   [17]Wolframs Parzival: siehe S. 16ff.   [18]lohne: *makes worthwhile*   [19]umgebogenen Gliedern: *bent joints*   [20]unübersichtlicher: *obscure*   [21]hineinflutet: *flows into*   [22]Erkanntwerden: Erkennen *(recognition)* des Widerstands   [23]Tabiker: *those afflicted with spinal consumption*   [24]klapprige: *shaky*   [25]Militärs: Offiziere   [26]o-beinig: *bandy-legged*   [27]Grat: Kante; *edge, ridge*   [28]geben sich Haltung: *stand erect*   [29]was sie vermögen: so gut sie können   [30]schwirren: *whir*

heraus.[31] Ihr Kopf ist braun und haarig, wie aus einer Kokosnuß[32] gemacht; wie menschenähnliche Negeridole.[33] Sie biegen sich vor und zurück auf ihren festgeschlungenen[34] Beinchen, beugen sich in den Knien und stemmen sich empor,[35] wie Menschen es machen, die auf alle Weise versuchen, eine zu schwere Last zu bewegen; tragischer als Arbeiter es tun, wahrer im sportlichen Ausdruck der äußersten Anstrengung als Laokoon.[36] Und dann kommt der immer gleich seltsame Augenblick, wo das Bedürfnis einer gegenwärtigen Sekunde über alle mächtigen Dauergefühle[37] des Daseins siegt. Es ist der Augenblick, wo ein Kletterer[38] wegen des Schmerzes in den Fingern freiwillig den Griff der Hand öffnet, wo ein Verirrter im Schnee sich hinlegt wie ein Kind, wo ein Verfolgter mit brennenden Flanken[39] stehenbleibt. Sie halten sich nicht mehr mit aller Kraft ab von unten, sie sinken ein wenig ein und sind in diesem Augenblick ganz menschlich. Sofort werden sie an einer neuen Stelle gefaßt, höher oben am Bein oder hinten am Leib oder am Ende eines Flügels.

Wenn sie die seelische Erschöpfung überwunden haben und nach einer kleinen Weile den Kampf um ihr Leben wieder aufnehmen, sind sie bereits in einer ungünstigen Lage fixiert, und ihre Bewegungen werden unnatürlich. Dann liegen sie mit gestreckten Hinterbeinen auf den Ellbogen gestemmt und suchen[40] sich zu heben. Oder sie sitzen auf der Erde, aufgebäumt,[41] mit ausgestreckten Armen, wie Frauen, die vergeblich ihre Hände aus den Fäusten eines Mannes winden wollen. Oder sie liegen auf dem Bauch, mit Kopf und Armen voraus, wie im Lauf[42] gefallen, und halten nur noch das Gesicht hoch. Immer aber ist der Feind bloß passiv und gewinnt bloß von ihren verzweifelten, verwirrten Augenblicken. Ein Nichts, ein Es zieht sie hinein. So langsam, daß man dem kaum zu folgen vermag, und meist mit einer jähen Beschleunigung am Ende, wenn der letzte innere Zusammenbruch über sie kommt. Sie lassen sich dann plötzlich fallen nach vorne aufs Gesicht, über die Beine weg;[43] oder seitlich, alle Beine von sich gestreckt; oft auch auf die Seite, mit den Beinen rückwärts rudernd. So liegen sie da. Wie gestürzte Aeroplane, die mit einem Flügel in die Luft ragen. Oder wie krepierte[44] Pferde. Oder mit unendlichen Gebärden der Verzweiflung. Oder wie Schläfer. Noch am nächsten Tag wacht manchmal eine auf, tastet eine Weile mit einem Bein oder schwirrt mit dem Flügel. Manchmal geht solch eine Bewegung über das ganze Feld, dann sinken sie alle noch ein wenig tiefer in ihren Tod. Und nur an der Seite des Leibs, in der Gegend des Beinansatzes,[45] haben sie irgendein ganz kleines, flimmerndes Organ, das lebt noch lange. Es geht auf und zu, man kann es ohne Vergrößerungsglas nicht bezeichnen, es sieht wie ein winziges Menschenauge aus, das sich unaufhörlich öffnet und schließt.

---

[31]tastet . . . heraus: *flicks out*   [32]Kokosnuß: *coconut*   [33]Negeridole: *Negro idols*   [34]festgeschlungenen: *caught fast, trapped*   [35]stemmen sich empor: *raise themselves up*   [36]Laokoon: Nach Vergils *Aeneis* ein trojanischer Priester, der zusammen mit seinen Söhnen von zwei Schlangen umwunden und getötet wurde. Eine berühmte, heute im Vatikan befindliche Statue aus dem ersten Jahrhundert vor Christus hat das sagenhafte Ereignis festgehalten.   [37]Dauergefühle: *lasting feelings*   [38]Kletterer: *climber*   [39]mit brennenden Flanken: *"with burning flanks", i.e. defenseless*   [40]suchen: versuchen   [41]aufgebäumt: *rearing up*   [42]im Lauf: *while running*   [43]über . . . weg: *over*   [44]krepierte: *tote*   [45]Beinansatzes: *beginning of the leg*

GEORG HEYM (1887 - 1912)

In einem 1904 geschriebenen Gedicht hatte Rilke sich mit einer Fahne verglichen. „Ich ahne die Winde, die kommen", heißt es da, „während die Dinge unten sich noch nicht rühren." Das Gedicht war *Vorgefühl*[1] überschrieben. Das „Vorgefühl", von dem hier die Rede ist[2] — die Ahnung kommender Katastrophen — teilte Rilke mit manchen Dichtern
5   seiner Epoche. Eines der berühmtesten Zeugnisse solcher Vorahnungen ist das 1911 entstandene Gedicht *Der Krieg* von Georg Heym. Als ein ungeheurer Dämon der Vernichtung, der eine ahnungslose[3] Menschheit überfällt, erschien der Krieg in Heyms erschreckender Vision. Aber der Krieg, der dann wirklich drei Jahre später ausbrach, kam doch in Wahrheit nicht wie ein Naturereignis,[4] nicht wie ein Erdbeben oder eine
10   Sturmflut,[5] er kam, wie es in Heyms Gedicht heißt, „unten aus Gewölben tief", das heißt, er bedeutete einen Ausbruch elementarer Kräfte, die tief im Schoße der Gesellschaft schon bereit lagen. Der Krieg von 1914 war gewiß ein Produkt großer Interessenkonflikte; sonderbarer Weise[6] wurde er aber selbst von vielen seiner Opfer zunächst mit einem Gefühl der Befreiung begrüßt. In allen Ländern strömten die
15   Freiwilligen zu den Waffen. Die Zeit vor 1914 war eine Zeit der Prosperität und Sekurität gewesen; in ihrem Gefolge kam freilich nicht nur wachsender Wohlstand, sondern zugleich auch steigender Überdruß an Ordnung und Sicherheit, an Gesetzlichkeit und Normalität, und damit oft auch eine geheime, oft unbewußte Sehnsucht nach Gewalt, Gesetzlosigkeit und Zerstörung. Georg Heym selbst ist das beste Beispiel dafür. „Ach, es ist furchtbar",
20   schrieb er im Jahre 1910 als dreiundzwanzigjähriger Student in sein Tagebuch, „ . . . Es ist immer das gleiche, so langweilig, langweilig, langweilig. Es geschieht nichts, nichts, nichts . . . Wenn ich mich frage, warum ich bis jetzt gelebt habe. Ich wüßte keine Antwort . . . Geschähe doch einmal etwas. Würden einmal wieder Barrikaden gebaut. Ich wäre der erste, der sich darauf stellte, ich wollte noch mit der Kugel im Herzen den
25   Rausch der Begeisterung spüren. Oder sei es auch nur, daß man einen Krieg begänne, er kann ungerecht sein. Dieser Frieden ist so faul[7] ölig und schmierig wie eine Leimpolitur[8] auf alten Möbeln . . ."

Georg Heym selbst hat den Ausbruch des Krieges nicht mehr erlebt. 1912 ertrank er zusammen mit einem Freunde beim Schlittschuhlaufen[9] auf der Havel in der Nähe von
30   Berlin.

---

[1] Vorgefühl: siehe S. 445   [2] die Rede ist: gesprochen wird   [3] ahnungslose: *unsuspecting*
[4] Naturereignis: *occurrence of nature*   [5] Sturmflut: *storm tide*   [6] sonderbarer Weise: *strangely enough*   [7] faul: *rottenly*   [8] Leimpolitur: *sticky varnish*   [9] Schlittschuhlaufen: *ice skating*

DER KRIEG (1912)

Aufgestanden ist er, welcher lange schlief,
aufgestanden unten aus Gewölben tief.
In der Dämmrung steht er, groß und unerkannt,
und den Mond zerdrückt er in der schwarzen Hand.

In den Abendlärm[10] der Städte fällt es[11] weit,   5
Frost und Schatten einer fremden Dunkelheit,
und der Märkte runder Wirbel[12] stockt[13] zu Eis.
Es wird still. Sie sehn sich um. Und keiner weiß.

In den Gassen faßt es ihre Schulter leicht.
Eine Frage. Keine Antwort. Ein Gesicht erbleicht.[14]   10
In der Ferne wimmert ein Geläute[15] dünn
und die Blätter zittern um ihr spitzes Kinn.

Auf den Bergen hebt er[16] schon zu tanzen an[17]
und er schreit: Ihr Krieger alle, auf und an.[18]
Und es schallet, wenn das schwarze Haupt er schwenkt,   15
drum[19] von tausend Schädeln laute Kette[20] hängt.

Einem Turm gleich tritt er aus[21] die letzte Glut,
wo der Tag flieht, sind die Ströme schon voll Blut.
Zahllos sind die Leichen schon im Schilf[22] gestreckt,
von des Todes starken Vögeln weiß bedeckt.   20

In die Nacht er jagt das Feuer querfeldein[23]
einen roten Hund mit wilder Mäuler Schrein.[24]
Aus dem Dunkel springt der Nächte schwarze Welt,
von Vulkanen furchtbar ist ihr Rand erhellt.

Und mit tausend roten Zipfelmützen[25] weit   25
sind die finstren Ebnen flackend[26] überstreut,[27]
und was unten auf den Straßen wimmelt hin und her,
fegt er in die Feuerhaufen,[28] daß[29] die Flamme brenne mehr.

---

[10] **Abendlärm:** *evening noise*   [11] **es:** etwas (siehe auch Z. 9)   [12] **der Märkte runder Wirbel:** der runde Wirbel (*swirl*) der Märkte   [13] **stockt:** *congeals*   [14] **erbleicht:** *turns pale (connotation also of* erbleichen: sterben)   [15] **Geläute:** *ringing of bells*   [16] **er:** der Krieg   [17] **hebt . . . an:** fängt . . . an [18] **auf und an:** *up and away!*   [19] **drum:** worum; *around which*   [20] **von tausend Schädeln laute Kette:** d.h., die tausend Schädel an dieser Kette machen ein lautes Geräusch.   [21] **tritt . . . aus:** *stamps out*   [22] **Schilf:** *reeds, rushes*   [23] **querfeldein:** *across the country*   [24] **mit wilder Mäuler Schrein:** mit dem Schreien (*shrieking*) wilder Mäuler (*mouths*)   [25] **Zipfelmützen:** *peaked caps* [26] **flackend:** *flaringly*   [27] **überstreut:** spread, strewn over (with)   [28] **Feuerhaufen:** *heaps of fire* [29] **daß:** sodaß (auch S. 470, 9 and 11)

Und die Flammen fressen brennend Wald um Wald,[30]
gelbe Fledermäuse[31] zackig in das Laub gekrallt.[32]
Seine Stange haut er wie ein Köhlerknecht[33]
in die Bäume, daß das Feuer brause recht.

5 Eine große Stadt versank in gelbem Rauch,
warf sich lautlos in des Abgrunds Bauch.
Aber riesig über glühnden Trümmern steht
der in wilde Himmel dreimal seine Fackel dreht,

über sturmzerfetzter[34] Wolken Widerschein,
10 in des toten Dunkels kalte Wüstenein,[35]
daß er mit dem Brande weit die Nacht verdorr,[36]
Pech und Feuer träufet[37] unten auf Gomorrh.[38]

---

[30]**Wald um Wald:** *forest after forest*   [31]**Fledermäuse:** *bats*   [32]**zackig in das Laub gekrallt:** *jaggedly holding on to the foliage with their claws*   [33]**Köhlerknecht:** *charcoal burner*   [34]**sturmzerfetzter:** *shredded by the storm*   [35]**Wüstenein:** Wüsten; *deserts*   [36]**verdorr:** *dried out*   [37]**träufet:** *drips*   [38]**Gomorrh:** siehe 1 Mose 19, 24: „Da ließ der Herr Schwefel und Feuer regnen – von dem Herrn vom Himmel herab – auf Sodom und Gomorra.“

STEFAN GEORGE (1868 - 1933)

Stefan George lebte sein ganzes Leben *gegen* seine Zeit. Aber anders wie Georg Heym
trieb ihn diese Gegnerschaft nicht zur Revolte, sondern in eine extreme, selbstgewählte
Isolierung. George verachtete die Saturiertheit[1] und den Materialismus des Bürgertums,
den Glauben an den Fortschritt, die Überschätzung der Technik, die ganze kommerzielle
Zivilisation seiner Epoche. Nur abgesondert von der Menge, so schien es ihm, war es   5
möglich, nach innerem Gesetz ein Leben höchster Werte zu verwirklichen. Aufgabe der
Kunst war es, eine solche Isolierung darzustellen, und umgekehrt, einzige Aufgabe dieser
Isolierung war es, Kunst hervorzubringen. Denn die Kunst allein war imstande, einem
sinnlosen Dasein Sinn zu verleihen.[2] Eine solche Kunst durfte freilich weder leicht
verständlich noch leicht zugänglich sein. Sie mußte seltsam sein, exotisch, der „großen   10
fremden Dolde"[3] vergleichbar, von der in Georges frühem Gedicht *Die Spange*[4] die Rede
ist. Das unterirdische Reich, das sich Georges mythischer Kaiser Algabal[5] errichtet, ist ein
solches Reich der Kunst. Es ist ein Reich, in dem nur der Kaiser mit einem kleinen,
erlesenen Gefolge lebt. Auch die Natur mit ihrem Wechsel von Tag und Nacht, von
Sommer und Winter, mit ihrem Werden und Vergehen gibt es hier nicht. Kein Gras grünt   15
hier, keine Bäume wachsen, und auch lebende Tiere gibt es nicht; die Landschaft dieses
Reiches besteht aus Kohle, Glas und Metall, aus Gold und kostbaren Steinen. Die dunkle
große schwarze Blume aber, die der Kaiser zu schaffen versucht, die Blume, die es in der
Natur nicht gibt, auch sie ist ein Bild der Gegennatur,[6] auf der diese Kunst beruht.
Sinnbild der Kunst ist schließlich auch der „Herr der Insel", der große, seltsame Vogel,   20
der in selbstgewählter Einsamkeit auf einer fernen Insel lebt und dem die Menschen so
unerträglich sind, daß schon ihre bloße Nähe ihm das Atmen unmöglich macht. Wie sehr
George bemüht war, sich gewöhnliche, normale Leser fernzuhalten, zeigte auch die
Ausstattung[7] seiner ersten Gedichtbände.[8] Er schrieb sie in einer schwierigen Ortho-
graphie, fast ohne Großbuchstaben[9] und Interpunktion, und ließ sie in kostbaren   25
Ausgaben auf teurem Papier drucken, die er nicht dem Buchhandel übergab, sondern an
Freunde verschenkte.

Bei alledem ging es George nicht um[10] die Glorifizierung seiner eigenen Person. Er
sah sich im Dienst einer großen Aufgabe: in einer Zeit, in der nur noch Tagesinteressen
galten, bemühte er sich, die Erinnerung an Europas große Tradition lebendig zu erhalten.   30
Diese Vergangenheit gipfelte für ihn in Männern wie Platon, Dante, Shakespeare, Goethe
und Hölderlin. Als ein Sohn der Rheinlande[11] stammte er aus dem Teil Deutschlands, der
von den Römern besiedelt und zivilisiert worden war, und fühlte sich als ihren Erben. Die
Burgen und Dome am Rhein aber hielten für ihn das Gedächtnis an eine andere große
Blütezeit[12] wach,[13] das ritterliche Mittelalter. Die Kultur des Mittelalters, seine   35

---

[1] Saturiertheit: *complacency*   [2] verleihen: geben   [3] Dolde: *umbel (a flower cluster seemingly
originating from a single point)*   [4] Spange: *brooch, bracelet*   [5] Algabal: römischer Kaiser (218 - 222
n. Chr.)   [6] Gegennatur: *antinature*   [7] Ausstattung: *layout*   [8] Gedichtbände: *volumes of poetry*
[9] Großbuchstaben: *capital letters*   [10] ging es ... nicht um: *was not a matter of*   [11] Rheinlande:
das deutsche Land zu beiden Seiten des Rheins von der Schweizer bis zur niederländischen Grenze
George war in Bingen geboren.   [12] Blütezeit: *Golden Age*   [13] hielten ... wach: erhielten ...
lebendig; *kept alive*

hierarchische Ordnung, seine Ideen von Dienst, Strenge, Gehorsam, Zucht, Askese und
Gefolgschaft[14] bewunderte er als Leitbilder[15] menschlicher Gemeinschaft. Diese großen
Offenbarungen des menschlichen Geistes nicht nur von ferne zu bestaunen,[16] sondern sie
wiederzubeleben und neue, ihnen analoge Formen zu finden, war ihm ein hohes Ziel.
5   Dabei glaubte er an keinen plötzlichen Umschwung. Es war ihm klar, daß solche Impulse
nur von kleinen Kreisen ausgehen konnten, die, Mönchsorden vergleichbar, erst nach
Jahrzehnten oder selbst Jahrhunderten die Gesellschaft im großen[17] durchdringen
würden. Der Kreis der Schüler und Anhänger, der sich um ihn sammelte und ihn, wie
Jünger[18] ihren Meister, verehrte, erschien ihm als ein solcher Kern. In manchem
10 erinnerten seine Bemühungen an Schillers Versuche einer „ästhetischen Erziehung";[19]
wie George hatten auch Schiller und Goethe eine Zeitlang gehofft, auf dem Wege über die
Kunst ihrem Volke eine höhere Bildung vermitteln zu können. Wie sie, scheiterte auch
George.

    Der Erste Weltkrieg, den George vorausgesagt und von Anfang an als Katastrophe
15 betrachtet hatte, beschleunigte den Niedergang Europas. Georges Ton wurde härter,
schärfer, anklagender; ähnlich den Propheten des Alten Testaments warnte, verurteilte
und verdammte er seine Zeitgenossen, und, den Propheten gleich, wurde er nur von
wenigen gehört. Die Machtübernahme durch den Nationalsozialismus erlebte er gerade
noch. Es ist nicht ohne Ironie, daß ein autoritäres System wie der Nationalsozialismus in
20 Georges elitärer Haltung verwandte Züge zu erkennen glaubte und ihn in mancher
Hinsicht als Vorläufer betrachtete. Ehrungen, die man ihm erweisen[20] wollte, lehnte er
ab; Ende 1933 starb er in der Schweiz. Es ist nicht zu leugnen, daß einige seiner Anhänger
sich mit dem Nationalsozialismus verbündeten, ebensowenig aber,[21] daß der Führer der
Gruppe,[22] die die Revolte vom 20. Juli 1944 versuchte, aus dem Kreis Stefan Georges
25 hervorgegangen war.

    Unbestreitbar hat George dazu beigetragen, das Bild geschichtlicher Größe im
Bewußtsein seiner Zeitgenossen zu erhalten; in den Lauf der Geschichte einzugreifen,
blieb ihm versagt. Ähnlich dem sagenhaften König Midas, dem sich alles, was er berührte,
in Gold verwandelte, wurden für George Ermahnungen, Warnungen, Aufrufe zur Tat,
30 Flüche und Beschwörungen zuletzt immer wieder zu — Dichtungen.

---

[14] Gefolgschaft: Loyalität   [15] Leitbilder: Vorbilder, Ideale   [16] bestaunen: bewundern; *admire*
[17] im großen: in großem Maße   [18] Jünger: *disciples*   [19] „ästhetischen Erziehung": siehe S. 149
[20] erweisen: *confer, bestow upon*   [21] ebensowenig aber: ebensowenig aber ist es zu leugnen   [22] der
Führer der Gruppe . . .: Claus Graf von Stauffenbergs Attentatsversuch (*assassination attempt*) auf
Hitler schlug fehl (*miscarried*), und er wurde mit vielen seiner Mitverschworenen (*coconspirators*)
hingerichtet.

DIE SPANGE* (1891)

Ich wollte sie aus kühlem eisen
Und wie ein glatter fester streif·²³
Doch war im schacht²⁴ auf allen gleisen²⁵
So kein metall²⁶ zum gusse²⁷ reif.

Nun aber soll sie also sein: 5
Wie eine grosse fremde dolde²⁸
Geformt aus feuerrotem golde
Und reichem blitzendem gestein.

MEIN GARTEN BEDARF NICHT LUFT UND NICHT WÄRME (1892)

Mein garten bedarf nicht luft und nicht wärme·
Der garten den ich mir selber erbaut   10
Und seiner vögel leblose schwärme²⁹
Haben noch nie einen frühling geschaut.

Von kohle die stämme · von kohle die äste
Und düstere felder am düsteren rain·³⁰
Der früchte nimmer gebrochene läste³¹   15
Glänzen wie lava im pinien-hain.³²

Ein grauer schein aus verborgener höhle
Verrät nicht wann morgen wann abend naht
Und staubige dünste der mandel-öle³³
Schweben auf beeten und anger und saat.³⁴   20

Wie zeug³⁵ ich dich³⁶ aber im heiligtume
— So fragt ich wenn ich es sinnend durchmass³⁷
In kühnen gespinsten³⁸ der sorge vergass³⁹—
Dunkle grosse schwarze blume?

---

²³streif: *plate (of metal)*   ²⁴schacht: *mine shaft*   ²⁵gleisen: *tracks*   ²⁶So kein metall: kein solches Metall   ²⁷gusse: *casting*   ²⁸dolde: siehe S. 471, Z. 11   ²⁹seiner vögel leblose schwärme: die leblosen Schwärme (*swarms*) seiner Vögel   ³⁰rain: *ridge*   ³¹Der früchte nimmer gebrochene läste: die niemals gebrochenen Läste (*burdens*) der Früchte   ³²pinien-hain: *pine grove*   ³³mandel-öle: *almond oils*   ³⁴beeten und anger und saat: *beds (of plants) and pastures and crops*   ³⁵zeug: schaffe; *create*   ³⁶dich: (anticipates blume)   ³⁷sinnend durchmass: *passed over, traversed mentally*   ³⁸gespinsten: Traum-, Gedankengespinste; *webs of dreams, of thoughts*   ³⁹der sorge vergass: die Sorge vergaß
* Spange: siehe S. 471, Z. 11

DER HERR DER INSEL (1895)

Die fischer überliefern[40] dass im süden
Auf einer insel reich an zimmt[41] und öl
Und edlen steinen die im sande glitzern
Ein vogel war der wenn am boden fussend[42]
5 Mit seinem schnabel[43] hoher stämme krone[44]
Zerpflücken[45] konnte · wenn er seine flügel
Gefärbt wie mit dem saft der Tyrer-schnecke[46]
Zu schwerem niedrem[47] flug erhoben:[48] habe
Er einer dunklen wolke gleichgesehn.[49]
10 Des tages[50] sei er im gehölz[51] verschwunden ·
Des abends aber an den strand gekommen ·
Im kühlen windeshauch[52] von salz und tang[53]
Die süsse stimme hebend dass delfine[54]
Die freunde des gesanges[55] näher schwammen
15 Im meer voll goldner federn goldner funken.[56]
So habe er seit urbeginn[57] gelebt ·
Gescheiterte[58] nur hätten ihn erblickt.
Denn als zum erstenmal die weissen segel
Der menschen sich mit günstigem geleit[59]
20 Dem eiland[60] zugedreht[61] sei er zum hügel
Die ganze teure stätte zu beschaun[62] gestiegen ·
Verbreitet[63] habe er die grossen schwingen[64]
Verscheidend[65] in gedämpften[66] schmerzeslauten.[67]

---

[40]überliefern: erzählen   [41]zimmt: *cinnamon*   [42]Ein vogel war der wenn am boden fussend: Es
war (dort) ein Vogel, der, wenn er auf dem Boden stand . . .   [43]schnabel: *beak*   [44]hoher stämme
krone: die Krone hoher Bäume   [45]Zerpflücken: *pluck apart*   [46]Tyrer-schnecke: Tyrus, das heutige
Sûr (Libanon). Aus dem Saft der Tyrer-Schnecke (*snail*) produzierte man im Altertum einen roten
Farbstoff (*dye*). Das Purpurrot galt oft als ein Abzeichen (*mark, sign*) der Könige.   [47]niedrem:
niedrigem   [48]erhoben: erhoben hatte   [49]habe . . . gleichgesehn: *resembled*   [50]Des tages:
während des Tages   [51]gehölz: *undergrowth*   [52]windeshauch: *breeze*   [53]tang: *seaweed*
[54]delfine: Delphine: *dolphins*   [55]Die freunde des gesanges: Der Delphin galt als musikliebend. Nach
einer griechischen Sage wurde der Dichter Arion von einem Delphin, den sein Gesang angelockt
(*attracted*) hatte, vor dem Ertrinken im Meer gerettet und an Land gebracht.   [56]voll goldner federn
goldner funken: voll goldener Funken von goldenen Federn; *i.e., the sun's rays reflect off the bird's
feathers*   [57]urbeginn: Uranfang; *beginning of time*   [58]Gescheiterte: *the shipwrecked, castaways*
[59]geleit: Wind   [60]eiland: Insel   [61]zugedreht: zugewendet; *turned toward*   [62]Die ganze teure
stätte zu beschaun: um die ganze teure (geliebte) Stätte zu beschaun   [63]Verbreitet: ausgebreitet;
spread out   [64]schwingen: Flügel   [65]Verscheidend: sterbend   [66]gedämpften: *subdued*
[67]schmerzeslauten: Schmerzenslauten; *cries of pain*

Aus DER STERN DES BUNDES (1914)

VORREDE (1928)

Um dies werk witterte ein missverständnis[68] je erklärlicher desto unrichtiger: der dichter habe statt der entrückenden[69] ferne sich auf das vordergründige geschehen eingelassen[70] ja ein brevier[71] fast volksgültiger art[72] schaffen wollen . . besonders für die jugend auf den Kampf-feldern.[73] Nun ist der verlauf aber so: der Stern des Bundes war zuerst gedacht für die freunde des engern bezirks[74] und nur die   5 erwägung dass ein verborgen-halten[75] von einmal ausgesprochenem[76] heut kaum mehr möglich ist hat die öffentlichkeit vorgezogen[77] als den sichersten schutz. Dann haben die sofort nach erscheinen[78] sich überstürzenden[79] welt-ereignisse die gemüter auch der weiteren schichten[80] empfänglich gemacht für ein buch das noch jahrelang ein geheimbuch hätte bleiben können.   10

Aus purpurgluten[81] sprach des himmels zorn:
Mein blick ist abgewandt von diesem volk[82] . .
Siech ist der geist! tot ist die tat!
Nur sie die nach dem heiligen bezirk
Geflüchtet sind[83] auf goldenen triremen[84]   15
Die meine harfen spielen und im tempel
Die opfer tun . . und die den weg noch suchend
Brünstig[85] die arme in den abend strecken
Nur deren schritten folg ich noch mit huld —
Und aller rest ist nacht und nichts.   20

---

[68] **Um dies werk witterte ein missverständnis:** *a cloud of misunderstanding hung over this work*
[69] **entrückenden:** *distancing (from present-day reality)*   [70] **sich auf das vordergründige geschehen eingelassen:** *entered into, dealt with events in the foreground (i.e., contemporary events)*   [71] **brevier:** *breviary*   [72] **volksgültiger art:** *i.e., aiming at popular edification*   [73] **die jugend auf den Kampf-feldern:** die jungen Soldaten des Ersten Weltkriegs   [74] **des . . . bezirks:** des . . . Zirkels, Kreises   [75] **verborgen-halten:** Geheimhaltung; *concealment*   [76] **von einmal ausgesprochenem:** von dem, was einmal ausgesprochen wurde   [77] **hat die öffentlichkeit vorgezogen:** d.h., hat die Veröffentlichung (*publication*) des *Stern des Bundes* vorgezogen   [78] **sofort nach erscheinen:** sofort nach der Veröffentlichung des Buches   [79] **sich überstürzenden:** *pressing on one another, following on one another's heels*   [80] **der weiteren schichten:** des breiteren Publikums   [81] **purpurgluten:** *purple glows, flames*   [82] **Mein blick ist abgewandt von diesem volk:** d.h., Gott hat sich von den Deutschen abgewandt   [83] **Nur sie die nach dem heiligen bezirk / Geflüchtet sind . . .:** d.h., nur diejenigen, die abseits von der Menge noch höhere Werte kennen und nach ihnen zu leben versuchen   [84] **triremen:** Die Trireme oder Triere war ein bestimmter Typ von Kriegsschiffen der Griechen und Römer.   [85] **Brünstig:** inbrünstig; *ardently*

Alles habend alles wissend seufzen sie:[86]
,Karges[87] leben![88] drang[89] und hunger überall!
Fülle fehlt!'
Speicher[90] weiss ich über jedem haus[91]

5   Voll von korn das fliegt und neu sich häuft —
Keiner nimmt . .
Keller unter jedem hof wo siegt[92]
Und im sand verströmt[93] der edelwein[94] —
Keiner trinkt . .

10   Tonnen puren golds verstreut im staub:
Volk in lumpen streift es[95] mit dem saum[96] —
Keiner sieht.

Ihr baut verbrechende an maass und grenze:[97]
,Was hoch ist kann auch höher!' doch kein fund

15   Kein stütz und flick mehr dient[98] . . es wankt der bau.
Und an der weisheit end ruft ihr zum himmel:
,Was tun eh wir[99] im eignen schutt ersticken
Eh eignes spukgebild[100] das hirn uns zehrt?'[101]
Der[102] lacht: zu spät für stillstand und arznei!

20   Zehntausend muss der heilige wahnsinn[103] schlagen
Zehntausend muss die heilige seuche raffen
Zehntausend der heilige krieg.

---

[86]sie: die Zeitgenossen   [87]Karges: ärmliches; *scanty, poor*   [88],Karges leben! . . .': (Die Zeitgenossen beklagen sich über die geistige und kulturelle Armut der Epoche, sehen aber nicht die wahren Güter, die „Tonnen puren golds", auf die beispielsweise George hinweist.)   [89]drang: *craving*   [90]Speicher: *granaries*   [91]über jedem haus: *i.e., in the attic*   [92]siegt: versiegt; *drains, dries up*   [93]verströmt: *streams off*   [94]edelwein: *noble, pure wine*   [95]es: das Gold   [96]saum: *edge (of their garments)*   [97]Ihr baut verbrechende an maass und grenze: Ihr baut, an Maß und Grenze verbrechend (*violating*); Ihr baut und kennt kein Maß und keine Grenze. (Gemeint ist der „Bau", das „Gebäude" der modernen Gesellschaft.)   [98]doch kein fund / Kein stütz und flick mehr dient: d.h., doch keine Verstärkung des Fundaments, keine Stütze und kein Flickwerk (*patchwork*) hilft mehr, um den Bau zu retten   [99]Was tun eh wir: was sollen wir tun, ehe wir   [100]spukgebild: Wahnideen, Phantasien   [101]zehrt: verzehrt, zerstört; *destroys*   [102]Der: der Himmel   [103]der heilige wahnsinn: heilig, weil von Gott geschickt

Einer[104] stand auf der scharf[105] wie blitz und stahl
Die klüfte aufriss[106] und die lager schied[107]
Ein Drüben[108] schuf durch umkehr[109] eures Hier[110] . .
Der euren wahnsinn so lang in euch schrie
Mit solcher wucht dass ihm die kehle barst.[111]   5
Und ihr? ob dumpf ob klug ob falsch ob echt
Vernahmt und saht[112] als wäre nichts geschehn . .
Ihr handelt weiter[113] sprecht und lacht und heckt.[114]
Der warner ging . . dem rad das niederrollt
Zur leere greift kein arm mehr in die speiche.[115]   10

---

[104]**Einer:** Nietzsche   [105]**Einer stand auf der scharf . . .:** Einer stand auf, der scharf . . .   [106]**der . . . Die klüfte aufriß:** der die unter der Oberfläche befindlichen (*located*) Gegensätze sichtbar machte   [107]**schied:** trennte; *separated*   [108]**Drüben:** jenseits; *beyond (The line alludes to the title of one of Nietzsche's books, Jenseits von Gut und Böse.)*   [109]**umkehr:** („Umkehr" *refers to one of Nietzsche's favorite terms:* „die Umwertung aller Werte.") *See p. 378, 1. 22.*   [110]**durch umkehr eures Hier:** d.h., was den Zeitgenossen als „gut" und „böse" erscheint, soll durch eine neue Moral mit ganz anderen Werten ersetzt werden.   [111]**dass ihm die kehle barst:** daß er sich dabei selbst zerstörte   [112]**Vernahmt und saht:** hörtet und saht ihr   [113]**Ihr handelt weiter:** *you go on trading, you go on with business as usual*   [114]**heckt:** vermehrt euch; *breed (gewöhnlich nur von Vögeln gebraucht)*   [115]**greift . . . in die speiche:** *grasps the spoke; i.e., tries to stop*

GOTTFRIED BENN (1886 - 1956)

Gottfried Benn kam von Nietzsche her. Wie Nietzsche fühlte er sich im Gegensatz zu
seiner Zeit; wie Nietzsche glaubte er in einer Epoche des Verfalls zu leben; von Nietzsche
übernahm er den Begriff des Nihilismus, der ihn sein Leben lang beschäftigte. Mit
Nietzsche teilte er auch den aggressiven, provozierenden Ton. Schon der Titel des ersten
5   Gedichtbandes,[1] mit dem Gottfried Benn 1912 an die Öffentlichkeit trat,[2] *Morgue*,
zeigte an, daß es ihm darauf ankam, zu schockieren. *Morgue*, das waren die Gedichte eines
Arztes. Seziersaal, Krebsbaracke, Leichenschauhaus,[3] Krankheit, Fäulnis, Verwesung
waren Schauplätze und Themen, von denen man damals in der guten Gesellschaft nicht
sprach. Doch Benn war entschlossen, das letzte große Tabu anzugreifen, das noch übrig
10 war, nachdem Freud die sexuellen Tabus des neunzehnten Jahrhunderts durchbrochen
hatte. Und so sprach er von den physischen Schrecken des Todes, er sprach vom Tod
ohne metaphysische Tröstungen. Man darf sich freilich durch den herausfordernden und
zynischen Ton dieser Gedichte nicht täuschen lassen. Zynismus beruht fast immer auf
einem Leiden. Und Benn litt. Nicht etwa nur an den dunklen Aspekten des Daseins, die
15 die Welt der Krankenhäuser unbarmherzig vor ihm eröffnet hatte, sondern am Dasein
überhaupt. „Leiden heißt am Bewußtsein leiden, nicht an Todesfällen", erklärte er. Unter
Bewußtsein verstand er die geistige Lage des „modernen Ichs". Dies moderne Ich, wie
Benn es sah, war ein Ich, das autonom, geistig emanzipiert, in äußerster Isoliertheit einer
Welt ohne Sinn gegenüberstand. Sich in einer solchen Situation nicht unglücklich zu
20 fühlen, war nicht leicht. Benn konnte zwar erklären, Nihilismus sei ein „Glücksgefühl",[4]
aber dies Glücksgefühl hinderte ihn nicht, die Vorzüge eines ganz ungeistigen, rein
animalischen oder vegetativen Daseins zu preisen. „Ein Klümpchen[5] Schleim im Moor" zu
sein, einfachstes Leben noch ohne Bewußtsein, konnte er dann für erstrebenswert[6]
halten. Schlaf, Traum und Rausch boten sich an als Erlösungen vom Leiden; mit Drogen
25 zu experimentieren war eine verlockende Möglichkeit, der übergroßen Helle des
Bewußtseins zu entgehen.

Die europäische Zivilisation, zu der Benn gehörte, erschien ihm als eine Spätzeit,[7]
morbid, überfeinert,[8] ohne Glauben an sich; soweit sie noch Kräfte hatte, erschöpften sie
sich in der Herstellung materieller Güter. Kein Wunder, daß er primitive Kulturen
30 bewunderte, frühgeschichtliche[9] Zeiten mit starken Instinkten, voll von Mythen, Sagen
und glänzenden Göttergestalten, von der Phantasie und dem Willen gelenkt, nicht vom
Intellekt. „Wo bleiben die Barbaren des zwanzigsten Jahrhunderts?" hatte Nietzsche aus
der Müdigkeit einer späten Kultur heraus gefragt. Benn nahm die herausfordernde Frage
auf. Als die Barbaren dann wirklich kamen, als der Nationalsozialismus in Deutschland die
35 Macht ergriff, sah Benn für einen Augenblick sein Ideal verwirklicht. Für einen
Augenblick glaubte er „an eine echte Erneuerung des deutschen Volkes". Es war ein

---

[1] Gedichtbandes: *volume of poetry*   [2] an die Öffentlichkeit trat: bekannt wurde (*"stepped into
public view"*)   [3] Seziersaal, Krebsbaracke, Leichenschauhaus: *dissecting room, cancer ward, morgue*
[4] Glücksgefühl: *rapture*   [5] Klümpchen: *small lump*   [6] erstrebenswert: lohnend; *desirable*
[7] Spätzeit: Ende einer Epoche   [8] überfeinert: *overrefined*   [9] frühgeschichtliche: *primitive*

schrecklicher Irrtum, aus dem er bald erwachte. Auch verstanden die Nationalsozialisten, wenigstens in dieser Hinsicht, Benn viel besser als er sich selbst verstand. Sie wußten, daß er nicht zu ihnen gehörte. Bald verboten sie ihm das Schreiben. Oder genauer: da man das Schreiben niemandem verbieten kann, verboten sie ihm zu veröffentlichen, was er schrieb. In dieser Lage wählte Benn, wie er es provozierend ausdrückte, die „aristokratische Form 5 der Emigration" und trat als Militärarzt in die Armee ein. Dort gab man ihm die Selbstmorde unter den Soldaten zu bearbeiten. Außerdem schrieb er weiter. Denn die Kunst war nicht einfach eine Aufgabe, die Benn sich selbst gestellt hatte; sie war der Sinn des Daseins überhaupt. Was schon Nietzsche erklärt hatte: daß die Welt nur als ästhetisches Phänomen zu rechtfertigen sei, war auch Benns Überzeugung. Das heißt: die 10 Welt als solche *bedeutet* nichts, sie *ist*; und darin ist sie dem Kunstwerk ähnlich. Die Kunst aber will weder lehren noch erziehen, nichts erklären und nichts verändern, sie spricht nur sich selber aus. „Kunstwerke sind ... historisch unwirksam, praktisch folgenlos.[10] Das ist ihre Größe", erklärte Benn. Künstler „realisieren ... ihre Träume, die Bilder des großen Urtraums[11] sind". Diese Realisation vollzieht sich in „Stein, Vers und 15 Flötenlied". Dichten heißt, sich eine Methode schaffen, um Erfahrungen „zur Sprache zu bringen". So ist die Werkstatt, in der der Dichter arbeitet, ein „Laboratorium für Worte. Hier modelliert, fabriziert er Worte, öffnet sie, sprengt, zertrümmert sie, um sie mit Spannungen zu laden." Aus dem Slang der modernen Großstadt, dem differenzierten und abstrakten Vokabular der Naturwissenschaften, aus Stücken von Landschaft, aus 20 Trümmern vergangener Kulturen, aus Evokationen alter Mythen und Riten schuf Benn sich ein hoch explosives sprachliches Gemisch. Es ist nicht leicht zu analysieren, weil seine Bestandteile[12] nicht logisch verbunden, sondern assoziativ verknüpft sind. So glaubt man einen lyrischen Konstrukteur am Werke zu sehen, für den der Satzbau wirklich „das Primäre" ist und für den nichts Gültigkeit hat als „das Wort". Aber dann schreibt Benn als 25 alter Mann, ein Jahr vor seinem Tode, ein ganz einfaches, fast kunstloses Gedicht, in dem im Grunde nur eine einzige, fast verwunderte Frage gestellt wird, die Frage, woher denn in der Welt „das Sanfte und das Gute" kommt. Für einen, dem Terror, Elend und Brutalität des Lebens nur allzu vertraut sind, mag die Existenz des Guten in der Tat[13] wie ein unbegreifliches Wunder erscheinen. Doch wird, wer dieses Gedicht gelesen hat, auch 30 die Grundmelodie[14] der Trauer verstehen, die Benns gesamtes Werk durchzieht und die sich weder von Zynismus noch von Provokation überdecken läßt.

GESÄNGE (1913)

I

O daß wir unsere Ururahnen[15] wären.
Ein Klümpchen[16] Schleim in einem warmen Moor.
Leben und Tod, Befruchten und Gebären   35
glitte aus unseren stummen Säften vor.[17]

---

[10] folgenlos: *without consequence*   [11] Urtraums: *primordial dream*   [12] Bestandteile: Komponenten
[13] in der Tat: wirklich   [14] Grundmelodie: *underlying melody*   [15] Ururahnen: *"fore-forebears,"*
ancestors of our ancestors   [16] Klümpchen: siehe S. 478, Z. 22   [17] glitte ... vor: *would glide forth*

Ein Algenblatt[18] oder ein Dünenhügel,[19]
vom Wind Geformtes und nach unten schwer.[20]
Schon ein Libellenkopf,[21] ein Möwenflügel[22]
wäre zu weit[23] und litte[24] schon zu sehr.

SIEH DIE STERNE, DIE FÄNGE* (1927)

5   Sieh die Sterne, die Fänge
    Lichts und Himmel und Meer,
    welche Hirtengesänge,[25]
    dämmernde,[26] treiben sie[27] her,[28]
    du[29] auch, die Stimmen[30] gerufen[31]
10 und deinen Kreis durchdacht,[32]
    folge die schweigenden Stufen
    abwärts dem Boten der Nacht.[33]

    Wenn du die Mythen und Worte
    entleert hast,[34] sollst du gehn,
15 eine neue Götterkohorte[35]
    wirst du nicht mehr sehn,
    nicht ihre Euphratthrone,[36]
    nicht ihre Schrift und Wand[37]—
    gieße, Myrmidone,[38]
20 den dunklen Wein ins Land.[39]

---

[18]Algenblatt: *strand of seaweed*   [19]Dünenhügel: Düne; *dune, sand hill*   [20]nach unten schwer: *bottom-heavy*   [21]Libellenkopf: *head of a dragonfly*   [22]Möwenflügel: *wing of a sea gull*   [23]weit: *too far advanced (in the evolution of organisms)*   [24]litte: würde ... leiden   [25]Hirtengesänge: *pastoral songs: i.e., poetry (could be either subject or object of clause)*   [26]dämmernde: *dawning or darkening*   [27]sie: Sterne ... Himmel ... Meer (if Hirtengesänge *is assumed to be the subject*)   [28]treiben ... her: *drive before them, drive this way: i.e., evoke*   [29]du: der Leser   [30]Stimmen: Hirtengesänge   [31]du ... gerufen: du, der du ... gerufen hast (*you who have called*) oder auch: wenn du ... gerufen hast   [32]deinen Kreis durchdacht: *contemplated your sphere: i.e., have come to grips with your existence*   [33]folge die schweigenden Stufen abwärts dem Boten der Nacht: folge dem Boten der Nacht die schweigenden Stufen hinunter   [34]Wenn du die Mythen und Worte entleert hast: d.h., wenn die Mythen deiner Epoche und die Erzählungen davon für dich verbraucht sind, wenn sie keine Bedeutung für dich mehr haben   [35]Götterkohorte: Schar von Göttern. (Gemeint ist eine neue Mythologie, eine neue religiöse Schöpfung.)   [36]Euphratthrone: Die Göttertempel der alten Babylonier. Der Euphrat (*Euphrates River*) floß durch Babylonien, das heutige Irak.   [37]ihre Schrift und Wand: eine Anspielung auf das geheimnisvolle „mene, mene, tekel, u pharsin", das dem babylonischen König Belsazar an der Wand seines Palastes erschien und ihm den Untergang seines Reiches prophezeite (siehe Daniel 5, 25)   [38]Myrmidone: Gefolgsmann des Achilles in Homers *Ilias*   [39]gieße ... den dunklen Wein ins Land: als Totenopfer (*sacrifice for the dead*); wahrscheinlich eine Anspielung auf die Totenklage (*lamentation for the dead*) des Achilles auf seinen Freund Patroklos im 23. Gesang der *Ilias*
* Fänge: *fangs (of light – see l.1 · 2)*

Wie dann die Stunden auch hießen,[40]
Qual und Tränen des Seins,
alles blüht[41] im Verfließen
dieses nächtigen Weins,
schweigend strömt die Äone,[42]   5
kaum noch von Ufern ein Stück[43] —
gib nun dem Boten die Krone,[44]
Traum[45] und Götter[46] zurück.

ASTERN* (1936)

Astern — schwälende[47] Tage,
alte Beschwörung, Bann,[48]   10
die Götter halten die Waage[49]
eine zögernde Stunde an.[50]

Noch einmal die goldenen Herden
der Himmel,[51] das Licht, der Flor,
was brütet das alte Werden[52]   15
unter den sterbenden Flügeln vor?[53]

Noch einmal das Ersehnte,[54]
den Rausch, der Rosen Du[55] —
der Sommer stand und lehnte
und sah den Schwalben[56] zu,   20

noch einmal ein Vermuten,
wo längst Gewißheit wacht:
die Schwalben streifen die Fluten[57]
und trinken Fahrt und Nacht.[58]

---

[40] Wie dann die Stunden auch hießen: *however the hours may (then) have been called*   [41] alles blüht: d.h., das Totenopfer ist auch ein Totengedächtnis (*monument to the dead*): eine Aufgabe der Dichtung. In der Dichtung blühen die „Qual und Tränen des Seins".   [42] Äone: *eon, or also, in its gnostic meaning, the essences or energies which originally emanated from God; now they are flowing back*   [43] kaum noch von Ufern ein Stück: *i.e., it is a time of dissolution.*   [44] Krone: d.h., Macht, Geschichte   [45] Traum: d.h., Kunst, Dichtung   [46] Götter: d.h., Religion, Mythos   [47] schwälende: schwelende; *smoldering (i.e., no longer ablaze, as in summer)*   [48] alte Beschwörung, Bann: *i.e., it is time now to evoke, to conjure up the days of summer.*   [49] Waage: *scales*   [50] die Götter halten die Waage . . . an: *(an image of the equinox)*   [51] die goldenen Herden der Himmel: die Sterne   [52] Werden: *genesis, evolution*   [53] brütet . . . vor: *hatches forth*   [54] das Ersehnte: *that which is longed for*   [55] der Rosen Du: *the Thou of the roses: i.e., communion of love*   [56] Schwalben: *swallows*   [57] streifen die Fluten: *skim over the tides*   [58] die Schwalben . . . trinken Fahrt und Nacht: *i.e., the swallows are migrating in the face of winter.*
*Astern: *asters (autumn flowers)*

EIN WORT (1943)

Ein Wort, ein Satz —: aus Chiffren[59] steigen
erkanntes Leben, jäher Sinn,
die Sonne steht, die Sphären schweigen[60]
und alles ballt sich zu ihm hin.[61]

5   Ein Wort — ein Glanz, ein Flug, ein Feuer,
ein Flammenwurf, ein Sternenstrich[62] —
und wieder Dunkel, ungeheuer,
im leeren Raum um Welt und Ich.[63]

SATZBAU* (1951)

Alle haben den Himmel, die Liebe und das Grab,
10   damit wollen wir uns nicht befassen,
das ist für den Kulturkreis besprochen und durchgearbeitet.[64]
Was aber neu ist, ist die Frage nach dem Satzbau
und die ist dringend:
warum drücken wir etwas aus?

15   Warum reimen wir oder zeichnen ein Mädchen
direkt oder als Spiegelbild
oder stricheln[65] auf eine Handbreit[66] Büttenpapier[67]
unzählige Pflanzen, Baumkronen,[68] Mauern,

---

[59] **Chiffren:** *ciphers*. Das dichterische Wort ist eine Chiffre, d.h., eine Geheimschrift (*secret code*), die nur dem Eingeweihten (*initiated*) verständlich ist. Sie muß dechiffriert, entziffert (*deciphered*) werden, dann wird das Leben erkannt und plötzlich ein Sinn gefunden.   [60] **die Sonne steht, die Sphären schweigen:** Dieser Sinn wird aber nicht irgendwo außerhalb der Dichtung, etwa wie früher in der Natur, gesucht und gefunden; das dichterische Wort schafft eine neue, seine eigene Welt, neben der die „wirkliche" Welt, der ganze Kosmos bedeutungslos wird: die Sonne steht still (siehe Josua 10, 12 - 13), die Harmonie der Sphären (eine platonische Vorstellung) schweigt.   [61] **alles ballt sich zu ihm hin:** *everything converges, condenses around the word* (ihm); d.h., das Wort ist der Kern (*nucleus*) einer neuen Schöpfung   [62] **Glanz . . . Flug . . . Feuer . . . Flammenwurf . . . Sternenstrich:** d.h., das dichterische Wort erhellt die Welt blitzartig (Flammenwurf: Flammenstrahl; *jet of flame;* Sternenstrich: *shooting star*). Siehe Nietzsches *Ecce homo:* „Licht wird alles, was ich fasse . . . Flamme bin ich sicherlich." (S. 372f.)   [63] **und wieder Dunkel, ungeheuer, im leeren Raum um Welt und Ich:** d.h., wenn das Wort dann schweigt, fällt alles wieder ins Dunkel zurück. Ohne das „Wort" ist die Welt sinnlos.   [64] **Alle . . . durchgearbeitet:** „Himmel", „Liebe", „Grab" sind banale Themen.
[65] **stricheln:** *sketch*   [66] **Handbreit:** *hand's breadth*   [67] **Büttenpapier:** *rough-edged paper*
[68] **Baumkronen:** *treetops*
* **Satzbau:** *syntax, sentence structure*. Das Gedicht ist eine Folgerung (*progression, conclusion*) aus
  dem vorigen. Da Dichtung im Mittelpunkt steht, kommt ungeheuer viel auf die dichterische Technik,
  auf die Form an, eben auf den Satzbau.

letztere als dicke Raupen mit Schildkrötenkopf[69]
sich unheimlich niedrig hinziehend
in bestimmter Anordnung?

Überwältigend unbeantwortbar!
Honoraraussicht[70] ist es nicht,   5
viele verhungern darüber. Nein,
es ist ein Antrieb in der Hand,
ferngesteuert,[71] eine Gehirnlage,[72]
vielleicht ein verspäteter Heilbringer[73] oder Totemtier,[74]
auf Kosten des Inhalts ein formaler Priapismus,[75]   10
er wird vorübergehn,
aber heute ist der Satzbau
das Primäre.

„Die wenigen die was davon erkannt" – (Goethe)[76] –
wovon eigentlich?   15
Ich nehme an: vom Satzbau.

MENSCHEN GETROFFEN (1955)

Ich habe Menschen getroffen, die,
wenn man sie nach ihrem Namen fragte,
schüchtern – als ob sie gar nicht beanspruchen könnten,
auch noch eine Benennung zu haben –   20
„Fräulein Christian" antworteten und dann:
„wie der Vorname", sie wollten einem die Erfassung erleichtern,
kein schwieriger Name wie „Popiol" oder „Babendererde" –
„wie der Vorname" – bitte, belasten Sie Ihr Erinnerungsvermögen[77] nicht!

---

[69] Raupen mit Schildkrötenkopf: *caterpillars with turtle's heads*   [70] Honoraraussicht: *prospects of remuneration*   [71] ferngesteuert: *directed by remote control*   [72] Gehirnlage: *cerebral condition*   [73] Heilbringer: Messias   [74] Totemtier: *carved animal on a totem pole. (I.e., to produce art may be a delayed or obsolete messianic or totemistic impulse.)*   [75] auf Kosten des Inhalts ein formaler Priapismus: *at the expense of the content a formal priapism, a formal erection: i.e., the artistic, creative impulse is not aroused by material stimuli, but by merely formal problems*   [76] „Die wenigen, die was davon erkannt" – (Goethe): aus Goethes *Faust*, Vers 590. Es fährt fort: „Die töricht gnug ihr volles Herz nicht wahrten, / Dem Pöbel ihr Gefühl, ihr Schauen offenbarten, / Hat man von je gekreuzigt und verbrannt." Faust spricht von geistigen Lehrern der Menschheit, deren tiefere Einsichten sie in Gegensatz zur Masse („dem Pöbel") bringen; er denkt vielleicht an Männer wie Sokrates oder Christus. Benn meint, ironisierend, die eigentlichen Märtyrer seien die Künstler.
[77] Erinnerungsvermögen: *power of recollection*

Ich habe Menschen getroffen, die
mit Eltern und vier Geschwistern in einer Stube
aufwuchsen, nachts, die Finger in den Ohren,
am Küchenherde[78] lernten,
5   hochkamen,[79] äußerlich schön und ladylike wie Gräfinnen[80]—
und innerlich sanft und fleißig wie Nausikaa,[81]
die reine Stirn der Engel trugen.

Ich habe mich oft gefragt und keine Antwort gefunden,
woher das Sanfte und das Gute kommt,
10   weiß es auch heute nicht und muß nun gehn.

---

[78] Küchenherde: *kitchen stove*   [79] hochkamen: *overcame the handicaps of their environment*
[80] Gräfinnen: *countesses*   [81] Nausikaa: siehe S. 319, Z. 7

ERNST JÜNGER (geb. 1895)

Auch Ernst Jünger wurde geistig von Nietzsche geformt. Auch ihm erschien Nietzsche als
der große Diagnostiker der europäischen décadence; seinen *Willen zur Macht*[1] las er wie
„Notizen auf der Fahrt durch Meere, in denen der Sog des Malstroms[2] fühlbar wird". Das
Bild des Malstroms stammt von Edgar Allan Poe.[3] In seiner Erzählung *A Descent into the
Maelström* hatte Poe den fürchterlichen Wirbel im arktischen Ozean beschrieben, der die   5
Schiffe, die in seinen Bereich kommen, einsaugt und in die Tiefe hinabzieht. So, als den
Passagier eines Schiffes, das ohne Kompaß und ohne Steuer seinem Untergang
entgegentreibt,[4] sah sich Ernst Jünger in seiner Zeit. Berichte von Schiffbrüchen und
Schiffsuntergängen[5] haben ihn zeitlebens[6] fasziniert; sie erschienen ihm wie „Weltunter-
gänge im kleinen".[7]   10

Es ist verständlich, daß Jünger, wie andere auch, dem „Sog des Malstroms" zu
entkommen suchte.[8] Die Rettung aus dem europäischen Nihilismus war für ihn jedoch
nicht, wie für George oder Benn, die Idee der Kunst, sondern der Begriff der Nation. Und
so traf ihn der Ausbruch des Ersten Weltkriegs wie ein Akt der Befreiung aus einem
sinnlosen Dasein. Schon ein Jahr vorher, als Siebzehnjähriger, hatte Jünger einen   15
Fluchtversuch[9] unternommen und war in die französische Fremdenlegion eingetreten. Er
wollte nach Afrika; sein Vater holte ihn zurück. Nun lockte ein wilderes Abenteuer, das
sich zugleich als Hingabe an ein höheres Ziel, an Schicksal und Zukunft der Nation
verstehen ließ. „Hier rief etwas", schrieb Jünger später im Rückblick auf die ersten Tage
des Krieges, „das unsere Hingabe, das Opfer der ganzen Person forderte – und das ist es, 20
wonach die Jugend verlangt. Daher erfaßte uns damals ein Rausch, in dem sich die
Erlösung von einem Leben ohne tiefere Ziele ausdrückte und den sich nur der vorstellen
kann, der selbst dabei gewesen ist."

Der Kriegsfreiwillige[10] Jünger machte den Krieg als Führer eines Stoßtruppkommandos[11] mit, in besonders gefährdeter Stellung,[12] oftmals verwundet, für Tapferkeit,   25
selbst Tollkühnheit,[13] mit den höchsten militärischen Orden dekoriert. Für Jünger war
der Krieg ein großer Erzieher. Religiös war er, wie er sagte, nicht erzogen worden; die
zeitgenössische Kunst gab ihm nichts, worin er sich wiederfand, und die humanistische
Bildung, die ihm die Schule zu vermitteln versuchte, erschien ihm tot. Zum Manne
machte ihn, wie er fühlte, der Krieg. 1920 veröffentlichte er sein erstes Buch, *In*   30
Stahlgewittern.[14] Es war das Tagebuch, das er im Kriege geführt hatte. Ihm folgten
andere Berichte aus den Grabenkämpfen[15] der Westfront, Berichte, die sich durch
Schärfe der Beobachtung, Genauigkeit und Sachlichkeit auszeichneten und die in einem
harten, kalten und klaren Stil geschrieben waren. Sie machten ihn als Schriftsteller
bekannt.   35

---

[1] **Willen zur Macht:** siehe S. 378ff.   [2] **Malstroms:** Wirbels; *maelstrom, whirlpool*   [3] **Edgar Allan Poe:**
(1809 - 1849)   [4] **entgegentreibt:** entgegenschwimmt   [5] **Schiffsuntergängen:** *ship sinkings*
[6] **zeitlebens:** sein ganzes Leben lang   [7] **im kleinen:** *in miniature*   [8] **suchte:** versuchte
[9] **Fluchtversuch:** *escape attempt*   [10] **Kriegsfreiwillige:** *enlisted soldier*   [11] **Stoßtruppkommandos:**
assault detachment   [12] **Stellung:** *emplacement, post*   [13] **Tollkühnheit:** *reckless daring*
[14] **Stahlgewittern:** *steel thunderstorms*   [15] **Grabenkämpfen:** *trench warfare*

Jünger hatte den Krieg bejaht; was er nicht akzeptieren konnte, war die Niederlage. Die Armee, in der er gedient hatte, war für ihn mehr als ein Instrument, mit dem man Krieg führt; sie war für ihn das Modell einer idealen sozialen Ordnung. Die Struktur einer solchen Ordnung entwickelte er in seinem Buch *Der Arbeiter* (1932). Was Jünger unter

5 „Arbeiter" verstand, hatte nichts mit ökonomischen Begriffen zu tun: der Arbeiter, dessen „Gestalt" er zeichnete, war ein neuer Typus, halb Ingenieur, halb Soldat, und als solcher der Angehörige einer zukünftigen herrschenden Schicht von Technokraten. Es war ein autoritäres System, das ihm vorschwebte, mit einer genauen und strengen Verteilung von Befehl und Gehorsam, von Herrschaft und Dienst, und mit einer Elite, in der sich

10 Rang, Macht und Verantwortung verbanden. Der gesellschaftliche Zustand, der diesem gedanklichen System am besten entsprach, war die „totale Mobilmachung". Es war eine Formel, die berühmt wurde. Wie jedes System hatte auch dieses seinen Gegentyp:[16] es war der Bürger. Der Bürger kannte nur einen Wert, die Sicherheit, während der „Arbeiter", dem „Elementaren" verbunden, in einer permanenten Zone der Gefahr lebte.

15 „Bürgerlich", und also verächtlich, war die Weimarer Republik;[17] bürgerlich waren Liberalismus, Aufklärung und Demokratie. Die Demokratie, wie sie in Deutschland praktiziert wurde, erschien Jünger kraftlos, feige und ohnmächtig; alles was sie erstrebe, erklärte er hohnvoll und nicht unwitzig, sei ein Zustand, „in dem jeder jedem eine Frage stellen darf".

20   Bürgerlich war auch die Idee der Toleranz. Sie müsse als das erkannt werden, was sie wirklich sei: „eine negative Eigenschaft". „Wer an nichts wirklich glaubt", setzte er hinzu, „der kann freilich leicht tolerant sein". Was uns fehle, erklärte Jünger, sei „die alles andere ausschließende Überzeugung, der glühende Fanatismus, ... jene innerliche Geschlossenheit, die uns heute das Mittelalter schon wieder mit anderen Augen als mit

25 denen der Aufklärung erscheinen läßt." Die Zeiten der Aufklärung seien vorbei, behauptete er, der Krieg habe ihren Untergang vollendet. Dabei blieb es ihm nicht verborgen, daß ihm zwar die *Formen* eines neuen planetarischen Herrschaftssystems durchaus klar waren, daß es aber die *Ideen*, deren Realisierung sie[18] zu dienen haben würden, weit weniger[19] waren. Daraus zog er den Schluß, „daß wir uns in einer letzten,

30 und zwar einer sehr merkwürdigen Phase des Nihilismus befinden, die sich dadurch auszeichnet, daß neue Ordnungen bereits weitgehend vorgestoßen,[20] daß aber die diesen Ordnungen entsprechenden *Werte* noch nicht sichtbar geworden sind".

Als dann freilich der „glühende Fanatismus", den Jünger verlangt hatte, in Erscheinung trat, als der Nationalsozialismus die Macht ergriff, und die „totale

35 Mobilmachung" kein utopischer Entwurf mehr war, sondern die Struktur des täglichen Lebens, da wollte Jünger mit alledem nichts zu tun haben. Die Massen, die Hitler zujubelten,[21] waren nicht die Elite, die *er* sich gewünscht hatte; die Vulgarität und Brutalität der neuen Machthaber stießen ihn ab; die Verfolgung und Ausrottung Hilfloser und Unschuldiger entsetzten ihn. Zwar bemühte sich der neue Staat um ihn,[22] doch

40 Jünger entzog sich.[23] 1939 veröffentlichte er einen kurzen Roman, *Auf den Marmorklippen.*[24] In ihm beschrieb er, wie in einem nicht genauer bezeichneten südlichen Lande

---

[16] Gegentyp: Gegensatz; *opposite (type)*   [17] die Weimarer Republik: die deutsche parlamentarische Regierung zwischen 1918 - 1933   [18] sie: die Formen   [19] weit weniger: weit weniger klar   [20] vorgestoßen: vorgedrungen; *forged ahead*   [21] zujubelten: *hailed, cheered at*   [22] bemühte sich ... um ihn: *courted him; i.e., the Nazis tried to draw him into their camp*   [23] entzog sich: *declined, withdrew*
[24] Marmorklippen: *marble cliffs*

eine alte Kultur dem Terror einer anarchischen Bewegung zum Opfer fällt. Man las das Buch allgemein als einen verdeckten Angriff auf den Nationalsozialismus. Später danach befragt, erklärte Jünger, eine solche Absicht habe ihm ferngelegen.[25] Es klingt unwahrscheinlich. Doch mag es sehr wohl sein, daß er nicht mit jenen Mitläufern[26] verwechselt werden wollte, die nach dem Zusammenbruch des Regimes erklärten, sie   5 seien *innerlich* immer dagegen gewesen. Sicher ist, daß Jünger den Nationalsozialisten verdächtig wurde. Den Krieg verbrachte er zum größten Teil in Paris, wo er als Hauptmann dem Generalstab zugeteilt war. Es war der Versuch einiger Generäle, ihn gegen die politischen Machthaber zu decken. Über die sich gegen Hitler bildende Verschwörung war er informiert, nahm aber nicht an ihr teil; schließlich wurde er von den   10 Nationalsozialisten aus der Armee entlassen, aber nicht verfolgt.

Trotz seines großen Interesses an politischen, militärischen und sozialen Dingen war Jünger keine politische Natur. Er war in erster Linie ein Beobachter. Dies gilt selbst für die Aktionen des Ersten Weltkriegs. So leidenschaftlich er an einem Gefecht teilnahm, so zweckmäßig er handelte, so ging er doch durch die blutigsten Schlachten mit dem kühlen   15 und klaren Auge eines Betrachters, dem der Schrecken den Blick nicht trübte, und der den Willen hatte, zu beschreiben, was er sah. Nach dem Kriege wandte sich Jünger den Naturwissenschaften zu. Er studierte Zoologie, Botanik und Biologie, und dies Interesse hat ihn durch sein ganzes Leben begleitet. Niemand kann wie er die leuchtenden Farben einer Blume, die bizarren Formen eines seltsamen Käfers, die Gestalt einer Landschaft   20 beschreiben. Aber darin erschöpft er sich nicht. Scheinbar sind die Gegenstände der Natur ganz sichtbar, tastbar, riechbar und somit eben beschreibbar. Unter der Oberfläche aber bleibt die Natur ein tiefes, allenfalls magisch zu ahnendes Geheimnis. Das heißt, daß die beschriebenen Dinge zugleich Zeichen, Signale, Korrespondenzen und symbolische Repräsentation sind. So kann Jünger beispielsweise ein sinnliches Phänomen wie die rote   25 Farbe in eindringlichen Manifestationen sichtbar machen und zugleich die Bedeutungen ahnen lassen, die hinter dem Phänomen verborgen sind. Doch darf man sich durch die Sachlichkeit des Naturwissenschaftlers, der eine historische Umwälzung so unbeteiligt wie einen Klimawechsel[27] registriert, nicht täuschen lassen. Wenn Jünger völlig sachlich einen Einkauf in einem Laden beschreibt, und der Leser dann schockiert erfährt, daß es sich um   30 einen Einkauf von Menschenfleisch handelt, so wird er zunächst die Voraussetzung der Erzählung als absurd ablehnen. Gottseidank, wird er sagen, Kannibalismus gibt es in der modernen Gesellschaft denn doch nicht. Aber gerade die Selbstverständlichkeit, mit der Jünger hier vorgeht, zwingt zum Nachdenken. Und wer sich dann klar macht, wie oft und wie leicht in der heutigen Menschheit der Mensch als Sache, als Ware, als Gegenstand   35 behandelt, wie er manipuliert, verarbeitet, konsumiert und verbraucht wird, dem mag auf einmal die kulinarische Zubereitung von Menschen nur als extremste Konsequenz von Tendenzen erscheinen, die, oft nur ungenügend erkannt, längst am Werke sind. Nicht übersehen läßt sich zugleich, hier und in anderen Fällen, daß hinter dem kühlen Wissenschaftler Jünger ein engagierter Moralist verborgen ist.   40

---

[25] habe ihm ferngelegen: *was far from his thoughts*   [26] Mitläufern: *collaborators, fellow travelers*
[27] Klimawechsel: *change of climate*

VIOLETTE ENDIVIEN* (1938)

Ich trat in ein üppiges Schlemmergeschäft[28] ein, weil eine im Schaufenster ausgestellte, ganz besondere violette Art von Endivien mir aufgefallen war. Es überraschte mich nicht, daß der Verkäufer mir erklärte, die einzige Sorte Fleisch, für die dieses Gericht als Zukost[29] in Frage käme, sei Menschenfleisch – ich hatte
5 das vielmehr schon dunkel vorausgeahnt.

Es entspann sich eine lange Unterhaltung über die Art der Zubereitung, dann stiegen wir in die Kühlräume hinab, in denen ich die Menschen, wie Hasen vor dem Laden eines Wildbrethändlers,[30] an den Wänden hängen sah. Der Verkäufer hob besonders hervor, daß ich hier durchweg[31] auf der Jagd erbeutete[32] und nicht etwa
10 in den Zuchtanstalten[33] reihenweise gemästete[34] Stücke betrachtete: „Magerer, aber – ich sage das nicht, um Reklame zu machen – weit aromatischer". Die Hände, Füße und Köpfe waren in besonderen Schüsseln ausgestellt und mit kleinen Preistäfelchen besteckt.[35]

Als wir die Treppe wieder hinaufstiegen, machte ich die Bemerkung: „Ich
15 wußte nicht, daß die Zivilisation in dieser Stadt schon so weit fortgeschritten ist" – worauf der Verkäufer einen Augenblick zu stutzen[36] schien, um dann mit einem sehr verbindlichen Lächeln zu quittieren.[37]

DIE ROTE FARBE (1938)

Wir haben Gründe, mit der roten Farbe behutsam umzugehen. Sie tritt im gleitenden Strome des Lebens spärlich hervor, aber erglüht in den Spannungen. Sie
20 deutet das Verborgene und das zu Verbergende oder zu Hütende[38] an, insbesondere das Feuer, das Geschlecht und das Blut. Wo das Rot daher plötzlich erscheint, ruft es ein Gefühl der Betroffenheit hervor wie die roten Fähnchen, mit denen man die Wege zu Steinbrüchen oder Schießplätzen[39] versperrt. Überhaupt bezeichnet es die Nähe der Gefahr; so sind die Schluß- und Warnungslichter[40] unserer Fahrzeuge rot.
25 Besonders gilt das für Feuersgefahr; rot bemalt sind die Feuermelder[41] und Hydranten, ebenso die Wagen, in denen man entzündliche[42] Flüssigkeiten oder Sprengmittel[43] verschickt. Mit dem wachsenden Bedarf an Brenn- und Treibstoffen[44] überzieht sich die Welt mit einem Netz von flammend roten und gelben

---

[28]Schlemmergeschäft: *gourmet shop*   [29]Zukost: *side dish*   [30]Wildbrethändlers: *seller of venison*   [31]durchweg: ausnahmslos; *without exception*   [32]erbeutete: erschossene, gefangene   [33]Zuchtanstalten: *breeding farms*   [34]reihenweise gemästete: *fattened in rows*   [35]mit kleinen Preistäfelchen besteckt: *stuck, pinned with little price labels*   [36]zu stutzen: *to be startled*   [37]quittieren: antworten   [38]das zu Verbergende oder zu Hütende: *that which is to be hidden or protected*   [39]Steinbrüchen oder Schießplätzen: *quarries or rifle ranges*   [40]Schluß- und Warnungslichter: *taillights and signal lights*   [41]Feuermelder: *fire alarms*   [42]entzündliche: *flammable*   [43]Sprengmittel: Sprengstoffe; *explosives*   [44]Brenn- und Treibstoffen: *heating and motor fuels*
* Endivien: *endives*

Kiosken[45] — schon dieser Anblick allein würde einen Fremdling belehren, daß er sich in explosiven Landschaften befindet, in einem Zeitalter, in dem Uranos[46] zu herrschen beginnt. Rot wird für die explosiven Stoffe bevorzugt; für die nur brennbaren treten gelbe und rotgelbe Zeichen hinzu.[47]

Das seltsame Doppelspiel, das die Welt der Symbole belebt, bringt es mit sich,[48] daß diese Farbe zugleich drohend und anreizend wirkt. Sehr schön kommt ihre Geltung in den roten Beeren zum Ausdruck, mit denen der Jäger die Sprenkel und Dohnen[49] besteckt.[50] Bei cholerischen[51] Tieren wie dem Truthahn[52] oder dem Stier tritt die Berückung[53] in ihrer zwingendsten Form, der Blendung, hervor. Auch gibt es ein menschliches Temperament, das durch ein brennendes Rot, etwa gewisser Tulpenarten,[54] bis zum Schwindel ergriffen wird.

Diese vordringliche, anziehende Wirkung der roten Farbe läßt sie besonders geeignet erscheinen zur Bezeichnung von Dingen, denen der erste Zugriff zu gelten hat.[55] Meist wird auch hier das Gefährliche einspielen,[56] wie bei den Verband-kästen,[57] den Rettungsringen[58] oder den Notbremsen.[59] Zuweilen handelt es sich auch um die abstrakte Beschleunigung, wie bei den roten Zettelchen, mit denen die Post die Eilbriefe[60] beklebt.

Sehr deutlich tritt der zugleich drohende und werbende Charakter dort hervor, wo diese Farbe die geschlechtlichen Beziehungen durchwebt. Hier gibt es eine beklemmende Skala vom düster glimmenden, fast auf den Tastsinn gestimmten[61] Licht, das den Flur eines verrufenen Hauses erhellt, bis zur grellen, unverschämten Fleischfarbe[62] der Läufer[63] und Vorhänge in den Aufgängen der großen Spiel- und Lusthöllen.[64]

Im Lippenrot, an den Nüstern[65] und Fingernägeln enthüllt sich die Farbe der inneren Haut. Auch das Futter[66] der Kleider denken wir uns rot,[67] und wir lieben es, daß diese Grundfarbe[68] hervorleuchtet,[69] wo der äußere Stoff geschlitzt[70] oder umgeschlagen ist. Das ist der Sinn der roten Aufschläge,[71] Krempen,[72] Kragen, Biesen[73] und Knopflöcher, aller roten Dessous;[74] auch das Innere der Betten unter den Bezügen[75] ist rot. Diese Vorstellung dehnt sich auch auf das Innere der Räume und Häuser aus, und zwar mit einer besonderen Beziehung zur Pracht. In Prunksäle[76] tritt man durch rote Vorhänge ein, und bei Empfängen schiebt man rote Teppiche bis zur Auffahrt[77] vor. Gern schlägt man das Innere von Etuis und Futteralen,[78] in denen man Geschmeide[79] aufbewahrt, mit roter Seide aus.[80] So

---

[45] roten und gelben Kiosken: *i.e., filling stations*   [46] Uranos: in griechischer Mythologie, Gott des Sternenhimmels, Vater der Titanen   [47] treten ... hinzu: kommen ... hinzu; *are added*   [48] bringt es mit sich: *brings about, has the effect (that)*   [49] Sprenkel und Dohnen: *nooses and snares* [50] besteckt: siehe S. 418, Z. 13   [51] cholerischen: *choleric, hot-tempered*   [52] Truthahn: *turkey* [53] Berückung: Verlockung; Faszinierung   [54] Tulpenarten: *kinds of tulips*   [55] denen der erste Zugriff zu gelten hat: *in which the first contact is of primary importance*   [56] einspielen: eine Rolle spielen   [57] Verbandkästen: *medical kits*   [58] Rettungsringen: *lifesavers*   [59] Notbremsen: *emergency brakes*   [60] Eilbriefe: *special-delivery letters*   [61] auf den Tastsinn gestimmten: *attuned to the sense of touch*   [62] Fleischfarbe: *(here) color of red meat*   [63] Läufer: *runners (long narrow carpets)* [64] Spiel- und Lusthöllen: *"hells" of gambling and pleasure*   [65] Nüstern: *nostrils*   [66] Futter: *lining* [67] denken wir uns rot: stellen wir uns rot vor   [68] Grundfarbe: *basic color*   [69] hervorleuchtet: *shines forth*   [70] geschlitzt: *slitted*   [71] Aufschläge: *cuffs*   [72] Krempen: *hat brims*   [73] Biesen: *seams*   [74] Dessous: *feminine underwear*   [75] Bezügen: Bettbezügen; *bed linen*   [76] Prunksäle: *halls of state*   [77] Auffahrt: *ramp*   [78] Etuis und Futteralen: *cases and boxes*   [79] Geschmeide: Juwelen [80] schlägt ... aus: *line with*

präsentiert sich das kostbare Geschenk, während das zugleich wunderbare[81] der
Himmels- und Meeresglanz[82] erhöht: der Perle gebührt der blaue Grund.[83]

Unter den anderen Farben vermehrt das Gelbe die vom Roten ausstrahlende
Unruhe; die rot- und gelbe Musterung[84] ruft unbehagliche, flammende Empfin-
5 dungen hervor. Bösartiger noch wirkt das Rot in Verbindung mit Schwarz, während
es durch die grüne Farbe am meisten gemildert wird. Ein grüner Grund vermag es
sogar aufzuheitern, wie der grüne Rasen das rote Tuch der Jagdröcke,[85] obwohl
auch hier die Verbindung zum Blut nicht fehlt. Dämpfend wirkt auch das Grau,
aber stark tritt die Blutseite[86] durch den Gegensatz zum Weißen hervor, etwa im
10 Verhältnis von Schminke[87] und Puder, von Wunde und Verband, von Blut und
Schnee. Das prunkhaft Mächtige wird durch Verbindungen mit dem Golde betont.
Zugesetzt,[88] führt das Weiße dem Lieblichen, das Schwarze dem Stolzen und
Schwermütigen zu.[89] Den reinen Scharlachtönen[90] haftet eine sanguinische[91]
Leere an; sie legen dem Gemüt, wie der Anblick von Feuerwerken und Wasserfällen,
15 die Fessel der Bewegung auf. Merkwürdig ist das Bestreben, schwarze Blüten zu
ziehen,[92] aus denen die letzte Spur von Rot durch Züchtung[93] herausdestilliert[94]
werden soll. Das ist der Stein der Weisen[95] in der Gärtnerei, und in der Tat muß
jede Art des Wissens dem Roten abhold sein.[96]

Auf jeden Fall geht man ein Wagnis ein,[97] wenn man die rote Farbe trägt,
20 und man pflegt sie daher meist so zu zeigen, als ob sie durch Unordnung sichtbar
geworden wäre, durch Öffnungen und Risse hindurch oder als verschobener Saum.
Wer sie in großen und offenen Flächen trägt, befindet sich im Besitze tödlicher
Macht, so die obersten Richter, die Fürsten und Feldherren,[98] aber auch der
Henker, dem das Opfer überliefert wird. Ihm ist der schwarze Mantel angemessen,
25 dessen rotes Futter im Augenblick des Streiches sichtbar wird.

Die rote Fahne des Aufruhrs deutet die innere Seite oder den elementaren
Stoff der Ordnung an. Sie ist daher kein eigentliches Abzeichen, sondern tritt mit
dem Feuer der Brände und dem vergossenen Blut an jeder Stelle hervor, an der die
gewobene Hülle zerreißt. Zuweilen quillt der rote Urstoff[99] wie aus geheimen
30 Brunnen oder aus Kratern hervor,[100] und es scheint, daß er die Welt zu überfluten
gedenkt. Dann aber ebbt er, sich selbst verzehrend, wieder zurück und bleibt nur in
der cäsarischen Toga[101] bestehen.

---

[81] das . . . wunderbare: das . . . wunderbare Geschenk   [82] Himmels- und Meeresglanz: *brightness of sky
and sea*   [83] der blaue Grund: *i.e., a blue lining*   [84] Musterung: Muster; *pattern, design*   [85] Jagdröcke:
hunting coats   [86] Blutseite: *correspondence to blood*   [87] Schminke: *makeup*   [88] Zugesetzt:
whenever added (to the red color)   [89] führt . . . zu: *leads toward, points toward*   [90] Scharlachtönen:
scarlet tones   [91] sanguinische: *lebhafte, heitere*   [92] ziehen: *cultivate*   [93] Züchtung: *cultivation*
[94] herausdestilliert: *distilled out*   [95] Stein der Weisen: *philosophers' stone*   [96] abhold sein: *feindlich gesinnt sein; be averse to*   [97] geht man ein Wagnis ein: *one takes a risk*   [98] Feldherren: Generale
[99] der rote Urstoff: d.h., die rote Flut der Revolution (Urstoff: *primordial matter*)   [100] quillt . . .
hervor: *gushes forth*   [101] cäsarischen Toga: d.h., nach der Revolution kommt die Diktatur (die Toga
der römischen Kaiser).

BERTOLT BRECHT (1898 - 1956)

Von seiner Gedichtsammlung, der *Hauspostille*,[1] sprechend, erklärte Brecht, der größte Teil der Gedichte handle von Untergang. „Die Schönheit etabliert sich auf Wracks," setzte er hinzu. Denn wie Jünger fuhr auch der junge Brecht auf „sinkenden Schiffen". Wie Jünger ging er vom Nihilismus aus.[2] So wie er in der *Ballade von des Cortez Leuten*[3] eine Gruppe von Abenteurern zeigte, hilflos im Dschungel zugrunde 5 gehend, so sah er den Menschen überhaupt. Dschungel, das war überall, Dschungel waren auch die großen Städte, Dschungel war die menschliche Gesellschaft. Brecht lebte wie Jünger in einer Katastrophenwelt, in einem Chaos elementarer Kräfte, aber er war noch radikaler und konsequenter als Jünger in der Verneinung aller bestehenden Werte und Ideologien. Der Krieg beispielsweise war für Jünger noch eine Gelegenheit zu persönlicher 10 Bewährung gewesen. Im Kriege war es möglich, eine heroische Haltung zu realisieren, für die die moderne Gesellschaft sonst nirgends Verwendung hatte. Dabei spielte es im Grunde keine Rolle, wofür man sein Leben einsetzte; einzig daß man bereit war, es einzusetzen, war wichtig. Für Brecht hingegen war der Krieg nichts als eine absurde und sinnlose Schlächterei. An Heroismus war er nicht interessiert. Was Brecht der Schreckens- 15 welt entgegensetzte, war zunächst nicht viel mehr als eine halb zynische, halb resignierte Geste, eine Art von stoischem Trotz. Daß man im Sturm den Hut auf dem Kopf behält, daß einem beim Erdbeben die Zigarre nicht ausgeht, darauf, so schien es ihm, käme es allenfalls an.[4]

Aus DIE HAUSPOSTILLE (1928)

LEGENDE VOM TOTEN SOLDATEN [1918]

Und als der Krieg im fünften Lenz[5] 20
keinen Ausblick auf Frieden bot
da zog der Soldat seine Konsequenz[6]
und starb den Heldentod.

Der Krieg war aber noch nicht gar[7]
drum tat es dem Kaiser leid 25
daß sein Soldat gestorben war:
es schien ihm noch vor der Zeit.

---

[1] Hauspostille: *Domestic Breviary*　　[2] ging er vom Nihilismus aus: begann er mit dem Nihilismus
[3] Ballade von des Cortez Leuten: Ballade von den Leuten des Cortez (Hernando Cortez [1485 - 1547], spanischer Konquistador, Besieger des Aztekenreichs in Mexiko)　　[4] darauf ... käme es allenfalls an: das ... wäre höchstens (*at best*) das Wichtige　　[5] Lenz: Frühling　　[6] zog ... seine Konsequenz: *proceeded accordingly, took the consequences*　　[7] gar: fertig, zu Ende

Der Sommer zog über die Gräber her[8]
und der Soldat schlief schon
da kam eines Nachts eine militär-
ische ärztliche Kommission.

5   Es zog die ärztliche Kommission
zum Gottesacker[9] hinaus
und grub mit geweihtem Spaten den
gefallnen Soldaten aus.

Und der Doktor besah den Soldaten genau
10   oder was von ihm noch da war
und der Doktor fand, der Soldat war k.v.[10]
und er drücke sich[11] vor der Gefahr.

Und sie nahmen sogleich den Soldaten mit
die Nacht war blau und schön.
15   Man konnte, wenn man keinen Helm aufhatte
die Sterne der Heimat sehn.

Sie schütteten ihm einen feurigen Schnaps
in den verwesten Leib
und hängten zwei Schwestern[12] in seinen Arm
20   und sein halb entblößtes Weib.

Und weil der Soldat nach Verwesung stinkt
drum hinkt ein Pfaffe[13] voran[14]
der über ihn ein Weihrauchfaß[15] schwingt
daß[16] er nicht stinken kann.

25   Voran die Musik mit Tschindrara[17]
spielt einen flotten[18] Marsch.
Und der Soldat, wie er's gelernt
schmeißt seine Beine vom Arsch.[19]

Und brüderlich den Arm um ihn
30   zwei Sanitäter[20] gehn
sonst flög er noch in den Dreck ihnen[21] hin[22]
und das darf nicht geschehn.

---

[8] zog ... her: *passed over*   [9] Gottesacker: Kirchhof; *churchyard cemetery*   [10] k.v.: kriegsverwen-
dungsfähig; *fit for combat*   [11] drücke sich: *was avoiding, shirking*   [12] Schwestern: Krankenschwestern;
nurses   [13] Pfaffe: Pfarrer; *priest (derog.)*   [14] hinkt ... voran: *limps on in front*   [15] Weihrauchfaß:
censer   [16] daß: sodaß   [17] Tschindrara: *(sound of march music)*   [18] flotten: lebhaften   [19] schmeißt
seine Beine vom Arsch: *"flings his legs from his ass", i.e., marches vigorously*   [20] Sanitäter: *medical
orderlies*   [21] ihnen: *(omit in translation)*   [22] flög ... hin: fiele ... um: *would fall down*

Sie malten auf sein Leichenhemd[23]
die Farben schwarz-weiß-rot[24]
und trugen's vor ihm her; man sah
vor Farben nicht mehr den Kot.

Ein Herr im Frack schritt auch voran   5
mit einer gestärkten[25] Brust
der war sich als ein deutscher Mann
seiner Pflicht genau bewußt.

So zogen sie mit Tschindrara
hinab die dunkle Chaussee[26]   10
und der Soldat zog taumelnd mit[27]
wie im Sturm die Flocke Schnee.

Die Katzen und die Hunde schrein[28]
die Ratzen[29] im Feld pfeifen wüst:[30]
sie wollen nicht französisch sein   15
weil das eine Schande ist.

Und wenn sie durch die Dörfer ziehn
waren alle Weiber da.
Die Bäume verneigten sich. Vollmond schien.
Und alles schrie hurra!   20

Mit Tschindrara und Wiedersehn!
Und Weib und Hund und Pfaff!
Und mitten drin[31] der tote Soldat
wie ein besoffner Aff.

Und wenn sie durch die Dörfer ziehn   25
kommt's daß ihn keiner sah
so viele waren herum um ihn
mit Tschindra und Hurra.

So viele tanzten und johlten[32] um ihn
daß ihn keiner sah.   30
Man konnte ihn einzig[33] von oben noch sehn
und da sind nur Sterne da.

---

[23] Leichenhemd: *shroud*   [24] schwarz-weiß-rot: die Farben des deutschen Kaiserreichs   [25] gestärkten: *starched*   [26] Chaussee: (*Fr.*) Landstraße; *highway*   [27] zog ... mit: kam ... mit   [28] schrein: schreien   [29] Ratzen: Ratten   [30] wüst: roh, wild   [31] mitten drin: in der Mitte   [32] johlten: *howled*   [33] einzig: nur

Die Sterne sind nicht immer da.
Es kommt ein Morgenrot.
Doch der Soldat, so wie er's gelernt
zieht in den Heldentod.

ERINNERUNG AN DIE MARIE A. [1920]

5   An jenem Tag im blauen Mond[34] September
     still unter einem jungen Pflaumenbaum[35]
     da hielt ich sie, die stille bleiche Liebe
     in meinem Arm wie einen holden Traum.
     Und über uns im schönen Sommerhimmel
10   war eine Wolke, die ich lange sah
     sie war sehr weiß und ungeheuer oben[36]
     und als ich aufsah, war sie nimmer[37] da.

Seit jenem Tag sind viele, viele Monde
     geschwommen still hinunter und vorbei
15   die Pflaumenbäume sind wohl abgehauen[38]
     und fragst du mich, was mit der Liebe sei?[39]
     so sag ich dir: Ich kann mich nicht erinnern.
     Und doch, gewiß, ich weiß schon, was du meinst
     doch ihr Gesicht, das weiß ich wirklich nimmer
20   ich weiß nur mehr: ich küßte es dereinst.[40]

Und auch den Kuß, ich hätt' ihn längst vergessen
     wenn nicht die Wolke da gewesen wär
     die weiß ich noch und werd ich immer wissen
     sie war sehr weiß und kam von oben her.
25   Die Pflaumenbäume blühn vielleicht noch immer
     und jene Frau hat jetzt vielleicht das siebte[41] Kind
     doch jene Wolke blühte nur Minuten
     und als ich aufsah, schwand sie schon im Wind.

---

[34]Mond: Monat   [35]Pflaumenbaum: *plum tree*   [36]ungeheuer oben: sehr weit hoch   [37]nimmer: nicht mehr   [38]abgehauen: niedergehauen; *cut down*   [39]was mit der Liebe sei?: *"How is it with the girl you loved?"*   [40]dereinst: einst, damals   [41]siebte: siebente

*BALLADE VON DES CORTEZ LEUTEN** [1919]

Am siebten Tage unter leichten Winden
wurden die Wiesen heller. Da die Sonne gut war
gedachten[42] sie zu rasten. Rollen[43] Branntwein
von den Gefährten,[44] koppeln Ochsen los.[45]
Die schlachten sie gen[46] Abend. Als es kühl ward[47]   5
schlug man vom Holz des nachbarlichen Sumpfes
armdicke[48] Äste, knorrig,[49] gut zu brennen.
Dann schlingen sie gewürztes Fleisch hinunter[50]
und fangen singend um die neunte Stunde
mit Trinken an. Die Nacht war kühl und grün.   10
Mit heisrer Kehle, tüchtig vollgesogen[51]
mit einem letzten, kühlen Blick nach großen Sternen
entschliefen sie gen Mitternacht am Feuer.
Sie schlafen schwer, doch mancher wußte morgens
daß er die Ochsen einmal brüllen hörte.   15
Erwacht gen Mittag, sind sie schon im Wald.
Mit glasigen Augen, schweren Gliedern, heben
sie ächzend sich aufs Knie und sehen staunend
armdicke Äste, knorrig, um sie stehen
höher als mannshoch, sehr verwirrt, mit Blattwerk[52]   20
und kleinen Blüten süßlichen Geruchs.[53]
Es ist sehr schwül schon unter ihrem Dach
das sich zu dichten[54] scheint. Die heiße Sonne
ist nicht zu sehen, auch der Himmel nicht.
Der Hauptmann brüllte wie ein Stier nach Äxten.   25
Die lagen drüben, wo die Ochsen brüllten.
Man sah sie nicht. Mit rauhem Fluchen stolpern
die Leute im Geviert,[55] ans Astwerk[56] stoßend
das zwischen ihnen durchgekrochen[57] war.
Mit schlaffen Armen werfen sie sich wild   30
in die Gewächse, die leicht zitterten
als ginge leichter Wind von außen durch sie.
Nach Stunden Arbeit pressen sie die Stirnen
schweißglänzend[58] finster an die fremden Äste.
Die Äste wuchsen und vermehrten langsam   35
das schreckliche Gewirr. Später, am Abend
der dunkler war, weil oben Blattwerk wuchs
sitzen sie schweigend, angstvoll und wie Affen

---

[42] gedachten: *intended*   [43] Rollen: sie rollen   [44] Gefährten: Wagen (Pl.)   [45] koppeln . . . los: *unhitch*   [46] gen: gegen   [47] ward: wurde   [48] armdicke: *as thick as an arm*   [49] knorrig: *gnarled*   [50] schlingen . . . hinunter: *wolf down*   [51] tüchtig vollgesogen: durchaus betrunken; *thoroughly drunk*   [52] Blattwerk: Blätterwerk; *foliage*   [53] süßlichen Geruchs: von/mit süßlichem Geruch   [54] sich zu dichten: dichter (*denser*) zu werden   [55] stolpern . . . im Geviert: *stumble in a square*   [56] Astwerk: Äste; *branches*   [57] durchgekrochen: *crept through*   [58] schweißglänzend: *gleaming with sweat*

* Ballade von des Cortez Leuten: siehe S. 491, Z. 4 - 5

in ihren Käfigen, von Hunger matt.
Nachts wuchs das Astwerk. Doch es mußte Mond sein[59]
es war noch ziemlich hell, sie sahn sich noch.
Erst gegen Morgen war das Zeug so dick
5   daß[60] sie sich nimmer[61] sahen, bis sie starben.
Den nächsten Tag[62] stieg Singen aus dem Wald.
Dumpf und verhallt. Sie sangen sich wohl zu.[63]
Nachts ward es stiller. Auch die Ochsen schwiegen.
Gen Morgen war es, als ob Tiere brüllten
10   doch ziemlich weit weg. Später kamen Stunden
wo es ganz still war. Langsam fraß der Wald
in leichtem Wind, bei guter Sonne, still
die Wiesen in den nächsten Wochen auf.

VOM ARMEN B.B. [1922]

Ich, Bertolt Brecht, bin aus den schwarzen Wäldern.
15   Meine Mutter trug mich in die Städte hinein
als ich in ihrem Leibe[64] lag. Und die Kälte der Wälder
wird in mir bis zu meinem Absterben[65] sein.

In der Asphaltstadt bin ich daheim.[66] Von allem Anfang[67]
versehen[68] mit jedem Sterbsakrament:[69]
20   Mit Zeitungen. Und Tabak. Und Branntwein.
Mißtrauisch und faul und zufrieden am End.

Ich bin zu den Leuten freundlich. Ich setze
einen steifen Hut[70] auf nach ihrem Brauch.
Ich sage: es sind ganz besonders riechende Tiere
25   und ich sage: es macht nichts,[71] ich bin es auch.

In meine leeren Schaukelstühle[72] vormittags
setze ich mir[73] mitunter ein paar Frauen
und ich betrachte sie sorglos und sage ihnen:
in mir habt ihr einen, auf den könnt ihr nicht bauen.[74]

---

[59] es mußte Mond sein: der Mond muß geschienen haben; *the moon must have been shining*   [60] daß: sodaß   [61] nimmer: nicht mehr   [62] Den nächsten Tag: am nächsten Tag   [63] Sie sangen sich wohl zu: *They were probably singing to each other.*   [64] Leibe: *womb*   [65] Absterben: Tod   [66] daheim: zu Hause   [67] Von allem Anfang: von Anfang an   [68] versehen: *provided with*   [69] Sterbesakrament: Sterbesakrament; *last sacrament*   [70] steifen Hut: *bowler hat*   [71] es macht nichts: *it doesn't matter*   [72] Schaukelstühle: *rocking chairs*   [73] mir: (*omit in translation*)   [74] auf den könnt ihr nicht bauen: „auf jemanden bauen" bedeutet „auf jemanden vertrauen"; *to rely upon, depend upon someone (Brecht turns the phrase around)*

Gegen abends versammle ich um mich Männer
wir reden uns da mit „Gentleman" an
sie haben ihre Füße auf meinen Tischen
und sagen: es wird besser mit uns. Und ich frage nicht: wann.

Gegen Morgen in der grauen Frühe pissen die Tannen   5
und ihr Ungeziefer, die Vögel, fängt an zu schrein.
Um die Stunde[75] trink ich mein Glas in der Stadt aus und schmeiße
den Tabakstummel[76] weg und schlafe beunruhigt ein.

Wir sind gesessen ein leichtes Geschlechte
in Häusern,[77] die für unzerstörbare galten[78]   10
(so haben wir gebaut die langen[79] Gehäuse[80] des Eilands[81] Manhattan
und die dünnen Antennen, die das Atlantische Meer unterhalten).

Von diesen Städten wird bleiben: der[82] durch sie hindurchging, der Wind!
Fröhlich machet das Haus den Esser: er leert es.
Wir wissen, daß wir Vorläufige[83] sind   15
und nach uns wird kommen: nichts Nennenswertes.

Bei den Erdbeben, die kommen werden, werde ich hoffentlich
meine Virginia[84] nicht ausgehen lassen durch Bitterkeit
ich, Bertolt Brecht, in die Asphaltstädte verschlagen[85]
aus den schwarzen Wäldern in meiner Mutter in früher Zeit.   20

DIE DREIGROSCHENOPER* (1928)

Nihilistisch waren auch Brechts erste Theaterstücke. Szenische Balladen wie *Baal* (1922), *Trommeln in der Nacht* (1922), *Im Dickicht der Städte*[86] (1923) gewannen Brecht zwar den Beifall der Kenner, aber reizten zugleich das Theaterpublikum zu Widerspruch und Ablehnung. Erst mit der *Dreigroschenoper* errang Brecht den großen Erfolg, der ihn weltberühmt machte.   25

    Die *Dreigroschenoper* war als ein antibürgerliches Stück gedacht. Hauptperson ist ein Straßenräuber,[87] Macheath, genannt Mackie Messer. Räuber erscheinen in der Literatur gewöhnlich als romantische „outcasts"; Brecht zeigte seine Räuber mehr wie bürgerliche Geschäftsleute. Indem er sie und die ganze Unterwelt des Stückes ihren

---

[75] Um die Stunde: um diese Zeit   [76] Tabakstummel: *(cigar) butt*   [77] Wir sind gesessen ein leichtes Geschlechte in Häusern: wir, ein leichtes Geschlechte (*frivolous race*), sind in Häusern gesessen (*settled*) [78] die für unzerstörbare galten: *which were considered indestructible*   [79] langen: hohen   [80] Gehäuse: *buildings*   [81] Eilands: Insel   [82] der: der, der   [83] Vorläufige: *"provisionals," temporary ones* [84] Virginia: eine Zigarrensorte   [85] verschlagen: *gone astray*   [86] Im Dickicht der Städte: *In the Jungle (actually "thicket") of Cities*   [87] Straßenräuber: *highway robber*
* Die Dreigroschenoper: *The Threepenny Opera*

Geschäften nachgehen[88] ließ, scharf kalkulierend, nüchtern rechnend, nicht ohne Sinn für bürgerliche Ordnung und Dekorum, wollte er die Frage provozieren, wie es sich denn nun am Ende mit den *Bürgern* verhalte?[89] Oder, wie er selbst es ausdrückte: „Der Grundgedanke[90] der *Dreigroschenoper* ist eine Gleichung: Räuber sind Bürger – sind
5 Bürger Räuber?" Diesen Witz hatte schon zweihundert Jahre früher John Gay[91] gemacht, dessen *Beggar's Opera* (1728) Brecht als Vorlage benützte. „Through the whole piece," heißt es da, „you may observe such a similitude of manners in high and low life, that it is difficult to determine whether (in their fashionable vices) the fine gentlemen imitate the gentlemen of the road, or the gentlemen of the road the fine gentlemen."

10 Gay war in seiner Satire übrigens weit direkter und persönlicher als Brecht; er zielte auf die Mitglieder der englischen Regierung. Brechts Aggressivität ging mehr ins Allgemeine. Zwar richtete sie sich gegen das „Establishment", wie man heute sagen würde, doch war es ein Angriff, den das Establishment mit dem größten Vergnügen aufnahm. Dazu trug nicht wenig die leichte, scharfe, am Jazz orientierte Musik Kurt
15 Weills[92] bei und natürlich die kommentierenden Songs Brechts, die sich ganz leicht aus dem Zusammenhang der Oper herausbrechen ließen und ein eigenes Leben gewannen. Dies gilt selbst für einzelne Zeilen, wie das berühmt gewordene, viel zitierte „Erst kommt das Fressen, dann kommt die Moral." Es war eine Sentenz,[93] die zunächst einen Schock hervorrief, doch hinter der brutalen Formulierung verbarg sich eine Wahrheit. Es war eine
20 Wahrheit, die schon Schiller ausgesprochen hatte, als er schrieb: „Der Mensch ist noch sehr wenig, wenn er nur satt zu essen und warm zu wohnen hat. Er muß aber satt zu essen und warm zu wohnen haben, wenn sich die besseren Instinkte in ihm regen sollen."

Große Erfolge haben immer auch ihre soziologische Seite. Zwischen dem „Attentat auf die bürgerliche Ideologie", wie Brecht die *Dreigroschenoper* nannte, und der
25 Apotheose des Bürgertums, als die sich Richard Wagners *Meistersinger*[94] präsentieren, liegen sechzig Jahre. In diesen sechzig Jahren hat sich eine Veränderung der Atmosphäre vollzogen, die sich an diesen beiden Opern wie an Markierungszeichen[95] ablesen läßt. Dazwischen liegt 1911 der dritte große Opernerfolg[96] dieses Zeitraums, Hofmannsthals *Rosenkavalier*.[97]

Ouvertüre

30 MORITATENSÄNGER[98]   Sie werden jetzt eine Oper für Bettler hören.
Und weil diese Oper so prunkvoll gedacht war,
wie nur Bettler sie erträumen –
und weil sie doch so billig sein sollte,

---

[88] ihren Geschäften nachgehen: *attend to their business*   [89] es sich ... verhalte: es ... steht, es ... ist   [90] Grundgedanke: *basic, underlying idea*   [91] John Gay: (1685 - 1732), englischer Dramatiker und Lyriker   [92] Kurt Weill: (1900 - 1950), deutsch-amerikanischer Komponist   [93] Sentenz: *maxim*   [94] Meistersinger: siehe S. 368ff.   [95] Markierungszeichen: *signposts*   [96] Opernerfolg: *operatic success*   [97] Rosenkavalier: siehe S. 438ff.   [98] Moritatensänger: Moritat *is a narrative ballad, also called "broadsheet ballad," since it was customary to illustrate the ballad with a series of pictures when it was sung in public squares. Brecht sings the ballad and the following song on a record, „Bertolt Brecht singt", contained in: Bertolt Brechts Dreigroschenbuch. Texte, Materialien, Dokumente* (Suhrkamp Verlag, Frankfurt am Main, 1960).

daß nur Bettler sie bezahlen können,
heißt sie die Dreigroschenoper.
Zuerst hören Sie eine Moritat über den Räuber
Macheath, genannt Mackie Messer.

AKT I

Jahrmarkt in Soho.[99] *Die Bettler betteln, die Diebe*
stehlen, die Huren huren. Ein Moritatensänger singt
eine Moritat.

Die Moritat von Mackie Messer

MORITATENSÄNGER   Und der Haifisch,[100] der hat Zähne   5
und die trägt er im Gesicht
und Macheath, der hat ein Messer
doch das Messer sieht man nicht.

Ach, es sind des Haifischs Flossen[101]
rot, wenn dieser Blut vergießt.   10
Mackie Messer trägt 'nen Handschuh
drauf[102] man keine Untat liest.

An 'nem schönen blauen Sonntag
liegt ein toter Mann am Strand[103]
und ein Mensch geht um die Ecke   15
den man Mackie Messer nennt.

Und Schmul[104] Meier bleibt verschwunden
und so mancher reiche Mann
und sein Geld hat Mackie Messer
dem man nichts beweisen kann.   20

Von links nach rechts geht Peachum[105] *mit Frau und*
Tochter über die Bühne spazieren.

Jenny Towler ward gefunden
mit 'nem Messer in der Brust
und am Kai geht Mackie Messer   25
der von allem nichts gewußt.

Und das große Feuer in Soho
sieben Kinder und ein Greis —
in der Menge Mackie Messer,[106] den
man nicht fragt und der nichts weiß.   30

---

[99] **Soho:** *lower-class district of West London*   [100] **Haifisch:** *shark*   [101] **Flossen:** *fins*   [102] **drauf:**
worauf   [103] **Strand:** Straße in London   [104] **Schmul:** (Jiddisch) Samuel   [105] **Peachum:** Jonathan
Jeremiah Peachum, Besitzer der Firma „Bettlers Freund"   [106] **in der Menge Mackie Messer:** in der
Menge steht Mackie Messer

Und die minderjährige Witwe
deren Namen jeder weiß
wachte auf und war geschändet —
Mackie, welches war dein Preis?
5   Wachte auf und war geschändet —
Mackie, welches war dein Preis?

Unter den Huren ein Gelächter, und aus ihrer Mitte löst
sich ein Mensch und geht rasch über den ganzen Platz weg.

AKT III

Das Lied von der
Unzulänglichkeit

Der Mensch lebt durch den Kopf
10   sein Kopf reicht ihm nicht aus
versuch es nur, von deinem Kopf
lebt höchstens eine Laus.
    Denn für dieses Leben
      ist der Mensch nicht schlau genug.
15   Niemals merkt er eben[107]
      diesen Lug und Trug.[108]

Ja, mach nur einen Plan
sei nur ein großes Licht![109]
Und mach dann noch 'nen zweiten Plan
20   gehn tun sie beide nicht.
    Denn für dieses Leben
      ist der Mensch nicht schlecht genug.
    Doch sein höh'res Streben
      ist ein schöner Zug.

25   Ja, renn nur nach dem Glück
doch renne nicht zu sehr!
Denn alle rennen nach dem Glück
das Glück rennt hinterher.
    Denn für dieses Leben
30   ist der Mensch nicht anspruchslos genug
    Drum ist all sein Streben
      nur ein Selbstbetrug.

---

[107]Niemals merkt er eben: *he just never notices*   [108]Lug und Trug: *lies and frauds, falsehood and deceit*   [109]sei nur ein großes Licht!: *Just be a shining light!*

Der Mensch ist gar nicht gut
drum hau[110] ihn auf den Hut.
Hast du ihn auf den Hut gehaut[111]
dann wird er vielleicht gut.
   Denn für dieses Leben   5
   ist der Mensch nicht gut genug
   Darum hau ihn eben
   ruhig[112] auf den Hut.

Brecht wurde einmal von einer deutschen Zeitschrift gefragt, welches Buch die größte
Bedeutung in seinem Leben gehabt habe. Er antwortete: „Sie werden lachen: die Bibel."   10
Die Antwort war in der Tat zum Lachen,[113] denn sie kam von einem Atheisten. Es war
dies[114] allerdings ein etwas sonderbarer Atheist, der sich so viel mit der Bibel und mit
Gott beschäftigte, wenn auch nicht auf sehr freundliche Weise. Anders als der religiös
Indifferente, fühlte Brecht sich immer wieder getrieben, biblische Wendungen zu
parodieren und blasphemisch zu verhöhnen. Dahinter steckte eine tiefe Enttäuschung.   15
Wenn Voltaire erklärt hatte, die einzige *Entschuldigung* Gottes sei, daß er nicht existiere,
so war dies gerade der einzige *Vorwurf*, den Brecht ihm machte: daß er nicht existiere.
Denn Brecht brauchte einen Gott. Und als der Gott des Christentums ihm nicht zu Hilfe
kam, wandte er sich einer Heilslehre[115] zu, die ihm kein himmlisches, sondern ein
irdisches Paradies versprach.   20

Ungefähr zur Zeit, als er die *Dreigroschenoper* schrieb, begann Brecht, die Lehren
des Marxismus zu studieren. Er wurde bald darauf ein gläubiger Kommunist und blieb es
bis zum Ende seines Lebens. Offensichtlich fand er im Kommunismus, säkularisiert,
gänzlich ins Irdische gewendet, vieles, was auch im Christentum zu finden ist: Erlösung,
Rettung, absolute Gewißheit, ein „Ziel" der Geschichte, „richtige" Exegesen,[116]   25
„klassische" Texte, kanonisierte oder exkommunizierte Autoren, Häretiker, Inquisitoren,
selbst in der Gestalt eines „Anstreichers"[117] im Braunhemd[118] den Teufel. Mit dem
Eifer des Konvertiten beschloß er von nun an Theaterstücke im Dienste des Kommunismus zu schreiben, also Propagandastücke oder, wie er sie nannte: *Lehrstücke.*[119] Diese
didaktischen Stücke wie *Die Maßnahme*[120] oder *Die Ausnahme und die Regel* (beide   30
1930 geschrieben) erörterten Fragen der kommunistischen Strategie und Taktik.

Zur Unterstützung seiner Absichten entwickelte Brecht außerdem eine kritische
Theorie, die er die „nicht-aristotelische Dramatik"[121] nannte. Bisher, erklärte er, seien
die Leute ins Theater gegangen, um zu genießen, sich ihren Gefühlen hinzugeben, sich mit
den handelnden Figuren zu identifizieren. Dies war das „kulinarische" Theater;[122] was   35

---

[110] hau: schlage   [111] gehaut: gehauen, geschlagen   [112] eben ruhig: *i.e., just go ahead and*
[113] war in der Tat zum Lachen: war wirklich etwas, worüber man lachen muß   [114] Es war dies:
dieser war   [115] Heilslehre: *doctrine of salvation*   [116] Exegesen: Erklärungen, Interpretationen;
exegeses   [117] Anstreichers: Malers; *painter*   [118] Anstreichers im Braunhemd: Hitler
[119] Lehrstücke: *didactic plays*   [120] Die Maßnahme: *The Measures Taken*   [121] „nicht-aristotelische
Dramatik": Die nicht-aristotelische Dramatik verneinte die Theorien zur Einheit des klassischen
Dramas, welche der griechische Philosoph Aristoteles (384 - 322 v. Chr.) entwickelt hatte.   [122] das
„kulinarische" Theater: *culinary theater, consumer theater*

der Zuschauer sah, rührte ihn vielleicht, aber es hatte keine Folgen. Der neue Zuschauer, wie Brecht ihn verlangte, saß kritisch im Theater, womöglich rauchend, kühl, ohne den Glauben an tragische Schicksale und ewige Konflikte, vielmehr die Fehler der handelnden Figuren studierend und erkennend. Aufgabe des Theaters war es, die Welt zu ändern, oder 5 wenigstens zu zeigen, daß und wie man sie zu ändern habe. Denn daß die Welt veränderbar sei, war der Kern von Brechts Lehre.

Mit diesen Versuchen war Brecht beschäftigt, als Hitler zur Macht kam und die Welt auf seine Art zu verändern begann. Brecht mußte fliehen. Er ging zunächst nach Dänemark, dann nach Finnland, zuletzt über Rußland nach Amerika. Und im Exil schrieb 10 Brecht seine schönsten Stücke, darunter *Mutter Courage und ihre Kinder* (1941), *Der gute Mensch von Sezuan* (1943), *Leben des Galilei* (1943), *Der kaukasische Kreidekreis*[123] (1948).

Die *Mutter Courage* schrieb Brecht 1939, kurz vor Ausbruch des Zweiten Weltkriegs, und zwar schon mit dem Gedanken an den Krieg, den er als unvermeidlich 15 kommen sah. Es war also ein Stück, das im Krieg zu spielen hatte. Brecht wählte dazu den Krieg, der für die Deutschen bis zum Zweiten Weltkrieg immer als das große Paradigma von Zerstörung und Untergang gegolten hatte: den Dreißigjährigen Krieg.[124] Er zeigte ihn jedoch in einer für ihn bezeichnenden Perspektive: von unten, aus der Sicht der kleinen Leute. Das war ungewöhnlich. Schiller beispielsweise in seinem *Wallenstein*[125] 20 hatte die Welt der Generäle, der Fürsten und Herrschenden dargestellt, für die der Krieg ein kompliziertes und spannendes Schachspiel ist; Brecht zeigte die Opfer. Zu den Opfern gehören auch diejenigen, die sich mit dem Krieg zu arrangieren suchen,[126] so wie Mutter Courage, die vom Krieg als Händlerin[127] zu profitieren versucht und dabei ihre Kinder verliert. Krieg, das war, wie Brecht, ein Wort von Clausewitz[128] parodierend, erklärte, die 25 „Fortführung der Geschäfte mit anderen Mitteln", wobei sich zeigt, „daß die großen Geschäfte im Krieg nicht von den kleinen Leuten gemacht werden". Der Krieg, der dann ausbrach, paßte freilich nicht so ganz in Brechts Theorie. Er wurde zwar, wie Brecht, und nicht nur Brecht ihn sah, *begonnen* — von Hitler nämlich — um die Geschäfte fortzusetzen, *geführt* aber wurde er von der Welt, um die drohende Herrschaft der Barbarei, der 30 Gewalt und des Verbrechens zu verhindern. Daß Brecht in *diesem* Kriege Partei ergriff,[129] kann nicht verwundern.

Brecht hat einmal erklärt, „das Thema der Kunst ist, daß die Welt aus den Fugen[130] ist". Das bezog sich nicht nur auf die Welt, in der er lebte. Auch die Welt des Aischylos,[131] Shakespeares, Homers, Dantes, Cervantes', Voltaires und Goethes war eine 35 Welt, die aus den Fugen war. Brecht glaubte wie Shakespeares Hamlet, von dem er diese Formulierung übernommen hatte, daß es ihm auferlegt war, die aus den Fugen gegangene Welt wieder „einzurichten".[132] Es war eine verzweifelte Aufgabe, denn tief in Brecht wurzelte die Überzeugung von der Bosheit und Verderbtheit der menschlichen Natur. Am

---

[123] Der kaukasische Kreidekreis: *The Caucasian Chalk Circle*   [124] den Dreißigjährigen Krieg: siehe S. 57ff.   [125] Wallenstein: siehe S. 130, Z. 2 - 8   [126] sich . . . zu arrangieren suchen: sich . . . *abzufinden versuchen; try to come to terms with, accommodate themselves with*   [127] Händlerin: *tradeswoman*   [128] ein Wort von Clausewitz: siehe S. 267, Z. 1   [129] Partei ergriff: *took sides* [130] aus den Fugen: *out of joint*   [131] Aischylos: (525 - 456 v. Chr.), griechischer Dramatiker, Dichter des *Agamemnon*   [132] die aus den Fugen gegangene Welt wieder „einzurichten": *"The time is out of joint; O cursed spite, / That ever I was born to set it right!" Hamlet, Act 1, Scene v.*

Ende des zweiten Aktes der *Dreigroschenoper* wird das ausgesprochen. „Denn wovon lebt der Mensch?" fragt da eine Stimme. Und die Antwort lautet:

> Indem er stündlich
> den Menschen peinigt, auszieht, anfällt, abwürgt[133] und frißt.
> Nur dadurch lebt der Mensch, daß er so gründlich   5
> vergessen kann, daß er ein Mensch doch ist.

Sucht man nach einer Haltung, die sich dieser angeborenen Natur des Menschen entgegensetzen läßt, so stößt man auf ein Wort, das in Brechts Werken immer wiederkehrt: es ist das Wort „Freundlichkeit". Es klingt sehr bescheiden. Brecht hätte auch „Güte" sagen können oder „Hilfsbereitschaft",[134] er hätte auch an den Begriff der   10
christlichen Caritas[135] erinnern können, aber dies wären schon zu große Worte gewesen. Er drückte es einfacher aus: Freundlichkeit. Darum geht es im *Guten Menschen von Sezuan* und im *Kaukasischen Kreidekreis*. Daß der Mensch dem Menschen nicht hilft, wird bei Brecht „gezeigt"; daß der Mensch dem Menschen helfen soll, wird gelehrt (oder erwartet); daß dies schwer, ja fast unmöglich ist, wird dem System zur Last gelegt,[136] in   15
dem die Menschen leben, denn dies beruht ja darauf, daß der Mensch den Menschen ausbeutet. So bleibt am Ende nicht viel mehr als eine schmale Hoffnung; aus ihr wächst, fast ungewollt, eine Wärme, die ein Werk durchzieht, das so oft kalt, zynisch und pessimistisch erscheint.

Aus GEDICHTE 1947 - 1956

In den letzten Jahren seines Lebens hat Brecht nur noch wenig geschrieben. Die Arbeit an   20
seinem Theater erfüllte ihn ganz. Doch hat er noch einen lyrischen Spätstil gefunden, der gleich weit entfernt ist von den farbigen Visionen seiner Anfänge wie von den aggressiven Liedern seiner Kampfzeit. Es sind kurze Gedichte, in einem sehr einfachen Ton; Einsichten, Fragen, Überlegungen eines nachdenklichen Betrachters. Zu einprägsamen Bildern verdichtet, erinnern sie manchmal an chinesische Ideogramme.[137]   25

---

[133]abwürgt: *strangles*   [134]Hilfsbereitschaft: *readiness to help*   [135]Caritas: *charity*   [136]wird ...
zur Last gelegt: *is blamed upon*   [137]Ideogramme: *ideograms (pictures or symbols used in a system of writing to represent the idea of an object)*

DER RADWECHSEL*

Ich sitze am Straßenrand
der Fahrer wechselt das Rad.
Ich bin nicht gern, wo ich herkomme,
Ich bin nicht gern, wo ich hinfahre.
5   Warum sehe ich den Radwechsel
mit Ungeduld?

DER RAUCH

Das kleine Haus unter Bäumen am See.
Vom Dach steigt Rauch.
Fehlte er
10   wie trostlos dann wären
Haus, Bäume und See.

DIE LÖSUNG

Nach dem Aufstand des 17. Juni[138]
ließ der Sekretär des Schriftstellerverbands[139]
in der Stalinallee[140] Flugblätter[141] verteilen
15   auf denen zu lesen war, daß das Volk
das Vertrauen der Regierung verscherzt habe[142]
und es nur durch verdoppelte Arbeit
zurückerobern[143] könne. Wäre es da
nicht doch einfacher, die Regierung
20   löste das Volk auf und
wählte ein anderes?

AUF EINEN CHINESISCHEN THEEWURZELLÖWEN†

Die Schlechten fürchten deine Klaue.
Die Guten freuen sich deiner Grazie.
Derlei[144]
25   Hörte ich gern
Von meinem Vers.

---

[138] Aufstand des 17. Juni: Am 17. Juni 1953 rebellierten Tausende von ostdeutschen Arbeitern gegen ihre Regierung.   [139] Schriftstellerverbands: *Official Writers' Organization*   [140] Stalinallee: *a prominent thoroughfare in East Berlin, renamed* Hamburgerallee *after Stalin was discredited. It is now the* Karl-Marx-Allee.   [141] Flugblätter: *leaflets*   [142] das Vertrauen der Regierung verscherzt habe: *had frivolously thrown away the trust of the government*   [143] zurückerobern: zurückgewinnen
[144] Derlei: dergleichen; *such things*
* Radwechsel: *changing a tire*
† Theewurzellöwen: *tea-root lion* (eine Figur aus Wurzeln des Theestrauches (*tea bush*), im alten China als Glückstier betrachtet)

Der erste Blick aus dem Fenster am Morgen
das wiedergefundene alte Buch
begeisterte Gesichter
Schnee, der Wechsel der Jahreszeiten
die Zeitung   5
der Hund
die Dialektik
Duschen, Schwimmen
alte Musik
bequeme Schuhe   10
Begreifen
neue Musik
Schreiben, Pflanzen
Reisen
Singen   15
Freundlich sein.

RICARDA HUCH (1864 - 1947)

Der totalitäre Staat, in den sich Deutschland im Jahre 1933 verwandelte, war so
übermächtig, daß niemand, der damals in Deutschland lebte, sich seinem Zugriff entziehen
konnte. Wer überleben wollte, hatte mitzumachen. Man jubelte, oder man schwieg und
gehorchte; Opposition, selbst wenn sie nur aus Worten bestand, bedeutete Gefahr für
5   Freiheit und Leben. Zu den wenigen, die damals keine Furcht hatten, gehörte Ricarda
Huch. Als die Preußische Akademie der Künste, der sie als die bedeutendste lebende
deutsche Dichterin angehörte, zu einem politischen Instrument der Machthaber gemacht
werden sollte, erklärte sie ihren Austritt. Sie begründete diesen Schritt auch und brachte
dabei ihre Ablehnung des nationalsozialistischen Regimes unmißverständlich zum
10   Ausdruck.[1] An dieser Ablehnung hielt sie fest. Niemand wagte, sich an ihr zu vergreifen.[2]
Obgleich sie damals schon fast siebzig Jahre alt war, überlebte sie das Regime; gleich nach
dem Zusammenbruch begann sie Material zu sammeln für ein großes Werk, das die
Schicksale der Widerstandskämpfer[3] gegen den Nationalsozialismus darstellen sollte. Über
dieser Arbeit starb sie.
15   Ricarda Huchs Hauptinteresse galt der Geschichte. Für ihre bedeutendste Leistung
hielt sie selbst den historischen Roman *Der große Krieg in Deutschland* (1912/1914).
Doch war dies kein Roman im üblichen Sinne. Er hatte keinen Romanhelden und keine
Romanhandlung; sein „Held" war der Dreißigjährige Krieg,[4] seine Handlung der Ablauf
des Krieges. Aus zahllosen Figuren, Ereignissen und Schauplätzen erwächst das Bild einer
20   Epoche. Berühmte und Obskure, Bekannte und Unbekannte, Kaiser, Fürsten, Generäle,
Geistliche, Gelehrte, Künstler haben ihren Teil an ihm wie die Masse der kleinen Leute,
der Bürger, Bauern und Soldaten, die seine Opfer sind.
          Der folgende Abschnitt bildet das Schlußkapitel des Buches. Es handelt vom
Frieden. Aber nicht von dem Friedensvertrag, der in Münster abgeschlossen wurde[5] und
25   auf den bald neue Kriege folgten, ist hier die Rede. Friedensverträge bedeuten wenig mehr
als das Papier, auf dem sie geschrieben sind, wenn im Herzen der beteiligten Menschen
kein Friede gemacht wird. Was aber *ist* Friede? Dies ist die — unausge-
sprochene — Frage, die hinter diesem Kapitel steht. Der Pfarrer, der am Ostersonntag des
Jahres 1650 seine Gemeinde auf dem Friedhof des Dorfes zum Gottesdienst versammelt,
30   findet ein eindrucksvolles Gleichnis für die Hoffnungen, die er auf den Frieden setzt. Es
ist die biblische Erzählung vom Tod und der Auferstehung Christi, ein großes Gleichnis
für die Kraft der Erneuerung, die in allem Leben steckt. Doch die Soldaten, die mitten in
der Predigt in das Dorf eindringen, um von den armen Bauern eine Summe Geldes zu
erpressen, kümmern sich wenig darum, daß irgendwo weit weg ein Friedensvertrag
35   abgeschlossen worden ist. Für sie ist das Dorf noch immer ein „feindliches" Dorf, von
„Ketzern" bewohnt, mit denen man nach Willkür verfahren kann,[6] wenn man etwas

---

[1] brachte . . . zum Ausdruck: drückte . . . aus; *expressed*   [2] sich an ihr zu vergreifen: *to lay hands on
her*   [3] Widerstandskämpfer: *resistance fighters*   [4] Dreißigjährige Krieg: siehe S. 57ff.
[5] Friedensvertrag, der in Münster abgeschlossen wurde: siehe S. 57, Z. 14   [6] nach Willkür
verfahren kann: *can treat as one likes*

haben will und der Stärkere ist. Als dann überdies die Tochter des Pfarrers von dem Anführer der Truppe als „Geisel"[7] festgenommen und später getötet wird, und als daraufhin ein wütender Kampf zwischen Bauern und Soldaten ausbricht, sind wir wieder mitten im Krieg. Und wer wäre hier nicht auf Seiten des Pfarrers, der sich in den Kampf stürzt, die Ermordung seiner Tochter zu rächen. Aber dann ereignet sich das Wunder, daß 5 in diesem Chaos der Friede hergestellt wird. Daß der Oberst des Regimentes eintrifft, zu dem die räuberische Truppe gehört, brauchte noch nicht viel zu bedeuten. Daß er „Ordnung" herstellt, ist das wenigste; entscheidender ist, daß er den Leutnant, der in „Notwehr" gehandelt haben will,[8] zum Tode verurteilt. Ohne Rücksicht darauf, wer hier Freund oder Feind ist, wird Recht gesprochen. Und damit wird sichtbar gemacht, daß 10 es ohne Recht, und ohne eine Autorität, die das Recht durchsetzt, Frieden nicht geben kann. Aber dies ist nicht alles. Denn nun geschieht es, daß der Pfarrer vortritt und um das Leben des zu Recht[9] verurteilten Mörders bittet. Und wir erkennen, daß zum wahren Frieden nicht nur Gerechtigkeit, sondern auch Vergebung des geschehenen Unrechts gehört. Wenn dann zuletzt der Gottesdienst fortgesetzt wird, und Freund und 15 Feind, Katholiken und Protestanten, gemeinsam an der Feier des Abendmahls[10] teilnehmen, hat sich etwas Unerhörtes ereignet. Inmitten einer in Haß und Feindschaft zerrissenen Welt hat eine kleine Gruppe von Menschen Frieden miteinander gemacht.

Aus DER GROSSE KRIEG IN DEUTSCHLAND (1912/1914)

OSTERN

Am Ostermorgen des Jahres 1650 brannte die Sonne nicht wie ein Freudenfeuer;[11] sondern wie die Flamme eines Leuchtturmes an der Küste eines wilden Meeres, das 20 Nebel umwogen,[12] schimmerte sie verhüllt durch schweres Frühlingsgewölk.[13] Der Pfarrer des Dorfes, Christian Hohburg, wohnte mit seiner Tochter und ihrem kleinen Kinde bei einem Bauern, weil das Pfarrhaus abgebrannt und noch nicht wieder aufgebaut war, und befand sich im Hofe, wie die übrigen mit der Fütterung des Viehs beschäftigt. Er band eine Ziege an einen Zaunpfahl,[14] rüttelte daran, und 25 da er ihn locker fand, machte er den Strick wieder los und knüpfte ihn an einen Apfelbaum; dann winkte er dem Sohne des Bauern, damit er ihm behilflich wäre, den Pfahl besser zu befestigen. Am besten wäre es, den morschen ganz zu entfernen und einen neuen einzuschlagen, sagte der hinzutretende Bauer, und wie er über den Zaun hinweg in die wellige Ebene hinuntersah, unterbrach er sich, hielt die Hand 30 über die Augen und sagte, er sehe etwas Schwarzes am Horizonte, das sich bewege. Wenn der Frieden nicht ausgerufen wäre, würde er es für Soldaten halten.

Da der Pfarrer es auch sehen wollte und fragte, wo es wäre, erklärte der Bauer, er müsse gerade über die Wüste hinübersehen, wo vor der Schlacht bei Lutter[15] das Dorf gewesen wäre. 35

---

[7]**Geisel:** *hostage*   [8]**gehandelt haben will:** *claims to have acted*   [9]**zu Recht:** *rightly*   [10]**Feier des Abendmahls:** *communion service*   [11]**Freudenfeuer:** *fire of joy*   [12]**das Nebel umwogen:** *which fogs billow around*   [13]**Frühlingsgewölk:** *spring clouds*   [14]**Zaunpfahl:** *stake, fence post* [15]**Lutter:** ein Dorf in der Nähe von Braunschweig. Dort besiegte 1626 der kaiserliche General Tilly den König Christian IV. von Dänemark.

Die Tochter des Pfarrers, die zur Zeit jener Schlacht noch nicht gelebt hatte, erkundigte sich, was es mit dem Dorf und der Schlacht für eine Bewandtnis habe,[16] worauf der Bauer davon erzählte und daß dort, wo man den großen Steinhaufen[17] erkennen könnte, die Mühle gestanden hätte. Sie könne übrigens den alten
5   Schuhflicker[18] ausfragen, der ehemals in jenem Dorf ein wohlhabender Bauer gewesen wäre und eine Frau und schöne Kinder gehabt hätte. Er habe aber nur eins davongebracht, und das sei bei der Flucht aus dem brennenden Dorfe stumm und närrisch geworden.

Der Schuhflicker erzählte auch, fügte die Bäuerin hinzu, daß irgendwo drüben
10 auf dem wüsten Fleck ein Schatz vergraben sei; denn mehrere fliehende Offiziere hätten ihre Beute, eine unermeßliche Menge von Gold, Silber und Kostbarkeiten, in einem Stalle vergraben, in der Meinung, sie nach beendigter Schlacht zu holen, wären aber gefallen[19] und niemals wiedergekommen.

Warum denn der Schuhflicker den Schatz nicht ausgegraben hätte? fragte der
15 Pfarrer. Der arme Mann werde ihn wohl brauchen können.

Er habe es oft und oft versucht, sagte der junge Bursche, aber er habe die Stelle nicht mehr finden können.

Die Bäuerin blickte besorgt auf ihren Sohn und sagte, sie wisse wohl, mit was für Gedanken er sich trage,[20] sie wolle es aber nicht leiden,[21] die Schatzgräberei[22] sei
20 etwas Teuflisches, und der Mensch solle nicht durch Schwarze Kunst reich werden.

Nun, meinte der Pfarrer, etwas ausgraben, was ein anderer eingegraben hätte, sei natürlich und habe nichts mit dem Teufel zu schaffen.[23] Aber er sei der Meinung, man vergeude wohl nur Zeit und Kraft damit und tue besser, die Erde nach der Frucht umzugraben,[24] die man selbst gesät habe und die Gott wachsen lasse.

25 Die Pfarrerstochter, eine schlanke, braune, mädchenhafte Frau, die während des Gespräches träumerisch nach den Trümmern des verschwundenen Dorfes hinübergesehen hatte, warf verstohlen einen schnellen, lachenden Blick auf den jungen Burschen, als ob sie doch Lust zu dem Abenteuer hätte und sich mit ihm dazu verabreden wollte.

30 Als die Stunde zum Gottesdienst kam, begab sich der Pfarrer mit seiner kleinen Gemeinde auf den Kirchhof, der die Kirche umgab. Während des Krieges hatte sich dort einmal eine Abteilung Soldaten verschanzt,[25] und die Kirche war bei diesem Kampfe zerschossen,[26] verbrannt, verwüstet und ausgeraubt worden. Die Armut der Gemeinde hatte den Schaden noch nicht ersetzen können, und so
35 fand es der Pfarrer schicklicher, die Osterfeier im Freien[27] vor der Kirche zu begehen,[28] da das Wetter gut war. Er hatte einen Tisch auf den Kirchhof gebracht und zur Feier des heiligen Abendmahles[29] einen Laib Brot und einen Krug Wein bereitgestellt; von dem dazu bestimmten kirchlichen Gerät war nichts mehr vorhanden.

---

[16] was es ... für eine Bewandtnis habe: was dort geschehen war   [17] Steinhaufen: *pile of rocks*
[18] Schuhflicker: *cobbler*   [19] gefallen: im Krieg getötet worden   [20] mit was für Gedanken er sich
trage: was er vorhatte, was er plante   [21] leiden: erlauben   [22] Schatzgräberei: *treasure hunting*
[23] zu schaffen: zu tun   [24] die Erde nach der Frucht umzugraben: *to turn up the soil for its fruit, to
cultivate the soil*   [25] verschanzt: *entrenched*   [26] zerschossen: *shot to pieces*   [27] im Freien: *in the
open*   [28] zu begehen: zu zelebrieren   [29] Abendmahles: siehe S. 507, Z. 16

Der Pfarrer, der zwischen dem vierzigsten und fünfzigsten Lebensjahre stand, dem aber Sorgen und Kämpfe aller Art hart zugesetzt hatten,[30] musterte seine Zuhörer, richtete sich gerade auf und begann seine Rede.

„Ihr seid alle arm", sagte er, „und habt viel gelitten; aber gebt euch nicht der Trübsinnigkeit[31] hin, denn heute ist der Tag der Auferstehung, ein Freudentag. Es ist der Tag, da es im Grabe des Herrn der Welt leise donnerte wie in einem vulkanischen Berge, da der heilige, gemarterte Leib, herausgeschleudert[32] wie ein feuriges Schwert, den Grabdeckel[33] zur Seite warf, die Luft durchschnitt und in den Wolken verschwand. Auch unser geliebtes deutsches Vaterland ist verhöhnt, gegeißelt[34] und ans Kreuz geschlagen worden und liegt nun begraben; möge es unten im Krater der Gruft[35] still sich mischen und kochen und einst, das Gehäuse[36] zerbrechend, wie eine verwandelte Raupe[37] geflügelt in das eroberte Element[38] steigen. Das kann aber nur geschehen, wenn ein jeder von euch in seinem Herzen Wiedergeburt und Auferstehung erlebt. Die kommt nicht von Worten, die muß errungen und erstritten[39] sein. Glaubt es den feisten Pfaffen[40] nicht, daß es mit Glauben und Katechismuslernen getan sei, und daß die Gnade Gottes einem wie die Taube dem faulen Schlaraffen gebraten ins offene Maul fliegt.[41] Wir haben einen Willen und eine Kraft in uns; denn wir sind, wie geschrieben steht, nicht der Magd Kinder, sondern der Freien;[42] und damit sollen wir das Reich Gottes erobern. Laßt euch nicht verführen, zu glauben, daß wir das Gute nicht vollbringen könnten, weil uns die Sünde aufgeerbt und eingefleischt[43] wäre: das sagen die Trägen, die Schwelger,[44] die Gleichgültigen, um ihre Unfruchtbarkeit zu entschuldigen. Wir haben einen Simson[45] in uns, der ist, wenn er sich enthält,[46] ein unüberwindlicher Soldat, der schüttelt die Locken wie ein Löwe und zerbricht die Säulen, die das Reich der Sünde tragen, daß es einstürzt. Wasser und Gebet taufen nicht recht, Feuer und Schwert taufen zur Wiedergeburt und Auferstehung. Seid wachsam, seid tapfer, seid ohne Falsch[47] und ohne Furcht, das sind Tugenden über alle Tugenden; so ihr die habt, seid ihr Ritter, mögt ihr auch als Bauern geboren sein. Aus Staub und Dreck seid ihr doch zum Ebenbilde Gottes geschaffen; aber ihr müßt es selber in euch schaffen, wie der Künstler das Bild aus dem Marmor schlägt. Setzt Hab und Gut und die ganze Kraft daran,[48] so wird der neue Mensch, der aus eurem zerrissenen Herzen aufersteht, Gottes Züge tragen."

Erst jetzt bemerkte der eifrig redende Pfarrer eine Unruhe unter seinen Zuhörern, und indem er ihren über die Kirchhofsmauer[49] gerichteten Blicken folgte, sah er einen Trupp Reiter auf das Dorf zusprengen.[50] Sie hätten doch ihre Häuser gut verschlossen? wandte sich der Pfarrer an die Bauern. Diese bejahten, setzten aber besorgt hinzu, Soldaten pflegten überall eine Tür zu finden, wenn sie

---

[30]**hart zugesetzt hatten:** *had punished, had pressed hard*   [31]**Trübsinnigkeit:** Traurigkeit; *sadness*
[32]**herausgeschleudert:** *flung out*   [33]**Grabdeckel:** der große Stein, der vor die Tür des Grabes gewälzt (*rolled*) war (siehe Matthäus 27, 60)   [34]**gegeißelt:** *scourged*   [35]**Krater der Gruft:** *tomb's crater*
[36]**Gehäuse:** *casing, housing*   [37]**Raupe:** *caterpillar*   [38]**das eroberte Element:** d.h., die Luft
[39]**erstritten:** erkämpft; *fought for*   [40]**feisten Pfaffen:** *fat priests*   [41]**einem wie die Taube dem faulen Schlaraffen gebraten ins offene Maul fliegt:** Schlaraffenland = *fool's paradise;* siehe auch S. 81, Z. 4   [42]**nicht der Magd Kinder, sondern der Freien:** siehe Galater 4, 31   [43]**aufgeerbt und eingefleischt:** *innate and ingrained*   [44]**Schwelger:** *gluttons*   [45]**Simson:** *Samson*   [46]**sich enthält:** *restrains himself*   [47]**Falsch:** *deceit*   [48]**Setzt Hab und Gut ... daran:** *stake all (your) property*
[49]**Kirchhofsmauer:** *churchyard wall*   [50]**zusprengen:** *gallop toward*

etwas suchten. Der Frieden sei ja verkündigt, sagte der Pfarrer beschwichtigend, blickte aber doch scharf nach den Reitern, unentschlossen, ob er den Gottesdienst weiterführen solle. Unterdessen hatten die Soldaten vergebens an einigen Türen gerüttelt und kamen, da sie die Versammlung gewahr wurden, auf den
5   Gottesacker.[51]

Ihr Anführer, ein junger Mensch, sprang vom Pferde, näherte sich dem Pfarrer und sagte, er sei beauftragt, in diesem Orte eine Kontribution von 1000 Talern[52] zu erheben; der Pfarrer solle das Geld zusammenbringen, und inzwischen solle ihnen ein Essen hergerichtet und ihren Pferden Futter gegeben werden.

10   Das könne nicht an dem sein,[53] entgegnete der Pfarrer; es sei ja Frieden, die Plackerei[54] habe ein Ende. Brot und Hafer für die Pferde würden sie aus christlichem Mitleiden und gegen Bezahlung hergeben, zu mehrerem wären sie nicht verpflichtet, und vorher wolle er den Gottesdienst zu Ende bringen.

Für wen der Pfarrer sie hielte? erwiderte der Leutnant gereizt. Sie wären
15   keine Herde Schafe, sondern Soldaten. Sie pflegten nicht zuzuhören, sondern predigten selbst, und wer ihr erstes Wort nicht verstünde, dem hieben[55] sie das zweite mit dem Schwert in den Kopf.

Da er mit dieser Drohung keinen Eindruck auf den Pfarrer machte, wurde er zornig, packte plötzlich die Tochter des Pfarrers am Arm und erklärte, sie als
20   Geisel[56] behalten zu wollen, bis das Geld herbeigeschafft wäre. Die junge Frau wollte sich unwillkürlich zur Wehr setzen,[57] aber da sie das kleine Kind auf dem Arme trug, das leicht hätte verletzt werden können, warf sie einen hilfeflehenden[58] Blick auf ihren Vater. Im ersten Augenblick zuckte die Hand des Pfarrers nach dem Messer, das er im Gürtel trug; angesichts der vielen Bewaffneten jedoch beherrschte
25   er sich und bat den Anführer, eingedenk zu sein,[59] daß sie alle Brüder wären, und ihm seine Tochter mit ihrem Kinde herauszugeben; er sei bereit, zu versuchen, ob er das Geld oder einen Teil davon in den nächsten Dörfern zusammenbetteln[60] könne.

„Du böser, ketzerischer Lutherpfaff", sagte der junge Mann, „obwohl du verdientest, daß ich dich am nächsten Baume aufhängte, will ich gnädig sein und dir
30   die Dirne[61] herausgeben, wenn du mir das Geld schaffst,[62] aber nicht eher." Hierauf entschloß sich der Pfarrer, das Unwahrscheinliche zu wagen, empfahl[63] den Bauern seine Tochter und machte sich auf den Weg.[64]

Als er nach mehreren Stunden zurückkam, war der Kirchhof voll Geschrei und Getümmel.[65] Eine Frau kam dem erschreckten Pfarrer entgegengelaufen und
35   berichtete, der Leutnant habe seine Tochter erstochen, sie liege in ihrem Blute, und bald würden sie alle miteinander des Todes sein.[66] In einem Satze[67] war der Pfarrer zwischen den Kämpfenden, schrie nach seinem Kinde und warf sich, da sie unwillkürlich Raum gaben, auf den noch atmenden, über einen Grabhügel[68] hingestreckten Körper. Nach einer Minute jedoch sprang er wieder auf und rief mit
40   starker Stimme: „Herrgott! bist du wahrhaftig Gott der Herr, so räche deinen

---

[51]Gottesacker: Kirchhof   [52]Talern: *(origin of dollar)*   [53]Das könne nicht an dem sein: das sei nicht möglich   [54]Plackerei: *oppressions, torments*   [55]hieben: schlügen   [56]Geisel: *hostage* [57]sich . . . zur Wehr setzen: sich wehren; *defend herself*   [58]hilfeflehenden: *pleading for help* [59]eingedenk zu sein: nicht zu vergessen   [60]zusammenbetteln: *collect by begging*   [61]Dirne: *"wench"*   [62]schaffst: bringst   [63]empfahl: *entrusted*   [64]machte sich auf den Weg: *set out* [65]Getümmel: *turmoil*   [66]alle miteinander des Todes sein: alle tot sein   [67]Satze: Sprung [68]Grabhügel: *burial mound*

Knecht an diesem Mörder!" Dann stürzte er sich, das Messer aus dem Gürtel reißend, mitten in den Haufen. Den Bauern war es zumute,[69] als sei ein Engel vom Himmel gefahren, um ihnen beizustehen; sie drängten mit verdoppeltem Nachdruck auf den Leutnant ein, der von dem Anprall das Gleichgewicht verlor und umfiel. Während Männer und Frauen sich gegen die Soldaten stemmten, kniete der 5 Pfarrer auf der Brust des Mörders. „Du Abtrünniger[70] von Gott!" rief er, „du Judas! du Judas! Der Herr, den du verraten hast, hat dich in meine Hände gegeben. Jetzt werde ich dir das bübische[71] Herz aus dem Leibe reißen und es auf den Mist werfen, daß die Schweine es mit ihrem Rüssel[72] umwühlen[73] und es fressen. Wimmere du jetzt um Gnade! Mir ist es nicht genug, dich wimmern zu hören, ich 10 will dich röcheln und nach Luft schnappen hören.[74] Ja, Gott der Herr wird mir genugtun und mich in Ewigkeit dein Jammergeschrei[75] aus der Hölle hören lassen. Mein Kind wird seinen Engelsleib auf Taubenflügeln[76] schwingen, während dein verfluchtes Fleisch sich unter feurigen Martern krümmt, ohne je zu vergehen!"

Solche Worte schrie der Pfarrer, über den sich windenden Mann gebeugt, halb 15 besinnungslos vor Wut heraus, als er plötzlich in jäh entstehende Stille hinein eine laute Stimme hörte und, sich umwendend, einen reichgekleideten Offizier sah, der mit hochgezogenen Brauen, den blanken Degen in der Hand, neben ihm stand; es war der Oberst, zu dessen Regiment der Leutnant gehörte und dessen unerwartetes Erscheinen den Aufruhr mit einem Male stillte. Er wolle die Sache untersuchen, 20 sagte er, da von allen Seiten auf ihn eingeredet wurde;[77] der Pfarrer möge den Leutnant einstweilen loslassen, sei er schuldig, wolle er, der Oberst, ihn nach Gebühr[78] bestrafen.

Der Pfarrer schüttelte den Kopf. Den Wolf, der sein liebes Kind erwürgt habe, sagte er, wolle er selbst töten; in seine Hand habe Gott ihn gegeben. 25

Unterdessen hatte sich der Knäuel[79] der Streitenden völlig gelöst, so daß der Oberst des erstarrten Körpers der getöteten Frau ansichtig wurde.[80] Der Täter, der sein Gesicht sich verdüstern[81] sah, richtete sich unter des Pfarrers nachlassenden Fäusten ein wenig auf und winselte, er habe das Weib gewiß nicht töten wollen, habe sie nur zum Spaß an sich gedrückt, da habe sie sich wie eine wilde Katze 30 gebärdet[82] und würde ihn mit den Händen erwürgt haben, wenn er sich ihrer nicht gewaltsam entledigt hätte.[83]

„Du bist ein Mörder und Landfriedensbrecher",[84] sagte der Oberst finster, „und wirst deinen Lohn durch Henkershand[85] sogleich erhalten. Dein Blut soll das Blut, das du meuchlerisch[86] vergossen hast, auswaschen. Der Pfarrer soll sagen, auf 35 welche Weise ich ihm Genugtuung geben kann; ich bin bereit, sie zu leisten, wenn ich vermag."

Der Pfarrer kam während dieser Worte wie aus einem Krampfe zu sich; seine

---

[69] Den Bauern war es zumute: die Bauern hatten das Gefühl   [70] Abtrünniger: *apostate, deserter*
[71] bübische: *rascally*   [72] Rüssel: *snout*   [73] umwühlen: *dig up*   [74] dich röcheln und nach Luft schnappen hören: *hear your throat rattle and hear you gasping for air*   [75] Jammergeschrei: *lamentation*   [76] Taubenflügeln: *doves' wings*   [77] da von allen Seiten auf ihn eingeredet wurde: d.h., von allen Seiten riefen die Leute, was geschehen war   [78] nach Gebühr: *as he deserved*
[79] Knäuel: *cluster*   [80] ansichtig wurde: sah   [81] sich verdüstern: sich verdunkeln; *darkening*
[82] gebärdet: benommen; *acted*   [83] sich ihrer ... entledigt hätte: sich von ihr ... befreit hätte
[84] Landfriedensbrecher: *destroyer of the peace*   [85] Henkershand: *the hand of the executioner*
[86] meuchlerisch: *treacherously*

Hände, die den Schuldigen an der Brust gepackt hielten, lösten sich auf, er ging wankenden Schrittes zu dem Leichnam seiner Tochter hinüber, kniete neben ihr nieder und brach in Tränen aus.

Mit gerunzelter[87] Stirn blickte der Oberst zu Boden und gab ein Zeichen, daß
5   der Leutnant, dem die Hände bereits gebunden waren, abgeführt würde. Wie er dann das verwaiste[88] Kind bemerkte, mit dem sich ein paar Bäuerinnen beschäftigten, betrachtete er es, dachte ein wenig nach und wandte sich zu dem Pfarrer. Wenn es ihm recht sei, sagte er, so wolle er das kleine Mädchen mitnehmen und zu Hause mit seinen eigenen Kindern aufziehen lassen, daß es einmal eine reiche und vornehme
10 Dame würde.

Der Pfarrer stand auf, legte die Hand auf den blonden Kinderkopf und sagte, das könne nicht sein. Gott habe ihm das Kind anvertraut, es solle lieber bei ihm ein Bettelkind werden als ein Fürstenkind anderswo.

Das sei wunderlich geredet, sagte der Oberst unzufrieden. So möge der Pfarrer
15 denn gestatten, daß er dem Kinde ein Schmuckstück[89] hinterließe, zum Andenken und auch zur Buße; und er löste sich dabei eine goldene Kette mit einem Anhänger[90] von der Brust, auf dem ein Bild der Mutter Maria in Schmelz[91] gegossen war. Der Pfarrer war im Begriff, die Gabe unwillig zurückzuweisen; allein als er das Kind mit Lachen danach haschen sah, besann er sich und ließ es
20 schweigend geschehen, daß der Oberst das Gehänge[92] um den kleinen Leib wand.

Da sich gleichzeitig alle Blicke dahin wendeten, wo eben der Mörder zur Hinrichtung geführt wurde, stieg dem Pfarrer das Blut ins Gesicht, und er wandte sich hastig an den Obersten mit der Bitte, den Delinquenten loszulassen, er habe seine Rache Gott geopfert und wolle seinen Tod nicht mehr.

25 Das gehe nicht an,[93] erwiderte der Oberst, er könne einen Bösewicht nicht bei braven Soldaten stehen lassen, das sei ein schlechtes Exempel, und Strafe müsse sein.

Es sei Ostern und Frieden, sagte der Pfarrer, seit dreißig Jahren zum ersten Male Frieden. Leider sei der holdselige Tag mit Blut befleckt worden, das müßten
30 sie sühnen, es geschehe aber nicht durch mehr Blut. Der Schuldige solle zusehen,[94] wie er seine Seele errette.

Mit sichtlichem Widerwillen gab der Oberst endlich nach; er tue es ungern, sagte er, und nur, um dem Pfarrer seinen guten Willen zu beweisen.

Der Pfarrer dankte und wies die Bauern an, nunmehr den Kirchhof ein wenig
35 zu säubern, damit er den Gottesdienst vollenden und ihnen das Abendmahl reichen könne; den Obersten lud er ein, mit den Seinigen[95] daran teilzunehmen. Nach einigem Zögern sagte der Oberst, sie wären meistenteils Katholiken und stehe es ihnen fast nicht an,[96] einer evangelischen[97] Osterfeier beizuwohnen, man könne es aber zu dieser Zeit und bei dieser Gelegenheit so genau nicht nehmen, und zum
40 Zeichen des endlich aufgerichteten Friedens willige er ein.

Es war inzwischen Abend geworden, und der weiche Himmel bog sich über das

---

[87] gerunzelter: *furrowed*   [88] verwaiste: *orphaned*   [89] Schmuckstück: *piece of jewelry*
[90] Anhänger: *pendant*   [91] Schmelz: *enamel*   [92] Gehänge: die Kette mit dem Anhänger   [93] Das gehe nicht an: das wäre nicht möglich   [94] zusehen: *see to it*   [95] den Seinigen: seinen Soldaten
[96] stehe es ... nicht an: *it would not be proper*   [97] evangelischen: protestantischen

dämmernde Hügelland,[98] wie ein Strauch voll weißer Rosen über ein Grab. Der Tisch wurde wieder hergerichtet, und für den verschütteten Wein wurde Wasser gebracht. Dergleichen Abendmahl habe er noch nicht gesehen, fuhr es dem Obersten heraus,[99] der den Vorbereitungen staunend zusah; es scheine mehr für Vieh als für Christenmenschen zu passen.

„Als Christus auferstanden war", sagte der Pfarrer, während er das Brot sorgsam von Erde reinigte, „hatte er ein fremdes Antlitz, und seine Jünger erkannten ihn nicht."

Der Oberst verstand nicht, schwieg aber, und als alle versammelt waren, nahm er seinen Federhut[100] ab, richtete einen befehlenden Blick auf seine Soldaten und kniete nieder, worauf alle seinem Beispiel folgten. Das Stückchen Brot, das der Pfarrer ihm, als dem ersten, reichte, würgte er folgsam, wenn auch nicht ohne Widerwillen hinunter.

Als die stille Zeremonie beendet war, brach die Nacht herein. Wie wenn Chorknaben[101] die Rauchgefäße[102] schwingen und duftendes Gewölk die Pfeiler[103] des Domes verhüllt, wogte es weit um die verschwimmenden Trümmer der zerstörten Kirche, um die Grabkreuze und die knienden Menschen. „Siehe, es ist alles neu geworden", sagte der Pfarrer, nachdem er den Segen gesprochen hatte. Alle blieben noch eine Weile mit gesenktem Kopfe, dann standen sie von der feuchten Erde auf, die Soldaten blickten wartend auf den Obersten. „Aufsitzen!"[104] kommandierte der, „weiter!", worauf sie nach ihren Pferden eilten und in schnellem Trabe aus dem Dorfe ritten. Der Pfarrer lud sein totes Kind auf den Arm und verließ an der Spitze seiner Gemeinde festen Schrittes[105] den Totenacker.[106]

---

[98] Hügelland: *hilly countryside*   [99] fuhr es dem Obersten heraus: *the colonel blurted out*
[100] Federhut: *plumed hat*   [101] Chorknaben: *choirboys*   [102] Rauchgefäße: Weihrauchfässer; *censers*   [103] Pfeiler: *pillars*   [104] Aufsitzen!: *Mount your horses!*   [105] festen Schrittes: mit festem Schritt   [106] Totenacker: Kirchhof